南京大屠杀真相

侵华日军暴行史研究

孙宅巍◎著

南京出版传媒集团
南京出版社

图书在版编目(CIP)数据

南京大屠杀真相/孙宅巍著. --南京:南京出版社,2016.12

(侵华日军暴行史研究)

ISBN 978-7-5533-1615-4

Ⅰ.①南… Ⅱ.①孙… Ⅲ.①南京大屠杀—史料 Ⅳ.①K265.606

中国版本图书馆 CIP 数据核字(2016)第 282860 号

丛 书 名:侵华日军暴行史研究
书 名:南京大屠杀真相
作 者:孙宅巍
出版发行:南京出版传媒集团
南 京 出 版 社
社址:南京市太平门街 53 号 邮编:210016
网址:http://www.njcbs.cn 电子信箱:njcbs1988@163.com
联系电话:025-83283893、83283864(营销) 025-83112257(编务)

出 版 人:项晓宁
出 品 人:卢海鸣
责任编辑:杨传兵
装帧设计:王 敏
责任印制:杨福彬

制 版:江苏凤凰制版有限公司
印 刷:常州市武进第三印刷有限公司
开 本:787 毫米×1 092 毫米 1/16
印 张:25.25
字 数:450 千
版 次:2016 年 12 月第 1 版
印 次:2024 年 11 月第 3 次印刷
书 号:ISBN 978-7-5533-1615-4
定 价:68.00 元

营销分类:历史

编 委 会

序

南京大屠杀作为一个举世瞩目的历史事件，其研究著作，不外“史”与“论”两大类。

将南京大屠杀作为一件事件史进行论述的史书，自1979年由南京大学历史系编著的《日本帝国主义在南京的大屠杀》内部版问世起，中有1987年由“南京大屠杀”史料编辑委员会所著《侵华日军南京大屠杀史稿》、1997年孙宅巍主编的《南京大屠杀》，而至2012年由张宪文教授主编的《南京大屠杀全史》隆重推出，内容不断完善，篇幅不断增大，结构愈加合理，已经达到了现阶段史料所能支撑的最新高度。

我自1997年率领团队编著55万字的《南京大屠杀》一书后，深感对于南京大屠杀的研究，仅有对史实纵向论述的事件史是不够的，它不便深入展开理论上的探讨、论证与争辩。因此，从那时起，我的心中就一直筹划着用另外一种形式，即通过横向理论探讨来揭示南京大屠杀的真相。因为有许多真相，存在于对史料及问题的辨别、讨论与探索之中。它不受专题史、事件史论述方法的约束，可以任凭著者的擅长与兴趣，随机选取自己研究成熟、社会关注的众多问题，纵横驰骋，深入论述。有些问题，由于资料发掘的局限，虽一时难有定论，若能提出与发现有价值的思考线索，也应是一种对真相的揭示与理论上的进步、创新。按照这种思路，经过近20年的思考与努力，终于逐渐形成了本书的架构与主要观点。

我在写作本书的过程中，在以下三个方面，下了一些功夫。成果究竟如何？当应由读者来评判。这三个方面是：

广。全书论述的内容，涉及南京大屠杀的方方面面，从它与南京保卫战的多重关联，到南京大屠杀的原因、时空范畴、难民区、规模、性暴力、抗争、幸存者，再到它的影响，以及人们对它的记忆。就时间跨度来说，从 1937 年秋冬的南京保卫战，直到今天人们对南京大屠杀的记忆；从对南京大屠杀早期传播的历史考察，直到今天对“南京大屠杀幸存者”定位的思考。在论述各有关问题时，我力求做到思路开阔，把它们放到尽量大的历史空间和思维空间去考量。开阔的思路，也是“广”的一种内涵。例如对南京大屠杀地域范畴的探讨，我列出了三种看法：一是限于南京的 12 个行政区，这是学术界一般的看法；二是划进与市区毗邻的江宁、江浦、六合三县，这是我的学术主张；三是划出长江三角洲这一“大南京”地区，这是为了从宏观上来考察南京大屠杀准备、实施和延伸的完整过程。再如对“南京大屠杀幸存者”的定位，我认为“幸存者”、“受害者”均有狭义与广义之分，两种认识都符合情理，但我个人更支持狭义的主张。

深。我写作本书的动机之一，就是为了要把一些理论问题论深论透，在前人已经取得的成果基础上，再前进一步。例如南京保卫战与南京大屠杀之间是一种什么关系？表面看来，仅仅是前后承接的关系。但深入观察，它们之间存在着多种关联和内涵，包括：保卫战是大屠杀的重要历史背景；中国军民的英勇抵抗，是遭受日军报复的原因之一；滞留南京的军人是沦陷时人口的重要组成部分；大量滞留军人的存在，增大了南京大屠杀的规模，等等。又如对南京大屠杀的认识，我认为，它尽管在人员上、物质上给南京的社会经济造成了毁灭性的破坏，产生了巨大的负面影响；但同时，又与加害者的愿望相反，激起了中国人民对侵略者的持久抵抗，导致日本侵略者在国际上的失道寡助，告诫炎黄子孙警钟长鸣，从正面意义上，加速了日本军国主义的灭亡，提高了人们对日本军国主义复活的警惕。同时，我在本书中也澄清了围绕安全区国际委员会的各种迷雾，包括：国际委员会中究竟有多少名委员？安全区的标志图案是什么颜色？究竟谁是国际委员会总干事？等等。

新。新的资料与新的观点，是本书的一个重要特色。我在写作过程中，除了充分利用近年新公开的《拉贝日记》、《魏特琳日记》、《程瑞芳日记》、《南京战·寻找被封闭的记忆》（日本松冈环编著），以及一批幸存者、目击者的新鲜证言外，还从历史档案中挖掘出一批有重大价值的资料。例如，对红卍字会八卦洲分会、代葬局、顺安善堂、明德慈善堂等较小慈善团体参与埋尸活动资料的发掘与采用。它们的埋尸数量虽只为一二万具，但这么多社会团体参与埋尸活动，可见遇难者尸体遍布之多、之广，这从一个侧面，揭示了南京大屠杀的真实场景与巨大规模。我在坚持南京大屠杀遇难者为“30万人以上”这一观点的同时，又根据资料及人文环境等具体情况，提出在对南京大屠杀遇难人数的认定上，要走出三个误区和注意一个交叉，这就是在人数上求高、求精、求恒的误区，尸体掩埋与处理中的相互交叉。我认为，南京大屠杀的规模是一个客观存在，不受人们的主观意志支配。随意压低死难者的人数，固然不符合实际情况；任意抬高这一数字，同样也将经不起历史实际的检验。在此次新披露的档案资料中，既有新的参加埋尸的慈善团体，也有能够证明各支掩埋队埋尸活动交叉的资料。这应当引起我们的高度重视。

为了方便读者查阅与本书有关的资料，本书特将安全区国际委员会提供的日军暴行记录1—470件及本书引用资料来源完整列出。日军暴行记录1—470件，在各种出版物与相关文献中，多不完整，本书完整列出，于此可见国际委员会在这方面工作之全貌，同时也可以更为充分地揭示日军犯下的种种暴行。本书主要参考资料，可以作为有志于钻研南京大屠杀史事者查找资料的基础性参考。

谨以此书献给南京大屠杀中的30万死难者，纪念抗日战争全面爆发80周年！

孙宅巍*

* 本书亦为南京大屠杀史与国际和平研究院研究项目。著者孙宅巍，江苏省社会科学院研究员，南京大屠杀史与国际和平研究院研究员，江苏省文史研究馆馆员。

目　录

一、悲壮的南京保卫战 …… 001
（一）南京保卫战是一次独立的战役 …… 001
（二）保卫战的时空范畴 …… 003
（三）保卫战中的巷战 …… 006
（四）八名将军牺牲在保卫战中 …… 011
（五）南京城的失陷不是保卫战失败的标志 …… 016
（六）保卫战的历史地位 …… 022
（七）唐生智在保卫战中的功过 …… 024
（八）南京保卫战与南京大屠杀的多重关联 …… 035
二、南京大屠杀发生的原因 …… 038
（一）南京大屠杀发生的历史背景 …… 038
（二）南京大屠杀是日本军国主义恶性膨胀的产物 …… 042
（三）中国军队的英勇抵抗遭到报复 …… 045
（四）首都的特殊地位是南京大屠杀发生的直接原因 …… 047
（五）九万大军滞留南京的严重后果 …… 050
（六）日本侵略军的预谋 …… 055
（七）日军心态与战场环境分析 …… 063
三、南京大屠杀的内容与时空范畴 …… 071
（一）南京大屠杀是一个综合暴行的概念 …… 071
（二）南京大屠杀时空范畴的界定 …… 073

（三）还是称“南京大屠杀”为好 …… 078
（四）“大南京”概念 …… 080
四、南京安全区的活动及其历史地位 …… 088
（一）关于安全区成立的若干史实探析 …… 088
（二）37 座难民收容所 …… 098
（三）安全区阻挡不住日军的暴行 …… 112
（四）安全区和安全区国际委员会的历史评价 …… 123
附录:南京安全区国际委员会搜集的日军暴行记录(1—470 件) …… 138
五、性暴力在南京大屠杀中的位置与特点 …… 183
（一）性暴力在南京大屠杀中占有重要位置 …… 183
（二）南京大屠杀中性暴力的特点 …… 185
六、南京大屠杀的规模 …… 193
（一）沦陷时南京人口的构成 …… 193
（二）掩埋遇难者尸体的四条主要渠道 …… 201
（三）有待澄清的埋尸活动相互交叉现象 …… 248
（四）埋尸新史料的双向效应 …… 252
（五）埋尸研究中几个牵动全局的问题 …… 259
（六）南京大屠杀遇难同胞中究竟有多少军人 …… 267
（七）遇难人数认定的历史过程 …… 269
（八）“广田电报”不能作为 30 万人遇难的直接依据 …… 277
（九）如何解读东京法庭对南京大屠杀遇难人数的认定 …… 282
（十）关于遇难人数的几个基本观点 …… 288
七、屠杀与反抗同在　屈辱与光荣并存 …… 291
（一）城陷后仍有勇敢的抵抗 …… 291
（二）屠杀中有不屈的抗争 …… 294
（三）屠杀后有持续的反抗 …… 299
（四）应当客观评价与宣传人民的抗争 …… 321

八、南京大屠杀的历史影响 …… 324
(一) 严重破坏南京地区的社会经济 …… 324
(二) 激起中国人民的顽强抵抗 …… 338
(三) 导致日本侵略者失道寡助 …… 339
(四) 告诫炎黄子孙警钟长鸣 …… 342
九、南京大屠杀的记忆 …… 346
(一) 南京大屠杀真相的早期传播 …… 346
(二) 国共两党对南京大屠杀的共识 …… 351
(三) 南京大屠杀幸存者 …… 357
(四) 痛苦与沉重的记忆 …… 362
(五) 25 座遇难者纪念碑 …… 371
附录 本书主要参考资料 …… 383

一、悲壮的南京保卫战

（一）南京保卫战是一次独立的战役

英勇、壮烈的南京保卫战，是中国人民抗日战争历史上光荣的一页。但是，从整个抗日战争的宏观上来看，它究竟只是一些分散守城战斗的结合？抑或为淞沪会战的尾声？还是一次独立的抗日战役？

长期以来军界、史界多不把南京保卫战单独列为一次战役。自20世纪80年代以来，我国史界重视了对国民党正面战场的研究，南京保卫战一役，开始逐渐占有一席之地，但各方认识仍不尽一致。其实，南京保卫战有它自己既定的战略目标、统一的作战计划，投入了相当的兵力，经历了一系列大小战斗，是一次具有中等规模的重要战役。

战役中，中日双方各自制定了自己的战略目标。日方在1937年12月1日，以大陆命第8号下达敕令："华中方面军司令官须与海军协同，攻占敌国首都南京。"①当日军已攻达南京郊外时，其华中方面军司令官松井石根发布了"发扬日本的武威而使中国畏服"的命令。② 这就是日军在进击南京时要达成的战略目标。中方则由蒋介石为此战的目标定下了基调。他在11月28日说："南京守城，非守与不守之问题，而是固守之时间问题，在敌军火力优势，长江得自由航行之情势下，欲期保持，颇属难能，故只可希望较短时间之防守"，以使其他各部队得到"迅速补充"，"充实战斗力"③。可见，南京一役，日方之战略目标在于攻占南京，使中国"畏服"；中国军事当局之目的在于"短期固守"，以求军事上化被动为主动。

---

① ［日］日本防卫厅防卫研究所战史室著、齐福霖译《中国事变陆军作战史》第1卷第2分册，中华书局1981年版，第109页。

② 张效林译《远东国际军事法庭判决书》，群众出版社1986版，第342页。

③ 中国第三战区长官司令部编制《抗战纪实》，中国第二历史档案馆藏，档案号七八七—6700。

为了实现上述战略目标，中日双方又在作战的进程中，不断制定和修正了自己的作战计划。日本华中方面军于12月1日下达命令："上海派遣军12月5日主力开始行动，重点保持在丹阳、句容公路方面，击败当面之敌进入磨盘山山脉；以一部从扬子江左岸地区攻击敌之背后，同时切断津浦铁路及江北大运河。""第十军12月3日主力开始行动，以一部从芜湖方面进入南京背后，以主力击败当面之敌进入溧水附近，准备攻占南京。"①12月7日，华中方面军通告了《攻占南京要领》，规定："在南京守城司令官或市政府当局尚留在市内的情况下，设法劝告其开城以和平方式入城。此时，各师团各派步兵一个大队(9日改为3个大队)为基干的部队先入城，在城内分地区进行扫荡。""在敌人残兵仍据城进行抵抗的情况下，将到达战场的全部炮兵展开，进行炮击夺取城墙，各师团以步兵一个联队为基干的部队进入城内进行扫荡。"②中国方面则于12月初，由南京卫戍司令长官唐生智部署：其主阵地板桥至淳化镇线，由第74军俞济时部防守；孟塘至龙潭线，由第83军邓龙光部防守(后改第2军团)。其复廓阵地狮子山及城北一带，由第36师宋希濂部防守；安德门至雨花台线，由第88师孙元良部防守；河定桥至工兵学校，由第87师沈发藻部防守；由工兵学校向北经紫金山前缘至蒋王庙线，由教导总队桂永清部防守。③ 8日，唐生智决定一线部队全部撤守复廓阵地，对阵地的防守作了调整。9日，唐生智置日军《投降劝告书》于不顾，下达卫参作第36号令，要求各部队"与阵地共存亡"，"尽力固守"④。11日，蒋介石给唐生智连发"真侍参"和"真戌侍参"二电，命令："如情势不能持久时，可相机撤退，以图整理，而期反攻。"⑤12日，唐生智以"卫戍作命特字第一号"发布撤退令，根据"大部突围，一部渡江"的原则，命令除第2军团、第36师及各机关、各直属部队渡江北撤外，其余部队均应"冲破当面之敌，向浙皖边区转进"。⑥同时，唐生智又补充"口授命令要旨，87D、88D、74A、教导总队如不能全部突围，有轮渡时，可过江向滁州集结"⑦。日、中双方，一进攻，一防退，均有整个战场统一的作战计划。

① [日]日本防卫厅防卫研究所战史室：《中国事变陆军作战史》第1卷第2分册，中华书局1981年版，第109页。

② [日]日本防卫厅防卫研究所战史室著、齐福霖译《中国事变陆军作战史》第1卷第2分册，中华书局1981年版，第111—112页。

③《第三战区作战经过概要》，中国第二历史档案馆编《抗日战争正面战场》(上)，江苏古籍出版社1987年版，第415页。

④《陆军第七十八军南京之役战斗详报》，中国第二历史档案馆藏，档案号七八七—7590。

⑤《南京卫戍军战斗详报》，中国第二历史档案馆藏，档案号七八七—7593。

⑥《唐生智命令稿》，1937年12月，中国第二历史档案馆编《抗日战争正面战场》(上)，江苏古籍出版社1987年版，第401页。

⑦《南京卫戍军战斗详报》，中国第二历史档案馆藏，档案号七八七—7593。

作为一个独立的战役，还需要有一定数量的兵力作为基础。在南京作战中，日方在华中方面军司令官松井石根指挥下，辖上海派遣军朝香宫鸠彦王部和第10军柳川平助部。其直接参加攻城的部队共4个师团又2个支队、1个先遣队，约10万人左右。中国方面则在南京卫戍司令长官唐生智和副司令长官罗卓英、刘兴指挥下，共辖有13个建制师又15个建制团，约15万人左右。日中双方投入的兵力，分别达10万、15万人，足以支持一个中等规模战役的进行。

战役是一系列战斗的有机组合。对照日、中双方的记载，自12月1日日本当局下达攻击南京的命令以来，历经孟塘、淳化镇、牛首山、杨坊山、射乌山、紫金山、光华门、雨花台、中华门、赛公桥等主要战斗，以及南京守军撤退时发生在东北郊仙鹤门、空山、狮子山等处的遭遇战。这些战斗，动辄数千人交锋，死伤千余名。

综上四项，南京之战，日、中双方，各有既定的战略目标、统一的作战部署，分别投入了10万和15万人左右的兵力，经历了大小一系列战斗。它作为一个独立的战役存在，是毫无疑问的。

（二）保卫战的时空范畴

南京保卫战不似七七卢沟桥事变、八一三淞沪抗战等战事，有明确的起始时间。它是一场渐进的战争运动。正因为如此，人们在计算这一战役经历的时间及其所应包含的地域时，有着完全不同的见解。

南京保卫战以1937年12月13日城陷为其时间的下限，历来并无歧见。但对于它开始的时间，则有众多的说法。有的认为以12月1日日本大本营下达第8号敕令算起；有的认为应当更早，从11月25日蒋介石颁定首都卫戍部队战斗序列始；还有的则认为12月10日日军下令攻城才能算保卫战的起点。时间的认定，直接影响到对战役地域的估计。战役的起始时间愈向前推，实际也就承认了战役发生在更为广阔的地域。

要确定在渐进运动过程中的战役时空范围，必须考虑到影响战役进行的各种复杂因素，似应有狭义和广义两种解释。

狭义的解释，应着眼于直接保卫南京的战斗。从这一观点出发，发生在其他地域的作战行动，虽在战略上起着保卫南京的作用，但不应计入南京保卫战的范畴。

南京保卫战开始于何时、何地，直接同敌军浴血拼搏的南京守军最有发言权。南京卫戍军的既设阵地，即应为该战役的作战地域，在这块阵地上最先发生战斗的时间，即应视为南京保卫战的开始。

《南京卫戍军战斗详报》中，对于作战的地域和时间，有清楚的记载："1.南京东南正面阵地（江宁镇、牛首山、淳化镇、汤山、龙潭之域）十二月四日至八日；2.南京复廓阵地（雨花台、紫金山、乌龙山、幕府山及南京城垣）十二月九日至十二日”①。《第三战区作战经过概要》在“南京会战”项下，则记有“十二月初”时，各部队按“主阵地”和“复廓阵地”配置的情况，其对于主阵地的叙述为“板桥至淳化镇之线，以74A两师担任，孟塘至龙潭之线，以83A担任（后改为10A担任）”②。上述两份军事档案，对于南京保卫战中外围阵地位置与范围的记载基本一致，即由江宁镇、牛首山、淳化镇、汤山、孟塘、龙潭构成一个大弧形圈，其两端均濒临长江。一般说来，这个弧形圈与长江之间的地域，即是南京保卫战赖以进行的空间范围。不过，在战斗的实际进行过程中，南京卫戍军的前沿阵地并不是，也不可能像几何学中的圆弧那样标准和整齐。南京卫戍军规定：第74军在担任牛首山至淳化镇附近守备的同时，须“向秣陵关、湖熟镇派出前进部队”；第66军在担任淳化镇至伏牛山一线守备的同时，须“向句容附近派有力之前进部队”；第83军在担任伏牛山附近经拜经台至龙潭一线守备的同时，须“向下蜀派出前进部队”③。后来，在句容、秣陵关和湖熟等地，事实上都进行了比较激烈的战斗。这些局部延伸的阵地，理所当然也包括在南京保卫战的地域范围之中。

前已提及，南京卫戍军的战斗详报中，将12月4日至8日作为作战的第一阶段。由此可见，南京卫戍军认为，他们保卫南京的战斗系自12月4日开始。现存的军事档案中，对于南京保卫战战斗经过的逐日记录，也均是自12月4日始。据记载，12月4日这一天，“句容以东四十里处及天王寺西北上葛村附近各发现便衣敌军，与我派在前方之游击队接触”④；“敌以主力沿京〔沪〕路，一部沿京杭路，各出现于秣陵关及句容我前沿阵地前，遂发生战斗”⑤。

另一方面，日本大本营虽然在12月1日就下达了“攻占敌国首都南京”的敕令，但是，华中方面军对该敕令的执行，却是命令第10军主力自12月3日开始行动，“以一部从芜湖方面进入南京背后，以主力击败当面之敌进入溧水附近”；命令上海派遣军主力

① 《南京卫戍军战斗详报》，中国第二历史档案馆藏，档案号七八七—7593。

② 《第三战区作战经过概要》，中国第二历史档案馆编《抗日战争正面战场》（上），江苏古籍出版社1987年版，第415页。

③ 《南京卫戍军战斗详报》，中国第二历史档案馆藏，档案号七八七—7593。

④ 《南京卫戍军战斗详报》，中国第二历史档案馆藏，档案号七八七—7593。

⑤ 《第三战区作战经过概要》，中国第二历史档案馆编《抗日战争正面战场》（上），江苏古籍出版社1987年版，第415页。

自12月5日开始行动,“重点保持在丹阳、句容公路方面”①。事实上上海派遣军的主力,比华中方面军规定发起追击的时间为早,他们在12月3日,即“以第十六师团沿句容—汤水镇—南京公路地区,以第九师团沿天王寺—淳化镇—南京公路均向南京追击”②。至4日,两军前锋部队已分别在溧水以北和句容以南一线,与南京守军对垒、接触。这与上述中国军方的记录以及对战况的估计,基本吻合。

从以上中日双方的作战行动和史料记载来看,把南京保卫战的开始日期界定为12月4日,将其所发生的地域大致界定为江宁镇—淳化—汤山—龙潭弧形圈以内,是有充分根据和比较妥当的。宣传南京保卫战的壮烈战斗,似应以这一时空范围为准;如果超越了这一范围,则其“保卫南京”的代表性与典型性,便显得不足了。

广义的解释,则以对南京城的战略进攻和防御为出发点。

日本华中方面军在11月12日攻陷上海后,几乎立即就开始了向南京进军的作战行动。11月14日华中方面军命令:上海派遣军占领福山、常熟、苏州一线;第10军须占领平望镇、嘉兴、海盐一线。③ 这一命令已经显示出,日军分别从太湖以北和以南向南京进军的意图。第10司令官柳川平助更于11月15日,连夜主持幕僚会议,“决定以军的主力独自果断地向南京追击”;17日制定了《从嘉兴向南京追击的作战指导要领》,要求“不失时机一举向南京追击敌人”④。自12月1日,日本大本营以及华中方面军分别为攻占南京下达命令和作出部署后,便逐渐形成了三路攻击南京的战场态势:右翼沿京沪线及其两侧的公路,从东北方面,向南京进击;并抽出一部,渡过长江,以切断江北大运河及津浦铁路。中路从太湖以南地区出发,绕经太湖背面,沿京杭国道及其附近公路,与右翼平行前进,从正面攻击南京。左翼沿太湖南岸一直向西,占领芜湖,切断长江;并派出一部渡江,沿江北岸,直趋浦口,完成从江北对南京的包围。

中国方面早在抗日战争爆发前,即预料到中日交手以后,日军可能由杭州湾、淞沪地区向首都南京进击。为从战略上保卫南京,中国军事当局特修建了吴(苏州)福(福山)、乍(浦)平(望)嘉(兴)和锡(无锡)澄(江阴)等国防线。上海失陷后,中国军队即在

① [日]日本防卫厅防卫研究所战史室著、齐福霖译《中国事变陆军作战史》第1卷第2分册,中华书局1981年版,第109页。

② [日]日本防卫厅防卫研究所战史室著、齐福霖译《中国事变陆军作战史》第1卷第2分册,中华书局1981年版,第109页。

③ [日]日本防卫厅防卫研究所战史室著、齐福霖译《中国事变陆军作战史》第1卷第2分册,中华书局1981年版,第99页。

④ [日]日本防卫厅防卫研究所战史室著、齐福霖译《中国事变陆军作战史》第1卷第2分册,中华书局1981年版,第107页。

上述各线逐次抵抗，并在江阴、镇江与广德、泗安等地进行了激烈的战斗。

由此可见，从广义来说，11 月 12 日上海的失陷，便是南京保卫战的开始。正如当时担任南京卫戍军参谋科长的谭道平先生所说："首都保卫战的开始，即是我军退出上海战区的那一个日子。"①而这一战役的空间范围，则包括了东至浏河、太仓、昆山、嘉兴、平湖，南至泗安、广德，西至芜湖、长江中的江心洲，以及长江以北的江浦、六圩、靖江等地在内的广阔地域。在估计南京战役的规模、时间，以及双方使用和损失的兵力时，似应以南京城郊的战斗为基础，适当考虑这一广义的时空范畴。

（三）保卫战中的巷战

围绕南京保卫战的战史，学术界争议的话题之一，是这一战役中究竟有没有发生过巷战？这是一个颇为复杂的议题，有必要从概念上把它加以澄清。

巷战的定义及举例

权威工具书《辞海》对"巷战"的解释为："在街巷进行的战斗。特点是短兵相接，对坚固建筑物、主要街道、制高点的激烈争夺，军队行动受到限制常常形成许多局部的独立战斗。"②这一解释，较为广义，不分城市与乡村，均可容纳。不过就南京保卫战这一特定的概念而言，人们在讨论它的巷战时，主要着眼点，并非是要讨论在南京城郊广大空间中，有没有发生过某一"街巷"的战斗，而在于南京城陷后，在明城墙范围内的街巷中有没有发生过激烈争夺的战斗？如果有，这样的巷战是有组织进行的，还是各支小的战斗分队自发进行的？

在城市攻防战中，其巷战的含义，应当相对于野外的阵地战。就一座城市的防卫而言，可以有两个层次：其主要的手段，应是利用城市外围的高地、河流及防御工事坚守阵地，保卫城市；而次要的手段，便是在外围阵地失守后，于城内各街巷、河流间，利用坚固建筑物、制高点，辅以临时堆砌的胸垒、构筑的战壕，进行逐屋争夺的巷战。若最高指挥机构决定固守城市，决不放弃，则在战役方案中，应有巷战阶段；若最高指挥机构只准备利用城市作有限度的抗争，为保存有生力量，至必要时便弃城转进，则在战役方案中，应无巷战阶段。

在抗战历史上，不乏城市保卫战中组织并发生激烈巷战的战例。1937 年 11 月 8 日，太原傅作义守军为击退攻入城内的日军，曾组织有力的巷战。阎锡山致电蒋介石

---

① 谭道平：《南京卫戍战史话》，东南文化事业出版社 1946 年版，第 49 页。

② 辞海编辑委员会编《辞海》缩印本，上海辞书出版社 1980 年版，第 1241 页。

称："太原城墙齐(八)日被敌炮摧毁数处，敌由破口冲入，遂与我傅部发生激烈巷战。"① 1938年3月的台儿庄战役中，在临城、台儿庄、滕县等地都发生过典型的激烈巷战。李宗仁曾致蒋介石等电称："27日24点攻入临城，巷战数小时，敌已大半解决。"②"台儿庄正面之敌自昨(29日)夜迄现在连击猛攻，并与我三一师剧烈巷战，未尝稍停，刻仍在肉搏中。"③时任第2集团军总部参议的孟企三先生于事后回忆在台儿庄进行的多日巷战情景时写道："敌我在弹丸小城进行巷战，持续了五昼夜之久……敌我胶着于城厢，彼此一墙之隔，互相凿洞射击，距离近，死角大，为争一间屋子，常相持二三日，伤亡官兵二三十人；为夺一小巷，辄牺牲一二连或一二营。真是争城以战，杀人盈城。"④与此同时，在守军死守滕县过程中，也发生了激烈巷战。第22集团军总司令邓锡侯于3月18日致蒋介石电称："至篠(十七)日敌乘城倾塌冲入城内，我军誓死巷战，全军完全壮烈殉城。"⑤第122师中将师长王铭章"亲临城中心的十字街口督战"，最后牺牲于西关电灯厂附近。⑥

第二次世界大战中，在东西方战场上，均多次出现壮烈的巷战。1942年秋，在著名的斯大林格勒血战中，"市区争夺战达到白热化程度，市内的街道和广场都变成激烈的战场……苏军利用建筑物组成支撑点和抵抗枢纽部进行顽强的抵抗，建筑物的废墟变成了堡垒。双方对每个街区、每栋楼房、每层楼都反复争夺。"⑦苏军在该城市区抗击德军猛烈进攻达2月之久，终于通过巷战实现了保卫城市、消灭进攻德军的战役目标。1945年四五月间，苏军在攻克柏林的过程中，白俄罗斯第1方面军第3突击集团军步兵第79军在夺取国会大厦的战斗中，"经过逐层逐房间的争夺之后"，终将红旗插上了大厦屋顶。⑧

---

① 《阎锡山致蒋介石密电》，1937年1月10日，中国第二历史档案馆编《抗日战争正面战场》(上)，江苏古籍出版社1987年版，第512页。

② 《李宗仁致蒋介石等密电》，1938年3月28日，中国第二历史档案馆编《抗日战争正面战场》(上)，江苏古籍出版社1987年版，第594页。

③ 《李宗仁致蒋介石及何应钦等密电》，1938年3月29日，中国第二历史档案馆编《抗日战争正面战场》(上)，江苏古籍出版社1987年版，第599页。

④ 孟企三：《台儿庄的巷战》，全国政协文史资料研究委员会《徐州会战》编审组编《徐州会战》，中国文史出版社1985年版，第179页。

⑤ 《邓锡侯等致蒋介石密电》，1938年3月18日，中国第二历史档案馆编《抗日战争正面战场》(上)，江苏古籍出版社1987年版，第574页。

⑥ 胡博、王戡著《碧血千秋——抗日阵亡将军录》，武汉大学出版社2013年版，第87—88页。

⑦ 黄玉章等合著《第二次世界大战》，世界知识出版社1984年版，第289页。

⑧ 黄玉章等合著《第二次世界大战》，世界知识出版社1984年版，第484页。

南京保卫战中没有巷战阶段

对照上述中外巷战举例，南京保卫战中虽存在零星的、自发的巷战战例，但并没有一个有组织的战役巷战阶段。

要探讨南京保卫战的组织实施者有没有规划过巷战阶段，首先要弄清其战役的指导思想。

在蒋介石决定组织南京卫戍部队来防守南京时，便为此战役定下了“短期固守”的方针。他在日记中写道：“南京孤城不能不守，对上、对下、对国、对民殊难为怀也。”①他并将防守南京的方针表述为：“南京守城，非守与不守之问题，而是固守之时间问题。在敌军火力优势，长江得自由航行之情势下，欲期保持，颇属难能，故只可希望较短时间之防守。”“既作短时间守城之望，则不必将全部之基干部队，全部牺牲，须预为撤退之掩护。”“若是至不得已放弃南京时，各防守部队撤退，得有掩护。”②

由此可见，南京保卫战从一开始就不是一个“死守”型的战役，只要求作短期防守，之后便作有计划的撤退。有计划撤退的目的在于保存有生力量，不与敌人拼消耗。而若进行巷战，则战局必呈胶着状态，想退也退不了。这一“短期固守”的战役构想，注定了南京保卫战不可能出现巷战阶段。

不过战局是旬息万变的。在南京保卫战打响 1 周后，日军已攻至南京东南部城垣附近。南京卫戍司令长官唐生智在尚未接到最高当局撤退令的情况下，曾准备组织巷战，以延缓坚守南京的时间，求歼更多的日军，表达中国军人的抗日意志。在第 78 军宋希濂部的“战斗详报”中，记有 12 月 1 日，“奉令增厚城防作巷战准备”的内容③。第 160 师的“战斗详报”载：“十二日七时，奉令构筑玄武门至水西门之南正面阵地，准备巷战。”④据宪兵司令部“战斗详报”记载：“（十二日）十二时，奉命在南京之部队须有与南京共存亡之决心，并增筑准备巷战之工事，全部闻命，气为之一壮。”⑤中国报纸及时报道了南京守军于城内构筑街道工事，作巷战准备的情况。据《申报》报道：“截至十一日傍晚，南京仍在华军固守中。华军各据点布置坚固之工事，准备于日军突破城垣时与之作猛烈巷战。”⑥

---

① 秦孝仪总编纂《总统蒋公大事长编初稿》卷 4 上册，中国国民党中央委员会党史委员会 1976 年编印，第 145 页。

② 第三战区长官司令部编制《抗战纪实》，中国第二历史档案馆藏，档案号七八七—6700。

③《陆军第七十八军南京之役战斗详报》，中国第二历史档案馆藏，档案号七八七—7590。

④《陆军第一百六十师锡澄、南京两役战斗详报》，中国第二历史档案馆藏，档案号七八七—7582。

⑤《宪兵司令部在京抗战部队之战斗详报》，中国第二历史档案馆藏，档案号七八七—7595。

⑥《申报》1937 年 12 月 13 日。

就在唐生智下达作巷战准备命令不久，11日午夜零时，他接到了第三战区副司令长官顾祝同从江北打来的电话。顾说："委员长已下令要南京守军撤退，你赶快到浦口来，我现在要胡宗南在浦口等你。"①旋复先后接蒋介石发来的"真侍参"、"真戌侍参"撤退令，内容均为："如情势不能持久时，可相机撤退，以图整理，而期反攻。"②唐生智在接奉蒋介石的撤退令后，便放弃了作巷战的打算。他于12日下午5时，在唐公馆召开了师长以上的高级将领会议，下达了书面的"卫戍作命特字第一号"的撤退命令，命令各部队在12日下午6时至13日上午6时间，"大部突围，一部渡江"，向浙、皖边区转进。后来，在实际撤退过程中，由于指挥失误，形成了"大部渡江，一部突围"的混乱局面，守军损失惨重。唐生智在下达撤退令的同时，实际上已取消了前发"准备巷战"的命令。有组织的巷战意味着坚守。坚守与撤退是完全相悖的两个概念。因此可以认为，守卫南京之战，在复郭战斗阶段之后，紧接着便是撤退转进阶段，并不存在一个巷战阶段。

零星自发的巷战英勇悲壮

尽管南京卫戍部队已经下达了撤退令，实际取消了原作巷战准备的指令，但是并不等于在南京失陷前后没有发生过零星自发的巷战。事实上，一些守军的小分队，在混乱的撤退中，还是竭尽所能，与日军展开了分散的、小规模的巷战。之所以将此时发生的巷战界定在"分散的、小规模的"层面上，是因为在卫戍总部已经下达了撤退令的情况下，各支部队均须及时执行"撤退"的指令，其主要任务已经不再是抵抗，故不可能在整体上再组织大规模的城市巷战；但在10余万大军同时撤退的情况下，同样不可避免地会同攻进城内的日军前锋部队进行遭遇性的、短时间的交火，即局部地区的巷战。

中外各新闻媒体对南京城内的巷战有许多报道。中央社记者报道说："军人爱国，杀敌心切，于是十三日晨曦中，城内外各处枪声大作，敌我巷战开始，冲锋肉搏，我孤军均作壮烈卫士之牺牲。"③记者范式之报道称："十三日拂晓，敌我已在城内各处发生巷战。"④日方特派员浮岛也于13日从南京城发出急电："今晨以来，构成南京攻防战最后一幕的大巷战和大歼灭战正在展开。"中国军队"正在进行垂死挣扎"。⑤《东方杂志》在

---

① 唐生智：《卫戍南京之经过》，全国政协文史资料研究委员会《南京保卫战》编审组编《南京保卫战》，中国文史出版社1987年版，第4页。

② 《南京卫戍军战斗详报》，中国第二历史档案馆藏，档案号七八七—7593。

③ 《失守后的南京》，《闽政与公余》第20期，1938年1月。

④ 范式之：《敌蹂躏下的南京》，"南京大屠杀"史料编辑委员会等编《侵华日军南京大屠杀史料》，江苏古籍出版社1985年版，第120页。

⑤ ［日］本多胜一著、刘春等译校《南京大屠杀始末采访录》，北岳文艺出版社2001年版，第261—262页。

《南京沦陷经过》一文中称："至十三日晨，日军又冲破中华门，沿中山路进迫。我军节节抵抗，发生激烈巷战……战至正午，水西门亦破，于是城之西南一带皆发生空前巷战，全城火光冲天。"①英国路透社记者史密斯在关于南京战情的报告中，记录了第88师部队在城南一带与日军进行巷战的情况。他写道："(12日)下午晚些时候部队从南城总撤退。整个师秩序井然地北撤。只有1000人留在南城。他们勇敢地坚持巷战。到了午夜，他们全部被歼。"②上述中外新闻媒体的报道，说明了南京城陷前后局部巷战的客观存在。但是，它们或出于同情、支持中国军人的抗战，或出于渲染日方攻陷南京之不易，在对巷战规模的描述上，似均有不同程度的夸大。

守军一位炮兵副连长沈咸曾经亲自指挥了市中心附近的巷战。他率领18名官兵在往江边撤退的途中，不断与侵入城内的日军展开战斗，在莲花桥附近，主动向正在屠杀百姓的6名日军发起攻击，将这些日军统统消灭，他们自己也先后阵亡5人。他回忆说："(12月13日)下午，我们官兵十九人多次绕过敌人火力网撤退到太平北路莲花桥一带，向江边靠拢，途中又牺牲了三个兄弟。这时，来人报告：有六个敌兵在杀害近百名的老百姓。我当即命令：'向敌人袭击！'终将敌兵统统杀死，收缴了武器。我们也有两名士兵阵亡。"③

守军第87师的一位工兵营上尉连长张谊，于13日率全连官兵，先后在山西路小学与古林寺占据有利地形，与日军展开激烈战斗，直至100余名官兵全部壮烈牺牲。据报道：张谊率部，"占据山西路小学的一幢二层楼房，以轻重机枪和步枪向日寇开火，打得日寇措手不及，十余步骑兵中弹倒下。日寇指挥官很感意外，遂组织火力还击，以期歼灭这些不怕死的中国兵。双方持续交火达两小时。"④在山西路小学的战斗中，张谊部牺牲20余人，但又有其他部队被打散的官兵40余人参加到这支工兵连的队伍中来。该部于天黑后，撤离山西路小学，经三步两桥、清凉古道、古平岗，来到古林寺。14日晨，"数百日军已越过古平岗，向古林寺扑了过来，枪声炮声四起，张谊急忙指挥官兵们奋勇还击，战斗打得相当激烈。张谊知道已被日寇包围，决心以死殉国，他们拒绝投降，一直

① 《南京沦陷经过》，马振犊等编《南京大屠杀史料集》第2册《南京保卫战》，江苏人民出版社2005年版，第137页。

② 《路透社记者史密斯先生关于1937年12月9日至15日南京战情的报告摘要》，《抗日战争研究》1991年第2期。

③ 沈咸：《高炮连参加南京保卫战简记》，全国政协文史资料研究委员会《南京保卫战》编审组编《南京保卫战》，中国文史出版社1987年版，第226页。

④ 王炳毅：《寻找消失在古林寺的抗日英雄》，《南京晨报》2005年3月31日。

打到弹药耗光，犹以枪刺迎向敌人，直到一百多人全部战死。”①

发生在南京保卫战最后阶段的局部巷战，虽然规模不大，不属战役意图所要求，但守军官兵在大军压境、群龙无首的情况下，仍抱定必死决心，前仆后继地于巷战中与日军顽强拼搏，充分显示了中国军人伟大、崇高的爱国主义精神。南京保卫战中，最后短暂的巷战，英勇悲壮，是南京保卫战中光荣、鲜红的一页。

（四）八名将军牺牲在保卫战中

近年来，随着南京大屠杀死难者国家公祭日、中国人民抗日战争胜利纪念日和中国烈士纪念日的设立与实施，社会各界对于南京保卫战中牺牲的将军一事，给予了更多的关注。牺牲将军，乃是牺牲军人群体的代表与象征，因为具有将军衔者的军职，均应在师、旅长以上，他们的牺牲，可以从一个侧面，说明战事的惨烈与牺牲人数之众多。因此，弄清楚在南京保卫战一役中，究竟牺牲了多少名将军，实有其重要意义。

这一议题，不仅牵涉到对南京保卫战时空范畴的定义及阵亡者享有将军衔级时间的界定，而且需要对相关档案、文献资料的真实性进行细致鉴定与考释。正因为如此，迄今为止，在研究南京保卫战的众多论著中，对南京保卫战中牺牲的将军数，出现了各种不同的说法。少自八九人，多至十七八人，悬殊颇大，莫衷一是。加之新资料不断发现，对相关人物的认定，也在不断发生变化。

准确界定“南京保卫战牺牲将军”

要弄清南京保卫战中牺牲的将军数字，首先必须准确界定“南京保卫战牺牲将军”这一概念。这个概念中，有两个关键词特别重要：即“南京保卫战”与“将军”。

关于南京保卫战。牺牲者必须属于南京保卫战的时空范畴之中。如不在这一范畴之中，虽同为抗战中牺牲的将军，当然不能纳入。这是显而易见的道理。但史界对南京保卫战的时空范畴，恰恰存在不同的认识。一种是狭义的理解，即由南京卫戍军司令长官唐生智指挥的序列部队，自 12 月 4 日在句容附近与日军接触起，至 13 日城陷止（含守军 13 日以后的渡江、突围行动）的时段内，在南京城郊地域中进行的战斗。另一种是广义的理解，即自 11 月 12 日上海失陷后，日军挥师西进起，直至南京沦陷的时段内，在南京四周苏州、无锡、常州、湖州、广德、芜湖等地一切从战略上支撑南京所进行的战斗。对于南京保卫战的战役研究，如双方指挥系统、投入兵力、损失兵力、历经主要战斗等，似应从狭义理解。若从广义理解，则无从辨认其指挥系统、投入兵力、损失兵力及历经

① 王炳毅：《寻找消失在古林寺的抗日英雄》，《南京晨报》2005 年 3 月 31 日。

战斗等项。淞沪会战失败后，当时活动在大南京地区的中国部队，达数十个师、数十万人，若将其尽皆纳入南京保卫战一役中，当不尽合理，亦无法区分、操作。

有鉴于此，1937 年 11 月 30 日在安徽广德自杀殉国的川军第 145 师中将师长饶国华，便不应列入南京保卫战牺牲将军的统计之中。饶国华所率第 145 师，属第七战区之第 23 集团军，并未编入南京卫戍部队之作战序列，其作战任务为，在广德、泗安一线，确保南京、芜湖侧背之安全，并掩护淞沪杭国军之撤退。也就是说，该师的作战行动只是从战略上与南京保卫战相呼应，它并不属于南京保卫战的参战部队。

还有一位牺牲将军的归属，也值得讨论。他就是预备第 10 师参谋长蓝运东。据中国人民抗日战争纪念馆网站公布的资料，蓝运东为“国民革命军预备第十师少将参谋长”，“1937 年 7 月抗日战争全面爆发后，蓝运东随部队奔赴抗日前线，于 12 月在南京保卫战中殉国”。查南京保卫战的战斗序列中，其师级单位计有第 36 师、第 41 师、第 48 师、第 51 师、第 58 师、第 87 师、第 88 师、第 103 师、第 112 师、第 154 师、第 156 师、第 159 师、第 160 师等共 13 个建制师，并无预 10 师；又，在众多的战斗详报、事后回忆、军史著述中，亦从未见有预 10 师参加南京保卫战的记录，是则蓝将军当年投入南京保卫战的战斗，并殉难于是役，究系只身奉调前来，还是率某一旅、团前来？殊堪斟酌。看来，对蓝将军牺牲于南京保卫战一役的史实似应存疑，可暂不将其列入南京保卫战中牺牲的将军之列。

关于将军的衔级。既然是要统计在南京保卫战一役中，牺牲了多少名“将军”，那就不是任何一位牺牲的将士都可计入，而是必须具有少将以上的军衔。按照国民革命军当时的军衔制度，一般说来，正职旅长或副师长、师参谋长等职，应相应享有少将军衔；副旅长及旅参谋长则可为上校军衔、可为少将军衔，须有相应的档案资料证明。例如第 58 师第 147 旅副旅长刘国用，是否具有少将军衔，即值得商榷。中国人民抗日战争纪念馆网站资料称：刘国用为“国民革命军第七十四军第一四七旅少将副旅长”，“12 月，参加南京保卫战”，“13 日于水西门外殉国”。可是，由中国第二历史档案馆、侵华日军南京大屠杀遇难同胞纪念馆合编的《南京保卫战殉难将士档案》（以下简称《殉难将士档案》）一书所载，1939 年 10 月 9 日经行政院长孔祥熙批准的“国民政府批准陆军第五十八师阵亡将士请恤指令”所附“死亡官兵调查表”中，由第 58 师师长冯圣法请恤，刘国用的职衔为“上校副旅长（追）晋少将”，其年抚恤金为 600 元，低于少将阵亡者之 700 元，而高于中校阵亡者之 500 元。① 由此可见，应按《殉难将士档案》所载内容，不将刘国用烈士列

① 中国第二历史档案馆、侵华日军南京大屠杀遇难同胞纪念馆合编《南京大屠杀史研究与文献》第 12 册《南京保卫战殉难将士档案》，南京出版社 2007 年版，第 425 页。

入在南京保卫战中牺牲的将军之列。

同样,第 112 师第 336 旅副旅长李兰池的军衔级别亦存在争议。中国人民抗日战争纪念馆网站资料称:李兰池为“五十七军一一二师少将副师长”,1937 年 12 月 12 日在率部“向大胜关转移”时,“不幸在太平门一带中弹阵亡”。但笔者最近经在《殉难将士档案》中仔细搜索查找,终于发现 1940 年 12 月 7 日经行政院长蒋中正批准的“国民政府批准陆军第一一二师阵亡将士请恤指令”所附“死亡官兵调查表”中,由陆军第 57 军请恤,李兰池为“一一二师三三六旅上校副旅长”,其所批准一次性恤金为 1500 元、年抚金为 600 元,皆低于少将阵亡者的标准,而与其他阵亡上校相同。故亦应不将其计入南京保卫战牺牲将军之中。

另一名在南京保卫战中牺牲的将领杨膺谓,其军衔级别也存有争议。胡博、王戡在其新著《碧血千秋:抗日阵亡将军录》中称:杨膺谓为“首都卫戍总司令部少将高级参谋”,于 1937 年 12 月 11 日在光华门附近“主动率领第 156 师一部出城突击”时阵亡。① 经仔细核对《殉难将士档案》,1944 年 3 月 14 日经行政院长蒋中正批准的“国民政府批准军事委员会抚恤委员会驻湘抚恤处阵亡将士请恤指令”所附“死亡官兵调查表”中,由第 35 集团军请恤,杨膺谓的职衔为“八三军”“中校参谋”,其所批准一次性恤金为 1000 元、年抚金为 500 元,均与其他中校军衔阵亡者同。② 其请恤单位第 35 集团军,1944 年时的司令官为邓龙光。邓在南京保卫战时任第 83 军军长,适为杨膺谓生前之主官,对杨牺牲时的职衔,当掌握清楚。故杨膺谓应不在南京保卫战牺牲将军之列。

本书之所以在相关档案、文献资料中,特别采信《殉难将士档案》资料,其原因有二:一是该项“死亡官兵调查表”一般均由阵亡者生前部队主官请恤,上列三位阵亡者刘国用、李兰池、杨膺谓,其军衔已至上校、中校,位列中、高级指挥官,他们与请恤主官的关系应相当密切,相信在是否享有将军衔级这一重大问题上,不至发生差错;二是其抚恤标准一经确定,直接关系到被恤者的荣誉及其亲属的生活待遇,并传遍被恤者同僚、亲属之中,事实上不容有恤、衔不符的情况发生。

在研究将军的衔级时,还会碰到一个问题,即如何对待死后“晋级少将”者。本节讨论的议题是“南京保卫战中牺牲的将军”,即在南京保卫战进行时、某将士牺牲时,他实际享有的军衔。至于身后“追赠”、“追晋”,从时间上说,已不在南京保卫战时段,有的甚至在二三年或若干年以后;从身份上说,“追赠”、“追晋”在很大程度上只是一种荣誉,它

---

① 胡博、王戡著《碧血千秋:抗日阵亡将军录》,武汉大学出版社 2013 年版,第 62—63 页。

② 中国第二历史档案馆、侵华日军南京大屠杀遇难同胞纪念馆合编《南京大屠杀史研究与文献》第 17 册《南京保卫战殉难将士档案》,南京出版社 2007 年版,第 2153 页。

并不能代替或改变牺牲者在牺牲时的实际身份。据此，可以认为，在《殉难将士档案》中，明令追晋少将的第 51 师第 302 团上校团长程智，第 58 师第 174 旅上校副旅长刘国用，第 87 师野战补充团上校团长谢家珣，第 88 师第 524 团上校团长韩宪元、第 527 团上校团长李杰、补充第 1 团上校团长华品章，教导总队第 1 团上校团长秦士铨、第 2 团上校团长谢承瑞、第 3 旅上校副旅长雷震等，均不宜计入南京保卫战牺牲将军之中。

八名将军查有实据

从上文主张的概念出发，以《殉难将士档案》作为主要依据，兼考相关重要文献，计有 8 名烈士，查有实据，可计入南京保卫战中牺牲的将军之列。他们是：

萧山令　据《殉难将士档案》录载，1938 年 3 月 24 日由宪兵司令谷正伦请恤的“陆军死亡官兵请恤调查表”中载有，萧山令为“宪兵司令部少将宪兵副司令兼参谋长（追）晋级中将”，“阵亡”于“南京”。①

朱赤　据《殉难将士档案》录载，1939 年 6 月 13 日经行政院长孔祥熙批准的“国民政府批准陆军第八十八师阵亡将士请恤指令”所附“死亡官兵调查表”中，由原第 88 师师长孙元良请恤，朱赤为“八八师二六二旅少将旅长（追）晋中将”，“抗战阵亡”于“南京”。②

高致嵩　据《殉难将士档案》录载，1939 年 9 月 30 日经行政院长孔祥熙批准的“国民政府批准陆军第八十八师等阵亡将士请恤指令”所附“死亡官兵调查表”中，由原第 88 师师长孙元良请恤，高致嵩为“八八师二六四旅少将旅长（追）晋中将”，“抗战阵亡”于“南京”。③

易安华　据《殉难将士档案》录载，1939 年 9 月 29 日经行政院长孔祥熙批准的“国民政府批准陆军第八十七师阵亡将士请恤指令之二”所附“死亡官兵调查表”中，由原第 87 师师长沈发藻请恤，易安华为“八十七师二五九旅少将旅长（追）晋中将”，“抗战阵亡”于“南京”。④

罗策群　据《殉难将士档案》录载，1940 年 3 月 20 日经行政院长蒋中正批准的“国

---

① 中国第二历史档案馆、侵华日军南京大屠杀遇难同胞纪念馆合编《南京大屠杀史研究与文献》第 18 册《南京保卫战殉难将士档案》，南京出版社 2007 年版，第 2307 页。

② 中国第二历史档案馆、侵华日军南京大屠杀遇难同胞纪念馆合编《南京大屠杀史研究与文献》第 13 册《南京保卫战殉难将士档案》，南京出版社 2007 年版，第 711 页。

③ 中国第二历史档案馆、侵华日军南京大屠杀遇难同胞纪念馆合编《南京大屠杀史研究与文献》第 13 册《南京保卫战殉难将士档案》，南京出版社 2007 年版，第 735 页。

④ 中国第二历史档案馆、侵华日军南京大屠杀遇难同胞纪念馆合编《南京大屠杀史研究与文献》第 12 册《南京保卫战殉难将士档案》，南京出版社 2007 年版，第 605 页。

民政府批准陆军第一五九师阵亡将士请恤指令”所附“死亡官兵调查表”中，由第 12 集团军总司令部请恤，罗策群为“第一五九师少将副师长”，“抗战阵亡”于“南京”。①

李绍嘉　据《殉难将士档案》录载，1940 年 8 月 15 日经行政院长蒋中正批准的“国民政府批准陆军第一五六师阵亡将士请恤指令”所附“死亡官兵调查表”中，由第 12 集团军请恤，李绍嘉为“陆军一五六师四六八旅少将副旅长”，“抗战阵亡”于“南京”。②

姚中英　在南京保卫战中任第 156 师参谋长。据台湾“国防部史政编译局”编《抗日战史(淞沪会战)》载，姚于突围战斗中“壮烈殉国”。查姚生前既任职师参谋长，其军衔应为少将。又据《中华民国时期军政职官志》“抗日战争时期国民革命军为国捐躯将领名录”载，姚“历任国民革命军陆军第一五六师团长、少将参谋长”，“1937 年 12 月 12 日在南京保卫战中牺牲于太平门”。③

司徒非　在南京保卫战中任第 160 师参谋长。据《殉难将士档案》录载，由蒋介石亲题刊名之《六十六军阵亡将士荣哀录》记称，1937 年秋，司徒非“以总部少将高级参谋兼程北上”，“旋奉委一六〇师参谋长”，“不幸竟于十二月十二日南京奉命突围之役殉国”。④

关键在于回归历史的真实

近年来在搜寻“南京保卫战中牺牲的将军”过程中，有些人走进了一些认识的误区：一是认为搜寻的对象人数愈多愈好；二是认为在牺牲的将士中，具有“将军”的名分者比不具有者更光荣。

怎样看待南京保卫战中牺牲的将军数字？众多的将军牺牲在南京保卫战中，从一个侧面，反映了战事的惨烈与牺牲的人数之众多。这有助于揭示中国军人在抗战中英勇顽强、不怕牺牲的战斗精神。但是，只有真实的历史，才具有激励、教化的力量；人为增大的数量，是苍白、脆弱的。因此，在探讨这个问题时，重要之点在于实事求是，尊重史实；不要捕风捉影，不要转换概念；一时弄不清楚的人物、案例，宁可暂时存疑。

是否有了“将军”的名分更光荣？是否将原定为“牺牲将军”的阵亡者做出改正，就是遗憾？应当说，凡在抗日战场上牺牲的将士、官兵，不分官阶、衔级，他们的血都是一

① 中国第二历史档案馆、侵华日军南京大屠杀遇难同胞纪念馆合编《南京大屠杀史研究与文献》第 15 册《南京保卫战殉难将士档案》，南京出版社 2007 年版，第 1342 页。

② 中国第二历史档案馆、侵华日军南京大屠杀遇难同胞纪念馆合编《南京大屠杀史研究与文献》第 14 册《南京保卫战殉难将士档案》，南京出版社 2007 年版，第 1244 页。

③ 郭卿友主编《中华民国时期军政职官志》(上册)，甘肃人民出版社 1990 年版，第 1167 页。

④ 中国第二历史档案馆、侵华日军南京大屠杀遇难同胞纪念馆合编《南京大屠杀史研究与文献》第 12 册《南京保卫战殉难将士档案》，南京出版社 2007 年版，第 507 页。

样的鲜红，他们的生命都是一样的宝贵。生命无贵贱。不管他们是以将军，还是校尉、士兵的身份记录在抗战史册中，人民都会永远铭记他们的功勋与贡献。他们永远是国家和民族的英雄。因此，被增加为“将军”级的牺牲者，并不会更加“光荣”；被从“将军”级的牺牲者中核减下来，也并不是一种“失落”。今后随着新史料的发现，这种统计意义上的增减还会不断发生。回归历史的真实，是史学研究中的正常现象，是一种学术进步，不值得大惊小怪。

（五）南京城的失陷不是保卫战失败的标志

以往人们一提起南京保卫战的失败，多将南京城的失陷，作为其主要标志。其实，南京城的失陷，仅仅标志着南京保卫战的结束，并不是南京保卫战失败的标志。对于战争中的某一战役或战斗来说，其战略与战役所要达成的目标是多方面的，在许多情况下，并不以一城一地的得失为目标。可以认为，在抗战初期的特定条件下，南京保卫战的胜负，完全不以南京城的守弃为标志。

战役目标是短期固守

自中国军事当局于 1937 年 11 月 8 日下令自淞沪战场撤退、日军追逐西进起，首都南京的防卫问题，就正式提到了议事日程上来。蒋介石多次召开高级幕僚会议，并个别征求过一些高级将领的意见，研究南京之守与不守问题。在高级官员中，主张不守的呼声甚众，李宗仁、白崇禧、陈诚、张群等都持这种主张。其理由主要为：第一，部队残破，无力防守。第五战区司令长官李宗仁认为：“我军新败之余，士气颇受打击，又无生力军增援”①。大本营作战组组长刘斐虽主张应作象征性防守，但也认为初败之军，已无力再战。他说：“我军在上海会战中损失太大，又经过混乱的长途退却，已无战斗力，非在远后方经过相当长时间的补充整训，不能恢复战斗力。”②第二，地形不利，易攻难守。李宗仁分析：“在战术上说，南京是个绝地，敌人可以三面包围，而北面又阻于长江，无路可退。”③刘斐也向蒋介石力陈南京不易守的见解。他说：“南京在长江弯曲部内，地形上背水，故可由江面用海军封锁和炮击南京，从陆上也可以由芜湖截断我后方交通线，

---

① 李宗仁：《李宗仁回忆录》（下），广西人民出版社 1980 版，第 699 页。

② 刘斐：《抗战初期的南京保卫战》，《南京保卫战》，全国政协文史资料研究委员会《南京保卫战》编审组编《南京保卫战》，中国文史出版社 1987 年版，第 8 页。

③ 李宗仁：《李宗仁回忆录》（下），广西人民出版社 1980 版，第 699 页。

然后以海陆空协同攻击，则南京将处在立体包围的形势下，守是守不住的。”①第三，免遭破坏，争取主动。李宗仁认为：与其在无胜算可能的情况下硬撞，“倒不如我们自己宣布南京为不设防城市，以免敌人藉口烧杀平民。”②军事委员会常委白崇禧也主张宣布南京为不设防城市，理由为：“南京是总理指定之首都，为总理陵寝之所在地，不忍为军事破坏，应宣布为不设防城市，以主力退出城之西部、西南部一带，一部集结于浦口，监视南京，掩护徐州，保留实力，以便机动打击敌人。”③军事委员会秘书长张群还持有一种新的见解，即：“如果我军自动撤出南京，日军不是以武力攻占的，万一将来和谈时，它就不能以战胜者自居而对我进行要挟。”④

上述种种关于不守南京的主张及理由，都是从当时中国方面在东战场所处主客观形势出发的，都有一定道理。这是一种正常的军事战略讨论，同“妥协”、“投降”并无任何内在的联系。

但是，蒋介石并未采纳“不守”的意见。经过几次与高级幕僚的商讨，蒋介石最终还是定下了“短期固守”的决心。他说：“南京守城，非守与不守问题，在敌军火力优势，长江得自由航行之情势下，欲期保持，颇属难能，故只可希望较短时间之防守。”⑤兵家对于一城一地之防守，约有决战型与过程型两种情况。决战型为死守在政略、战略上具有重大意义之城市，拼到最后一兵一卒而不后退；过程型为对城市作有限度的防守，在达到了政治上、军事上既定目标后即可弃守。就南京当时面临的情况而言，其保卫战的类型显属过程型，而非决战型。其“短期固守”的决策，主要是考虑到以下三个方面的因素：

一是冷静地权衡了当时敌我力量的对比。本来在全面抗战开始时，中日间在综合国力及军力方面，就存在着敌强我弱、强弱悬殊的形势，加之3个月的淞沪会战，使东战场的中国军队遭受重大损失，短时间内，无法在南京组织大规模的决战。正因为如此，才有蒋介石“在敌军火力优势，长江得自由航行之情势下，欲期保持，颇属难能”之说。刘斐认为：“日军利用它在上海战后的有利形势，以优势的陆海空军和重装备，沿长江和沪宁、京杭国道有利的水陆交通线前进，机动性大，后方联络线也很便利。”他提议用

---

① 刘斐：《抗战初期的南京保卫战》，《南京保卫战》，全国政协文史资料研究委员会《南京保卫战》编审组编《南京保卫战》，中国文史出版社1987年版，第8页。

② 李宗仁：《李宗仁回忆录》（下），广西人民出版社1980版，第699页。

③ 白崇禧：《白崇禧回忆录》，解放军出版社1987年版，第119—120页。

④ 宋希濂：《鹰犬将军》，中国文史出版社1986版，第125页。

⑤ 第三战区长官司令部编制《抗战纪实》，中国第二历史档案馆藏，档案号七八七—6700。

12—18个团的兵力,“只用象征性的防守,作适当抵抗之后就主动地撤退”①。

二是树立良好的国际形象及鼓舞民心、士气。南京是中国的首都,在大军压境之时,对于一国之都,是不战而退,还是进行一定规模的抵抗?这个问题关系到中国的形象及全国的民心、士气。蒋介石曾在日记中写道:“南京孤城不能不守,对上、对下、对国、对民殊难为怀也。”②后来受命担任南京卫戍司令长官的唐生智在讨论中,慷慨激昂地提出:“南京是我国首都,为国际观瞻所系,又是孙总理陵墓所在,如果放弃南京,将何以对总理在天之灵?”③。

三是可以在防守中消耗敌人,争取时间。抗日战争是一场持久战。中国人民战胜日本侵略者的唯一方法,便是在长期作战中,逐次消耗敌人的有生力量,使之由强变弱,直至彻底失败。蒋介石在一份就国民政府迁都重庆事致军内各级长官的密电中称:“宜抱破釜沉舟之决心,益坚最后胜利之自信,寸地尺土,誓以血肉相撑持,积日累时,必陷穷寇于覆灭。”④。与此同时,第三战区的主力部队已奉命向广德、安吉、宁国一线退却,该战区的主要指挥官顾祝同、陈诚等人,也已去皖南部署部队的整补工作。可见,南京一战,若能阻滞日军于南京城外,对于东战场中国后方部队的整补,当有重要意义。

因此,中国军事当局关于在南京作“短期固守”的决定,应当说是一个较为明智和适当的决策。

城陷不是战役失败的标志

对南京作“短期固守”的决策既定,蒋介石便于11月19日亲书手令,特派一级上将唐生智为南京卫戍司令长官,唐遂于次日走马上任。25日,蒋介石颁布了南京卫戍部队最初的战斗序列。此后,该部即边不断充实,边节节抵抗。

南京之战,无论从参战部队的名称(南京卫戍军、首都卫戍部队)和人们对战役的称呼(南京守城战、南京卫戍战、南京保卫战)来看,它都和南京城的存亡直接相联。南京城陷之日,亦即南京保卫战结束之时。不可否认,南京城的失陷,是南京保卫战重要的、直接的结局。它为南京保卫战画上了一个沉重的句号。同样不可否认,南京保卫战的

① 刘斐:《抗战初期的南京保卫战》,《南京保卫战》,全国政协文史资料研究委员会《南京保卫战》编审组编《南京保卫战》,中国文史出版社1987年版,第8—9页。

② 秦孝仪总编纂《总统蒋介石大事长编初稿》卷4上册,中国国民党中央委员会党史委员会,1976年编印,第145页。

③ 刘斐:《抗战初期的南京保卫战》,全国政协文史资料研究委员会《南京保卫战》编审组编《南京保卫战》,中国文史出版社1987年版,第8—9页。

④ 秦孝仪主编《中华民国重要史料初编——对日抗战时期》第2编第2册,中国国民党中央委员会党史委员会1981年编印,第213页。

结果是一个败局，这一点，长期以来，政界、军界、学术界从无异议。但是，必须指出：南京城的失陷，并不是南京保卫战失败的标志；换句话说，南京保卫战并非因南京城失陷而告失败。

首先，战役的目标并不是永久固守南京城。前文已述，南京保卫战的类型并不属于决战型，而只是一种过程性的防守。所谓“短期固守”，实际就是“最终不守”，这是不言自明的道理。实际上，早在蒋介石定下对南京“短期固守”方针之时，便同时下达了相关的指示：“既作短时间守城之望，则不必将全部之基干部队，全部牺牲，须预为撤退之掩护。”“若是迫不得已放弃南京时，各防守部队撤退，得有掩护。”①。显然，南京城的放弃、失陷，在中国军事当局看来，是意料之中的事。既然在战役目标中并不包括永久固守南京城，因此在衡量南京保卫战胜负、成败时，便不应将城市是否守住作为一项条件来评估。

其次，军力对比与战场形势，决定了南京城必然要失陷。日本攻击南京的华中方面军，其所属 9 个师团，除第 101 师团留沪作警备部队外，其余 8 个师团和国崎支队，都多少不等地投入了南京战役。其直接攻击南京的部队虽只有 10 万人左右，但大多是训练有素的老兵。作战时，陆海空密切配合，且有新式坦克、火炮等重武器装备。在攻击南京期间，日本除由国内、中国台湾、朝鲜等地机场出动飞机参加作战，还有由佐贺忠治率领、配属上海派遣军的第 3 飞行团随军作战；由长谷川清司令长官率领的中国方面舰队，也以舰艇和飞机，支持了陆军对南京的攻击。中国方面虽有 13 个建制师又 15 个建制团、约 15 万人参加守卫南京，但军队构成庞杂，作战手段落后。据时任南京卫戍司令长官部参谋处第一科科长的谭道平先生统计：守军中，能直接同敌人厮杀的战斗兵只占 60%，刚入伍的新兵又占了 38%。② 有的新兵战斗前还没有摸过枪，不懂射击要领，部队开到阵地后，只好“一面做工事，一面教射击，毫无军事知识，边教射击，讲授军事知识，边守阵地”③。这支守军，不仅缺乏训练，而且缺少重武器装备。投入保卫战的特种兵，只有炮兵第 8 团 1 个整团、炮兵第 10 团的新 15 榴炮营，以及战车防御炮 8 门、轻战车 10 辆和大小高射炮 27 门。至 12 月初，在南京复廓、城垣展开激战时，中国空军战机已损失殆尽；海军主力舰艇一部被炸毁，一部已撤至长江中上游。就地形而言，如前文所述，许多高级将领均指出其易攻难守的缺陷。据德国档案记载，其派驻中国担任军事顾问的冯·法肯豪森将军，在南京保卫战前，曾“强烈地劝蒋介石不要保卫处于长江一

① 第三战区长官司令部编制《抗战纪实》，中国第二历史档案馆藏，档案号七八七—6700。

② 谭道平：《南京卫戍战史话》，东南文化事业出版社 1946 年版，第 93—95 页。

③ 欧阳午：《南京撤退追忆》，全国政协文史资料研究委员会《南京保卫战》编审组编《南京保卫战》，中国文史出版社 1987 年版，第 240 页。

个死湾子里的南京”。① 后来的事实证明，这种不利的地形，确给中国军队的补给、撤退和转移，造成了很大的困难。上述强弱悬殊的军事力量对比及不利防守的地形，使得南京城的失陷成为历史之必然。因此，城陷与否，已不能构成衡量战役成败的要素。

复次，中外历史上存在着许多不以一城一地得失论胜负的实例。在研究南京城守弃对战役成败的影响时，这些战例有着重要的参考、借鉴价值。1812 年 9 月，拿破仑率 60 万大军兵临莫斯科城下，俄方实行坚壁清野，使法军只得一座空城，物资匮乏，精神沮丧，陷入饥寒交迫的境地。后来，法军在被迫撤退时，遭受到巨大损失，逃到尼门河时只剩下 2 万余人，拿破仑本人则几乎是只身逃回巴黎。对于俄国来说，莫斯科的失陷，不仅不是抗法战争失败的标志，而且可以认为，它是俄军争取主动、扭转战局的一个成功措施。中国近代史上则更有著名的苏中“七战七捷”可以借鉴。1946 年七八月间，全国性内战的战火刚燃起不久，活跃在江苏苏中地区的华中野战军，经过 7 次重要战斗，共歼灭国民党军 6 个旅又 5 个交通警察大队计 5.3 万余人，但是苏中解放区重镇如皋、海安却为国民党军所占领。解放区军民在这一战役中，虽失二城及大片土地，但大量歼灭了国民党军的有生力量，实现了战役的既定目标，故这一战役被称为“七战七捷”，成为解放战争中获胜的典型战例。1937 年 12 月南京的失陷，与 100 多年前俄国莫斯科的失陷，以及解放战争中如皋、海安的失陷在某些方面具有相似之处，即都存在着比城市的存亡更为重要的战役目标，因而可以不以城市弃守来论战役的胜负。

认定战役失败的主要依据

如上所述，根据南京保卫战的具体情况，南京城的失陷并不是战役失败的标志。那么，认定这一战役失败的主要依据又是什么呢？探索这一问题，应当跳出南京这一座孤城弃守、存亡的狭小眼界，多方位、多视角地去观察和思考与这一战役有关的各种因素。

第一，歼灭敌人较少。

歼灭敌人，这本是夺取战争胜利的重要条件。在中国抗日战争的初期，面对强大的入侵者，通过每一个战役、战斗来大量歼灭敌人的有生力量，对于中国军事当局来说便显得尤其重要。

中国军队在南京保卫战中究竟消灭了多少敌人？日方将自己的伤亡损失说成 4000 人或 4800 人，显然是大大缩小了，与实际战况不符。根据日、中双方的资料，均可证明，日军在南京一役中的伤亡规模，应在 1 万人左右。

歼敌万名左右的战绩，虽不能算少，但距战役歼灭战的要求还相差很远。日军用于

① 《德国驻华大使馆留守南京办事处政务秘书罗森给德国外交部的报告》，1937 年 12 月 24 日，《德国档案中有关侵华日军南京大屠杀的档案资料》，《抗日战争研究》，1991 年第 2 期。

直接攻击南京的兵力，近 5 个师团、10 万余人。被歼 1 万人，平均每个师团损失 2000 人，只为全师团兵力的 1/10。这样的伤亡数字，是敌军在继续战斗中，可以承受得起的，同时也极易迅速得到补充。显然，南京保卫战没有收到用歼灭战的方法来消耗敌人的效果。

第二，自己损失惨重。

尽可能保存自己的有生力量，把战斗的人员损失降到最低限度，无论从战略和战术上来看，都是战争中的一条重要原则。无谓和过量的牺牲，乃兵家之大忌。

南京守军在保卫战中，总共损失了多少兵力？前文亦已专节论及，守军的实际损失应在 10 万人左右。

守卫南京的 15 万大军，在战斗中伤亡和放下武器后遭日军屠杀共损失 10 万人，致使多数部队已不成建制，短时间内无法恢复战斗力。这样的损失，应该说是巨大而惨重的。尤其令人痛心的是，在损失的 10 万人中，约有 9 万人，是在不构成对敌人杀伤的情况下被屠杀的。这更显现了中国军队在这一战役中的失败。

第三，坚守时间太短。

争取时间，拖住敌人，以利再战，是南京保卫战的一项重要的战略目标。无论从争取抗战胜利的宏观，还是从调整淞沪战后战场的微观来说，通过南京保卫战，牵制敌人，整顿后方，准备新的战场，都是十分必要的。

按照中日双方原来预定的方案，南京之役至少要进行一两个月的时间。蒋介石在 11 月 12 日的一份电报中说："预计敌十日左右，方能到达南京城下，再固守两周以上，约需月余时间。"①次日，蒋介石在视察狮子山、天堡城等处要塞炮台后，又指示："首都锦带江山，可以说是天然的要塞，要是守卫有方，一定可以支撑一二个月。"②当战事已推进到南京城郊时，蒋介石又在离开南京前夕致电李宗仁、程潜、阎锡山、蒋鼎文、朱绍良等高级指挥官称："南京决守城抗战，图挽战局，一月以后，国际形势必大变，中国当可转危为安。"③其时，日军也作了与中国军方大致相同或相近的时间估算。日本华中方面军于 11 月 22 日，向参谋本部呈报了如下意见："方面军以现在的兵力不惜付出最大牺牲，估计最迟在二个月以内可达到目的(指攻占南京)。"④

可是，战役进行的实际情况，却出乎中日双方军事当局的意料之外。从 11 月 25 日

① 第三战区长官司令部编制《抗战纪实》，中国第二历史档案馆藏，档案号七八七—6700。

② 谭道平：《南京卫戍战史话》，东南文化事业出版社 1946 年版，第 47 页。

③ 秦孝仪主编《中华民国重要史料初编——对日抗战时期》第 2 编第 2 册，中国国民党中央委员会党史委员会 1981 年编印，第 219 页。

④ ［日］日本防卫厅防卫研究所战史室著、齐福霖译《中国事变陆军作战史》第 1 卷第 2 分册，106 页。

组建南京卫戍部队算起，只经过了18天时间，南京即告失陷；从12月1日日本华中方面军下达攻占南京的命令算起，日军只用了10天时间，即分别从句容、天王寺、溧阳、广德等地出发，攻至南京城郊；从12月10日日军向南京城发动总攻击算起，他们只用了三四天时间，即破城而入。可以说南京守军没有为中国军事当局及其友军争取到应有的、足够的时间，来休整部队、准备战场；相反，却让日军从容实现了迅速占领南京的政略和战略目标。这不能不说是南京保卫战的一大败笔。

总之，南京保卫战由于未能较多地消灭敌人、较好地保存自己和争取到较为充裕的时间，从而没有实现这一战役既定的目标，因此是一个失败的战役。如果说，南京城的失陷只是诸多不以自己意志为转移的客观因素作用的结果，那么，上述决定战役败局的三个方面情况，则在很大程度上应归咎于主观指挥的失误和临战发挥的不理想。如果说，南京城失陷这一结局乃是意料之中的情况并带有某种历史的必然性，那么，出现上述决定战役败局的三个方面情况则殊属意外，带有一定的偶然性，未能获得本可企求的战果。

（六）保卫战的历史地位

在相同的历史背景下，胜利的战役要比失败的战役具有更为重要的历史地位和更大的影响。南京保卫战是一次失败的战役。但是，对于任何一次阶级斗争、民族战争来说，它的价值，对它的估价，起决定作用的因素，是其本身的性质；某一方的胜负、得失，只能从属于这一性质，而发挥影响、作用。中华民族神圣的抗日战争，并没有因南京保卫战的失败而失色；日本侵略者也没有因占领南京而增辉。

南京保卫战作为中国民族革命战争的一个组成部分，有着重要的历史意义和影响。

首先，它又一次表明了国民党在抗战初期对日作战积极、努力的态度。毛泽东指出："从一九三七年七月七日芦沟桥事变到一九三八年十月武汉失守这一个时期内，国民党政府的对日作战是比较努力的。""有比较积极的抗战"，其"政策的重点还放在反对日本侵略者身上"①。南京保卫战是由国民党直接组织指挥的。蒋介石在淞沪会战失败的情况下，又以南京守备部队和部分自上海撤退的部队为基础，调集武汉的第2军团徐源泉部和云南的第60军卢汉部（未抵达），共13个师15个团、约15万官兵，内含蒋的嫡系部队教导总队桂永清部、第74军俞济时部、第71军王敬久部、第72军孙元良部等，组织南京保卫战。他并要求，"各部队长要在唐长官的指挥下，抱定不

① 毛泽东：《论联合政府》，《毛泽东选集》第3卷，人民出版社1991年版，第1037页。

成功便成仁的决心，克尽革命军人保国卫民的天职”①。受命担任南京卫戍司令长官的唐生智，更多次表示并下令各部队“与南京共存亡”；12月9日，在日军兵临城下，发出最后通牒的情况下，以猛烈的炮火攻击，回答了敌人。这一切表明，国民党军事当局继淞沪战役之后，又一次摆开了阵势，迎战日军，把本来对着中国共产党和工农红军的枪口，转而对向中华民族的共同敌人日本帝国主义。这是一个很大的进步，是符合中华民族和全国人民利益的。

其次，守城官兵浴血奋战的爱国壮举，是全中国军民的共同光荣和骄傲。

南京战役中，中国军队多从淞沪战场撤退下来，未及休整，新兵又未经训练，加之在训练和武器装备方面，都比敌人差得多。在如此不利的情况下，明知不可为而为之，全凭一腔爱国热情，以血肉之躯，力御强敌，其精神殊堪赞佩。在城东南光华门的激烈战斗中，为消灭潜伏在城门外洞圈里的日军，第156师的数十名敢死队员，由城墙上缒悬而下，用手榴弹和汽油把他们全部焚毙；之后，又猛袭占据通光营房的日军，把他们全部加以驱逐。最后，这数十名勇士，全部牺牲于追击敌人的战斗中，一个也没有生还。②在城南之中华门，当城门已被敌人炮火轰破，敌军突入时，万千守军毅然向敌人潮水般地冲杀过去，“把他们的身体当作城墙”，“以阻遏一下敌人的长驱”③。方山的两名装甲兵战士，在战车被击毁的情况下，决心与战车共存亡，埋伏在战车内，待一大队日军走近时，突然从转塔前后两端伸出机枪，一举消灭了几十名敌人。后来他们在撤离坦克时，一名不幸牺牲，一名安全转移。④ 当日军坦克冲进光华门时，一些中国士兵“绑了一身手榴弹向日军坦克车滚去，与敌坦克同归于尽。”⑤在南京战役期间，第88师少将旅长朱赤、高致嵩，第87师少将旅长易安华，第156师少将参谋长姚中英、第468旅少将副旅长李绍嘉，第159师少将副师长罗策群，第160师少将参谋长司徒非，宪兵少将副司令萧山令，以及团长谢家珣、程智、谢承瑞、韩宪元、华品章、李杰等，均壮烈牺牲。他们在南京保卫战中表现出来的爱国主义精神，激励着中国军队和中国人民在整个抗日战争中英勇斗争、抗敌御侮。

此外，战役的失误，还为其他战役提供了血的教训。

---

① 谭道平：《回忆一九三七年唐生智卫戍南京之战》，江苏省政协文史资料研究委员会编《江苏文史资料选辑》第16辑，江苏古籍出版社1985年版，第30页。

② 谭道平：《南京卫戍战史话》，东南文化事业出版社1946年版，第65页。

③ 谭道平：《南京卫戍战史话》，东南文化事业出版社1946年版，第69页。

④ 杜聿明：《南京保卫战中的战车部队》，全国政协文史资料研究委员会《南京保卫战》编审组编《南京保卫战》，中国文史出版社1987年版，第214页。

⑤ 天津《大公报》1945年9月10日。

南京战役中，较大的失误有二：一是消极防御，被动挨打；二是撤退无方，损失惨重。

关于消极防御。这是南京保卫战战役指挥上的重要失误。整个战役，自始至终，均呈被动挨打的态势。特别是在敌强我弱的大环境下，这种态势，绝无有效歼敌的可能。毛泽东在总结中国革命战争经验的基础上指出："消极防御实际上是假防御，只有积极防御才是真防御，才是为了反攻和进攻的防御。"①。南京失陷3个月后，中国军队在台儿庄会战中，即改变了消极防御的做法，取得了辉煌战果。

关于撤退无方。南京守军的损失有85%发生在撤退之中。这在一般战役中是少见的。根据中国革命战争的规律，"退却之所以必要，是因为处在强敌的进攻面前，若不退让一步，则必危及军力的保存"②。退却首先是为了保存自己，同时，也是为了下一步消灭敌人。若退却而不能保存自己，则不如不退却而同敌人拼消耗，与敌人同归于尽。时隔5个月，第五战区四五十万大军为突破日军对徐州地区的包围封锁，于1938年5月中旬，除留第24集团军于苏北、第69军及海军陆战队于鲁南、鲁中坚持外，以第68军刘汝明部为掩护，战区主力部队分作5路，迅速突围。李宗仁第五战区突围的成功，粉碎了日军聚歼中国军队的意图，完整地保存了作战的主力，为武汉保卫战准备了条件。

中国军队在台儿庄会战中以积极防御取胜，在徐州撤退中以严密部署成功突围，固然有国外和历史上丰富战例的借鉴，有与南京保卫战不尽相同的战场条件和指挥素质；但从时间、地域上来说，与之非常接近的南京保卫战的经验教训，当然具有一定的影响。

南京保卫战，虽然从双方投入的兵力和持续的时间来说，只是一次中等规模的战役，但由于南京是当时中国的首都，是日军借以胁迫中国投降的攻击重点，加之南京守军英勇拼搏、牺牲惨烈，这又使它作为抗战初期一次举国触目的重要战役，载入了中国人民抗战和世界人民反法西斯战争的光荣史册。

（七）唐生智在保卫战中的功过

南京保卫战失败了，在总结这一战役的历史经验教训时，南京卫戍司令长官唐生智所应负的责任，理所当然地被提了出来。

在许多涉及南京保卫战的论著中，南京卫戍司令长官唐生智，被指责为"败仗将军"、"逃跑司令"和"沽名钓誉的人物"。特别是有人抓住唐生智曾多次表示"与南京共存亡"，后来南京失而唐并未亡的事实，反唇相讥。然而，单纯的责备和讥讽，并不能代

① 毛泽东：《中国革命战争的战略问题》，《毛泽东选集》第1卷，人民出版社1991年版，第198页。

② 毛泽东：《中国革命战争的战略问题》，《毛泽东选集》第1卷，人民出版社1991年版，第206页。

替对于一个历史人物的公正评价。

唐生智是南京保卫战的最高指挥官，当然与战役的胜负、成败有着直接的关系。他对于保卫战的失败，负有不可推卸的责任。但这并不影响我们多角度、多方位地去公正、客观地评价唐生智。

守城抗敌有功

11 月 12 日，上海失陷。淞沪战役经鏖战三月，终以中国军队的大规模溃退而告失败。日军乘胜西进，直扑南京的形势，已经明朗。而国民政府军队刚经大败，损兵折将，未及整补，很难组织坚强有力的抵抗。在这样的情况下，要不要守卫南京？花多大的力量守卫南京？这是摆在国民政府面前的一个重大战略问题。为此，蒋介石曾先后召集三次幕僚会议，研讨对策。讨论中，多数人主张不守南京，或只以少量部队作“象征性的防守”。只有唐生智力主守卫，借此“掩护前方部队的休整和后方部队的集中，以阻止和延缓敌人的进攻”①。唐大声疾呼：“现在敌人已迫进首都，首都是国父陵寝所在地。值此大敌当前，在南京如不牺牲一二员大将，我们不但对不起总理在天之灵，更对不起我们的最高统帅。本人主张死守南京，和敌人拼到底！”②唐生智主张守卫南京，其战略思想当有可取之处；其爱国主义精神，则更加值得肯定和赞誉。

唐生智在他守卫南京的思想为蒋介石接受后，又以带病之躯，主动承担了防守南京之责，当面向蒋介石保证：“临危不乱，临难不苟”。唐于 11 月 19 日接到蒋介石任命的手令，20 日就任南京卫戍司令长官职，旋即表示：“本人奉命保卫南京，至少有两事最有把握，第一，即本人及所属部队誓与南京共存亡，不惜牺牲于南京保卫战中；第二，此种牺牲定将使敌人付出莫大之代价。”③唐之就职，真可谓“受任于败军之际，奉命于危难之间”，其战斗勇气，殊属可贵。有的文章认为，唐生智系因估计日军不会真的进攻南京，才故作姿态，守卫南京。可是，无论从当时的政治、军事形势推导，还是以日军攻占南京的实践来检验，均不应得出上述结论。

蒋介石为守卫南京所调集的部队，有 13 个师又 15 个团，约 15 万人。唐生智将所部分成外围阵地和复廓阵地两个层次配备，规定了各支部队应占领阵地的位置及其任务，并策定首都城防计划之概略为：“一、利用雨花台、天堡城、红山及幕府山已完成的骨干工事编成核心阵地；二、命要塞用全力掩护长江的封锁线，并协同核心守备队战斗；

① 唐生智：《一九三一至一九四九年概括回忆的几件事》，全国政协文史资料研究委员会编《文史资料选辑》合订本第四册，中国文史出版社 1986 年版。

② 李宗仁：《李宗仁回忆录》（下），广西人民出版社 1980 年版，第 697 页。

③ 武汉《大公报》1937 年 11 月 28 日。

三、各守备部队须作物资及械弹上的准备，都要有独立作战的能力。”①这说明，南京卫戍军摆开了阵势来迎战敌军，是真的想打，不是虚张声势。

南京守军在唐生智的指挥下，首先在外围阵地同敌军进行了激战。扼守淳化镇的第51师王耀武部，从12月5日起，与敌血战三日，虽“伤亡甚大”，但仍“奋勇抵抗，杀敌甚多，阵地屡失屡得”，“其中五营官兵几全部壮烈牺牲”②。少数进抵光华门附近的日军，在6日至9日间，更遭到守军的猛烈还击。据日本《支那事变战迹之刊》载：“九日午前五时半，我胁坂部队，已达南京城光华门前面之城墙附近，当时城上之敌军，仍顽强作最后抵抗，不断对我军加以猛射，于是开展壮烈凄绝之迫击战。”“敌即陆续派出精锐部队，以机关枪从各方面向我猛射，几无片刻间断。复由明故宫飞机场及城内各炮兵阵地，不断以重炮及迫击炮猛烈射击，致使我军无法前进。是时以敌弹如雨注之下，与后方之联络完全断绝，弹药粮食之供给，已不可能。”③

值得高度评价的是，唐生智在敌大军压境、势不可挡的险恶形势下，拒绝了敌人的劝降，报之以坚决的还击。9日正午，日华中方面军司令官松井石根，用飞机在南京上空撒下了《投降劝告书》，内称：“百万日军已席卷江南。南京城将陷入重围之中。观之战局大势，今后交战唯有百害而无一利。盖江宁之地乃中国故都，亦为民国之都城，明孝陵、中山陵等名胜古迹猥集。有宛若东亚文化精髓之感。日军将严厉处置抵抗者，不予宽恕，然对无辜民众及不怀敌意之中国军队，则宽以待之。乃至东亚文化亦有保护保全之热忱。然若贵军继续交战，南京势必难免战祸，千载文化归于灰烬，十年之经营化为泡影。”④《投降劝告书》中还规定，中国军队须于次日正午将答复交至中山门外句容道上的步兵哨线，否则，即对南京城发动进攻。唐生智完全无视日军的劝降书，于9日傍晚，以破釜沉舟的决心，下达“卫参作字第三十六号”命令：

> 1. 本军目下占领复廓阵地为固守南京之最后战线，各部队应以与阵地共存亡之决心，尽力固守，决不许轻弃寸地，动摇军心。若有不遵命令，擅自后移，定遵委座命令，按连坐法从严办理；
>
> 2. 各军所有船只，一律缴交运输司令部保管，不准私自扣留。着派第七十八军军长宋希濂负责指挥沿江宪兵，严禁部队、散兵私自乘船渡江，违者即行拘捕严办，

① 吴相湘：《第二次中日战争史》上册，台湾综合月刊社1973年版，第399页。

② 《南京卫戍军战斗详报》，中国第二历史档案馆藏，档案号七八七—7593。

③ [日]陆军恤兵部发行《支那事变战迹之刊》中卷，中央陆军军官学校第四分校1941年印，第112—113页。

④ 《支那事变经过概要》，王卫星编、叶琳等译《南京大屠杀史料集》第32册《日本军方文件与官兵日记》，江苏人民出版社2007年版，第25—26页。

倘敢抗拒,准以武力制止。①

该命令的下达,更加坚定了广大官兵守城的决心。在日军等待答复的24小时内,中国军队在各个与日军对峙的阵地上,均没有停止战斗。9日当晚,守卫南郊将军山阵地的部队,一连打退敌人30余次进攻,许多官兵壮烈牺牲。10日上午,守卫紫金山和光华门一带的教导总队、第87师等部队,都以猛烈的炮火,作为对日军《投降劝告书》的回答。

日军方面,9日早晨,由华中方面军参谋长塚田攻率高级参谋公平、情报参谋中山和翻译官冈田尚等人,从苏州方面军司令部出发,绕经太湖北岸,到达南京郊外。10日接近中午时,塚田一行来到中山门外日方步兵哨线,准备和中国军队的代表谈判接受投降的问题。但直至下午1时,也没有出现中国军使的身影,他们只好失望而归,而总攻南京城的命令,亦即同时下达。翻译官冈田尚后来在东京法庭的宣誓证词中说:"12月9日早晨我乘车和塚田以及参谋公平和中山从苏州出发,一到南京郊外,我们就在某个部队营地休息。第二天上午11点,我们几个人(塚田、公平、中山和我)前往中山门并在那里等候中方谈判人员的到来。可是直到下午1点,他们都没有出现。我们只能离开那里,之后不久,假如我没记错的话,总攻的命令就下达了。"②

这一次,日军错估了中国军队的战斗勇气,碰了钉子。应当肯定,唐生智率军拒降的举动,代表了中国人民抗日御侮的共同意志,显示了中国军队在敌人面前威武不屈的战斗精神。

日军劝降不成,恼羞成怒,遂于10日下午1时,开始对南京城实施总攻击。唐生智率领南京卫戍军,依托古老的南京城垣,在复廓阵地与敌进行了更为激烈的战斗。据守东北郊杨坊山阵地的某部三营官兵,不畏日军飞机、大炮狂轰滥炸,与其步兵反复混战,除营长重伤获救外,余均壮烈牺牲。③ 教导总队于紫金山麓,"居高临下,据险固守,屡次击退寇军之冲锋"④。防守雨花台、中华门的第88师部队,与日军进行了顽强的白刃格斗,并展开激烈的巷战。守卫西南郊赛公桥的第51师部队,于12日与大批日军发生猛烈战斗,虽伤亡1700余名,仍将阵地守住,歼敌甚众。直至奉命撤退,该阵地迄未丢失。在南京保卫战处于最紧张、激烈的时刻,身负南京卫戍司令长官要职的唐生智,不

① 《南京卫戍军战斗详报》,中国第二历史档案馆藏,档案号七八七—7593。

② 《冈田尚宣誓证词》,杨夏鸣编《南京大屠杀史料集》第7册《东京审判》,江苏人民出版社2005年版,第473—474页。

③ 《第二军团京东战役战斗详报》,中国第二历史档案馆藏,档案号七八七—7591。

④ 《救国时报》1937年12月10日。

顾日机轮番轰炸和重磅炮弹在寓所上空爆炸，拒绝去地下室，坚持在百子亭寓所指挥战斗。

在南京城已三面被围，形势十分危急的情况下，唐生智一面命令部队作好巷战准备，一面严令不准擅自撤退。

据第78军战斗详报记载："11日，军奉令增厚城防，作巷战准备。"①第66军战斗详报亦载，12日"一六零师及军属炮工兵营，集结于玄武门、水西门一带，构筑工事，准备巷战。"②由此可见，在唐生智的指挥下，守城部队于奉命撤退前均有进行巷战、死守南京的思想准备。

唐生智自9日下达各部队应"与阵地共存亡"、"决不许轻弃寸土"的命令后，11日又向担负戒严任务的第78军军长宋希濂口授命令："第四十一、四十八两师务须固守朝阳洞至乌龙山之线阵地，如有部队散兵自行后退，着由该军严予制止，倘敢违抗，准以武力执行。"③12日正午12时，距正式下达撤退令还剩5个小时，唐生智再一次召见宋希濂，仍强调保持部队正常的战斗秩序，命令：

1. 下关通浦口为我军后方唯一交通路，该军应竭力维持秩序，禁止散兵游勇麇集，以确保要点；

2. 七十四军在上河镇与敌激战，其后方交通由汉西门与城内联络，禁止一切散兵及部队通过三汊河退入下关。④

当日，有部分第87、88师官兵由中华门一带向挹江门方向自行溃退，戒严部队即按照唐生智命令精神，劝导其返回原阵地。另有部分第74军部队，由三汊河擅搭浮桥，撤向下关，戒严部队在向司令长官公署请示后，亦奉令予以制止。

其实，唐生智在11日晚，即已接到蒋介石两次撤退令，而至12日上午，仍悉心部署部队坚守阵地，积极抵抗。这说明，唐生智在率军守土抗敌方面还是努力、认真的。

在南京保卫战中，唐生智的主要贡献在于：在日军疯狂进逼南京的危急情况下，自告奋勇，受命守城；悉心指挥，临难不苟；拒绝投降，认真抵抗。肯定上述这些贡献、功劳，是对南京卫戍司令长官唐生智进行评价的基本出发点。

指挥失误有过

在肯定唐生智勇于受命、悉心指挥、认真抵抗的同时，也不能忽视他在战役指挥中的严重失误。作为南京卫戍战的最高指挥官和一名具有长期戎马生涯的军人，其所发

---

①《第七十八军南京战役战斗详报》，中国第二历史档案馆藏，档案号七八七—7590。

②《第六十六军南京突围战斗详报》，中国第二历史档案馆藏，档案号七八七—7591。

③《第七十八军南京战役战斗详报》，中国第二历史档案馆藏，档案号七八七—7590。

④《第七十八军南京战役战斗详报》，中国第二历史档案馆藏，档案号七八七—7590。

生的重大失误，令人痛心。

首先，消极防御，被动挨打，是此次战役指挥上的致命弱点。如前所述，唐生智将守城的主力部队13个师和教导总队，按照外围和复廓两个层次部署，每个部队负担的正面都很宽，缺少纵深配备。如第2军团所辖之第41师和第48师，在尧化门外所占领阵地的正面约20公里，地境极宽，“各以全师兵力完全展布，犹觉不敷分配，而敌之攻我，专注一点，我则处处薄弱，坐以受攻，终至被敌各个击破。”①军团长徐源泉慨叹：“盖防御而不取攻势，鲜有能达目的者。”②其第41师师长丁治磐认为，“我方始终遵守固守某某线之命，毫无主动之能力，终至战局全现悲状而后已。”③第48师师长徐继武亦痛感消极防御之弊病，指出：“我军大底系均衡配备，随时可使敌人觅得其弱点，若我守势亦形成重点，乘机打破其攻守计划，则敌疲于奔命，难得为所欲为矣。”④有的部队，在激战中，提出主动出击的计划，亦不能得到实施。守卫紫金山、蒋王庙一带的教导总队副队长兼第1旅旅长周振强、第3旅旅长马威龙和工兵团团长杨厚灿等，曾于敌猛烈围攻之际，联名建议，趁敌出动进攻之机，集中全部机动兵力，由紫金山的岔路口地区主动出击敌驻地，威胁敌人后方，以争取主动。⑤ 可是，这一出奇制胜的战斗方案，竟未获唐生智、桂永清的批准，致使紫金山阵地更趋危急。此种战略思想上的错误，贯彻南京保卫战之始终，致使10余万大军经一周多的流血牺牲，却不能更多地消灭敌人的有生力量，亦不能坚守更长的时间。这是战役指挥上的最大失误，也是最高指挥官的最大过失。

其次，号令不灵，联络不畅，是此次战役指挥上的重要缺陷。在战役过程中，最高指挥部的命令不能为各部队坚决执行，正如唐生智自己在总结经验教训时所说：“各级指挥对上级命令多不重视，尤其不按指定之时间履行任务，是为最大之弊端。”⑥第48师在开到尧化门外占领阵地后，以1个团守乌龙山要塞，3个团担任自和尚庄起至杨坊山北麓间宽阔战线之防务。按卫戍司令部部署，杨坊山原属教导总队，但该部“未派队接替”，则第48师“不得不分兵布防”，勉力应付，以致造成“一线配备尚虑不足，纵深配置

---

① 《第二军团京东战役战斗详报》，中国第二历史档案馆藏，档案号七八七—7591。

② 《第二军团京东战役战斗详报》，中国第二历史档案馆藏，档案号七八七—7591。

③ 《第二军团京东战役战斗详报》，中国第二历史档案馆藏，档案号七八七—7591。

④ 《第二军团京东战役战斗详报》，中国第二历史档案馆藏，档案号七八七—7591。

⑤ 周振强：《教导总队在南京保卫战中》，全国政协文史资料研究委员会《南京保卫战》编审组编《南京保卫战》，中国文史出版社1987年版，第167页。

⑥ 《南京卫戍军战斗详报》，中国第二历史档案馆藏，档案号七八七—7593。

实所不能”的困难局面。① 至战斗紧张时，有些部队不执行命令，擅自后撤。如前所述之第 87、88 师部分官兵擅由中华门附近北撤；第 74 军部分官兵擅由三汊河向下关搭浮桥后撤。此种举动，虽发生在下面各部队，然实则暴露了上级指挥系统的弱点。还有些命令不能得到执行，系因通讯联络不畅所致。如 12 月 12 日下午 5 时，唐生智下达的撤退令，虽“迭派员分途设法驰送”第 2 军团，终未送达。徐源泉于是日下午 4 时许，以无线电向唐生智求援，迄夜亦未能联系上。该部于夜 11 时，方经逃经驻地的散兵、船民口中得知南京撤守情况，并集中船民，连夜渡江。② 其实，当时既有散兵、船民可达驻地，则该军团与城内联络路线当未尽断，且军团既可以无线电求援，说明此种联系手段亦尚存，而该主力部队竟出现完全得不到撤退命令的情况，实属不该。此种号令不灵、联络不畅的情况，虽有各种客观原因及下属部队的责任，但作为最高指挥官的唐生智，首先负有直接的责任。指挥官的天职是指挥，如果这一基本职能不能履行，当然是最大的失职。

再次，撤退无方，组织紊乱，是此次战役指挥上最严重的失误。在组织退却之初，唐生智考虑到时间紧迫、人多船少的客观情况，确定了“大部突围，一部渡江”的原则，规定只有卫戍司令部各机关及其直属部队、第 36 师由下关码头渡江，其余部队均由正面突围(含第 2 军团就地渡江到六合)。这一原则，本来是比较切合实际的。但到正式宣布撤退令时，唐生智又补充“口授命令要旨，87D、88D、74A、教导总队如不能全部突围，有轮渡时，可过江向滁州集结。”③这一补充命令，显然是错误和愚蠢的。因为：其一，当时卫戍司令部手中一共只掌握了几艘小火轮和为数不多的民船，一夜之间，运送原定的约两个师部队过江，已属不易；一下子将输送量陡增 5 个师，形成“大部渡江，一部突围”的局面，则是运输力量根本无法承受的。其二，撤退令既下，南京城已危在旦夕，混乱万状，卫戍司令部与各部队之间联络阻滞，即“有轮渡”，如何通知？事实上，此口一开，许多原定突围部队，均蜂拥至江边，其数量近 9 个师。渡江时，人多船少，秩序极为混乱，“人人争渡，任意鸣枪，船至中流被岸上未渡部队以枪击毁者有之，装载过重沉没者亦有之。”④许多求船不得的官兵，拆取店户门板，自作木筏，或缘木以泅，冒险渡江。其淹没江中者，数以千百计。在一片混乱中，卫戍司令部机关的五百余人，“已渡江会集者仅约

① 《第二军团京东战役战斗详报》，中国第二历史档案馆藏，档案号七八七—7591。

② 《第二军团京东战役战斗详报》，中国第二历史档案馆藏，档案号七八七—7591。

③ 《南京卫戍军战斗详报》，中国第二历史档案馆藏，档案号七八七—7593。

④ 《第七十八军南京战役战斗详报》，中国第二历史档案馆藏，档案号七八七—7590。

百人”①。负责维持秩序和掩护机关及直属部队渡江、占有渡江有利条件的第78军，也只有4000余人渡江，尚有7000名官兵留在江边。其军长宋希濂在江北，“遥闻隔江嚎恸之惨，惟有相向唏嘘，默然泪下”。② 数万未及渡江的官兵，后来均惨遭日军屠杀。由于撤退转移指挥不当，所损失的部队，远远超过在守城战斗中的伤亡数字。如果指挥得当，组织严密，这一损失本可避免或大大缩小。

此外，在后勤保障、物资供应等方面显露出来的问题，也是战役指挥不当的一种表现。各阵地普遍感到武器、弹药匮乏，严重影响了战斗的进行。在前线战斗的教导总队官兵，未发到当月薪饷，直至渡江之后，才补发了撤至江北的4000余人之薪饷。更荒唐的是，从前线运下的大量伤员缺衣少药，原已签批的2万元医药用款，只能以1500元应付了事。③ 运输船只也缺乏准备。南京守城，既只作“短期固守”之望，则自然应对过江船只预作充分准备。但唐生智的指挥，恰恰相反，事前将各部队的船只一律收缴运走，以致撤退令下达后，根本拿不出运输船只，临时征集，扣留民船，仓皇失措。对这类问题，唐生智均难辞其咎。

应当客观对待“与南京共存亡”的誓言

唐生智确实多次表示要“与南京共存亡”；不仅如此，他还下令守城将士亦应“与南京共存亡”。结果是，南京城于12月13日失陷了，唐生智本人率少数直属分队人员乘船过江，撤退到了后方。如何看待这一现象呢？

在讨论南京失陷与唐生智应负的责任时，还应看到，国民政府守卫南京的总方针，是只作“短期固守”。这就是说，南京的失陷，是预料之中的事情，并不取决于唐生智个人的“有能”或“无能”。他虽在保卫战之初，表示过“誓与南京共存亡”的态度，但也不能就此要求他一定要牺牲在石头城下。对于唐生智撤离南京的时间、方法及战场损失，尽可以加以研讨，并究其指挥的责任；但他率部撤退，未能与“南京共存亡”，却是奉了蒋介石的命令。

唐于12月11日中午12时，接到第三战区副司令长官顾祝同从江北打来的电话，顾说：“委员长已下令要南京守军撤退，你赶快到浦口来，我现在要胡宗南在浦口等你。”唐答：“前线如此紧急，被突破的地方很多，如何撤退？”顾说：“你今晚务必撤退过江。”唐答：“有许多事情应该与各部队长交代清楚，才能撤退。不然，以后责任，由谁来负？”顾

---

① 《唐生智等致钱大钧密电》，1937年12月13日，中国第二历史档案馆编《抗日战争正面战场》（上），江苏古籍出版社1987年版，第404页。

② 《第七十八军南京战役战斗详报》，中国第二历史档案馆藏，档案号七八七—7590。

③ 蒋公毅：《陷京三月记》，“南京大屠杀”史料编辑委员会等编《侵华日军南京大屠杀史料》，江苏古籍出版社1985年版，第65页。

说:“你留个参谋长交代一下就行了,今晚赶快过江吧?”唐答:“那不行,至迟也要到明晚才能撤退。我不能只顾一个人的死活,不顾军队。”顾又催促说:“敌人已到六合,情况非常紧急。”唐坚持说:“今晚要我过江是不行的。”①唐生智在接到顾祝同电话后不久,就收到了蒋介石关于“如情势不能久持时,可相机撤退,以图整理,而期反攻”的“真侍参”撤退令。数小时后,唐复于当晚再次收到蒋介石发来“真戌侍参”内容同前的撤退令。

唐于12月12日下午5时部署撤退,规定首批撤退的时间为下午6时;而他本人系于当晚9时始行渡江,次晨乘车抵滁州。这一撤离南京的时间表,对于一个组织指挥战役的最高指挥官来说,并没有什么明显不当的地方。以唐生智在中国军队中所处的地位和身份,若竟死在南京,这对于敌我双方的士气,并不能产生什么有利于我的战场效应。因此,对于唐生智率军撤退一节,似无由过分苛责。作为一个军人,在战斗前表示要与阵地共存亡,后来奉命撤退,阵地亡而人存,这在古今中外的战争史上,是常有的事,不足为怪。

在民族敌人入侵、民族危机空前严重的情况下,唐生智愿意抗日并积极参加抗日战争,把枪口指向日本侵略军,是符合中国人民和中华民族根本利益的。这是大前提。而对于他在战役指挥上的失误,以及因此所造成的损失,则应放在这个大前提之下,加以恰当的评估。

总之,唐生智率军守土抗敌有很大的功劳,战役失误有重大的过失。他的功过都是客观存在。过不能掩功,功不能抵过。没有必要强求将一个历史人物的功、过,量化成一个精确的数字比例。历史不是数学。但是对每个历史人物必须有一个基本的认识。南京保卫战中的唐生智,总的说来,不失为一名抗日爱国将领。

客观分析唐生智对战役失败所应负的责任

唐生智在南京保卫战中功过并存,已如前所述。所谓过,亦即对南京保卫战失败应承担的责任。毋庸置疑,唐生智身为南京卫戍司令长官,对南京保卫战的失败,负有主要的、直接的、第一位的责任。他是第一个要被追究和第一个需要承担责任的责任人。正如他本人事后谈及此战役时所说:“总之,我是指挥无方,措置失当,使十万守军陷于敌手,生还者无多,我罪责难逃。”②但是,也必须指出,唐生智个人,只能在历史提供给他的那个舞台上活动,因而,由他所承担的责任,也只能是有限度的。有些情况,对于唐生智来说,只是一种客观存在,既非由他造成,亦非他个人所能改变。这类因素,应当引

---

① 唐生智:《卫戍南京之经过》,全国政协文史资料研究委员会《南京保卫战》编审组编《南京保卫战》,中国文史出版社1987年版,第4—5页。

② 舒湮:《历史的欷歔——记六十年前的沉痛往事》,转引自忻平著《1937:沉重的灾难与历史的转折》,上海人民出版社1999版,第428页。

起学术界的充分注意。

国民党采取的片面抗战路线和幻想“和谈”。这是由以蒋介石为代表的国民党中央决定的，非唐生智个人所能左右。国民党当局迫于全国人民高涨的抗日情绪和受到西安事变的推动，参加了抗日民族统一战线，开始了对日作战。但它所执行的路线仍是一条不发动人民群众的片面抗战路线，其基本态度仍犹豫于和战之间，举棋不定。蒋介石对德国驻中国大使陶德曼所进行的“调停”，抱着很大希望。陶德曼转达了日本提出的十分苛刻的条件，蒋介石于 12 月 2 日表示，“愿德方始终持调停之劳”，“日方所提条件可作为讨论之基础”①。国民党内一些高级将领，如白崇禧、徐永昌、顾祝同等，也赞同蒋介石的这一态度。汪精卫特别起劲，他在 12 月 6 日召集的第 54 次国防最高会议常务委员会上，力主接受日本的条件。后来，只是由于谈判尚在进行，南京已告失陷，日方又提出了新的更苛刻的条件，陶德曼的“调停”才告一段落。在抗日战争已经全面开始的情况下，国民党军政当局实行如此错误的路线和抱着如此不切实际的幻想，当然给正在进行的南京保卫战投下了巨大的阴影。

敌强我弱的力量对比。这是在特定的历史条件下形成的，远非唐生智个人的力量所能改变。南京保卫战发生在抗日战争初期，正如毛泽东所分析，中日双方此时处于“敌强我弱，敌是优势而我是劣势”的态势和“敌能得到一定程度的胜利，我则将遭到一定程度的失败”的阶段上。② 这种“敌强我弱”的对比，表现在政治、军事、经济等各个方面。在南京战役中，双方的军事实力，也同样呈现着“敌强我弱”的形势。日方负责攻击南京的华中方面军共辖 9 个师团，除 1 个师团留作上海的警备部队外，其余 8 个师团与国崎支队都程度不同地投入了南京战役。其投入南京战场的兵力虽只有 10 万人左右，但这些于抗战初期调到中国战场来的作战部队，大多由训练有素的老兵组成，战斗力较强；武器装备具有明显优势，可以进行陆、海、空立体战斗，陆军部队又都配有较强的坦克、大炮等重武器。中国方面，由唐生智率领的守城部队，虽有 13 个师又 15 个团，约 15 万人，但杂兵较多，能直接同敌厮杀的战斗兵只占 60%；在整个守军中，刚入伍的新兵又占了将近 40%。③ 新兵大多未经严格训练，有的甚至连枪还没有摸过就上了战场。唐生智曾说：“那些从前线撤下来的，大都是‘天子门生’和杂牌军，地方部队对南京地形又

① 秦孝仪主编《中华民国重要史料初编——对日抗战时期》第 6 编第 3 册，中国国民党中央委员会党史委员会 1981 年编印，第 113 页。

② 毛泽东：《论持久战》，见《毛泽东选集》第 2 卷，人民出版社 1991 年版，第 460 页。

③ 谭道平：《南京卫戍战史话》，东南文化事业出版社 1946 年版，第 93—95 页。

不熟悉；老兵伤亡过半，补充上来的新兵，从没打过仗”，“我又怎么调遣得动？”①就武器装备而言，陆军缺少重武器，又不能得到海、空军的密切配合。这种不利于守军的力量对比，给南京的防守带来了很大困难。

不利于防守的地形。这是唐生智所无法选择的。南京守军处于三面被围、背临大江的险境，这种地形，易攻难守。正如前文所述，中国方面许多高级将领都认为，南京的地形十分不利防守。后来的事实也证明，日方攻击前进的三路大军，使得本来就处于劣势的守城部队陷于欲进不能、欲退无路的绝境。中国守军在撤退、转移中出现的问题和损失，与不利防守的地形是分不开的。

防御工事和后勤保障的缺陷。这也是仓促上任的唐生智只能面对、无法改变的现实。南京城郊的工事，虽经营多年，但构筑粗劣，使用不便，给保卫南京的战斗造成了很大困难。淳化镇、牛首山一带阵地建筑的钢筋水泥工事，有的用土埋着，有的门打不开，而机关枪掩体的枪眼一般又做得太大，易被敌人发现而集中火力加以摧毁。位于四郊的炮台工事，虽以钢筋水泥构筑，但“几全不切实用”，“暴露而且密集于狭小之地域”②。乌龙山防御要塞，炮台炮位露天，“经敌舰半日之炮击，全台炮位即毁坏无遗”③。更恶劣的是，中山门至光华门之间的城墙上构筑的永久工事，只是在外面涂了些水泥，内部的横梁均以南竹充数，官兵见之，愤慨已极。④ 尧化门外的阵地，或因重兵器不足，或因无与国防工事配套之武器，使得有些工事无法利用。在这些问题中，临战简易工事的修筑，军费的灵活调度，当属战役指挥官职责之所在；但永久工事质量差，军费总额不足，武器弹药匮乏等，则非唐生智个人能力所能改变。

总之，唐生智对于“敌强我弱”的战场形势，“三面被围、背临大江”的地形，以及工事粗劣、经费不济等条件，只能接受和承认；对于国民党的片面抗战路线、幻想“调停”的指导思想，以及由此而产生的各项政令、军令，也只是执行的问题。在这一战役的指挥上，同样要承担重大责任的，还有蒋介石等国民党最高当局及其最高指挥机构。南京保卫战的失败，乃由多方面因素综合促成，非一人一事所使然。如果把战役失败的责任，不加分析地推到唐生智一人身上，既不公平，也是把一个复杂的历史事件和历史现象简单化了。

---

① 舒湮：《历史的欷歔——记六十年前的沉痛往事》，转引自忻平著《1937：沉重的灾难与历史的转折》，上海人民出版社1999版，第427—428页。

② 《关于此次澄镇宁要塞各区作战心得概要书》，中国第二历史档案馆藏，档案号七八七—7587。

③ 《第二军团京东战役战斗详报》，中国第二历史档案馆藏，档案号七八七—7591。

④ 周振强：《蒋介石的铁卫队——教导总队》，全国政协文史资料研究委员会编《文史资料选辑》合订本第三册，中国文史出版社1986年版。

（八）南京保卫战与南京大屠杀的多重关联

南京保卫战与南京大屠杀前后相互承接，南京大屠杀自南京保卫战失败而开始，南京保卫战以南京大屠杀发生而告终。但它们之间的关系，远不止此，而是有着多重的、丰富的内在关联。

南京保卫战是南京大屠杀的重要历史背景。从某种意义上来说，没有南京保卫战，就没有南京大屠杀。中国是个独立的主权国家，不通过交战，没有南京城的失陷，日本侵略军不可能从天而降，直达南京。对于日本侵略军来说，血腥的南京大屠杀，是他们用血与火来攻陷南京的延伸，是他们军国主义思想的恶性膨胀，是他们侵略行动的发展与升级。南京大屠杀的远期背景，是60年来日本帝国主义对中国的侵略与暴行，以及中国的贫穷、落后，与中国军民持久、顽强的抵抗；而其近期背景，则是刚刚发生的日本侵略军对南京的进攻与占领，南京保卫战的悲壮进行，以及南京守军不成功的撤退。当历史的舞台上上演南京大屠杀历史悲剧的时候，人们仍然可以清楚地听到渐渐远去的枪炮声，看到那战争的硝烟和流淌的鲜血，闻到那浓烈的火药味和血腥味。这便是战争与暴行之间辩证的关系，侵略战争必然带来暴行，暴行自然以侵略战争为其背景。

南京保卫战的时空范畴影响着南京大屠杀的时空范畴。前文已经讨论，南京保卫战的时空范畴，自12月4日起，发生在江宁镇—淳化—汤山—龙潭这一弧形圈内的地域。而日本侵略军的暴行，又是与其侵略战争同步的。他们侵略到哪里，就会施暴到那里。在接近南京城垣时，暴行则更为增加和残忍。因此，严格说来，受其影响，南京大屠杀开始的时间，就不是12月13日，而是比这更早一些的12月上旬；其地域，也就不能仅仅局限于南京的12个行政区，而是应包括大弧形圈内的江宁县，以及日军为包围和追击南京守军而到达的江浦、六合二县。

南京守军的英勇抵抗必然遭到日本侵略军的疯狂报复。从宏观来看，70年来中国军民对日本侵略者顽强的抗争，是遭到日本侵略者报复的基本因素。哪里有反侵略斗争，那里就有侵略者的报复，这是民族斗争中一条不以人们意志为转移的规律。因此，南京保卫战的壮烈进行，当然也会遭到日本侵略军的疯狂报复。侵略者的报复，从来就是不分对象的，不管是抵抗的军人，还是非武装的百姓。被侵略者的抗争，从来也是冒着被敌人加倍报复的风险而进行的。从这一点来说，南京守军的抵抗，南京保卫战的进行，均是南京大屠杀发生的原因之一。

唐生智不成功的撤退，使9万大军滞留城内，一部潜入民间，被日军利用作为搜捕青壮年平民的借口。在组织退却之初，唐生智考虑到时间紧迫、人多船少的客观情况，确定了“大部突围，一部渡江”的撤退原则。这一原则，本来是比较切合实际的。但是到正式宣布撤退令时，唐又临时口头规定，“87D、88D、74A、教导总队如不能全部突围，有轮渡时，可过江向滁州集结”①，一下子将输送过江的部队数量陡增了 5 个师以上，形成“大部渡江，一部突围”的局面。这是当时运输力量根本无法承受的。此口一开，许多原定突围的部队，均蜂拥至江边，其数量近 9 个师。江边人多船少，秩序极为混乱，以致大批无组织的部队滞留江边与城内，一部成为日军俘虏，一部潜入民间。在整个抗日战争的过程中，还没有第二个城市，在失陷之后，有这么大量的部队继续留在即将失陷的城市里，既无法撤出，又不能组织成可以战斗的武装集团。大批放下武器的军人潜入民间，为日军搜捕、屠杀遗下了借口。日本侵略军进入南京城后，正是打着搜寻“中国军人”的旗号，大肆捕捉无辜市民，恣意杀害。在许多场合，日军不分青红皂白，不论男女老幼，一概加以残暴的屠杀。但是，也有一些场合，日军确是按照一个军人可能具备的特征，如额头上是否有帽痕，手心、肩头是否有老茧等，来决定是否捕捉一位男性青壮年。因此，可以说，大量中国守军官兵潜藏到民间，部分地为日军加害中国平民百姓与扩大暴行的规模提供了借口，诱发或促发了一部分本可避免的屠杀事件的发生。这也是南京大屠杀这样的惨剧为什么发生在南京、而不是其他城市的因素之一。

被日军屠杀的放下武器的军人，构成了南京大屠杀遇难人数的重要部分。滞留南京的 9 万名军人，一部被俘，惨遭集体屠杀；一部于潜入民间后，基本都被搜捕而遭到屠杀。由于在统计上，受到日军集体屠杀俘虏与“便衣兵”，及安全撤退到后方的军人等数字的制约，被日军屠杀的放下武器的军人数字，应在 7 万至 9 万人之间，最低不至低于 7 万人，最高亦不至高过 9 万人。这在南京大屠杀 30 万遇难同胞人数中占到了 1/4。尤其应当指出的是，由于军人是有严密组织的集团，其生死、去留，都比一般市民更便于从宏观上统计与估算。7 万—9 万人，是一个庞大的群体；1/4 是一个相当大的比例。可以说，由于这部分放下武器的军人被屠杀，大大增大了南京大屠杀的规模。

南京保卫战的延伸，是南京大屠杀中抗争的重要内容。南京城的失陷，南京大屠杀的开始，标志着南京保卫战的结束。但是，南京保卫战同时又以新的形式在延伸，在继续。一切发生在南京地区的，以打击日本侵略者为目标的反抗与斗争，都是南京保卫战的继续。这是一种民族精神的延续与发扬。南京守军在城陷后，仍然规模不等、程度不同地与日军进行了殊死拼搏；在南京大屠杀期间，被屠杀的军民，面对日本侵略者的刀枪，赤手空拳，临危不惧，英勇抗争；在整个日本占领时期，国共两党都在南京城及其周围地区，坚持了秘密斗争和武装反抗，打击日伪占领者的统治。抗争中的军民，认为自

① 《南京卫戍军战斗详报》，中国第二历史档案馆藏，档案号七八七—7593。

己的行动是南京保卫战的继续,他们在继续用自己的血肉之躯为保卫南京、打击敌人而战斗。南京大屠杀本身就包含着屠杀与抗争这一对矛盾。有侵略者的屠杀,就有被侵略者的反抗。被屠杀,是中国人民的屈辱;勇敢抗争,则是中国人民的光荣。南京保卫战的影响与延伸,铸就了南京大屠杀中光荣与抗争的一面,显示了中华民族的自尊与自信。

南京保卫战与南京大屠杀之间的多重内在关联,说明南京保卫战对于南京大屠杀有着深远的影响。南京大屠杀的许多重要理论问题,如背景、范畴、原因、规模、抗争等,都与南京保卫战的内容有着直接的、密不可分的联系。

二、 南京大屠杀发生的原因

（一）南京大屠杀发生的历史背景

欲探讨南京大屠杀的原因，不能不首先弄清发生南京大屠杀事件的历史背景。这有多方的内容，人们可以从国际与国内、历史与现实、政治与经济、军事与外交等各个角度去考察。但是，其中与南京大屠杀有直接联系的背景，应为日本的侵略、暴行与中国的贫弱、斗争。这是一对矛盾的两个方面，它们之间互相影响，互相依存。贫穷、落后招致侵略、暴行，侵略、暴行必然引起反抗、斗争，并且互相反复影响，直至反侵略斗争的最后胜利。正是在这个大的背景、格局和环境之下，发生了举世震惊的南京大屠杀。

日本帝国主义对中国的侵略，由来已久。最早可追溯到明治维新之后，1874 年日本出兵进犯台湾事件。这年 5 月，日本陆军中将西乡从道率 2000 余人的部队，赴台“讨蕃抚民”。台湾南部 18 蕃社的土著居民奋起抵抗，牡丹社酋长阿禄父子阵亡；四林格的三兄弟率蕃社青年英勇作战，遭日军捕杀。经两月作战，日军终将各社降服。日本占领军纵火焚烧土著居民房屋，进行野蛮杀戮。日本军医落合泰藏曾亲见“凯旋士兵，获得首级十二个，把他们的头发缚在青竹上，意气洋洋地挑着回来”①。10 月末，对外防御无备、对日本军强盛一无所知的清政府，被迫签订屈辱的《中日北京专条》；再经一系列阴谋步骤，日本政府终于在 1878 年 4 月，单方面强行改琉球为日本的冲绳县，公然将琉球吞并。

在 1894 年由日本帝国主义挑起的中日甲午战争中，日军首以 1.5 万人分 4 路攻占平壤及朝鲜全境，继经黄海海战，控制了黄海、渤海制海权，后又攻占抚顺和辽东半岛，并使清政府北洋海军全军覆没。日本侵略军在占领旅顺后，进行了三天三夜的大屠杀。

---

① 中国社会科学院近代史研究所编《日本侵华七十年史》，中国社会科学出版社 1992 年版，第 14 页。

不分男女老幼，见人就杀，从东杀到西，从城里杀到城外。通天街与四十八间房两条街道，几乎全被尸体塞满。仅据当年抬尸队统计的数字，死难者即达18000多人。① 1895年4月，日本与清政府签订《马关条约》，迫使清政府承认朝鲜独立，割让辽东半岛及台湾，赔偿军费2万万两白银，开设一批通商口岸。中国虽然战败，但许多中国军人的爱国主义精神可歌可泣。在黄海海战中，中国水师"致远"号管带邓世昌，在战舰重伤、弹药用尽的情况下，开足马力，向敌舰撞击，不幸中鱼雷沉毁，全舰250人壮烈牺牲。清军提督丁汝昌在威海海面自杀殉国。

1900年"八国联军"之役，日军参战人数达2.2万多人，居八国之首。狂热好战的日军在进攻大沽炮台的战斗中，冲锋陷阵，首先攻入西北炮台，海军中佐服部雄吉当场战死；在攻击天津的战斗中，日军司令福岛安正实际上担任了联军总指挥的角色，指挥部队轰开南门，并由日军首先攻入城内。为了反击日、俄等八个帝国主义国家的侵略，部分清军与义和团群众同侵略军进行了英勇顽强的战斗。直隶提督聂士成在天津保卫战中阵亡；仅6月13日夜进攻天津租界一战，义和团群众即牺牲2000余人，在中国军民顽强的打击下，"八国联军"一役日本侵略军共伤亡1282人，占联军伤亡总数的37.6%②。日本侵略军在攻占京津地区后，大肆烧杀淫掠，仅在天津郊区纪家庄一地，即屠杀了2000多居民；在京津地区共抢劫白银500余万两③。日本还通过《辛丑条约》，取得了在使馆区驻军的权利，获得"庚子赔款"中3400余万两白银。

1928年4月，日本政府利用中国国内国共分裂、军阀割据、政治不统一的复杂局势，借口保护侨民，出兵山东，进占济南，并一手制造了震惊中外的"济南惨案"。日本侵略军将国民党战地委员会外交处长兼山东特派交涉员蔡公时，施以割耳、割鼻等酷刑，并将蔡公时与大部工作人员枪杀。与此同时，日军疯狂屠杀中国军民，或以煤油灌鼻后再烧死，或以烧红钢针穿刺手心、脚心，或将俘虏倒悬树上活剐，或在井水、食品中投毒。据统计，在5月3日前后，日军以刀刺、枪杀、炮击、活埋等残暴手段，共杀死中国军民6123人、伤1700人；通过焚烧、毁坏和抢劫，共造成中国同胞财产损失2957.5万元④。惨案发生前后，济南军民同仇敌忾，奋起反抗。中国政府官员蔡公时，虽被日军割去耳、鼻，犹怒斥其暴行，遂再遭割舌、挖眼之刑，直至壮烈牺牲，保持了高尚的民族气节。济

① 禹硕荃等:《日本帝国主义在华暴行》，辽宁大学出版社1989版，第4页。

② 中国社会科学院近代史研究所编《日本侵华七十年史》，中国社会科学出版社1992年版，第76—77页。

③ 军事科学院外国军事研究部编著《日本侵略军在中国的暴行》，解放军出版社1986年版，第16页。

④ 中国社会科学院近代史研究所编《日本侵华七十年史》，中国社会科学出版社1992年版，第281—282页。

南守军奋起自卫,"殊死抵抗";其中西北城炮台与城北赵家角楼一带士兵"英勇奋战尤烈",连续击退日军10次波浪式冲锋,使日军"终未越雷池一步"①。

1931年9月,日本帝国主义趁中国国内国共两党鏖战不息、国力贫弱之机,发动九一八事变,悍然向东北军驻地北大营和沈阳发起进攻,并迅即攻陷。日军在攻占东北的过程中,烧杀抢掠,无所不为。仅杀人一项,即有枪杀、刺杀、刀铡、活埋、电磨、狗咬等多种残忍手段。据日本大阪《每日新闻》报道,自九一八事变发生至1932年底,即有23662名中国军民被屠杀;事变中,中国官方损失达178亿元,公私总损失不下200亿元②。日本侵略军对东北的强占和所犯暴行,激起了东北和全国军民的强烈愤慨。一批东北军爱国官兵,不顾南京国民政府"不抵抗"的命令,对日本侵略军进行了英勇、顽强的抵抗,予敌以有力打击。东北军民组成东北义勇军,总兵力达几十万人之多。后又在中共领导下,先后建立东北抗日联军共11个军,长期与敌人浴血奋战在白山黑水,沉重打击了日本侵略者对东北的殖民统治。

1932年1月,日军又在上海制造借口,由租界向闸北中国驻军发动进攻,挑起一·二八事变。驻沪第19路军在蒋光鼐、蔡廷锴的领导下,奋起抵抗,进行了英勇的一·二八淞沪抗战。上海军民经1月余英勇抵抗,曾迫使日军不断增兵,三易主帅。可是,由于国民政府缺乏抗战的勇气和决心,在日军大量增兵的情况下,于5月与日本签订了屈辱的《淞沪停战协定》。《协定》规定日军可以留驻上海,而中国军队却不能在上海及其周围驻守、设防。

日本侵略军在此次淞沪战争中,残暴地屠杀了数以万计的中国平民。据《申报》记者报道:在虹口地区,"闻有华人约一百五十人,被日人认为便衣兵者,均为日人枪毙"。"江湾镇大街已尽成焦土……有尸体被劈为半截者,有头部分裂、脑浆溢流者,惨状不忍卒睹。女子多服布裙,伏尸道旁,就余所见,已在二百具以上,想见日军之残忍。"③

1937年7月,日本侵略者通过卢沟桥事变,挑起了全面的侵华战争。日本迅速占领了平津及华北大片土地,同时又将战火从华北烧到华东,兵锋直指南京。随着全面抗日战争的爆发,中国军队在平津和淞沪战场与日本侵略军进行了英勇顽强的拼杀。驻守卢沟桥的第29军吉星文团,对挑衅的日军予以英勇还击;第29军副军长佟麟阁与第132师师长赵登禹在激战中为国捐躯。在淞沪战场,中国军队以70万人之众,与敌鏖战三月,给日军以严重的杀伤。守备宝山的第98师姚子青营,与日军搏斗两日夜,全营官

① 王维礼主编《中国现代史大事纪事本末》(上),516页,哈尔滨,黑龙江人民出版社,1987。

② 张宪文主编《中华民国史纲》,河南人民出版社1985年版,第381页。

③《申报》1932年2月2日、25日。

兵壮烈牺牲；第 88 师第 542 团 1 营官兵，在副团长谢晋元率领下，孤守苏州河北岸四行仓库，掩护友军撤退，其英勇奋战精神，震动全国。日本侵略军在华北、华东战场，同样犯下了大量的血腥暴行。据统计，仅从 9 月 9 日至 10 月 9 日的 30 天时间内，日军便在晋北阳高、天镇、左云、灵丘、朔县、宁武、原平七县，屠杀无辜百姓 1.6 万名①。据宝山县罗泾所建纪念碑记载，在日军由此登陆后的 100 天时间里，在这里共屠杀无辜群众 2244 人，烧毁民房 10908 间；宝山县全县被日军残杀的平民达 11233 人，连同瘟疫、饥饿共有 2.3 万名无辜百姓死亡，占战前全县人口的 19.27%②。在日军第 10 军登陆地点金山卫，仅山阳一带，即有无辜农民 351 人被杀、4177 间房屋被烧毁；金山卫乡一地共有 1050 人被日军杀害③。日本侵略军在从上海攻向南京的过程中，一路杀人放火、奸淫抢掠，暴行累累。素有"东方威尼斯"之称的苏州城，横遭劫掠，建筑物的毁坏损失达百万元以上。日军攻占无锡后，纵火七天七夜，仅从闾口桥到吴桥，被杀的无辜平民尸体即有 2000 具④。据不完全统计，日军在常州沦陷后的大烧杀中，共残杀百姓 8790 余人，烧毁房屋 36580 间⑤。

通过对上述历史的简要回顾，不难看出，从 19 世纪 70 年代至 20 世纪 30 年代，在贫弱的中国，日本帝国主义的侵略不断，暴行不断，而中国人民的反抗斗争也从未间断。日本的侵略、暴行与中国的贫弱、斗争，同步存在。

日本侵略军对南京的攻击是自 1874 年以来对中国侵略的继续；日军攻占南京前后的空前暴行与历史上的累累暴行一脉相承；南京军民在城陷前后的英勇抗争，则是 60 多年来中国人民反抗日本侵略者斗争的延续。1937 年 11—12 月间，日本侵略军兵锋直指中国首都，从淞沪及杭嘉湖地区，一路烧杀到南京，必欲迫使中国在首都失陷的情况下，"畏服"其武力；中国军队在首都外围及复廓地区进行了英勇的抵抗，其行动可歌可泣，给予日本侵略军以沉重的打击；但是，中国守军在奉命撤退时，又未能有效地组织实施，致使近 10 万大军滞留江边，散居民间。这些便是南京大屠杀发生的具体时空背景与环境。这一背景，直接影响到南京大屠杀的发生与规模。

由此可见，南京大屠杀事件发生的背景，其远景是 60 年来日本帝国主义对于中国

① 军事科学院外国军事研究部编著《日本侵略军在中国的暴行》，解放军出版社 1986 年版，第 55 页。

② 李秉新等主编《侵华日军暴行总录》，河北人民出版社 1995 年版，第 748—749 页。

③ 军事科学院外国军事研究部编著《日本侵略军在中国的暴行》，解放军出版社 1986 年版，第 61—62 页。

④ 军事科学院外国军事研究部编著《日本侵略军在中国的暴行》，解放军出版社 1986 年版，第 63 页。

⑤《常州市革命史资料选编》第 7 辑，中共常州市委党史资料征集研究委员会办公室 1985 年编印，第 109 页。

的侵略、日本侵略军的暴行，以及中国的贫穷、落后与军民的持久抵抗；其近景，则是日本侵略军对南京的进攻和占领，南京保卫战的悲壮进行，以及南京守军不成功的撤退。

现实的历史事件，总是一部分既往历史的延伸。从上述历史背景中，已经可以见到南京大屠杀的端倪和某些原因。

（二）南京大屠杀是日本军国主义恶性膨胀的产物

南京大屠杀是侵华日军在中国暴行中最有代表性、最典型的事件。它的发生，除了有其本身特定的原因而外，与侵华日军在中国各地的暴行，有着共同的基本原因。这就是日本军国主义的野蛮与凶残。很明显，杀人者要有杀人的欲望与兽性，没有杀人者举起屠刀，扣动扳机，就不可能有大规模屠杀无辜平民的惨剧发生。日本军国主义是一切战争暴行之源，而南京大屠杀这样震撼世界的历史悲剧，则是日本军国主义恶性膨胀的产物。

日本自19世纪60年代明治维新时起，走上军国主义道路，至第二次世界大战结束，日本无条件投降，方被迫终止。期间，经历了明治、大正、昭和三朝。一般说来，明治时代，军国主义开始起步，抱着对中国的领土野心，向中国勒索巨款，以充实海陆军的建设和建立新的工业基础。大正时代，军国主义的程度进一步发展，利用在中国已经攫取的特权，掠夺资源，剥削劳工，抢占市场。昭和时代，军国主义发展至登峰造极的地步，对中国的侵略也从发动局部战争而至全面战争，变中国部分地区为其殖民地。

1927年4月，日本若槻内阁在一场金融危机中垮台，由恶迹昭著的大陆扩张主义者田中义一继任首相。田中在六七月间举行的东方会议上，以“训示”形式，提出了《对华政策纲领》，确立了把“满蒙”同“中国本土”分离开来的总方针。《纲领》宣称：“关于满蒙、特别是东三省，由于在国防上和国民的生存上有重大的利害关系”，“作为接壤的邻邦，不能不负有特殊的责任”，“当帝国在中国的权益及日本侨民的生命财产，有受非法侵害之虞，必要时将断然采取自卫措施，以维护之”。① 7月25日田中义一又在一份向天皇呈奏的《帝国对满蒙之积极根本政策》中，露骨地提出日本对外扩张的总战略，内称：“惟欲征服支那，必须征服满蒙；如欲征服世界，必先征服中国。”②这充分暴露了日本先并吞“满蒙”，继而再征服中国的狂妄野心。

---

① 日本外务省编《日本外交年表并主要文书，1840—1945》下册“文书”，转引自中国社会科学院近代史研究所编《日本侵华七十年史》，中国社会科学出版社1992年版，第265页。

② 中国社会科学院近代史研究所编《日本侵华七十年史》，中国社会科学出版社1992年年版，第267—268页。

日本军国主义的形成和发展，有其特定的社会基础、社会条件与思想基础。

由军国主义头子田中义一一手创建的“帝国在乡军人会”，及其辅助组织“大日本青年团”、“青年训练所”和“大日本国防妇人会”，成为推行军国主义的四个全国性组织。这些组织及成员，便是日本帝国主义赖以存活的社会基础。明治初年开始实行的全国征兵制，使很多青年农民接受了军事训练。这种训练，实际使整个青年一代成为军国主义的国民。正如史麦赫司脱先生在《日本军国主义的社会基础》一书中所说：“在乡军人会成为战前日本最重要的大众爱国压力团体，其中很多会员的狂热甚至超过陆军的领导。”“后备军人们和稍见逊色的青年们在1930—1936年间共同参加每一运动以压迫文人政府对外国和国内‘威胁’采取更强硬的立场。”①日本军国主义的推行，还与天皇制度有着密切的关系。1891年开始施行的《大日本帝国宪法》规定：“大日本帝国由万世一体的天皇统治之”，“天皇作为国家的元首总揽统治权”。“天皇统帅陆海军”，“天皇有宣战、媾和及缔结诸般条约之权力”②。这种赋予天皇以至高无上权威与权力的天皇制，为近代日本不断对中国发动侵略战争提供了政治上、组织上和思想上的重要保证。正如当年参加攻击南京的老兵竹本清所说：

> 杀死人是残酷的事情。当时的心情是只忠于天皇陛下的命令。受的是军国主义教育，凡反对日本的人，不管是中国人还是什么人，都得彻底打倒……说起用机枪杀人，那是用机枪“啪啪啪”扫射。亲眼目睹人们当即死去的样子。在那种场合，不杀不行。③

日本历史上早已存在的神道，也经过改造，成为推行军国主义的工具。从明治维新开始，由国家大规模操纵神社事务，使神道及其祭仪发生了质的变化。这种“现代神道”，已经不是原来意义的神道。神官们毫无保留地利用神社来宣扬阵亡者的荣耀，使神社染上了鲜明的军国主义气息；同时，也使得神道与军国主义发动的侵略战争紧密地结合起来。《神道与国家》一书指出：“正是在建立这神社与祭拜战死者之间的连带关系，使神社浸染于军国主义气息之内，证明了日本国家如何有效地操纵神道。”④

打着浓重封建烙印的“武士道精神”，自然地为军国主义所接纳和采用。“武士道”，

---

① R·J·史麦赫司脱著、郭俊译《日本军国主义的社会基础》，190页，台湾金禾出版社1994年版，第190页。

② 井上清：《天皇与日本的侵华战争》，《抗日战争研究》1993年第2期。

③ [日]松冈环编著、新内如等译《南京战·寻找被封闭的记忆》，上海辞书出版社2002年版，第395—396页。竹本清，进攻南京时为第9师团步兵第36联队第3机枪中队士兵。

④ H·Hardacre著、李明峻译《神道与国家》，台湾金禾出版社1995年版，第210页。

始于镰仓幕府时期，本是日本武士共同遵守的一种封建道德，其内容包含忠君、节义、廉耻、勇武、坚忍等。明治维新后，随着日本军国主义的逐渐形成与发展，武士作为一种法律上的等级已被废除，但在学校中仍长期向学生灌输武士道精神。武士道成为近代日本推行军国主义的一种精神力量。

日本军国主义的思想理论基础是社会达尔文主义。这种理论，用庸俗进化论来解释社会现象，宣扬“适者生存”、“弱肉强食”，蛊惑性地鼓吹所谓“种族战争论”、“民族解放论”，把日本的对外侵略扩张，说成是对亚洲各民族的“解放”。

用军国主义思想培植、教育出来的军人，变得野蛮、残忍与疯狂。日本战犯山冈繁曾经这样描述他所接受的军国主义教育及其所形成的可怕的精神状态：

> 当时，我们对日本民族抱有一种根深蒂固的优越感，而对其他民族采取蔑视态度。还有一种残忍的武士道精神，把杀人当作英勇行为，并从崇拜天皇的极权主义出发，产生了非人道的思想，即对强者、掌握权力的人绝对服从，对弱者、不掌握权力的人使之服从……正由于有这些思想，才把侵略战争视为正义战争，若无其事地干下了惨无人道的行为。①

对此，日本著名历史学家洞富雄教授解释说：

> 我认为，日本农民本来是善良和朴素的。正如前面所述，他们在维新变革后，有一种封建的、恐怕带有残暴性的武士社会的思想和习惯，作为“国民道德”强加在他们头上，而且还得到了神国思想和军国主义思想的灌输，他们成了法西斯军队的凶猛战士。我们必须这样理解。占领日本的盟军总司令部认为：日本人强加于人道的令人可怕的罪过，是日本五十年来宣扬“皇道”和“大和魂”之必然而不可避免的结果。②

日本军国主义以无休止地对外扩张为其特点。扩张需要征服，征服离不开暴力。在日本军国主义的发展史上，侵略与暴力，从来就是同步进行的。他们侵略到哪里，就施暴到那里。在向南京攻击的过程中，也是从淞沪战场一直杀到了南京。所不同的是，在南京的屠杀最野蛮、最疯狂，规模也最大。

日本军国主义既然是一切战争暴行之源，当然不可否认，它也是南京大屠杀暴行得以发生的最基本、最根本的原因。没有日本军国主义存在，便没有包括南京大屠杀在内的一切日本侵略者对华暴行的存在。也可以说，日本军国主义是南京大屠杀的罪魁祸首。

---

① ［日］洞富雄著、毛良鸿等译《南京大屠杀》，上海译文出版社 1987 年版，第 265 页。

② ［日］洞富雄著、毛良鸿等译《南京大屠杀》，上海译文出版社 1987 年版，第 269 页。

（三）中国军队的英勇抵抗遭到报复

上节已经从侵略者一方，讨论了南京大屠杀以至所有侵华日军暴行发生的基本原因之一，就是日本军国主义的野蛮与凶残。与此相对应，被侵略、被屠杀一方，即中国军民的英勇抵抗，则是南京大屠杀以至所有侵华日军暴行发生的另一个基本原因。很明显，被杀者要具备被杀的逻辑上的条件，如若他们个个跪地称臣，逆来顺受，自愿做亡国奴，任敌人当作牛马驱使，纵然敌人会一时兽性发作，杀人取乐，当亦不致有太大的规模。正是由于南京守军，以及此前华北、淞沪守军的英勇抵抗，才使得侵华日军这支军国主义的军队，决心用最残忍的办法来发泄他们的兽性。

进攻南京的日本华中方面军，刚经过了淞沪战场的三个月恶战，作战艰苦，伤亡重大，"三月灭亡中国"的迷梦被击碎；其中第 6、第 16 师团与国崎支队，还经过了华北战场的苦战，忻口一役一度呈胶着状态。中国军队的顽强抵抗和战争的进程，均超出了侵略者原来乐观的估计。曾参加过华北作战的士兵冈崎茂事后回忆说："大别山的战役很激烈，平均有一个人战死就有三个人受伤。当时 38 联队的第 2 大队全数覆灭，被杀了 1000 个人……所以我们在杀中国人的时候，比杀一只鸡还要轻松愉快。"①

南京守军在日军已经进抵复廓阵地的情况下，毅然拒绝松井石根的劝降通牒，用顽强的抵抗做出了回答。这使日本侵略军希望迅速解决南京战斗的意图，受到了顿挫。后来在夺取城垣的惨烈战斗中，日军与中国军队展开了肉搏战。日军官兵惊呼中国军人在紫金山战斗中，"战斗到最后一个人"；攻击中华门的战斗，是一场"惨烈的肉搏战"，其情景宛如一幅"地狱图"②。日本军队在淳化镇、紫金山、雨花台、光华门、中华门、杨坊山等阵地的战斗中，都发生了较大的伤亡，付出了沉重的代价。日军士兵山本勇描述，光华门城墙上的战斗，"双方多次展开拉锯战"，"刚打算顺着绳梯爬上城墙挂上日章旗，就和敌人发生格斗，或是被城墙上的敌人用刺刀挑落，总之，真是一场恶战"③。日军华中方面军司令官松井石根在自己的日记中写道："自从上海登陆以来，我军将士一直在进行残酷艰难的战斗。这些战斗使将士们对敌军产生了强烈的仇视情绪。"④1938

---

① ［日］松冈环编著、新内如等译《南京战·寻找被封闭的记忆》，上海辞书出版社 2002 年版，第121 页。

② 孙宅巍：《悲壮的南京保卫战》，《铁军》2015 年第 4 期。

③ 山本勇：《南京、徐州、武汉三镇——回想中的进军》，王卫星编、叶琳等译《南京大屠杀史料集》第 60 册《日军官兵日记与回忆》(上)，江苏人民出版社 2010 年版，第 208 页。

④ 松井石根：《支那事变日志拔萃》，王卫星编《南京大屠杀史料集》第 8 册《日军官兵日记》，江苏人民出版社 2005 年版，第 194 页。

年 2 月新担任南京地区西部警备司令官的天谷少将，则认为日军在南京的暴行，“是由于长期以来的紧张战斗和遇到中国军队出乎意料的顽强抵抗”①。日本航空兵中士井手纯二曾目睹一名“40 岁上下长胡子的应征兵”，一面吼叫着“为××战友报仇！尝尝我的厉害！”一面挥动大刀砍杀中国俘虏。② 另一名第 16 师团的机枪兵吉川定国回忆了当年对中国俘虏的仇恨心情：

到下关时不是傍晚而是白天。对方战败逃跑，下关处于乱七八糟的状态，极其混乱。有几百个俘虏集中在一起。望着俘虏，就产生了敌忾之心，认为这样辛苦都是你们的缘故。

我们把败兵用刺刀刺死。步枪中队也参加的，一样杀，那我们比他们先杀的。在南京杀人没有罪恶感。③

还有的日军士兵把屠杀中国的俘虏，看作是为死去的士兵找“替身”，是为他们“报仇”。当年参加攻击南京的士兵秋山源治回忆说：“把俘虏排成排枪毙的场面我是见过的。说是给中队上死去的那么多人找‘替身’，就 5 个人排成一排把人给杀了，说是‘报仇’。”④一位留在南京的金陵大学外籍教授严厉谴责了日军这种集体屠杀俘虏的暴行。他在一份报告中写道：

现在是把他们认为曾服兵役的难民，不管是否冤枉，加以集体的屠杀。照国际公法，如无严格的军事上之必要，俘虏的生命须加以尊重。但这里不是讨论国际公法条文的地方，日本军人也不会有讨论的兴趣。他们早把国际公法搁到脑后，他们公开承认是为了复仇，为了要给现在占领南京的军队中已告阵亡的同伴们复仇。⑤

我们当然不能同意松井、天谷之流为日军屠杀暴行所作的辩解。但是，他们在辩解中所揭示的战争残酷场景和日军的报复心理，应当是可信的。

翻开中外历史，人们不难发现一个民族斗争与阶级斗争的规律：有侵略、有压迫就有反抗，有反抗就有报复，报复是侵略、压迫的继续。古代罗马的斯巴达克起义及失败后奴隶俘虏的被残酷处死，中国明末清初的抗清斗争与“扬州十日”、“嘉定三屠”，都是最好的例证。南京保卫战中，中国军人的英勇战斗，也加剧了日本侵略军的报复心理，

① [日]洞富雄著、毛良鸿等译《南京大屠杀》，上海译文出版社 1987 年版，第 238 页。

② 李秀石编译《日本国内关于“南京大屠杀”的新争论》，《世界史研究动态》1985 年第 5 期。

③ [日]松冈环编著、新内如等译《南京战・寻找被封闭的记忆》，上海辞书出版社 2002 年版，第 62 页。

④ [日]松冈环编著、新内如等译《南京战・寻找被封闭的记忆》，上海辞书出版社 2002 年版，第 104 页。秋山源治进攻南京时为日军第 16 师团步兵第 33 联队第 1 大队士兵。

⑤ [英]田伯烈著、杨明译《外人目睹中之日军暴行》，国民出版社 1938 年版，第 54—55 页。

使他们在未来的暴行中表现得更加残忍、疯狂。正是在这个意义上，南京保卫战的进行，中国军队的英勇抵抗，成了南京大屠杀发生的基本原因之一。需要说明的是：这里所说的“原因”，决不等于“理由”。“原因”只是事发之因，并不影响事件本身的是非曲直；“理由”则包含了对于发生事件的理性上的肯定。如果把“原因”说成“理由”，那就成了强盗的逻辑。

（四）首都的特殊地位是南京大屠杀发生的直接原因

前文论述了南京大屠杀发生的一对基本原因，即：日本军国主义的野蛮、凶残，与中国军民的英勇抵抗。称其为“基本原因”，是因为它们是日本侵略军在中国土地上所施行的一切暴行的原因。无此两条，则不会有大量暴行发生；具备了这两条，则到处均可发生暴行。但这并不能回答大屠杀为什么发生在南京而没发生在同样是由军国主义部队进攻、同样进行了英勇抵抗的平津、上海？这就要进一步讨论发生南京大屠杀的直接原因。

发生南京大屠杀的直接原因，是日本侵略军企图在中国首都发扬“武威”而使中国“畏服”的方针。

南京是当时中国的首都，是重要的政治、经济、文化中心。对于南京的防守，蒋介石曾称“南京孤城不能不守，对上、对下、对国、对民殊难为怀也。”他在 12 月 6 日离开南京前夕，又对防守南京部队师以上长官强调说：“南京是我国的首都，又是总理陵墓所在，为国际观瞻所系，同时对国内人心的影响也很大，所以必须固守。”①蒋介石的这些看法，说明了作为首都的南京，在抗战中确实具有不同一般城市的特殊重要地位。而日军则正是企图通过对首都人民大规模的屠杀，迫使中国人民停止抵抗。

对于南京的重要地位，以及松井石根之流在这个问题上的心态，远东国际军事法庭的判决书中，有一段绝好的叙述：

> 当松井被任命为上海军司令官离东京赴战地时，他已经想好了在预定的占领上海后就进兵南京。他在离东京前，要求给上海派遣军五个师团。因为他早就对上海和南京附近的地形作过调查，所以他对进攻南京作了实际的准备。一九三七年十月八日，松井发表声明说：“降魔的利剑现在已经出鞘，正将发挥它的神威。”因为要扩大上海周围的战区，于是任命松井为华中派遣军司令官。
>
> 在一九三七年十月下旬，任命武藤章为松井的副参谋长。在占领上海的一月

---

① 宋希濂：《鹰犬将军》，中国文史出版社 1986 年版，第 129 页。

> 以后，日军到达了南京郊外。松井发出一个命令，大意是：南京是中国的首都，占领南京是一个国际上的事件，所以必须作周详的研究以便发扬日本的武威而使中国畏服。中国方面对于日本的招降置之不理，于是开始了轰击，一九三七年十二月十三日南京终于失陷了。进入南京的日军虽然是新编的部队，但它是由有经验的部队组成的。一九三七年十二月十七日，松井得意洋洋地进了城。自十二月十三日起发生了人所共知的“南京大屠杀事件”……①

美国著名记者戴维·贝尔加米尼在其长篇政治历史专著《日本天皇的阴谋》一书中披露：“攻占南京是在东京皇宫中最深处的密室里策划的，旨在迫蒋下台。”贝尔加米尼还断言：“南京浩劫的可怕部署始于 1937 年 8 月 15 日。”②这一天，松井石根受命担任上海派遣军司令官。他受宠若惊，迫不及待地向近卫首相表示：“别无他途，只有拿下南京，打垮蒋介石政权。这就是我必须完成的使命。”③数日后，松井又在东京车站对前来送行的杉山陆相说：“无论如何要攻打南京，使国民政府屈服，这是膺惩支那的特殊使命决定的。”④

日本海军头目也十分清楚南京在中日之战中的特殊地位。早在淞沪会战的高潮阶段，日本第 3 舰队司令长官长谷川清便在 9 月 19 日发出的一份“通告”中指出：“日本海军航空队以南京系中国军事活动之主要根据地，兹为清除中国军队之敌对行动，早日结束目前之敌对状况起见，将于一九三七年九月二十一日正午十二时以后，对南京城内及其附近之中国军队及一切属于华军军事工作及活动之建筑，采取轰炸或其他手段。”⑤事实证明，日军飞机对作为首都的南京，进行了最野蛮、最猛烈的轰炸。据不完全统计，至南京沦陷前，日机总共出动了 1000 架次以上，对这座城市进行狂轰滥炸。

战后中国国防部审判战犯军事法庭在对战犯谷寿夫的判决书中判定：“日本军阀以我首都为抗战中心，遂纠集其精锐而凶残之第六师团谷寿夫部队，第十六师团中岛部队，第十八师团牛岛部队，第一一四师团末松部队等，在松井石根大将指挥之下，合力会

---

① 《远东国际军事法庭的判决书节录〈攻击南京〉》，1948 年 11 月 4 日，中国第二历史档案馆等编《侵华日军南京大屠杀档案》，江苏古籍出版社 1987 年版，第 18 页。

② [美]戴维·贝尔加米尼著、张震久等译《日本天皇的阴谋》(上)，商务印书馆 1984 年版，第 50 页。

③ [美]戴维·贝尔加米尼著、张震久等译《日本天皇的阴谋》(上)，商务印书馆 1984 年版，第 54 页。

④ 姜良芹：《南京大屠杀原因初探》，载陈安吉主编《侵华日军南京大屠杀国际学术研讨会论文集》，安徽大学出版社 1998 年版，第 178 页。

⑤ 《申报》1937 年 9 月 21 日。

攻”。① 11 月 22 日，以松井石根为司令官的日本华中方面军向参谋本部电呈：“为了解决事变，攻占首都南京具有最大价值。”他们表示，将“以现有的兵力不惜付出最大牺牲”来达到这一目的。② 鉴于日本侵略军对于占领南京城价值的高度重视，当华中方面军所属各师团已进抵南京城郊时，松井石根命令于 12 月 9 日向中国部队散发了《劝降书》，宣称：“南京乃中国故都，亦为民国之都城”，“日军将严厉处理抵抗者，不予宽恕”。③ 纵观中日之战全局，日方企图迫使中国军队订立城下之盟的做法，除南京而外，尚不多见。很显然，在日本侵略者的眼中，南京是一座具有特殊地位和作用的城市。他们把胁迫中国政府、中国军民停止抵抗、屈膝投降的最大希望，寄托于对南京的迅速占领和彻底征服。目睹了南京城陷后遭日军屠杀惨状的美国记者 F·提尔曼·杜丁，也看出了日本侵略军的这一意图。他在 12 月 17 日发往《纽约时报》的一则电讯中称：“大规模的抢劫，强奸妇女，屠杀平民，将中国人赶出家园，集体屠杀战俘，强迫壮年男子做苦工等暴行使南京成为一座恐怖之城。”“日本人似乎想让恐怖的景象留存下去，以此让中国人牢记抵抗日军的可怕后果。”④

一些参加攻击南京的日本士兵在后来的回忆中，也谈到了南京的特殊地位在他们的屠杀暴行中所产生的作用。原第 16 师团步兵第 38 联队的士兵冈崎茂说：“我当时就想，只要打下南京，日本就能结束战争了。”“在南京，我砍了 5 个人的头。那感觉就跟杀苍蝇一样。诀窍是留着脖子前面的皮不要切断。我们让他们盘腿坐着，双臂交叉在胸前，所以头被砍掉的时候人就往前倒了。”⑤另一名原日军第 16 师团第 33 联队的士兵泽田小次郎说：“南京进攻战是做得有点过分了。因为说它是反日的根据地，所以一直有命令要求我们把房子统统烧光。后来又说是因为后续部队没有地方驻扎，所以又终止了烧房子。总之是有过房子统统烧光，人统统杀光，这样一道命令。”⑥

尽管在古往今来的战争中，一国首都的失陷对于战争的胜负并不都能起到决定性的作用；但是，首都的守弃，毕竟在心理上、精神上与实际指挥上，具有非同寻常的作用，

① 《军事法庭对战犯谷寿夫的判决书及附件》，1947 年 3 月 10 日，胡菊蓉编《南京大屠杀史料集》第 24 册《南京审判》，江苏人民出版社 2006 年版，第 388—389 页。

② ［日］日本防卫厅防卫研究所战史室着、齐福霖译《中国事变陆军作战史》第 1 卷第 2 分册，中华书局 1981 年版，第 106 页。

③ 《支那事变经过概要》，王卫星编、叶琳等译《南京大屠杀史料集》第 32 册《日本军方文件与官兵日记》，江苏人民出版社 2007 年版，第 25 页。

④ F·提尔曼·杜丁：《攻占南京肆意屠戮》，陆束屏汇集编译《南京大屠杀——英美人士的目击报道》，红旗出版社 1999 版，第 86、90 页。杜丁今译为德丁。

⑤ ［日］松冈环编著、新内如等译《南京战·寻找被封闭的记忆》，上海辞书出版社 2002 年版，第121 页。

⑥ ［日］松冈环编著、新内如等译《南京战·寻找被封闭的记忆》，上海辞书出版社 2002 年版，第344 页。

因首都失陷而亡国者亦不乏其例。尤其是占领者一方，一般都对占领对方之首都并以此炫耀武力，抱有超常的企图和欲望。因而，为了进一步发扬“武威”，使中国军民“畏服”，使对南京的占领具有更大的“价值”，作为侵略战争的延伸，以种种凶残、野蛮的手段，来达到既定的目标，便不难理解了。

在这里，作为首都的南京，其特殊的政治地位，构成了这场大屠杀发生在南京，而不是发生在同样进行了英勇抵抗的其他城市的主要原因。

（五）九万大军滞留南京的严重后果

前节论述了大屠杀之所以会发生在南京的直接原因或主要原因，是作为首都的南京的特殊政治地位。但是，其他对凶残侵略军进行英勇抵抗的城市，也可以在另外的方面，具有超过南京的特别重要的地位与价值。例如上海，是全国最大的金融集散地与经济中心，侵华日军未尝不想通过对上海军民施以凶残的暴行，来消磨中国人民的抵抗意志。因此，这场骇人听闻的大屠杀之所以发生在南京，除了南京是中国的首都这一特殊条件外，必定还具备有区别于别的城市的其他原因。这就是，由于唐生智不成功的撤退，使 9 万名军人滞留南京，一部分被俘，一部分潜入民间。这 9 万名军人在被俘或潜入民间再被搜捕后，绝大部分均遭屠杀，构成了 30 万遇难同胞的一个重要组成部分，大大增大了遇难者的数字和大屠杀的规模；同时，由于数万名军人潜入民间，也给日本侵略军的疯狂屠杀提供了借口，使大量青壮年难民因被怀疑为“便衣兵”而遭处决。

大量军事档案资料，记载了这 9 万名大军滞留城内的混乱状况。第 78 军乃负责城防与维持秩序的部队，在唐生智的撤退令中，该部队本应与卫戍军直属部队一并渡江北撤。但“因麇集下关之其他各部队均行向和记公司拥挤，于是军属各部队悉被冲乱抢渡”。据统计，该军未能渡江、滞留于京岸者，计有：在三汊河担任掩护的第 211 团第 3 营全部，在三牌楼担任掩护的第 212 团第 1 营全部，在中央路担任掩护的补充第 2 团第 3 营全部，在红山担任掩护的第 215 团第 3 营全部，在迈皋桥、北崮山担任掩护的第 216 团第 2 营全部，已至江边但渡船被抢的工兵营全部、第 216 团第 3 营全部、辎重营第 1 连全部、通信营第 1 连全部及无线电排全部。① 该军参加南京保卫战的全部兵员为 11968 人，安全撤退者仅 4937 人，而该部在整个保卫战期间，除补充 2 团曾参加复兴桥、大小胡山战斗，有所伤亡外，其余部队因负责城内警戒，“未发一枪，未杀一敌”，故其因未能渡江而遭损失的数量，当在六七千人之间。宪兵部队按撤退令规定，

① 《南京第七十八军南京会战详报》，中国第二历史档案馆藏，档案号七八七—7590。

本在允许渡江之列，但因联络不畅、兵荒马乱，亦遭遇悲惨。“斯时，大军纷沓而至，拥挤不堪，枪声四起，血肉横飞，于是队伍为之散乱，行装为之全失……斯时，江中已无船可渡，乃扎木筏渡江。”①该部参加南京保卫战的全部兵员为 5490 人，安全撤离到江北者仅 2456 人；而该部由性质决定，在保卫战过程中，乃以维持城防治安和部队纪律为主，只在光华门、棉花堤 2 处，曾辅助主力部队作战，遭受部分伤亡，故其在江边损失，实属惨重。

滞留在南京城的军人，群龙无首，一盘散沙，被俘者数以万计。南京城内外大量俘虏的出现，使日军屠杀俘虏的罪恶预谋得以实现。台湾资深学者李恩涵先生根据日本军方的“战斗详报”、“战斗日记”、“阵中日记”等资料，整理出了一份日军在南京大屠杀中屠杀俘虏、“便衣兵”、“散兵”的“清单”。其中直接与屠杀俘虏有关的内容为：

12 月 13 日，第 16 师团第 33 联队将俘虏 3096 人全部处死；

12 月 14 日，第 16 师团第 38 联队于尧化门外俘 7200 人，17 日处刑；

12 月 14 日(?)，第 114 师团第 66 联队杀俘一千数百人；

12 月 14—17 日，第 13 师团第 65 联队于幕府山长江江岸大湾子处死俘虏 13500 人（或 15000 人，或 14777 人）；

12 月 15 日，第 6 师团第 23 联队于水西门附近将俘虏约 2000 人处刑；

第 16 师团第 38 联队将俘虏 200 人于马群处刑。②

仅以上列举之不完全统计，已有 27000 余名俘虏被屠杀。

此外，尚有为数众多的所谓“败残兵”、“散兵”、“便衣兵”被集体屠杀。不过，这一数字中，还包含了许多被指认为“兵”的无辜平民在内。据李恩涵先生所整理的资料，这一类屠杀主要有：

12 月 12—13 日，第 6 师团第 45 联队歼灭由城内及下关脱出之“兵民”万余人；

12 月 14 日，第 16 师团第 30 旅团在太平门处刑“败残兵”数千人；

12 月 14 日，第 16 师团第 9 联队将 4000 名“散兵”，在城外“连行”；

12 月 14 日至 1938 年 1 月 5 日，南京西部警备司令官佐佐木到一将城内“便衣兵”2000 人、城外“便衣兵”数千人，在下关集体屠杀；

第 9 师团右翼部队在城内“扫荡”，歼灭“败残兵”7000 余名；

第 16 师团第 30 旅团在紫金山北“扫荡”、处死“散兵”数百人；

---

① 《宪兵司令部战斗详报》，中国第二历史档案馆藏，档案号七八七—7595。

② 李恩涵：《日本军战争暴行之研究》台北商务印书馆 1994 年版，第 30—32 页。

第16师团第20联队自“安全区”捕“散兵”约500人处刑。①

上述各项总数，亦共近30000名（“数千”、“数百”分别以3000、300计），实际上，南京大屠杀中大多数遇难同胞，均是以“便衣兵”的名义被屠杀的。

大批放下武器的军人潜入民间，为日军捕杀平民提供了借口。当然，就日本军国主义来说，为了实践自己既定的方针和目标，即使中国的指挥官不发生任何失误，他们也还是会制造种种的杀人借口来进行屠杀的。但是，南京军民杂处的局面，在客观上帮助了日本侵略军对南京市民的施暴和屠杀。日本侵略军进入南京城后，正是打着搜寻“便衣兵”的旗号，大肆捕捉无辜市民，恣意杀害。在许多场合，日军不分青红皂白，不论男女老幼，一概加以残暴的屠杀。但是，也有一些场合，日军确是按照一个军人可能具备的特征，如额头上是否有帽痕，手心、肩头是否有老茧等，来决定是否捕捉一名男性青壮年。英国《曼彻斯特卫报》记者田伯烈在《外人目睹中之日军暴行》一书中写道：“任何人的手上只要发现硬茧，就可以指为当兵的证据，必死无疑。”②美国《纽约时报》记者杜丁在一只电讯中称：“大多数留在安全区内的军人遭到集体屠杀。（日军）在全城有计划地逐屋仔细搜索，捕捉肩膀上有背包印痕或其他当兵痕迹的人。这些人被押到一处遭处决。”③见证人张道富在证言中说：“日本兵到难民区来抓人，一看见男人，就检查头上有没有帽檐印、手上有没有老茧，如果有就认为是当兵的，抓去杀掉。”④当然，用这样的方法来鉴定军人与百姓的区别，本身并不科学，或者说，本身就是侵略者施暴的一种借口；同时，任意将被指认为“军人”的中国人加以残杀，不论他们是无辜的百姓，还是已经放下武器的军人，都是违反国际公法的。

在这样的背景下，大批青壮年都因被怀疑为“便衣兵”而被捕杀。在实际执行中，更多的情况是，根本不查验当兵的标志，只要是青壮年，就要遭抓捕屠杀。

退休女职工邓明霞，其丈夫邓荣贵当年死于12月27日的集体屠杀中。她回忆了当时日军不分青红皂白搜捕中青年男子加以屠杀的情况。她说：

十二月二十七日上午九点左右，日本兵闯进难民区，三挺机关枪对准所有难民，把中青年男子都抓起来，一个连一个用绳子捆绑着，押到大方巷塘边，用机枪扫

---

① 李恩涵：《日本军战争暴行之研究》台北商务印书馆1994年版，第30—32页。

② ［英］田伯烈著、杨明译：《外人目睹中之日军暴行》，国民出版社1938年版，第32—33页。

③ F·提尔曼·杜丁：《攻占南京肆意屠戮》，陆束屏汇集编译《南京大屠杀——英美人士的目击报道》，红旗出版社1999版，第89页。

④《张道富证言》，“南京大屠杀”史料编辑委员会等编《侵华日军南京大屠杀史料》，江苏古籍出版社1985年版，第467页。

射。这一次就打死了好几百人，塘水都给染红了。整个难民区一片哭声，老人哭儿子，妇女哭丈夫，孩子哭爸爸。①

南京沦陷时，家住云南路301号的妇女李春芳，目睹了将300多名难民在大方巷附近的空场进行所谓的检查和屠杀的实况。她说："当时日军三次抓人，四个绑在一起，一次把难民三百多人赶到大方巷和二条巷之间的一个空场上，检验难民的手上有没有老茧，有的就赶到一边，用枪打，最后来不及就用机枪扫，当时旁边的河（塘）都成了血河。"②

这种借口搜寻"便衣兵"对无辜市民任意加以屠杀的情况，在一些日本兵的日记、回忆中，也有很多记载。

日本记者本多胜一在《南京大屠杀始末采访录》一书中，引用了一名化名为山本五郎的上等兵的战地日记内容。日记记录了他参加在难民区屠杀500多名"便衣兵"的实况。这位上等兵在12月14日的日记中写道：

上午8时30分，中队列队进入难民区。残兵败卒都化装成便衣，大多扔掉军服和武器，与成百上千的难民混在一起。我们和支那警官对他们一一检查，找出像溃军似的怀疑对象约五百来人，其中有连长级的军官。因为一个小队很难执行屠杀任务，所以向第一机枪队借来两挺重机枪，再将中队的六挺轻机枪及全部步枪都集中起来，然后将这些残兵败卒带到远处城墙的山边，轻重机枪一齐扫射，予以全部杀死。③

日军原第16师团步兵第33联队小田利吉事后回忆说："当时，因为士兵与良民无法区别，所谓'把可疑的家伙都杀了'，那确实是上面的指示……'可疑家伙'不知道该怎么区别，所以就集中起来了。射击了便立即倒下，打中没打中也不知道。"④在稍后进行的"良民登记"时，在日军的蓄意欺骗下，更有许多当过兵和未当过兵的青年难民，因"自首"而被处死。田伯烈先生在《外人目睹中之日军暴行》一书中，引用一位目击外侨的信说："金陵大学内，登记的手续开始了。日方扬言如果中国兵能够出来自首，将罚做伕役，可以保全生命。约二百四十人真出来自首了，他们却全给捆载而去。其中有两三个人受伤后佯装已死，乘机逃脱，到医院来求治。据他们说，一群给机关枪扫射，一群则为

① 《邓明霞证言》，"南京大屠杀"史料编辑委员会等编《侵华日军南京大屠杀史料》，江苏古籍出版社1985年版，第414页。

② 《李春芳证言》，侵华日军南京大屠杀纪念馆收藏。

③ [日]本多胜一著、刘春明等译校《南京大屠杀始末采访录》，北岳文艺出版社2001年版，第289页。

④ [日]松冈环编著、新内如等译《南京战·寻找被封闭的记忆》，上海辞书出版社2002年版，第150页。

日军刺刀演习的靶子。”①当年隶属于承办“良民登记”部队的日本兵冈本健三战后披露了所谓“良民登记”的内幕。他说：

> 当占领南京之后，对于谁是良民，谁是便衣队，是分辨不出来的。因此，日本军队就制发一种“良民证”。我隶属的部队每天都办理登记，叫他们填写出生年月、性别、职业等项目。可是，会写字的中国人很少，对于不会写字的人，虽然加以说明，但言语不通，于是，能讲得清楚的家伙，算他运气不坏；如果是吞吞吐吐，前言不搭后语的，就认为是可疑，把他搁在一边，解决掉了事。②

那些被怀疑为“便衣兵”的青壮年难民，在有人担保或证明其不是中国兵的情况下，偶尔也能获得释放。日本《朝日新闻》的特派员足立和雄曾著文，叙述了自己与另一名记者守山义雄亲身经历的情况。他写道：

> 在朝日新闻南京分社的旁边，有个火灾后形成的广场。在那里，在日本兵的监视下，中国人排起长队。留在南京的中国男子，几乎都被称作“便衣队”而遭逮捕。我们的伙伴证明其中的一个人，在事变之前就与朝日分社有过来往，因而救了他一命。从那以后，到朝日分社乞求救命的妇女和儿童接踵而来。但凭我们的力量，实在是爱莫能助。“便衣队”在妻儿老小的哭泣声中，眼睁睁地一个接一个地被枪杀了。③

类似日本军队严查混在难民中的中国士兵，在有人担保后又得到释放的事例，在金陵女子文理学院难民收容所也有所发生。在这里担任负责人的魏特琳女士及其中国助手程瑞芳均在自己的日记中作了记录。程瑞芳在日记中写道：“(12 月 16 日)下午又来兵把小童的兄弟带去，说他是兵，他有一点像，两次都是华(按指魏特琳女士)保下来的。他们工人听说，有长发的，日本兵要捉去。有些工人把发都剃了，不知日兵见了这样的人更利(厉)害，他们以为是逃兵把发都剃去了，这些工人悔之晚矣”④。与此相对应，魏特琳在其 12 月 16 日的日记中写道：“有两次，日本兵抓住我们的工人，说他们是士兵，要把他们带走。但我说：‘他们不是士兵，是苦力。’他们才得以逃脱被枪杀或是被刺死的命运。”⑤她还在另一份工作报告中说：“他们(按指日本兵)想带走几名头发剪得像士

---

① [英]田伯烈著、杨明译：《外人目睹中之日军暴行》，国民出版社 1938 年版，第 36 页。

② 《切齿刻骨的南京大屠杀》，载台湾《近代中国》第 30 期。

③ [日]本多胜一著、刘春明等译校《南京大屠杀始末采访录》，北岳文艺出版社 2001 年版，第 284—285 页。

④ 《程瑞芳日记》(一)，《民国档案》2004 年第 3 期。

⑤ [美]明妮·魏特琳：《魏特琳日记》，江苏人民出版社 2000 年版，第 195 页。

兵的工友倒是真的，但最终，在确认身份之后他们被释放了。”①上述内容，可以清楚地看出，大批中国军人滞留南京、潜入民间所造成的严重后果。这部分地给日军任意捕杀难民、扩大暴行的规模提供了借口，诱发或促发了一部分本可避免的屠杀事件的发生。这也是为什么在南京发生的屠杀暴行会有如此巨大规模的一个间接原因，或者说是一个诱导因素。

（六）日本侵略军的预谋

前已认定，南京大屠杀是日本军国主义恶性膨胀的产物。也就是说，它的发生，并非只是由于个别军人、个别部队一时性的冲动而造成的偶然行为；恰恰相反，它的发生，正是这支军国主义军队的各级指挥员及其指挥机构精心策划的结果。

但是，从南京大屠杀的凶犯到极少数军国主义的辩护士，为了推卸日本侵略者的罪责，对于发生在南京的大屠杀现象，不是从根本上予以否定，就是把它说成是少数日本士兵“军纪松弛”和“违纪”的结果。

究竟南京大屠杀事件，是侵华日军有计划、有预谋的行动，还是部分士兵“无纪律”造成的偶然事件？这在对南京大屠杀发生原因进行的探讨中，是一个必须澄清的大是大非问题。

迫使中国“畏服”的既定方针

采取恐怖手段，迫使中国屈服，这是日本军国主义在这次中日战争中的既定方针。八一三淞沪会战爆发不久，日本外相广田弘毅便于9月5日在议会发表演说宣称：为了迫使中国投降，“决心予以决定性打击”；“日本帝国所能采取的唯一道路，就是使中国军队完全丧失战斗意志”。9月24日，在日本占领河北省会保定以后，一名日本将领扬言：日本军队的军事目标与其说是为了占领土地，毋宁说是为了歼灭、破坏和杀戮中国军队。② 当日军攻击到南京郊外时，已经担任日本华中方面军司令官的松井石根发出了要在南京“发扬日本的武威而使中国畏服”的命令。

12月7日，松井石根在他设于苏州的方面军指挥所亲自起草了《攻占南京城要领》，规定：

> 一、在南京守城司令官或市政府当局尚留在市内的情况下，设法劝告其开城以

---

① 章开沅编译《天理难容——美国传教士眼中的南京大屠杀(1937—1938)》，南京大学出版社1999年版，第373页。

② 张效林译《远东国际军事法庭判决书》，五十年代出版社1953年中文版，第339页。

和平方式入城。此时，各师团各选派步兵一个大队为基干部队先入城，在城内分地区进行扫荡。

二、在敌之残兵仍据城进行抵抗的情况下，将到达战场的全部炮兵展开，进行炮击夺取城墙，各师团以步兵一个联队为基干的部队进入城内进行扫荡。①

12月9日，松井又命令将以和平方式入城时，在城内分区进行扫荡的部队，改为各师团各选派3个大队。最终，大概是由于认为中国军队在城陷前进行了抵抗，因此“各师团按照预先指示的攻击要领，各以步兵一个联队为基干的部队入城扫荡了城内”。原日军第6师团第23联队第4中队第3分队长中野忠之寿供认，“军司令官松井石根的方针”为：“决定在南京城内及其周围，将抗日军人及抗日爱国中国人从东西南北四方加以包围，逐次压缩包围圈，以实行一人不剩的大屠杀。”②据日本军事资料称，各兵团在17日入城式前，“完成了南京城内外的主要扫荡任务”③。实际上，这种以屠杀青壮年为目标的“扫荡”，还延长了相当长的一段时间。

松井石根在命令部队扫荡南京城的同时，虽然也冠冕堂皇地加上了一些“防止违法乱纪”、“严肃军容风纪”之类的要求，但从日本军事当局的指导方针和南京失陷后的实际遭遇来看，《攻占南京城要领》中所说的“扫荡”，无异于对停止抵抗的军人和无辜的百姓进行屠杀的代名词。这种关于“扫荡”的命令，实际上就是对南京军民任意进行血腥屠杀的屠杀令。美国驻南京副领事埃斯皮后来向远东国际军事法庭报告说：

不迟于12月13日晚、14日晨，暴力就开始出现了。一支日本小分队开始围埔并“肃清”留在城里的中国士兵，他们对全城所有街道和建筑展开了仔细搜查。所有前中国士兵和那些被他们怀疑是的人均遭到有计划的杀戮。尽管得不到准确的记录，但据估计，远远超过2万人以这种借口被处决。在分辨前士兵和疑似前士兵，但事实上却从未在中国军队中服役过的那些人的问题上，看不出日本人采取了什么措施。一旦稍微怀疑某人曾当过兵，被怀疑者似乎就不可避免地被拖走枪毙。日本人要把中国军队的残余分子全部消灭干净的决心显然是坚定不移的。④

① [日]日本防卫厅防卫研究所战史室著、齐福霖译《中国事变陆军作战史》第1卷第2分册，中华书局1981年版，第111—112页。

② 中央档案馆等编《南京大屠杀图证》，吉林人民出版社1995年版，第30页。

③ [日]日本防卫厅防卫研究所战史室著、齐福霖译《中国事变陆军作战史》第1卷第2分册，中华书局1981年版，第113页。

④《起诉方摘要宣读阿利森致美国大使的信》，1938年1月25日，杨夏鸣编《南京大屠杀史料集》第7册《东京审判》，江苏人民出版社2005年版，第176—177页。

南京安全区国际委员会总干事美国人菲奇，对于日军的所谓“扫荡”，也作过很好的说明。他在向远东国际军事法庭提供的证词中说：

> 日本人在抓人时完全无章可循，随意从难民营抓人。手上有老茧或头上有戴过帽子的压痕就足以证明这个人曾经当过兵，成了他必死无疑的依据。实际上，所有难民营均遭一股又一股的日本兵多次闯入，他们随意把人抓走枪毙。①

日军第 16 师团之第 30 旅团旅团长佐佐木到一在 12 月 16 日的日记中写道：“奉命扫荡紫金山北侧一带地区。收获虽然不大，但两个联队搜寻到数百名败兵，并予以枪决。”②

“扫荡”一词，在军事上原本相对于“抵抗”。有“抵抗”才有“扫荡”。在南京失陷前后，侵华日军实际上已将“扫荡”的主要目标放在那些已经放下武器、停止抵抗的中国军人及战俘的身上。这一举措，是完全违背国际公法的。1907 年《海牙第四公约》所附的《陆战规则》第 23 条规定：“(禁止)背信弃义地杀死或杀伤属于敌对国家或军队之人；杀死或杀伤已经放下武器、无自卫手段或已确定投降者”③。1929 年 7 月 27 日签订的《日内瓦战俘待遇公约》强调，“每一国当尽力减低战俘面对之不可避免的严酷，与致力改善其命运”。其第 2 条更清楚地规定：“战俘系在敌对国家的权力之下，而非为捕捉他们的个人或军队所有；他们必须在所有时刻给予人道方式的对待与保护，特别不遭受暴力侮辱与公众好奇心之行为。对俘虏报复之措施，应予禁止。”④

日军根本无视这一系列举世公认的国际准则，有计划、有组织地大量处死中国战俘。有关这方面的密令或秘密指示，至少可以追溯到 1933 年 1 月作为“机密”文件发行的军校教科书《对支那军战斗法之研究》。该书宣称：“支那人无完备之户籍法，且兵员多系流浪汉，其存在未被确认者不可胜数。因此，即使将其杀掉或放置他乡，断不会构成社会问题。”⑤这种将对待俘虏的办法，第一列为“杀害”，第二列为“释放”，已属谬误，践踏了国际法对待俘虏的准则；更为严重的是，根据日本记者本多胜一调查的结果，经历了杀害俘虏情况的人较多，而经历释放俘虏的人，则从未发现。

---

① 《起诉方宣读的证人证词·菲奇》，杨夏鸣编《南京大屠杀史料集》第 7 册《东京审判》，江苏人民出版社 2005 年版，第 198 页。

② 《佐佐木到一日记》，王卫星编《南京大屠杀史料集》第 8 册《日军官兵日记》，江苏人民出版社 2005 年版，第 320 页。

③ 李恩涵：《日本军战争暴行之研究》，台北商务印书馆 1994 年版，第 71 页。

④ 李恩涵：《日本军战争暴行之研究》，台北商务印书馆 1994 年版，第 75—76 页。

⑤ [日]本多胜一著、刘春明等译校《南京大屠杀始末采访录》，北岳文艺出版社 2001 年版，第 266 页。

日本历史学家秦郁彦在《南京事件》一书中，对侵华日军在攻占南京前后屠杀俘虏的行为，做出了与本多胜一相似的论述。他认为："第一线部队不能带着俘虏作战，没有收容的设施，也没有准备监视人员的粮食。如果请求收留，却不能接受，那就只能处刑或释放。""捕获俘虏的部队向上级司令部询问的时候，几乎毫无例外，得到的回答都是处刑。"①在日军由上海向南京进击的途中，曾下达了类似于"逢人便杀"的命令。陆军特约摄影记者河野公辉提供的证言说：

> 我的确看到过这个文件，内容是这样的："不能饶恕共产主义暴虐，为了粉碎共匪蠢动，不仅农夫，即使妇女儿童，也得格杀勿论。"②

日本军国主义者，故意把这样的屠杀令同对付共产党、共产主义联系起来，其真实目的，不过是为了替大量屠杀中国军民制造口实。

军团、师团、旅团及基层军官的屠杀令

从已经掌握的大量资料来看，对于屠杀南京的战俘以及分不清是否系军人的市民，日军上自华中方面军司令官松井石根及其司令部，下至师团、旅团、联队及基层军官，曾逐级下达、执行过屠杀令。

松井石根曾亲口命令对战俘"纪律肃正"，即屠杀。据当年担任华中方面军专属副官的角良晴少佐(后升大佐)回忆：1937 年 12 月 18 日，第 6 师团的情报参谋曾以电话报告方面军司令部，请示"在下关所掳获的中国难民十二、三万人如何处理?"角良晴听到该部情报课课长长勇(中佐)简单地发出命令："全部杀掉"。角良晴认为此事关系重大，乃奔告松井石根。当松井从长勇处得悉"难民中杂有军人"时，遂命令："混杂的军人都应予以'纪律肃正'(屠杀)。"③长勇参谋本人，亦曾对其同事田中隆吉大佐坦陈，为了报复日军在通州遇到的顽强抵抗，擅自下令将南京附近的中国俘虏全部杀掉。长勇对田中说：

> 在事变开始时，我很高兴，认为对在通州杀害日本人事件进行报复的时机到来了。我立即擅自向所属各部队发出命令：应全部杀掉这些俘虏！我利用军司令官的名义，通过无线电讯传达了这项命令。命令的全文当即烧毁。由于这一命令，大屠杀开始了。然而，其中也有逃亡的人，不能说全部被杀掉。我相信，我不仅由此对通州的屠杀进行了报复，而且得以告慰已牺牲的无辜在天之灵。④

---

① [日]秦郁彦：《南京事件》，日本中央公论社 1986 年版，第 194—195 页

② 《切齿刻骨的南京大屠杀》，台湾《近代中国》第 30 期。

③ 李恩涵：《日本军战争暴行之研究》，台北商务印书馆 1994 年版，第 114—115 页。

④ [日]洞富雄著、毛良鸿等译《南京大屠杀》，上海译文出版社 1987 年版，第 67 页。

身为松井石根幕僚的长勇中佐，不仅以方面军司令部的名义下达屠杀俘虏和市民的密令，而且还亲到屠杀现场指挥，严厉监督屠杀令的执行。长勇的朋友藤田勇，根据长勇对他绘声绘色的描述，作了如下的介绍：

夹杂着妇女和儿童的大批市民，如同潮水一般，从被日军包围的南京城的一角，向着扬子江沿岸方向逃去。逃跑的人群中，混入了很多中国军人。让中国军人就那么逃走，对今后的战斗不利。因此，长中佐向架着机枪的士兵下达命令："打！"虽然混有中国军人，但正在逃跑的大多数是市民，所以士兵们迟疑着没有开枪。于是，长中佐愤怒了。

"杀人不就这么简单吗！"

他说着，用军刀将一个士兵从肩部斜着砍了下去。大吃一惊的其他士兵，一齐扣动了机关枪的扳机，从而造成了大规模的杀戮。①

继松井石根之后担任上海派遣军司令官的皇叔朝香宫鸠彦王及其派遣军司令部，也直接下令屠杀俘虏。朝香宫于12月2日被任命为上海派遣军司令官，5日飞离东京，3天后抵达南京外围战地。当他听说大批中国军队已被包围，将会投降时，便由他签署盖章，发出了一连串标有"机密，阅后销毁"字样的命令，内容十分简单："杀掉全部俘虏"②。

12月13日以后，南京城已经失陷。日军第13师团第103旅团所属之第65联队，在乌龙山、幕府山一带俘获到14777名中国军人。如何处理这批战俘？上海派遣军曾数次请示东京参谋本部和陆军省，但是每次得到的答复都是模棱两可的。于是，该军便做出了屠杀的决定，并命令执行。根据第60联队的随军记者秦贤助回忆：

军司令部向中央(参谋本部、陆军省)请示了几次，最初发来的训电是："好好谋划！"这一命令很不明确，也没有关于处理俘虏的方法。一再请示后，发来的训电也是"研究后处理！"如何研究好呢？军司令部觉得为难，于是第三次请示，得到的命令是"由军司令部处理！"军司令部认为中央的态度暧昧。为迎接朝香宫中将而举行的入城式迫在眉睫，军司令部十分焦急，"杀掉吧"，军司令部就轻易做出了这样的结论。③

---

① [日]本多胜一著、刘春明等译校《南京大屠杀始末采访录》，北岳文艺出版社2001年版，第264—265页。

② [美]戴维·贝尔加米尼著、张震久等译《日本天皇的阴谋》(上)，商务印书馆1984年版，第70页。

③ [日]洞富雄著、毛良鸿等译《南京大屠杀》，上海译文出版社1987年版，第37页。

第103旅团旅团长山田栴二在12月15日的日记中写道："派本间骑兵少尉去南京，联系处理俘虏的事宜和其他事宜。命令说将俘虏全部杀掉。各部队都因缺粮而大伤脑筋。"①第65联队的第8中队远藤高明少佐在12月16日的日记中也写道："遵照军部命令，傍晚开始将俘虏的三分之一押送到江岸，由Ⅰ执行枪杀。"②日本记者本多胜一在采访了当年参加屠杀这批战俘的第65联队一名下士后，在一篇报道中确认，"根据上级的'处理'命令，于17日入城式的那一天，解决了这群俘虏。"③另一名《朝日新闻》的随军记者今井正刚也揭示了与上述背景时间大致相同的屠杀情况。他在一篇证言中说："因为朝香宫殿下也要乘马参加入城式，如果有人投掷石块或开枪射击，那可不得了。所以进行全部'扫除'就是当然的了。这种所谓的扫除，就是大屠杀。"④此外，日军第16师团第30旅团，于12月14日在城东仙鹤门附近俘获了约1万名俘虏，在报告了派遣军司令部后，也接到了"直接枪杀"的命令⑤。

在松井石根、朝香宫及其所指挥的方面军、军司令部的指令下，各师团、旅团的指挥官，也纷纷下达屠杀俘虏与平民的命令。

第16师团第30旅团所属之第38联队副官儿玉义雄，曾在南京城郊接到师团部副官传达师团部的电话命令："如中国官兵投降，可予接受，并予处置(屠杀)之"。儿玉称："部队虽然惊诧，但有此命令，即可解决困难，乃下达于各大队；各大队此后如何报告，在激烈的战斗中，可以想象。"⑥

第16师团师团长中岛今朝吾在亲笔所记的"阵中日记"中，详细披露了该师团执行屠杀令的情况。他在12月13日的日记中写道：

> 二一、基本上不实行俘虏政策，决定采取全部彻底消灭的方针。但由于是以1000人、5000人、10000人计的群体，连武装都不能及时解除。
>
> ……
>
> 二三、处理上述七八千人，需要有一个大壕，但很难找到。预计将其分成一两

① 山田栴二：《山田栴二日记》，王卫星编《南京大屠杀史料集》第9册《日军官兵日记与书信》，江苏人民出版社2006年版，第31页。

② [日]小野贤二：《第13师团山田支队的南京大屠杀》，载陈安吉主编《侵华日军南京大屠杀史国际学术研讨会论文集》，安徽大学出版社1998年版，第106页。文中"Ⅰ"指第65联队之1大队。

③ [日]本多胜一著、刘春明等译校《南京大屠杀始末采访录》，北岳文艺出版社2001年版，第370—371页。

④ [日]森山康平：《南京大屠杀与三光作战》，四川教育出版社1984年版，第3页。

⑤ 李恩涵：《日本军战争暴行之研究》，台北商务印书馆1994年版，第119页。

⑥ 李恩涵：《日本军战争暴行之研究》，台北商务印书馆1994年版，第119页。

百人的小队，领到适当的地方加以处理。①

第16师团的参谋长中泽三夫大佐，也秉承中岛屠杀俘虏的意旨，向所属部队下达过类似的屠杀令。该师团师团部副官宫本四郎回忆12月13日的杀俘经过说：

> 占领紫金山后，师团正面的主要战斗告一段落，即整队作攻击进城的准备。午后三时，步兵之下士官自后方前来报告，有敌军一万，请至急来兵增援。……乃全队出动，甚至卫生队的武装兵也动员前往，不久，后方再传令来说："全部之敌已为俘虏"。当请参谋长指示，参谋长即席对后方参谋说："俘虏全杀！"②

同样的屠杀令，还反映在日军第13师团和第3师团的军事文书中。第13师团在一份战斗详报中，记载有关战斗指示说："俘虏数量多，射杀难，应予武装解除后"，"即予适宜处置可也。"此处之"处置"，实即为"屠杀"。以藤田进为师团长的第3师团，在其《藤田部队会报追加》中称："此后有关俘虏之调查，各队应严重处理。"③这里的"严重处理"，亦为"屠杀"之意。

在旅团一级的屠杀令方面，有代表性的是第114师团之第127旅团屠杀俘虏的情况。该旅团所属之第66联队第1大队的战斗详报，详细记述了旅团部屠杀令的下达与该大队的执行情况。其主要内容为：

> 甲、根据旅团部命令：俘虏全部杀掉。其方法可以十名为一组枪杀。
>
> ……
>
> 下午三时三十分，召集各中队就俘虏处置问题，交换意见，经讨论决定，把俘虏平均分给中队（第一、第三、第四中队），以五十名为一组，由大监禁室带出，第一中队在宿营地南谷地，第三中队在宿营地西南洼地，第四中队在宿营地（东）南谷地附近，刺杀这些俘虏。
>
> 监禁室周围必须配置重兵警戒，将俘虏带出时，注意绝对不能让他们有所觉察。各部队应于下午五时前准备完成。五时开始刺杀；下午七时三十分刺杀结束。④

第16师团之第30旅团也下达过类似的不接受俘虏的命令。其所属之第38联队

---

① 《中岛今朝吾日记》，王卫星编《南京大屠杀史料集》第8册《日军官兵日记》，江苏人民出版社2005年版，第280页。

② 李恩涵：《日本军战争暴行之研究》，台北商务印书馆1994年版，第125页。

③ 李恩涵：《日本军战争暴行之研究》，台北商务印书馆1994年版，第129页。

④ 李恩涵：《日本军战争暴行之研究》，台北商务印书馆1994年版，第133页。

于12月14日接到旅团部的命令："各队在得到师团的指示之前，不许受理俘虏"①。一方面是大量放下武器的中国士兵已在他们的掌握之中，一方面他们又不得受理这些俘虏。为防止这些俘虏再度转化为有战斗力的敌手，其自然的结果，当然就是将其加以消灭。

屠杀令层层下达，直至联队、大队和中队的基层军官。原日军第16师团步兵第9联队的士兵福田治夫回忆说：在南京附近，"联队长发出命令：'不管老人小孩全部杀掉。'只要看到周围有人就开枪杀死。"②同一师团步兵第33联队的老兵酒井伍郎则有着大队长命令杀人的深刻记忆。他介绍说："到了南京的和平门，因为门关着，就用野战炮不停地轰击。抵抗停止后，我们登上了绳梯。里面的败兵接二连三地举手出来了，大队长双手往下一挥，做了个'杀'的动作。因为是命令，就都给刺杀了。"③另一名第33联队的士兵上西义雄回忆了接受中队长命令进行屠杀的事实。他说："处置俘虏是师团下的命令。实际上给我们士兵下命令的是中队长，他下指令说：'俘虏全部杀掉。'我不清楚我们究竟杀了多少人。每天每个小队一般处置五六十个人。"④

士兵屠杀是"奉命行事"

与狡辩者的托词相反，一些参加攻击南京和屠杀南京军民的日军士兵，用亲身的经历，证明了他们的屠杀行为，来自上级的"命令"。

一名第114师团重机枪部队的一等兵田所耕造介绍说：

> 我在城里扫荡过残敌，把俘虏绑在树上，军官们一面教导怎样枪杀和刺杀的方法，一面把他们弄死，军官和下士官把蹲在挖好的坑前的俘虏的脑袋砍下来。我吗，那时是二等兵，只让我用刺刀刺……这样的屠杀在城内一连干了十天的光景，当然是按命令干的。
>
> 那时我在下关，用从铁丝网上拆下的铁丝，把抓住的人每十个捆在一起，堆成井字形的垛，然后加上油烧，这叫作"捆草袋子"。简直和杀猪的心情一样，干着这样的事，杀人就不算什么了，司空见惯了嘛！……因为这是命令，就什么也不想了。⑤

目睹《朝日新闻》支局附近广场集体屠杀一二百名市民的从军记者今井正刚，在劝屠杀指挥官住手时，得到的答复是："这是命令，没有办法。"⑥

---

① ［日］秦郁彦：《南京事件》，日本中央公论社1986年版，第149页。

② ［日］松冈环编著、新内如等译《南京战·寻找被封闭的记忆》，上海辞书出版社2002年版，第180页。

③ ［日］松冈环编著、新内如等译《南京战·寻找被封闭的记忆》，上海辞书出版社2002年版，第189页。

④ ［日］松冈环编著、新内如等译《南京战·寻找被封闭的记忆》，上海辞书出版社2002年版，第244页。

⑤ ［日］森山康平：《南京大屠杀与三光作战》，四川教育出版社1984年版，第10页。

⑥ ［日］森山康平：《南京大屠杀与三光作战》，四川教育出版社1984年版，第4页。

士兵奉命屠杀的情况，还反映在德国档案中。德国驻华大使馆留守南京办事处政务秘书罗森，在1938年1月15日致外交部的一份内部报告中写道：

> 1月9日上午在我们重新到达前数小时，克勒格尔和哈茨先生（奥地利人）在直接靠近大使馆处看到下列武士道精神的实际应用：使馆的左侧在英国庚款赔偿委员会所在地和所谓"巴伐利亚广场"之间有一个部分已结冰的小水塘。水塘中站着一个老百姓，水淹没到他的臀部。水塘前有两个端着步枪的日本兵，他们根据站在他们后边军官的命令开枪射击，直至这个人倒下。尸体至今还漂在水中。①

见惯了日本军人在其军官指使下，任意屠杀无辜事件的罗森秘书，在另一份写给德国外交部的报告中，一针见血地指出："部队始终是其军官的写照。一个以政治谋杀而闻名于世的青年军官团要求它的属下所做的无非是南京所发生的一切。"②

日军官兵深知，大屠杀的罪行是见不得人的。他们掩耳盗铃，每当进行屠杀行动时，"都把领章摘掉"，"只戴军衔肩章"，所属联队的符号也不佩戴，因而使人分不出他们是哪支部队的。战地记者今井正刚曾遍访这些屠杀现场的刽子手，始终打听不到他们究竟来自哪个部队。仅从这一侧面，也足以看出，日军所进行的南京大屠杀，完全是有计划、有预谋的罪恶行动。正如日本作家森山康平先生在编录日军官兵关于南京大屠杀证言的基础上，所严正指出的那样："可以肯定日军以分队、小队为单位，在南京城内外到处对无抵抗的中国人进行了集体屠杀。而且，这个大屠杀的行为是有计划地、根据地位极高的指挥官的命令进行的。这是不可否认的。"③

日军士兵奉命屠杀的现象，集中显示了日军当局妄图迫使中国"畏服"的既定方针和各级军事机构下达屠杀密令的实质。事实证明，惨绝人寰的南京大屠杀，绝不是什么简单的偶然事件，而是日本侵略者蓄谋已久，有计划、有预谋的罪恶暴行。

（七）日军心态与战场环境分析

南京大屠杀发生的原因，是一个很大的题目。它牵涉到中日双方的政略、战略和战役指挥等多重因素。同时，它还与日军士兵临战的复杂心态与具体的战场环境有关。

---

① 《罗森给德国外交部的报告》，1938年1月15日，《德国档案馆中关于侵华日军南京大屠杀的档案资料》，载《抗日战争研究》1991年第2期。

② 《罗森给德国外交部的报告》，1938年2月10日，《德国档案馆中关于侵华日军南京大屠杀的档案资料》，载《抗日战争研究》1991年第2期。

③ ［日］森山康平：《南京大屠杀与三光作战》，四川教育出版社1984年版，第7页。

一场数十万人的大规模屠杀，需要成千上万的官兵去执行，需要他们一次又一次地举起屠刀、扣动扳机。他们除了具有前述“效忠天皇”、“执行命令”、崇尚“武士道”精神等基本素质之外，还有哪些复杂的心态，帮助了他们去实现恐怖的讹诈？还有哪些具体的战场环境，客观上驱使他们走向疯狂？这是在研究与探讨南京大屠杀发生的原因时，不容忽视的一个重要层面。

强烈的复仇心理

日本侵略军所到之处，理所当然地受到了中国军民的抵抗和反击。他们也会有人战死，这是必然的事情。侵略者人员的伤亡，带来了侵略者复仇的欲望和心理。南京安全区国际委员会主席拉贝和国际红十字会南京委员会主席马吉共同完成的一份“机密档案”中，记载了如下的内容。一名“肩章上有一颗星，手执刺刀，皮带上别着左轮手枪”的小个子日本士兵，于 1938 年 1 月 23 日凌晨，在外交部红十字医院杀死了一名勤杂工后，又胁迫一位姓常的医师交出姑娘来，他说：“你们的人在上海杀了我 1500 个朋友，如果你现在不满足我的愿望，我就杀了你。明天我就要回上海了。”①攻击南京的日军，其各师团大多来自相同的地域。因此，在同一支部队中的士兵，往往都有着亲戚、同乡的关系。在这种情况下，一部分士兵的战死，更加会激起部队中亲情复仇的心理。曾参与南京大屠杀的原日军第 16 师团第 20 联队第 4 中队上等兵增田六助回忆说：

> 在攻击南京过程中，中队不断出现伤亡。这些人都是熟悉的年轻同乡，也有些是亲戚、堂兄弟或同胞兄弟。我的弟弟在中国战场战死了。所以我一见到中国人，就想到这是弟弟的敌人……②

该联队所属第 30 旅团旅团长佐佐木到一在其自传中，也不得不承认官兵的这种报复性屠杀。他在 12 月 13 日的日记中，记述了下午 2 时后，部队向和平门前进时发生的情况：

> 其后接连不断地有俘虏前来投降，其数量高达数千人。情绪亢奋的士兵丝毫不理睬上级军官的劝阻，将俘虏一个个地杀死。回想到许多战友流的血和十天来的艰难困苦，别说士兵了，我自己也想说“全都干掉吧！”。③

---

① [德]拉贝：《拉贝日记》，江苏人民出版社等 1997 年版，第 499 页。

② 王卫星：《南京大屠杀中日军官兵心态探讨》，载陈安吉主编《侵华日军南京大屠杀史国际学术研讨会论文集》，安徽大学出版社 1998 年版，第 157—158 页。

③ 《佐佐木到一日记》，王卫星编《南京大屠杀史料集》第 8 册《日军官兵日记》，江苏人民出版社 2005 年版，第 316 页。

有的士兵因为仇恨，因而把“见人就杀”的行为，看得很平常。原第16师团第33联队的士兵境昌平说：“那时候的支那人不是人，是东西。要是个人之间有过交往的话，那就是人和人的关系了，也会有亲切感。不过，战争中因为有敌忾心存在，所以对见人就‘杀’这个想法就产生了共鸣。我们就感觉‘这些家伙全干过’，因为我们也有很多人被害了。”①日本《每日新闻》特派记者铃木二郎曾目睹几名像是工兵的日本士兵，一边高叫着“这些家伙经常袭击我们！”一边“举起尖镐对准一个俘虏的头砸了下去”，“闪光的镐尖咔嚓一声扎进头颅，鲜血咕嘟一下冒出来”。他写道：“还不能不承认，每当看见眼前大批倒下的日军战死者，就会腾起一种一心想对敌报复的复仇心，就会闪出嗜虐心理。”②

日军官兵普遍存在的复仇心理，正好适应了日本军国主义要在中国首都南京充分发扬其“武威”，以逼迫中国政府和中国军民投降求和的需要。

畸形的民族优越感

日本士兵还深深地受到“大和民族优越”这种民族沙文主义的影响。在中国战场上，把中国人看作是猪、狗，甚至连牲畜都不如的动物。正因为如此，什么人性、良知等等人类应当具有的品德，便一概谈不上了。

1936年5月，日本同盟通讯社上海分社社长松本重治，在长春向关东军负责谋略工作的参谋田中隆吉中佐进行采访时，田中粗鲁地说：“坦率地讲，你（松本）和我看待中国人的观点是截然不同的。你把中国人看作是人，而我把中国人当作猪，无论怎样处置都可以。”日本随军记者小俣行男对此深有感慨。他说：“正因为军队首脑有‘中国人是猪’这种想法，就会下令‘不管女人、小孩，是中国人统统要杀，房屋全部烧毁’，下级士兵们形成‘强奸、掠杀、胡作非为’的风气也是必然的结果。”③

怀有民族优越感的日军士兵，在处置战败了的中国人时，完全像宰杀、分割动物那样，野蛮而残忍。据原日军第114师团重机枪部队一等兵田所耕造描述：

> 为了让俘虏们看，也曾用过割掉耳朵、削下鼻子，或者用配刀捅进嘴里再豁开等方法。要是把刀横着刺进眼睛下面，立刻就有像鱼眼一样黏糊糊的白色的东西耷拉下来。如果不这样干，就没有别的乐趣啦。这是登陆以来好久没玩的

① ［日］松冈环编著、新内如等译《南京战·寻找被封闭的记忆》，上海辞书出版社2002年版，第238页。

② ［日］小俣行男著、周晓萌译《日本随军记者见闻录——南京大屠杀……》，世界知识出版社1985年版，第58页。

③ ［日］小俣行男著、周晓萌译《日本随军记者见闻录——南京大屠杀……》，世界知识出版社1985年版，第59页。

游戏了。①

对比上述事例，更为野蛮的是，有些日本士兵在民族优越感的驱使下，竟丧心病狂地连军马被流弹打死，也要杀若干名中国人来报复的地步。世居上新河棉花堤的张春山、钟诗来、钟声三位老人，于1984年提供证言，揭露了日军“杀人祭马”的野蛮行为。其证言写道：“日本军有一匹战马被流弹打死（地点在棉花堤街郭光贵家现在的住址），为了纪念这匹马，硬逼着棉花堤的一些老人把马拖到现在的拖拉机站埋葬。埋葬以后，日军把埋马的老人杀了九人，把人头砍下来，放在马墓旁，还竖了一个牌子，上写某某大队军马。”②

对于日军的民族优越感和他们蔑视中国人的心理状态，日本华裔学者林伯耀先生在《围绕南京大屠杀的背景》一文中，有一段绝好的分析，他说：

> “皇军”士兵本身蔑视中国人，丧失了“为人之心”。士兵们在早期开始就具有天皇至高无上的日本民族的精神优越感，与此相应，脑子里被灌输了中国人只配成为掠夺、榨取、统治对象的劣等民族思想，对中国人抱着强烈的蔑视感。抱着优越感的日本人，对劣等的“支那人”和“呛骷颅”（按指对中国人的蔑称）施行任何狠毒的行为都可以。因为，“支那人”不是人，是“苍蝇”、“东西”，最好也不过是“狗”或者“猪”那一类的东西。由于这种蔑视观，通过军队内的“内务班”生活，士兵的人权感觉就是完全麻木的，再通过让新兵刺杀活生生的中国人的训练，新兵被锻造成“鬼”。③

变态的冷漠、麻木与疯狂

战事的拖延，战争的残酷，战场的艰苦，铸成了日本士兵性格的变态。他们因失去了对追求幸福生活、家庭温暖的信心，而变得冷漠、暴躁、麻木与疯狂。

进攻南京的部队，都刚刚经历了淞沪战场的恶战。一些士兵已经写信给自己的妻子报告说：“如果事情顺利的话，可能本年度就可以退伍。我想今年的过年，我们一家人一定可以团聚在火炉旁，享受天伦之乐。”但是，很快部队又接到了要攻击南京的命令。这时士兵们普遍的不满与感觉是：“我们出征的目的，原来并非是为了保护上海的日侨。为何上海派遣军还必须进攻到南京呢？”“我以为好不容易的就要回到妻子身旁，如今又要我去渡危险的桥。”“上级长官都把我们军人的生命视为小虫一般，好像是消耗品，非

---

① ［日］森山康平：《南京大屠杀与三光作战》，四川教育出版社1984年版，第10—11页。

② 《张春山、钟诗来、钟声证言》，“南京大屠杀”史料编辑委员会等编《侵华日军南京大屠杀史料》，江苏古籍出版社1985年版，第472页。

③ ［日］松冈环编著、新内如等译《南京战·寻找被封闭的记忆》，上海辞书出版社2002年版，第36页。

得被装入白木盆子(装骨灰),才能回到日本。"①士兵处于这样的心态下,他们便会采用一切粗暴、野蛮的方法,来宣泄内心的绝望与愤懑。而其最方便的宣泄对象便是被侵略的中国军民。原日军陆军航空兵军曹井手纯二在一篇回忆文章中说:在观看了一些老兵残酷屠杀中国俘虏的场面后,"我开始感到这些曾经夜以继日,拼上性命连续苦战,丧失众多战友的人们,他们的仇恨和兽性或许是可以理解的,我对于那些老兵甚至产生一种同情。"②

侵略战争使参战的士兵,变得疯狂和歇斯底里。原第16师团步兵第20联队上等兵东史郎在叙述攻击南京的战斗场景时写道:"眼前是狂人怒号的巨大地狱。子弹在唱着死亡之歌,人发出虐杀的吼叫跳着地狱之舞。我们在'哇呀呀,哇呀呀!'歇斯底里般狂吠,扯得嗓子都快出血。现在,我们已经不是人,而是一头狂吼的野兽。"③原日本随军记者小俣行男在见到这些疯狂表演的事例后,感慨地说:"战时状态可以说是个疯狂的时代。由日本人记录下自己同胞所犯下的野蛮行径,心情实感抑郁。自己无法制止这种野蛮行径,然而又不能报道这些残暴行为(即使写了也无法报道,否则要被处分),却还要专门写'皇军之勇战'的情况。"④原日军第16师团步兵第9联队士兵福田治夫对此有同样的感觉。他回忆当年在南京屠杀平民的暴行时说:"那时人都是情绪高昂,处于发疯的状态。谁也不想参加战争,但是叫我们去也不得不去。"⑤

发疯了的士兵,能够做出人世间一切不可想象的坏事。他们既会因战争残酷与绝望而疯狂,也会因一时的胜利而陶醉、发疯。原日军第3师团步兵第34联队分队长曾根一夫,于12月14日在南京城郊幕府山附近,见到一处遭到血腥屠杀和罪恶轮奸的现场。他推测,昨天路过这里的日军部队,首先将一批男人和老年妇女杀死;然后挑选出年轻、美丽的女子,杀掉其余的妇女;在轮奸了这些年轻、貌美的女子后,又将她们全部杀死。曾根一夫后来写道:"为什么采取如此复杂的屠杀办法呢?很显然,目标是年轻女人。""那真是连习惯了腥风血雨的战场的人看了都觉得残忍的一幕。迷于战争的军队陶醉于胜利感的时候,就会干出这种残酷无情的事情来。这支队伍也在攻打南京的

---

① 曾根一夫:《私记南京大屠杀》,中央档案馆等编《日本帝国主义侵华档案资料选编》第12册《南京大屠杀》,中华书局1995年版,第986页。

② [日]井手纯二:《我所亲眼目睹的南京惨剧》,中央档案馆等编《日本帝国主义侵华档案资料选编》第12册《南京大屠杀》,中华书局1995年版,第966页。

③ [日]东史郎著《东史郎日记》,江苏教育出版社1999年版,第186—187页。

④ [日]小俣行男著、周晓萌译《日本随军记者见闻录——南京大屠杀……》,世界知识出版社1985年版,第57页。

⑤ [日]松冈环编著、新内如等译《南京战·寻找被封闭的记忆》,上海辞书出版社2002年版,第180页。

潮流中失去了理性。"①曾根一夫还认为，经过以活人作靶进行杀人训练的士兵，在屠杀中已经完全丧失了正常人的心态。他说："随着作战次数的增加，正常心愈来愈淡薄，发现杀人不但是一种光荣，而且有一种莫名其妙的快感产生。"②

总之，侵略战争的滚滚浊流，改变了成千上万士兵的性格与心态。正如一位参加过攻击南京的士兵，后来以佐藤信助笔名发表的文章所说："战争改变了人，成了只考虑自己利害得失的人。在血腥的战场上的日日夜夜中，所谓自制心或教养一下子全部丧失殆尽。谁都变得眼神可怕，开始出言粗暴，行动疯狂。"③

就地征发粮草的后果

就攻击南京的日军面临的战场环境而言，前文已经分析了战争残酷、受到顽强抵抗的血腥环境，给日军官兵心态带来的强烈撞击；这里还需着重分析进军迅速，粮草跟不上供应的问题。

日军华中方面军司令官松井石根和南京地区西部警备司令官天谷直次郎均曾经以粮草、给养供应不上作为"理由"，为日军"军纪败坏"及在南京大屠杀中的暴行进行狡辩。松井在解释军纪败坏的情况时说："由于追击战之激烈迅速，我军的给养和其他补给不够充分"。天谷则声称："需要说明的是，所以发生掠夺和暴行，是由于长期以来的紧张战斗和遇到中国军队出乎意料的顽强抵抗。迅速进军造成了粮食供应不足，军队的疲惫导致了训练的不够。"④松井等人将日军的抢掠与暴行，归之于粮草供应不足，显属无稽之谈，别有用心。前文已论及，南京大屠杀暴行的发生，是日本军国主义恶性膨胀的产物，是对中国人民顽强抵抗的罪恶报复，也是日军当局有计划预谋的结果。但是客观地分析，应当承认，日军在攻击南京的战斗中，粮草跟不上供应的情况确实是存在的。这一现实情况，也确给部队的行动和精神状态增加了一些复杂的因素。

日军第 13 师团第 103 旅团旅团长山田梅二在其 12 月 15 日的战场日记中写道："各部队已无军粮，陷入困境。从被俘军官中获悉在幕府山有粮食，遂去搬运。要给俘虏吃饭颇成问题。"⑤军队不可一日无粮草。这种"征发"粮食的事，给攻击南京各部队的日军士兵留下了深刻的记忆。原日军第 16 师团步兵第 33 联队的士兵酒井伍郎在回忆攻

---

① [日]曾根一夫：《私记南京大屠杀(续)》，载朱成山主编《侵华日军南京大屠杀外籍人士证言集》，江苏人民出版社 1998 年版，第 68—69 页。

② 《悲愤·血泪——南京大屠杀亲历记》，时事出版社 1988 年版，第 116 页。

③ [日]洞富雄著、毛良鸿等译《南京大屠杀》，上海译文出版社 1987 年版，第 240 页。

④ [日]洞富雄著、毛良鸿等译《南京大屠杀》，上海译文出版社 1987 年版，第 237—238 页。

⑤ [日]洞富雄著、毛良鸿等译《南京大屠杀》，上海译文出版社 1987 年版，第 317 页。

击南京情况时说："因为粮草不到，所以去征发。征发不到物资，在中支时就到农家去要米等东西。自己拿两三天的消费量。副食品也完全没有。没有办法去农家征发盐，盐是最好的。接着偷猪和鸡，用盐煮着吃。11 月、12 月很冷的时候，结着脂肪、雪白雪白的，相当好吃。士兵总是越来越聪明，我们就靠征发为生。"①原第 16 师团第 20 联队上等兵东史郎也在 12 月 8 日的日记中写道："夜幕降临时，命令我们到后方征粮。我们搜查了村子里家家户户的各个角落，连一粒米也不放过。"②

日军就地"征发"粮草之举，几乎与烧、杀、淫、掠的暴行都有直接、间接的联系。首先，"征发"是不给钞票的，这不是一宗买卖，而是明目张胆地抢劫；其次，在抢劫粮食、食盐等物资的过程中，增加了日军作战部队与中国平民百姓的接触，增加了用中国女子来发泄兽欲的机会，造成了大量的奸淫事件；再者，在抢劫粮食、奸淫妇女的过程中，遇有不顺从者，则杀人、放火，既惩戒不从者，又宣泄了"胜利者"的淫威。正如日本学者笠原十九司先生所说：日军现地征集粮食的做法，本身就是"抢中国居民的粮食吃"，而"抢夺粮食和饲料又很容易诱发其他的残暴行为，其一是杀害民众…… 其二是强奸和强奸杀人……其三是放火。"③

"征发"粮食作为命令下达，使日军的抢劫暴行合法化。在抢掠中，日军的心态也随之改变。原来对抢劫行为的罪恶感消失了。这个缺口一经打开，随之而来的则是，对于一切暴行的罪恶感的消失。原日军第 3 师团步兵第 34 联队分队长曾根一夫在战后发表的回忆文章中，对此进行了揭露和剖析。他写道：

> 向南京进攻的部队，从上海附近出发五六天后，就和兵站部队的距离越拉越远。这时候，仅能做到战斗上不可缺乏的弹药补给，而在粮食方面就无法供给到前线战士的手中。不论战斗精神如何旺盛，饿着肚皮的行动实在令人非常难受。
>
> ……以永不退却的精神标榜的日军作战指导者，却不让战斗部队休息，反而下达："在当地征收粮食，以谋自活"的征收命令。征收命令听来似乎很有道理，其实这与抢夺当地居民的粮食无异。过去也曾发生过征收行为，但是在下达征收命令以前大家总是怀有罪恶感。
>
> 自从命令下达后，罪恶感就消失了。军人们变成到处偷袭抢夺谷物、家畜来充饥的匪徒……这个征收命令，使下级官兵发狂，不但抢夺粮食，并且强暴了中

---

① [日]松冈环编著、新内如等译《南京战·寻找被封闭的记忆》，上海辞书出版社 2002 年版，第186 页。

② [日]东史郎著《东史郎日记》，江苏教育出版社 1999 年版，第 159 页。

③ [日]笠原十九司：《南京大屠杀事件全貌》，陈安吉主编《侵华日军南京大屠杀史国际学术研讨会论文集》，安徽大学出版社 1998 年版，第 32—33 页。

国妇女。①

可以认为，日军实行的"粮食征发"措施，不仅本身即是明目张胆的抢劫与掠夺暴行，而且因此还诱发了其他的一些相关暴行。在"粮食征发"的过程中，扭曲了的士兵心态，则又帮助了日本军国主义去实现其扩张和征服的野心。由此可见，"粮食征发"的后果，远远超出了"后勤供应"的范围，对南京大屠杀暴行的发生有着不可忽视的影响。

① 曾根一夫：《私记南京大屠杀》，载中央档案馆等编《日本帝国主义侵华档案资料选编》第 12 册《南京大屠杀》，中华书局 1995 年版，第 983 页。

三、 南京大屠杀的内容与时空范畴

（一）南京大屠杀是一个综合暴行的概念

“南京大屠杀”，是一个有着广泛的、综合性内涵的暴行概念。它虽名为“大屠杀”，但却包含了屠杀、奸淫、放火、抢劫和苦役等各种暴行。

这种综合性暴行的概念，最早见之于中外新闻媒体对侵华日军在南京暴行的报道中。武汉《大公报》在《陷后南京惨象》一文中，同时使用了“凶残屠杀”、“纵火狂烧”、“奸淫妇女”、“掳掠一空”等触目惊心的小标题，长篇披露日军在南京的各种暴行。① 中共中央机关报《新华日报》，亦在《日寇在南京兽行》报道中，系统揭露了日军在南京烧、杀、淫、掠的野蛮行径。② 美国记者提尔曼·德丁在南京城陷第 4 日从“奥湖”号军舰上给《纽约时报》发出的快讯称：“大规模的抢劫，强奸妇女，屠杀平民，将中国人赶出家园，集体屠杀战俘，强迫壮年男子做苦工等暴行使南京成为一座恐怖之城。”③美国另一名记者哈立德·埃邦德在《纽约时报》发文称：“占领南京后日军的军纪已荡然无存，由此导致集体屠杀平民，处决解除武装的士兵，强暴、屠杀妇女，有计划地摧毁、洗劫财产，其中包括外国人的产业。”④

南京安全区国际委员会所记录的关于日军暴行的报告中，也包含了杀、烧、淫、掠等多方面的内容。仅据《拉贝日记》中所载的 426 件案例中，其中即含屠杀案例 45 件，奸

① 汉口《大公报》1938 年 2 月 20—21 日。

② 《新华日报》1938 年 3 月 9 日。

③ 《纽约时报》1937 年 12 月 18 日，载陆束屏汇辑编译《南京大屠杀——英美人士的目击报导》，红旗出版社 1999 年版，第 86 页。

④ 《纽约时报》1937 年 12 月 24 日，载陆束屏汇辑编译《南京大屠杀——英美人士的目击报导》，红旗出版社 1999 年版，第 98 页。

淫案例234件、抢劫案例162件，放火案例5件（凡一件案例中含多项内容者，分开统计）。英国《曼彻斯特卫报》记者田伯烈根据安全区国际委会及各委员的公私文件写成的《外人目睹中之日军暴行》一书，则更以“劫掠、屠杀、奸淫”为题，专章叙述了日军在南京的各种凶残暴行。中称：“劫掠、屠杀和奸淫的事情，有增无减。”“全城大火蔓延……十四处的火舌，向天空飞腾。”①

战后在审判日军战犯时，远东国际军事法庭和中国国防部审判战犯军事法庭，也都在自己的判决书中，赋予南京大屠杀暴行以广义的内涵。远东国际军事法庭在其《判决书》中，专列“南京大屠杀”一节，判定：“强奸、放火及杀人，在占领南京后至少有六个礼拜中，在松井和武藤入城后至少有四个礼拜中，一直不断地在大规模地进行着。”②中国国防部审判战犯军事法庭在对战犯谷寿夫的判决书中也判定：谷寿夫“与中岛、牛岛、末松等部队，分窜南京各区，展开大规模屠杀，继以焚烧奸掠”；“被告在作战期间，以凶残手段，纵兵屠杀俘虏及非战斗人员，并肆施强奸，抢劫，破坏财产等暴行”。③

在南京大屠杀暴行所包含的各项内容中，当以屠杀为最典型、最有代表性者。“30万人以上”被屠杀，这一数字令世界震撼。总的说来，这次大屠杀可分为集体屠杀与分散屠杀两类。集体屠杀，少至一二十人，多至数千、数万人，最多者一次达5万余人；分散屠杀，则有个别及三五人、七八人不等者。其残酷、暴虐的手段，可谓集古今中外虐杀之大成。在集体屠杀中，除刀刺、枪击外，尚有活埋、活焚与溺死者，甚至以汽油浇身后，再用枪击点火，使受伤者身披火苗，翻滚狂跳，直至烧死。其分散、个别虐杀，则更包括刀劈、剖腹、活剐、锥戳、犬咬等，甚至以硝镪水浇身，遍体烧烂，折磨至死。两名日军少尉军官，还以杀人比赛取乐，初以杀满100人为限，以先杀满者为胜；后又改以杀满150人为限。其凶残卑劣，旷古罕见。除屠杀外，南京大屠杀的内容还包括了奸淫、放火与抢劫等各种暴行。攻入南京的日军，奸淫了成千上万的妇女，许多妇女被先奸后杀；沿中华门迄下关江边，遍处大火，烈焰冲天，全城约1/3的建筑物化为灰烬；许多住宅、商店的财产被抢劫一空。针对日军对珍贵图书文物的野蛮抢劫，学术界还提出了“文化大屠杀”的问题，以唤起世人的注意。在这里，“南京大屠杀”一词，虽仅冠以“屠杀”之名，但从其形成历史及人们的习惯理解来看，早已超越了狭义的屠杀内容，而是包含了日军在南京犯下的所有暴行，成了一个广义的概念。

---

① [英]田伯烈著、杨明译：《外人目睹中之日军暴行》，国民出版社1938年版，第26、28—29页。

② 张效林译《远东国际军事法庭判决书》，五十年代出版社1953年中文版，第488页。

③ 《军事法庭对战犯谷寿夫的判决书及附件》，1947年3月10日，胡菊蓉编《南京大屠杀史料集》第24册《南京审判》，江苏人民出版社2006年版，第389、394页。

（二）南京大屠杀时空范畴的界定

南京大屠杀作为一个重大的历史事件，当然有必要弄清它的时间与地域范畴。这是进行南京大屠杀史研究、考量遇难同胞人数，不能不面对的一个具体问题。对南京大屠杀时空范围的不同界定，直接关系到对南京人口、遇难同胞人数的计算。例如：关于沦陷前的实际人口，据南京市政府 11 月 23 日致军事委员会后方勤务部的一份公文中称尚有 50 余万人，①但如果加上邻近各县人员，这一数字就会大大上升。据金陵大学教授斯迈思的调查统计，仅江宁、江浦二县即原有人口 656000 人，除去南京沦陷前外迁者，尚有 545000 人，②也就是说，只要加上江宁、江浦二县，南京沦陷前的常住人口数即翻了一番。关于埋尸的统计，崇善堂掩埋第四队于 1938 年 4 月，在“通济门外至方山”，收埋尸体 25490 具，③而当时的南京市东界乃为“经沧波门、高桥门抵达上方门”，④方山已属江宁县境，若邻县均不归属南京大屠杀地域范围，则类似统计，还需另作估算。

南京大屠杀的时间范围，一般说来，系指 1937 年 12 月 13 日南京城陷之日起 6 个星期左右的时间。远东国际军事法庭在《判决书》中指出：“据后来估计，在日军占领后最初六个星期内，南京及附近被屠杀的平民和俘虏，总数达二十万人以上。”“据巴兹博士(Dr. Bates)作证说：南京失陷后在两礼拜半到三礼拜的期间恐怖达于极点，从第六礼拜到第七礼拜的期间恐怖是严重的。”⑤

但是，远东国际军事法庭所述，也只能是日军暴行最集中的时间，而非全部暴行发生的时间。当然，我们需要认真研究和探讨的是，南京大屠杀作为一个特别严重的历史事件，较为完整的起讫时间，而非日军在南京所犯一切暴行的起讫时间。有日本侵略军在中国国土上存在，就有暴行。可以说，在整个日军占领南京期间，其对南京市人民的暴行从未停止。我们不能也不应当把占领南京日军的每一件暴行，不管发生在什么时间，都归到“南京大屠杀”这个事件之中。

---

① 《南京市政府关于难民遣送致军事委员会后方勤务部公函节录》，1937 年 11 月 23 日，中国第二历史档案馆等编《侵华日军南京大屠杀档案》，江苏古籍出版社 1987 年版，第 701—702 页。

② ［美］斯迈思：《南京战祸写真》，载“南京大屠杀”史料编辑委员会等编《侵华日军南京大屠杀史料》，江苏古籍出版社 1985 年版，第 357 页。

③ 《南京市崇善堂掩埋队工作一览表》，南京市档案馆藏，档案号 1024/35/34512。

④ 南京市地方志编纂委员会编纂《南京建置志》，海天出版社 1994 年版，第 235 页。

⑤ 张效林译《远东国际军事法庭判决书》，五十年代出版社 1953 年中文版，第 486 页。文中巴兹现译贝德士。

严格说来，南京大屠杀的开始时间，比城陷之日要早。早在攻击南京的日军临近南京时，在其郊县已大量发生屠杀等暴行。例如：在《战犯谷寿夫判决书》的附件中，中国国防部军事法庭就列举了多起发生在城陷之前的屠杀事实。家住南郊向花村的农民蒋东旺、蒋海畴、蒋海祥、蒋海青等人，均是在城陷前4天的12月9日被日军枪杀的；工人邵源岭、僧人果诚等，则都是城陷前3日的12月10日被日军杀害的①。另据职工李春香的证言，他居住在栖霞山甘家巷的父亲，也是在12月10日被日军无辜枪杀的。② 骇人听闻的"杀人比赛"，系开始于11月下旬从无锡攻向常州的途中。当然，"杀人比赛"暴行，具有它的特殊性，两名日军少尉从锡常公路一直杀到紫金山下。我们并不能因此便笼统地将南京大屠杀的上限时间划自11月下旬。

南京大屠杀时间的下限，很难划出一个准确的日期。著名的《安全区档案》中所辑录的日军暴行400余件，其时间已延至1938年二三月份。市民彭问松在战后的一份陈述书中，报告了日军于1937年12月至1938年2月间，在汤山屠杀韩德诚等230余人的事实。③ 当年在三汊河扬子面粉厂看大门的市民龚玉昆在一篇证言中，叙述了自己在1938年3月被日军刀砍、放狗咬的悲惨遭遇。④ 家住江北石佛寺的青年农民周长荣，也在1938年3月，被日军指为"中国兵"，进行毒打，用枪托捣断脊背骨，留下终身残疾。⑤ 德国驻南京外交官罗森，向他的政府提供了1938年二三月份日军暴行的报告。他在1938年3月4日致外交部的一份报告中称，二月份与三月份的最初几天，"日本人的暴行在数量上已有减少，但在性质上没有变化。""枪杀无辜，强奸妇女和掠夺钱财的消息不断传来。"⑥上述资料说明，到1938年二三月份，日军的屠杀与暴行都未停止。德国外交官罗森所称，至3月份"暴行在数量上已有所减少"，乃是一个很有分寸的提法。相信这种从城陷前后开始的集中暴行要演变为基本告一段落，自3月初算起，还必须经过一段时间。日本学者笠原十九司认为："在南京的'扫荡残敌'虽于1938年1月中旬告一

---

① 《谷寿夫战犯案判决书附件关于分散屠杀部分统计节录》，中国第二历史档案馆等编《侵华日军南京大屠杀档案》，江苏古籍出版社1987年版，第297—298、282页。

② 《李春香证言》，"南京大屠杀"史料编辑委员会等编《侵华日军南京大屠杀史料》，江苏古籍出版社1985年版，第450页。

③ 《彭问松关于日军在汤山屠杀暴行的陈述书》，1946年5月15日，中国第二历史档案馆等编《侵华日军南京大屠杀档案》，江苏古籍出版社1987年版，第241—242页。

④ 《龚玉昆证言》，"南京大屠杀"史料编辑委员会等编《侵华日军南京大屠杀史料》，江苏古籍出版社1985年版，第431—432页。

⑤ 《周长荣证言》，"南京大屠杀"史料编辑委员会等编《侵华日军南京大屠杀史料》，江苏古籍出版社1985年版，第429页。

⑥ 《罗森给德国外交部的报告》，1938年3月4日，《抗日战争研究》1991年第2期。

段落，但除返回南京的美国、英国、德国的大使馆官员以外，其他人被禁止进入南京……日军在南京的暴行仍在继续。”“一切的残暴行为直到1938年3月28日中华民国维新政府（傀儡政府）成立时才告一段落，治安也基本上稳定下来，南京事件至此落下了帷幕。”①由安全区国际委员会演变而来的南京国际救济委员会在其总结报告中也认为，“几乎经过了四个月的时间，条件才逐渐改善到可以让多数难民回家。”②自1937年12月上旬难民开始涌进安全区算起，历时4个月，也应该是到了1938年的三四月份。因此，将1938年二三月份，也计入日军集中屠杀、施暴的时期，似较为妥当。

综上所述，南京大屠杀的时间范围，应比“日军占领后最初六个星期”的时限有所展延，其开始时间应早于南京城失陷的1937年12月13日，而达于12月上旬；其下限应大大迟于城陷后6周的1月下旬，而达于1938年3月。

南京大屠杀的地域范围，一般说来，当以当时南京市政府所管辖的地区为限。南京沦陷前，市政府共管辖城内7区（含第7区下关区）及第8区（浦口）、孝陵卫、燕子矶、上新河等4个郊区。另有总理陵园区，占地30.58平方公里，设总理陵园管理委员会管理，直隶于国民政府而不属南京市管辖。③ 考虑到总理陵园区处于南京市第1区、孝陵区与燕子矶区3区的包围之中，事实上其交通、治安、卫生、供应等不可能与南京市相分离，特别是对于占领南京的日军士兵来说，更无法、也不会将这里的居民与其他南京市民区别对待，因此在探讨南京大屠杀的地域、南京沦陷时的人口，以及遇难同胞人数时，似可将该区视同于南京市的一个行政区对待，亦即可将当时的南京市看作拥有12个行政区及其相应的面积与人口。

南京所辖地境之四界为：东北起长江南岸乌龙山，向南经杨梅塘、薛家冲到尧化门，即沿土城根（即明代外郭旧址）经仙鹤门、麒麟门，再折向西南，经沧波门、高桥门抵达上方门，为市区东界；再沿秦淮河向西，经麻田桥、铁心桥、西善桥、格子桥，改延运粮河到江边大胜关，为市区南界；入江包括江心洲，以江心划分，折西北上长江北岸，沿浦口商埠原界，为市区西界；再入江包括八卦洲，以江心划分，折东南与乌龙山相接，为市区北界。④

考虑到暴行的时间相同、施暴部队相同、发生地点邻近等各方面的因素，位于南京

① [日]笠原十九司：《南京大屠杀事件全貌》，载陈安吉主编《侵华日军南京大屠杀国际学术研讨会论文集》，安徽大学出版社1998年版，第38页。

② 章开沅编译《天理难容——美国传教士眼中的南京大屠杀(1937—1938)》，南京大学出版社1999年版，第468页。

③ 南京市地方志编纂委员会编纂《南京建置志》，海天出版社1994年版，第235页。

④ 南京市地方志编纂委员会编纂《南京建置志》，海天出版社1994年版，第235页。

周围的一些郊县，似也应计入南京大屠杀事件的地域范围之中。南京大屠杀暴行的地域与当时南京市行政区的地域并不简单地相同，而是前者要稍大于后者。南京市行政区地域是用行政命令划定的，没有讨论的余地；而南京大屠杀的地域，则包含了人们的认识和理解的因素，可以有不同的答案，亦即可以在南京市行政区域的基础上，作不同程度的延伸。但是，这种延伸又应是有限度的和可操作的。如仅仅考虑与南京相连结的暴行地区，则可由南京城区，依序扩大到江宁、溧水、溧阳、宜兴、长兴，直至整个淞沪地区。过分展延南京大屠杀暴行的地域范围，便失去了以南京命名的这场大屠杀的地域特点，而且暴行的范围会愈扩愈大，不可操作。

南京大屠杀的地域范围，在南京市 12 个行政区的基础上，究应如何适当延伸呢？这还需要参照下列两个方面的因素：一是历史文献上对南京大屠杀暴行的记载与叙述，涉及了哪些地区？二是历史上南京市所辖郊县的情况。

历史文献的记载

李克痕在《沦京五月记》一文中，便提到了日军在江宁县板桥、六(陆)郎桥的暴行。日军强迫板桥附近村民，“伏于水中，层层叠起，做成一座‘人桥’”，他们在“桥上”往来践踏，又用刺刀乱戳，使生还者极少；在六郎桥强行将三老妪衣服剥光，“驱之遍游各处，倍加羞辱”①。崇善堂的埋尸统计表中，最远的地域一直延伸到江宁县的方山。该表载明，崇善堂埋尸四队，于 1938 年 4 月 7 日至 20 日，于“通济门外至方山”，收得尸体 25490 具，埋于“附近各荒地菜园”中。② 南京守军营长郭岐在《陷都血泪录》一文中，收入了六合县与句容县的茅山、宝华山一带人民抗日斗争的内容。日本骑兵在六合街上遇见一位背枪的壮丁，竟掉头就跑，并且“至(自)此始终不敢到六合”。郭岐还称，“宝华(山)有我军数千占据山上，日本人经过附近，即加以截击，茅山也有我军数千不时给敌人以重大打击”③。美国斯迈思教授在名为《南京战祸写真》的调查报告中，即以江宁、句容、溧水、江浦、六合五县作为进行农村调查的对象。不言而喻，斯迈思教授系将该五县地域视作日军在京暴行所覆盖的范围。安全区国际委员会委员、国际红十字会南京委员会主席马吉，曾于 1938 年 2 月 16—17 日，专程前往位于时属江宁县的栖霞山水泥厂难民营，了解日军的暴行及难民生活状况；在他摄制的电影片说明中，亦包括了一位

---

① 李克痕：《沦京五月记》，“南京大屠杀”史料编辑委员会等编《侵华日军南京大屠杀史料》，江苏古籍出版社 1985 年版，第 109—110 页。

②《南京市崇善堂掩埋队工作一览表》，南京市档案馆藏，档案号 1024/35/34512。

③ 郭岐：《陷都血泪录》，“南京大屠杀”史料编辑委员会等编《侵华日军南京大屠杀史料》，江苏古籍出版社 1985 年版，第 49—50 页。

家住六合县长芦乡的受伤农民和一位家住江宁县秣陵关附近的何姓受伤农民。① 从上述文献资料中不难看出，当时人们已经把日军在南京附近郊县的暴行，纳入了“南京暴行”之中。

当然，前人已经认同的某些地域，也只能作为辅助的因素参考，而不能看作是划定南京大屠杀地域的基本因素。如斯迈思在《南京战祸写真》一书中，明确将溧水县列入南京大屠杀暴行的地域，便是可以商榷的一例。人们要问，将溧水划入的依据是什么？为何同样在南京附近的溧阳、丹阳等地不能划入？

不过，自80年代以来，人们已经自然地将对南京大屠杀暴行调查的视线，扩展到与南京市相邻接的各县地区。1984年南京市政府普遍调查南京大屠杀幸存者、搜集证言时，即搜集到有关日军在栖霞山、汤山、长芦乡等地的暴行，并编印成册，公开出版。《抗日战争研究》1991年第2期刊发的一组《德国档案馆中关于侵华日军南京大屠杀的档案资料》中，即包含了江宁县农民多人为揭露日军在该地区暴行致德国人京特、丹麦人辛德贝格的信。近年来，侵华日军南京大屠杀遇难同胞纪念馆、南京师范大学南京大屠杀研究中心，也投入了大量的人力物力，在原属江宁县的汤山、栖霞山一带作调查，并获得丰富成果。在这些地区的调查活动和成果，在国际上引起了很大的反响。社会视线的拓展，从一个侧面说明当年日军在南京近郊某些县的暴行，确应与南京大屠杀的暴行联系起来考察和认识。

历史上南京市所辖郊县的情况

南京市对郊区邻近各县的行政管辖权力，历史上曾经有过一个变化的过程。南京之得名，源于明洪武元年，将国都应天府称为南京。洪武年间，应天府辖上元、江宁、溧水、江浦、句容、溧阳6县，后于永乐年间又增六合县；清兵入南京后，改应天府为江宁府，辖上元、江宁、溧水、江浦、六合、高淳、句容、溧阳8县。民国建立后，1914年江苏省设金陵等5道，金陵道辖江宁、句容、溧水、高淳、江浦、六合、丹徒、丹阳、溧阳、金坛、扬中11县。自1927年国民政府建立后，南京被建为特别市，直隶国民政府，江苏省废除道一级行政建制，由省政府直接统辖全省60县。1930年6月，南京改为行政院直辖市。1934年2月，江苏省划分为9个行政督察区；1935年9月，再改划为10个行政督察区，在历史上曾归属应天府、金陵道的各县，分别隶属于新划分的第1、第10行政督察区。需要说明的是，自1927年建立南京特别市以来，直至1937年12月南京沦陷，南京特别市和作为行政院直辖市的南京市，在行政上再未管辖过邻近各县。不过，南京沦陷后，

① [德]拉贝：《拉贝日记》，江苏人民出版社等1997年版，第632页；章开沅编译《天理难容——美国传教士眼中的南京大屠杀(1937—1938)》，南京大学出版社1999年版，第243页。

伪南京市自治委员会曾短时间将江宁县所属各乡镇划入南京市管辖范围,设立孝陵卫、上新河、燕子矶、东山镇、江宁镇、陶吴镇、禄口镇、湖熟镇、汤山镇、栖霞镇等10个乡镇。① 这更拉近了江宁县与南京市的关系。因为伪南京市自治委员会的存续期间,正是南京大屠杀的高峰时期。

历史上的行政隶属关系,同样只是界定南京大屠杀暴行地域的辅助因素,而不是基本的因素。如民国时期的金陵道,曾领有11个县,最远达于镇江以东的扬中县,若将这一地域原封不动地作为南京大屠杀暴行的地域,理由并不充分,显然是不可取的。而参照历史上隶属的情况,如果将直接与南京市区相邻的江南江宁县与江北江浦县、六合县包容进来,就比较便于操作。据此,根据历史的与地缘的因素,南京大屠杀的地域范围,似以在南京市区12个行政区的基础上,外延至与市区直接相邻的江宁、江浦、六合三县为宜。当然,南京大屠杀暴行所包含的有代表性的、绝大部分的暴行内容,都发生在南京市区的12个行政区范围以内。把几个相邻的郊县计入南京大屠杀的地域范围之中,只是为了更完整地、更科学地考察和认识这一事件的全貌。

(三)还是称"南京大屠杀"为好

既然南京大屠杀的内涵包括了侵华日军在南京犯下的杀、烧、淫、掠等一切暴行,既然南京大屠杀的地域又涉及邻近的郊县,那么,要不要改变对它的叫法,例如称"南京暴行"或称"沪宁大屠杀"呢?

谈到南京大屠杀暴行的名称,就不能不回顾一下这一名称形成的历史状况。

对于"南京大屠"这一提法,长期以来,事实上已为国内、国际社会广泛接受。早在南京大屠杀暴行的早期传播阶段,难民及新闻媒体即有"大屠杀"、"南京敌军的大屠杀"一类的提法。② 抗战胜利后,中国军事法庭和远东国际军事法庭对日本战犯进行审判时,就将"南京大屠杀"定为专案进行审理,远东国际军事法庭在其《判决书》中,还专门列有"南京大屠杀"一节。中国在1985年8月建立了"侵华日军南京大屠杀遇难同胞纪念馆",1997年8月于南京召开了首次以"南京大屠杀史"为专题的国际学术讨论会,并出版了一批以"南京大屠杀"命名的学术专著、史料集、证言集、档案集、图片集。日本史学家洞富雄和记者本多胜一分别以"南京大屠杀"为名,出版了学术著作。1997年12

① 南京市地方志编纂委员会编纂《南京建置志》,海天出版社1994年版,第249页。

② 《今日之南京》,载中国第二历史档案馆等编《侵华日军南京大屠杀档案》,江苏古籍出版社1987年版,第696页。

月，在中国台湾和日本东京、大阪同时举行了纪念“南京大屠杀”60周年的学术研讨会。在美国，则很早就成立了“纪念南京大屠杀受难同胞联合会”，并出版了世界上第一部中英文对照的《南京大屠杀》画册。1997年在南京大屠杀发生60周年时，美籍华裔作家张纯如女士同时推出了英文本和中文本的史学著作*The Rape of Nanking The Forgotten Holocaust of World War Ⅱ*/《被遗忘的大屠杀——1937南京浩劫》。此后，又先后在美国普林斯顿大学举行了“侵华日军南京大屠杀史国际学术研讨会”，在圣路易斯的华盛顿大学举行了以南京大屠杀为主题的国际学术研讨会。这说明，“南京大屠杀”一词，不是某一个人创造出来的，而是在历史上自然形成的，它有着约定俗成的、深厚的历史基础和社会基础。

“南京大屠杀”与“南京暴行”这两种提法，并没有什么本质上的区别。在国内外历史上，能够称为“暴行”的事件，数不胜数；而能够被称为“大屠杀”的暴行，则并不多见，尤其如南京大屠杀这样达到30万人以上遇难规模的大屠杀，则更加罕见。以“南京大屠杀”相称，突出了“大屠杀”的特点，能充分反映这一暴行的个性。同时，称其为“大屠杀”，对于与屠杀同时存在的强奸、放火、抢劫、抓夫等暴行来说，也并不具有排他性。事实上，屠杀与其他各种暴行都有着密切的联系与不同程度的因果关系。因此，就暴行的内容而言，称之为“南京大屠杀”，触目惊心，把暴行的程度揭示得一目了然，似更为恰当。

1997年12月以来，台湾、大陆的多种报刊都报道了台湾学者陈在俊先生的新观点。他指出：“南京大屠杀”“实际只能说是一个象征日军暴行的代名词，而真正的名称，应该是‘长江三角洲大屠杀’才对”。“‘南京大屠杀’是一个历史名词，现在，不只一般知识分子，就连有些历史学者，也都难免顾名思义，直觉反应，以为当年侵华日军杀、烧、淫、掳等等惨绝人寰的暴行，只是发生在南京城内外的一个小范围中。”他认为：自淞沪战役中日军于杭州湾登陆后，其杀、烧、淫、掳的范围，达于“那一大片涵盖苏、浙、皖三省各一部分地区的广袤平原”，即“长江三角洲”。陈先生并进一步推论，在日军所过之“长江三角洲”五六十个县中，至少有三四百万人遭到杀戮。① 陈在俊先生关于“长江三角洲大屠杀”的观点自有其道理，因为事实上存在着长江三角洲地区的大屠杀。但是，是否应将“南京大屠杀”改称为“长江三角洲大屠杀”？看来，还是不改变为好。理由有二：一是约定俗成。“南京大屠杀”乃是历史上自然形成的术语，如今因袭使用，保持历史术语的连续性与继承性，更便于通过这一历史事件，总结历史的经验教训，回击少数右翼分子的

① 陈在俊：《南京大屠杀史实之探究——日本军人何以那样残暴?》，载美国《日本侵华研究》(27)，1998年4月。

翻案逆流。在国际社会，肯定者与否定者，正直的人们与别有用心者，在争论与斗争中，都是通过“南京大屠杀”这一称呼来表明自己的观点和回击对方。二是名实相符。因为历来提及“南京大屠杀”时，它所自然包含的地理范围也就是陈在俊先生所说的那个“南京城内外的一个小范围”。既然如此，当然还是以“南京大屠杀”相称，更为恰如其分。值得一提的是，使用“南京大屠杀”的称呼，丝毫也不意味着不承认在南京地区之外，还有其他众多的大屠杀存在；丝毫也不意味着不可以在扩大了地区范围之后，使用“江苏大屠杀”，“苏浙皖大屠杀”、“长江三角洲大屠杀”一类的名词。

我们没有必要担心，取了“南京大屠杀”这个称呼，人们就会认为，日本侵略军在中国的屠杀暴行只有南京一处。如果真的存在这种概念的误解的话，即使推出了“长江三角洲大屠杀”这一称呼，那也还是有将日军的屠杀暴行局限于长江三角洲这一地区之嫌。如此演绎下去，势必只有用“中国大屠杀”、“东亚大屠杀”之称，才能完整体现日军的暴行。

（四）“大南京”概念

与南京大屠杀的时空范围，特别是地域范围相联系，从宏观上看，还存在着一个“大南京”的概念。在抗日战争时期，曾出现过保卫“大上海”、“大武汉”一类的口号。所谓“大”，亦即以上海、武汉等城市为中心，将在战略上起拱卫、支持作用的一些地区都纳入进来。因此“大上海”、“大武汉”，实际是上海一类中心城市在地域上的扩展。至于南京，历史上并未见过“大南京”的提法。不过，没有这样提过，并不代表不可以将视线投向南京以外更为广阔的地区来观察和思考问题。关键在于有没有这样做的必要。

南京大屠杀的暴行，自然地存在着一个由中心地区、亦即暴行密集地区，逐渐向外扩展、延伸和疏散的现象。日军施暴，不可能按照地图上的界标，约束于某个既定的范围以内，过此一步，即不再杀人。正常的现象是，暴行的力度，由中心地区向外扩散后，会逐渐衰减。因此，为了更好地研究南京大屠杀这一历史上罕见的暴行全貌，还是需要引进一个“大南京”的概念。

事实上，南京大屠杀的发生和形成，有一个从酝酿、准备，到爆发、实施，再到延伸、衰减的过程。它的全过程，涉及一个北至陇海线、南达杭州湾、西抵津浦线、东临大运河的广阔地区。

进军南京：大屠杀的准备阶段

夺取中国首都南京，是日军既定的战略目标。自 1937 年 11 月 5 日日军第 10 军由杭州湾登陆，尤其是自 11 月 12 日上海失陷之后，日军的作战进程事实上已经进入了进军南京的阶段。深谙日军统帅部作战意图的第10军司令官柳川平助，在攻陷上海后3天便擅自做出决定，以第10军“主力独自果断地向南京追击”，并判断“有二十天的时间可以占领南京”①。这一阶段，至12月上旬日军进抵南京外围为止，历时1个多月。在地域上则包括了从杭州湾起，直至南京城郊之间所有日军进击南京所经过的广阔地带。

在日军进军南京的阶段中，有两点与暴行有直接关系的因素：一是日军在经历淞沪艰苦作战之后的畸形心态与报复心理开始形成；二是日军随意处死俘虏的政策逐渐形成。

自11月5日起，日军第10军之第6、第18、第114师团及国崎支队先后在杭州湾登陆成功，一路烧杀淫掠，仅金山卫山阳一带，就有351名无辜农民被杀害，被烧房屋达4177间，被烧水稻及棉花5300多亩；据对金山县19个乡镇的统计，共有2933人被杀、26418间房屋被毁。宝山县在整个淞沪战役期间，更是遭日军蹂躏的重灾区。自日军第11师团从川沙登陆后的100天内，仅罗泾乡一地即有2244人被杀害，占乡民总数的80%；月浦沿江一带被杀无辜百姓2782人，其中男性1622人，女性1160人；宝山全县在淞沪会战期间被日军残杀平民总数达11233人，其中含老人4706人、小孩2580人。②

11月12日上海失陷后，日军即分路西进，兵锋直指南京。沿途暴行，令人发指。

右路日军一部，于11月13日自白茆口、浒浦镇一带登陆，向常熟县进击。仅吴市一带即有居民571人被杀、374名妇女被奸、1090间房屋被烧毁；总计在进军常熟过程中，沿途各乡镇共有3000余名群众被杀、3万余间房屋被烧。日军攻入县城后，又杀害无辜群众1500人，烧毁全城1/3的房屋。11月18日，古城苏州失陷。苏州城郊遭血腥屠杀，城内大火燃烧三天三夜，计有6774人被杀，其中城区为3738人；据吴县知事公署统计，该县13个乡镇共有7927间房屋被烧毁、破坏。③ 11月27日，日军攻陷沪宁线上的重要工业城市无锡，大规模纵火焚烧城区，大火烧了七天七夜，同时大量屠杀无辜居民。据统计，日军在占领无锡最初的两三天，从间口桥到吴桥，被杀的平民尸体即达2000余具，④加上沿途屠杀，后来经无锡县伪自治会组织的卫生队收埋尸体，达万具以上⑤。日军第16师团由无锡攻向常州，一路烧杀，于29日攻占常州。仅常州、戚墅堰等地，即毁房9000余间，被杀4000余人。城东北河口等乡镇，有一半的街道化为灰烬。

---

① [日]日本防卫厅防卫研究所战史室著、齐福霖译《中国事变陆军作战史》第1卷第2分册，中华书局1981年版，第107页。

②《近代史资料》编辑部等编《日军侵华暴行实录》(三)，北京出版社1997年版，第13—20、34—35页。

③《近代史资料》编辑部等编《日军侵华暴行实录》(三)，北京出版社1997年版，第70—71、57页。

④ 军事科学院外国军事研究部编著《日本侵略军在中国的暴行》，解放军出版社1986年版，第63页。

⑤《近代史资料》编辑部等编《日军侵华暴行实录》(三)，北京出版社1997年版，第66页。

该师团由常州继续向丹阳进击，于12月2日陷丹阳，在丹阳城郊的皇塘、折柳、井巷、横塘等地共杀害无辜农民120余人。日军第9师团由常州出发，经武溧公路，于12月5日入侵金坛，烧毁城内房屋千余间，枪杀农民200余人。12月9日，日军占领镇江。该地数千名未能离境的难民均遭屠杀，许多妇女被奸杀，后经慈善团体收埋尸体共达3000余具。①

进攻南京的中路、左路日军，均取道浙江北部的嘉兴、湖州、长兴等地，沿太湖南岸运动。中路分经江苏宜兴和安徽广德、郎溪，直指南京南郊；左路则一直西进至芜湖，并分兵越过长江，自江北迂回南京北面。11月初从杭州湾登陆的日军第10军，铁蹄所至，到处杀人放火。其第6师团一部，从淞江攻击吴江县平望镇，11月14日占领平望。镇中居民来不及逃避者，咸被枪杀；街道尸体成堆，河流浮尸充斥，全镇共有400余人被杀，镇中大火燃烧三昼夜。② 另一部日军于11月18日攻陷平湖，仅在白沙湾全公亭一带，即屠杀平民500余人，强奸、轮奸妇女200余人；24日陷吴兴(今湖州市)，将大片民房烧毁，沿公路尸积盈野，仅县城内被杀平民尸体就达300余具，其南浔镇有400余名平民被杀、4993间民房被毁；25日复陷长兴，杀害平民200余人。③ 11月28日，由长兴转向北进的日军占领宜兴，逢人就杀，至街头尸体遍地，嗣经雇工以芦席裹尸，计收尸体700余具④。沿太湖南岸西进日军，于12月3日入侵安徽郎溪，烧毁沿途村庄民房2400多间，屠杀民众无数，经善后掩埋尸体达600余具。⑤

按上述列举的主要暴行，日军在进军南京的过程中，早已大开杀戒，仅百人以上较为集中的屠杀，即杀害中国平民与放下武器的军人达4.54万余人。这说明，在这一阶段，日军在军事上准备占领南京的同时，在思想上、心态上、政策上已在酝酿和准备着一场罕见的大屠杀。

城陷前后：大屠杀的实施阶段

12月10日，日军因劝降不成，恼羞成怒，于午后1时，开始对南京城发起总攻击。中国军队进行了英勇顽强抵抗之后，于12日晚起，奉命撤退。南京城于13日陷落。日军在南京城陷前后，对南京及其周围地区进行了最疯狂、最野蛮的屠杀，并施以其他种种暴行，使30万以上的和平居民及放下武器的军人惨遭屠杀，发生强奸事件2万起以

---

① 江苏文史资料编辑部编印《腥风血雨——侵华日军江苏暴行录》，1995年版，第7、291—295、276、8页。

② 江苏文史资料编辑部编印《腥风血雨——侵华日军江苏暴行录》，1995年版，第205页。

③ 浙江省政协文史资料委员会编《铁证——侵华日军在浙江暴行纪实》，杭州，浙江人民出版社1995年版，第273—275页。

④ 江苏文史资料编辑部编印《腥风血雨——侵华日军江苏暴行录》，1995年版，第228页。

⑤ 李秉新等主编《侵华日军暴行总录》，河北人民出版社1995年版，第706页。

上，全城1/3的建筑和街道被毁。从12月中旬起，至1938年1月底，是南京大屠杀的实施及高峰阶段。其地域则是以南京城为中心，包括四周郊县地区。

在南京城陷前后阶段，也有若干因素直接影响着日军的暴行。其一，是日本军方关于发扬武威、震慑中国军民的思想得到了完全的贯彻；其二，是日军的畸形心态与报复心理，达到了登峰造极的程度；其三，是日军“处死全部俘虏”的政策，逐级均得到了执行。

在这一阶段，南京城郊有案可查、千人以上的集体屠杀即有：12月15日在汉中门、汉西门外屠杀军警、难民2000余人；同日，在海军鱼雷营将平民和放下武器的军人9000人用机枪射杀；16日，在中山码头杀害难民5000余人；同时，将大方巷难民区内青年4000余人押往下关用机枪扫毙；17日，在煤炭港残杀军民3000余人；18日，在草鞋峡射杀难民和被俘军人5.7万余人；12月间，在上新河地区将2.8万余名逃难人民杀死；在南门外凤台乡、花神庙一带屠杀难民5000余名、士兵2000余名，在宝塔桥、鱼雷营一带谋杀无辜青年3万人以上。上述10起千人以上的屠杀，死难者已达19.5万人，另外可以统计出的分散屠杀遇难人数至少有7.7万人。这两笔数字相加，即已达到27.2万人。① 另据档案资料记载，在南京大屠杀中，慈善机构共收埋尸体19.8万余具，市民私人自动组织掩埋同胞尸体4.2万余具，伪政权出面雇工收尸1.6万余具，日军动用部队掩埋和处理尸体10余万具。② 若将上述数字简单相加，总数已达35万具以上，扣除若干万具在收埋统计中可能交叉的数字，以及1万名左右在战场阵亡的军人数，认定有30万人以上遇难应当是没有疑问的。

除了上述在南京城郊地区构成南京大屠杀主体内容的30万以上遇难者而外，在南京周边的各县中，也同时发生了大规模的杀烧淫掠暴行。据南京安全区国际委员会委员、金陵大学教授斯迈思及其助手的调查，在1937年12月至1938年2月间，江宁县被杀害9160人，毁坏房屋15.5万间；句容县被杀害8530人，毁坏房屋3.13万间；溧水县被杀害2100人，毁坏房屋7.76万间；江浦县被杀害4990人，毁坏房屋3.14万间；六合县（只调查1/2）被杀害2090人，毁坏房屋1.28万间。③ 从左翼进击、包围南京的日军第18师团于12月10日攻占芜湖后，将在沿江一带抓捕的2000多名难民，全部驱赶到江边用机枪杀害。据估计，在日军占领芜湖的最初一段时间内，在城内共屠杀了1万余

① 孙宅巍主编《南京大屠杀》，北京出版社1997年版，第437—438页。

② 杨颖奇等编著《南京通史·民国卷》，南京出版社2011年版，第329—336页。

③ ［美］斯迈思：《南京战祸写真》，“南京大屠杀”史料编辑委员会等编《侵华日军南京大屠杀史料》，江苏古籍出版社1985年版，第358—359页。

名手无寸铁的市民。① 该第18师团复于12月20日攻陷浙皖边境的安吉县，在这里屠杀平民998人，奸污妇女270人，烧毁房屋22850间。② 沿沪宁线西进的日军，其天谷支队自镇江渡江后，于12月14日迅占扬州及东部仙女庙一带，并发生大量烧杀奸淫暴行。据统计，日军在进入扬州城的头3天，即杀害市民500余人，一周内奸污妇女600余人；在东郊万福村杀害百姓100余人，并在万福桥上将400余名民夫用机枪杀害。③日军第13师团，分由江阴和镇江渡江，于12月16日攻占仪征，据不完全统计，仅在侵占仪征初期即杀害城乡居民400余人，奸污妇女200余人，烧毁房屋近2000间；④于12月28日陷镇江，在陷城前后，共烧死、杀死居民300余人⑤。在此期间，日军在苏南已占领地区又进行"扫荡"，残杀无辜，无恶不作。其中较为突出的是昆山马援庄惨案。1937年12月25日，日军在半天的时间里，用刺刀戳、马刀砍，共砍刺死马援庄108名村民⑥。

进入1938年1月以后，南京城内的血腥屠杀仍在继续，沿津浦线向北拓展的日军，在苏皖边界地区又犯下累累暴行。1938年1月上中旬，攻陷盱眙城的日军，为报复该城民众的抵抗，对平民百姓用机枪恣意扫射，共杀害2000多人⑦。与发生盱眙暴行的同时，日军在早已结束战争的淞沪地区，又不断骚扰广大农村，屠杀无辜农民。仅在1938年1月中上旬，即残杀奉贤县各村农民150余人⑧。

综上所述，一个半月左右的南京大屠杀高峰期内，日军除在南京城屠杀了30万名以上的和平居民和放下武器的军人外，还在南京周边各县残杀了无辜居民4.08万人。这一阶段，是日军南京大屠杀暴行的主体阶段和高峰阶段，地域则以南京市及其郊区为主，兼及已沦陷的周边地区。

扩大占领：大屠杀的延伸阶段

1938年一二月间，日本华中方面军所属之国崎支队、第16师团、第114师团先后划归华北方面军建制；2月18日，日本参谋本部撤销华中方面军、上海派遣军、第10军之建制，原华中方面军所属部队编成华中派遣军。上述各支部队，为了巩固对南京的占领和开辟以徐州为中心的新的战场，不断向四周地区扩大占领，北至陇海线，南达杭州湾，

① 军事科学院外国军事研究部编著《日本侵略军在中国的暴行》，解放军出版社1986年版，第64—65页。

② 李秉新等主编《侵华日军暴行总录》，河北人民出版社1995年版，第767页。

③ 军事科学院外国军事研究部编著《日本侵略军在中国的暴行》，解放军出版社1986年版，第66—67页。

④ 江苏文史资料编辑部编印《腥风血雨——侵华日军江苏暴行录》，1995年版，第335页。

⑤《近代史资料》编辑部等编《日军侵华暴行实录》(三)，北京出版社1997年版，第132页。

⑥ 江苏文史资料编辑部编印《腥风血雨——侵华日军江苏暴行录》，1995年版，第206页。

⑦ 江苏文史资料编辑部编印《腥风血雨——侵华日军江苏暴行录》，1995年版，第467页。

⑧ 章伯锋等主编《血证——侵华日军暴行纪实日志》，成都出版社1995年版，第224—225页。

西至津浦路，东临大运河。这一阶段的时间界限，自 1938 年 2 月起，至 5 月底止。至 1938 年 5 月底，由于徐州会战结束，整个华东战场的战事趋于平静，军事作战的重点西移，作为南京大屠杀的尾声阶段亦告结束。

在扩大占领阶段，有两个方面的特点与日军的暴行有重要联系。一是本阶段中，日军拓展的占领地区，与南京有着密切的地缘关系。这些地区，环绕南京这个中心，分布于四周，对于巩固日军对于南京的占领起着拱卫作用；而且均系由攻打南京的原华中方面军所属部队占领和防守。从地域上来说，这一地区应是南京大屠杀暴行的外围地区。二是这些参加攻打南京的部队，在南京大屠杀中已经形成的畸形心态与野蛮手段，短期内欲罢不能。如同一个运动物体的惯性一样，南京大屠杀的暴行，在本阶段中仍不可抑制地继续发生。

在杭州湾地区，日军出于巩固对上海、杭州的占领，对其周围县城居民滥施暴行。1938 年 2 月 2 日和 5 月 13 日，日军两次在青浦县金泽镇肆意烧杀，被杀居民达 240 人，全镇房屋被烧毁一半①。2 月 18、19 两日中，日军即在余杭县乔司镇残杀平民 1300 人，烧毁房屋 7000 余间，致使该镇出现“千人坑”。3 月，驻浙西日军对德青县进行“扫荡”，一路烧杀，共杀死村民 1300 余人，烧毁房屋 7000 余间②。

在皖南，日军为确保对南京、杭州两端的占领，不断袭占皖南县镇，并大肆烧杀。1938 年 3 月，从十字坡方向侵犯郎溪的日军，在占领郎溪后，残杀无辜，仅一天时间，即尸体充斥巷里，经清理，共抬出尸体 470 多具③。

在津浦线沿线地区，日军为配合和参加徐州会战，并巩固对南京北方地区的控制，逐次将津浦沿线及两侧县城占领，所过之处，无不进行血腥屠杀。1938 年 2 月 10 日，侵占临淮关的日军，为了报复该地红枪会的反抗，见人就杀，枪击刀刺，共残杀 1000 余人。④ 2 月 11 日，日军向五河县黄坂、后坂等地袭扰，烧杀无算，共杀死居民 260 余人，烧毁房屋 5100 余间，其中有 1389 户家庭被火烧光。⑤ 2 月 21 日，占领蚌埠的日军，疯狂屠杀居民，仅在小蚌埠镇一地即用机枪和刺刀杀死 100 余名村民，后又在该地设立“慰安所”，强迫 120 名妇女供日军蹂躏。⑥ 2 月 28 日，占领淮南上窑的日军，将黄伯郢

① 章伯锋等主编《血证——侵华日军暴行纪实日志》，成都出版社 1995 年版，第 225 页。

② 李秉新等主编《侵华日军暴行总录》，河北人民出版社 1995 年版，第 772—773、768 页。

③《近代史资料》编辑部等编《日军侵华暴行实录》(三)，北京出版社 1997 年版，第 393 页。

④ 李秉新等主编《侵华日军暴行总录》，河北人民出版社 1995 年版，第 709 页。

⑤《近代史资料》编辑部等编《日军侵华暴行实录》(三)，北京出版社 1997 年版，第 348—349 页。

⑥ 章伯锋等主编《血证——侵华日军暴行纪实日志》，成都出版社 1995 年版，第 278 页。

村团团包围，对村民进行残杀，共 140 人遇难。① 2—4 月间，日军又在凤阳县城乡，犯下累累暴行。日军于 2 月 1 日侵占凤阳县城后，诱骗逃难百姓回城，然后加以残杀，据统计，仅入城后的 5 天中，即杀害无辜百姓 5000 人，烧毁房屋 4000 余间。此后，又在该县山马家、考城、沙沟沿、曹店等地，共屠杀村民 900 余人，其中考城的 30 多名村民，被用铁丝穿透手心，以柴草活活烧死。是年春，日军在嘉山县广大农村实行“扫荡”，烧毁房屋千余间，将农家的家禽一扫而光，共杀害民众 370 余人。1938 年 5 月间，日军对徐州地区各县实行“三光”作战，烧杀成性，在萧县蒋丁楼、牛眠杀害村民 2200 人，在砀山周寨砍杀村民 360 余人，在铜山阎窝、吕梁、汉王等地屠杀村民 870 余人，在宿县残杀村民 200 余人②。

在苏北地区，日军继 1937 年 12 月于靖江、扬州、仪征等地大施暴行以后，又于 1938 年三四月间，由南通经海安、东台等地向北扩展，以进一步扩大战果。仅 4 月上中旬，便在东台安丰、丁溪等地杀害平民 100 余人③。

在苏南地区，日军不断对该地区进行“扫荡”，烧杀抢掠，无恶不作。1938 年 3 月中旬，日军一部乘大小舰艇 40 余艘，包围无锡马山，杀死马山居民及溃散军人 1500 余人，烧毁房屋 3000 余间。4 月下旬，从句容天王寺出发的日军，在朱巷、白杨村、马场等地杀害群众 400 多人，烧毁房屋 1100 余间④。

总计日军在扩大占领南京周边地区过程中，又残杀无辜 1.65 万余人。这充分说明，在南京大屠杀暂告一段落后，其杀戮暴行并没有立即停止，而是在南京及其周边地区，仍旧延续了一段时间。

前文曾述及，台湾陈在俊先生将南京大屠杀扩大到长江三角洲的范围来加以研究，这是十分有道理的。因为南京大屠杀的暴行，并非从天而降，亦非孤立地发生在南京城墙内外一个极其狭小的地区。仅仅上文所列，日军在南京大屠杀发生前后六七个月的时间中，在南京周边苏浙皖地区的 39 个县市里，便又屠杀了 10 万名以上的平民。本文所列南京周边地区，在地缘上均与南京有着密切的联系，或为攻击南京的必经之地，或为巩固南京、扩大占领的必夺之地；在这些地区施暴的时间，与南京大屠杀发生的时间有着密切的联系，或与南京大屠杀的前后期相连接，或与南京大屠杀时间相同；在这些

---

① 《近代史资料》编辑部等编《日军侵华暴行实录》(三)，北京出版社 1997 年版，第 342 页。

② 李秉新等主编《侵华日军暴行总录》，河北人民出版社 1995 年版，第 710—714、716、356—357、145—147、页；《近代史资料》编辑部等编《日军侵华暴行实录》(三)，北京出版社 1997 年版，第 366 页。

③ 江苏文史资料编辑部编印《腥风血雨——侵华日军江苏暴行录》，1995 年版，第 433 页。

④ 江苏文史资料编辑部编印《腥风血雨——侵华日军江苏暴行录》，1995 年版，第 218—219 页；《近代史资料》编辑部等编《日军侵华暴行实录》(三)，北京出版社 1997 年版，第 115—117 页。

地区施暴的部队，又与制造南京大屠杀惨案的部队有着密切的联系，或为攻击南京及对南京居民施加暴行的日军部队本身，或为华中方面军及其后编成的华中派遣军所属部队，或为由南京地区调防别处的部队。鉴于侵华日军在这些地区的暴行与南京大屠杀暴行之间，存在着地缘关系密切、时间前后衔接、施暴部队相同的因素，因而对于日军在该地区的暴行，既不能简单等同于南京大屠杀本身，也不能同南京大屠杀完全割裂开来。如果将日军在南京周边地区屠杀平民的数字与南京大屠杀死难人数联系起来考虑，其屠杀的规模就达到了 40 万人以上。这是一个十分惊人的数字。在研究南京大屠杀的后果与影响时，在揭露日军的野蛮暴行时，在总结中国人民的历史经验、教训时，应当把南京周边地区的暴行与南京大屠杀暴行合并起来考虑和加以研究。只有这样，对侵华日军南京大屠杀暴行的认识，才会更加完整、更加深刻。

需要特别指出的是，本书提出“大南京”的概念，纯系为宏观研究南京大屠杀启动、实施与延伸之全过程的需要，并无提高南京大屠杀遇难同胞数字至 40 万人之意。“大南京”与“南京”在地域上毕竟是个不等量，是两个不同的概念。

四、南京安全区的活动及其历史地位

（一）关于安全区成立的若干史实探析

南京安全区国际委员会成立的经过及其组织机构，已为众多论著所详述，此处不拟再作重复叙述。但是，微观地去观察它的全部活动，却存在着若干不清楚或讹误之处。自上世纪末以来，随着《拉贝日记》的公开出版，以及一大批欧美人士书信、日记和文献的公布，为解开这些疑窦提供了有利的条件。

国际委员会与安全区的成立时间

以往，南京安全区及其领导机构国际委员会成立的时间，均一并被模糊地表述为1937年11月或11月中旬。其文字根据，主要是杭立武先生关于筹组南京难民区经过的一篇回忆。他写道：

> 一九三七年十一月，我在南京看到报纸报导上海有一个饶神父，在上海设难民区，容纳很多妇女和小孩。我忽然动脑筋，觉得日本将进南京了，我准备成立一个南京安全区国际委员会，并设置一个难民区。那时我是金陵大学校董会的董事长，认得金陵大学的许多美国人，同时我也是中英文教基金会的总干事，和许多英国人、德国人有来往。
>
> 我约集了一二十个外国人，我说我们要设立一个难民区，他们都同意，他们认为这是为人道的事情，应该赞同。①

杭立武先生是发起成立安全区国际委员会的当事人，他的回忆当然具有一定的权威性，也是人们研究安全区历史的珍贵资料。但在这篇回忆中，涉及安全区国际委员会

---

① 杭立武：《筹组南京沦陷后难民区的经过》，载全国政协文史资料研究委员会《南京保卫战》编审组编《南京保卫战》，中国文史出版社1987年版，第302页。

筹备成立一事，只出现了一个时间，即“一九三七年十一月”。这就又使得史学界有一种不满足和缺憾的感觉。现在通过安全区国际委员会主席拉贝的日记及其相关档案资料的公布，已经具备了将有关的时间表解读清楚的条件。看来，作为领导机构的国际委员会与在其领导下的安全区的成立，并非同一件事，应有先后之序，前者在先，后者在后，其具体过程如下。

11 月 19 日，开始在部分外侨中酝酿成立国际委员会，并有人征求拉贝的意见，问其是否愿意参加。拉贝在这一天的日记中称：“成立了一个国际委员会（主要由鼓楼医院的美国医生和在金陵大学任教授的传教士组成）。委员会试图建立一个难民区，即位于城内或城外的中立区。一旦城市遭到炮击，非战斗人员可以躲避到那里去。有人问我（我要留在这里的消息已传出）是否愿意参加这个委员会，我表示愿意。晚上在斯迈思教授家吃饭的时候，我结识了很多美国委员。”①

11 月 21 日，由杭立武先生与美国长老会牧师米尔斯、金陵大学教授斯迈思、贝德士四人联名拟就的筹组难民区报告送交南京市政府。

11 月 22 日，安全区国际委员会正式成立。委员会共有 15 名成员，并推选拉贝为委员会主席。拉贝在这一天的日记中写道：“大家选举我当‘主席’，我推辞不掉，为了做件好事，我让步了。但愿我能够胜任这个也许会变得十分重要的职务。”②在后来形成的《南京国际救济委员会报告》中，明白无误地写着：“南京安全区国际委员会组成于 1937 年 11 月 22 日。”但紧接着，文件又说：“首要事务是建立安全区自身。这就是要选择恰当地址并寻求中日双方当局的认可。”③可见，国际委员会的正式成立，还不等于所领导的安全区已同时成立。国际委员会关于建立安全区的建议已经得到了英、美、德三国大使的同意，德国大使并同意将建议通过美国大使馆电台发给上海美国总领事，再转交给日本大使。会议认为，“从收到双方（按指中、日）政府表示完全同意的通知之日起，视安全区为正式建立。”④

11 月 29 日，在英国文化协会举行的例会上，南京马超俊市长“当众宣布了国际委员会成立”。这可理解为中国方面对这个国际性救济机构的承认与接受。拉贝在这一天的日记上写道：“我请求与会人员再耐心等待一两天，因为我仍然没有放弃还能得到日

① [德]拉贝：《拉贝日记》，江苏人民出版社等 1997 年版，第 92 页。

② [德]拉贝：《拉贝日记》，江苏人民出版社等 1997 年版，第 97 页。

③ 章开沅编译《天理难容——美国传教士眼中的南京大屠杀（1937—1938）》，南京大学出版社 1999 年版，第 467 页。

④ [德]拉贝：《拉贝日记》，江苏人民出版社等 1997 年版，第 98 页。

本当局同意的希望。”①

12月4日,安全区国际委员会向新闻界和警方发布《在安全区安置居民及分发食物的暂行措施》。是日,“难民们开始陆陆续续搬进安全区。”②

12月8日,尽管中国军方的行动并不理想,“他们还没有撤出安全区,而且看样子好像也不急于撤出”,中国士兵在安全区“空出来的地方构筑火炮阵地和防御工事”;但是,这一天安全区国际委员会正式发布了《告南京市民书》。该文告中公布了“中日两方面的允诺”:“卫戍司令长官曾允诺在本区域以内所有的士兵和军事设备一概从速搬出,并且允诺以后军人一律不进本区。”“日本一方面说:‘对于规定之区域颇难担负不轰炸之责。’在另一面又说:‘凡无军事设备,无工事建筑,不驻兵,及不为军事利用之地点,日本军队决无意轰炸,此乃自然之理’。”该文件用肯定和热情的语气写道:“我们相信,倘然中日双方都能遵守他们的允诺,这个区域以内的人民,当然比他处的人民平安得多啦,因此,市民可以请进来吧!”③据此,可以认为,以《告南京市民书》的发布为标志,南京安全区的筹建工作已经完成,开始正式运转。

国际委员会名单

提起安全区国际委员会,绝大多数论著中,都采用了田伯烈先生编著的《外人目睹中之日军暴行》一书中的资料,即拉贝、斯迈思、福勒、马吉、希尔滋、汉森、潘丁、麦凯、皮克林、施佩林、贝德士、米尔斯、利恩、特利默、里格斯等15人。④ 其中,福勒、希尔滋、汉森、潘丁、麦凯、皮克林、利恩7人于1937年12月南京沦陷前离开南京,只参加了委员会的筹组工作。这在已公布的各种文件资料中亦无歧议。

有趣的是,拉贝先生在自己的日记中给国际委员会的委员增加了2人,即财务主管克勒格尔与总干事菲奇。他在11月30日的日记中,除写下了前一天登记的15名委员名单外,其后又接着写道:

> 克勒格尔　　德国　　礼和洋行
>
> 在列名单时还没有把他作为委员会正式成员登记上去,不过后来补登了。克勒格尔在被占领期间留在南京。还有
>
> 乔治·菲奇美国基督教青年会

---

① [德]拉贝著:《拉贝日记》,江苏人民出版社等1997年版,第117页。

② [德]拉贝著:《拉贝日记》,江苏人民出版社等1997年版,第130—132页。

③ [德]拉贝:《拉贝日记》,江苏人民出版社等1997年版,第147—149页。

④ [英]田伯烈著、杨明译《外人目睹中之日军暴行》,国民出版社1938年版,第228—229页。人名中文译音已按规范改动。

后来也正式加入了委员会，在整个被占领期间留在南京。①

上述文字显然是拉贝在整理自己的日记时增加进去的内容。如果没有与此相反的有力资料存在，一般说来，作为安全区国际委员会主席的拉贝，应不会记错在艰难岁月中与之朝夕相处、共同战斗的委员们。他的记录应该可信。

可是，由安全区国际委员会演变而来的南京国际救济委员会，在其关于 1937 年 11 月至 1939 年 4 月 30 日的工作报告书中却明白说明："克勒格尔，德国人，就职于礼和洋行（Carlowitz & Company），并不是国际委员会成员，但应主席之邀积极参与各项工作。费吴生（按即菲奇），美国人，就职于青年会，也不是国际委员会成员。"②

这是一个难解之谜。究竟是哪一方面的问题，才出现了上述这两种不可能同时存在的说法？不同的人，对此可以采取不同的认可。拉贝虽身为主席，但所记日记，究属个人文件，在写下这些文字时，并不需要得到别人的认可和验证；而南京国际救济委员会是一个机构，撰写工作报告时，主席是国际委员会的"元老"贝德士，其时与他同在国际委员会任职的"老"委员还有担任过主席的米尔斯，以及施佩林、特利默等人，由他们集体完成的工作报告内容，应当更准确、更可靠。因此，根据文件资料判断，克勒格尔与菲奇，似不应列入国际委员的成员之中。

不过，是否承认其"国际委员会委员"的名义，并不能作为衡量某一个人对中国难民援助多少、贡献大小的标准。这两者之间各有不同的分量，不可一概而论。就克勒尔与菲奇二人来说，前者是拉贝主席的得力助手，主管安全区财务，后者是国际委员会总干事、安全区实际的"当家人"，可以肯定，他们所起的作用，在安全区国际委员会中是举足轻重的，他们的贡献是巨大的。人们对他们的精神的敬佩，丝毫不会因为未被列入委员中而有所减色。

安全区标记符号

关于安全区的标记符号，较早时期的论著，大多根据田伯烈所著《外人目睹中之日军暴行》的中译本所记："晚餐后，雷伯（按：现译拉贝）请我们全体到他家里，燃起圣诞树，我们每人都收到一份贺年片，贺年片上刻着黑圈红十字的难民区徽章，并由我们二十二人全体签字。"③因此，安全区以"黑圈红十字"符号为标记的说法，不胫而走，连一些很有影响的专著、报告文学作品中都如此写着。

---

① ［德］拉贝：《拉贝日记》，江苏人民出版社等 1997 年版，第 121 页。

② 章开沅编译《天理难容——美国传教士眼中的南京大屠杀（1937—1938）》，南京大学出版社 1999 年版，第 501 页。

③ ［英］田伯烈著、杨明译《外人目睹中之日军暴行》，国民出版社 1938 年版，第 42 页。

目前可以查到的田伯烈著作中译本，对于安全区标记的翻译各不相同。上文已述，杨明译为“黑圈红十字”。马庆平、万高潮等译的本子为“带红十字的圆环”①。“圆环”是什么颜色？没有说。台湾的一个版本，则译为“贺年卡代替了难民区徽章”②，连难民区徽章的符号、形状与颜色都未译出。查田氏书中有关的一段文字，乃取材于安全区国际委员会总干事菲奇的日记。目前国内译著中对此也有不同的译法。郦玉明先生译为“一个圆圈，中心一个十字，红色的”③；章开沅先生译为“一个内有红十字的圆圈”④。郦、章两位的译文中，对于圆圈的颜色都没有直接说。

查菲奇的日记中提及安全区标记符号处的英文原文为“a circle with cross within it in red”。由于译者的理解不同，产生了各种不同的译法。后来出版的《拉贝日记》与陆束屏先生汇辑编译的《南京大屠杀——英美人士的目击报道》，则推出了与前列各说法不同颜色的区徽符号构成。《拉贝日记》中有多处提到安全区的标记符号，如：“委员会决定安全区采用和南京市难民区相同的标记符号：白底红圈中一个红十字”，“这个区域要用委员会的会旗（白底红圈红十字）围起来”；“旗子的图案是白底红圈红十字（红圈象征安全区）”；“在旗帜上面有一个红十字，红十字以外再有一个红圆圈，并在旗上写了‘难民区’三个字”等。⑤ 陆束屏先生在书中，将菲奇日记有关的一段文字译为“每个人得到一张有安全区徽记的贺年卡，徽记是红圆圈中一个红十字”⑥。他并在书中刊出了那张印有安全区徽记的贺年卡，注明原件藏美国耶鲁大学神学院图书馆。后来从耶鲁大学神学院图书馆彩色复印来的贺年卡，已经在国内学者中间传阅、保存，上面清楚地印着一个红圆圈，圈内有一个红十字。这个问题，算是画上了一个完满的句号。

安全区与日方的沟通

安全区国际委员会为了把建立安全区的意图通知日本当局，并获致同意，通过了两条渠道与日方沟通。

第一条渠道，是通过美国大使馆的无线电台发往美国驻上海总领事，再转交驻上海的日本大使。

---

① ［澳］廷珀利著、马庆平、万高潮译《侵华日军暴行录》，新华出版社 1986 年版，第 36 页。

② 台北“国史馆”编印《日本在华暴行录（1928—1945）》，1985 年印，第 286 页。

③ 郦玉明译《南京的毁灭》，《民国档案》，1995 年第 3 期。

④ 章开沅编译《天理难容——美国传教士眼中的南京大屠杀（1937—1938）》，南京大学出版社 1999 年版，第 114 页。

⑤ ［德］拉贝：《拉贝日记》，江苏人民出版社等 1997 年版，第 129 页、139 页、141 页、148 页。

⑥ 陆束屏汇辑编译《南京大屠杀——英美人士的目击报道》，红旗出版社 1999 年版，第 230 页。

11月22日，刚刚成立的安全区国际委员会15名委员联名，发出了有关建立南京安全区的建议电文。该电文称：

> 国际委员会特别希望日本政府从人道主义出发，保证安全区的民用性质得到尊重。委员会认为，为平民采取这种人道主义的预防措施，将会给双方负有责任的政府带来荣誉。委员会恳请日本政府迅即回复，以便能够尽快结束与中国政府进行的必要谈判，为维护难民做必要的准备。①

日本官方没有立即对此作出反应。但日本报纸已经开始大造相反的舆论。《东京日日新闻》声称："如南京成立安全区，则日军之进攻南京，将受妨碍。南京外侨不足五十人，而所拟之安全区，则毗连炮台与军事工程，日军欲攻击南京而不妨及安全区，乃不可能事。"另一份较有影响的日本报纸《读卖新闻》则认为："南京安全区与上海市难民区完全不同，此事必须由进攻南京之日军当局决定。"②

11月27日，国际委员会再次依前法，通过美国大使馆发给日本大使一份由拉贝主席签名的电文。内称：

> 国际委员承蒙美国大使馆帮助于11月22日向日本政府递交了建立安全区的建议书，谨此再次恳请对此建议予以友善考虑。由于必须采取适当措施以安置只有在安全区才能找到避难场所的成千上万平民，委员会急需立即开始工作。出于人道主义，特此请求即刻答复委员会的建议。③

10天后，国际委员会于12月5日收到了从美国大使馆转来的东京答复。电文称：

> 尽管日本政府完全承认对此建议负责的领导层的高尚动机，但是在这种情况下，日本政府不承担未来对所述区域免遭炮击或轰炸的保证义务。
>
> 可以把下列情况看成是一种表态，日本军队无意对未被中国军队使用的地点或不存在军事设施或没有部署中国军队的区域发动进攻。

这份复电的精神，用拉贝的话来说，就是"日本人再次拒绝了，但是答应尽可能保护安全区"。④

第二条渠道，是将建立安全区的建议与拟议中安全区的地图送交在上海创设难民区的法国神父饶家驹，"请他把地图给日本的司令看，请他同意我们成立安全区，并且答

---

① ［德］拉贝：《拉贝日记》，江苏人民出版社等1997年版，第98页。

② 《申报》1937年11月26日。

③ ［德］拉贝：《拉贝日记》，江苏人民出版社等1997年版，第112页。

④ ［德］拉贝：《拉贝日记》，江苏人民出版社等1997年版，第134—135页。

应以后不要骚扰难民区。"①据杭立武先生回忆:"因为日本军方的人和饶神父有来往,饶神父就把地图给日本司令。后来饶神父回信给我,只讲日本司令说'我们知道这件事了',并且接受了地图。后来在进入南京城的日本兵身上发现这种地图,是有难民区的。"②饶神父法国名雅坎诺,是华洋义赈会会长、上海国际红十字会副主席,长期在中国从事慈善事业,淞沪抗战爆发后,更主持了南市难民区的建立和救济工作。他对中国人民怀有深厚的感情,同时,又与日方保持着一定的接触。国际委员会于 11 月 29 日通过上海的一个国际小组,致电饶神父,内称:"我们恳请您,从安全区的利益出发,尽快拜会日本大使馆官员日高和日本大使,并授权您通知对方,中国当局已完全同意我们的建议,并向我们提供大米及其他物品表示支持。——万分紧急。"③12 月 2 日,国际委员会收到了饶神父由美国大使馆转来的日本当局的答复,内容为:

> 日本政府已获悉你们建立安全区的申请,却不得不遗憾地对此予以否决。
>
> 若中国军队对平民及(或)其财产处理失当,日本政府方面对此不能承担任何责任。但是,只要与日方必要的军事设施不相冲突,日本政府将努力尊重此区域。④

国际委员会认为:"从外交角度看,这个答复措辞巧妙,留了一条后路。但是从总体上看,还是有利的。我们根本就不指望日本人为中国军队的处理失当承担责任。电报的结束语'但是日本政府将努力尊重此区域……'等等,已经令人非常满意。"⑤随即,拉贝又于当天亲署一份电报,通过美国大使馆转交饶神父,希望他再作努力,以使日本方面能有进一步的表态。电文称:"委员会恳请您,以最友善的方式再次与日本当局取得联系,促使对方注意:如果对方直接给委员会一个带有保证性的通知,将会大大减少陷于困境中的居民的忧虑。我们诚恳地希望不久便能收到日本政府相应的通知。"⑥后来,由于通过美国大使馆直接得到了日方 12 月 4 日的最终答复,故饶神父方面亦再未见有回文。

---

① 杭立武:《筹组南京沦陷后难民区的经过》,全国政协文史资料研究委员会《南京保卫战》编审组编《南京保卫战》,中国文史出版社 1987 年版,第 302 页。

② 杭立武:《筹组南京沦陷后难民区的经过》,全国政协文史资料研究委员会《南京保卫战》编审组编《南京保卫战》,中国文史出版社 1987 年版,第 302 页。

③ [德]拉贝:《拉贝日记》,江苏人民出版社等 1997 年版,第 126—127 页。

④ [德]拉贝:《拉贝日记》,江苏人民出版社等 1997 年版,第 124 页。

⑤ [德]拉贝:《拉贝日记》,江苏人民出版社等 1997 年版,第 125 页。

⑥ [德]拉贝:《拉贝日记》,江苏人民出版社等 1997 年版,第 125 页。

国际委员会总干事的人选

可以说，直至《拉贝日记》中文版问世以前，人们了解安全区国际委员会职员分工的情况，特别是总干事（或称安全区主任）一职，主要只是靠杭立武先生《筹组南京沦陷后难民区的经过》一文中的记述，认为杭立武为总干事兼安全区主任，菲奇为副总干事兼安全区副主任。杭文在讲到杭奉命需护送文物到后方去时写道：

> 我是国际委员会的发起人，又是难民区主任，怎能走呢？没办法，只能找一个人来替代我。刚好有位美国人费吴生（Mr. A. Fitcher）从西安退出来到南京，我请他当副主任，他接受了。①

台湾李云汉教授大致也是根据了这份材料，认为杭为安全区主任，菲奇为副主任，后来代理主任。他在讲到安全区国际委员会的职员分工时写道："另设难民区主任一人，推杭立武担任。杭氏旋因奉命护送故宫博物院文物西赴重庆，他的难民区主任职务遂由副主任费吴生（George A. Fitch）代理。"②

自从《拉贝日记》及一批国际委员会成员的日记、信件、文件公布后，关于国际委员会总干事一职的人选，有了新的说法。拉贝在其 11 月 26 日的日记中称："我们现在也为委员会找到了一名外国人作总干事，即南京基督教青年会的菲奇先生。"③11 月 28 日，国际委员会在斯迈思家中举行委员会会议时，"会上正式任命菲奇先生为委员会总干事，杭立武为中方共事总干事。"④但是，接着在 12 月 3 日形成的一份文件《安全区管理委员会》中，又出现了"总干事：乔治·菲奇"、"副总干事：杭立武博士"的提法。⑤ 此后，于 12 月 8 日，国际委员会在一份提供给中国报界的专稿中，进一步解释了正、副总干事任命的前因后果。该专稿称：

> 他（按指南京市长马超俊）此外还请求委员会任命一名欧洲人为总干事，他的要求得到了满足。南京基督教青年会的乔治·菲奇先生担任这一职务。杭立武先生和中国当局就安全区的谈判中给委员会提供了很大的帮助，菲奇先生任命杭先

---

① 杭立武：《筹组南京沦陷后难民区的经过》，全国政协文史资料研究委员会《南京保卫战》编审组编《南京保卫战》，中国文史出版社 1987 年版，第 303 页。

② 李云汉：《南京大屠杀有关史料的评析》，载台北"国史馆"编《日本在华暴行录（1928—1945）》，1985 年印，第 304 页。

③ [德]拉贝：《拉贝日记》，江苏人民出版社等 1997 年版，第 109 页。

④ [德]拉贝：《拉贝日记》，江苏人民出版社等 1997 年版，第 114 页。

⑤ [德]拉贝：《拉贝日记》，江苏人民出版社等 1997 年版，第 133 页。

生为副总干事。①

对于担任总干事一职，菲奇本人在日记中也有明确的记录。他在 12 月 12 日的日记中开头一句话便是："我作为难民区总干事在办公室忙碌终日。"②

这样，就出现了截然不同的两种说法。杭氏自述，杭为总干事，并由他聘请菲当副总干事；而拉贝则称，菲奇为总干事，并由他任命杭为副总干事。究竟谁是主体，谁属被聘任、被任命者？他们各自的说法，莫衷一是，也只有存疑了。

综合各方资料来看，杭、菲均为总干事的可能性较大，即前文所引之菲为总干事，杭为"中方共事总干事"。对此，章开沅先生在其译著中，译到菲奇的总干事一职时，有一条很有见地的注释，他说："费吴生的职务名称以《拉贝日记》为据、与杭立武晚年回忆略有歧异。按杭立武的说法为，原由他担任主任，费任副主任。他离开南京后，才由费吴生代理主任。按译者的理解，当时有可能中外双方各有一人任总干事，所谓副者，英文并非'Vice'，而是'co'，即'coordinate'，有'协同'与'同等'两层意思。"③看来，这桩公案也只有这样了断了。

许传音参加国际委员会工作的身份

许传音先生于安全区国际委员会成立之初，即被菲奇总干事任命为住房委员会主任，这对于安全区来说，是一项非常重要而且又非常繁重的工作；之后，又于 1938 年 12 月，被补选为安全区国际委员会之延续机构南京国际救济委员会委员。在安全区档案中，由许氏记录并报告的日军暴行案件即有 8 件之多。1938 年 2 月，在拉贝即将离开南京回国时，许传音与其他几位在安全区工作的中国职员，分别给拉贝本人、德国大使馆官员罗森，以及拉贝效力的德国西门子洋行（中国）等处发出签名信，热情赞颂拉贝所作出的巨大贡献及其伟大的精神。可见，许氏与拉贝主席的关系非常亲近，联系非常密切。那么，许传音究竟是以何种社会身份参加安全区工作的呢？

许传音的名字同揭露日军的南京大屠杀暴行联系在一起，为新闻媒体广为报道，引起世人的关注，是在战后远东国际军事法庭与中国国防部审判战犯军事法庭开庭审判南京大屠杀罪犯的工作中。许氏曾先后在东京与南京，出庭作证，揭露侵华日军南京大屠杀罪行。但是，在有关报道及记录中，许却出现了两个不同的身份。由中央档案馆等

① ［德］拉贝：《拉贝日记》，江苏人民出版社等 1997 年版，第 152 页。

② 章开沅编译《天理难容——美国传教士眼中的南京大屠杀（1937—1938）》，南京大学出版社 1999 年版，第 99 页。

③ 章开沅编译《天理难容——美国传教士眼中的南京大屠杀（1937—1938）》，南京大学出版社 1999 年版，第 99 页。

单位联合选编的档案资料《南京大屠杀》一书中，有一篇文件为《南京红十字会副会长许传音在远东国际军事法庭作证日军南京大屠杀情形》，其中亦有“证人许传音（前南京红十字会副会长）”及“当时余为红十字会副会长”等字样；①中国第二历史档案馆等编《侵华日军南京大屠杀档案》一书中，亦出现“前南京红十字会副会长许传音”的提法②。而中央档案馆等编的《南京大屠杀图证》一书中，则有庭审原始记录的图片翻印，该图片内容有：“证人许传音当庭报告称，当廿六年南京沦陷时，任红卍字会会长兼国际救济委员会委员，对日军的暴行很清楚。”③又《申报》1947年2月7日在《谷寿夫在京受审》的一篇报道中，有“旋由红卍字会副会长许传音证明当时情形”之说。然则，许氏在南京沦陷时，究竟在哪个慈善团体任职呢？这个问题，因许氏个人档案资料缺乏，曾经困扰了史学界一段时间，现在随着新的档案资料的不断发现，应当说，这个结已经被解开了。根据各种资料的相互印证，许传音先生确为世界红卍字会南京分会副会长（或共同会长）无疑。其有关资料如下：

1. 1938年5月18日登记的《南京红卍字会难民区办事处员佚名册》载：

职别	姓名	别号	年龄	籍贯
会长	陈冠麟	瑞庭	五五	山东
	许定一	澄之	五五	安徽
	杜肖岚		六九	江苏④

许传音原名许澄之，此处与陈、杜等并列会长，可见为共同会长。由其他资料可查得，此时南京红卍字会之会务全盘工作由陈冠麟主持，故许传音的实际地位仍为副会长。

2. 世界红卍字会职员李世原在《赴京办理掩埋工作报告》中称：“三月一日……又同陈、许两会长等，讨论此次奉上海总办事处来京慰问，及慰劳救济队及伕役并两医院、两

① 《南京红十字会副会长许传音在远东国际军事法庭作证日军在南京大屠杀情形》，1946年7月26日，中央档案馆等编《日本帝国主义侵华档案资料选编》第12册《南京大屠杀》，中华书局1995年版，第845页。

② 《第一绥靖区司令部转发远东国际军事法庭审讯南京大屠杀案讯词摘要致该部军事法庭代电》，1946年10月15日，中国第二历史档案馆等编《侵华日军南京大屠杀档案》，江苏古籍出版社1987年版，第574页。

③ 中央档案馆等编《南京大屠杀图证》，吉林人民出版社1995年版，第236页之图666号。

④ 《南京红卍字会难民区办事处员佚名册》，1938年5月18日，中国第二历史档案馆藏，档案号二五七—400。

粥厂职员之办法”①。此处将“陈、许两会长”并列，未分正副，当仍以陈为主。

3. 美国国家档案馆保存的远东国际军事法庭速记记录中，1946 年 7 月 26 日许传音在回答询问时，有如下的对话：

问：在 1937 年 12 月，你与红卍字会(Red Swastika)有什么关系？以什么身份呢？

答：红卍字会是受国际委员会的邀请与其进行合作的，由于他们没有人懂英语，于是邀请我代表他们和国际委员会合作。当时我是红卍字会的副会长。②

4. 前文所列《南京大屠杀图证》一书中，明确记有“红卍字会副会长许传音”之文字。

5. 前文所列称许传音为“南京红十字会副会长”，在远东国际军事法庭出庭作证的资料中，其证词内容有：“日军占领南京后，中国人被杀死者极多，经红十字会埋葬者为数约四万三千人，此为最低数之估计。”③查据可靠档案记载，世界红卍字会南京分会在南京大屠杀期间，共收埋尸体 43121 具(按因相加有误，实为 43123 具)；而中国红十字会南京分会则共收埋军民尸体 22691 具。从收尸数字来看，此处之“南京红十字会副会长”显系“南京红卍字会副会长”之误。

再者，“红十字”与“红卍字”常常会在记录、抄写、排印时发生讹错，且大多会将“卍”字误写为“十”字，逆行的错误则甚罕见。因“卍”属冷字，“十”则为常用字，尤其“红十字”三字连用，则更为多见。将偶见之冷字错记为常用字，甚可理解；相反，将一常用字错写为冷僻字者，则殊属难能。

（二）37 座难民收容所

南京大屠杀前后，由于战争与日军的暴行，南京城郊的数十万平民，一下子全都成了难民。一批生活在南京的国际友好人士，为了帮助南京市民躲避战火，保护其人身安全，特地在城西北一块 3.86 平方公里的地域，设立了“南京安全区”，又称难民区。偌大的难民区，为了方便管理，自然形成了若干的难民收容所(又称“难民营”)。其实，在难

---

① 《世界红卍字会关于南京大屠杀后掩埋救济工作报告》，载《档案与史学》，1997 年 8 月第 4 期。

② 《许传音的证词与回答质证》，1946 年 7 月 26 日，杨夏鸣编《南京大屠杀史料集》第 7 册《东京审判》，江苏人民出版社 2005 年版，第 55 页。

③ 《南京红十字会副会长许传音在远东国际军事法庭作证日军在南京大屠杀情形》，1946 年 7 月 26 日，中央档案馆等编《日本帝国主义侵华档案资料选编》第 12 册《南京大屠杀》，中华书局 1995 年版，第 845—846 页。

民区外，以及县郊地区，在避难人群集中的地方，也会自然地形成若干的难民收容所。

文献资料中记载的37个难民收容所

西方人士的文献资料中，在提及难民收容所的数量时，多数指为25个。权威的《南京国际救济委员会报告》中称："在这些难民中，约有7000人受庇于25个大的收容中心（或'营地'），由国际委员会协同管理，提供粮食、燃料及庇护。"①国际委员会主席拉贝在1938年1月14日致上海理事会的信中写道："我们委员会总共管理有25个难民收容所，约7万名难民"②。担任国际委员会秘书的斯迈思在信函中记称，在1937年12月21日时，"在公共建筑和学校有25个难民营，共有68000人。"③此外，国际委员会总干事菲奇、委员施佩林，国际红十字会南京委员会主席马吉、委员魏特琳等人，亦均有25个难民收容所的记述。④ 1938年2月21日由沈玉书、许传音等为代表，在致拉贝的感谢信中更指出，这一感谢决议是在2月15日，"南京安全区9个区的区长及25个难民收容所所长第六次联席会议上做出的"⑤。这说明，有25个难民收容所所长参加的联席会议，到2月15日已经召开了6次之多。这也从一个侧面说明了，"25个难民收容所"这一概念，在一段时期内，相对较为固定。在现有文献记录中，唯一对难民收容所数字有不同表述的，是国际委员会财务总管克勒格尔。他在1938年1月13日写就的《南京受难的日日夜夜》文件中称，"整个安全区共有较大规模的难民收容所26个，安置的人数从数百上千到5.5万不等。"⑥

其实，在南京大屠杀期间，在南京城郊、安全区内外，大量存在着形形色色的难民收容所。总的说来，由安全区国际委员会管理的收容所，供给较有保证，资料较为完整，情况也较为清晰；不属安全区国际委员会管理的收容所，供给与安全均无保障，资料也较

① 章开沅编译《天理难容——美国传教士眼中的南京大屠杀(1937—1938)》，南京大学出版社1999年版，第468页。

② [德]拉贝：《拉贝日记》，江苏人民出版社等1997年版，第412页。

③ 章开沅编译《天理难容——美国传教士眼中的南京大屠杀(1937—1938)》，南京大学出版社1999年版，第294页。

④ 分别见章开沅编译《天理难容——美国传教士眼中的南京大屠杀(1937—1938)》，南京大学出版社1999年版，第103页、212页；[德]拉贝：《拉贝日记》，江苏人民出版社等1997年版，第483页；陆束屏编著、翻译《腥风血雨话金陵》，南京出版社2012年版，第272页。

⑤《南京安全区各区区长及各难民收容所所长给拉贝的感谢信》，1938年2月21日，张生编《南京大屠杀史料集》第6册《外国媒体报道与德国使馆报告》，江苏人民出版社2005年版，第400页。

⑥ [德]拉贝：《拉贝日记》，江苏人民出版社等1997年版，第472页。克勒格尔关于26个收容所的人数，"从数百上千到5.5万不等"的说法不确。单个难民收容所的人数未见有达到5.5万人者。同时，将26个收容所都界定在"整个安全区"内，也与其他人士的说法不一。

为凌乱、欠缺。从国内外各种有关安全区与难民收容所的文献资料中，可以查得，由安全区国际委员会管理或给予帮助、监护的难民收容所为 26 个，加上其他有名称、有记录的难民收容所共计为 37 个。兹将各难民收容所的大致状况简述如下：

1. 陆军学校（陆军学院、陆军大学）难民收容所①

又称第三难民收容所，所长赵承奎，位于安全区内鼓楼医院南、中山路西侧，由安全区国际委员会管理。1937 年 12 月 17 日时，有难民 3500 人。12 月 31 日国际委员会委员米尔斯与国际红十字会南京委员会秘书福斯特等人前往检查时，获得的情况为：该收容所有难民 3200 人，分成 27 个小组，每个小组设组长 1 人。约 1/3 的难民自行解决伙食，2/3 的难民膳食由国际委员会供给。收容所每天向难民分发 10 袋大米（每袋大米为 125 斤）。检查者认为，该收容所“一般情况是令人满意的”，收容所的领导为维持秩序做出了努力，但卫生设施还需大力改进，难民的膳食习惯应改为喝粥。

12 月中旬，该收容所先后有 3 人被杀，10 名妇女被强奸，250 余名男子被抓走，并被日军士兵抢去 400 套医院用被以及一些钱与行李。

2. 兵库署（军械库）难民收容所②

又称交通部旧厦难民收容所，所长陆成美，位于安全区内华侨路慈悲社，由安全区国际委员会管理。1937 年 12 月 17 日时，有难民 10000 人。12 月 31 日米尔斯、福斯特等人前往检查时，获得的情况为：该收容所有难民约 8000 人，其中有 3000 人无偿领取米粥，2400 人膳食自理，大部分难民自己做饭。检查者认为，该收容所无偿米粥的分配不够公平，卫生状况很糟糕，组织和领导工作有待改进。1938 年 1 月 22 日时，该收容所有难民 12000 人。安全区国际委员会称，该处难民“是城市最贫困的人口”，该所的“管理难度最大”。

3. 德中俱乐部（德国俱乐部）难民收容所③

所长赵德荣，地点不详，由安全区国际委员会管理。1937 年 12 月 17 日时，有难民 500 人。1937 年 12 月 31 日米尔斯、福斯特等人前往检查时，获得的情况为：该收容所

---

① ［德］拉贝：《拉贝日记》，江苏人民出版社等 1997 年版，第 223—225 页、232 页、332—334 页、378 页；中国第二历史档案馆等编《侵华日军南京大屠杀档案》，江苏古籍出版社 1987 年版，第 319 页；张生等编《南京大屠杀史料集》第 12 册《英美文书·安全区文书·自治委员会文书》，江苏人民出版社 2006 年版，第 287 页。

② ［德］拉贝：《拉贝日记》，江苏人民出版社等 1997 年版，第 334—336 页、483 页；章开沅编译《天理难容——美国传教士眼中的南京大屠杀（1937—1938）》，南京大学出版社 1999 年版，第 472 页。

③ ［德］拉贝：《拉贝日记》，江苏人民出版社等 1997 年版，第 336—337 页；张生等编《南京大屠杀史料集》第 12 册《英美文书·安全区文书·自治委员会文书》，江苏人民出版社 2006 年版，第 287 页。

有难民 444 人，每天免费分发 2 袋大米。检查者认为，“这个收容所的难民不论在膳食方面还是在居住方面都得到了良好的照顾。”

4. 贵格教会传教团难民收容所①

所长张公生，地点不详，由难民自行组织，受到安全区国际委员会的帮助与监护。1938 年 1 月 1 日米尔斯、福斯特等人前往检查时，获得的情况为：该收容所有难民 800 人，每天免费分发 2 袋大米，每个家庭自己做饭。该处常常遭到日本士兵的抢掠，妇女经常遭到强奸。检查者认为，收容所的卫生状况不符合卫生规定。

5. 汉口路小学难民收容所②

所长郑大成，位于安全区内汉口路，由安全区国际委员会管理。1937 年 12 月 17 日时，有难民 1000 人。1938 年 1 月 1 日米尔斯、福斯特等人前往检查时，获得的情况为：该收容所有难民 1400 人（以前曾有 1500 人），每天有 4 袋大米供给分配，每个家庭自己做饭。检查者认为，难民对领导是满意的，但由于难民携带的财物较多，使收容所更显拥挤，须督促难民注意清洁。

12 月下旬，计有 10 名日军官兵到该收容所来，强奸 6 名妇女，被奸最小者仅 13 岁；7 名日军前来索要烟酒，并偷盗 3 辆自行车、1 辆人力车。

6. 金陵大学附中难民收容所③

所长姜正云，位于安全区内中山路西侧，由安全区国际委员会管理。1937 年 12 月 17 日时，有难民 6000—8000 人。1938 年 1 月 3 日米尔斯、福斯特等人前往检查时，获得的情况为：该收容所有难民 11000 人（以前曾有 15000 人），分为 40 个小组，并设有救护队、检查组、消防队，全体难民均已登记。每天免费向穷人发放 10 袋大米，出售给有钱人 2 袋大米。有一个中心厨房，收拾得干净整齐。检查者认为，“收容所组织良好，领导有条不紊”。

1938 年 1 月 17 日，该收容所一名妇女因对施暴日军士兵实行自卫，被用刺刀杀死。

7. 高家酒馆 55 号难民收容所④

所长凌恩忠，位于安全区内中山路西侧，由安全区国际委员会管理。1938 年 1 月 3 日福斯特等人前往检查时，获得的情况为：该收容所有难民 770 人，分成两组安置，每天向 500 名难民免费发放约 1 袋大米，收容所所长希望每天能够得到 2 袋大米。检查者

---

① ［德］拉贝：《拉贝日记》，江苏人民出版社等 1997 年版，第 337—338 页；张生等编《南京大屠杀史料集》第 12 册《英美文书·安全区文书·自治委员会文书》，江苏人民出版社 2006 年版，第 395 页。

② ［德］拉贝：《拉贝日记》，江苏人民出版社等 1997 年版，第 245 页、288—289 页、338 页。

③ ［德］拉贝：《拉贝日记》，江苏人民出版社等 1997 年版，第 412 页、354—355 页、502 页。

④ ［德］拉贝：《拉贝日记》，江苏人民出版社等 1997 年版，358 页。

认为,"收容所领导得尚可,地方小而拥挤,卫生规定应更好地得到遵守。"

8. 军用化工厂(军事化学商店)难民收容所①

所长汪成斋、孔平良,位于安全区内大方巷,由安全区国际委员会管理。1937 年 12 月 17 日时,有难民 4000 人。1938 年 1 月 3 日米尔斯、福斯特等人前往检查时,获得的情况为:该收容所有难民约 2800 人,全体难民均已登记。因为有难民去为日军司令部充当苦力,因而该收容所受到日本军方特别的保护。收容所每天得到 6 袋大米,凭配给证分发,每人每天可分得 12 盎司大米。检查者认为,"收容所组织良好,工作出色"。

9. 山西路小学难民收容所②

所长王有成,位于安全区内北端,由安全区国际委员会管理。1937 年 12 月 17 日时,有难民 1000 人,后增加至 1500 人。1938 年 1 月 3 日米尔斯、福斯特等人前往检查时,获得的情况为:该收容所有难民约 1100 人,每天可得到 3 袋大米,免费分发给全体难民,每个家庭自己做饭。检查者认为,"收容所很拥挤,很脏",应当促使难民食用稀饭。

10. 华侨俱乐部(华侨招待所)难民收容所③

所长毛青亭,位于安全区内中山北路西侧,由安全区国际委员会管理。1937 年 12 月 17 日时,有难民 2500 人。1938 年 1 月 3 日米尔斯、福斯特等人前往检查时,获得的情况为:该收容所有难民 1100 人,没有每天固定的大米分配量,有时一天能提供 3—5 袋大米,几乎所有的难民都在屋里做饭。检查者认为:"房屋很黑暗、肮脏,通风极差。到处堆放着垃圾和废物。""担任领导的人们看来无能,文化程度低。"检查者希望,"找几个有点文化的人担任这个收容所的领导工作"。

11. 司法学校难民收容所④

又称法学院难民收容所,所长佟夑臣,位于安全区内中山路西侧,由安全区国际委员会管理。1937 年 12 月 17 日时,有难民 500 人。1938 年 1 月 4 日米尔斯、福斯特等人前往检查时,获得的情况为:该收容所有难民 528 人,有 1/3 来自南京以外的地区,其中大多数来自上海。每天收到 3 袋大米,绝大多数人可免费得到大米。每天约有 30 人去为日本人干活,因此收容所享受到日本军事司令部的特别庇护。检查者

---

① [德]拉贝:《拉贝日记》,江苏人民出版社等 1997 年版,第 355—357 页;张生等编《南京大屠杀史料集》第 12 册《英美文书·安全区文书·自治委员会文书》,江苏人民出版社 2006 年版,第 287 页。

② [德]拉贝:《拉贝日记》,江苏人民出版社等 1997 年版,第 357—358 页、483 页。

③ [德]拉贝:《拉贝日记》,江苏人民出版社等 1997 年版,第 348 页;张生等编《南京大屠杀史料集》第 12 册《英美文书·安全区文书·自治委员会文书》,江苏人民出版社 2006 年版,第 287 页。

④ [德]拉贝:《拉贝日记》,江苏人民出版社等 1997 年版,第 349—350 页、208 页。

认为:“收容所每天打扫,保持清洁。”“收容所组织和领导工作做得好。”“看来领导得好,难民满意。”

12. 西门子洋行难民收容所①

所长韩湘琳,位于安全区内国际委员会主席拉贝在小粉桥1号的宅院内,由安全区国际委员会管理。1938年1月4日米尔斯、福斯特等人前往检查时,获得的情况为:该收容所有难民602人,生活在遍布整个院内的草棚里,每天收到3袋大米,无偿地分配给全体难民,难民所得大米的份额明显比别的收容所多。检查者认为,这里空间狭小,造成了居住的困难。

日军士兵曾多次翻墙进入该收容所,企图强奸妇女,动手抢劫汽车和财物。这些暴行,多次被拉贝阻止。

13. 金陵大学蚕厂(蚕桑系)难民收容所②

原所长王兴龙,后因王被怀疑为中国军人而为日本人逮捕,由金哲桥(音)代理所长。位于安全区内鼓楼四条巷之西侧、东西向金银街之北面,由安全区国际委员会管理。1937年12月17日时,有难民4000人。1938年1月4日米尔斯、福斯特等人前往检查时,获得的情况为:该收容所有难民3304人。每天能够收到4—8袋大米,每2人每天可以得到1升米,大部分米是由难民购买的。难民们普遍抱怨大米的分配不够公平。检查者认为,“不论房屋里面还是外面的卫生设施都不够。”检查者建议,“雇佣一个较有能力的有责任心的人担任收容所的领导。”

1937年12月18日、22日间,该收容所计有10名妇女被强奸,最小被奸者只有13岁,有4名男子为保护妻子被刺伤。

14. 农业学校难民收容所③

又称农科作物系或农村师资训练学校难民收容所、第一难民收容所,所长沈家禹,位于安全区内广州路北面,由安全区国际委员会管理。1937年12月17日时,有难民1500人。1938年1月4日米尔斯、福斯特等人前往检查时,获得的情况为:该收容所有难民1658人,设有一个救护队和一个小组长委员会。每天收到2—3袋大米,分配时为免发出双份,实行三重控制,每个成年人每天可得到1听(香烟听,约合1杯)米,儿童减

---

① [德]拉贝:《拉贝日记》,江苏人民出版社等1997年版,第349页、378页。

② [德]拉贝:《拉贝日记》,江苏人民出版社等1997年版,第259页、290页、350—351页;张生等编《南京大屠杀史料集》第12册《英美文书·安全区文书·自治委员会文书》,江苏人民出版社2006年版,第287页。

③ [德]拉贝:《拉贝日记》,江苏人民出版社等1997年版,第351—352页、208页、229—230页、232—233页。

半，每个家庭自己做饭。检查者认为，“收容所领导得好。难民看来满意。收容所领导很有能力，很有成绩。”

1937年12月18、19日间，该收容所计有13名妇女遭日军强奸。

15. 圣经师资训练学校难民收容所①

所长郭俊德，地址不详，由安全区国际委员会管理。1937年12月17日时，有难民3000人。1938年1月4日米尔斯、福斯特等人前往检查时，获得的情况为：该收容所有难民3400人，常常受到日本士兵的抢劫和骚扰，这里70%的妇女被强奸过。每2天收到5袋大米，大多数难民有能力支付米钱。检查者认为，“收容所一般状况良好，领导得力”。1月16日时，该收容所有难民4000人。

1937年12月下旬，该收容所计有53名妇女遭日军强奸或被抢走，最小被奸者年仅12岁；被抢走11条被子、100元钱以及衣服、食品，还抢走了部分属于外国人的行李。

16. 金陵神学院难民收容所②

所长陶忠亮，位于安全区内汉中路北、上海路东侧，由安全区国际委员会管理。1938年1月4日福斯特等人前往检查时，获得的情况为：该收容所有难民3116人，每天收到2袋大米，以供分配，老年妇女与寡妇可免费得到大米，其他难民须凭配给证购买。有3/4的难民是贫穷的。

1937年12月15日，商民萧作梅在收容所内，遭乱刀戳毙。

17. 金陵大学(宿舍)难民收容所③

所长齐兆昌，位于安全区内鼓楼西南，由安全区国际委员会管理。1937年12月17日时，有难民1000人；至20日，难民达8972人。1938年1月5日米尔斯、福斯特等人前往检查时，获得的情况为：该收容所有难民7000人，收容所每天得到25—30袋大米及3吨燃煤，以供应粥厂。粥厂每天两次出售稀饭，每杯3个铜板。约有1/3的难民买粥；男人们在白天来收容所为其家属递送食物。检查者对收容所大米的分发工作有所怀疑，建议国际委员会对此进行仔细检查。

---

① [德]拉贝：《拉贝日记》，江苏人民出版社等1997年版，第259—260页、288—289页、309页、352—353页；[英]田伯烈著、杨明译《1937：一名英国记者实录的日军暴行》湖北人民出版社2005年版，第62页。

② [德]拉贝：《拉贝日记》，江苏人民出版社等1997年版，第353页；中国第二历史档案馆等编《侵华日军南京大屠杀档案》，江苏古籍出版社1987年版，第309—310页。

③ [德]拉贝：《拉贝日记》，江苏人民出版社等1997年版，第217页、309页、364—365页；王勇忠：《南京大屠杀时期的金陵大学所难民收容所》，载《抗日战争研究》2008年第4期。

1937年12月15日、27日，日军士兵在该收容所共强奸33名妇女，有的妇女被奸6次之多；12月16日，7名日军士兵在此强奸了一批妇女。

18. 金陵大学图书馆难民收容所①

所长梁开纯(音)，位于安全区内金陵大学校园，由安全区国际委员会管理。1937年12月17日时，有难民2500人。1938年1月5日米尔斯、福斯特等人前往检查时，获得的情况为：该收容所有难民约3000人，不从国际委员会领取大米，以前难民由金陵大学粥厂供给膳食，但4天前该粥厂已停止对这里难民的供应。难民中有人吸食鸦片、赌博和参与抢劫，人们时常发生争吵。检查者认为，“这个收容所中有很大一部分相当粗野的人”，“楼内肮脏、拥挤”。检查者建议，“采取某些措施把坏分子清除出收容所”，“应该采取相应的措施为收容所中的贫困者提供大米”。

1937年12月15日，7名日兵在该收容所拖走7名妇女，其中3名被当场强奸。12月20日，日军将3000名难民集中到网球场上，进行“良民登记”。300名被欺骗承认是军人的难民，分两批被送往汉中门外刺死或押往一大厦中用火烧死。

19. 金陵女子文理学院难民收容所②

所长明妮·魏特琳，位于安全区内汉口路南侧，由安全区国际委员会管理。1937年12月17日时，有难民4000人，后逐渐增加至1万人。1938年1月5日米尔斯、福斯特等人前往检查时，获得的情况为：该收容所有难民约5000—6000人，几乎全都是妇女和儿童，只有极少数男性老人。平均每天得到12袋大米，由中国红十字会领导的公共厨房做饭，免费向350名难民供给米饭，其他难民须以每杯3个铜板的价格买饭；另有1000名难民靠亲属送来食品。检查者认为，“收容所的领导是出色的”。

该收容所尽管有魏特琳等人出色的领导和全力保护，但还是屡屡发生日军的性暴力事件。1937年12月17日，有12名姑娘被日军抢走；24日，又有21名女子被日军抢走。

20. 五台山小学难民收容所③

所长张易里(音)，位于安全区内上海路西侧，由安全区国际委员会管理。1938年1月5日米尔斯、福斯特等人前往检查时，获得的情况为：该收容所有难民1640人，不从国际委员会领取大米，难民从红卍字会得到配给的粥。检查者认为，“收容所领导

---

① [德]拉贝：《拉贝日记》，江苏人民出版社等1997年版，第187页、365—366页；“南京大屠杀”史料编辑委员会、南京图书馆编《侵华日军南京大屠杀史料》，江苏古籍出版社1985年版，第188—189页。

② [德]拉贝：《拉贝日记》，江苏人民出版社等1997年版，第366—367页；南京师范大学南京大屠杀研究中心主编《魏特琳传》，南京出版社2001年版，第137—141页。

③ [德]拉贝：《拉贝日记》，江苏人民出版社等1997年版，第220页、258页、289页、354页。

得很好”。

1937年12月17日,该收容所多名妇女被日军带走,遭通宵强奸;19日,1名日军欲强奸19岁孕妇李秀英,遭勇敢反抗,李被身刺30余刀,胎儿流产;23日,该处又有1名女子遭强奸,并有日军前来抢劫。

21. 南京语言学校难民收容所①

又称华言学校难民收容所,位于安全区内广州路北侧小桃源,由安全区国际委员会管理。1937年12月17日时,有难民200人。1938年3月19日,该收容所19岁女子吴荷元遭日军强奸。

22. 司法部难民收容所②

位于安全区内广州路以北、中山路西侧,由安全区国际委员会管理。1937年12月14日时,有难民1000人。是日,日军将难民400—500人,捆绑拖走枪杀。这里剩余的难民也于12月17日被驱赶出来,致使该收容所空置。故该收容所被国际委员会称为“失败的难民营”。

23. 最高法院难民收容所③

位于安全区内山西路广场南端、中山北路西侧,由安全区国际委员会管理。该收容所“几乎被军队(日军)扫荡一空,剩余的人也于12月17日被驱赶出来”,致使该收容所空置。这里与司法部难民收容所一道,被安全区国际委员会称为“失败的难民营”。

24. 鼓楼西难民收容所④

所长李瑞亭,位于安全区内鼓楼西,具体位置不详,由安全区国际委员会管理。在1938年1月13日至20日间,曾有6名日本士兵强奸了这里的7名妇女。

---

① 张生等编《南京大屠杀史料集》第12册《英美文书·安全区文书·自治委员会文书》,江苏人民出版社2006年版,第287页;孙宅巍著《澄清历史——南京大屠杀研究与思考》,江苏人民出版社2005年版,第444—445页。

② [德]拉贝:《拉贝日记》,江苏人民出版社等1997年版,第176页;张生等编《南京大屠杀史料集》第12册《英美文书·安全区文书·自治委员会文书》,江苏人民出版社2006年版,第287页;章开沅编译《天理难容——美国传教士眼中的南京大屠杀(1937—1938)》,南京大学出版社1999年版,第471—472页。

③ 张生等编《南京大屠杀史料集》第12册《英美文书·安全区文书·自治委员会文书》,江苏人民出版社2006年版,第287页;章开沅编译《天理难容——美国传教士眼中的南京大屠杀(1937—1938)》,南京大学出版社1999年版,第471—472页。

④ [德]拉贝:《拉贝日记》,江苏人民出版社等1997年版,第521—522页。

25. 卫青里(音)难民收容所①

地址不详,由难民自行组织,建于一座大宅中,有难民数百人,受安全区国际委员会的帮助和监护。

26. 双塘难民收容所②

又称美国长老会布道团难民收容所、教堂和长老会传教团学校难民收容所,所长陈罗门,位于南京城西南隅,由美国长老会传教团的一所学校、一座教堂和一些附属建筑物组成,受到安全区国际委员会的帮助和监护。该收容所居住难民曾达2000人。1938年1月4日米尔斯等前往检查时,获得的情况为:该收容所有难民1000人,许多人只是晚上前来住宿。这里2/3的难民自行解决膳食,其余的难民身无分文,十分贫困。该收容所常被日本士兵抢掠,妇女常遭强奸。在米尔斯检查后,他于5日向该处提供了3袋大米,并表示力求今后每两天向该收容所提供相应数量的大米。

在1月6日至11日间,计有60名日军士兵26次来该收容所骚扰难民。

27. 鼓楼四条巷难民收容所③

位于安全区内鼓楼四条巷。1937年12月16日,日军将该收容所难民张义魁等50余人集体枪杀。

28. 陶谷新村难民收容所④

位于安全区内上海路陶谷新村,原为国军第10军驻京办事处。南京沦陷时,这里有难民200人。1937年12月16日曾有2名日军士兵来此强奸2名少女未遂。

29. 栖霞寺难民收容所⑤

位于南京东北郊栖霞山北千佛岩脚下,1938年1月中旬有难民1万余人,最多时达2.4万人,多为附近地区农民。仅1938年1月4日至19日间,日军便在该收容所枪杀3名农民,强奸23名妇女,抢走9头耕牛、11头毛驴和大量粮食,并放火焚烧附近的许多房屋。

---

① 《南京国际救济委员会报告》,章开沅编译《天理难容——美国传教士眼中的南京大屠杀(1937—1938)》,南京大学出版社1999年版,第471页。

② [德]拉贝:《拉贝日记》,江苏人民出版社等1997年版,第379页。

③ 《谷寿夫战犯案判决书附件关于集体屠杀部分统计节录》,中国第二历史档案馆等编《侵华日军南京大屠杀档案》,江苏古籍出版社1987年版,第133页。

④ 张连红编《南京大屠杀史料集》第3册《幸存者的日记与回忆》,江苏人民出版社2005年版,第471—474页。

⑤ [德]拉贝:《拉贝日记》,江苏人民出版社等1997年版,第470页、566—567页、657页。

30. 江南水泥厂难民收容所①

位于南京东北郊栖霞山东侧江南水泥厂厂区之北侧与南侧两片。1937年12月28日时有难民4000人;此后人数不断增加,至1938年2月3日时有6000人,3月13日时达2万多人。该收容所由江南水泥厂代理厂长、德国人京特和丹麦人辛德贝格创立、领导和管理,树有德国和丹麦国旗,以保护难民不受侵犯。收容所内设有小医院,为附近受伤难民医治伤病。1938年2月中旬,安全区国际委员会委员、国际红十字会南京委员会主席马吉曾来此处考察,并拍摄现场影片。

31. 和记洋行难民收容所②

位于下关长江边,有难民7000人,由安全区国际委员会委员、英商希尔兹支持建立。安全区国际委员会于1937年12月上旬,拨给中国红十字会南京分会600袋大米,以供在该收容所及江边一带施粥。1937年12月底,曾由世界红卍字会南京分会副会长许传音,给该收容所送去安全区国际委员会配发的1200余斤大米。

1937年12月14日,日军冲进该收容所,将数千难民押至煤炭港江边;15日夜,被掳难民悉数遭机枪扫毙,中有避难于该收容所的首都电厂44名职工。

32. 宝塔桥难民收容所③

位于下关煤炭港东侧,有难民7000人,被称为"无人管理的、最糟糕、最苦难"的难民收容所。1937年12月底,曾由世界红卍字会南京分会副会长许传音,给该收容所送去安全区国际委员会配发的1200余斤大米。

33. 慈幼院难民收容所④

位于下关三汊河地区、三汊河河流之西侧,有难民6000人。该收容所与宝塔桥难民收容所一起被称为"无人管理的、最糟糕、最苦难"的难民收容所。1937年12月17日,日军在该处及三汊河放生寺集体枪杀平民四五百人。12月底,曾由世界红卍字会南京分会副会长许传音,给该收容所送去安全区国际委员会配发的1200余斤大米。

---

① [德]拉贝:《拉贝日记》,江苏人民出版社等1997年版,470页;戴袁支著《1937—1938:人道与暴行的见证——经历南京腥风血雨的丹麦人》江苏人民出版社2010年版,第86—87页。

② 尹集钧著《1937,南京大救援——西方人士和国际安全区》,文汇出版社1997年版,第252—253页。

③ 尹集钧著《1937,南京大救援——西方人士和国际安全区》,文汇出版社1997年版,第252—255页。原文中的"王塔桥"似应为"宝塔桥"。

④ 尹集钧著《1937,南京大救援——西方人士和国际安全区》,文汇出版社1997年版,第252—255页;中国第二历史档案馆等编《侵华日军南京大屠杀档案》,江苏古籍出版社1987年版,第133页。

34. 城东南游乐地难民收容所①

位于南京城东南隅，有难民1万余人。该收容所许多难民住于露天，卫生条件极差，被国际红十字会南京委员会委员麦卡勒姆称为“几乎无人管理的难民营”。据麦卡勒姆了解：红十字会在此处设有粥厂，但因米、煤困难，不能保证每天供应一次稀饭。日军经常来这里抢劫财物，强奸妇女。麦卡勒姆曾用自己运粮的卡车偷偷将该处20多名妇女运送到金陵女子文理学院难民收容所。

35. 老人堂(养老院)难民收容所②

位于城东南剪子巷。1938年1月2日米尔斯前往视察时，获得的情况为：该收容所有难民约500人，内有30余名儿童。南京市政府撤离前曾给这里留下部分大米和燃煤，但至今已差不多用尽。米尔斯认为，新的市政当局应当承担这里的管理工作，“对失去父母的儿童，应该给予，或者说应该规定给予特别的照顾，因为把儿童留在养老院里是不合适的。”

36. 杨将军巷难民收容所③

位于鼓楼广场东南、中山路东侧之杨将军巷。1938年2月26日，伪第三区区公所呈请伪南京市警察厅，将该收容所防空壕内的尸体掩埋。

37. 葛塘难民收容所④

位于六合县葛塘镇，有难民2000名。该收容所难民曾向安全区国际委员会提出需要救济的请求。国际委员会于1938年2月14日在《关于形势的内部报告》中称，已经收到该处难民要求救济的请求，并表示，那里“遭受了严重的战争损害”，“十分需要南京给予救济”。

对难民收容所的几点认识

其一，难民收容所认定的不规范性。

在战乱中，具有一定共同元素的人们，自然会形成一个相对固定的集体。这些共同元素包括：人员来自同一地区，现共住于一个机构或一条街巷，大多数人具有相同的宗教信仰等。这样临时凑集成的集体，有时有一个共同认可的名称，有时也会有各自不同的叫法；有时会推选一名或数名负责人，有时并无固定的负责人。这种集体，属于自然形成或自然存在，它并不需要也无法向一个行政管理机构报批、备案。不问它们管自己叫什么名称，它们实际上都具有难民收容所的性质。在社会观察与传闻中，会给它们冠

---

① 尹集钧著《1937，南京大救援——西方人士和国际安全区》，文汇出版社1997年版，第127页。

② [德]拉贝：《拉贝日记》，江苏人民出版社等1997年版，第326—327页。

③ 《伪第三区区公所1938年2月份工作报告节录》，1938年3月2日，孙宅巍编《南京大屠杀史料集》第5册《遇难者的尸体掩埋》，江苏人民出版社2005年版，第306页。

④ [德]拉贝：《拉贝日记》，江苏人民出版社等1997年版，第657页。

以各种不同的称谓。当然，这种称谓，多数会以所在机构或地区名称来命名。由于在一段时期中，南京城处于没有统一的行政管理机构的“真空”状态，因此也自然不可能对到处存在的难民收容所有一个权威的统计数字。对于某一个难民聚居的集体，它是不是一座难民收容所，主体与客体的认识可能并不一致。有时，这个集体的成员自认为是一座收容所，但并不为外界所认可；有时外界称某一集体为收容所，但该集体的成员自身并没有这样的意识。这种对难民收容所认定的不规范性，给统计工作带来了一定的困难。

其二，难民收容所的数量是一个变量。

由于受战争和社会安定状况的影响，在南京沦陷前后形成的一批难民收容所，其数量也在不断地变化。因此，我们不能简单地说，南京大屠杀期间，“有××个难民收容所”。这个数字，不断地随局势的变化而变化。从战火临近南京城开始，到南京沦陷之初，因为大量江南城市的难民逃难到南京，南京市民也不断向安全区内集中，这段时间应是难民收容所不断形成，数字不断攀升的时期；自 1938 年 1 月初伪南京自治委员会成立起，由于日伪政权要求聚集在安全区及临时收容所的难民，限期返回原住地，同时，日军杀烧淫掠的暴行随着时间的迁延，也逐渐减少，所以安全区内的人口及各收容所的数量也不断地减少。《南京国际救济委员会报告》称：“从(1937 年)12 月份到次年 2 月或 3 月初，25 所难民营已关闭了 6 所；3 月或 4 月又关闭了 13 所，只剩 6 所持续到 5 月。”①

其三，国际委员会也管理了个别安全区外的难民收容所。

由安全区国际委员会管理的难民收容所，并不全都在安全区内，个别设置于安全区外但属于教会机构的收容所，他们也管理了，例如双塘难民收容所②。在《拉贝日记》1938 年 1 月 8 日项下，“对以下收容所作的特别规定”中，双塘收容所位列于 19 座难民收容所之中，并被规定“每天供应量为 1 袋米”③；同时，在其所列 20 位“收容所所长”名单中，双塘收容所的负责人陈罗门先生也位列其中。④ 国际委员会在 1 月 3 日至 6 日间，对 21 座难民收容所的状况进行了检查，并写出较详细的检查报告。位于安全区外、城区西南隅的双塘收容所也是接受国际委员会派员检查的单位之一。不仅如此，国际委员会秘书斯迈思还于 1 月 8 日向日本大使馆报送了被称为《双塘难民收容所的一天》的简报。简报中按钟点详细记载了自 1 月 6 日 13 时 50 分至 1 月 7 日 10 时 50 分期间，

---

① 《南京国际救济委员会报告》，章开沅编译《天理难容——美国传教士眼中的南京大屠杀(1937—1938)》，南京大学出版社 1999 年版，第 473 页。

② ［德］拉贝：《拉贝日记》，江苏人民出版社等 1997 年版，第 367 页。

③ ［德］拉贝：《拉贝日记》，江苏人民出版社等 1997 年版，第 378 页。

④ ［德］拉贝：《拉贝日记》，江苏人民出版社等 1997 年版，第 379 页。

30名日军士兵先后13次来到这一收容所骚扰的情况。① 1周后,1月15日国际委员会委员米尔斯在斯迈思简报的基础上,又向美国大使馆秘书阿利森补充呈报了自1月8日5时10分至1月11日16时30分期间又有30名日军士兵先后13次骚扰该收容所的情况。② 既然国际委员会可以对双塘难民收容所做出"特别规定",不止一次地将该收容所有关情况列入其所管辖的各收容所序列之中,并对该收容所进行例行检查,那么,我们便可以断定,双塘收容所显属安全区国际委员会所管辖。

其四,对难民收容所统计的把握及其意义。

安全区内究竟共有多少座难民收容所?安全区国际委员会究竟管辖着多少座难民收容所?朱成山先生考证出:"南京安全区国际委员会直接管辖的难民收容所一共有26个,其中在安全区内共有25个。"③本节前已写明,《南京国际救济委员会报告》认为,安全区内有25个大的收容所;而克勒格尔则称,安全区内有26个较大规模的难民收容所。这反复出现的"25个"和"26个"的数字,便成了学术界在研究南京大屠杀期间难民收容所问题的一大纠结。究竟是25个还是26个?究竟是安全区内还是包括了安全区外?众说纷纭,莫衷一是。对于这一问题,现有的文献资料说法是互相矛盾的。同时,翻遍安全区国际委员会及其成员的文字资料,从未有人列出过完整的25个或26个难民收容所的清单。

有鉴于此,对于南京大屠杀期间的难民收容所问题,似可不必将目光仅仅局限于安全区的范围内,因为安全区国际委员会事实上对位于安全区外、外国财产中的难民收容所也实施了管理;不必将目光仅仅局限于一定数额的难民收容所,因为那个数额仅仅是指"较大规模的",还有大量规模较小的收容所,名不见经传,难于统计清楚;不必硬性去搜寻那25个或26个对应的难民收容所,因为"对应"与"不对应",并不重要。

我们之所以要从浩瀚的国内外南京大屠杀资料中,去苦苦搜寻所有存在过的难民收容所,其重要的意义在于:第一,从中了解南京大屠杀期间难民的生活状况与苦难;第二,从中揭示侵华日军对国际公法的践踏及对和平居民的残害;第三,从中了解国际友人给予苦难中的南京人民的真诚援助。那大大小小、安全区内外、存续时间长短不等的难民收容所,是我们观察在南京大屠杀期间,南京市民的苦难、侵华日军的残暴和国际人士的援助的一个难得的窗口。

---

① [德]拉贝:《拉贝日记》,江苏人民出版社等1997年版,第384—385页。

② [德]拉贝:《拉贝日记》,江苏人民出版社等1997年版,第440—441页。

③ 朱成山:《站在历史与和平的视角——朱成山研究文集》(上),南京出版社2013年版,第209页。

（三）安全区阻挡不住日军的暴行

由于日本侵略军乃是一支奉行军国主义的军队，野蛮成性，言而无信，无视国际公法的存在，因此在他们的眼中，根本没有安全区与非安全区的界限，南京市所有被占领的地域，都是他们可以杀、烧、淫、掠，为所欲为的地方。当然，一些放下武器的军人，换上便衣，潜入安全区，客观上也为日军的暴行提供了借口，诱发了更多的捕押、屠杀事件的发生。而“搜查便衣兵”一条，往往又与强奸和抢劫牵连在一起，会连带发生。

屠杀

日军自12月13日攻陷南京后的当天，便开始了在安全区的屠杀。安全区国际委员会总干事菲奇在这一天的日记中写道：

> 上午11点，安全区首次得到有关他们（进城）的报告。我与委员会两位同事开车去会见他们，正好在安全区南面进口遇见一个小分队。他们未显露敌意，尽管稍后片刻就杀了20个由于害怕他们而慌忙逃走的难民。①

接着，凶残的日军便在安全区内的难民收容所中，将大批难民、警察和放下武器的军人集体屠杀。据中国军事法庭在审判战犯谷寿夫时判定：12月15日，日军“在司法院难民所内，将着制服长警一百余名，改装者三百余名，另有军民一千余名，总共二千余名，排成四队，用机枪十二架，及步枪押送至汉中门外，分别捆扎，用机枪扫射，其已死及受伤者，复用木柴汽油焚烧。”12月16日，“有难民五千余人，被日军由华侨招待所押至中山码头，用机枪集体射死。”12月18日，“将青年单耀亭等四千余人，押送到下关，用机枪射杀，无一人生还”。12月16日这一天，发生在安全区内的集体屠杀事件就有：鼓楼四条巷市民张义魁等50余人，被集体枪杀；鼓楼五条巷4号内军民石岩、陈肇委、胡瑞卿、王克林等数百人，被驱集至大方巷广场，以机枪射杀；傅佐路12号平民谢来福、李小二等200余人，被押至大方巷塘边枪杀；中山北路前法官训练所旧址中平民吕发林、吕启云等100余人，被拖至四条巷塘边，以机枪射杀。② 鼓楼二条巷市民周永春等近百人，

---

① 章开沅编译《天理难容——美国传教士眼中的南京大屠杀（1937—1938）》，南京大学出版社1999年版，第100页。

② 《军事法庭对战犯谷寿夫的判决书及附件》，1947年3月10日，胡菊蓉编《南京大屠杀史料集》第24册《南京审判》，江苏人民出版社2006年版，第396—397页。

被射杀于阴阳营塘边。① 上述中国法律文书中判定的安全区暴行，在国际委员会成员的私人日记中，也得到了印证。总干事菲奇在12月15日的日记中写着：

> 当晚我们职员开会时有消息传来，日军将离我们总部很近的一个难民营1300人全部抓去枪毙。我们知道其中一些是以前的士兵，但拉贝在那天下午曾经得到一个日本军官保全他们性命的许诺。现在一切都很清楚，他们即将被处决。人们被排列成行列，并用绳索捆绑成大约百人一群，由士兵持刺刀监视；那些人戴的帽子被粗暴地毁丢在地下，凭借汽车前灯的灯光，我们看见他们走向自己的末日。②

拉贝主席也在日记中记下了12月16日发生的惨剧："我们刚刚听说，又有数百名已经解除武装的中国士兵被拖出安全区枪毙了。其中有50名安全区的警察也照军法执行处决，据说是因为他们放进了中国士兵。"③

上列几起发生在安全区大方巷、鼓楼二条巷、四条巷、五条巷的集体屠杀，事实上都集中在北起大方巷、南至鼓楼二条巷（东西行），东起中山北路，西至江苏路之间的一个狭小的平行四边形地域内。当时的道路走向，与现今稍有不同，当时在此范围内，共有较大的水塘6个，其中：五条巷以西、大方巷以南有2个；三条巷与四条巷之间，云南路南北各有1个；二条巷（南北行）与三条巷之间有2个。各巷之间，互相贯通，距离相近。各水塘之标识，若仅以一条巷名呼之，则可同时有多种不同的叫法；反之，被称为不同水塘边的屠杀事件，也可能正是同一件屠杀案。因此，上列各起均于12月16日发生在这一区域内的集体屠杀，相互之间可能有所交叉。不过，这并不影响对于日军在该地域进行集体屠杀的揭露，相反，它从不同的侧面，反映了屠杀事实的确凿存在。这一狭小的地域，是安全区内日军进行集体屠杀的重点和集中地区。

12月23日，在农业专修科学校难民收容所发生了新的集体抓捕、屠杀事件。国际委员会秘书斯迈思在一封致家人的信中写道：12月23日，"日本人从RLTS（按指农业专修科学校或称农村师资训练学校）的难民营带走了200人并枪毙了他们，其中可能有军人，但据说一半以上是平民百姓。"④总干事菲奇的日记中同样有所记载。他在这一

① 《周凤英证言》，"南京大屠杀"史料编辑委员会等编《侵华日军南京大屠杀史料》，江苏古籍出版社1985年版，第416页。

② 章开沅编译《天理难容——美国传教士眼中的南京大屠杀（1937—1938）》，南京大学出版社1999年版，第103页。

③ [德]拉贝：《拉贝日记》，江苏人民出版社等1997年版，第189页。

④ 章开沅编译《天理难容——美国传教士眼中的南京大屠杀（1937—1938）》，南京大学出版社1999年版，第300页。

天记着:“日军从我们设在农业专修科学校的难民营里抓人并处决了70人。没有任何章法——士兵可以抓走任何他们认为可疑的人。”①菲奇与斯迈思在人数的统计上虽有出入,但发生在这一天的多至上百人的集体屠杀事件,是确定无疑的。

安全区中的分散屠杀,更是面广量大,遍及工人、农民、医生、学生、商人等各种不同身份的对象。如工人周宝相、周得胜,于12月13日在难民区内遇害;农民王怀祥,于12月14日在城北难民区被用刺刀戳死;学生於得明,于12月15日在金陵中学被枪杀;商人萧作梅,于12月15日在金陵神学院内被用乱刀戳毙。

12月下旬,日军复利用“良民登记”的办法,胁迫、欺骗一些青壮年承认自己是“中国兵”,然后将他们予以屠杀。26日,在金陵大学登记点,有二三百名承认“当过兵”的难民,其中一部分“被缚成几队,五个十个不等,从某巨厦的第一室内鱼贯送入第二室(也许是一个院子),那里正火光熊熊。每一队走进去后,外面人就可以听到呻吟和惨喊”;另一部分则被“解到汉西门外秦淮河旁,一架机关枪向他们扫射”,“致尸体横陈,满身是刺刀的伤痕,恐怖万分”。②

当年安全区所在之南京市第六区,于1946年5月,向南京市政府呈报了“搜集日本战犯罪证材料单”,其中列有下列集体与个别屠杀资料:

> 据查:本区境内于二十六年划为难民区,日军将大批难民及青年学生赶至西桥塘边,用机枪扫射,死亡约一千数百人,时在二十六年腊末。
>
> 据查:云南路四条巷口塘地间,日军枪杀难民青年约在六百人以上,时在二十六年腊末。
>
> 据查:云南路中塘地,日军用机枪扫射难民学生,惨死者七百人以上。
>
> 据二十保查报,在山西路一带行路者,被日寇枪杀或无故以刺刀刺死者百余人,姓名、住址均无法调查。
>
> 据第六保查报,该保于民国二十六年划为难民区,日军进城后,将难民赶至大方巷十四号对面塘边枪杀,约计三百余人。
>
> 据本区第五保查报,该保三甲西桥十六号居民卢长彦,于民国二十六年十二月二十日为日军枪杀。
>
> 据第五保查报,该保十三甲挹华里九号居民张有名、张有信,于民国二十六年十二月二十日为日军枪杀。

---

① 章开沅编译《天理难容——美国传教士眼中的南京大屠杀(1937—1938)》,南京大学出版社1999年版,第109页。

② [英]田伯烈著、杨明译《外人目睹中之日军暴行》,国民出版社1938年版,第50—53页。

据第五保查报，该保十四甲挹华里六号居民池永发，于民国二十六年十二月二十日为日军枪杀。

据第五保查报，该保十二甲五条巷十六号居民杜丁氏，于民国二十六年为日军枪击头死。

据二十保查报，二十六年十二月该保小贩丁庆南，被日军枪决。同日，该路一百五十号商人张树田，亦被枪毙。①

仅就以上第六区呈报的统计材料，日军在安全区内已屠杀3000人左右。如再加上从安全区捕往别处的集体屠杀，数字当更为庞大。

应当说，在国际友人监督与干预下的安全区，日军的暴行已经受到了某些遏制。但是，这里仍然发生了大量、野蛮的屠杀事件。安全区的塘边、街口，躺满了遇难者的尸体。从这一特定地区发生的屠杀事件，更可见日本军国主义残忍、疯狂的本性，以及在整个南京城内外进行屠杀的规模与程度。发生在安全区内的屠杀事件，是侵华日军南京大屠杀事件中的重要组成部分。同时，还由于安全区较有组织，其活动均有详细的文字记载，因而这里也是社会与历史观察南京大屠杀中屠杀暴行的一个重要窗口。

奸淫

安全区的妇女，虽有国际委员会及外国友人的庇护，但是日军却不顾信义，仍在安全区内大肆奸淫掳掠。日军在占领南京之初，差不多每天都要多次侵入安全区，当场奸淫，或将大批妇女掳去奸淫，或晚上越垣而入，摸索强奸。国际委员会主席拉贝在12月17日的日记中写道：

有一个美国人这样说："安全区变成了日本人的妓院。"这话几乎可以说是符合事实的。昨天夜里约有1000名姑娘和妇女遭强奸，仅在金陵女子文理学院一处就有100多名姑娘被强奸。此时听到的消息全是强奸。②

接下来的两天是周六和周日，情况仍同拉贝日记中所述一样严重。国际委员会秘书斯迈思在一封致家人的信函中说："周六、周日（按指12月18、19日）混乱至极点时，我们估计每晚和那两个白天有1000多名妇女遭到强暴，也许每天都有那么多人蒙难，而且是发生在安全区！"③国际委员会委员、金陵大学教授贝德士于1938年1月10日估

① 《詹世骅就搜集日本战犯罪证致南京市政府呈文》，1946年5月，中国第二历史档案馆等编《侵华日军南京大屠杀档案》，江苏古籍出版社1987年版，第529—533页。

② ［德］拉贝：《拉贝日记》，江苏人民出版社等1997年版，第197页。

③ 章开沅编译《天理难容——美国传教士眼中的南京大屠杀（1937—1938）》，南京大学出版社1999年版，第295页。

计日军在安全区及南京发生的性暴力事件时指出："能干的德国同事(按指国际委员会中拉贝等人)估计强奸案例有2万起。我想不会少于8000起，也许还要更多。仅在金陵大学房产范围内——包括我们一些职员宿舍和现在由美国人居住的房子——我得知详细情况的就有100多例，可以确信的大约有300例。人们很难想象这种痛苦与恐怖。小至11岁的女孩和老到53岁的妇女横遭奸污。"①上列各种数字及其所反映的情况，应当是安全区国际委员会成员们对日军在安全区强暴妇女行为的客观的估计。

日军在强奸妇女时，均以武力胁迫，如有人阻拦、反抗，必遭杀身之祸。据《拉贝日记》记载：12月15日，一队日军在汉口路闯入民房，强奸一少妇，并掳去妇女3人，其中两名妇女的丈夫紧追求赦，竟遭开枪射击，两人俱死。12月20日下午，4名日军在江苏路23号附近屋内，抽出手枪，威胁屋内男人，不许声张，当即强奸3名妇女；次日下午，又来2名日本兵在该处强奸一妇女，旁观者中有一人稍事阻挠，即遭枪击。② 国际红十字会南京委员会委员麦卡勒姆在1937年12月29日的日记中写道：

> 纪律荡然无存，许多日本兵醉醺醺的。白天他们进入我们安全区(难民)中心房屋寻找中意的妇女，然后晚上就回来强暴她们。如果她们躲开了，负责的男人便要就地被刺刀捅死。十一二岁的女孩和50岁的妇女都难逃此劫。反抗就要丧生。最严重的伤员们来到医院。一个妇女怀孕6个月，她曾经反抗，脸上和身上有16处刀伤，有一刀刺破下腹。她失去婴儿但自己生命得以保全。③

日军的军官和宪兵，实际上参与了及纵容着士兵们在安全区的奸淫暴行。国际红十字会南京委员会委员魏特琳的中国助手程瑞芳女士在日记中写道：

> [12月19日]昨晚有宪兵在前面睡，晚上还是有兵进来，到五百号客厅许多人之中强奸。今日白天有两兵到五百号，房门口站一兵，里面一兵叫别人出去，留下一年轻女子强奸。
>
> [12月20日]今日又来了许多难民，二百号三楼也睡满了。他们想这里有宪兵保护，其实宪兵还是将姑娘拖到院子里奸，不是人，是畜生，不管什么地方。今日中午，有兵来拖两个姑娘，并拿她们的东西，恰巧有一个长官来参观，华(按指魏特琳，中国人称她"华小姐")叫他看他的军人做的事，他很难为情的，其实也无所谓，中国

---

① [美]《贝德士致朋友函》，1938年1月10日，载章开沅编译《天理难容——美国传教士眼中的南京大屠杀(1937—1938)》，南京大学出版社1999年版，第18页。

② [德]拉贝：《拉贝日记》，江苏人民出版社等1997年版，第189页、245—246页。

③ 章开沅编译《天理难容——美国传教士眼中的南京大屠杀(1937—1938)》，南京大学出版社1999年版，第255页。

人是他的仇人，华不懂这些理。①

原日军第16师团步兵第33联队士兵井上益男，曾参加对金陵女子文理学院的警备执勤，目睹了军官带领着士兵、卡车，将成批的妇女抢走进行强奸的暴行。他说：

> 南京沦陷后，我进金陵女子大学警备。警备有10个人，实行一周交接制。女子大学是专门收容女人的避难所。那里经常有日本的军官过来说“进去一会儿”，就进校舍带走女孩子了。军官们也是不像话的，他们是把女孩子带走强奸的。军官都是中队长以下的小队长级别的军人。我们虽是警备，但看到军官们带走女孩子也无法阻止，因为他们是上司嘛。经常出入校园的不仅是33联队的，还有9师团的和16师团的30旅团的。他们是开着卡车来的。白天不怎么来，一天大概来两三辆。每次来的包括军官有四五人，其中三人拿着枪。也有的时候一天五六辆，一辆大概装20个女孩子。也有不愿意而哭鼻子的女孩子，但只要被拉到卡车的载物台，从上面盖上苫布，她们就老实了。被送回来的姑娘是很少的。②

一些居住在难民区内外侨住宅中的妇女，亦不免于难。据国际委员会委员、美国人里格斯报告，住在他家的两名妇女，于12月17日遭到日军强奸③。12月20日，数名日军闯入外侨丹尼尔医生的住宅，将两名妇女从楼上拖到楼下，强奸、蹂躏达3小时之久④。即使在白天，安全区内也不断发生日军强奸妇女的案件。据国际委员会中的外侨估计，日军强奸妇女，有1/3是在白天。12月17日，日军在神学院内白日宣淫，公然在光天化日之下，于人群中强奸妇女；又有一次白天，17名日本兵在这里连续强奸一个女人⑤。12月20日下午，有三名日本军官闯进汉口路小学难民收容所办公室，强令职员离开，公然将两名妇女强奸⑥。

日军在安全区强奸幼女的罪行，令人发指。12月22日，两名日兵闯入金陵大学蚕桑系校舍，强奸了一位13岁的姑娘；12月23日，三名日本兵在汉口路小学收容所强奸两名姑娘，其中一名仅13岁；12月25日，在圣经师资训练学校，两名姑娘遭到三名日军

---

① 《程瑞芳日记》(一)，《民国档案》2004年第3期。

② ［日］松冈环编著、新内如等译《南京战·寻找被封闭的记忆》，上海辞书出版社2002年版，第326页。

③ 章开沅编译《天理难容——美国传教士眼中的南京大屠杀(1937—1938)》，南京大学出版社1999年版，第105页。

④ ［德］拉贝：《拉贝日记》，江苏人民出版社等1997年版，第244—245页。

⑤ “南京大屠杀”史料编辑委员会著《侵华日军南京大屠杀史稿》，江苏古籍出版社1987年版，第133页。

⑥ ［德］拉贝：《拉贝日记》，江苏人民出版社等1997年版，第245页。

强奸，其中一名年仅 12 岁①。

许多难民区妇女被日军轮奸和连续强奸。12 月 13 日，一位居住在圣经师资训练学校附近草棚内的妇女，被日军劫至城内某处，每天被奸 7—10 次，至身染性病；12 月 16 日，日军将陆军大学内 7 名 16 岁至 21 岁的姑娘架去，每人每天被奸六七次之多；12 月底，铜银巷 6 号的 6 名妇女被日军架去，白天为日军官洗衣服，黑夜遭轮奸，年纪较大的每夜被轮奸 10—20 次，年轻美貌的每夜多被轮奸 40 次②。

进入 1938 年 1 月份后，日军在安全区内的强奸案件仍大量发生。仅据由鼓楼西难民收容所负责人李瑞亭签字盖章的一份报告中，在 7 天内即发生了下列强奸案件：

时　间	年 龄	备　注
1 月 13 日 14 时	16 岁	2 名士兵强奸了该少女
1 月 13 日 14 时	37 岁	该妇女被一名士兵强奸
1 月 13 日 21 时	27 岁	该妇女被一名士兵带走，次日才被放回
1 月 19 日 20 时	37 岁	该妇女被一名士兵强奸
1 月 20 日晚	13 岁	该女被一名士兵强奸
1 月 20 日晚	48 岁	同一名士兵又强奸了该妇女
1 月 20 日晚	36 岁	还是这名士兵，又强奸了该妇女。从下午至次日早上，该士兵奸污了 3 名女性。他于早上 5 时离开时丢下了随身携带的皮带。③

发生在安全区的强奸事件，是仅次于安全区屠杀的第二大暴行。由于安全区的存在，它虽无力完全阻止日军的这一暴行，但大多均有现场情况的报告与记录保存，这为揭露日军在安全区内的奸淫暴行提供了极为珍贵的第一手资料。安全区内的妇女被日军蹂躏的惨状，是全城妇女蒙受灾难与耻辱的缩影。有安全区存在，妇女的遭遇尚且如此，安全区外妇女的受难状况可想而知。

放火

日军蓄意焚毁南京古城。入城后，“大火 39 天未熄”，约有 30％—40％的街道和1/3 的建筑物被焚。安全区自不免于难。

据中国审判战犯军事法庭判定，日军于 12 月 15 日，“在中山路司法院，焚毁杨功勋

---

① ［德］拉贝：《拉贝日记》，江苏人民出版社等 1997 年版，第 290 页、289 页。

② ［德］拉贝：《拉贝日记》，江苏人民出版社等 1997 年版，第 542—543 页、223 页、341 页。

③ ［德］拉贝：《拉贝日记》，江苏人民出版社等 1997 年版，第 522 页。

家具及衣服等件”,有刘星财、谢维钧二人作证①。

12 月 19 日下午,国际委员会委员贝德士亲见日军多人在平仓巷 16 号纵火焚烧房屋,致使“全幢尽付一炬”。当时,国际委员会委员施佩林同安全区消防队的一名消防官曾来到火场,但是,他们的水泵和救火器材,早在几天之前已被日军抢走。有 6 名外侨在这份火情调查报告上签字②。

日军在安全区内,为供取暖,不惜以难民的家具、社会公物引火。陶秀夫先生在《日寇祸京始末记》中揭露:“日寇入城时,天寒矣,不数日雨雪霏霏矣。彼惨无人道之日寇,于是入民之室,凡器具之可以引火者,堆而置之家中,浇以煤油,为取暖计,及乎祝融降临,池鱼殃及,而彼乃逍遥缓步以去。”③军医蒋公穀,亲见日军在宁海路将家具践破,在山西路拆毁邮亭,“顺手夺饼摊的油壶浇上,纵火焚烧”。他住在汉口路 9 号一幢金陵大学教授的住宅内,“立于后院的小丘上向新街口一带望去,几乎是一片瓦砾场。断墙颓垣发出一阵阵枯焦的气味,没有一所完整的屋脊可以看到”。④

日军在安全区内的纵火暴行,比之屠杀、奸淫和抢劫等暴行来,明显要少。这与安全区及其国际委员会的存在有很大关系。因为其他暴行,尚可找到“搜寻便衣兵”、“征发粮食”等借口,或趁便顺手牵羊,冲破外侨的干预而引发出来;惟纵火一项,无任何口实可言,当更无法面对外侨的抗议与干预。同时,安全区内,外侨住宅及办公地点、学校等处所,比比皆是。这些直接属于外国或由外国人租用的不动产,对于日本占领军来说,比之中国人的机关、商店、住宅,当然要多一份尊严。毕竟,日本军国主义在当时尚未将欧美各国及其侨民,作为自己打击与报复的目标。这也是日军没有在这一地区大规模、持续纵火的原因之一。

抢劫

日军从进城的第二天起,即开始对安全区实行抢劫。逃难进城的机关职员李克痕描述:“不过两天光景,难民区以外各处被抢劫一空,于是敌人便设法到难民区内抢劫。敌人狡猾多端,宣称以检查逃兵为口实,闯入难民区……他哪里是检查逃兵!只是检查

① 《谷寿夫战犯案判决书附件关于纵火焚烧部分统计节录》,1947 年,中国第二历史档案馆等编《侵华日军南京大屠杀档案》,江苏古籍出版社 1987 年版,第 406 页。

② [德]拉贝:《拉贝日记》,江苏人民出版社等 1997 年版,第 250 页。

③ 陶秀夫:《日寇祸京始末记》,载《南京文献》第 1 号,1947 年版。

④ 蒋公穀:《陷京三月记》,“南京大屠杀”史料编辑委员会等编《侵华日军南京大屠杀史料》,江苏古籍出版社 1985 年版,第 84 页。

衣箱，遇有贵重物品，即行掳去，我同胞只有忍气吞声任其抢劫。”①

一位居住在安全区的难民，在日记中揭露：日军在进城之初，平均每天要到小桃园10次，夜里要去6次，搜索钱财。12月16日夜，“大队倭兵蜂拥到金大图书馆。那里居留着大批难民。倭兵们拔出刺刀，向难民要钱，要金银首饰，要女人。”12月22日，日军将小桃园的大门打破。“有一倭兵，酒气熏天，蹒跚而来，背后还跟着三个中国人替他搬运沿途抢劫来的酒瓶酒罐。这倭兵乘醉向难民堆里放了二枪，饱掠了一阵，押着赃物及酒瓶酒罐一大堆扬长而去。”②

安全区国际委员会不断向日本大使馆提交有关日军暴行的报告。据统计，在1937年12月16日至1938年2月8日期间，共报告日军在安全区的抢劫事件129起。如：12月15日，日军翻墙破门，袭击金陵女子文理学院职员宿舍，将所有家具抢掠一空。12月18日，约10名日军侵入安全区，将100名难民的卧具和随身物品夺走；另有一批日军，将陆军大学难民所的400床医院用被、1袋大米，以及现金、行李若干抢去。12月20日，日本兵多次闯入中山路209号德克萨斯煤油公司，抢走卧具、鞋、地毯和家具；又从该处楼下抢走金陵汽车公司的3辆汽车和卫生技术公司的一块手表。③

在安全区内，即使是外国大使馆和外侨的住宅，也一样遭到日军的抢劫。国际委员会委员贝德士在1938年1月10日致朋友的信中写道：

> 城里差不多每一栋房屋，包括美、英、德国大使馆或大使官邸，还有比重甚大的所有外侨财产，都遭日本士兵反复抢劫。各种车辆、食物、衣服、被褥、钱币、钟表、一些地毯和绘画、各种贵重物品，都是他们猎取的主要目标。④

贝德士教授还在12月21日致日本大使馆的信函中通报说：“今天我在贵国大使馆的时候，我自己的房子第四次遭到抢劫。大学（按指金陵大学）另外7栋房子也同样遭到洗劫。还有其他许多房子，贵国士兵已经闯进去很多次了。”⑤日本士兵进入安全区内外侨住宅中，上至汽车，下至手套、鞋子、蜡烛等小物品，都是其猎取的对象。总干事菲奇亦曾做出如下报告：“3名日本士兵昨天（按指12月18日）闯入我们委员会6名领

---

① 李克痕：《沦京五月记》，“南京大屠杀”史料编辑委员会等编《侵华日军南京大屠杀史料》，江苏古籍出版社1985年版，107—108页。

② 《日寇燃犀录》，独立出版社1939版，第30—32页。

③ 军事科学院外国军事研究部编著《日本侵略军在中国的暴行》，解放军出版社1986年版，第209页。

④ 章开沅编译《天理难容——美国传教士眼中的南京大屠杀（1937—1938）》，南京大学出版社1999年版，第18页。

⑤ 章开沅编译《天理难容——美国传教士眼中的南京大屠杀（1937—1938）》，南京大学出版社1999年版，第248页。

导成员位于宁海路21号的住所，偷走了一双手套、一双便鞋，还有剃须刀和蜡烛。第二天，也就是19日，中午时分，又有2名日本兵闯了进去，偷走3床被子、一套蓝色精梳毛料西装和一个装有个人债券的小箱子。”①

安全区国际委员会主席拉贝于12月23日，列出了一份因日军抢劫而致德国侨民财产损失的不完整的清单，内属安全区范围以内的住宅有22处，其中除拉贝自己住在住宅里而外，其他各处均系由中国佣人看守。拉贝的汽车遭“军方没收”，其他21处住宅中，有9处被彻底洗劫，有12处被部分洗劫。其具体内容如下：②

地　　址	财产主人	房屋及设施目前情况
1. 小桃园干河沿	拉贝	建筑物完好，价值300元车号为681的汽车被日本军方没收
2. 上海路11号	施特雷齐乌斯	彻底洗劫
3. 慈悲社12号	贝克博士	彻底洗劫，汽车被盗
4. 慈悲社5号	W·洛伦茨	部分洗劫
5. 牯岭路20号	罗森博士	部分洗劫，汽车被盗
6. 珞珈路3号	鲍姆巴赫	彻底洗劫
7. 珞珈路6号	诺尔特	彻底洗劫
8. 珞珈路12号	T·米勒	彻底洗劫
9. 珞珈路13号	克莱因	部分洗劫
10. 珞珈路16号	皮尔纳和 K·马尔丁	彻底洗劫，汽车被盗
11. 琅琊路17号	W·施泰纳斯	彻底洗劫
12. 宁海路56号	海因里希	彻底洗劫，汽车被盗
13. 灵隐路15号	施彭勒	部分洗劫，马匹被盗
14. 江苏路55号	阿尔纳德	部分洗劫，汽车损坏
15. 牯岭路34号	劳滕施拉格尔博士	部分洗劫
16. 天竺路23号	格尔蒂希	部分洗劫
17. 上海路73号	赫希贝格博士	彻底洗劫
18. 琅琊路16号	布瑟	部分洗劫
19. 琅琊路11号	齐姆森	部分洗劫
20. 琅琊路11号	艾维特夫人	部分洗劫
21. 天竺路25号	蒂姆	部分洗劫

① [德]拉贝：《拉贝日记》，江苏人民出版社等1997年版，第226页。

② [德]拉贝：《拉贝日记》，江苏人民出版社等1997年版，第263—266页。

日军在安全区内的抢劫,连专门抢救病人的医院也不能放过。鼓楼医院医生威尔逊博士于12月19日,向日本大使馆书面报告了前一天在这里发生的抢劫暴行。报告称:

> 晚上将近8时的时候,3名日本士兵从医院的后门闯入,放肆地在医院的走廊里跑来跑去。医院55岁的护士海因滋小姐接待并陪同了这些闯入者,尽管海因滋小姐一再声明她的手表属于私人财产,他们仍然抢走了她的手表。此外,被偷走的还有6块怀表和3支钢笔。3人中有2人离开了医院,而另外一人则不知跑到什么地方去了。①

日军在安全区的抢劫暴行,面广量大,物不分大小,人不分中外。这充分暴露了他们野蛮和贪婪的本质。众多外侨的财产遭到劫掠,使日军的暴行直接达于并未与之交战的第三国人士身上。这在安全区各类暴行中,是一个特有现象。一般说来,在南京大屠杀中,并未见有外籍人士被杀、被奸的现象,其机构、住所被烧者,亦属个别;但他们并未能逃过抢掠这一劫。从这一侧面可见,日军在安全区抢劫的暴行,具有全方位的代表性。

事实证明,南京安全区并未能阻挡住日军的暴行。这里就产生了一个问题:为什么用红圆圈、红十字标记围成的安全区,并未能真正将难民们隔离在日军的暴行之外?为什么同样是由外籍人士主持的上海南市区难民区,却能够基本上保证了难民们人身与财产的安全?

应该说,这是由多方面复杂的因素,即南京市安全区与上海南市区难民区在政治、军事、组织等方面不同的背景所决定的。

首先,这与南京大屠杀发生的直接原因相同。因为南京是中国政府的首都,日本军事当局已经下定了决心,要不惜使用一切手段,在这块具有特殊意义的土地上,发扬其"武威",彻底挫灭中国军民的意志。南京安全区,既植根于南京城,当然免不了要承受不同于外地及外地难民区的打击和压力。正因为如此,人为树立起来的安全区标志,并不能阻挡日本军国主义实现自己政略与战略的狂妄行径。虽然日军对自己屠杀与其他暴行的"成果",并未大肆张扬,但满地尸体、满城恐怖的事实,本身就是最好的宣传品。

其次,南京安全区与上海南市区难民区有着不同的官方背景。上海南市区难民区的建立,有着英、法等国政府的背景。事实上,英、法等国驻沪领事都直接、间接地参与

---

① [德]拉贝:《拉贝日记》,江苏人民出版社等1997年版,第214—215页。

了难民区的建立与管理。南市难民区监察委员会由法国神父饶家驹任主席，委员中包括公共租界工部局董事普兰特、法租界法公董局的雅斯帕尔。① 南京安全区则与此不同。它基本没有外国官方身份的人员参加，其国际委员会的组成，基本是一些教授、医生、牧师、商人的个人行为。这一差别，日军当局当然看得十分清楚。因此，他们对上海南市难民区不能不有较多的顾忌，而对南京安全区则比较无所顾忌。

第三，南京失陷后，大量放下武器的军人潜入安全区，使问题变得复杂化。前篇已有分析，大量军人潜入安全区或民间，给日军搜捕青壮年加以屠杀提供了口实。对于日军要将这些人甄别出来的做法，就是国际委员会也不便完全加以拒绝。恰恰这一点，是南市难民区与全国其他诸多失陷了的城市都没有碰到的。正如国际委员会委员贝德士在远东国际军事法庭作证时所述："毫无疑问，难民中有一些人是士兵——即脱掉军装、放下武器、穿着平民服装的士兵，但这样被抓走的人大多数是普通的挑夫和劳动者，他们手上有老茧是常事。通常他们被带到城外并立即被枪毙。"②

第四，这同南京安全区的"先天不足"，即未完全孕育成熟，未得到日方的正式同意有关。从理论上来说，外籍人士要在南京建立一块"安全区"，必须要得到交战的中日双方的同意。但中方同意与否，同难民的安全并无关系；相反，若进攻的一方未予同意，则安全当难以保证。直到 12 月 8 日国际委员会发布《告南京市民书》，欢迎南京市民进入安全区时，日本方面的态度一直是模棱两可的。如前文所述，他们一方面对建立安全区的申请"予以否决"，表示不承担有关的义务，一方面又称将会尊重这一区域的非军事性质。拉贝自己也曾认为，日本人是"拒绝"了他们的提议。而对上海南市区难民区，日本军方则是原则同意建立的。这种认可程度的不同，当然也造成了两种截然不同的结果。

（四）安全区和安全区国际委员会的历史评价

安全区未能阻挡住日军的暴行，这是令人遗憾的现实。正义的力量，在一个时期中，未能战胜侵略、暴力与邪恶，这在人类历史上是屡见不鲜的。未能达到目的工作与战斗，同样能铸成悲壮、感人的史诗。更何况，从另一个视角来看，安全区国际委员会还通过其实实在在的忘我工作，在血与火的舞台上，取得了令人瞩目、令中国人民难忘的

① 罗义俊：《南市区难民区述略》，转引自经盛鸿主编《屠杀与抗争》，南方出版社 1999 年版，第 72 页。

② 杨夏鸣：《论南京"安全区"功能的错位及其原因》，转引自经盛鸿主编《屠杀与抗争》，南方出版社 1999 年版，第 74 页。

成果，达到了许多既定的目标。这是正义与良知的胜利。

参加安全区工作的外侨，主要是安全区国际委员会和国际红十字会南京委员的成员。在这两个组织中，除去重复列名的数字，共有 23 名外侨，正如英国记者田伯烈在《外人目睹中之日军暴行》一书中所说："这些二十余位公正勇敢的人士，实在值得称道，所有南京的居民以及各国侨民均已纷纷设法逃避，他们却不顾该国领事馆的劝告，仍愿居留危城……他们的勇毅、大公无私、热诚，以及不辞赴汤蹈火来拯救难民的决心与精神，将永为本书的读者所敬佩。"①国际委员会委员贝德士教授在一封致友人的信中，这样实事求是地陈述了他们一个多月来所做的工作和取得的成果：

> 我们提供食宿、进行谈判、提出抗议和采取保护措施等一般工作，此外还阻止了许多抢劫案的发生，劝阻和吓退了许多小群士兵的强奸和蓄谋强奸。难怪一个日本使馆官员对我们说，(日本)将军们对他们不得不在中立的观察员(按指国际委员会成员)的注视下完成其占领而感到愤慨，他们声称(纯然出于无知)在世界历史上从未有过这种情况。
>
> 有时候我们完全失败了，但成功的百分比也很大，足以证明付出相当大的努力，是应该的。②

12 月 16 日早晨，当国际委员会委员里格斯发现，日军在军官的指挥下，将一批难民和 50 名警察，从司法大厦押出准备枪毙时，便"不断向该军官解释真相，竭力避免使平民遭殃"。里格斯因此竟遭日军"三次以军刀威胁"，并被"痛殴其胸部"③。次日，鉴于日军在难民区各收容所的暴行愈益疯狂，国际委员会和国际红十字会南京委员会的工作人员便分工到各收容所及医院，"分班轮流值夜"。贝德士博士到金陵大学，麦卡勒姆牧师到鼓楼医院，米尔斯牧师、斯迈思秘书到金陵女子文理学院。当总干事菲奇送米尔斯和斯迈思来到金陵女子文理学院门口时，遭到了日军搜索队的阻止。菲奇在日记中写道："日军以刺刀相向，迫我们下车，满身搜查有无武器，掷去我们的帽子，电炬照耀着我们的眼睛，并查究我们的通行证以及夜行的目标。"④在这里工作的魏特琳女士，被无理拖上汽车，后又被允许下来。这批前来保护难民的外侨，先后被日军扣留 1 个小时，才恢复自由。新近发现的魏特琳助手程瑞芳的日记中，也记有

---

① [英]田伯烈著、杨明译《外人目睹中之日军暴行》，国民出版社 1938 年版，第 3—4 页。

② 章开沅编译《天理难容——美国传教士眼中的南京大屠杀(1937—1938)》，南京大学出版社 1999 年版，第 19 页。

③ [英]田伯烈著、杨明译《外人目睹中之日军暴行》，国民出版社 1938 年版，第 249—250 页。

④ [英]田伯烈著、杨明译《外人目睹中之日军暴行》，国民出版社 1938 年版，第 26 页。

12月17日魏因保护难民而被日本兵打耳光的事实。日记写道:“他们(按指日本兵)白日来是看路子和姑娘,晚饭吃完未散,工人来报告说好多日本兵来了,华(按指魏特琳)就快去。到一百号门口遇见他们,对他们说没有兵,有一兵打华一耳光。”①12月19日下午3时左右,麦卡勒姆牧师和特里默医生,为制止一名日本兵闯入鼓楼医院,竟遭这名士兵枪击,幸子弹从他们身旁穿过,没有击中。鼓楼医院医师威尔逊于12月21日,为了保护一名女大学生不受污辱而受到日军的手枪威胁。在《日本兵在南京安全区的暴行》中记有:“12月21日13时15分,威尔逊大夫在大学的女生宿舍发现一名日本士兵,他要求这名士兵离开这所房子,但是遭到了手枪威胁。过后威尔逊大夫在街上遇见了这名日本士兵,后者见到威尔逊,就把手中的枪(子弹)上了膛。”②里格斯由于忠于职守,勇敢阻止日军的暴行,继12月16日受到威胁、殴打后,又多次受到日军的刺刀威胁和殴打。其中,12月25日被一名“突然发怒”的日本军官殴打,并扯下由日本使馆发给用作证明的袖章;1938年1月9日,因碰到日军岗哨私拉民女,而“被他用刺刀威胁”。③鼓楼医院负责人麦卡勒姆甚至还因为阻止日军的暴行而被刺伤。国际委员会的《事态报告》中记载:

> 昨天下午(1月27日)午饭后,大学(鼓楼)医院的负责人麦卡勒姆先生被人叫去,让他把闯入医院后面寝室的2名日军士兵请出来。当两名日本兵从房子的后门出去的时候,麦卡勒姆向他们指了指那儿的美国国旗。他们被激怒了,并命令他跟他们走。他答应了,以为这样就能跟着进日本司令部。可走了约100码后,其中一个士兵让他返回。麦卡勒姆说道:“不,我陪你们走。”随后这名士兵便拔出刺刀并威胁要刺死他。见麦卡勒姆不理睬,他便向麦卡勒姆先生的下巴猛地刺去,后者为不致送命随即把头向后一仰,可脖子上还是留下了一个伤口。④

这批外侨,运用自己的中立地位,不断向日方提出各种保护难民的措施。在日军进城之初,由于屡次侵入安全区进行屠杀和奸淫、抢劫,国际委员会于12月18日致日本大使馆,提出了关于约束士兵的4项建议:(1)由宪兵日夜巡逻难民区;(2)日军当局应设法阻止士兵闯入难民区,滥施奸淫、掳掠、屠杀;(3)派兵驻守各难民收容所,阻止士兵越墙而入;(4)张贴布告于各收容所门口,说明收容所的性质,禁止入内骚扰。⑤ 1938

---

① 《程瑞芳日记》(一),《民国档案》2004年第3期。

② [德]拉贝:《拉贝日记》,江苏人民出版社等1997年版,第245页。

③ [德]拉贝:《拉贝日记》,江苏人民出版社等1997年版,第276页、393页。

④ [德]拉贝:《拉贝日记》,江苏人民出版社等1997年版,第523页。

⑤ [英]田伯烈著、杨明译《外人目睹中之日军暴行》,国民出版社1938年版,第244页。

年1月中旬，在安全区粮食供应发生危机的情况下，国际委员会又多次向日方提出以下三项要求：(1) 自治委员会应迅速发售米、煤、面粉；(2) 准允该委员会向上海商业储蓄银行在南京的堆栈装取3000袋米和9000袋麦；(3) 准许该委员会由上海装运600吨食品。① 1月底，在日本当局准备强行迫使难民迁出安全区时，安全区国际委员会又及时提出日方必须满足的三项条件："第一，保证不再发生伤害奸淫掳掠的暴行；第二，食粮的供给，经常而可靠，四郊通行无阻，菜蔬可以入城；第三，日军不再放火焚毁住宅商店。"②

这批热心人道、慈善事业的外侨，以及以他们为主设立的安全区，至少在三个方面，发挥了明显的影响和作用。

其一，在一定程度上减缓了日军的暴行。

总的说来，日军虽残暴成性，但由于国际委员会的干预和牵制，使他不能不多少有些顾忌，因此在安全内的暴行，比安全区以外相对要轻些。

以集体屠杀为例，在中国审判战犯军事法庭认定的28案、19万余遇难同胞中，明显为发生在安全区内或系由安全区押往别处者，有从华侨招待所押往中山码头的5000余人，五条巷4号的10余人，四条巷的50余人，从大方巷押往下关的4000余人，法官训练所的100余人，大方巷广场的数百人，从司法院押往汉中门的200余人，大方巷塘内的200余人，共8案计11000余人；即使再加上其他各案中，一部分地区不明、而实际属于安全区的人数，安全区难民被集体屠杀的人数，也只占全市被集体屠杀总数中的一小部分。

此外，从田伯烈所著《外人目睹中之日军暴行》一书中，也可找到许多外侨保护难民生命的事例。如：12月20日，在外侨索恩等二人的请求下，日军于金陵大学将一名被怀疑为"中国兵"的难民释放；12月22日，当一名吃醉酒的士兵用刺刀威胁一位青年作家的父亲时，由施佩林等两名外侨出面解了围；1938年1月7日，由一名外侨出面担保，使一名被怀疑为"中国兵"的住金陵大学难民获得释放。

如果说，日军打着搜捕"中国兵"的旗号，有时还使得想进行援救的外侨爱莫能助的话，外侨们在保护安全区内的妇女不受污辱方面，则取得了较多的成功。12月14日，由于有大批妇女逃入金陵女子文理学院，躲避日军的欺辱，因此，"美侨三人不得不在该校过夜，保护三千妇孺"③。2月17日，当两名日兵闯入德侨拉贝的住宅，其中一个正在解

---

① [英]田伯烈著、杨明译《外人目睹中之日军暴行》，国民出版社1938年版，第266—267页。

② [英]田伯烈著、杨明译《外人目睹中之日军暴行》，国民出版社1938年版，第275页。

③ [英]田伯烈著、杨明译《外人目睹中之日军暴行》，国民出版社1938年版，第190页。

衣，准备强奸一位姑娘时，拉贝赶回，将两名日军轰了出去。12 月 19 日下午，4 名日本兵正在汉口路 19 号金陵大学职员住宅中强奸妇女，美国人菲奇、斯迈思赶到，将日兵赶走，把室内所有妇孺护送到金陵大学主楼，那里晚上将由日本领事馆派警察驻守。① 次日，菲奇又将平仓巷 13 号内正在强奸的 3 名日本兵驱走，用汽车将受害妇女接去金陵大学收容所。国际红十字会南京委员会成员魏特琳女士于 1938 年 1 月 1 日，从金陵女子文理学院的竹林中，将一个正在追逐一名中国姑娘的日本兵驱走，使这位姑娘免遭摧残。外侨对于安全区内妇女的保护，避免了更多强奸事件的发生，同时也使不少已经受到污辱的妇女，得到了应有的救护与照料。

安全区对日军暴行的牵制，同样也表现在阻止纵火和抢劫方面。据国际委员会秘书斯迈思所作不完全的、“保守的”统计：在安全区内有门牌号码的 1493 户住宅中，有 0.6% 被纵火，9%被抢劫；而在整个城区的 30516 户住宅中，则有 13%被纵火，73.2%被抢劫②。这个统计虽不完全准确可靠，但从数字对比中可见，安全区所遭受纵火与抢劫的破坏，确比非安全区明显要轻。一些外侨，有效地阻止了日军的抢劫行为。德侨施佩林于 12 月 21 日，先后将在施密特公司哈蒙先生的家、颐和路 19 号和莫干路 6 号进行抢劫的日本兵赶走，并迫使他们丢下已经抢到的物品。③ 1938 年 1 月 2 日，4 名日本兵正在宁海路 13 号抢劫财物，国际委员会总干事菲奇和施佩林及时赶到，使日本兵“鼠窜而去”。

对于安全区的保护功能，还可从难民迟迟不敢或不愿意返回原居住地，以及部分已返回原居住地者又回到安全区的事实得到证明。程瑞芳女士在 2 月 4 日的日记中记道：“这些年轻人都要求华小姐（按指魏特琳女士）不回去，他（她）也不要他们回去，这两日不能见他们，一见就求。今晚五时，米先生（按指米尔斯）来看华，回去时这些年轻人挡住他的汽车求他，有的跪在乱泥地下大声哭，米先生对他们讲也不听。米先生无法，走路回去的，他们也不知，还是我出去叫他们起来，告诉他们米先生走了，他们才起来，也是急得无路可走。看见他们如此哭，真凄惨！回家去，女的受奸，男的当兵，这里年轻人最多，老年人都受辱，那（哪）有人道，真是畜生！”2 月 8 日，“有的女人回来了，因回家有兵去。有的人家，兵进去把丈夫赶到外面坐倒，他在里面和妻子睡，并不是一下就走，要睡到第二天早上才走，若不从就刺死。”2 月 10 日，“外面赶来的人都跑到此地来，因他们不能回去，现在我们的人数不能[确定]，因出的出，进的进。有的回去了多天，又回来

---

① [英]田伯烈著、杨明译《外人目睹中之日军暴行》，国民出版社 1938 年版，第 196 页、202 页。

② [美]斯迈思：《南京战祸写真》附表 11，“南京大屠杀”史料编辑委员会等编《侵华日军南京大屠杀史料》，江苏古籍出版社 1985 年版，第 346 页。

③ [德]拉贝：《拉贝日记》，江苏人民出版社等 1997 年版，第 246 页。

哭,因受日兵的害。”①难民们的心情与回流行动,是对安全区保护功能的最好检测剂。

其二,使难民的生活得到了某些照顾和保障。

早在安全区设立之初,国际委员会即于12月1日至11日期间,在日军猛攻南京,“四门紧闭”的紧急情况下,不避艰险,“将米一万担,面粉一千袋运入难民区”,使安全区难民的生活有了初步的保障。②

南京沦陷后,由于日军烧杀抢掠,无所不为,秩序混乱,全城笼罩在一片恐怖气氛之中。据国际委员会函件称,此时安全区内“所有各收容所米煤的供给,均由敝处西籍委员和职员负责装送”,就连在南京神学院收容所为2500名难民值班的外侨索恩,也不得不离开自己的岗位,前去护送给各收容所的大米。避入安全区的守军营长郭歧目睹了国际委员会雪中送炭似地帮助难民们解决粮食问题的事实,心怀感激地写道:

> 你想,三十余万难民,每天必须消费,外面的粮食进不来,市民的存粮又无几,人心惶惶,不死于枪刀之下,也得变为饿殍。真正无法维持之难民,每日准领稀饭充饥,每人可买一升米。如何有钱,也不卖给。难民得此救济,每天各人皆拿了洗面盆,前往粥厂领稀饭。手无分文之难民,当能延续他们的生命,不致饿死。③

据安全区国际委员会估计,在安全区的20余万难民中,有10万人的吃、住两项,完全靠该委员会供给。在日军暴行不断,交通、贸易都不正常的危难情况下,这确是一项十分繁重而又艰巨的任务。一位外侨写信给朋友说:“有几个时期,如无外国人挺身而出,和日本兵抗争,简直什么都不能搬动,甚至装了米的卡车也不许通行。”④他们中,有的负责食米,有的负责分配燃煤,各司其职,努力克服困难,保证难民的基本生活。有时,由于难民们不敢到附近的粥厂去领取食物,国际委员会便“不得不把粥送往各收容所,多所周折”。斯迈思秘书在12月16日写给日使馆参赞福田的信中指出:“因为没有苦力装取米煤,今晨数千个难民枵腹,敝委员会今晨竭力设法以卡车装取米煤,通过步哨线,使难民不再挨饿。”⑤菲奇总干事为了搞到卡车,特此跑到美国大使馆向二等秘书艾奇逊商借,后又交给米尔斯牧师,去装取难民急需的米煤。

除了解决安全区内难民米煤的运送外,国际委员会还要不断寻求米煤新的来源。

---

① 《程瑞芳日记》(三),《民国档案》2005年第1期。

② [英]田伯烈著、杨明译《外人目睹中之日军暴行》,国民出版社1938年版,第254页。

③ 郭歧:《陷都血泪录》,“南京大屠杀”史料编辑委员会等编《侵华日军南京大屠杀史料》,江苏古籍出版社1985年版,第18—19页。

④ [英]田伯烈著、杨明译《外人目睹中之日军暴行》,国民出版社1938年版,第61页。

⑤ [英]田伯烈著、杨明译《外人目睹中之日军暴行》,国民出版社1938年版,第234页。

经过与日方一系列艰苦的交涉与谈判，日本特务队队长始于 12 月 15 日，以“日军得自由购买”为交换条件，同意国际委员会“在区内所有一万吨存米，得供给难民”①。国际委员会主席拉贝经直接与日本驻南京代总领事福井交涉，于 12 月 27 日，为安全区粥厂争得 100 吨煤。

在交涉过程中，日方出尔反尔，百般刁难，为难民的米煤供应问题，制造了不少障碍。1937 年底，日军军需处石田少佐告知国际委员会委员施佩林，可以出让大批米麦，其中包括大米 5000 袋，面粉 10000 袋；1938 年 1 月 7 日，国际委员会遂根据商定，向石田少佐定购大米 3000 袋、面粉 5000 袋，同时石田少佐又允出让 600 吨煤；但 3 天以后，当国际红十字会南京委员会会计克勒格尔前往接洽取货时，石田少佐却借口须由伪自治委员会主持分配，而拒绝出让米、煤、面粉。国际委员会称这是日军故意要使他们“束手待毙”的又一步骤。② 后来，几经周折，终于迫使日军当局于 1 月 10 日同意出售大米 1250 袋，17 日又决定拨交大米 1000 袋。总计国际委员会至 1 月 18 日止，共接收日方大米 2200 袋、面粉 1000 袋。③ 区区之数，虽属杯水车薪，但对于挣扎在饥饿线上的安全区难民来说，毕竟可稍解燃眉之急。

根据后来国际救济委员会提供的工作报告资料，国际委员会(含后来的国际救济委员会)从 1937 年 12 月 17 日至 1938 年 5 月 31 日，共免费发送价值 109700.96 元和 9916 袋大米、价值 7098.00 元和 2028 袋小麦，按保守的估计，有 55000 人得到此项补给；免费发放 1077 袋蚕豆、75 袋面粉、22 袋盐、总价值 9334.94 元；以接近标准的价值出售 1886 袋大米、804 袋面粉、243 袋盐，总价值 26574.00 元。其中 12 月后半月，难民区平均人口 70750 人，每天发放 84.5 袋大米，为 25150 人提供膳食；1 月份，平均人口 62500 人，每天分发 79 袋大米，供 25250 人就餐；2 月份，平均人口 36800 人，每天分发 69 袋大米，供 20800 人就餐；3 月份，平均人口 26700 人，每天分发 59 袋大米，供 17300 人就餐；4 月份，平均 21750 人，每天分发 31 袋大米、12 袋小麦，供 11300 人食用；5 月份，平均 12150 人，每天分发 4 袋大米、10.5 袋小麦，供 7250 人食用。④

为了保证安全区内难民的生活供给，国际委员会还千方百计地保存、筹集了一批现金，以备机动使用。日军当局曾多次迫令该委员会交出手中现金与物资，但均遭拒绝。国际委员会主席拉贝于 1938 年 1 月 7 日致函日本大使馆参赞福田称：“各方所捐助的

---

① [英]田伯烈著、杨明译《外人目睹中之日军暴行》，国民出版社 1938 年版，第 233 页。

② [英]田伯烈著、杨明译《外人目睹中之日军暴行》，国民出版社 1938 年版，第 263 页。

③ [英]田伯烈著、杨明译《外人目睹中之日军暴行》，国民出版社 1938 年版，第 267 页。

④ 章开沅编译《天理难容——美国传教士眼中的南京大屠杀(1937—1938)》，南京大学出版社 1999 年版，第 474—476 页。

款项物料，既专为救济难民，敝委员会自当肩负特殊的责任，以副各方的期待与信托，故鄙人以为敝委员会未便将款项物料，移交其他机关。”①据国际委员会文件记载：至1938年1月28日止，该委员会尚有现款10万元，在上海方面存有57000元；同时，又从美国咨询委员会争取到部分捐款。

第三，通过各种电文，伸张了正义，揭露了日本侵略军在南京的暴行。

国际委员会将日军自12月13日侵占南京起至1938年3月20日期间暴行的一部分，作了文字记录，先后向日本大使馆提出过20余次报告，共列出暴行400余件。此外，国际委员会委员、金陵大学非常时期委员会主席贝德士，还根据拉贝主席的建议，单独用打字稿，几乎每天向日本大使馆提出一份报告，反映日军在安全区内最大的收容所金陵大学里的犯罪事实。这些犯罪事实包括：日军一般武装士兵非法进入金陵大学1720次，为进行强制劳动而强行拉走647人，凌辱妇女290人，以及60余起杀伤事件。②

居住在安全区的外侨，不断采用通信的办法，把自己目睹的日军暴行，予以揭露。郭歧在《陷都血泪录》一文中写道：“日本兽兵之残杀手段，不能蒙蔽世人耳目，所有能由南京传出来的消息，只有国际委员会。”③一位参加安全区工作的外侨，于12月15日致函上海友人说：“……在日军进城后的两天之内，整个的希望是幻灭了。连续不断地屠杀，大规模地经常劫掠，侵扰私宅，侮辱妇女，一切都失去了控制……街道上堆满了平民的尸体。在南京中区，几乎每两条横街间必有一具尸体。”④总干事菲奇在圣诞节前夕向上海友人揭露说：“胜利的皇军应有酬劳，那些酬劳就是随意掳掠、屠杀和强奸，以不可想象的野蛮残酷的暴行，加诸他们公告世界专诚来亲善的中国人民。”他断言，“日军在南京的暴行，毫无疑义是现代史上最黑暗的一页。”⑤外侨们明显地同情那些放下武器后遭到屠杀的中国军人，维护国际公法，伸张正义。一位外侨在致友人的信中写道：“未及退出的中国士兵，都已抛弃了枪械，有的则已卸去了制服，但日军大事搜捕，捆绑在一起而加以枪杀。据我们所知，除了行将就戮的散兵和暂充夫役(的)华人外，日本军队里面没有中国士兵的俘虏。”⑥一位金陵大学的外国教授在报告中谴责日军，“把他们

① [英]田伯烈著、杨明译《外人目睹中之日军暴行》，国民出版社1938年版，第258页。

② [日]洞富雄著、毛良鸿等译《南京大屠杀》，上海译文出版社1987年版，第92页。

③ 郭歧：《陷都血泪录》，“南京大屠杀”史料编辑委员会等编《侵华日军南京大屠杀史料》，江苏古籍出版社1985年版，第17页。

④ [英]田伯烈著、杨明译《外人目睹中之日军暴行》，国民出版社1938年版，第6页。

⑤ [英]田伯烈著、杨明译《外人目睹中之日军暴行》，国民出版社1938年版，11页。

⑥ [英]田伯烈著、杨明译《外人目睹中之日军暴行》，国民出版社1938年版，第6页。

认为曾服兵役的难民，不管是否冤枉，加以集体的屠杀。照国际公法，如无严格的军事上之必要，俘虏的生命须加以尊重……他们早把国际公法搁到脑后。"①

国际委员会不断就日军的暴行提出抗议。12 月 17 日，该委员会就日军对安全区的骚扰、暴行，向日军驻南京代理总领事福井，提出了"强烈的口头抗议"，迫使日方答应派兵来保护设于美国教会机构中的 8 个收容所。次日，国际委员会复致函日本大使馆，抗议日军"在难民区内，续施骚扰"，致使"鸡犬不宁，二十万难民痛苦呻吟"，要求日方"迅速采取有效行动，阻止不幸事态"。② 在日军疯狂纵火、市内大片房屋被毁的情况下，22 名外侨于 12 月 21 日联名上书日本大使馆，强烈抗议日军在全城"劫掠放火，愈演愈烈"的行为，呼吁"纵火的暴行立予制止，使残余的部分不再遭无情的或有组织的焚毁"③。

由国际委员会委员、国际红十字会南京委员会主席马吉拍摄的 16 毫米影片，内容涉及日军在南京的杀、烧、淫、掠暴行，是反映南京大屠杀暴行唯一的动态影像资料。该影片拷贝曾在南京大屠杀早期传播阶段，于英、美、德、日等国放映，对于揭露日本侵略军的暴行、争取世界各国政府与人民对中国抗战的支持，发挥了重要的作用。

英国《曼彻斯特卫报》记者田伯烈，主要根据南京安全区国际委员会的公函、报告，及其成员的信件、日记内容，写成了著名的《外人目睹中之日军暴行》一书。郭沫若先生为之作序，称该书"正是我们所筑的血肉长城的一部分的写照"，而"这样公平的客观的写照在我们自己是很难做到的"④。

南京安全区短暂的历史提供了一个窗口。从这个历史的窗口，可以看到中国人民在抗战初期所蒙受的苦难和屈辱，日本侵略军的野蛮和残暴，以及中西方人民共同为维护人类尊严而做出的努力和奉献。安全区的工作已经结束 50 多年，历史的长河，为世人提供了更加开阔的视野和多方位的视角，去观察安全区。

对于安全区国际委员会及其成员的出色工作，当事人与史学研究者，外国人与中国人，都给予了极高的评价。早在南京大屠杀发生之初，幸存者郭岐即著文盛赞国际委员会成员的"毅力"与"伟大精神"。文章称："因为兽兵根本不承认难民区之存在，所以也不承认国际委员会之存在。此时如果没有毅力，没有伟大精神的人，也很难与之理辩。然而国际委员会的同志，不畏艰难，总以正义人道，向日军司令部质问，第一何不停止屠

① [英]田伯烈著、杨明译《外人目睹中之日军暴行》，国民出版社 1938 年版，第 54—55 页。

② [英]田伯烈著、杨明译《外人目睹中之日军暴行》，国民出版社 1938 年版，第 241—242 页。

③ [英]田伯烈著、杨明译《外人目睹中之日军暴行》，国民出版社 1938 年版，第 251 页。

④ [英]田伯烈著、杨明译《外人目睹中之日军暴行·郭沫若序》，国民出版社 1938 年版。

杀奸淫？第二何不早日安民？第三贵国的军纪太不成样子！”①身为金陵女子文理学院收容所负责人的魏特林女士，也深深感受到难民们的感激之情。她在一份工作报告中写道：“安全区的大部分中国人，对委员会成员不论是商人还是传教士都满怀感激之情，因为令他们倍感紧张、恐怖的几周里，他们得到了安全和保护。而且我发现这些有头脑的中国人对巨大恩惠并非不铭记在心，而是为此深深感激。”②美国使馆副领事埃斯皮从不断与之打交道的国际委员会工作中，充分了解到国际委员会所起的作用。他写道：“显然这些外国人在南京的存在这一事实，对日军的行为至少产生了一些制约的影响，使其有所收敛。毫无疑问，安全区国际委员会和外国公民的个人努力在很大程度上使百姓免遭更大的不幸，使他们的财产免遭更大的毁坏，前面提到的安全区就是他们努力的证明。”③

说到国际委员会与国际红十字会南京委员会中的成员，饱受日军暴行之害的南京市民，最有发言权。1938年春节，住在拉贝院子里的难民们，自发地献给拉贝一块写着颂词的绸布，其大意为：

你有一副菩萨心肠，
你有侠义的品质，
你拯救了千万不幸的人，
助人于危难之中，
愿上天赐福于你，
愿幸福常伴你，
愿神祇保佑你。④

1938年2月，当即将返国的拉贝出席了金陵女大难民营的告别茶会之后，走出会场时，“3000名女难民围住了大门，一下子跪了下来，哭叫声铺天盖地地压了过来，要求拉贝答应不要丢下她们不管。”⑤在安全区的25个难民收容所所长及9个区的区长联席会议上，通过了向拉贝主席致谢及要求他继续留任的议案。议案称：“艾拉培先生（按：即

---

① 郭歧：《陷都血泪录》，“南京大屠杀”史料编辑委员会等编《侵华日军南京大屠杀史料》，江苏古籍出版社1985年版，第17页。

② 章开沅编译《天理难容——美国传教士眼中的南京大屠杀（1937—1938）》，南京大学出版社1999年版，第369页。

③ 杨夏明译《美国驻华外交官有关“南京大屠杀”的证言》，《民国档案》，1997年第3期。

④ 黄慧英：《南京大屠杀见证人拉贝传》，百家出版社2002年版，第275页。

⑤ 黄慧英：《南京大屠杀见证人拉贝传》，百家出版社2002年版，第294页。

拉贝)关于南京难民救济工作之组织及设施,不避艰险,不辞劳怨,本市难民感此厚德,真不啻万家生佛矣。"①负责保护金陵女子文理学院难民安全的魏特琳女士,则更被难民们尊奉为"活菩萨"。郭岐在《陷都血泪录》一书中写道:"黄小姐(按指魏特琳)这个名字,在一切难民的口中像一位活菩萨一样,尤其是女同胞的救星。偌大的金陵女大住满数千女同胞,皆由她一个人管理保护,有条有理真是能干极了!""日本兽兵如果来了,要进去的话,她即不顾一切抵抗,不准进去。说理不成,有时动武,同兽兵搏斗。听说有一次被日本兽兵打了几个耳括(刮),人人为她担心,人人为她安慰。然而她始终如一奋斗到底。"②

在南京大屠杀的血腥阴影已经过去了68个年头的时候,可以说,全世界一切有良知的人们,都把最钦佩的目光、最虔诚的致意,投向那些安全区国际委员会中的欧美人士。美国著名历史学家吴天威教授,对那些在南京大屠杀期间留在中国的美国传教士们,充满了感激与追思之情,说:"世界将永远铭记他们对人类的伟大贡献:不仅因为他们挽救了如此众多的生命;他们捍卫真理和正义的传统及他们对人类的慈爱和关怀将照耀着人类的未来。"③日本著名历史学家笠原十九司教授以"金陵永生"为题,为《魏特琳传》作序,称:"魏特琳不仅永远活在南京人民和中国人民的心中,她还将永远活在日本人民和世界人民的心中,并将永远受到世人的尊敬。"④因《南京暴行:被遗忘的南京大屠杀》一书而闻名于世的美籍华裔女作家张纯如以"一位伟大的女性"为题,为《魏特琳传》作序。她感情凝重地写道:"魏特琳的去世,是一名英雄之死,她也是一名南京大屠杀的牺牲者。她为了拯救成千上万人的生命而最终地牺牲了自己的生命。"⑤不幸的是,张纯如女士在写下这段序言4年之后,自己也步魏特琳的后程,成了又一名南京大屠杀的牺牲者。1997年在南京举行的南京大屠杀史国际学术研讨会上,中共南京市委宣传部长陈安吉先生客观地评价了安全区20多位西方人士的功绩与贡献。他说:

> 南京安全区国际委员会以及国际红十字会南京委员会的20多位西方人士,本着热忱的人道主义精神,从日军的屠刀下拯救了成千上万中国人的生命,使千百妇

---

① [德]拉贝:《拉贝日记》,江苏人民出版社等1997年版,第687页,会议记录影印件。

② 郭岐:《陷都血泪录》,"南京大屠杀"史料编辑委员会等编《侵华日军南京大屠杀史料》,江苏古籍出版社1987年版,第16页。

③ 章开沅编译《天理难容——美国传教士眼中的南京大屠杀(1937—1938)·序》,南京大学出版社1999年版,第3页。

④ 南京师范大学南京大屠杀研究中心主编《魏特琳传·金陵永生》,南京出版社2001年版,第7页。

⑤ 南京师范大学南京大屠杀研究中心主编《魏特琳传·金陵永生》,南京出版社2001年版,第3页。

女免遭日军蹂躏。他们对日军暴行的制止与抗议,在一定程度上减轻了南京人民的痛苦与损失。他们还详细记录了日军的暴行,通过各种途径向国际社会揭露日军在南京的杀、烧、淫、掠暴行,宣传南京大屠杀的真相,引起世界舆论对日本法西斯暴行的谴责。他们的记录,为战后审判日本战犯提供了有力的证据,同时也成为研究南京大屠杀事件的客观、公正的资料。①

我国著名历史学家章开沅教授,在认真钻研了收藏于美国耶鲁大学神学院图书馆特藏部的有关美国传教士的资料后,怀着对他的母校金陵大学和老师贝德士教授等人的深厚感情,写道:

金陵大学与金陵女子文理学院的中美教职员为援救安全区内25万南京难民尽了最大努力,两校校园为数万难民提供了栖息之所,这是金陵之光,也是作为金大继承者的南大之光,我们应该永远铭记这段虽然极为艰难然而却充满献身精神与不畏邪恶勇气的可歌可泣的历史。②

章开沅教授于1991年12月12日"纪念南京大屠杀受难同胞联合会"在纽约举行的集会上,更发表了一篇令人刻骨铭心的演说。他说:

当我们沉痛悼念南京大屠杀的牺牲者时,应该记住一个名字——贝德士,他曾在金陵大学任教30年(1920—1950)。在1937—1941年期间,他奉命留守南京保护校产。在南京陷入日军烧杀淫掳的大灾难中,他和一小群外国人,以恳求、辩论乃至自己的躯体,在刺刀与牺牲者之间从事难民救援工作,尽管他们的努力常以失败终结。这个小小的外国人团体和他们同样勇敢的中国同事,夜以继日地救死扶伤,把难民聚集于庇护所,借助外国人的援助稍许减轻大屠杀的损害,并且为区内7万难民谋求食物与住处。他们作为一小小的公共群体生活在一起,没有足够的食品与服务。常常一连几个星期得不到他们眷恋的家庭的讯息,丈夫或妻子不知道自己的另一半是死了或是被囚禁。他们几乎与外面的世界隔绝。但是他们仍然留下来了,正如贝德士博士所说,"我同其他人一样明白整个局势的严峻与黑暗,在这里很难找到公理与正义。个人自身的问题早就得到了回答。基督徒努力履行自己的职责,用不着为自己的生命担忧,只会为自己

① 陈安吉:《"南京大屠杀史"研究的历史回顾和今后的任务——在"侵华日军南京大屠杀史国际学术研讨会"上的报告》,陈安吉主编《侵华日军南京大屠杀史国际学术研讨会论文集》,安徽大学出版社1998年版,第23页。

② 章开沅编译《天理难容——美国传教士眼中的南京大屠杀(1937—1938)·序》,南京大学出版社1999年版,第5页。

> 难以满足巨大的需求而感到愧疚。"他们日复一日地前往日本驻南京的大使馆，送交他们的抗议、呼吁和逐日记录的日军暴行的表格。贝德士保存的此类大量文献已妥善收藏于耶鲁大学神学院图书馆。这是南京大屠杀的真实记录。血写的历史不可改变。①

上述文字，是中外历史学家对安全区国际委员会的最新研究成果。众多历史学家的笔触，饱蘸着深沉的感情，以历史的眼光，高度评价了安全区国际委员会及其成员的活动。然而，正面的评价，并不能解开所有历史的结扣，必须对具体的问题做出具体的交代。这才是对历史真正负责任的态度。

首先，如何看待安全区的保护功能？如何看待"安全区并不安全"这句常用的语言？难民们住在安全区里，究竟安全还是不安全？其实，安全与不安全是相对的。在战争的环境下，在强暴的民族敌人的铁蹄下，没有绝对的安全。就安全区没有能够完全阻止日军的侵入与滥施暴行来说，它并不安全；但是，拿安全区与非安全区相比，难民们多了一层保障，少了一份侵害，它又是安全的。以往一些有关南京大屠杀的论著中，为了揭露日本侵略者的暴行，强调了安全区不安全的一面，这是可以理解的。但是，如果全面地评论安全区的功能，仅仅说"安全区并不安全"，就远远不够了。这仅仅是从一个视角来看待安全区保护功能的效果。如果换一个视角，就可以看到，由于安全区的存在，确实挽救了数以十万计的南京同胞的生命，使成千上万的妇女免遭污辱，保护了数以千万计的房屋不被焚毁。很难想象，如果当时没有安全区存在，日军的暴行还要肆虐到什么程度、南京同胞的灾难还会惨重到什么程度！随着时间的推移，人们将愈加发现，南京安全区在南京大屠杀事件中的巨大价值。

其次，如何看待国际委员会成员的活动？如何拂去历史加在他们身上的种种误解？这也不是仅以今天一些学术界的正面评价就一了百了的。翻开沉重的历史书页，便可发现：这些国际委员会的成员们，至少受到过两次严重的伤害。

一次是在面对日军的暴行时，他们遭到欺骗、怠慢、污辱，甚至威胁、殴打、枪刺，这使他们的肉体受到伤害，人格受到玷污，精神受到摧残。由于这些伤害来自日本侵略者，侵略者本身就是不讲道义、不讲人性的，因而事实虽难以接受，但尚属可以理解。中国人民的朋友们从受难者得到的一定程度的保护与解救中，也得到莫大的慰藉。最后日本侵略者也投降了，日本军国主义被消灭了，杀人的刽子手受到了应有的惩罚。这一切，都足以补偿国际委员会成员们所受到的屈辱和伤害。

另一次是在特殊的年代里，来自新中国的误解与伤害。新中国刚刚成立不久，对

① 章开沅：《南京大屠杀的历史见证·缘起(代序)》，湖北人民出版社 1995 年版，第 5—6 页。

一切发生在国民政府时期的中外交往，都以特别警惕的目光来审视；到了“文革”前后，更在“以阶级斗争为纲”的错误思想路线指导下，把“帽子”扣到了曾经帮助过中国人民的国际友好人士头上。当年的安全区，一度被描绘成“美国鬼子点名，日本鬼子执行”，“日本鬼子在街上杀人杀得差不多了，就和美国鬼子勾结起来，到难民区来屠杀中国人民。”①有的文章指责：“‘南京难民区国际委员会’用许多巧妙名词欺骗中国人民、世界人民，说什么‘南京难民区’的地位是‘中立’‘特殊’的……好一个‘中立’‘特殊’的地位啊，日寇在这里找到了怀着无限诚意并听其摆布指挥的‘合作者’和代理者了。”“‘国际委员会’做了日寇侵略军的开路先锋，帮助日寇侵略(者)解除抗日的武装力量。”②有一本学术著作中写道：“国际委员会有政权，有经费，它所管辖的难民区事实上已变成了帝国主义国家的公共租界。该委员会的意图，特别是美籍史密斯(按：现译斯迈思)、梅奇(按：现译马吉)等人的意图，准备在南京陷落前造成一个自己的势力圈，防备日寇破坏他们的学校、房屋和财产等，保护其权利，同时准备在难民区大做生意。他们既利用国际委员会的名义，结合了各国的力量，又打出救济难民的‘人道主义’和中立等冠冕堂皇的招牌，以此同日寇形成既有勾结的机会，复有暗抗的形势。”难民们“一提及当时的情景，便咬牙切齿地诉说，难民区简直是一所出卖人肉的大黑店，美国鬼子便是黑店的主人。”③在那个特定的年代里，对国际委员会及其成员的诅咒般的尖刻批判，曾经采用了国内搞阶级斗争的许多错误做法。如：有的无限上纲，把力不从心的无奈之举，说成是与日本侵略军“忠诚合作”；有的硬把西方人士正常的物质消费、过圣诞节，与“成千成万的难民血肉横飞”作强烈的对比；有的苛求国际委员会一定要对每件暴行都提出抗议，否则就是“漠然视之”、“漫不负责”；有的歪曲事实，把外籍人士免费发放米、面的同时，又适当以接近标准的价格出售部分粮食，以缓解难民的饥饿，说成是“大做生意”；有的把正常的外交迎送、接待礼仪，说成是将日军“当作上宾”、“尽欢而散”；有的还采用新账、老账一起算的办法，揪出西方人士的“历史问题”，称其为“帝国主义分子”、“间谍分子”、“纳粹分子”。一些有着美国传教士身份的教育家，在1950年前后，都被“礼送”或公开驱逐出境。甚至金大历史系原主任王绳祖教授，只因在与贝德士教授的话别会上说了一句“希望你将来有机会再来金大”，而被某些人理解为幻想帝国主义卷土重来，并多次受到批判。④ 这些误解和诅咒，竟出自被他们援助过的中国人的后代之口，竟来自他们深深眷恋着的那片东方热土。这对那些曾在中

① 《美国鬼子点名，日本鬼子执行》，《新华日报》1951年2月23日。

② 新华日报记者：《大屠杀中的美、日“忠诚合作”》，《新华日报》1951年2月26日。

③ 南京大学历史系编著《日本帝国主义在南京的大屠杀》，1979年内部版，第48—49页、53页。

④ 章开沅：《南京大屠杀的历史见证》，湖北人民出版社1995年版，第7页。

国人民危难时鼎力相助过的人们，是多么地难于接受；对于他们心灵的伤害，又是多么地撕心裂肺！

共和国建立之初，面临着复杂的国际、国内形势，为了巩固刚刚建立的人民政权，打赢抗美援朝战争，警惕日本军国主义被重新复活，同时也由于在整个新民主主义革命过程中，一直紧绷着的反对帝国主义和国内阶级斗争之弦，在对一些西方人士的认识和处理上，有过头之处，可以理解；"文革"前后，全国人民、各行各业、各级领导都生活在"以阶级斗争为纲"的环境之中，无限上纲、不实事求是、帽子满天飞，也是司空见惯的现象，不足为奇。任何一个阶段的历史，都会深深地打上时代的烙印。这是人们无法选择、无法回避的。问题是，对于发生在中国公民身上的错案，大多已经平反，推倒了一切不实之词；而那些强加在倾心救助了中国人民的西方人士身上的不实之词，有谁来推倒？对于他们在心灵上造成的巨大创伤，又怎样来弥补？当然，那些默默为中国人民献出了人类至爱的人们，他们对自己的付出并不求回报，对受到的伤害亦不求补偿。正如章开沅教授在《南京大屠杀的历史见证》一书扉页上所引贝德士博士的一句名言："给全球以和平，给人类以慈悲。"①仅此而已，夫复何求！然而，当事者的坦然，并不能代替历史结扣的化解。

现在，历史已经跨进了21世纪，南京大屠杀已经过去了将近80个年头。历史的遗案，又已凝固为历史。但历史的结扣终须解开。解铃还须系铃人。已经走出了历史误区阴影的中国人，有义务为那些遭受了误解的西方人抚平伤痛。应当有勇气翻开那些当年对他们的误解和伤害，实事求是地加以反思，诚恳地说一声："我们错了！""对不起！"这是起码的文明与自尊。这也是对一段历史经验教训的正确汲取。

令人欣慰的是，如今，《拉贝日记》、《拉贝传》和《魏特琳日记》、《魏特琳传》已在中国社会热销，拉贝、魏特琳等人，亦已成为家喻户晓的"中国的辛德勒"。刻有阴阳八卦图的拉贝墓碑，已于1997年4月运抵南京，陈列在侵华日军南京大屠杀遇难同胞纪念馆内；马吉当年使用的16毫米摄影机，已于2002年10月，由马吉的家人捐赠给侵华日军南京大屠杀遇难同胞纪念馆；马吉早年在南京办学的地点、今南京市第十二中学的两幢大楼被命名为"约翰·马吉图书馆"；魏特琳铜像已于2002年12月竖立在她为之奋斗过的今南京师范大学校园南山脚下。这一切，充分表明了中国政府、中国人民对他们，以及所有援助过中国难民的西方人的怀念与敬仰之情，对南京安全区国际委员会历史地位的重视与肯定。历史显示了它的客观与公正。

① 章开沅：《南京大屠杀的历史见证》，湖北人民出版社1995年版，扉页。

附录：
南京安全区国际委员会搜集的日军暴行记录(1—470件)[1]

(1937年12月14日—1938年3月19日)

1) 12月15日，安全区卫生委员会第二区的6名街道清扫工在他们位于鼓楼的住所里被闯进的日本士兵杀害，另外一名清扫工被刺刀严重刺伤，日本士兵没有任何明显的理由！如上所述，这些人是我们安全区的雇员。

2) 12月15日下午4时，在金陵女子文理学院门口附近，一辆载有大米的卡车被日本士兵抢走。

3) 12月14日夜晚，安全区第二区的全体居住人员被赶出房子，然后被洗劫一空。第二区区长本人被日本人抢劫过两次。

4) 12月15日夜晚，7个日本士兵闯进金陵大学图书馆大楼，拖走7名中国妇女，其中3名妇女被当场强奸。

5) 12月14日夜晚，许多人向我们诉说，日本士兵闯进中国居民的房子，强奸或强行拖走妇女。安全区内由此产生恐慌。昨天数百名妇女搬进了金陵女子文理学院的几栋建筑物，我们委员会的3名美国先生昨天夜里整夜守候在学院，保护那里的3000名妇女和儿童。

6) 12月14日，30名显然没有军官带队的日本士兵搜查了大学医院和女护士的寝室，医院的职员们遭到了有组织的抢劫。被偷走的物品有：6枝自来水笔、180元现钞、4块表、2卷医院的绷带、2只手电筒、2双手套和1件毛线衣。

7) 昨天，即12月15日，不论是收容所、公共场所，还是大学建筑物内，从各个方面都传来报告，日本士兵在各个地方强行闯入，多次抢劫中国难民。

8) 12月15日，美国大使馆遭破门盗窃，若干小物件丢失。

9) 12月15日，日本士兵翻越金陵女子文理学院的后墙，砸开一扇门，闯入学院的医学系。由于该系在12月13日就已经将可移动的物品全部转移，所以没有东西被窃。

---

① 1—426件，选自《拉贝日记》；427—444件(缺441件)，分别选自《侵华日军南京大屠杀史料》中田伯烈著《外人目睹中之日军暴行》与徐淑希纂《安全区档案》(节译)；441件选自美国国家档案馆保存《安全区档案》英文原件，杨夏鸣译；445—460件选自美国耶鲁神学院图书馆保存资料(编号为RG10BOX102 Folder867)，孙路译；461—470件，选自章开沅编译《天理难容——美国传教士眼中的南京大屠杀(1937—1938)》中斯迈思：《现状记述》(1938年3月21日)。所有人名、地名，均按本书正文采用之译名，作了规范化调整。

10）12 月 14 日中午，日本士兵闯入铜银巷的一所房屋，强行拖走 4 名姑娘，强奸了她们，2 小时后将她们放回。

11）我们在宁海路的米铺于 12 月 15 日的下午遭到了日本士兵的搜查，他们买走 3 袋米（3.75 担），只支付了 5 元钱。米市的现行价是每担 9 元，这样，日本军队共欠国际委员会 28.75 元。

12）12 月 14 日夜晚，11 名日本士兵闯入铜银巷的另一所房屋，强奸了 4 名中国妇女。

13）12 月 14 日，日本士兵闯进美国女传教士格雷斯·鲍尔小姐的住所，抢走一双皮手套，喝掉了桌子上的所有牛奶，然后又用手把糖罐全部掏空。

14）12 月 15 日，日本士兵闯入美国医生 R. F. 布雷迪的车库（双龙巷 1 号），打破福特汽车的一块窗玻璃，然后又带来 1 名机械师，试图发动汽车。

15）12 月 15 日，日本士兵闯进汉口路的一个中国居民住家，强奸了一名年轻妇女，强行拖走 3 名妇女。其中 2 名妇女的丈夫跟在日本士兵的后面追赶，结果这 2 名男子被这些日本士兵枪杀。

16）12 月 15 日，一名被刺刀刺伤的中国人来到大学医院。他报告说，日本士兵将他和另外 5 名中国男子从安全区抓走，要求他们往下关运送弹药；到达下关后，他们 6 人都被日本士兵用刺刀戳杀，只有他一人幸免于难，来到了金陵大学医院接受治疗。（威尔逊大夫）

17）根据在福建路 6 号德国公司何中记（音译）联合公司工作的王郁辉（音译）先生的报告，12 月 15 日早晨 8 时左右，好几个日本士兵闯到他那里，抓住他，将他在德国机构注册的工作证轻蔑地扔在地上，而且还扯下了德国国旗。日本人强迫他将物资运到军官学校，塞给他一张纸条后将他放走，纸条上证明他完成了交付给他的工作。在回家的路上，走到珠江路时，他被其他日本士兵无端地从背后击中两枪。他现在正躺在大学医院，愿意作进一步的陈述（我一块儿带来了他浸满血迹的工作证。——拉贝）。（麦卡勒姆）

18）12 月 15 日夜间，一批日本人闯进小桃园旁边的金陵大学的大楼里，强奸了 30 名妇女，其中有些妇女遭强奸达 6 次之多。（索恩）

19）12 月 15 日，一名中国人来到大学医院。他报告说，他背着 60 岁的叔叔到安全区的时候，日本人开枪打死了他的叔叔，他自己也因此而受伤。（威尔逊大夫）

20）12 月 16 日夜间，7 名日本士兵闯进美国大学①的楼房里，砸碎窗户玻璃，抢劫

① 指金陵大学，为美国基督教会在南京办的大学。

难民，由于大学方面不能提供手表和姑娘，他们便用刺刀刺伤了好几名大学职员，他们同时还强奸了楼房内的一批妇女。（贝德士博士）

21）12月16日夜间，日本士兵闯入大学由美国人居住的两栋房子，一栋房子里的一扇门被打破。在其他暂时由中国职员居住的美国人的住处，日本士兵也以极端非礼的方式强行闯入。（贝德士）

22）12月16日夜间，日本士兵在金陵大学附近殴打了多名安全区警察，并要求他们从难民群中为其寻找姑娘。

23）12月16日，日本士兵在五台山附近强行抓走了14名红卍字会的役工。（菲奇）

24）12月16日，日本士兵从红卍字会（中国的一种慈善机构，类似于德国和美国的红十字会）粥厂的役工手中抢走了一个用来烧饭的铁锅，并将锅中的米饭倒在地上。

25）12月16日，日本士兵偷走阴阳营徐氏奶场的两头奶牛并抓走两名男子。（菲奇）

26）12月16日，日本士兵将40名佩戴我方袖标的志愿工人强行从位于赤壁路9号的住所中赶走，并且不允许他们携带行李和被褥等用品，我们的两辆卡车也同时被抢走。（菲奇）

27）12月16日，日本士兵闯入我方卫生委员会总稽查位于牯岭路21号的住所，偷走1辆摩托车、5辆自行车和1个垃圾桶。（菲奇）

28）12月16日16时，日本士兵闯入莫干路11号，强奸了那里的妇女们。（菲奇）

29）12月16日，日本士兵试图偷走大学医院的救护车，被约翰·马吉牧师（安全区美国委员）及时制止。（马吉）

30）12月16日，四处游荡的日本士兵5次闯入斯迈思博士位于汉口路25号的住宅，找寻姑娘。（里格斯）

31）12月13日，我查看了德国孔斯特—阿尔贝斯公司位于中央路的房子，中国士兵早已撤离这个地区，这里一切正常。我在12月15日中午再次来到这里时，发现房门是敞开的，所有的门都被砸开，窗户被破坏，房间里的东西都被搜查过，抢走了哪些东西已经无从查实。（克勒格尔）

32）12月17日，日本士兵从停在沅江新村6号住所前的克勒格尔先生的汽车里偷走一部蔡司-伊康牌6×9相机。（克勒格尔）

33）12月17日，日本人闯进珞珈路5号，强奸了4名妇女，偷走1辆自行车、被褥用具和其他物品。当哈茨先生和笔者来到这栋房子的时候，他们迅速地跑走了。（克勒格尔）

34）在陵园路11号博尔夏特和波勒的住所遇见了日本士兵。这栋悬挂着德国国旗并贴有德国大使馆证明的房子已被闯入者翻遍。我赶到的时候，日本士兵正在发动博尔夏特先生的汽车，见我来了，他们便丢下了汽车。但是在12月17日他们还是偷走了博尔夏特先生的汽车。在我12月15日第一次去的时候，一名日本军官给我留下了一张名片。12月16日，这栋房子又遭到了其他日本士兵的洗劫。（克勒格尔）

35）12月16日约11时，一名日本军官请求我为电厂和水厂重新开工一事提供咨询。这时我向这名日本军官指出，在我们这会儿会谈期间，我的汽车停在大门外面（中山北路244号）没人看守，很有可能会被偷走。结果会谈结束后，我和3名日本军官离开屋子时，汽车果真不见了，同时不见的还有好几本书和4罐汽油。12月17日上午11时左右，我在西门子洋行办事处的附近发现了我的汽车，我没花很大的周折就让日本士兵把属于德国财产的汽车归还了我。（克勒格尔）

36）今天下午，12月17日4时，一名中国平民在我们位于大方巷的房子附近被3名—4名日本士兵枪杀。住在这所房子里的除了我以外还有3个外国人，他们是E. H. 福斯特牧师先生、波德希沃洛夫先生和齐阿尔先生。（马吉）

37）12月17日，在我的小桃园住处后面的一栋小房子里，一名妇女遭强奸并被刺伤。如果她今天能得到医治的话，或许还有救。这名妇女的母亲由于头部被击而受重伤。（拉贝）

38）12月17日，两名日本士兵爬过围墙，试图闯进委员会主席拉贝的私人住宅，当时拉贝正巧在家。见到拉贝出来，日本士兵从原路退了回去。他们声称是为了搜寻中国士兵。（拉贝）

39）12月17日有人报告说，在金陵女子文理学院对面田祥（音译）先生家的附近（第二条街），日本士兵犯下了强奸暴行。（王）

40）12月17日，一名年轻姑娘在琅琊路（珞珈路25号对面）上被拖到一栋房子里遭强奸。（王）

41）12月17日，一名年轻姑娘在司法部大楼附近遭强奸后被刺伤下身。（王）

42）12月17日，一名40岁的妇女在仙府洼（音译）被强行拖走后遭强奸。（王）

43）12月17日，在三元巷附近有两名姑娘遭多名日本士兵强奸。（王）

44）12月15日晚，多名日本士兵强行进入三条巷的一座房子，强奸了相当数量的中国妇女。（王）

45）12月17日，许多妇女被从五台山小学强行带走，遭到了通宵的强奸，第二天早晨才被释放。（王）

46）12月17日，吴家花园内两名中国人遇害，两名妇女被强行拖走，之后便音讯全

无。(王)

47) 12月16日晚8时，两名日本军官和两名日本士兵闯进干河沿18号，将房内的男子全部赶走。几名妇女得以逃脱，没能逃脱而留下的妇女遭强奸。其中一名日本士兵将内衣忘在了房子里。提供报告的人名字叫吴仙琴(音译)，30岁，她本人也遭强奸。(王)

48) 12月17日，住房委员会第四区稽查员王有成报告，日本士兵天天闯进他在徐府巷4号的家，大肆抢劫。他的妻子和两个儿子逃到了金陵女子文理学院，他的母亲和三儿子留了下来。王也感受到了危险，所以自己也不得不离开家。(菲奇)

49) 12月17日上午11时，日本士兵来到安全区的警察总部检查。在检查的过程中，一个名叫常清亮(音译)的厨房佣人遭逮捕并被抓走。此人的的确确是平民百姓，没有任何过失，也从未当过兵。我们请求贵方放了他。(安全区警察总部印章)

50) 12月17日上午11时，日本士兵闯进我家搜查，他们抓走了我的儿子姚蜀旗(音译)(第四警察局副局长)和我19岁的外孙女杨旺聪(音译)。

(签名:姚清思，山西路105号)

51) 12月16日，我们一位官员马普英(音译)先生在前去安全区蚕厂(金陵大学)通知要进行搜家时，被日本士兵逮捕，虽然他带有证明他是难民收容所稽查官员的袖标和证章。另外，我们办公室一位姓王的男勤杂工也被抓走。

(签名:吴国京，第六区工作人员)

52) 12月17日，两名日本士兵闯进我在莫干路9号的住房，抓走了我的儿子、儿媳妇和我的姨妈。(王霈三)

53) 12月17日下午3时，3名姑娘在大方巷的难民收容所先后被日本士兵强奸。在同一所房子里的另外一个妇女被枪弹击中，受重伤。(大方巷难民收容所)

54) 12月18日17时，10名日本士兵偷走了我们医疗站100名难民和职员以及医疗站站长马森(音译)先生的所有铺盖用品和其他财产。(菲奇)

55) 12月18日晚上，450名妇女逃到我们的大楼内寻求保护，并在院内露天过夜。她们中的许多人都曾经遭到过日本士兵的强奸。(菲奇)

56) 12月18日16时，日本士兵在颐和路18号向一个中国人索要香烟。由于香烟没有及时递给他们，该中国人被日本士兵用刺刀劈中头部(脑浆外溢)。受伤者现在大学医院，已经没有保住生命的希望。(菲奇)

57) 12月16日，7名16岁—21岁的姑娘被从陆军大学的宿舍抓走，其中5个人被放了回来。根据姑娘们12月18日的报告，她们每天遭强奸6次—7次。12月17日，日本士兵在夜晚11时爬过围墙抓走两名姑娘，过了半个小时后，将她们放回。(单渊宽)

58）12月18日，拉贝先生报告，15名日本士兵闯进他的家。爬过围墙的日本士兵中有几个拔出刺刀逼向他的助理，抢走了他的钱和一些文件。钱是从他的西装内口袋中掏出来的。被抢劫物品的详细清单已经交给日军少佐Y.永井。拉贝先生是德国公民，而且在其住宅基地的四角插了4面标有卐字的旗帜，因此少佐发出命令（该命令贴在拉贝的院门上），严格禁止所有日本士兵进入拉贝先生的房子。尽管如此，仍然有2名日本士兵在当天闯进拉贝先生的房子。在晚上大约6时左右，拉贝发现了他们，这2名士兵中有一人半身赤裸，正图谋强奸一名中国姑娘。拉贝先生喝令日本士兵离开院子，而且必须是从哪儿进来还从哪(那)儿出去，也就是从围墙爬出去。

在这前一天，日本士兵从拉贝先生的家里偷走了一辆价值300元的汽车。偷车事件发生在他不在家的时候，日本士兵没有留下像模像样的借车字据，只是留下了一张用蹩脚的英文书写的纸条，内容是"感谢你的赠送！日本皇军，K.佐藤"。（拉贝）

59）日本军官Y.永井少佐到安全区负责人拉贝先生位于小桃园的家中拜访时，拉贝先生的一个中国邻居赶来呼救，有4名日本士兵闯进他的家，正在强奸留在家里的一名妇女。永井少佐斥责了这名士兵，打了他几个耳光，然后将他赶了出去。另外3名日本士兵在见到少佐进来时早已溜之大吉。（拉贝）

60）哈茨先生报告说，他于12月19日11时30分，在我们总部隔壁院子的防空洞里发现了2名日本士兵，他们正准备强奸防空洞内的妇女。当时洞内共有20名妇女，听到妇女们的呼救声，哈茨先生将日本人赶出了洞。（哈茨）

61）12月19日上午10时，我和贝德士博士以及菲奇先生向田中先生通报完日本士兵的暴行后，去了大学附中，打算了解一下昨天夜里那个地方的情况。我们发现，昨天夜里有3名姑娘被拖走，其中的一名在门房就遭到了3个日本士兵的轮奸。当我们朝大门走去准备离开校园时，珀尔·吴-布洛姆莱小姐出现在大门口，她的身后跟着3名日本步兵，还有一个军曹骑在马上。我们试图挡住日本士兵，并要求布洛姆莱小姐上我们的汽车，那名日本军曹对此表示反对，并企图用马挡住我们的去路。但是他那匹没用的马害怕我们的汽车，所以我们成功地通过了大门，并带着布洛姆莱小姐来到日本大使馆，我们向日本大使馆询问，在城市的什么地方能将布洛姆莱小姐安全地安置下来。布洛姆莱小姐是在美国念的大学，掌握ω—β—x密码。最后她自己决定到大学医院去做辅助工作。（斯迈思）

62）12月18日，陆军大学的难民收容所传来以下报告：12月16日，有200名男子被强行带走，回来时仅剩5人。12月17日和18日又分别有26名男子和30名男子被带走。被偷走的财物有：钱、行李、一袋米和400套医院的被子。一名25岁的中国男子遭杀害，一名老妇遭严重殴打倒地，20分钟后死亡。（单渊宽）

63) 12 月 18 日，在宁海路，日本士兵抢走了一个中国小男孩的半桶柴油，将他殴打一顿，并强迫他为他们拎这个桶。

日本士兵在平仓巷 6 号偷走了一头猪。另外 5 名日本士兵赶走了一批小马。

在颐和路 12 号，日本士兵先将住在里面的男性难民全部驱赶出去，然后强奸了剩下的 7 名姑娘。

一个茶馆老板的 17 岁的女儿被 7 名日本士兵轮奸并死于 12 月 18 日。

昨天晚上 6 时—10 时之间，3 名日本士兵强奸了 4 名姑娘。

一名老年男子报告，他的家在莫干路 5 号，他的女儿遭到了多名日本士兵的残酷强奸。

日本士兵昨天夜里从金陵女子文理学院强行拖走 3 名姑娘，并对她们进行了强奸。这几名姑娘今天早上回到了陶谷新村 8 号，身心状况非常悲惨。

在平安巷，一名姑娘被日本士兵强奸致死。

在阴阳营多次发生强奸和抢劫事件。（马思华）

64) 12 月 18 日，广州路 83 号和 85 号的房子里一共挤有约 540 名难民。

从 12 月 13 日到 12 月 17 日，这里的房子每天要遭到三五成群的日本士兵的抢劫和骚扰好几次，今天，也就是 12 月 18 日，那里遭到了前所未有的掠夺。年轻妇女每天晚上都被卡车拉走强奸，直到第二天早晨才被放回来。到目前为止，有 30 多名妇女和姑娘遭到蹂躏，妇女、儿童的哭喊声彻夜不停。这几栋房子里的状况已经无法用语言描述。（翻译签名：韩湘琳）

65) 12 月 18 日，约下午 6 时以后，3 名日本士兵从琅玡路 11 号偷走一辆属于德国人齐姆森的福特汽车。（签名：孔清发）

66) 我们的一位负责人报告一件发生在安全区以外的事件：昨天我得到消息说，小道格拉斯·詹金斯先生（美国大使馆三秘）的住所被洗劫，一个佣人被杀，于是我立即赶往位于马台街 29 号的这栋房子，我确认这则报告完全属实。住所内一片狼藉，佣人的尸体躺在佣人房间里，其他佣人都已经逃走，没有任何人留下来看守这所房子。12 月 19 日。（菲奇）

67) 12 月 19 日，我的司机李文元一家 8 口人，住在珞珈路 16 号（德国人的住房，有安全保护证明，而且门上还挂有卐字旗），在 8 时 30 分的时候遭到了日本士兵的洗劫，全部财产掠夺一空，他所拥有的东西全部被抢走，有 7 箱衣物、两篓家庭用具、6 床羽绒被、3 顶蚊帐、吃饭用的碗碟和 50 元现钞。这个家庭现在一贫如洗，连一床睡觉的被子都没有。（菲奇）

68) 3 名日本士兵昨天闯入我们委员会 6 名领导成员位于宁海路 21 号的住所，偷走了一双手套、一双便鞋，还有剃须刀和蜡烛。第二天，也就是19日，中午时分，又有2名日本士兵闯了进去，偷走3床被子、一套蓝色精梳毛料西装和一个装有个人债券的小箱子。(菲奇)

69）第八区卫生总稽查孟财多(音译)先生12月19日报告，他的位于北平路59号的房子昨天和今天分别被日本士兵袭扰了6次和7次。12月17日，有2名姑娘在这所房子里遭强奸，今天又有2名姑娘遭强奸，其中一人被严重摧残，估计可能没有活下去的希望。今天，这里还有一名姑娘被强行拖走。住在这栋房子里的难民都遭到了抢劫，被抢走的有钱、手表和其他值钱的小东西。该报告由哈茨先生和签字者检查核实。(菲奇)

70）今天下午3时30分左右，一些酩酊大醉的日本士兵闯进红卍字会主席陶先生的位于莫干路2号的住宅，撬开了陶家的好几只箱子。我和施佩林先生及时赶到制止了这场很有可能是有预谋的抢劫。(菲奇)

71）12月19日下午5时许，一年轻男子在母亲的陪同下被送到了我们总部，日本士兵无缘无故用刺刀刺他的胸部。菲奇和斯迈思博士两位先生在前往日本大使馆递交一份日本士兵暴行报告(16号—70号)时，将这位年轻人带往大学医院。(菲奇)

72）12月19日，农科作物系(金陵大学一部分)的一个工人被日本士兵抢走10元钱，在前一天他已经被日本士兵抢走2.5元钱。下午，房子里有2名妇女被日本士兵强奸，晚上又有5名妇女被日本士兵强奸。(高)

73）12月19日下午3时，一日本士兵闯入鼓楼医院(大学医院)，当麦卡勒姆先生和特里默大夫要求他离开医院时，他竟然朝他们开枪，幸亏子弹打偏了。(麦卡勒姆)

74）12月18日，贝德士先生在金陵大学小桃园，也就是他办公室所在地的一栋房子里发现一日本士兵，问他来干什么，他便用手枪威胁贝德士博士。(贝德士)

75）12月19日16时45分，贝德士博士被喊去平仓巷16号，这座房子里的难民几天前被日本士兵赶了出去(里格斯先生、斯迈思博士和斯蒂尔先生目睹了这起事件)。日本人刚刚洗劫了这所房子，并在三楼纵火。贝德士博士试图灭火，但无法扑灭，整栋房子被彻底烧塌了。(贝德士)

76）12月19日18时，6名日本士兵趁黑爬过拉贝先生在小桃园住宅的院墙。当拉贝用手电筒照射其中一人时，此人用手枪对准拉贝，但是没有开枪，可能是他心想，枪杀一名德国人不会给他带来好结果。拉贝喝令所有6名日本士兵从院墙爬进来的地方再原路爬出去。他们试图让拉贝给他们打开大门，但是拉贝拒绝给他们这个面子，因为他们是在没有得到他的允许的情况下踏上他的宅基的。(拉贝)

77）12月19日18时，我们的一位职员喊贝德士博士、菲奇先生和斯迈思博士到属于金陵大学的汉口路19号房子里，去驱赶正在里面强奸妇女的4名日本士兵。他们发现日本士兵在妇女们藏身的地下室里。日本士兵被赶走后，这所房子里的所有妇女和儿童都被转移到了金陵大学的几栋主楼里。这一夜，有日本领事馆警察的守卫。（贝德士博士，菲奇，斯迈思博士）

78）12月20日早晨7时30分，里格斯先生走过汉口路28号时，人们向他报告，由于所有的妇女都已经转移到了金陵大学，所以昨天夜里在那里拼命找女人的日本士兵出于报复枪杀了一名中国人，用刺刀将一人刺成重伤，另外3人受轻伤。（里格斯）

79）12月20日，在前往宁海路5号总部的路上，拉贝的汽车被一名日本士兵拦住。拉贝强烈要求这个日本士兵尊重他汽车上的德国卐字旗以及国社党领导人徽章（它表明拉贝是德国国社党地区小组组长）。拉贝放大嗓门，语气非常激烈。这名日本士兵最后允许他通行。（拉贝）

80）12月20日早晨7时，麦卡勒姆先生在大学医院值完夜班回家的路上，碰到了许多正在逃往大学的妇女儿童。来自不同城区的3个家庭向他报告说，昨天夜里他们从家里被赶了出来，日本士兵放火烧毁了他们的房子。（麦卡勒姆）

81）12月20日凌晨3时，尽管大门口有一名日本领事馆警察站岗，仍然有2名日本士兵闯进金陵女子文理学院的500号楼，强奸了2名妇女。（特维内姆）

82）12月18日下午4时许，日本士兵出现在湖南路516号的中国工程开发公司，索要外籍房主的名片，由于我们没有名片，他们便立即拿走了我们房子上的旗子。后来又来了多名日本军官和士兵，强行打开钱柜和一些皮箱。（张海裕，黄凌〈音译〉——门房）

83）12月16日，我在峨嵋路7号的房子遭抢劫，门被砸开，箱子被撬开。一辆1934—1935年产的、车号为1080的道奇车和一大批其他物品被偷走，被盗物品清单正在开列。（许传音）

84）12月20日，卫生委员会第八区多名官员的衣服和被褥被抢走。由于没法在自己的办公室待下去，他们请求安置在总部或委员会其他官员那里，以便能在没有阻拦、没有威胁的情况下继续工作。（沈玉书牧师，委员）

85）12月20日，日本士兵多次闯入中山路209号德士古公司，偷走被褥、鞋子、地毯和家具，砸碎许多窗户玻璃，撬开钱柜。停在房子下面房间的金陵摩托车公司的3辆汽车被弄走，下水道工程公司的一个钱柜也被撬开，一块表和许多其他物品被偷走。（张平遥——门房）

86）12月17日，Y. H. 邵（基督教青年会行政秘书处）家的3个姑娘被强行从陆军大学拉出来，然后被拖到国府路，遭日本士兵强奸，到午夜时分才被放回。（陈新裕〈音

译〉,基督教青年会行政秘书处)

87) 12月20日,阴阳营47号的房子被抢劫7次,一大批珍贵物品被盗走,昨天日本士兵再次闯进,偷走了3元钱,并找寻妇女。幸好没有发生强奸事件,但是房子里的所有住户均遭到抢劫。自那以后,就再也没有人敢在这栋房子里逗留较长时间了。(陈新裕,基督教青年会行政秘书处)

88) 12月19日午夜12时,2名日本士兵闯进农科作物系的21号房间,企图强奸屋内的妇女。由于这家的先生会讲日语,他的妻子才免遭凌辱。(第六区,第一难民收容所)

89) 12月18日,日本士兵从安置有100多名难民的金陵大学农科作物系将4名妇女抢走了一整夜,并强奸了她们,第二天早晨她们才被放回。12月19日,又有2名妇女被强行拖走,同样的厄运降临到了她们的头上,但是这一次到第二天早晨,也就是12月20日的时候,只回来了一名妇女,另外一名妇女至今下落不明。(第六区,第一难民收容所)

90) 12月20日,有一位双目失明的理发师被送进了大学医院。12月13日日本人进入城南的时候,他正抱着他的孩子,日本人向他要钱,由于他没有钱,日本人就开枪击中了他的胸部。(威尔逊大夫)

91) 12月20日,城南一家帽店的老板也同样被日本人开枪击中了胸部,日本人向他要钱,并且对得到的数额不满意,还想要得更多,但是这位店主再也拿不出来了,因为他已经把他所有的钱都给了日本人。这位受伤者今天被大学医院收治。(威尔逊大夫)

92) 12月20日,2名日本士兵今天从金陵大学红卍字会粥厂的会计处抢走了7元钱。(里格斯)

93) 12月20日下午2时30分,菲奇先生打算到我们的汽车修理工家去接2名妇女,把她们送到大学去,这时修理工跑了过来,报告说日本人发现了他家的那2名妇女,正准备强奸她们。我们立即朝平仓巷13号赶去,发现门房里有3个日本士兵和那2名妇女,2名妇女的身上已经没有衣服。我们要求日本士兵离开这所房子。有2个人立即听从了我们的话,但是第三个日本士兵则开始检查我们的门房,看他是否曾经当过兵,他检查了门房的手、后背和脚。这个时候,2名妇女已经穿上了衣服,我们用菲奇的车把她们送到大学,使她们脱离了危险。(菲奇,威尔逊大夫,麦卡勒姆,斯迈思博士)

94) 12月17日夜间,11名中国妇女被日本士兵强行从金陵女子文理学院的难民收容所里拖走,与此同时一支日本搜索队在一名日本军官的带领下强迫金陵女子文理学院的全体职员在学院门口排列成行,让他们在那儿站了有一个多小时。这个军官撕掉

了由另外一支日本部队开具的此难民收容所已被搜查过的证明。(魏特琳)

95) 12月17日,居住在金陵女子文理学院难民收容所的一个难民的儿媳妇在她的房间里遭到强奸,该学校一名教师的女儿被日本士兵拖走。(魏特琳)

96) 日本士兵违法地闯进了5栋住房(系工作人员的)并进行了抢劫,这5栋房子挂有美国国旗,此外大门上还张贴有美国大使馆财产证明。5栋中有1栋多次遭到洗劫,有3扇门已经被打破。(魏特琳)

97) 12月17日上午8时—9时,保罗·特维内姆夫人位于鼓楼头条巷3号的私人车库里一辆汽车被偷走。这是一辆奥斯汀7型汽车,深蓝色,发动机号230863,底盘号229579,车牌号1492(特维内姆夫人目前在金陵女子文理学院临时帮忙,每天都可以在学校找到她)。(特维内姆)

98) 12月20日,19时30分,一名怀孕9个月的17岁少妇遭两名日本士兵强奸,21时,出现临产阵痛。午夜时分婴儿出生,少妇今天早晨才被送进医院,因为人们晚上不敢上街。婴儿情况良好,母亲处于歇斯底里状态。(威尔逊大夫)

99) 12月20日下午,日本士兵闯进汉口路5号住宅,该房的主人是J. H. 丹尼尔,大学医院的院长。住宅大门上贴有日语布告。日本人进入楼上的房间,弄来2名妇女强奸,在房间内达3小时之久。地下室内的3辆自行车被偷走。丹尼尔博士先生不在期间,这所房子由威尔逊大夫居住。(威尔逊大夫)

100) 12月21日13时15分,威尔逊大夫在大学的女生寝室发现一名日本士兵,他要求这名士兵离开这所房子,但是遭到了手枪威胁。过后威尔逊大夫在街上遇见了这名日本士兵,后者见到威尔逊,就把手中的枪上了膛。(威尔逊大夫)

101) 12月20日下午3时,3名日本军官闯入汉口路小学难民收容所办公室,工作人员试图通过翻译和日本军官交谈,但是被赶出办公室。日本军官就在这间办公室里,在光天化日之下,强奸了2名妇女。(郑大成,难民收容所负责人)

102) 12月20日,日本士兵闯进我们委员会成员舒尔彻-潘丁先生的家,该房现由马吉牧师、波德希沃洛夫先生和齐阿尔先生合住,波德希沃洛夫正在发电厂帮助恢复发电,齐阿尔的工作也如此,他目前正在帮日本大使馆修理汽车。日本士兵当着马吉先生接待的所有中国朋友的面强奸了多名妇女。这所房子里的客人都是美国圣公会具有良好素养的基督教家庭,他们对日本人的这种行为感到震惊。(汤,金陵神学院系主任)

103) 12月20日晚上10时,2名日本士兵闯进陈浪波(音译)先生位于鼓楼新村的住房,爬到妇女们的床上。陈先生叫来了曾经在日本大使馆工作过的孙先生,孙先生好言相劝才使日本人离开。(许传音)

104）12月20日下午4时，4名日本士兵在我们总部旁边的江苏路23号的房子里，先是端着手枪把所有的男人逼到另一个房间，然后强奸了3名妇女。这些妇女后来夜里逃到了我们总部，但是这些士兵今天早上又来要女人。今天下午4时30分，又有2名日本士兵闯进住房，强奸了另一名妇女。当其中的一个男子上前阻拦时，一个士兵朝他开枪，幸好子弹卡壳没有射出。（王）

105）12月21日，今天下午，有100多名住在我们总部旁边的妇女因为昨天夜里被日本士兵强奸来到我们这里请求保护和安置。我们把先到我们这里的妇女们送到了金陵大学。（王）

106）12月20日夜间，安全区分区负责人在北平路60号的地方（中英文化协会附近）遭抢劫，其恶劣程度前所未有。（许传音）

107）12月21日下午3时，施佩林被叫到了莫干路8号。他到达那里时，2个日本士兵逃走了，第三个日本士兵正和一个姑娘在一个关闭的房间里。施佩林敲门后，门打开了，这个日本士兵将衣服整理好，然后在施佩林的要求下跑走了。（施佩林）

108）12月21日下午3时30分，施佩林被叫到颐和路19号，在那里他看见了2个正在抢劫的日本士兵。施佩林走进房子后，日本士兵扔下了他们抢夺的东西逃走了。（施佩林）

109）12月21日下午2时30分，施佩林抓到了2个正在施密特公司的哈蒙先生家抢劫的日本士兵。士兵看见施佩林后，丢下抢来的东西逃走了。施佩林将曾经在上述德国公司工作过的2名妇女和2名男子妥善地安置到了自己的家中。（施佩林）

110）12月21日下午5时，施佩林从莫干路6号的房子里赶走了2名醉醺醺的日本士兵。这2名日本士兵佩带黄色领章，声称是来寻找自行车灯的。这已经是施佩林先生第二次从这所房子里赶走日本士兵了。（施佩林）

111）12月21日施佩林先生跟着上述2名日本士兵，阻止了他们进入莫干路19号。（施佩林）

112）12月21日凌晨4时50分，一名日本士兵爬过我们总部的院墙，试图将一名妇女诱骗到防空洞中。施佩林跟踪了这名闯入者。据那位妇女讲，这个日本士兵以前到这所房子来已经有2次了。（施佩林）

113）12月20日下午4时，4名武装日本士兵闯入第六区的房管处办公室，偷走了衣物。离开房子时，他们强迫一名佩戴安全区袖标的工人为他们拿抢来的东西。（吴国京）

114）12月19日，下午2时许至天黑前，位于汉口路23号、并贴有禁止日本士兵入内的日语布告的里格斯住宅，已被日本士兵6次闯入并抢劫。第二天晚上，也就是12

月 20 日，这座房子已经遭到 15 次袭扰和抢劫。（里格斯）

115）12 月 19 日下午，一名日本士兵在美国学校（五台山）试图强奸一名怀有 6 个半月身孕的 19 岁的中国女子，当女子反抗时，日本士兵手执匕首或是刺刀向她袭击。该女子胸部和脸部有 19 处刀伤，腿上也有数处刀伤，下身有一个很深的刀伤，胎儿的心跳已经听不见。该女子目前被安置在大学医院。（威尔逊大夫）

116）12 月 19 日凌晨 3 时，日本士兵扯下委员会的牌子，从门窗强行进入普陀路 7 号和 9 号无人居住的楼上和楼下的房间，抢走了一部分属于房主的东西。上午 10 时，又有 4 名士兵对这几间房子进行了搜查，他们把凡看得上眼的东西全拖走了。（签名：18 名被安置在这栋房子里的难民）

117）12 月 19 日，据金陵大学蚕厂的难民收容所报告，昨天晚上 8 时到今天凌晨 1 时，共有 8 名妇女被强奸，其中一人被刺刀刺伤，还有 4 名试图保护自己妻子的男子也被刺刀刺伤。妇女被强行拖走，以后则是单独回来的。（吴国京，第六区）

118）12 月 19 日晚上 6 时，颐和路 6 号，6 名妇女被 7 名日本士兵强奸，其中 2 名妇女被刺刀刺伤。之后，日本士兵又在门房用煤油灯将 2 床被子点燃。（杨冠频）

119）12 月 20 日上午 9 时，宁海路 25 号红十字会的 3 楼，1 名寡妇和 4 名年轻姑娘被日本士兵强奸。（杨冠频）

120）12 月 20 日，我姐姐 32 岁，住在阴阳营 47 号，3 个月来，她的下身长有一个瘤子，行动起来极为不便。每天都有日本士兵来企图强奸她，到目前为止在她的哀求下都放过了她。鉴于她的病情不断恶化，同时也害怕日本士兵的暴行，我请求菲奇先生用自己的车将我的姐姐送到大学医院。具名人：朱绅益（音译）。（菲奇满足了他的请求）

121）12 月 20 日晚上 8 时—10 时，日本士兵 3 次来到设在圣经师资培训学校的难民收容所，每次都强行拖走 3 个姑娘。（里格斯）

122）12 月 21 日，早上 8 时来了 7 名日本士兵，要求提供 45 名苦力和姑娘。下午 2 时，来了 4 名日本士兵找姑娘。下午 3 时 30 分，来了 6 名日本士兵和 1 名军官，强迫我们向他们提供 10 名姑娘，结果他们抢走了 4 名姑娘。（圣经师资培训学校难民收容所，里格斯）

123）12 月 22 日，原邮局职员施望杰（音译）今天早晨报告，存放在邮局的许多装包裹和信件的袋子被日本士兵抢走了。（斯迈思博士）

124）12 月 21 日晚 8 时，在圣经师资培训学校的难民收容所，有 7 名妇女被日本士兵强奸。（王明德）

125）12 月 21 日下午 5 时，日本士兵抢劫了圣经师资培训学校难民收容所内的属于外国人的许多行李。（王明德）

126）12月21日，晚11时，3名携有手枪和刺刀的日本士兵爬过宁海路2号红卍字会后院围墙，殴打了日语翻译郭原森，将他的妻子拖到佣人房间强奸了3次。红卍字医院的院长孔钦欣（音译）先生腿部受伤。佣人和红卍字会的11名孤儿被逼到一间侧房不准出声。以后又有另外3名日本士兵通过大门进入，问院内有无日本军人。有人告诉他们，里面正有日本士兵在强奸妇女，于是他们便检查所有的房间寻找那3名闯入者，但是没有找到，因为那3人早已越过后院墙溜走了。这3个人刚走，又有3个日本人越过院墙爬了过来。他们同郭先生交谈了几分钟，捐给红卍字会3元钱。郭先生告诉他们，他的妻子被3名日本兵强奸了，他们便要求郭先生带他们去发生强奸的房间。到了那里，那几个士兵也要姑娘。郭先生告诉他们，房间里已经没有女人了。这帮恶魔便端着刺刀开始搜查所有的房间，最后他们发现了郭先生的儿媳妇，强奸了她，然后骂骂咧咧地走了。（由红卍字会提供）

127）12月22日中午12时30分，在汉口路7号一栋贴有日语布告的金陵大学大楼的底层，菲奇先生、贝德士先生和斯迈思先生遇见了3名日本士兵，并阻止了他们拖走抢来的各种物品的企图。

128）12月22日12时45分，菲奇先生、贝德士先生和斯迈思先生在汉口路5号同样贴有日语布告的另外一栋大学的房子里遇见了2名日本士兵。

129）12月22日下午1时，还是这3位先生在汉口路8—10号的小学内也发现了日本士兵，这座小学的大门口也贴有禁止士兵入内的日语布告。

130）自12月14日以来，北秀村1号、4号、6号和8号的房子天天遭到日本士兵的袭扰。开始的时候他们要钱，以后就拿走了所有他们看中的衣物和箱子，他们每天来3次—9次。12月20日，6号有6个姑娘被强奸。12月21日，8号有1名妇女被强奸。（第七区办公室，1937年12月22日）

131）12月21日下午，莫干路6号的房子遭到2名日本士兵的洗劫。（第九区负责人）

132）12月21日下午6时，4名日本士兵抢劫了宁海路40号的房子。（第九区负责人）

133）12月21日，4名日本士兵轮奸一名17岁的姑娘长达2小时之久，然后又把她拖走。（第九区负责人）

134）12月22日上午9时—下午1时，普陀路7号的房子3次被抢劫，每次有3名—4名日本士兵参与抢劫。国际委员会的7块牌子被扯掉。（杨冠频）

135）12月22日下午1时，8名日本士兵爬过院墙进入宁海路25号，偷走的各种手表、钱财等价值约40多元，还有2辆自行车。（杨冠频）

136）12月22日下午4时30分，4名日本士兵闯进宁海路4号的房子，企图强奸一名16岁的姑娘。当日本士兵企图将这个姑娘骗到房间里时，姑娘跑开了。日本士兵便要用刺刀刺她，由于菲奇和克勒格尔先生出现，姑娘才得以逃脱。这两位先生到的时候，外面的一个士兵发出了信号，其他4个人便都跑走了。（菲奇，克勒格尔）

137）12月22日，菲奇先生、斯迈思博士先生和贝德士博士先生把一些日本士兵从汉口路5号住宅中赶出去，从而防止了在那里的2名妇女遭强奸。在此之后，威尔逊大夫于下午2点认定，在过去的1小时里没有日本士兵进入这所房子。为了安全起见，事后他把这2名妇女安置在大学里。当他从那里返回时，楼上的房间里又有了3名日本士兵。他向一个带了2名士兵路过这里的日本宪兵呼喊。该宪兵本人不愿进去，他派这2名士兵进屋子，经过士兵反复强烈的敦促，这3名入侵者才离开了屋子。（威尔逊大夫）

138）12月22日，里格斯的住所今天又遭洗劫，住所里的2名妇女被强奸。晚上又闯进了日本士兵，他们强奸了一名53岁的妇女。（里格斯）

139）12月13日，一名11岁的小姑娘同父母亲站在一个防空洞的入口处观看日本人进驻。一名日本士兵用刺刀将父亲刺死，将母亲枪杀，用刺刀猛击小姑娘的手臂，致使其肘关节伤残。该女孩因无兄弟姐妹，故一星期后才被送往医院。（威尔逊大夫）

140）12月23日，施佩林先生报告说，他今天3次把在莫干路7号房子里骚扰妇女的日本士兵赶出去（然而他承认，有2名日本哨兵在山西路巡逻，他估计该市区的局势因此而好转）。（施佩林）

141）12月21日，这一天有一名孕妇和一名年仅13岁的姑娘遭强奸，夜间2个妇女被拉走。抢劫整天都在发生，甚至床上用品也被偷走。一只放有结婚礼品、新旧字画轴的筐子同样也被抢走了。但总的说来，在日本宪兵队的告示张贴之后，局势有些好转。（五台山小学难民收容所）

142）12月22日下午2时—4时，闯进一些士兵，抢走了11条被子和较大一笔钱，总共约100元。（圣经师资培训学校）

143）12月22日，4名带着刺刀的日本士兵闯进收容所索要香烟。难民立即进行了一次小型捐款，买了7听香烟给他们。有人把前一天从这些士兵那儿得到的5元钱还给了他们。难民们之所以这样做，是因为这些士兵威胁要焚烧这栋房子。后来来了3名带枪的日本士兵索要酒。有人给他们买了2大壶酒，4名难民按照士兵们的命令把酒抬走了。另外3名日本士兵偷了3辆自行车并让3名难民把它们运走，其中只有一名难民事后返回。还有4名日本人盗了一辆人力车。另有士兵闯进难民收容所，但未造成损失。（汉口路小学难民收容所）

144）12月23日，这里人们继续遭到日本士兵的抢劫。一名喝醉了酒的士兵强奸了一名妇女，打伤了一名难民的头。日本士兵三四次闯进来劫走妇女。（五台山小学难民收容所）

145）12月23日晚8时15分，7名日本士兵劫走了4名姑娘。12月24日早上9时，日本士兵3次闯进我们这里骚扰难民，每次有日本士兵3人—4人，下午2时，他们抢走了衣服、钱和食品。（圣经师资培训学校难民收容所）

146）12月23日，下午3时，2名日本士兵闯进汉口路小学难民收容所进行抢掠，其间他们遇到了校工黄小姐，把她强奸了。这个事件当即报告了日本宪兵队特务处，该处派来几名警察，因那2名日本士兵在这期间已逃跑，警察就把姑娘带到办公室作为证人加以审问。同一晚上，另外一些日本士兵闯入难民收容所，强奸了王女士的女儿。晚上7时，又闯进3名日本士兵，强奸了2名年轻姑娘，其中一名才13岁。（郑大成，汉口路小学难民收容所所长）

147）12月24日，4名日本士兵在颐和路6号从马先生领导下的救护队中强行拉走12名中国苦力。（菲奇）

148）12月24日—25日间夜晚，7名日本士兵闯入圣经师资培训学校难民收容所，并在那里滞留了一整夜。25日早晨9时和下午2时，分别闯进4名和3名日本士兵，他们抢走衣服和钱，强奸了2名姑娘，其中一名才12岁。（圣经师资培训学校难民收容所）

149）12月25日上午10时，我们委员会的成员里格斯先生在汉口路被日本稽查队的一个军官拦住并殴打。（见里格斯先生12月25日的特别报告）

150）12月25日，日本士兵从金陵大学胡家菜园11号的院子里偷走2头水牛。（里格斯）

151）12月22日，2名日本士兵在金陵大学蚕厂难民收容所强奸了一名13岁的姑娘，其母亲想阻止对她女儿的奸污而被打伤。同一难民收容所中的另一名28岁的妇女也被强奸。12月23日，清晨4时，日本士兵在强行抢拉2名姑娘时被制止。士兵随即逃跑。（H·K·吴，警官）

152）12月25日下午3时，一些日本士兵偷走了2辆大型消防车上的车轮。安全区消防队有4辆消防车和12台水泵，但在过去的10天里，几乎所有的车轮都被日本士兵拿走。剩下来的除一台水泵以外，其余的不是无法使用就是没有轮子。（Y·H·雍，警察所长）

153）12月25日，15岁的姑娘李小姐被日本军官和2名士兵从鼓楼新村的住所劫走。（许传音）

154）12月26日下午4时，一名13岁的姑娘在陈家巷6号被3名日本士兵强奸。（王）

155）12月26日下午1时30分，一个日本军官闯进大学医院，他要求把正在干活的勤杂工交给他使用。鲍尔小姐对拉走勤杂工之事提出抗议，但该勤杂工还是跟这个军官走了，因为他担心鲍尔小姐会吃亏。虽然这名勤杂工3个小时之后返回了，但医院遭受了缺少人员的损失。尤其是因为鲍尔小姐必须看护好医院门诊部，以防日本士兵抢劫，因此带走正在值班的人员等于是对医院工作的严重干扰。（威尔逊大夫）

156）12月24日，日本士兵把金陵大学农学院的美国国旗取了下来。（贝德士和米尔斯）

157）12月27日，日本士兵闯进金陵大学农学院，拆除一所用白铁皮盖起的建筑。（贝德士博士）

158）夜里11时—12时之间，3个日本士兵乘坐一辆汽车闯进大学大门，并称受司令部的派遣执行检查。门卫被强行制止未能发出警报，并被迫陪他们去寻找姑娘。3个姑娘被这些士兵强奸(其中一个才11岁)，其中一个被拉走。（贝德士博士）

159）12月26日，这一天有多组三四人为一组的士兵7次闯入圣经师资培训学校，从经过前面无数次抢掠还剩有一点东西的人们那儿抢走衣服、食品和钱。他们强奸了6名妇女和一个12岁的姑娘。夜里，由12人—14人组成的人数较多的士兵队伍4次闯入，他们强奸了20名妇女。（米尔斯牧师）

160）12月27日晚上11时，米尔斯先生被从大学喊到汉口路7号(这所房子是大学的)，在那里他遇到一个日本士兵，该士兵手中的手枪保险已经打开。米尔斯委托一个佣人到大学去叫一个在那里进行登记工作的宪兵队军官，但这个士兵不让这样做，并让米尔斯离开这所房子。米尔斯回头看时，发现这个士兵在几个戴着日本臂章的中国人的陪同下，正带走一个住在这所房子里的姑娘。到了大学，米尔斯先生找来了宪兵队的一名军官。这名军官在他的要求下立即上路到汉口路上的那所房子去，在半路即汉口路的拐弯处遇到了一辆载着宪兵的汽车，这名军官征用了这辆汽车。因为有人记下了陪同那个日本士兵的中国人戴的臂章标志，所以知道这个士兵所属的分队。这支分队住在南洋旅店，这名日本宪兵队军官找到了这个旅店。在那里人们给他的解释是，经理要一个“小丫头”(小佣人)，但是在此期间有人找到了一个小姑娘比这个士兵带来的更合适。这个士兵带来的姑娘(20岁)年龄太大了，因此让这个士兵送回去了。米尔斯先生对这种招募女佣的方式提出了抗议。当米尔斯回去的时候，这名姑娘还没有返回。因此他又一次到南洋旅店，但是得到的答复是：他们不愿意同这件事再有任何牵连，他们正在忙别的事情。然而当米尔斯第二次回去时，这个姑娘在此期间返回了。（米

尔斯）

12月28日9时，有关上面提到的这起事件，可以满意地报道，不论是宪兵队还是师团司令部均尽了努力来调解这起事件。日本军事当局就这起事件向中国人和米尔斯先生均表示遗憾。因此，这起事件被看作令人满意地解决了。（米尔斯）

161）一个为德国人服务的中国人昨天被日本士兵用刺刀刺死在靠近江南公司的一所房子里。这名中国人不愿让日本人强奸这所房子里的多名老年妇女，为此不得不付出了生命的代价。（里格斯）

162）昨天，路过首都饭店的3个中国人中有一人被日本士兵用刺刀和枪弹打死在该饭店门前，他们指控他是中国军人。

163）12月30日晨，4名中国人经过估衣廊时遭到日本士兵开枪射击，其中一人当场死亡，另一人伤势非常严重，医生怀疑他不能痊愈。他目前正在大学医院。（威尔逊大夫）

164）12月30日12时15分，2个日本士兵开着一辆黄色汽车闯入北平路69号中英文化协会大楼，拉走了米超常（音译）家的12岁的女儿。（斯迈思）

165）12月25日下午3时，一些日本士兵闯入峨嵋路7号许传音博士家，劫走钢琴一架、衣服数件。（菲奇）

166）12月27日下午，在宁海路33号我们的住宅里，闯入3个日本士兵，他们砸开了6只箱子，劫走了一些贵重物品。所有这些物品都是我的雇主陈先生的。（赵子常〈音译〉，门卫）

167）12月27日下午1时，5个日本士兵和一个随从闯入汉口路小学，想拉走两名姑娘。正当他们把这两名姑娘往街上拉时，被正在巡逻的几名日本宪兵抓住，这5个士兵和一个随从被逮捕。（郑大成，汉口路小学难民收容所所长）

168）12月27日下午3时，3个手持刺刀戴着黄领章的日本士兵闯入华侨路5号我家，要强奸我18岁的妻子，但被几名日本宪兵制止，宪兵把他们带走了。（难民：屠培英〈音译〉）

169）12月30日下午，两个日本士兵闯入北平路64号意大利大使馆一名官员的住宅，偷走100元钱，并且企图拉走两名姑娘。在她们的恳求下，其中一名姑娘被放了，但另一名身穿毛皮里子衣服名叫尚雪珠（音译）的16岁姑娘被拉走。这两个士兵在屋里滞留期间，另有两个士兵把守着大门。（施佩林）

170）12月29日夜间，被派来做哨兵的一个日本士兵闯入我们大楼的一个房间，强奸了一名姑娘。在这之前的12月27日，这些哨兵中就有一人喝醉酒后表示了要姑娘的念头。福井先生12月29日被告知了这起事件，他答应在12月30日夜间撤换这些哨

兵。此后，如同我们感激地看到的那样，再也没有发生骚扰。（索恩，圣经师资培训学校）

171）1938年1月1日下午3时，当施佩林先生经过宁海路和广州路拐弯处时，看到从一所房屋里逃出一个老年妇女。当施佩林走进这所房屋时，一个日本士兵正从这所房屋里跑出来。施佩林发现另外一个赤身裸体的士兵同一个刚被强奸的半裸的姑娘在卧室里。施佩林在给予这个士兵必要的时间穿好衣服之后，便把他赶跑了。（施佩林）

172）1月1日晚上9时，日本士兵乘坐卡车出现在拉贝先生小桃园的住宅前面要拉姑娘。因为他们被禁止进入院子和住宅，他们就继续朝大学附中开去。（拉贝）

173）1月1日下午，3个日本士兵闯入金陵女子文理学院楼内，其中一个到竹园里追踪一名姑娘，该姑娘便向魏特琳小姐呼救。魏特琳小姐及时赶到，从而制止了一起强奸事件。魏特琳小姐还看见了另两名日本士兵，他们自称是宪兵队的。（魏特琳）

174）1月1日下午1时40分，两个日本士兵闯入珞珈路17号福斯特牧师的住所强奸了一名姑娘，殴打了另一名反抗的姑娘。两个多星期里，外国人第一次离开这所房子，也就是说这个事件是在没有外国人看护这所房子仅有的两个小时里发生的。当时，福斯特牧师同菲奇先生吃饭去了。他得到报告后，就立即同菲奇先生和马吉先生驱车返回，并把这两名姑娘送往了大学医院医疗。（菲奇）

175）1月1日下午4时，3个日本士兵在汉口路11号属于大学的一所房子（美国辖区）里强奸了一名14岁的姑娘。同一所房子里的一名妇女跑向大学大门口喊宪兵（日本军警），但是宪兵行动缓慢，到得太迟了。（贝德士）

176）1938年1月2日，10时—11时之间，一个日本士兵闯入陈家巷5号刘培坤的住所，声称要对该住房进行检查。当他看到刘的妻子时，便向她提出一连串有关该住房情况的问题。当刘的妻子开始回答这些问题时，屋里的其他人示意她离开，因为他们注意到这个日本人试图把她引到另一个房间去。当她准备脱身时，她的男人刘培坤过来骂了这个日本人几句并朝他脸上打去，该日本人随即离开了这所房子。然后，刘妻为丈夫和5个孩子做午饭。下午4时这个士兵又来了，这次带了一把手枪，要寻找刘，刘此时藏身在厨房中，邻居们纷纷请求他饶恕刘，有几个人甚至给日本士兵下跪，但都没有用，都没有能制止他。该士兵一找到刘，就朝他肩膀上打了一枪。当4时30分人们喊许传音博士去的时候，刘早已死亡。约翰·马吉随后赶到，他证实了这个情况。（许和马吉）

177）1938年1月2日15时，施佩林和菲奇先生被喊往宁海路13号的住宅，4个日本士兵闯进那里企图抢掠和奸污妇女。当这些日本士兵看到施佩林先生戴着黑色卐字

样的臂章时，便喊着“德国人，德国人”跑开了。（施佩林）

178）1938年1月3日，一名现安置在大学医院的妇女报告说，1937年12月30日她同其他5个妇女一起被从铜银巷6号骗出去，据说是为给日本军官洗衣服，日本士兵把她们带到西郊的一所屋子，她们根据情况判断认为是一所日本军队医院。在这里，白天她们的确必须洗衣服，而每到晚上她们都要被反复强奸，年纪大些的妇女一个晚上被强奸10次—20次，而年轻漂亮一点的妇女则被强奸多达40次。1月2日，两个日本士兵把我们的女病人拖到一所偏僻的校舍，用刺刀总共戳了她10下，4刀戳在她的脖颈上，脖颈肌肉直至脊椎被戳穿，一刀戳在手关节上，一刀戳在脸上，4刀戳在背上。这个妇女虽然预计会康复，但脖颈却不能弯曲了。这两个日本士兵以为她死了便弃置了她。但是她被别的日本士兵发现，他们看到她的惨状便把她送到几个中国朋友那儿，这些中国人后来把她送到了医院。（威尔逊大夫）

179）1月3日，一个尚未成熟的14岁的姑娘，因遭强奸伤势重得只能通过医生的细心医治和护理才有可能康复。（威尔逊大夫）

180）1月8日夜里，五六个日本士兵闯入沈举人巷22号的房屋强奸妇女并用手枪枪杀了几个中国人。（报告人：李女士，32岁）

181）同夜，4个日本士兵敲高家酒馆45号房屋的大门要求进入，由于人们没有立即满足他们的要求，他们就用手枪射击。3个妇女被强奸。（报告人：袁家，3名妇女：21岁、25岁和29岁，地址同上）

182）1月7日，2个日本士兵企图强奸一名年轻姑娘，要制止这一罪行的张福熙（音译）被刺死。（慈悲社7号）

183）1月8日下午6时，3个日本飞行员在华侨路4号强奸一名姓高的18岁姑娘，并用手枪向四处乱射。

184）1月9日，一名老年男子从安全区回对过山去看自己的房子，以确认是否能搬回去。他到家时，发现他房子大门口有3个日本士兵。这3个日本士兵二话没说就朝他开枪，打伤了他的双腿。这名男子目前在大学医院。（威尔逊大夫）

185）1月9日早上，克勒格尔先生和哈茨先生看到一个中国平民被一个日本军官和一个日本士兵赶到安全区内山西路旁边一个池塘里处死的情景。克勒格尔和哈茨到那里时，这个男子踉踉跄跄地站在薄冰层破碎的齐臀深的池水中，奉军官的命令，日本士兵趴倒在一个沙袋后面开始射击。第一枪击中男子的肩膀，第二枪没有打中，第三枪才把他打死。（报告人：克勒格尔、哈茨）

我们当然无权对日本军队合法的处决提出抗议，但是这种处决方式无疑是欠妥的、残酷的。此外，我们想利用这个机会再谈一谈我们在同日本大使馆先生们的私人交谈中经常探讨的一个问题。池塘受尸体的污染大大减少了或者说破坏了安全区内的水源。这种状况的危险性在长时间的缺水时期尤其必须指出，特别是因为城市自来水管恢复得很少。

186）1月9日下午3时左右，米尔斯牧师先生和斯迈思博士先生前往双塘视察那里的收容所，同时也为了查实有关城区（城市西南区）的局势是否允许居民返回。他们到达时遇到一个怀里抱着一个孩子的妇女，她刚刚遭到了3个日本士兵的强奸。（报告人：斯迈思、米尔斯）

有关双塘难民收容所的特别报告几天前由米尔斯牧师做出。

187）1月9日夜里，日本宪兵队的一个岗哨从汉口路25号斯迈思博士先生住宅里拉走一名妇女，并从另一所房子里拉走第二名中国女子。正要返回汉口路23号自己住所的里格斯先生碰见了这个岗哨，并且被他用刺刀威胁。（见贝德士博士先生和里格斯先生的特别报告）

188）今天早上，两个按照规定由日本人登记了的中国人（马和殷）动身前往地处汉西门的马的住房去探望马失明的母亲。邻居告诉他们，她被日本兵打死了，他们看到的是她的尸体。在返回安全区的路上，他们被日本士兵拦住。日本士兵抢走他们的衣服，然后用刺刀戳他们，并把他们扔进了一条沟里。但是这两个中国人只有一人死了，另一个人苏醒了过来，爬出了沟。看到这一情形有同情心的同胞给了他衣服，因此他得以回到蚕厂。朋友们用一张床把他从那儿抬到了我们总部。菲奇先生张罗着把他送进了鼓楼医院。（受伤者向吴先生报告）

189）1月14日，日本士兵从汇文女子中学外国教师住宅里偷走两张床及床上用品。（贝德士）

190）1月14日，一家难民从大学附中回到自己住处。途中他们办理了登记证件，将它们贴在自己大门上，据说可免受日本士兵的骚扰。然而他们到家后才1个小时，5个日本士兵即闯入他们的住房，逐出所有男子，对数名妇女进行了强奸。1月15日这家人又回到中学居住。（贝德士）

191）1月16日，吉先生报告说，一些妇女从金陵女子文理学院回家，被日本士兵强奸，后来她们搬到金陵大学去住，因为她们羞于回到金陵女子文理学院朋友们那里。

192）1月16日上午8时许，有几辆卡车载着日本士兵来到金陵大学图书馆，他们要找工人和6个会烧饭的女子。佣人带给他们6个女子，她们准备着一道乘车走，但日本士兵不要她们，嫌她们年纪太大了。他们要的是年轻女子，并说次日早晨再来接她们。1月16日晚上，日本兵来后又走了，因为没有哪个女子愿意跟他们去。17日上午8

时，又有 2 辆卡车和 2 辆载着军官的车子开来，从蚕厂带走一些男子和 7 个女子。（贝德士博士）

193）1 月 16 日早晨，里格斯先生在城西南吉祥街 68 号房子旁发现一张布告，布告上要求市民返回自己家里去。就在这贴着布告的房子对面有两堆房屋废墟，日本人在昨天夜里先是把两所房屋的看门人痛打一顿赶走，然后纵火烧了房屋，这就是有人认为的对返回的难民十分安全的地区。布告现放在平仓巷 3 号供人观看。

194）1 月 16 日下午，W・P. 米尔斯牧师到双塘，查明上星期六和星期日是那里的难民受到日本兵折磨最深重的两天，日本兵接连不断地来强奸妇女。米尔斯牧师在那里逗留时遇见两个日本士兵，以后将详细报告。

195）1 月 17 日，金陵大学附属中学难民收容所中的一位妇女和家中的一名男子回到自己城南的原住处，这个地区刚刚开放。一名日军士兵闯入屋内，欲对该妇女施暴。她自卫的时候被该日本兵用刺刀杀害。（贝德士）

196）1 月 19 日，日本领事馆警官高玉来到大学附中物色 6 名洗衣女工。同往常一样，他被告知，如果有妇女自愿报名，我们没有意见。可高玉提出，只有年轻妇女才在考虑范围之内。当被问及为何要年轻妇女而不是更适于洗衣的其他人时，答复是：她们还得长得漂亮。（贝德士）

197）1 月 20 日，一群住在大学附中的人去升州路买米，途中遭日军士兵拦截，钱被抢走。

198）1 月 19 日，一位与福斯特先生及我合住在同一栋房子里的尼姑说，她昨天获悉，她的叔父（姓朱，65 岁）在去日本人指定地点买米的途中遭多名日本士兵抢劫并被刺死。此事约发生在一星期前，其叔父外出未归，当时无人知晓他发生了什么事。（马吉）

199）1 月 20 日，马吉先生报告说，中国伤兵在外交部红十字医院每天只能得到 3 碗稀粥，其中一名伤兵向一名日本军官（或一名医生?）抱怨，这名军官便揍了他一顿。伤兵继续表示抗议，日本兵便把他带出去用刺刀刺死。（马吉）

200）又有妇女从金陵女子文理学院的难民收容所被人带走。（魏特琳）

201）1 月 20 日，有 3 名妇女从金陵神学院被人带走。（索恩）

202）1 月 18 日，中华路基督教女中的一架钢琴被盗，窃贼是穿过院墙上的窟窿把钢琴搬走的（所谓的“钢琴穿墙事件”）。（麦卡勒姆）

203）1 月 20 日 15 时，2 名日军士兵闯入基督教女中的寝室。他们离开后，一名校工在房间里发现了点燃的纸。（麦卡勒姆）

204）1 月 25 日，难民收容所魏报告：

在此我向您递交一份被强奸妇女的清单以及一根日军士兵丢下的皮带。

时间	年龄	备注
1月13日14时	16岁	2名士兵强奸了该少女。
1月13日14时	37岁	该妇女被一名士兵强奸。
1月13日21时	27岁	该妇女被一名士兵带走,次日才被放回。
1月19日20时	37岁	该妇女被一名士兵强奸。
1月20日晚	13岁	该女孩被一名士兵强奸。
1月20日晚	48岁	同一名士兵又强奸了该妇女。
1月20日晚	36岁	还是这名士兵又强奸了该妇女。从下午至次日早上,该士兵奸污了3名女性。他于早上5时离开时丢下了随身携带的皮带。

签字盖章:李瑞亭,鼓楼西难民收容所负责人。

205) 1938年1月25日16时许,一名姓罗的中国女孩(她和母亲及兄弟住在安全区的一个难民收容所里)遭一名日军士兵开枪射击,命中头部致死。这名女孩14岁。这起事件发生在距离古林寺(难民区边缘的一座知名的寺庙)不远的农田里。这名女孩在兄弟的陪同下忙着在农田里摘蔬菜,此时一名日军士兵出现并欲对其施暴。女孩惊恐之下起身逃走,于是被日本兵击毙。子弹从这名女孩的后脑射入,从额头穿出。(欧内斯特 H. 福斯特)

206) 1月25日晚上9时,一名持枪的日本兵闯入阴阳营49号我的住所,强奸了我18岁的女儿。当时我想找您报告此事,但日本人不让我离开。我家有6口人,儿子和女婿已去了汉口,家里连我只有4名妇女。撇开我女儿被奸污不谈,如果这种事情继续发生,那么区内所有的妇女将处于危险之中。因此,我请求贵委员会作为慈善机构就此事件向日本大使馆提出抗议。(签名:贾箫鸣)

207) 昨天下午(1月27日)午饭后,大学(鼓楼)医院的负责人麦卡勒姆先生被人叫去,让他把闯入医院后面寝室的2名日军士兵请出来。当两名日本兵从房子的后门出去的时候,麦卡勒姆向他们指了指那儿的美国国旗。他们被激怒了,并命令他跟他们走。他答应了,以为这样就能跟着进日军司令部。可走了约100码后,其中一个士兵让他返回。麦卡勒姆说道:“不,我陪你们走。”随后这名士兵便拔出刺刀并威胁要刺死他。见麦卡勒姆不理睬,他便向麦卡勒姆先生的下巴猛地刺去,后者为了不致送命随即把头向后一仰,可脖子上还是留下了一个伤口。另一名士兵见状便把他的同伴带走了。聚集在鼓楼医院门口的老百姓正在寻求帮助,就在这时他们发现了一名日本领事馆警察,他正开车经过。于是这名警察把麦卡勒姆先生带上车并追踪这2名士兵到了下一个街角，下车规劝了这 2 名士兵并记下了他们的名字。他还说，他会将此事告知日本大使馆。这时特里默大夫先生赶到这里，他正准备去美国大使馆通报此事。（事后麦卡勒姆先生向美国大使馆递交了一份书面报告。）

当天下午，这名领事馆警察在医院里就此事件向麦卡勒姆先生表示遗憾。晚上，他又带着 2 名宪兵来到平仓巷 3 号，向麦卡勒姆先生再一次了解了此事的全部细节。（根据麦卡勒姆先生致斯迈思博士的一份报告）

208）1 月 24 日 14 时，有人请求福斯特先生、波德希沃洛夫先生及马吉先生去保护一名妇女。一名日本士兵欲强奸该妇女并用刺刀威胁她。这 3 位先生说，当我们赶到时，那名日本兵已逃走了，但丢下了刺刀，因为他发现我们在尾随他。我们把刺刀交给委员会作进一步处理。这起事件发生在距我们住处不远的英台村（音译）1 号，就在安全区内。（签名：欧内斯特 H・福斯特、约翰 G・马吉、波德希沃洛夫。地址：英台村 1 号，大方巷）

（注：我把刺刀交给了美国大使馆的阿利森先生，后者将它面交福井先生，并同时通报了此事。此事后交由宪兵调查。——斯迈思）

209）1 月 24 日 23 时，2 名别着浅色袖章的日军士兵闯入胡家菜园 11 号的一家农具商店，他们用武器威胁该店主并搜了他的身。随后他们拖走了他的妻子，强奸了她，2 小时后才将其放回。（注：这起事件涉及私闯民宅、以军用武器相威胁、劫持和强奸。）门上的日本布告被撕去。里格斯及贝德士两位先生后开车带着这名妇女去寻找强奸现场。她指着通向小粉桥 32 号的那条路，这里正是日本宪兵区队部。贝德士博士先生于是在美国大使馆提出正式抗议，因为这件事是在金陵大学的地段上发生的。1 月 26 日下午，2 名日本宪兵、一名翻译及高玉先生为调查此事，与里格斯及阿利森先生一起去了该农具店以及日军宪兵区队部。这名妇女得去日本大使馆接受讯问，可她在那里被拘留了 28 小时，直至 1 月 27 日 20 时 30 分才被放回。她讲述了如下情况：她提供的一楼至二楼间的台阶数目不对，在描述当时现场的铺盖以及照明情况时也说错了，因为她把煤油灯说成了电灯。此外，她也说不清楚被带走的具体时间（商店里愤怒的群众所提供的时间和她说的不一致）。因此认定，强奸不是发生在那所房子里，并由此推定不是日本宪兵所为，而是一些在此期间已经受到惩罚的普通士兵所为。

既然已经认定此事不在日本宪兵区队部发生，那么这起举报以及美国大使馆的抗议便当然地被视为反日宣传。（在平仓巷 3 号，高玉先生及其翻译向贝德士博士和里格斯先生证实了这个情况。——里格斯、贝德士）

210）1 月 21 日夜间，2 名日军士兵在高家酒馆 44 号搜寻妇女，幸好这家的妇女前一天去了金大附中。这 2 名士兵便向人勒索香烟和钱。由于这家人很穷，他们便去了隔壁一家。在这家他们碰上了2名妇女，随后竟当着她们丈夫的面将其强奸。1月22日，这2名士兵又带着2名同伴笑着站在这家门前。（索恩）

211）1月25日下午，鼓楼医院收治了一名中国妇女。夫妇2人住在难民区圣经师资培训学校附近的一个草棚里。12月13日，日本兵带走了她的丈夫，她被带至城南某处，并拘禁在那里。她每天被强奸7次—10次之多，只有夜间才让她睡一会儿。可能因为她已患病，情况很糟，5天前被放回。她已身染3种性病：梅毒、白浊和下疳，这几种病非常厉害，极易传染，她在短时间内便患上这些疾病。她在获释之后立即回到了安全区。（威尔逊）

212）1月29日下午，一年轻妇女从一个难民收容所出来，前往莫愁路买面粉，途中被日本兵拖上一辆驶往夫子庙的卡车，车上还有约20名被抓的姑娘。据她说，她被分给了日军军官。一名中国佣人见她在哭泣，出于同情给她出了个主意，让她逃脱厄运。在军官们吃饭的时候，她把手指伸进喉咙使自己呕吐，于是军官们便将其赶出房间。她便利用这个机会逃走，终于在次日凌晨2时赶回难民收容所。（贝德士）

213）1月29日，3名妇女在金陵中学南边的安乐里被日本兵强奸。（贝德士）

214）1月29日，8名收容在金陵中学里的难民在莫愁路遭日本士兵抢劫。

215）1月28日晚9点，日本兵闯入中山东路路边的天明浴室（日本特务机关办公室的东面，日军驻扎区内），向3名勤杂工勒索钱财，并开枪射击，2人受重伤，另外一人被打死。该浴室是应日本人的要求由自治委员会主持开业的，日军曾许诺予以特别保护。（斯迈思）

216）1月30日下午，一名日本兵闯入铜银巷1号和3号院里（美国人住宅区，分别是弗兰克·普赖斯和汉德尔·李的住宅）搜寻妇女。因为没有找到，他便穿过马路，从圣经师资培训学校拖出了一名妇女。这时有一队宪兵经过此处，当即将他逮捕，并将该士兵和妇女带走。（米尔斯）

217）1月30日下午4时20分，我从住处乘车去平仓巷教堂，正欲拐进汉口路时，我被50多位中国老百姓拦住，他们告诉我说，一日本兵把一名中国妇女拖进了离司法部不远的薛家巷4号。我立即被这群人领到那里，我发现这所房子已被抢劫一空，地上到处是各种各样的碎片。第一间房里没人，第二间房里停着一口棺材，隔壁的房里堆着稻草和杂物，该日本士兵就在地上正欲强奸那名妇女。他企图阻止我走进房间，我拽着他的手臂，硬是把他拖到了走廊上。当他看见守候在大门口的这群中国人和我的汽车时，便夺路而逃，消失在邻家住宅的废墟里。此时这名妇女也离开了，我继续开车前往教堂。（拉贝）

218）1月31日，据麦卡勒姆先生说，他在日本宪兵队看到了19架钢琴。中华女校(基督教女子中学)失窃的 3 架钢琴,在这里发现了 2 架。还有 2 架是从城南中华路的基督会教堂窃得的。他还发现了一架自家的钢琴,另外一件乐器也由于他的详细描述而物归原主。(麦卡勒姆)/注:前不久麦卡勒姆先生被一名日本兵刺伤颈部,现已痊愈。

219) 据约翰·马吉先生说,城南有一户人家,共计 13 口人。1 月 13 日、14 日两天,日本兵将这家的 11 人杀死,妇女都被奸污后杀死。只有 2 个孩子保全性命,这 2 个孩子讲述了这一悲剧。(马吉)

220) 1 月 30 日下午 5 时,一日本士兵闯入大学附中要女人,一位工人求他放弃这种想法。他走了,但从相邻的一所房子里拖出一个妇女,正好被宪兵撞着。宪兵要抓他,但直到叫来第二个宪兵帮忙才把他抓住押走。(贝德士)

221)1 月 31 日上午 11 时,一位 24 岁的姑娘从西门子难民收容所回家(广州路 46 号),为她的叔叔准备午饭。一日本士兵尾随其后,手持刺刀威胁她,如果她不想找死,就把身子给他。(拉贝)

222) 1 月 30 日,要求难民离开难民收容所的通告发布后,被安置在蚕厂的一家人返回了位于二条巷 30—35 号的住所。当天晚上,3 个日本士兵捣毁后院篱笆闯了进去,他们围着房子绕了一圈,敲打前门。因为没有让他们进屋,他们就砸开大门,扭亮电灯,命令居民起床,他们谎称是“稽查队”。其中一人持刀,一人携枪,一人徒手。他们花言巧语向住户解释说,不用害怕,他们不会动其一根毫毛,并命令男人们继续睡觉。然后,他们搜查屋子,掠夺钱财。身带佩刀的日本兵奸污了年仅 12 岁的少女,其余 2 人轮奸了一个老妇。直至半夜,他们才离开这所房子。这家人于 1 月 31 日重新返回了安全区。(里格斯)

223) 2 月 1 日早晨 6 时 30 分,一群妇女聚集在大学门前,向即将回国的贝德士博士先生恳求,不要让她们回家。一位原被安置在大学的妇女因害怕难民收容所关闭后家中的床上用品会丢失,就与两个女儿于昨天返回西华门家中。晚上,日本兵闯进她家,要对其女施暴。两个姑娘极力反抗,即被日本兵用刺刀刺死。妇女们说:“与其我们回家被人杀死,还不如留在这里,等到 2 月 4 日日本人来驱赶我们,被他们杀死在难民收容所好了。”(贝德士)

224) 1 月 30 日下午 5 时,几百名妇女聚集在一起,请求索恩先生想办法,不要强迫她们在 2 月 4 日返回原来的住处。她们说:“如果我们回家后反遭抢劫,受到凌辱,甚至无辜被害,那么回家干什么?你们至今一直在保护我们,但是不能半途而废,帮人帮到底!”一位 62 岁的老妪回到汉西门家中后,当晚就有日本兵闯入要强奸她。她说她年纪太大了,日本兵就用棍棒戳她。幸运的是她死里逃生,重新回到了难民收容所。(索恩)

225）1月29日，一位妇女回到黄泥巷30号家中，她家再次遭到抢劫，日本兵用刺刀威胁她，要她设法弄到女人。

226）1月30日11时，两位小姑娘回到竹丝巷的家中，被两个日本兵奸污了。

227）2月1日下午2时30分，一个孩子跑进我们的屋子，告诉我和福斯特先生，日本兵闯进了他们的家，并对妇女进行骚扰。我们跑向这所位于华侨大厦附近的房子，有人把我们带到卧室，看到门锁着。我们敲门，无人开门，于是我们破门而入，发现屋内有两个日本兵，一个坐在床上，另一个躺在床上，边上躺着一位姑娘。一个日本兵立刻跳起来，抓起皮带和手枪，穿过墙洞撒腿就跑。另一个喝得酩酊大醉，不能很快逃脱，我们不得不帮他穿上裤子。因为他的皮带丢了，他只得用两只手拎着裤子。我们帮他通过墙洞，到了外面街上他还想和我们握手，以示感谢。福斯特先生先走一步，他去叫宪兵来，而我陪这个日本士兵走了一程，在上海路和中山路的交叉口，我们把这个醉鬼交给两名日本哨兵。遗憾的是，我们听说，在我们到达之前，这位姑娘已被强奸了。（马吉）

228）1月29日，一位42岁的妇女返回位于通济门的家，她一到家就被一日本士兵抓住。他把她拖进一所空房子里强奸了。于是，她现在又住回到蚕厂来。

229）1月31日，一位30岁的妇女回到中华门里家中，她说，一日本士兵闯进她家要女人。

230）1月29日，一位22岁的妇女（其丈夫被日本人用刺刀刺伤，于前天去世）回到三牌楼2号的家中后，3次遭日本士兵强奸。

231）1月30日，一位45岁的妇女回到南门附近的家中后，有4个日本士兵闯入她家中，把她家洗劫一空，向她要女人。因她无法为他们弄到女人，就惨遭毒打，她的登记证也被抢走了。

232）陈王氏，28岁，于1月29日返回原来住处，半路上，她和另一个妇女被3名日本士兵拦住，他们要她俩跟他们走。尽管她们下跪求饶，但仍被拖进一家商店，陈王氏被他们强奸了3次。

233）1月28日，张杨氏，37岁，回到家中后，两次遭日本士兵强奸。

234）1月31日，倪冯氏，一位17岁的年轻女子，回家后正在井边淘米，一日本士兵向她袭来，打翻米篓，把她拖到桑田，肆意强奸。

235）1月30日，姚彩珍（音译），一位16岁的少女，与她母亲一起前往鼓楼医院探视病人。在鼓楼附近，两个日本士兵把她摔倒在地，在光天化日之下强奸了她。

236）1月30日，徐秦氏，一位36岁的妇女，正同丈夫以及几个邻居一道回家，走到长白街太平巷时，她被两个日本士兵拖进屋子，遭到强奸。

237）1月30日，江刘氏，一位27岁的少妇，与其公公回到自己的家。1月31日22

时，两个日本士兵闯进她家，幸好她已躲藏起来，未被发现。

238) 1月28日，魏陈氏，一位45岁的妇女，与一位女邻居一起回家，被一日本士兵抓住。他要把她拖走，另一位具有同情心的士兵救了她，而她的女邻居却被强奸了。

239) 1月28日，高思伟(音译)，一名24岁的青年男子，为日军特务机关干了几天活，一日本士兵盗走了他5元钱和登记证。

240) 周陈氏，36岁，于1月30日返回位于通济门附近的住所，遭到两个日本士兵的强奸。

241) 秦王氏，一位22岁的少妇，于1月23日被日本士兵从安全区的难民收容所中拉了出去，至今未归。

242) 白吴氏，27岁，1月28日回家后遭到两个日本士兵的强奸。

243) 1月28日，刘尹氏，42岁，回到门东附近的家中，午夜时分，一些日本士兵闯入她家要女人。

244) 1月29日，秦马氏，35岁，回到北门桥的家中后遭到强奸。

245) 1月28日，张卫氏，一位20岁的年轻女子，回家后遭到两个日本士兵的强奸。

246) 1月28日，徐朱氏，32岁，回家后遭到一个日本士兵强奸，她丈夫的衣服被盗走。

247) 秦方氏，36岁，家住通济门附近，在回家途中遭到两个日本士兵的强奸，其房屋被焚烧。

248) 1月29日，姚王氏，34岁，在回家途中被两个日本士兵强奸。

249) 1月29日，13岁的姑娘蔡家英(音译)与其母亲回到马台街家中，被两个日本士兵强奸了。

250) 1月30日，朱张氏，40岁，回到新巷桥附近的家中，被两个日本士兵强奸。

251) 1月29日，吴殷氏，19岁，刚分娩4天就遭一日本士兵强奸。

252) 朱姚氏，46岁，1月29日在回家途中被日本士兵阻拦，他们向她要女人。

253) 王张氏，43岁，1月25日回到新桥家中遭日本士兵强奸，丈夫被他们用刺刀刺死。

254) 1月31日夜里，2个日本士兵闯入天妃巷一人力车夫家中，要他为他们找姑娘。他陪他们到螺丝街，告诉他们说找不到姑娘，他们就把他痛打一顿。(米尔斯)

255) 46岁的妇女潘乐泽(音译)从蚕厂的难民收容所回到国府路西侧的家中后，日本士兵蜂拥而来找姑娘，因此她又回到了难民收容所。

256) 1月30日，一姑娘在返回位于国府路住处的路上，遭到2个日本士兵的袭击。他们把她拖进一间空屋轮奸，因此她又回到难民收容所。

257）1月30日，一位44岁的妇女在返回大中桥住处的途中，遭到日本士兵的袭击。他们把她拖进一间空屋强奸，她不得不又回到了蚕厂难民收容所。

258）1月30日，一男子回到申家巷家中，日本士兵前来找他要年轻姑娘，因此他又回到了安全区。

259）1月29日，许陈氏，42岁，回到她热河路的住处后，被2个日本士兵强奸。

260）1月30日，欧戴氏读了自治委员会的通告后，想带着2个女儿回到门西饮马巷的家中。途中被3个日本士兵阻拦，他们抢走了她身上的所有现金，共3.20元，她只得返回难民收容所。

261）1月28日，丁李氏回到西华巷的住处。在家中，她看到日本士兵正逼迫她70岁的老母为他们找姑娘，于是她赶紧返回难民收容所。

262）1月28日，苏茂盛（音译）先生在返回升州路171号住所的途中被日本士兵抢走了42元钱，他们只给他留下3角钱。他的房子被烧毁。

263）1月28日早上，6个日本士兵闯进国府路64岁的苏卢氏家中，强迫一家6口人挤进一个屋子。他们翻箱倒柜，洗劫一空，连最后的一点小钱1.40元也都被他们抢走。因此，苏老太请求返回难民收容所。

264）2月1日晚上11时，3个日本士兵越过金陵神学院的院墙，从一草棚里拖出一个姑娘，姑娘逃脱了并大声呼救。难民收容所里的难民被惊醒，慌忙跑出草棚，大声喊叫，迫使日本士兵翻墙而逃。（索恩）

265）1月31日，李王氏报告说，几天以来（即1月28日以来），日本士兵再三骚扰位于后宰门321号的她的住所。房东刘文龙（音译）的太太拒绝为他们找姑娘，他们就把她打伤。李太太急忙躲进防空洞才免遭残害，她请求允许她留在难民收容所。

266）1月29日，这一天，日本士兵以米、面换鸡鸭为借口引诱一些妇女和姑娘到老米仓，把她们强奸了。周必清（音译）目睹了这一切。

267）1月31日，马清仁（音译）报告说：我见到自治委员会的通告后，偕同全家回到原来的住处，但不得已又要离家而去，因为日本士兵每天都来骚扰，要钱、要女人。

268）1月31日晚上，顾吴氏回到安品街千章巷13号家中取粮食，她一到家就遭日本士兵强奸、抢劫。她立即返回难民收容所。

269）1月30日，水西门一家宜兴商店老板姚先生回到店里，遇见一个日本士兵，他强迫姚交出钱来。姚生活宽裕，这个士兵就多次上门要钱，并向邻居打听姚的去向，可是姚已经回到了难民收容所。

270）杨中林（音译）的兄弟杨中惠（音译）和母亲杨何氏在雨花路80号经营一家茶馆。1月29日他们被日本士兵杀害了。杨中林闻讯回家查看情况，半路上，在中华门遇到日本士兵，他们抢走了他的全部钱财。

271）1月29日，刘洪泰（音译）回到小王府园35号家中整理他微薄的家产，3个日本士兵闯入他家要女人。他回答说，家里没有女人。他们就抢走了他仅剩的2.40元钱。

272）1月29日，齐文修（音译）先生回到大王府巷24号家中，日本士兵闯进来，问他家中是否有姑娘。他回答说没有，他们就抢走他6元钱和1斗米，用刺刀挑破他的衣服，幸好他未受伤，后来就逃走了。

273）1月31日，日本士兵多次骚扰位于三茅宫13号罗马天主教堂后面的曹家，搜寻姑娘。

274）1月28日，日本士兵闯进白下路10号陈家要女人。陈先生的女儿躲在地下室，而陈先生的一笔现金却被全部抢走，约200多元钱。

275）1月30日，4个日本士兵闯进山西路大方巷6号某难民家，要强奸他14岁的女儿。在她父母的哀求下日本兵才放弃这歹念。

276）1月30日，2个日本士兵闯进上海路46号，强奸了一个寡妇，宪兵来时，他们已逃之夭夭。

277）1月30日下午1时30分，3个日本士兵闯入慈悲社2号闵先生家，把男人都赶出屋，对妇女们肆意奸淫，居民们纷纷要求返回难民收容所。

278）1月30日，3个日本士兵闯入豆菜桥30号，抢劫了房主的财物，强奸了他的姨妈，她半个月以前才生了孩子。

279）1月31日早晨，一个日本士兵闯入同仁街18号，盗走了居民才买来用以储存的蔬菜。

280）1月29日，一位女难民回到朝天宫西街47号自己家看看，刚刚到家，就有日本士兵闯了进来，幸好她及时躲到了柴火堆里。经邻居哀求，士兵才离开了她家。过了三五个小时，又有4个士兵来搜查她家，幸运的是，他们也没有发现她。

281）1月28日，3个日本士兵闯入大纱帽巷1号宋先生家，抢走了屋内所有的衣物，强奸了一个少女。第二天，他们又来要女人，因家中没有女人（她们都回到了金陵女子文理学院难民收容所），他们火冒三丈，举枪四射。

282）1月29日，在内桥一家当铺对面，一个20岁的姑娘被日本士兵强行拉到一条小巷内。

283）据2月1日的报告，家住天青街384号的50多岁的周寡妇被日本士兵拉去强奸。这天，士兵们还把她扣留下，强迫她为他们做饭。

284）1月29日18时，日本兵冲进东瓜市8号要花姑娘。

285）1月30日，张华福（音译）服从自治委员会的命令，回到他张公桥22号的家……（下文缺）

286）1月30日，一个日本士兵闯入汉口路132号要姑娘，被告知没有时，他火冒三丈。幸运的是，无人被他伤害。

287）1月29日晚上8时，5个日本士兵（其中只有3个身穿军装）闯入慈悲社11号，用刺刀对准马良慈（音译）的胸膛，胁迫她随他们走。其丈夫和嫂子也受到刺刀的威胁，他们把刺刀架在她丈夫的头上。但是，一切威胁都是徒劳的。

288）1月30日19时，一个日本士兵持手枪闯进上海路115号，抢走现金12元。

289）1月30日早上，4个日本士兵闯入莫愁路13号杨先生家，搜遍所有房间。当他们看到一年轻姑娘（杨的女儿）的照片时，要求一位住在那儿的老妇把这姑娘带来。老妇不从，他们暴跳如雷，但是她沉着冷静，摆脱了困境。

290）1月30日上午11时，一位小姑娘离开金陵女子文理学院难民收容所，回到朝天宫黄鹂巷19号家中。4个日本士兵闯进她家，轮奸了这个10多岁的孩子。

291）1月31日早晨，几个日本士兵闯入东瓜市一居民家，企图拉走并强奸2个姑娘。人们把宪兵叫来的时候，他们早已逃之夭夭。

292）1月30日晚上，在五台山永庆巷被拉走了2个姑娘。

293）1月28日傍晚，2个日本士兵闯入江苏路的草棚找姑娘。他们没找到，一气之下用刺刀对一个六旬老人的左肩戳了一刀。

294）1月29日晚上，3个日本士兵在一名妇女的私宅轮奸了该妇女。

295）1月29日晚上，3个日本士兵在珠江路一住宅轮奸了一名妇女。

296）1月29日傍晚，3个日本士兵闯入古林寺9号强奸了一名20岁的姑娘。

297）1月29日晚上，阴阳营71-1号的一位妇女被日本士兵强奸。

298）1月29日晚上，阴阳营43号、44号、45号和46号遭日本士兵洗劫，他们抢走了钱财，强奸了妇女。在44号那一家，4个日本士兵轮奸了一位妇女，并毒打她丈夫。

299）1月30日早晨，在四象桥太平旅店，一位妇女被日本士兵拖到门口当场杀害。

300）1月31日，一位妇女在广州路被2个日本士兵轮奸。

301）1月31日，在彩霞街“崔记水产店”附近的一条小巷里，一位50多岁的中年妇女和一个12岁的小姑娘被日本士兵强奸。

302）1月31日，在鼓楼二条巷，一个12岁的小姑娘遭到强奸。

303）1月31日，在四象桥，一位年逾60的老妇被强奸后，被刺刀戳进阴道致死。

304）1月31日，一位为红十字会服务的老人（他先前在金陵大学难民收容所的粥厂工作过）要回下关的家中（于1月28日向亲戚借了些必要的行李），走到中山北路和三牌楼的交叉路口时，其全部行李被日本士兵抢走。

305）1月30日，难民李望才（音译）和李山日（音译）回到新桥住所，日本兵先后到他们家搜查10余次，索要钱财和姑娘，并打了他们五六次。

306）1月28日早晨6时，一个日本士兵闯进卫清里（音译）7号住宅，登上二楼，砸开房门要找女人。因未找到而离去。

307）不久前，在三牌楼火车站，一位60多岁的老妇遭到强奸达十余次。

308）2月1日中午，2个日本士兵闯入珞珈路21号住宅，肯定不怀好意。居民们纷纷逃到隔壁23号一欧洲人居住的院内，请求他把日本人赶走。

309）2月3日，今天上午9时，一位18岁名叫蔡晓喜（音译）的年轻男子离开难民收容所回家，走到四象桥时，因没有立即向日本士兵行鞠躬礼，被这位士兵用刺刀捅了一刀。今天中午，他回到我们这里接受医生治疗。（米尔斯）

310）2月1日中午，在颐和路东头站岗的2个哨兵翻查沈先生的口袋，抢走了6元钱。（马吉）

311）2月2日早上7时半左右，53岁的刘宋氏在宁波同乡会的后屋被2个日本士兵轮奸了。

312）2月1日晚上10时，20岁的苏王氏在阴阳营49号被4个日本士兵轮奸了。

313）2月1日，在西康路，萧先生被4个日本士兵抢走了5元钱。

314）2月1日下午5时许，刘先生在古林寺附近琅玡路，被4个日本士兵抢走了3.70元钱。

315）2月1日中午时分，张先生在古林寺附近被日本士兵抢走了8角钱。（这些在安全区西部发生的事件表明，这些农民每天上下工要克服多大困难。）

316）2月2日早上8时，冯先生去下江考棚登记，11时回到西华门三条巷100号家中，半小时后一日本士兵闯入他的住宅。此时，正巧邻居高先生及其儿媳在冯家作客。这个日本士兵不怀好意，因冯先生略通日语，把他打发走了。高先生事后回到干河沿。

317）2月1日上午9时，王先生返回北门桥15号家中。他正在收拾屋子，突然闯进来一个日本士兵，向他要姑娘，他回答说没有。于是，这个日本兵转向王先生的孙子，问他的母亲在哪里，孩子支吾不答，他就让小孩领他到隔壁屋子，仍然没有发现女人，他给了孩子1角钱就走了。

318）2月2日，江先生要返回位于新门口的住所，在云南路和中山北路交叉处的一个街角，遇见了五六个日本士兵。他们强迫他把餐具挑到挹江旅馆。他办完事后正要回家，在铁道部附近又碰到两个日本士兵，要他把大米扛到上元门。他遵命完成任务后，时间已晚，不得不放弃回家的想法。

319）2月2日，张先生，46岁，曾在难民收容所住过，1月11日受雇于日本小桥部队。2月2日上午8时许，他在去部队的途中，在云南路丁家桥遇见10多个日本士兵，他们胁迫他搬运大量重物。他向他们出示了小桥部队颁发给他的证件，以证明他为日本军队工作的合法身份。可是，他们撕毁了证件，殴打他，逼迫他从命。

320）2月1日，王先生在回家途中的珠江路附近的小纱帽巷，遇到了两个日本士兵，他们抢走了他1.12元钱。

321）2月2日，陈先生和苗先生于1月30日前往中山东路的东面牌楼，安排2月2日回厂事宜。抵达工厂时，看到4个日本士兵正在搬运印刷机和其他机器。日本兵不让他们进入厂房，他们别无他法，只得返回难民收容所继续等待。2月2日清晨，他们再次来到工厂，发现工厂里有很多日本士兵。哨兵要他们出示证件和图章，向他们索要女人，最后还抢走了陈先生18元、苗先生12.80元钱。这两位先生身无分文，只得重新返回难民收容所。

322）2月2日下午，朱先生想返回位于建康路的家中，他与他的朋友同行。他们到达铁管巷时受到5个日本士兵的阻拦，他们不得不听从日本士兵的命令，为他们工作到深夜。从此，他们再也不敢有试图回家的想法。

323）2月2日，马太太回到光华东街的住所，刚一到家，日本士兵就从她家前门和后门蜂拥而入，向她要姑娘。幸好姑娘们及时躲藏在床底下，没被发现。日本士兵顺手拿走了5个盆碗和10根蜡烛。

324）2月2日下午3时，4个日本兵闯入王府巷包先生的家找姑娘，当他们得到否定的答复时，悻悻离去。

325）2月2日下午2时，日本士兵穿墙闯入朱家苑一居民家中，搜遍全屋找姑娘，好在妇女们躲藏起来没被发现，他们于2时30分离去。

326）2月1日下午1时，3个日本士兵强奸了止马村的一位29岁的妇女。

327）2月1日下午1时，3个日本士兵闯入鼓楼附近五条巷某人家中，拉走了一个十来岁的小姑娘。在1月28日就已有3个日本士兵来过一次，并强奸了2名妇女。

328）2月2日下午3时，3个日本士兵闯入七家湾某人家中找姑娘，该家主妇从后门逃走，他们拿了4个盆走了。

329）2月1日10时，一日本士兵闯入门东转龙巷某人家中，问一个11岁的男孩哪里有姑娘。孩子说没有，他就使劲打了孩子两个耳光，并抢走了一个盛满热水的铜壶离去。

330）2月3日上午10时左右，七八个日本士兵闯进白下路江先生和江太太的家中（此时他们已回家），命令江先生出去，企图对他太太施暴。当他们看到江先生带着国际委员会的袖章时，悻悻而去。

331）2月2日10时许，马先生的太太走近中华门时被日本士兵抓住，遭到强奸。

332）1月31日，63岁的李太太回到她长乐路的家中，她第一次在自己家中睡觉，晚上七八点钟，日本士兵闯入她家索要钱财。她交出全部现金后，于第二天清早逃回难民收容所，幸运的是，她未受到伤害。

333）1月31日，三牌楼区模范马路一草棚内住着一位71岁的老妪。当天晚上8时，两个日本士兵爬上棚顶，窃听屋内是否有姑娘。老妇听到响声走出门来，此时，日本士兵从屋顶上跳下来，闯进屋内要姑娘，老妇回答说没有，便遭到毒打。然后，他们想扒她的裤子，老妇极力反抗，于是，他们从地上捡起一个硬器猛砸她的头部，致使她头上出现一个大血瘤。最后，他们扬长而去。（马吉）

334）圣公会通讯员陆先生住在大方巷广东新村基督教徒住宅区。1月29日，他在三牌楼和外交部之间的狮子桥受到日本士兵的阻拦和搜身，身上仅有的10枚1角钱全被抄走，他们连他朋友的口袋也翻了个底朝天，拿走了4角钱。（马吉）

335）魏先生在理发店理好发后回家，途中受到3个日本士兵的袭击，他们把他拖进竹林，抢走他身上的3.80元钱和7包香烟。

336）1月29日，李太太带着儿子回到四条巷的家中，3个日本士兵闯入她家，抢走她5角钱。母子俩立即返回难民收容所。

337）1月29日下午，姚先生回到张府园的家中，同一天，几个日本士兵闯入他家，抢走他2箱火柴。1月30日，又有一批日本士兵前来，剥下全家老小包括80多岁老母的衣服，并搜寻钱币，一无所得。与此同时，邻居翟先生家被劫走3.50元。2月1日，又来了3个日本士兵，他们以同样方式搜查钱财。于是，姚家打算返回难民收容所。

338）1月31日早晨，王太太正好回家，3个日本士兵闯入她家要女人。因为家中没有姑娘，他们就用刺刀威逼她，想抢她的钱财，不过一无所得。王太太在受此遭遇后只得重返难民收容所。

339）1月29日中午，门东膺福街一家豆腐店开门营业，1月31日晚10时，4个日本士兵闯进该店，抢走店主的全部收入，共20多元。

340）1月30日早晨，4个日本士兵（其中3人身穿军服）闯进阴阳营49号王先生家，从他的口袋里抢走了1元钱。傍晚，他们撬开后门入内，再次骚扰，幸好妇女们从前门逃走，在外面躲藏起来。

341）日本士兵一而再，再而三地闯入建邺路30号，找寻姑娘，抢走了最好的食品。

342）1月31日傍晚，一个日本士兵不怀好意地闯入吉兆营41岁的罗太太家，幸好家中还有几个男人，罗太太才免遭凌辱并得以逃脱。日本兵用枪托殴打这些男人，并拿走了放在桌上用于买米的1元钱。

343）1月27日晚8时，4个日本士兵闯入华安里某家，偷走了一枚金戒指，用刺刀威胁并奸污了24岁及21岁的吴家姐妹（见受到侮辱的姐妹俩来信）。1月29日，这些日本士兵再次前去骚扰，要姑娘。

344）1月29日，黄泥岗朱太太家遭到日本士兵的抢劫，日本士兵用刺刀威逼她提供年轻姑娘。

345）1月30日，日本士兵洗劫了石鼓路蔡福安（音译）家，强奸了一位妇女。

346）1月27日，日本士兵抢走了家住中山东路的钱太太的行李。

347）1月30日，叶太太在金陵神学院被日本士兵强奸了。

348）1月27日，一日本士兵在扫帚巷强奸钱太太未遂。

349）1月28日，2个日本士兵在评事街强奸汪太太未遂。

350）1月29日，绫庄巷的马小姐家遭劫。

351）1月30日上午11时，两个日本士兵从扫帚巷邵先生家中拉出两位年轻姑娘强奸。

352）1月29日，一个日本士兵手持刺刀闯进黄泥岗裴连世（音译）先生家，要年轻姑娘。

353）1月29日，一位39岁的黄陈氏在彩霞街被日本士兵强奸达十多次。

354）1月20日，31岁的陆倪氏在彩霞街整整一天受到日本士兵的强奸，现在她身心受到严重摧残。

355）1月29日傍晚，日本士兵闯入平安巷林太太的家，掠夺了她的衣服和其他物品。

356）1月30日傍晚，3个日本士兵手持刺刀袭击太平桥的莫太太家，向她要年轻姑娘。

357）1月29日傍晚，日本士兵手持刺刀袭击石鼓路的张太太家，向她要年轻姑娘。

358）1月28日，日本士兵来到柳叶街的王秦氏家抄家、搜钱、要女人。

359）1月27日傍晚，日本士兵闯入止马营余言模（音译）先生家，向他索要被褥和现钱。

360）1月28日傍晚，日本士兵查抄了朱太太家，抢走了被褥、衣服和现钱。

361）1月27日傍晚，沈太太在东钓鱼巷遭到了3个日本士兵的围攻，他们向她要年轻姑娘。

362）1月30日傍晚，周太太遭劫，日本士兵掠走了她的现钱和被褥。

363）1月28日，于太太在评事街被抢，日本士兵抢走了她的被褥和其他物品。

364）1月28日，在绫庄巷，日本士兵抢走了刘太太的1元钱，向她要姑娘，把她吓得要命。

365）1月29日上午，日本士兵在评事街向马强林（音译）要姑娘。

366）1月29日，58岁的何太太回到回龙街的住所，她两次遭到日本士兵的强奸，不得已又回到难民收容所。

367）1月30日，家住公园路的周太太3次遭到日本士兵的强奸。

368）1月29日，21岁的杨太太在船板巷遭到3个日本士兵的轮奸。

369）2月2日，家住光华路的邱爱贤（音译）女士被日本士兵偷走了衣服和一只盆。

370）2月2日下午2时，2个日本士兵手持刺刀闯入王府巷王先生的家，要姑娘。王先生告诉他们家中没有姑娘，即挨一顿毒打。

371）2月1日，汪先生报告说，下午5时半，有3个日本士兵闯入天目路他家中要姑娘。当时，他太太正好躲在厨房，未被发现。那几个日本士兵从他身上掏走8.60元钱后走了。

372）2月3日，白太太回到她西石坝街的家中，她出门刷洗马桶时遇到了3个日本士兵，他们企图把她拉走。她就跪倒在地，求饶说，她要照顾疾病缠身的婆婆。房东证实白太太说的是实话，他们则进屋察看，确认该女子没有说谎，其婆婆确实卧病在床，这才放过了她。（按上拇指指印）

373）2月3日早晨，刘太太回家，通过西华门二条巷孙园（音译）正门时，遭到了3个日本士兵的袭击。她被拖进一座洋房里遭到强奸，其衣服被刺刀挑成碎片。（按上右手食指指印）

374）2月3日，秦太太回到中华门麦糖街（音译）的家中，到家门口时，一日本士兵阻止她入内。他企图把她拉走，对她施暴。她一再要求不要碰她，日本士兵才松手放开她，走之前却打了她。（按上右手食指指印）

375）2月3日，马太太回家途中，在同仁街某屋前被3个日本士兵抓住，他们把她拖进一间空屋进行轮奸。（按上右手食指指印）

376）2月1日，戴太太在回家途中在梅楼街被2个日本士兵抢走了一个银耳环。（按上右手食指指印）

377）2月3日，陈先生在返回东关头家的途中，遇2个日本士兵，他们向他要姑娘。他回答说没有，他们就用刺刀把他的大腿刺伤。（按上左手食指指印）

378）1月30日，陈太太回家途中，在石坝街遭到3个日本士兵的袭击，他们把她拖进“恒茂酱园”（音译），对她轮奸后才放她走。（按上右手食指指印）

379）1月31日中午，3个日本士兵闯入萨家湾附近盐仓桥李先生家，向他要姑娘。

他回答说“没有”，他们拿了 1 元钱后才走。

380) 2 月 1 日，在华侨路的一条小巷里，日本士兵抢走了张青梅（音译）7.90 元和 30 枚铜板。

381) 2 月 1 日，单璜荷（音译）前去下江考棚办理登记手续，在璇子巷被日本士兵抢走了 3.30 元和 15 枚铜板。

382) 2 月 1 日，吴金生（音译）回他光华门外的家，到家时，7 个日本士兵把一个老妇拖到他跟前，强迫他俩性交，而他们站在一旁哈哈大笑。

383) 2 月 1 日，孙贵新（音译）返回唱经楼的家，途中被劫走 7.60 元。

384) 2 月 2 日，易李氏回到她申家巷东头的住所，当天夜里，日本士兵闯进屋子，企图强奸她。

385) 2 月 2 日，易张氏在饮马巷遭到 2 个日本士兵的轮奸。

386) 2 月 2 日，乔凡云（音译）回家途中在市政府大厅前遭到日本士兵的拦截，被抢走 5.30 元和十几个铜板。

387) 2 月 2 日，马老太太回到家中后，日本士兵前来骚扰，向她要姑娘。

388) 2 月 3 日，吴罗氏回她户部街的家，路遇日本士兵，他们企图强奸她，幸好她得救了，免遭其难。

389) 1 月 28 日，刘李氏在九王村（音译）遭到日本士兵威逼，他们强行向她索要钱财。

390) 1 月 29 日，张马氏在“明星戏院”后面的四象桥遭到日本士兵的强奸。

391) 1 月 29 日，李费氏在黑廊巷遭到 2 个日本士兵的强奸。

392) 1 月 29 日，在珠江路宪兵团门前，日本士兵用匕首胁迫蔡罗氏交出她的 2 枚银戒指。

393) 1 月 29 日，在珠江路宪兵团门前，日本士兵用匕首要挟李张氏，抢走了她的银戒指。

394) 1 月 29 日，一日本士兵手持匕首，在鱼市街附近追赶梅李氏，她好不容易逃脱了。

395) 1 月 29 日，在三省里，3 个身带匕首的日本士兵向刘品源（音译）索要钟表和钞票。

396) 1 月 30 日，赵邱氏在瓦青桥（音译）遇到一日本士兵，他把她拖到旁边的小巷子，对她搜身要钱。

397) 1 月 30 日，杨陈氏已回到贵标（音译）的家中，夜间闯进一日本人，他用匕首威胁她，逼她交出现钱并强奸了她。

398）1月30日，张王氏刚回到中华门外的家，日本士兵就闯进来索要钱财并强奸了她。

399）1月30日，王江氏在红寺庙被日本士兵搜身要钱，还遭到一顿毒打。

400）1月29日，魏金生(音译)报告说，下午2时，2个日本士兵闯入他天目路家中，一个把守大门，另一个上楼强奸了他嫂子。他母亲对日本士兵下跪求饶，却被他们摔倒在地，他们还用刺刀威胁她。

401）1月29日上午10时，阴阳营的陈先生报告说，2个日本士兵闯入他家要姑娘，他母亲恳切哀求，才使他们平静下来。最后，日本人抢走了1元多钱。

402）1月29日晚上8时，2个身着便装的日本士兵来到豆菜桥的马家要姑娘。他们说，他们只需要一夜，第二天一早即可送回。他们答应给马家送米、送钱、送衣服。尽管马家人苦苦求饶，他们还威胁说第二天早上再来。

403）1月30日，几个日本士兵闯入七家湾附近小礼拜寺的秦先生家，企图强奸一个10岁的小姑娘，经秦先生苦苦哀求，他们才放过这个孩子。

404）1月30日，家住虎踞关的胡太太做饭时，遭到日本士兵的袭击，要不是她母亲及时相救，她准被强奸。

405）1月29日，几个日本士兵闯入某家，企图污辱家中仅10岁的小姑娘，经她父亲一再哀求，他们才放过这个女孩。可他颈上被捅了一刀，孩子也遭一顿打。

406）1月30日上午11时，两个日本士兵闯进高家酒馆苏先生家，他是1月25日刚搬到这里的。日本士兵向他要姑娘，遭到拒绝，他们就用刺刀胁迫他，抢走了他的手表和一枚金戒指。

407）2月5日晚上7时30分，5个日本士兵闯进天竺路麦梁氏家，翻查男人的口袋索要钱物，并企图强奸麦太太，但未能得逞，麦太太逃脱了。

408）2月5日晚上7时40分，2个日本士兵闯进颐和路池迟氏的家，抢走5元钱，还想强奸妇女，好在她们逃跑了，幸免于难。

409）2月5日上午8时，2个日本士兵闯入夫子庙附近瞻园路的艾李氏家，她是2月3日回到家中的。此时，酒店里的男人们都被拉去做工去了，于是，日本人把艾太太拖进屋里，房门反锁长达10分钟，他们逼迫她脱光衣服，她可是10天前才分娩，孩子夭折了。屋里的另一个名叫冯何氏的妇女故意撒谎说，她4天前才生了孩子，孩子一出生就死了，这才未遭蹂躏。日本士兵临走时威胁说，他们还要再来，看看她是否说的是实话。

410）2月5日上午10时，四五个日本士兵闯入黄泥岗的王刘氏家中，向她要姑娘和女孩子。傍晚5时，又来了一批日本士兵，他们猛烈敲门，要强行进屋。王刘氏和家人从后门逃走了。他们是按要求于2月4日回到家中的。

411）2月4日，魏特琳小姐报告说，有8个中国人为日本人干了七八天活，所得报酬是一张印有1908年2月7日日期的德国纸币，面值为100马克。这张钞票当然已无价值，被入档保存。（魏特琳）

412）2月4日下午4时，3个日本士兵（其中2人全副武装）闯入（宁海路以东的）华新巷某家，索要钱财和姑娘。屋内的老妇们吓得跑走，躲过了这些士兵。

413）2月4日下午，冯太太想带孩子回跑马巷的家，当他们经过富民坊时，受到2个日本士兵的袭击。他们把她拖进防空洞，想对她施暴，孩子大喊大叫，把他们撵跑了。

414）2月3日早晨，吴先生携带全家回到他在龙蟠里的家中，一个日本士兵两次闯进他家，几乎掠走了他的全部行李。后来，这个日本兵又来了，把男人们都赶到屋外，扒光一个已婚妇女的衣服，强奸了她。

415）2月3日下午5时，3个日本士兵闯入大中桥附近尚书巷某家，把女主人怀抱的婴儿甩在一旁，把她强奸后，狂笑着离去。

416）宋曹氏报告说，她离开安全区后，在水西门被日本岗哨拦截，他们对她进行搜身，拿走了3.80元钱。穿过城门后，她又被日本士兵拖进防空洞。他们正要强奸她时，迎面走来一位30来岁的妇女，于是，他们强奸了这位少妇，而她逃回了城里。

417）2月4日，3个日本士兵闯入西门太平桥杜太太家，想要强奸她。当她听到声音时，急忙钻到织布机后面躲藏起来。日本士兵搜寻30分钟未果，然后离去。杜太太又回到了难民收容所，亲自报告了这件事。

418）2月3日晚上8时，4个日本士兵翻越北平路某家院墙，抢走史先生1元钱、陶先生3元钱，两次强奸了赵太太和刘太太。

419）2月3日晚上8时，3个日本士兵闯进北平路的另一家，抢走了金先生2.20元、胡先生2.50元和杜先生1.40元钱。

420）2月3日下午1时，刚回到家中的23岁的姚罗氏就遭到日本士兵的强奸。

421）2月2日早上，王玉林（音译）正和妻子一起返回住所，路遇一辆载有3个日本士兵的卡车，卡车猛然刹住，士兵们纵身跃下，抢走了王先生的提箱，逼迫其妻登上汽车。幸好王太太挣扎着从卡车上跳了下来，才免受其难。然而，行李丢了。

422）2月2日，王杨氏回到她和平门外蟠龙山的家中。当天上午11时，4个日本士兵闯入她家要强暴她，她即下跪求饶。他们狠狠打了她一顿，抢走了10元钱才放手。王太太害怕日本士兵再次侵扰，带着孩子回到了难民收容所。

423）2月2日，24岁的谢钱氏在返回下关住所的途中遭到日本士兵的袭击，他们把她拖进一间屋子进行强奸。获释后，她在城门外又遭到三四个日本士兵的骚扰，巧遇一个日本海军军官解救了她。在红卍字会的帮助下,她又返回了难民收容所。

424) 2月1日中午,6个难民离开难民收容所,回到位于西玉壶坊的家中,一个日本士兵闯了进来,四处张望。他还叫来一个同伙,把这些才回家的人洗劫一空。他们用刺刀胁迫,抢走了8.30元和几个铜板。

425) 2月7日,星期一早上,我们收到一份报告。报告说,前一天,即2月6日下午近5时,有4名中国人(3男1女)在百子亭后面遭到日本士兵的杀害。临近中午,一位受害者的邻居来到我们办公室,证实了这条消息的准确性。同一天下午近4时半,一位姑娘来到我们办公室,请求我们帮助,因为受害妇女正是她母亲。她母亲前几天才回到家中,身上揣着全部现钱,姑娘希望能在母亲尸体上找到这些钱。

报告说,这位老人拿了两把椅子,走在铁丝网旁边的小路上,被日本士兵拦住,当场被杀害。估计这位陪同老人的妇女看到他还没有死,只是受了伤,于是叫来两个男人,要他们用门板(作担架用)把他抬走。当这位妇女和两位男人来到老人身旁时,他们3人都被枪杀。

拉贝先生和米尔斯先生立即跟她来到现场,发现4具尸体躺在血泊之中。因当天时间已晚,不能采取任何措施,米尔斯和拉贝先生回到办公室,决定第二天早上向自治委员会报告此事。

第二天2月8日,星期二早上,自治委员会告诉我们说,他们对此事已有耳闻,并向特务机关做了汇报。我们决定再次亲临现场,看看是否可以再敦促做些什么。德国大使馆的罗森博士正巧在我们办公室,他与我们同往。

罗森博士、拉贝、施佩林和斯迈思博士先生发现,一大清早,红卍字会就把尸体搬至附近的小坟丘上,地上和门板上的血迹还清晰可见,门板和椅子尚未搬走。现场位于水塘附近,水塘四周是小园地,园地上新挖了两条垄沟,说明已为春播耕翻了土地。现场离最近的马路约200码,离最近的日本士兵营地还要远些。事件发生的时候,日本士兵正路经那条马路。现场附近或园地后面小山坡上遇难者的草棚里没有发现士兵。

唯一留守本区的农民说,这一天,许多返回住所的中国人都在地里干活,看到这一枪杀事件后,个个胆战心惊,后来,他们一一离开了。

我们的先生们报告说,那4具被安放在坟丘上的尸体,有几具已裹上了草席。那位老人头发花白,那位妇女双手沾满鲜血。前面提到的那位农民还报告说,那两把椅子是受害的老人从附近的一间茅草棚里搬出来的。

南京,1938年2月9日

426) 2月5日上午,一日本士兵闯入汉西门56号曹曾氏的家中,企图强奸她。因该楼的其他居民向日本宪兵报告,他才不得不放弃歹念。下午5时许,这个日本士兵再次侵扰，用刺刀把曹太太的脸划伤，她被送进大学医院急救。当时处理曹太太伤口的威尔逊大夫说，她伤势很重，他担心她颅骨骨折，她已处于半昏迷状态。

427）2月5日下午7时，两日兵越墙偷入颐和路25号二层楼房，将该处男子全部集中，不准走动，并搜劫现金和其他物品。计有：袁君戒指一只，现洋10元；徐君现金15元，印有街名的空白纸；刘君现金1.3元；乐君现金1元。接着该日兵去隔壁家劫走现金5000元。当时他们身穿大衣，腰挂手枪。

（马吉博士记录）

428）2月7日，12岁的幼女半夜被奸污，她是于昨天才和父母重返大方巷家中的。今天她的父亲又把她送回收容所。她的下体发肿，不能行动。

429）2月4日，58岁的王卢氏，回城北太平桥家，四五名日本兵闯进该家，先将屋里男子全部赶出……

430）2月5日，一个日本兵闯入西华门附近大中桥陈姓（译音）住宅，索取姑娘。因室内并无姑娘，该日本兵乃鸡奸十七八岁的青年。

431）2月5日上午，西北角的陈女士报告，3个日本兵闯进她那里要姑娘。当天下午，这群日本兵又乘卡车来，车停在门外，车上装有妇女10多人，日兵要陈女士参加，经陈恳切请求后，才被释放。

432）2月5日，一妇女回家途中，由金陵女子大学至香铺营。当她抵达家门时，一日本兵立即闯进，向他要姑娘。由于没有姑娘，她害怕，开始逃走，日兵一把抓住她，扭伤了她的脖子。她在极端恐惧的心情下，终于又回到难民营了。

433)2月4日，谭先生回到南湖街家中时，一个日兵闯来，向他要姑娘，由于没有姑娘，日兵就痛打了谭先生的母亲。这样，谭先生又回到难民营了。

434）2月5日，一位老奶奶在利录福（译音）遇一日兵，企图强奸她，把她痛打一顿。

435）包先生报告说，当他回小铜银巷家时，在路上看见一年轻妇女同她的弟弟一块在街上走着。这时，一日本兵前来，假装友好姿态，送她一点糖果和纸烟，诱这女子跟他走，被她立即拒绝，日兵就强迫她并痛打她的弟弟。

436）2月5日，3个日本兵闯入三牌楼郑姓（音译）老妪家中，一人把守大门，两人轮流奸污。这老妪已经六十多岁了。事后，一个日本兵还强迫老妪以舌舐拭阳具上的秽物。她的孙儿因为哭泣不已，被戳两次。

437）2月6日下午3时，5名日本兵在扬州路越墙偷进肖姓屋里，该家一妇女立即藏身于室内沙发背后，她的姐夫则站在沙发前面，对日兵说“这里无姑娘”。日兵即以刺刀向他连刺两刀，幸而只把衣服刺破了。不料，当晚该日兵竟第二次前来，在屋里到处搜查，未获结果，才扬长而去。

438）2月7日上午9时，3个持枪日本兵在小西门闯进一家，日兵看见一个女的，立即围着吻她，企图迫使她进后房里。这时她母亲的婶母跪下苦苦哀求，日本兵才对该女松了手。但日本兵走时说，还要再来的。她们在极端恐惧的情况下，都跑回难民营了。

439）2月6日，一通讯员的女儿回家吃午饭，刚吃罢饭，闯进四个日本兵，该女迅即从边门逃出了。就在这一天夜里，日兵不断地敲门。当这位通讯员开门时，日兵竟问他“那姑娘往那(哪)里跑了?”通讯员回答“不在家”时，日兵即威胁他……痛打他。此后该女返回难民营了。

440）2月6日下午，韩姓妻子，年48岁，昨天回家的，被两日兵轮奸。次日即返回难民营了。

441）52岁的陈李氏在6号与其12岁的女儿返回南门的家，并平安地过了一晚。但第二天(7号)大约下午4时来了一名日本兵，坐了一会，便走了。大约在5时来了2名带枪的日本士兵，看到陈李氏的女儿后，日本兵想强奸她，但她从房子的后面逃走。陈李氏吓坏了，哀求原谅。这2个日本兵用枪托打她的头。她们在8号早上返回了难民营。

442）2月2日，乡人挑菜入城，在光华门附近，为日本兵所拦阻，叫他双膝跪落，并索“花姑娘”。日本兵又叫他丢下篮，他略一迟疑，即被枪柄击断腿骨。他走了两天才能够达到医院。

443）2月2日，鼓楼医院里有一位做马口铁桶的工人，每天照例回城南的家。这次回去走在街上，几名日兵抓住他的翻领，把他甩倒在路边，被摔伤了。(威尔逊)

444）2月6日，据一个受伤者来院报告，他在光华门外给日军服役一月，得工资3元，因为部队开拔，始恢复自由。他和几个朋友在宁海路上拾取若干空麻布袋，适为山顶上的日本兵所见，命令他们转身。他们转身后走了40步路，一颗子弹击中他的左臂，伤势甚重，非锯去不可。

445）2月3日，郭袁氏回到楼子巷的家。在井边，她遇见两个日本兵。当时，她手上抱着小女儿，还有一位瞎眼老妇人和她在一起。这些日本兵把她们3人带到一间房间里并强奸了她。她们后来回到难民营。2月6日，她又回家，在井边又遇见两个日本士兵，他们企图强奸她，但在她的哀求下放过她，让她走了。她又回到难民营。

446）2月13日，陈先生在他回青石关(音译)的家时，遇见3个日本士兵向他要花姑娘。他尚未回答，日本兵就开枪并打伤他的左腿。

447）2月12日，马春松(音译)在他从青石关的家回来的路上，遇见3个日本士兵。他在一边给他们让路。然后在没有任何原因的情况下，日本士兵向他开枪并将他原地打死。难民营在调查后发现这是事实。

448）2月13日，王马氏，36岁，在她的柴蒲坊（音译）的家中，有2个日本士兵冲进她的家，翻遍她家中的每个角落，并试图强奸她。她跑出房间，被日本兵追赶至巷子尽头时，被遇到的一位军事警察搭救。日本士兵跑开了。

449）2月12日，3个日本兵闯进唐蒯氏（音译）家的卧室，要花姑娘。他们看见床单下有个女人，他们就准备施暴。家中的男人过来一边告诉日本兵女人有疾病，一边叫人在屋外大叫救命。然后日本兵就跑开了。

450）2月21日午夜时分，5个日本士兵猛敲金陵大学的大门。里面没有人应答，他们便来到汉口路的尽头，溜进一户姓胡的人家敲门。没有人应答他们就绕到窗前用刺刀乱捣。有个女人对他们大声呵斥。日本兵又继续骚扰了一个小时，然后才离开了。

451）2月14日下午3点，一个叫邵楚冲（音译）的人在经过复成桥时被5个日本人（其中3人是武装士兵，另外2人穿便装）带走搬东西。在到达兴善（音译）医院附近时，他们假装要看他的安住证，借故抢了他的91块钱。

452）2月13日大约凌晨1时，8—9个日本士兵来到位于金陵大学后门的崔家。他们先是凶猛地敲大学的门，没有人开门，他们就来到后面一户难民家的小房子前。他们用刺刀强迫主人开门并要“花姑娘”。当被告知这家没有时，士兵们说“不行”，“有”“有”。屋里的人坚持说这里没有年轻姑娘。最后，士兵们听见有人说他们要报告此事，才离开。

453）2月15日，2个日本兵闯进70岁的余翟氏（音译）的家，并强迫家人为他们寻找姑娘。这家人无法满足他们的要求，于是士兵们强奸了老人的40岁的媳妇。在他们干完后，又搜了她的身，并拿走5元钱。这家人后来回到难民营。

454）2月19日，两个男人和一个女人来到总部报告说，前一天晚上，有4个日本兵来到他们位于二条巷的家。一个士兵在门外观察，其余3个士兵带着一个妇女进屋。他们撞开房门索要钱财。屋里的人跪下向他们祈求，但是他们向儿子和叔叔开了枪。我们已将这两个受伤的人送到了大学医院。

455）2月18日，一个52岁的店主被两个日本兵强迫为他们挑担子。因为店主挑不动，士兵就向他开了枪。子弹穿过他的脖子，打碎了他一边的下巴骨。情况很严重。（威尔逊）

456）2月18日，一个住在大学里的18岁的女孩，在日本兵进城不久后被一个日本兵强奸了，她到医院来做检查，得知她逃过了性病，但却怀孕了。她想知道她该怎么办。（威尔逊）

457）2月24日，昨天有一个年轻的男孩和一群人在莫愁路附近的黄鹂巷排队买面粉。有一队值勤的日本巡逻队叫人们离开。看见人群没有迅速离开，他们向人群开了

一枪，打死了一个40岁的妇女，伤到了另一位妇女的腿，并且严重地打伤了这个年轻男孩的脚。(威尔逊)

458) 2月24日，大学农场(太平门外)的食物紧缺，他们需要那些不要钱，只要一点食物就愿意工作的工人。(贝德士)

459) 2月28日上午，一个住在陆军学校的方姓妇女和家人在长江路时，有一个日本兵叫她让开并用刺刀刺在她的后背上。可以清楚地看见刺刀穿过她的身体从前胸穿出。她被送到医院5分钟后死亡。(威尔逊)

460)①3月1日，日本人在铁道外的长江路开了家面粉店。他们开始只拿出十几袋面粉来卖，大约有2,000多人聚集前来购买面粉，面粉很快卖完了。日本人命令剩下的人快离开。为了强制执行他们疏散的命令，他们打了一个女孩的头，杀死一个人，用刺刀从后背刺穿一位妇女使她在到达医院后很快死亡，并严重地伤害了第四个人。这第四个人屁股上有8英寸深的刺刀伤，腹部被踢造成腹部瘀伤和小肠破裂，需要手术(布雷迪医生)，这位妇女情况严重，我们希望她能康复。(威尔逊)

461) 3月4日。秣陵关一个54岁农民在2月13日被日本兵索要几条牛、驴和女人，邻居们都跑了，日本兵把这个农民捆起来，离地面3尺将他吊起，然后在下面燃火烧他。他的下腹、生殖器和胸部严重烧伤，头部和脸部的毛发也烤焦了。有个士兵提出抗议，因为他年纪大了，并且把火拿开，还扯掉农民烧着的衣服。日本兵走了，大约一个小时以后，其家人回来把他解下。

462) 3月9日晚8时，日本兵来到珠江路黄先生家，要他带着找女人。他不同意，于是一个日本兵用刺刀捅他，刺穿左腹股沟，刺入皮肉1.5英寸。他跳转身，用右手推开刺刀，手亦因此被刺伤。他逃跑，日本兵追赶，但他毕竟奋力跑掉了。刺刀幸好没有触及动脉。(因为害怕日本兵回来，与他相关的两家合共12个人迁移到金大附中)。

463) 3月10日约在晚上8点钟，5个身着蓝色和黄色制服的日本兵来到门市(音译)蔡先生的家。两个兵在外警戒，其他三人进屋要钱。全家跪下乞求宽免。这三个士兵在房门前面放一个木梯。用绳子把丈夫拴在梯上，把他吊在那里。他们继续搜索这个家庭，拿走一张5元钞票，一个10仙日本铜币，3枚中国两角银币，一张纸币和一个铜板。在翻遍衣柜和箱子以后，他们拿走一件皮袍、一件妇女冬衣和一台留声机。离开

① 章开沅编译《天理难容——美国传教士眼中的南京大屠杀(1937—1938)》第347页所载，第460件暴行内容为："2月27日下午大约4点钟，蔡基兰(音译)及其父停留在名叫Sa Chou Wei Kao Chiao地方的一座房屋边，离南京水西门外大约8至10里，屋子里有一些妇女。看见日本兵走近，妇女便跑走。日本兵来了，问女人在哪里，并且要孩子及其父带他们去找。父子拒绝了，于是一个日本兵开枪击中孩子的腿，伤得很厉害。目前他正在大学(医院)接受治疗。"

时，他们猛刺蔡的大腿六次、肩膀两次，最后枪击头部，他立即死去，他们还把跪在地下的蔡李氏的头部刺了几下，并刺王姓大腿两次，然后他们走了。

464）3月11日，一个妇女在邻居小屋里被两个日本兵强奸。

465）3月15日，一个姓张的人，47岁，住汉西门，早上7时走近朱寿巷(音译)时，被流弹击中头部。他被送往医院治疗，但到达后不久就死了。

466）3月17日晚10时，6个日本兵闯入一个姓高的40岁农民的家，他住在后宰门。他们要高找女人。高回答说他没有女人，也找不到女人。于是他们就用刺刀多次猛戳他的身躯和颈部，并且砍他的头。他逃跑，但刚到门口就倒下了，血流如注。他从此再没站起来。看见他已被杀死，这些日本兵迅速离去。

467）3月19日下午3时半至4时之间，一个日本兵在金大华言学校难民营强奸一个19岁少女。贝德士博士于4时05分到达，但他走近这个日本兵时，后者挥动刺刀粗野地说，“要姑娘”。但贝德士把他赶走。这个日本兵毫无酒醉迹象。

468）3月19日夜晚，一男一女爬过(金大)附中难民营院墙时被抓住。告诉他们不能进来，他们说这个女人晚上已被强奸过两次，他们不能回家。

469）3月20日晚9时半，我们邻近5个贫穷家庭被日本兵抢走283.30元。

470）3月19日，我们一个职员的叔父被日本兵押走，因为他穿咔叽布裤子。施佩林救了他。

五、 性暴力在南京大屠杀中的位置与特点

（一）性暴力在南京大屠杀中占有重要位置

毫无疑问，性暴力是南京大屠杀暴行中的一项重要内容。正由于日军在南京的大量强奸犯罪活动，“南京大屠杀”事件甚至被人们称为“南京强奸事件”。远东国际军事法庭经过认真调查后确认：“在占领后的一个月中，在南京市内发生了二万左右的强奸事件。”①仅据田伯烈《外人目睹中之日军暴行》和徐淑希《南京安全区档案》中列出的日军444件暴行案例分析，其中强奸妇女的案件就达176件，占39.6%。在南京城陷前后担任国际红十字会南京委员会委员的麦卡勒姆牧师于1937年12月19日的日记中写道：“我从来没有听到或读到过像这样残暴的行为。强奸，强奸，还是强奸！我们估计每天晚上至少发生1000起，白天也发生许多。如果进行抗拒或者似乎有某种不满，就会遭到刺刀或枪弹的捅、射。”②南京安全区国际委员会委员马吉牧师也有与麦卡勒姆牧师相同的感觉。他在12月19日的日记中作了如下的记录：“但现在最可怕的是强奸妇女。日本人以最无耻的方式干这些勾当，街上到处都是找女人的日本兵……我们存放物品的房子里住满了妇女，有的甚至睡到了我们的饭厅里。她们终日惶惶不安，惊恐万状。”③据南京安全区国际委员会委员、金陵大学教授斯迈思在《南京战祸写真》中统计，在1938年3月南京城向复兴委员会申请救济的13530户人家中，因遭强奸而负伤的，即占16—50岁妇女人数的8%。同时，斯迈思还认为：“这个数字是大大低于实际状况

① 张效林译《远东国际军事法庭判决书》，五十年代出版社1953年中文版，第485页。

② 麦卡勒姆：《麦卡勒姆日记（节录）》，朱成山主编《侵华日军南京大屠杀外籍人士证言集》，江苏人民出版社1998年版，第175页。

③ 章开沅编译《天理难容——美国传教士眼中的南京大屠杀（1937—1938）》，南京大学出版社1999年版，第193页。

的，这是因为，大部分妇女受到了这样的护理，所以她们不希望让别人知道，更不希望让亲近的男人们知道。"①据此，可以这样认为，如果在南京大屠杀暴行中抽去性暴力的内容，便不成其为真正的"南京大屠杀"。

同时，由于性暴力造成的、或与性暴力有关的妇女及相关男子的死亡人数，也是南京大屠杀遇难同胞人数中一个令人瞩目的部分。由于妇女在人类社会生活中所处的特殊地位，人们对她们的生存和命运，往往给予特别的关注。她们在战争中死亡的事实，比数字的多少更为重要。远东国际军事法庭在其《判决书》中指出：南京大屠杀中，"强奸事情很多。不管是受害人或者是为了保护她的家族，只要稍微有一点抗拒，经常就得到被杀害的处罚……许多妇女在强奸后被杀，还将她们的尸体加以斩断。"②马吉牧师曾在一封致友人的信中，叙述了他在一所房子里目睹一位母亲和她的三个女儿被奸、杀的惨状。其中，只有一位 9 岁的女孩在被刺刀刺伤背部和侧身后仍然活着，其余 3 人都已惨死。他写道："上述幼童的母亲被（日本兵）强奸，阴部仍插有瓶子。这位妇女的两个女儿，分别为 14 岁与 16 岁，被捆绑着强奸好几次，然后杀死了，大女儿的阴户仍插有木棍，其悲惨一如母亲的遭遇。"③在德国国家档案馆的文书档案中，保存着有关日军在南京郊区和江宁县暴行的记录："妇女和姑娘不分老少均遭强奸，以满足其肉欲的需要。跳河自尽或自杀的妇女不计其数。"④一位当年开卡车运送尸体的司机徐金德也目睹了妇女被奸杀而死的血腥场面。他说：在秦淮河里有许多尸体，"最惨的是一个妇女，蛮年轻的，光着身子泡在水里，一只胳膊砍掉了，小便的地方插着一把刺刀"，"妇女的尸体都是披头散发，脸上抹灰，没有一个穿好衣服的，好的衣服也是故意撕坏的"。⑤ 根据有案可查的档案资料记载，红卍字会、崇善堂分别收埋女尸 83 具和 2091 具，合共 2174 具。斯迈思教授在《南京战祸写真》报告中统计，江宁、句容、溧水三县因日军暴行致死的妇女有 4380 人。应当说，这还是极不完整的、抽样调查的统计，比实际死难人数要低得多。对应前文所述情况，这里所列南京城郊及附近各县妇女死亡者，其绝大多数应是性暴力的受害者，或者说是性暴力的结果。

---

① 斯迈思：《南京战祸写真》，"南京大屠杀"史料编辑委员会等编《侵华日军南京大屠杀史料》，江苏古籍出版社 1985 年版，第 278 页。

② 张效林译《远东国际军事法庭判决书》，五十年代出版社 1953 年中文版，第 484 页。

③ 章开沅编译《天理难容——美国传教士眼中的南京大屠杀（1937—1938）》，南京大学出版社 1999 年版，第 221 页。

④《南京市郊区和江苏省江宁县农民给在南京江南水泥厂停留的德国人、丹麦人的呈文》，1938 年 2 月 26 日，《德国档案馆中关于侵华日军南京大屠杀的档案资料》，《抗日战争研究》，1991 年第 2 期。

⑤ 徐志耕：《南京大屠杀》，江苏文艺出版社 1994 年版，第 241—242 页。

还应特别指出，性暴力是日军暴行中最无法进行辩解的部分。迄今为止，不论是当年的军国主义者，还是战后出现的日本右翼势力，他们可以用抓“便衣兵”来为屠杀青壮年辩护，可以把纵火的暴行推到“中国兵”身上，却无法为日本军的性暴力犯罪行为进行狡辩。妇女与老人、儿童，历来是战争中最受人们保护的对象，他们是“和平居民”的代表。正因为如此，就连当年日本的盟友德国官方，也将日军称为“兽类集团”、“一架正在开动的野兽机器”。德国驻华大使馆留守南京办事处政务秘书罗森在1938年1月15日致外交部的一份报告中认为，日军“凌辱和强奸妇女幼女的行为”，“为自己竖立了耻辱的纪念碑”①。日本侵略者对于自己士兵的性暴力犯罪，没有任何辩解的余地。他们既不可能将妇女指认为“便衣兵”，也无法将强暴妇女的责任推到中国军人的身上。因此，性暴力罪行，便无可争辩地、完全地落到了日本侵略军的身上。而暴力主体的确认，又反过来印证了那些对日军屠杀、纵火、抢劫等暴行的狡辩是徒劳的。

（二）南京大屠杀中性暴力的特点

通过对南京大屠杀中大量性暴力事件的分析，可以清楚地看出，它们具有明显的特点。深入剖析这些特点，将有助于我们对整个日军南京大屠杀暴行的揭露和深刻认识。

性暴力的普遍性

日军在南京大屠杀中的性暴力，超越了时间、空间和对象的限制，面广量大，不受任何约束，使数以万计的妇女遭到侵害和蹂躏。

夜晚无疑是日军性暴力犯罪的重点时间。据当时报纸报道：在金陵女子文理学院，一到夜间，日军就从学院很低的竹篱上爬过去，里面没有电灯，于是楼上楼下乱摸一气，摸着哪个就对其进行强奸。数日内，“被其奸淫之妇女约占半数”。② 美国驻南京副领事埃斯皮在一份报告书中认为，“在日军占领的最初那段时间内，每晚都有1000多起强奸妇女的事件”③。事实上，日军的强奸行为，根本不分白天、黑夜。贝德士教授在远东国际军事法庭作证时说：“无论是白天黑夜都有为数众多的不同士兵帮

---

① 《罗森给德国外交部的报告》，1938年1月15日，《德国档案馆中关于侵华日军南京大屠杀的档案资料》，《抗日战争研究》，1991年第2期。

② 汉口《大公报》1938年2月20日。

③ 《埃斯皮报告书》，1938年1月25日，朱成山主编《侵华日军南京大屠杀外籍人士证言集》，江苏人民出版社1998年版，300页。

伙,通常15人至20人一群,全城乱窜……闯进房屋搜寻妇女。"①贝德士还在1938年1月10日发出的一份秘密函件中揭露:"在神学院里面,17个兵在光天化日之下轮奸一个妇女。事实上约三分之一此类案件发生在白天。"②美国《Ken》杂志载有《南京的大悲剧》一文,内称:"中国人家里的所有女人都被奸淫了,如有抗拒,就吃刺刀,即使老至六十岁幼至十一岁的女人,无一幸免。这些女人,都在南京十二月阳光下,被剥得赤裸裸的公开的干。有的四肢被割断了。远听门户洞开的屋里传来的女人惨叫声,令人毛发悚然。"③

日军的强奸,不分地点,不分安全区内外。除老百姓的住宅外,集体宿舍、图书馆、门房、外侨住宅,甚至地洞、路边,都发生了大量强奸妇女的事件。在安全区国际委员会的日军暴行报告中,第93件即记载了3名日本士兵准备在门房强奸2名妇女的事实。内称:

> 12月20日下午2时30分,菲奇先生打算到我们的汽车修理工家去接2名妇女,把她们送到大学去,这时修理工跑了过来,报告说日本人发现了他家的那2名妇女,正准备强奸她们。我们立即朝平仓巷13号赶去,发现门房里有3个日本士兵和那2名妇女,2名妇女的身上已经没有衣服。我们要求日本士兵离开这所房子。④

12月19日中午11时30分,安全区的奥地利籍机械师哈茨先生发现,在国际委员会总部隔壁院子的防空洞里,有2名日本士兵正准备强奸妇女。"当时洞内共有20名妇女,听到妇女的呼救声,哈茨先生将日本人赶出了洞"。⑤ 原日军第16师团骑兵第20联队士兵下山雄一郎亲眼见到就在路中央施暴的情况。他说:"也有人去征发女人。可能越是有老婆的人就越忍不住吧,他们经常强奸女人。骑兵当中也有这种人。他们抓住女人就在百姓家中干了,我甚至亲眼见过在路中央干的,就是我们中队的。"⑥在金陵大学新建的藏书楼大厦中,12月15日一天,即有4名妇女当场被强奸。金陵大学非常委员会致函日本大使馆称,12月15日这一天,安全区中其他各处发生奸淫事件达100

① 章开沅编译《天理难容——美国传教士眼中的南京大屠杀(1937—1938)》,南京大学出版社1999年版,第72页。

② 章开沅编译《天理难容——美国传教士眼中的南京大屠杀(1937—1938)》,南京大学出版社1999年版,第18页。

③ 中国第二历史档案馆等编《侵华日军南京大屠杀档案》,江苏古籍出版社1987年版,第655页。

④ [德]拉贝:《拉贝日记》,江苏人民出版社等1997年版,第233页。

⑤ [德]拉贝:《拉贝日记》,江苏人民出版社等1997年版,第224页。

⑥ [日]松冈环编著、新内如等译《南京战·寻找被封闭的记忆》,上海辞书出版社2002年版,第351页。

余件之多。① 鼓楼医院院长丹尼尔在汉口路5号住宅的门上，虽贴有日本大使馆的日语布告，仍于12月20日，有日本士兵“进入楼上房间，弄来2名妇女强奸，在房内达3小时之久”②。

在被日军强奸的妇女中，有老妇、幼女、孕妇和女尼等各种特殊的对象，这充分说明了在南京大屠杀暴行中，日军性暴力行为施行于所有妇女。国际委员会于12月20日致日本大使馆函中说：“难民区内每天有许多妇女横遭蹂躏，其中有教师的妻子，有青年会工作人员的妻子，有大学教授的妻子，她们平时都洁身自爱，清白无瑕。”③军医蒋公穀在《陷京三月记》中写道：日军的强奸，“不问老幼，只要是妇女，就是七八十岁的老太婆与八九岁的幼女，被他们撞到，亦决不会幸免”④。《安全区档案》第58号记载，12月20日下午7时30分，“有怀孕九个月之十七岁少妇一人被日军二人轮奸，是晚九时小腹惨痛，午夜即堕胎，翌晨始至金大医院疗治。”⑤女尼松泉在五福横首（今五福里）24号，被中岛部士兵轮奸而死。另据某传教士之报告称：曾亲见二女尼自住地前经过，“拟穿过街市，购买食物，竟为日军所辱”。⑥

性暴力的野蛮性

日军在南京大屠杀暴行中的性暴力事件，同其屠杀平民的手段一样，极尽野蛮、疯狂之能事，表现为粗暴的轮奸、罪恶的乱伦和先奸后杀等残暴行为。

在日军残暴奸淫中国妇女的事件中，最为常见者即为轮奸。据《安全区档案》记载：12月16日，有16岁至21岁女子7人，被日军分别由各人家中捕至军官学校内实行奸污，平均每女每日被轮奸六七次之多；12月18日，日军多人侵入金陵大学农场，将4名妇女通宵轮奸；12日，一茶馆主之17岁少女，为7名日军轮奸后毙命。⑦ 更有甚者，日军还常于轮奸后，采用种种残忍手段，恣意凌辱被奸妇女。崇善堂堂长周一渔在南京审判战犯军事法庭上作证说：“我亲见在内桥菜市斗姆宫地方有一卖鸡的女人，约有五十

---

① 《南京金陵大学非常委员会致日本大使馆函》，1937年12月16日—27日，中央档案馆等编《日本帝国主义侵华档案资料选编》第12册《南京大屠杀》，中华书局1995年版，第99页。

② [德]拉贝：《拉贝日记》，江苏人民出版社等1997年版，第244—245页。

③ [英]田伯烈著、杨明译：《外人目睹中之日军暴行》，国民出版社1938年版，第252页。

④ 蒋公穀：《陷京三月记》，载“南京大屠杀”史料编辑委员会等编《侵华日军南京大屠杀史料》，江苏古籍出版社1985年版，第74页。

⑤ 中国第二历史档案馆等编《侵华日军南京大屠杀档案》，江苏古籍出版社1987年版，第357页。

⑥ 《日军在南京兽行世界彰闻》，1938年3月28日，中央档案馆等编《日本帝国主义侵华档案资料选编》第12册《南京大屠杀》，中华书局1995年版，第177页。

⑦ 《〈安全区档案〉关于日军奸淫部分节录》，中国第二历史档案馆等编《侵华日军南京大屠杀档案》，江苏古籍出版社1987年版，第354—356页。

余岁光景，被日军三人轮奸后，用破布等件塞入阴户致该女腹胀而死。”①。1984 年 69 岁的农村妇女张老太，当年曾被 5 名日军轮奸。她说：

> 1937 年冬月，因我听说丈夫董良余被日军捅了 3 刀，第二天我就偷偷跑到出事地点去探望他，哪知却被日军看到，他们就想抓住我。我就拔腿逃跑，他们就追，开枪打。子弹从我肩膀上方穿过，没有打中。后来，终因我跑不过日本兵，被追上了，就立即上来 5 个日本兵，对我进行轮奸。当他们走后，我已不省人事，昏迷过去了。②

另据不完全统计，仅 1938 年 1 月 29 日一天中，在城内民宅即发生了一二十起轮奸案件。如：18 岁的已婚妇女蔡家英，在由母亲陪同回到马台街家中后，被 2 名日本兵轮奸；22 岁的杨女士，在船板巷遭 3 名日军轮奸；34 岁的姚王氏，刚由安全区回到家中，就被 2 名日本兵轮奸；39 岁的黄陈氏，被日本兵轮奸了 10 次以上；42 岁的许太太，在回到热河路家中后，遭到 2 名日本兵的轮奸；张马氏被数名日本兵拖到明星戏院后面轮奸。此外，在珠江路一户民宅中，3 名日本兵轮奸了一名妇女；在古林寺 9 号，3 名日本兵轮奸了一名 20 岁的女子。③

日军往往在强奸、轮奸妇女后，复强逼南京同胞互奸，翁奸其媳，父奸其女，子奸其母，僧妇成奸，以为取乐。李克痕先生在《沦京五月记》中记载：城外沙洲圩有朱姓儿媳，遭 4 名日军轮奸，其公公、丈夫、儿子均被逼令在旁观看，然后又先后命 70 岁的老公公去奸儿媳和 17 岁的儿子去奸母亲。④ 郭岐先生在其《陷都血泪录》中，更向世人揭露了旷古未闻的乱伦惨剧。该文写道：日军在轮奸一名十八九岁女子后，逼令一名路过的和尚与之成奸，僧不从，日军遂割去其生殖器，致僧人当场死亡。该文中又记载：

> 此次南京总有四五次逼着儿子奸淫母亲之事，如果不从，即将儿子杀死。有一次，兽兵将一妇人奸淫之后，从外面来了一个男子，想是从难民区回来看家的。兽兵即问：“此系何人？”男子说：“我的母亲。”他们拍掌大笑，令将席子铺在堂屋地下，

---

① 《军事法庭传讯证人周一渔口述笔录》，1947 年 2 月 3 日，中国第二历史档案馆藏，档案号五九三—870。

② 《张××证言》，“南京大屠杀”史料编辑委员会等编《侵华日军南京大屠杀史料》，江苏古籍出版社 1985 年版，第 479 页。

③ 《南京安全区国际委员会搜集的日军暴行记录(1—470 件)》，见本书“四、南京安全区的活动及其历史地位”附录。

④ 李克痕：《沦京五月记》，“南京大屠杀”史料编辑委员会等编《侵华日军南京大屠杀史料》，江苏古籍出版社 1985 年版，第 110 页。

逼令母子睡觉，他们在一旁拍手大笑。①

日军还强迫中国人互奸，以供他们取乐。据一位居住在江心洲的黄姓妇女提供的证言："一天，日军抓到一个脸上有麻子的女人，大白天把她的衣服扒光，强行要她睡在埂头上，然后，又抓到我父亲和毛××的父亲，逼他们奸那女人，他们不肯，被日军赶下了江水中。"②

先奸后杀或拒奸遭杀，是日军对南京妇女犯下的又一凶残暴行。有目击者记述："街头上有很多轮奸致死的女同胞的尸体。通身剥得精光，赤条条的，乳房被割下了，凹下的部分呈黑褐色……有的小腹被刺破了好些洞，肠子涌出来，堆在身旁地上，阴户里有的塞一卷纸，有的塞一块木头。"③崇善堂掩埋队共埋尸 11 万余具，其中有女尸 2000 余具。该队在附录中描述："妇女更有蓬头掩面，割乳刺胸，无小衣者，此生前受辱也；又有妇女昂头怒目，张口露齿，手足撑持，小衣破碎者，此生前拒奸也。惨哉！惨哉！"④

至因强奸不从而被杀的情况亦复众多。据档案记载，此类事例有：24 岁的女子丁振清，对五六名欲奸之日军，"矢志不从，以手护乳，竭力抵拒，致日军强将衣襟撕破，未遂其欲，愤怒之余，遂开枪将女击毙"；沙洲圩青石埂的梁杨氏，因抗拒两名日军强奸，被推入水中溺死；住雨花台 1 号的民妇陈王氏，因日军"意图行奸未遂，而被敌人用刀猛砍头部致死"；住雨花台 12 号的民妇王蔡氏，因日军"意图强奸未遂，竟执行枪决头部，当场死亡"；住状元境 46 号的民妇吕王氏，在分娩后 5 天，"被日军强奸未遂，母子均遭日军用被褥窒息而死"⑤。

性暴力的官方性

大量事实证明，日军在南京大屠杀暴行中的性暴力事件，并不仅仅是由于"军纪松弛"的原因，相反，它是一种有组织的行动，带有明显的官方性。

日军士兵的性暴力行为，是和日本当局与军官的纵容分不开的。许多奸淫事件，乃

---

① 郭岐：《陷都血泪录》，"南京大屠杀"史料编辑委员会等编《侵华日军南京大屠杀史料》，江苏古籍出版社 1985 年版，第 13—14 页。

② 《黄××证言》，侵华日军南京大屠杀遇难同胞纪念馆收藏。

③ 李克痕：《沦京五月记》，"南京大屠杀"史料编辑委员会等编《侵华日军南京大屠杀史料》，江苏古籍出版社 1985 年版，第 109 页。

④ 《南京市崇善堂掩埋队工作一览表》附件，载中国第二历史档案馆等编《侵华日军南京大屠杀档案》，江苏古籍出版社 1987 年版，第 448 页。

⑤ 中国第二历史档案馆等编《侵华日军南京大屠杀档案》，江苏古籍出版社 1987 年版，第 337—352 页。

由军官亲自施行或由其率领士兵施行。日军将领企图以满足士兵一时的兽欲，来刺激他们的情绪，避免其思乡或反战的心理。据资料记载：日军官 1 人率士兵 2 人，在光天化日之下，将下关复兴街居民朱氏及其 13 岁幼女强奸；12 月 14 日，官兵 3 人，在湖北路强奸一位名叫陈代弟的妇女，并连开三枪将前来救助的陈徐氏打死；12 月 16 日，日军官 2 人率士兵 2 人，闯入乾河沿 18 号民宅，将男人逐出，轮奸室内妇女；12 月 25 日，一名日本军官带领士兵乘车闯入金陵大学，缚住国际委员会派去的看门人，当场强奸 3 名女子，其中 1 名只有 12 岁。① 证人佟衡供述：时任日军第 16 师团第 30 旅团旅团长、南京西部警备司令官的佐佐木到一，不仅指使部下屠杀大批中国同胞，而且“自己更无人性的每日奸污中国少女”②。

大量资料显示，南京大屠杀中日军的性暴力行为，是一种有组织、有预谋的罪恶行动。日军第 10 军第 114 师团士兵田所耕造证实：一群日军“从下关坐着烧木炭的汽车到村庄里把妇女抢来分配给军队，每 15 到 20 个兵分到 1 个妇女。就在仓库周围或找个向阳的地方，用树枝树叶搭起一个场所。士兵拿着盖有中队长图章的‘红券’，解开裤带排队等待着。”③另一名日军士兵第 16 师团步兵第 38 联队第 2 大队上等兵东口义一供称：在 1937 年 12 月 14 日至 16 日间，在小队长市川中尉的指示下，“村田军曹指挥 10 名士兵，侵入宿舍附近的中国民房，谎称让妇女洗衣服，抓了 10 名妇女，投入宿舍地下室，在枪刀监视下，强制地由小队全员 60 人进行了轮奸。”东口义一所在的第 2 分队上等兵炮手对 25 岁和 30 岁左右的中国妇女进行了两次轮奸。④ 日军第 16 师团步兵第 33 联队士兵大川护男亲身经历了为中队长、班长去找女人的丑行。他说：

> 我是个新兵，所以就负责去找女孩子。不去找就会挨骂，所以我们也顾不得其他了。上头说的话绝对不敢违抗，所以我就拼命去搜女孩子了。她们藏的地方不是房子，什么也不是。她们藏在墙呀砖头之类的后面。出了房子，连竹林和田里的稻草垛也躲。如果带回来两个女人，就必须送给中队长一个。剩下的一个，就从分队 10 个人的头头——班长开始轮奸。我们是新兵，所以想都别想了呐。就这样，

---

① “南京大屠杀”史料编辑委员会著《侵华日军南京大屠杀史稿》，江苏古籍出版社 1987 年版，第 145 页。

② 《证人佟衡口供》，1955 年 4 月 15 日，中央档案馆等编《日本帝国主义侵华档案资料选编》第 12 册《南京大屠杀》，中华书局 1995 年版，第 890 页。

③ 《日军士兵田所耕造的证言》，中央档案馆等编《日本帝国主义侵华档案资料选编》第 12 册《南京大屠杀》，中华书局 1995 年版，第 997 页。

④ 《东口义一笔供》，1954 年 8 月 21 日，中央档案馆等编《日本帝国主义侵华档案资料选编》第 12 册《南京大屠杀》，中华书局 1995 年版，第 888 页。

轮奸完了女孩子，就把人给杀掉了。①

日军还直接开设慰安所，强迫中国妇女充当“慰安妇”，以满足其官兵发泄兽欲的需要。从1937年12月中旬起，日军即在下关煤炭港附近建立“慰安营”。这里用木板搭成简易房子，被强掳来的妇女均一丝不挂，躺在地板上遭受日军奸淫。原日军第9师团步兵第36联队士兵和田笃夫在离开南京返回上海时，也见到了这种临时用木板搭起来的慰安所。他说：“从南京往回走的时候，看见了慰安所的临时木板房排成了一大排。临时木板房搭起来很快。慰安所里的管理是由地方的日本人干的，我们当兵的不管。慰安所里的妇女有朝鲜人、支那人，也有日本人。一个房间里一个。价格没有比较过，所以不知道。我们士兵使用的时间是，早上到中午去，下午两三点回来。因为士兵们要做晚饭，所以必须在晚饭之前回来。下级军官是晚上去的。”②

在原日军第16师团步兵第20联队上等兵东史郎的日记中，如实地记录了士兵在南京去慰安所的情况。日记写道：“一月份小雨夹雪的某一天，来了一个通知说：‘欲去慰安所者，可以申请！’‘慰安所’这个陌生的字眼就是有人常常提到的搽着口红白粉的卖笑妓女待的地方。”“田中一等兵带上军票和‘保险套’，冒着寒冷，兴致勃勃地去了。傍晚，他得意洋洋地回来了，把铺在板上征用的毛毯往身上一裹，就像记录什么值得纪念的重大经历一样，把自己去过的女人房间用铅笔画在笔记本上。”田中绘声绘色地对他说：“女人呆的房子是一所支那人跑得空荡荡的房子，门口站着宪兵，好多当兵的都在排队等着，非常拥挤！所以，既没有时间脱光衣服，动作也不能从容，但还是蛮过瘾的！我买的年轻女人挺不错，美中不足的是，每个房间都不严密，从外面看得清清楚楚，不过谁都不在乎。”③。与此同时，还由上海派遣军参谋、特务机关长大西出面办起一座慰安所。慰安所由汉奸乔鸿年筹办，强征慰安妇100人，分设于傅厚岗和铁管巷二处。傅厚岗处专为日军将校服务，每小时接客收军用手票3日元，通夜收10日元；铁管巷处为日军士兵服务，每小时接客收军用手票2日元，不准过夜。此外，乔鸿年还在铁管巷四达里设“上军南部慰安所”，在山西路设“上军北部慰安所”。1938年4月，乔又在夫子庙贡院街海同春旅馆原址及市府路永安里分设“人民慰安所”二处。相继成立的还有大华楼慰安所、东云慰安所、青南楼慰安所、浪花楼慰安所、共乐馆慰安所、菊水馆慰安所、满月

① ［日］松冈环编著、新内如等译《南京战·寻找被封闭的记忆》，上海辞书出版社2002年版，第358—359页。

② ［日］松冈环编著、新内如等译《南京战·寻找被封闭的记忆》，上海辞书出版社2002年版，第391页。

③ ［日］东史郎：《东史郎日记》，江苏教育出版社1999年版，第214—215页。

慰安所、鼓楼饭店中部慰安所等。① 记者林娜在所著《血泪话金陵》一文中称:“在城中设立了17个慰安所,到外面强迫美貌的女同胞作日人的牺牲品。在这个所谓的慰安所中,不知道有多少女同胞被蹂躏牺牲了。”②原南京第二碇泊所司令部士兵坂田贞一对长江两岸沿岸所设的慰安所还留有清晰的记忆。他说:“慰安所很早就有了。男人最初去的地方就是有女孩子的地方。下关有两处,城内有10处或12处。对岸的浦口也有三四处慰安所。因为没有专门照顾女孩子的机关,所以暴行更加严重。下关的慰安所里朝鲜人比较多,中国人从十二三岁到二十五六岁都有。中国人有中国人呆的房子,朝鲜人有朝鲜人呆的房子。”③

事实证明,开设“慰安所”一举,更属“官办”之举。很显然,个别的身负作战任务的士兵,绝不可能长期据有一名“慰安妇”。这涉及慰安妇的吃、住,以及如何在周围的士兵中进行分配等问题。只有进行有组织的安排,才可能施行。原日军第16师团步兵第33联队机枪兵川中洁一证实:“每个联队都设立慰安所。我想,如果不正式设立慰安所的话,我们就会去征发女人,干下坏事,所以慰安所还是必要的。”④另一名原第9师团步兵第36联队士兵森田太郎则证实,类似的慰安所在分队中也存在。他说:“也有的分队把女孩子拉过来设立了慰安所。基本上一个大队有10个左右的姑娘。姑娘们由军队管理。”⑤

侵华日军在南京大屠杀期间性暴力的普遍性、野蛮性和官方性,从一个侧面揭示了南京大屠杀暴行的极端野蛮和残忍,它完全是一次有组织、有预谋的暴行。日本军国主义的反动本质和丑恶面貌,在此被暴露无遗。

---

① 陈娟:《日军在南京的强奸事件》,载陈安吉主编《侵华日军南京大屠杀国际学术研讨会论文集》,安徽大学出版社1998年版,第199—200页。

② 林娜:《血泪话金陵》,《宇宙风》,1938年7月。

③ [日]松冈环编著、新内如等译《南京战·寻找被封闭的记忆》,上海辞书出版社2002年版,第338页。

④ [日]松冈环编著、新内如等译《南京战·寻找被封闭的记忆》,上海辞书出版社2002年版,第349页。

⑤ [日]松冈环编著、新内如等译《南京战·寻找被封闭的记忆》,上海辞书出版社2002年版,第365页。

六、 南京大屠杀的规模

（一）沦陷时南京人口的构成

本章将集中讨论南京大屠杀遇难人数的规模。南京大屠杀，之所以会震撼世界、令人触目惊心，与它特别巨大的遇难者规模是分不开的。在讨论南京大屠杀遇难人数时，首先碰到的一个问题，就是南京沦陷时的实际人口数。这个数字，不仅要高于被屠杀的人数，这一大规模的屠杀才有可能发生；而且要大大高于被屠杀的人数，才符合历史的实际。因为资料证明，在经历了南京大屠杀的巨大劫难之后，南京并未成为一座空城，安全区内外，还生活着 20 万左右人口①。正因为如此，弄清南京沦陷前夕的人口数，便成了一个无法回避、不可逾越的问题。

长期以来，日本极少数右翼学者，别有用心地在南京人口问题上大做文章，企图用一个被歪曲了的南京人口数字，来推翻 30 万同胞惨遭屠杀的血腥事实。日本北海道拓殖大学讲师田中正明，就曾对侵华日军南京大屠杀遇难同胞纪念馆提出所谓“质问”：“市民二十万，防卫队五万，合起来当时南京人口就是二十五万。即便一个没剩全部杀光，也只不过二十五万，可是为何说杀害了三十万呢？这实在令人百思不得其解。”②日本上智大学教授渡部升一在为《“南京大屠杀”之虚构》一书所写的序言中，也提出了同样的问题。他说：“在一个当时总人口约 30 万，而且还有欧美人士混杂其中的地区，居然有数十万人遭屠杀，这种说法本身就令人喷饭！”③到 20 世纪末、21 世纪初，更有藤冈

---

① 日伪大民会总部组织部长王鸿恩称，“及至事变后，人口骤减为十七万之数”。见中国第二历史档案馆等编《侵华日军南京大屠杀档案》，江苏古籍出版社 1987 年版，第 706 页。

② ［日］田中正明：《九问“南京大屠杀纪念馆”》，《正论》1985 年 12 月号。

③ ［日］田中正明著、军事科学院外国军事研究部译《“南京大屠杀”之虚构》，世界知识出版社 1985 年版，第 2 页。

信胜、小林、东中野修道、北村稔等人，在其著作中喋喋不休地坚持“战前南京人口20万人”之说。①

那么，在南京大屠杀开始的时刻，南京的人口到底有多少呢？当时南京人口数是否能使一场30万人的大屠杀惨剧成为可能呢？这就成了维护历史事实，戳穿无耻谎言的一个重要课题。

南京城陷时，其城郊实有人口，由三部分组成，即：常住人口、剩余守军、流动人口。

1. 常住人口50余万人

民国时期的南京市政府，对于本市的常住人口，一直保存着完整的统计资料，包括人口总数、新增人数、死亡人数，以及出生率、死亡率等。根据档案资料记载：1927年南京国民政府成立时，南京市人口为360500人；嗣后逐年增加，至1934年为796955人；自1935年11月，开始突破百万大关，达1009502人；自此直至1937年上半年，一直保持在100万人左右，多数月份在100万以上，最高的1936年4月达1019148人。②

全面抗战爆发前的1937年五六月份，南京市政府曾编制了本市人口及生死状况的统计表。统计表明，此时南京的常住人口为101万余人。其列表为：③

1937年5月

区别	人口数	出生数	出生率	死亡数	死亡率
城区	855632	1498	1.75	1200	1.40
乡区	161182	281	1.74	146	0.90
总计	1016814	1779	1.75	1346	1.32

1937年6月

区别	人口数	出生数	出生率	死亡数	死亡率
城区	853781	1220	1.43	986	1.15
乡区	161669	198	1.22	116	0.72
总计	1015450	1418	1.40	1002	0.99

① 详见张连红：《南京大屠杀前夕南京市人口的变化》，《民国档案》，2004年第3期。

② 《南京市政府关于分发本市生死统计表训令》，1937年11月26日，中国第二历史档案馆等编《侵华日军南京大屠杀档案》，江苏古籍出版社1987年版，第702页。

③ 《南京市政府关于分发本市生死统计表训令》，1937年11月26日，中国第二历史档案馆等编《侵华日军南京大屠杀档案》，江苏古籍出版社1987年版，第702—703页。

上述南京市在抗战爆发前有人口100万以上的事实，谁也不能否认。需要进一步讨论的问题是，八一三淞沪战事爆发后，随着国民党、国民政府党政机关以及大批工人和市民的西迁，到南京沦陷前夕，这里到底还剩下多少常住人口？

南京市政府1937年11月23日，曾就难民遣送问题，致军事委员会后方勤务部函称："查本市现有人口约五十余万。除一部能自动离京，一部事实上决不能离京者外，估计将来需要遣送难民约二十万人左右。"①

由于南京市政府当时要安排难民的遣送，居民粮食、食盐、燃料的供应，所以他们关于到11月下旬本地仍有50余万人的估计，应当是比较准确、可信的。

从现存的户口呈报档案资料中，亦可以认定南京市政府上述估算的正确。

南京市政府为答复国民政府内政部对南京市当时实有人口的查询，于1937年10月18日命各区呈报实有人口数。各区在接到这一指令后，有7个区于10月27日至11月3日之间，申报了本区实有户数、人数。其申报如下②：

区别	户数	人数	报告时间
第二区	9440	37324	1937.10.27
第三区	10119	38889	10.28
第四区	18076	70688	10.30
第五区	22785	108247	11.3
第六区	11288	50877	11.1
第八区	7625	29456	10.30
孝陵区	7467	37611	10.30
合计	86800	373092	

由此可见，至10月底，仅已申报的7个区，即有人口37.3万余人。当时南京市共有11个行政区，连同处于该市各区包围之中、由国民政府直辖的总理陵园区，共12个

① 《南京市政府关于难民遣送致军事委员会后方勤务部公函》，1937年11月23日，中国第二历史档案馆等编《侵华日军南京大屠杀档案》，江苏古籍出版社1987年版，第702页。

② 转引自钟庆安：《关于一九三七年南京沦陷前夕人口的考证——用档案材料驳〈南京大屠杀之虚构〉一书》，《文献和研究》1985年第5期。

区，其第一、第七、燕子矶、上新河、陵园 5 区未及呈报。对此，市长马超俊在 11 月 10 日致国民政府内政部的函中，解释说："城区因区以下之保甲组织尚未充实，户口异动稽查维艰"；"近因京郊建筑防御工程征调民夫甚多，本市乡区保甲长多赴要塞督工，致户口报告不免稽延"①。

鉴于当时南京市各区居民，面临着相同的逃避战争灾害的背景，以及大致相同的逃避条件和手段，故对于所缺 5 区人口数，可以从现存有关档案资料中，推算其大概。兹将抗战前南京市各区人口的两个完整统计列表如下：

1936 年 4 月人口统计②

区别	户数	人口数		
		男	女	合计
第一区	27513	99386	55363	154749
第二区	18544	57474	38112	95586
第三区	17297	60813	37406	98219
第四区	27892	94070	54605	148675
第五区	31082	90776	64244	155020
第六区	14334	47003	31078	78081
第七区	19223	56630	39039	95669
第八区	8748	21016	14903	35919
燕子矶区	12722	31816	26546	58361
孝陵区	7004	17868	16178	34046
上新河区	13542	35105	29718	64823
共计	197937	611957	407191	1019148

① 《南京市政府关于本市户口异动情形致内政部咨文》，1937 年 11 月 10 日，中国第二历史档案馆等编《侵华日军南京大屠杀档案》，江苏古籍出版社 1987 年版，第 701 页。

② 《南京市户口数目统计表》，1936 年 5 月 9 日，中国第二历史档案馆等编《侵华日军南京大屠杀档案》，江苏古籍出版社 1987 年版，第 699—700 页。表内数字统改为阿拉伯数字。

1937年上半年人口统计①

区别	地点	人口数
第一区	城内	134496人
第二区	城内	88679人
第三区	城内	84430人
第四区	城内	138263人
第五区	城内	140269人
第六区	城内	79163人
第七区	下关	76407人
第八区	浦口	30916人
孝陵卫区	乡区	50518人
燕子矶区	乡区	63472人
上新河区	乡区	51805人
陵园	乡区	7166人
合计		945584人

对比上述二表，南京人口在1936年4月至1937年上半年间，基本维持在100万人上下，后表比前表相差7.3万余人，属于正常流动范围。为了与南京沦陷前后有报告的各区人口数字相比较，当以采用更接近南京沦陷前的1937年上半年表为宜。究竟如何对照、推算？学术界大致采用过三种方法：第一种，将南京沦陷前有报告的7个区人口总数与1937年上半年表中相对应的7个区人口总数相比较，推算出人口下降的概率为39%，以此下降率推算出南京沦陷前夕12个区的总人数为57.6万人②。第二种，将南京沦陷前夕有报告的7个区人口数与1937年上半年表中相对应的7个区人口数相比较，分别以城区和乡区保留率最低者42%与74%，去反求所缺2城区与3乡区沦陷前夕

① 《汪伪南京市政府1940年11月上报事变前南京行政区划与人口数》，转引自钟庆安：《关于一九三七年南京沦陷前夕人口的考证——用档案材料驳〈南京大屠杀之虚构〉一书》，《文献和研究》1985年第5期。

② 孙宅巍主编《南京大屠杀》，北京出版社1997年版，第510—512页。

的人口数，再得出沦陷前夕12个区的总人口数约54万人①。第三种，将南京沦陷前有报告的7个区人口数与1937年上半年表中相对应的7个区人口数相比较，分别得出城区和乡区的下降概率(或称迁移概率)，以此反求出未有报告的2城区和3乡区沦陷前夕人口数，再得出沦陷前夕12个区的总人口数为50余万人②。

用上列三种不同的方法，都可以推算出南京沦陷前夕的人口数在50万人以上，差别不大。比较起来，似以第3种更为可取。

在1937年上半年的南京市分区人口统计中，其第二、三、四、五、六5个城区的人口，分别为88679人、84430人、138263人、140269人、79136人，合计为530804人，而前列相应5区在同年10月底的人口合计为306025人，两相比较，10月底时，人口下降了42.3%；第八区和孝陵区2个乡区的人口分别为30916人和50518人，合计为81434人，而前列相应2区10月底的人口为67067人，下降了17.6%。第一、第七2个城区1937年上半年的人口分别为134496人、76407人；若以42.3%的下降率计算，则10月底时，该2区的人口应分别为77604人和44087人。燕子矶、上新河、陵园3个乡区1937年上半年的人口分别为63472人、51805人和7166人；若以17.6%的下降率计算，则10月底时，该3区的人口应分别为52300人、42687人和5904人。通过这样的推算，1937年10月底时，上列原缺5个区的实有人口合计应为222582人；连同当时已统计的7个区，全市实有人口应为595675人。当然，需要说明的是，由于人口的不断流动，且又包含了部分推算的结果，因而对人口的估计，应以粗略为宜。前述南京市政府在11月下旬关于“本市人口约五十余万”的估计，应是比较符合实际的。

当然，从11月下旬到12月13日城陷的半个月左右的时间里，还会有一部分市民继续逃离住地。但是，一般来说，在这段时间中，南京的总人口已不致再有大幅度的下降。这是由以下几个方面的因素决定的：(1) 大部分有条件、经济富裕的市民，早已离开南京，留下的50余万人口，多为外地无亲友可以投靠，或经济上无力外迁者。(2) 南京市政府关于“遣送难民约二十万人左右”的计划，后因筹建“难民区”及战局急速恶化，事实上未能实施。(3) 在战火迫近南京以后，南京卫戍司令部出于军事上的考虑，控制了江面上的船只，使部分市民虽欲往江北或溯江西上而不可能。因此，有理由相信，在城陷前的半个月中，市民的流动，多数是就近躲避到城郊地区，或者在城郊之间漫无目的地往复搬迁。例如，南郊的沙洲圩，就聚集了不少城区的难民。据史料记载：家住中华

① 钟庆安：《关于一九三七年南京沦陷前夕人口的考证——用档案材料驳〈南京大屠杀之虚构〉一书》，《文献和研究》1985年第5期。

② 孙宅巍：《30万南京同胞被屠杀的史实岂容否定》，《抗日战争研究》，1991年第2期；张连红：《南京大屠杀前夕南京人口的变化》，《民国档案》2004年第3期。

门附近的马明福一家，系逃到沙洲圩后，被日军杀死了 7 人①。原住雨花台一带的市民芮芳缘、张鸿儒、杨广才等，亦曾去沙洲圩暂避数日。他们于 12 月 15 日，“由沙洲圩避难回归，眼见沿途尸横遍野，惨不忍睹”，遂组织从临近乡间避难归来者 30 余人，义务掩埋了 7000 余具军民尸体②。有位记者曾经这样报道了沦陷前夕南京市民盲目流动的情况：“城北的百姓往城南搬，城南的百姓往玄武湖搬。玄武湖的百姓往乡下搬，乡下的百姓往城里搬。搬来搬去，好像他们离开原来地方就可以得到无上安全保障似的。”③这些忙碌奔走的市民，最后有不少都进入了“难民区”，致使面积不到 4 平方公里的“难民区”里，聚集了 20 万以上的难民。这些情况表明，南京市民经过 11 月以前的大量外迁后，其人口数量的总水平已经相对稳定。即使考虑到有少数人继续迁往外地这一因素，到城陷时，其常住人口在 50 万人以上，当无疑问。

2. 守城官兵约 9 万人

南京大屠杀中遇难的同胞，包含了和平的居民和已经放下了武器的军人。中国审判战犯军事法庭在对谷寿夫的判决书中称：计“我被俘军民”，“被害总数达三十万人以上”。因此，我们在考查沦陷前夕南京人口数时，还必须把滞留守城官兵的人数考虑在内。而这一数字，是依靠南京市政府的户口档案资料所不能查得的。

本书前文在“悲壮的南京保卫战”章中，已经讨论过中国守军的人数及损失状况。中国守军共有 13 个建制师又 15 个建制团，约 15 万人；在保卫战中的伤亡，约 1 万人；由于唐生智不成功的撤退，仅有 5 万人安全撤至后方，约有 9 万人滞留于南京，既不能安全过江，又不能继续作为有战斗力的部队坚持战斗。后来的事实证明，这滞留于南京城的 9 万官兵，一部被俘，后遭屠杀；一部换上便衣潜入民间，绝大部分又被日军搜出，加以屠杀。因此，未能撤退、滞留于南京的 9 万守城官兵，应属于沦陷前夕南京人口的一个组成部分。

3. 流动人口约数万人

以上所讨论的常住市民和守城官兵，是构成南京沦陷前夕人口的主要组成部分。这两部分人口的实际数字，虽然由于战争的进行和撤退的组织不善，增加了统计和估计的困难；但是，他们毕竟有一定的组织形式，各有主管部门，因此尚有相当的统计资料可资查考。常住人口有各区、乡、保、甲和警察厅负责统计；守城官兵则更有部队的严密建

① 《马明福证言》，“南京大屠杀”史料编辑委员会等编《侵华日军南京大屠杀史料》，江苏古籍出版社 1985 年版，第 446 页。

② 《芮芳缘、张鸿儒、杨广才陈述日军在中华门、花神庙一带集体屠杀市民的结文》，1945 年 12 月 8 日，南京市档案馆藏，档案号 1024—1—35126。

③ 《我们钢铁般的国都》，《时事半月刊》，第 1 卷第 3 期。

制。相比之下，更不易统计和更容易被忽略的，是为数众多的流动人口。其中包括从上海、苏州、无锡等先后沦陷地区逃来南京的难民，以及由前方不断运来南京的伤员。

自八一三淞沪战役开始后，上海及其附近有大量难民流向内地。这些难民，多需从南京中转，而至山东、安徽，或至西南大后方，也有的即以南京及其附近为避难地点的。据京沪路难民救护专员成静生10月9日致南京赈务委员会的代电称："太嘉宝一线一带难民除已迭次运送及自行迁徙外，现在仍存约六十万待船输送"①。10天以后，成静生又致电南京赈务委员会告知：红十字会吴县分会苏州车站办事处主任唐克敏，"奉命调度车辆运送四川同乡难民赴京，当向车站交涉决定即日匀车装运"②。于此可见，南京中转难民工作之繁忙以及其数量的众多。另据世界红卍字会南京分会《民国二十六年至三十四年慈善工作报告书》称："八一三沪战既起，各地难民纷纷来京，每日千数百人不等，本会于下关派救济队，分往车站码头，接护收容，设立临时收容所十处，并设粥厂两处，供给两餐粥食，一面交涉车船，遣送回籍"。仅该会一个慈善团体，即先后共计收容遣散难民155690人。③ 程瑞芳女士在12月9日的日记中，也提到了关于外地难民流入南京的事实。她写道：

> 下关有四千多难民，多般(半)由无锡那边来的，有的由句容来的，日军已到句容。这些难民本预备他们进安全区，今日解散，他们过江由铁路再往上走。有的未走脱，逃进难民区了，连被都没有，幸而我们有被。五百号、一百号都住满了。④

这些难民，有的有一定的目标和方向，由南京迅速流向别处；有的并无固定的目标和方向，也无必需的路费，便只得在南京附近安身。

外地难民，除进入难民区者而外，尚有大量避难于八卦洲及对岸六合沿江一带。世界红卍字会职员李世原在到南京办事后所写的一份报告中称：

> 除南京难民区外，尚有六合过塘集、八卦洲一带聚有浙江、上海、昆山、苏州、无锡、江阴、常州一带避难人民，男女老幼不下四万人，流落异乡，生活无着。⑤

---

① 《京沪路难民救护专员成静生致南京赈务委员会代电节录》，1937年10月9日，中国第二历史档案馆等编《侵华日军南京大屠杀档案》，江苏古籍出版社1987年版，第707页。

② 《京沪路难民救护专员成静生致南京赈务委员会代电》，1937年10月20日，中国第二历史档案馆等编《侵华日军南京大屠杀档案》，江苏古籍出版社1987年版，第707页。

③ 《世界红卍字会南京分会民国二十六年至三十四年慈业工作报告书节录》，1945年，南京市档案馆藏，档案号1024—1—34512。

④ 《程瑞芳日记》(一)，《民国档案》，2004年第3期。

⑤ 《世界红字会上海分会关于赴京办理掩埋工作的报告》，1938年3月18日，载《档案与史学》1997年8月第4期。

至于伤兵，在南京沦陷前，则更是每日络绎不断地由各地运来。据中国红十字会总会南京下关车站伤兵接应所统计，仅 10 月 13 日至该月月底的半个多月中，即接应到站伤员 12747 名，经该所施行换药敷料者 6620 名①。另据军医蒋公穀记载：12 月 5 日，后方勤务部电告野战救护处，“下关江岸，有伤兵千余，无人照顾”；9 日，鉴于“每天都有成千的伤兵络(陆)续的由城南运送进城”，野战救护处“决定各医院集合在外交部及军政部二处，把职务划分开来合并收容”；12 日，由苏州红十字会救护队护送千余伤兵过江，方输送数百名，江边情形即已混乱，后情不得其详；同日，300 余名伤兵进入难民区，由圣公会美侨马吉牧师负责接收维护。②

众多的外地难民、伤员，有的本来即以南京为目的地而住下；有的本应转往别地，因战局恶化和交通限制，而被迫滞留南京。对于这部分流动人口，我们虽然暂时还无法用具体的数字来表示，但是将其估计为数万人，决不会过分。

综上所述，南京市在沦陷前夕，实有常住市民 50 万人以上，滞留守城官兵约 9 万人，聚集外地难民、伤员数万人，总数在 60 万人以上。这使日本侵略军完全有可能在南京这片土地上，进行屠杀 30 万无辜人民的罪恶表演。60 万以上人口的存在，足以驳斥日本极少数右翼分子所谓南京沦陷前一共只有 20 万市民和 5 万军人的拙劣谎言。

（二）掩埋遇难者尸体的四条主要渠道

在研究大屠杀的规模及其遇难者人数的时候，碰到的最大问题，是缺乏足够的统计资料。在屠杀现场上，被屠杀同胞是受害者，即使有人侥幸存活下来，也因恐怖地挣扎在死亡线上，而无法说清较为准确的数字；日本侵略军是血腥屠杀的执行者，他们当然不愿也不会给历史留下什么可靠的凭据。如将当年审判战犯军事法庭判定的各起集体屠杀的人数相加，也只是整个南京大屠杀中屠杀规模较大的那一部分的总和，但面广量大的分散、零星屠杀中，遇难者的人数则很难求证。后来，人们逐渐将目光移向尸体的

① 《中国红十字会总会南京下关车站伤兵接应所十月份工作报告节录》，1937 年 11 月 10 日，中国第二历史档案馆等编《侵华日军南京大屠杀档案》，江苏古籍出版社 1987 年版，第 708 页。

② 蒋公穀：《陷京三月记》，“南京大屠杀”史料编辑委员会等编《侵华日军南京大屠杀史料》，江苏古籍出版社 1985 年版，第 66—71 页。

掩埋和处理上，并且取得了一定的成果。① 因为人死了，总有尸体；有尸体，就需要掩埋和处理。而在掩埋和处理尸体的过程中，又必然要涉及人力、时间、经费、工具等多方面的因素，这就会自然地形成一批档案和口碑资料。迄今为止，学术界在对遇难同胞尸体掩埋与处理的研究中，一直沿用着红卍字会南京分会、崇善堂、红十字会、同善堂四家慈善机构，上新河、城南、回民三支市民掩埋队，第一、下关二伪区政府收尸的架构与模式。现在，由于大量新鲜档案资料的发现与中日双方口述资料的出现，已经大大丰富了对埋尸统计的层面，从而改变与完善了研究尸体掩埋与处理的架构。在慈善机构中，新发现了红卍字会八卦洲分会、代葬局、顺安善堂、明德慈善堂四家；市民掩埋队中，发现了北家边村民掩埋队；伪区政府中发现了第二、第三两区。此外，还涌现出大量日军部队直接处理尸体的第一手资料。

从大的方面来说，对尸体的掩埋和处理，有慈善团体、市民群体、伪政权与日军部队这四条渠道。

第一条渠道：慈善机构共收埋尸体 19.8 万具

1. 世界卍红字会南京分会收埋尸体 43123 具

世界卍红字会总会 1922 年设立于北京，最早的领导人是前清道台杜秉寅，后为徐世光、熊希龄、王正廷等人。它是一个由仕绅阶层领导的慈善救济组织。全国各省市共设分会、支会 300 余个，互为平行关系，均直属总会领导。有的城市，同时有两个以上分会，在向政府登记时，也各自独立门户。南京及其近郊即有南京分会、南京下关分会、八卦洲分会、上新河分会数家。南京分会成立于 1923 年，会址设在小火瓦巷 24 号，会长由陶锡三担任。该会设董事长 1 人，副董事长 2 人，常务董事 5—6 人，均由会员大会推举，下设总务、储计、防灾、救济、慈业、交际等六股。主要事业为“施药、施医、掩埋、救济”。南京分会在南京沦陷前，即已开展救济收容工作，扩充了救济队，派遣救济人员分赴车站、码头接护收容，两月余共收容从沪、锡、常逃来的难民 15.5 万余名；南京失陷后，设立临时办事处于安全区内的宁海路 2 号，欧阳都麟任救济队长，专办救济事务，设难民收容所 10 处、粥厂 2 处，散发衣、米、杂粮等物。1938 年初，陶锡三在就任伪南京市自治委员会会长后，暂辞红卍字会南京分会会长职，由张南梧代理会长；张代理一月后，“不别而行”，又由陈冠麟代理会长，杜肖岚协助主持。在 1938 年 5 月 18 日填报的一份

① 见《侵华日军南京大屠杀史稿》，99—130 页；军事科学院外国军事研究部编著《日本侵略军在中国的暴行》，160—175 页；孙宅巍主编《南京大屠杀》，380—434 页；史咏：《南京大屠杀中被杀人数的下限数字》，载陈安吉主编《侵华日军南京大屠杀史国际学术研讨会论文集》；[日]井上久士：《关于遗体掩埋记录和南京事件中死亡者人数》，载同上书；曹必宏：《南京市伪政权掩埋遇难同胞尸体数目考》，载朱成山主编《侵华日军南京大屠杀史最新研究成果交流会论文集》，83—87 页。

《南京红卍字会难民区办事处员伕名册》中，“会长”项下依次并列陈冠麟、许定一（别名澄之，即许传音）、杜肖岚三人。

南京分会在难民区成立了掩埋组，自1937年12月22日起，开始从事收埋尸体工作。凡参加该会收埋尸体者，皆着深蓝色褂或背心，其前胸后背都印有白底红卍字；后来埋尸队员多了，来不及制作衣服，便以袖章为记。掩埋队工作时，执红卍字旗帜为标识，以保证掩埋工作的顺利进行。

由于红卍字会的埋尸活动，可以帮助日伪当局整理市容、清扫卫生，从而也使得日军大屠杀的罪证不再继续公开暴露于市井，因而得到了日军的同意和批准。红卍字会南京分会副会长许传音博士在远东国际军事法庭出庭作证时说：

> 红卍字会已把掩埋无人埋葬的尸体作为慈善工作的一部分。当时街上尸体遍布，无人管理。这时日军来请我们帮助，他们说：“你们一直做这种工作的，这次为什么不做呢？”得到他们的许可和通行证以及在城里行驶的工具后，我们开始在城里寻找尸体，然后掩埋。我们通常有200人从事这种工作，掩埋了43000多具尸体，这个数目实际上小得多，我们不被允许把真实的数目报上去。当时，我们不敢把数字记录下来，之后我们偷偷记下了一些数字。这些数字只代表了我们掩埋的人数。①

该会于1945年呈报之《民国二十六年至三十四年慈善工作报告书》中称：

> 自二十六年十二月十三日南京沦陷以后，城内外被敌日残戮之军民，遗尸遍地，臭气熏天，既碍卫生，又违人道，得敌日之商许，及沪会援助，扩充掩埋组，增添员伕，达六百名，分配城郊各处，逐日从事掩埋。惟原有棺木千具已罄，改用芦席包裹，洒以石灰、漂粉消毒，分区丛葬，共计义冢七十丘，掩埋尸体四万三千一百二十一具，历四阅月之久，工作完竣。斯为世界红字会有史以来掩埋工作之最大记录。②

该报告书中所称共掩埋尸体43121具，对照战后呈送审判战犯军事法庭的统计表，稍有出入。其统计表相加有误，经核正后，自1937年12月22日至1938年10月30日的10个月中，共在城内收埋尸体1793具，其中男尸1759具，女尸8具，孩尸26具；在城内外收埋尸体葬于城外者41330具，其中男尸41235具，女尸75具，孩尸20具；总计收

---

① 《许传音的证词与回答质证》，1946年7月26日，杨夏鸣编《南京大屠杀史料集》第7册《东京审判》江苏人民出版社2005年版，第60页。

② 世界卍红字会南京分会《民国二十六年至三十四年慈善工作报告书》，1945年，南京市档案馆藏，档案号1024—1—34512。

埋尸体43123具(表中误加为43071具)。①《报告书》中的埋尸43121具,与统计表中埋尸43071具,及校正后的43123具,虽有所出入,但百位数后的数字,对于研究红卍字会收埋尸体的工作及南京大屠杀的规模来说,并不重要。世界红卍字会南京分会收埋遇难同胞的尸体在4.3万具以上的史实,得到了以下多方面资料的支持。

一是红卍字会本身的前期历史档案资料。

迄今发现的红卍字会最早的一份埋尸统计表为1938年3月的《世界红卍字会南京分会救济队掩埋组掩埋地址及男女口数一览表》,其期间为1937年12月22日至1938年3月3日,共于南京城内外收埋尸体31649具。② 该表由上海市档案馆收藏,曾公布于《档案与史学》,1997年第4期。这说明,红卍字会至1938年3月3日,已收埋尸体3.1万具,也间接证明了该会战后报称共掩埋尸体4.3万余具,乃属可信。但是该表因发现于上海市档案馆,后来又被新闻媒体解释为"上海慈善团体曾赴宁埋尸三万余","仅上海赴南京的一家慈善团体,就掩埋南京大屠杀中我被害同胞遗体31564具"③。这显然是一种误释。因该报告表名称清楚地写明为"世界红卍字会南京分会救济队掩埋组"之统计表,与战后呈送审判战犯军事法庭者雷同。且两表城内区掩埋数目均为1793具;城外区在12月22日至1938年3月3日期间内,逐日所埋数字计120项,中有105项全同,所填收埋地点计80项,中有78项完全或基本相同。应当将上海发现的这份统计表,看成是红卍字会南京分会埋尸统计中的一份过程性统计,而不应当着一笔新的埋尸数字单独加以计算。不过,上海统计表,对于研究红卍字会埋尸及南京大屠杀的规模,仍有重要意义。首先,上文已述,红卍字会完整的统计表,乃于战后呈交,属后期资料,而上海统计表乃为前期埋尸过程中的资料,其对于埋尸数字真实性的证明作用,不言自明。其次,上海统计表与战后统计表所不同处,还有分别于城内区和城外区的"附记"中,记录了重要的信息和内容。其城内区的"坿记"为:

查城内区计埋男、女、幼童尸体壹仟柒佰玖拾叁具,其中多属民人,而士兵仅占百分之二〇。死亡情形其各不一,有被枪决后用火烧着者,有被刀刺死者,亦有用铁丝捆绑树上窒息而死者,有枪决后丢于水塘中者,并有青年女性被轮奸而死者。所有被刺而死,但多属女性,而男尸多被捆绑枪决。其中壮年诸多,老弱无几。而

① 孙宅巍主编《南京大屠杀》,北京出版社1997年版,第394—397页。

②《世界红卍字会南京分会救济队掩埋组掩埋地址及男女口数一览表》,1938年3月,《档案与史学》,1997年第4期。

③《日军南京大屠杀又添新罪证》,见2000年1月30日《新华日报》。文中称掩埋尸体31564具有误,原件应为31649具。

每一尸堆处，多至壹佰数十具，情状惨极，成[诚]素所罕见矣。现城内各处之死尸，本队业已逐一掩埋，所存无多，现仍搜索掩埋中。

其城外区“坿记”为：

查城外区计掩埋男、女，幼童尸体贰万玖仟捌佰伍拾六具，其中多属士兵，而民人仅占千分之十五。所有尸体，多被捆绑，其状有枪决后用烧火[火烧]者，有枪决后丢于水塘中者，亦有溺毙者，而每一尸堆处，多至数千具。以上均系腐烂不堪，运埋颇不易，其状至惨。成[诚]数百年来所少见矣。现城郊之四周所有大批死尸，本队业已逐一掩埋。为扫清起见，现仍继续搜索工作中。

该两则附记，将死难者被惨杀的情状，陈述得十分清楚，不仅增加了统计数字的可信度，且对于揭露日军屠杀暴行，亦有重要作用。

首次发现的另两份红卍字会过程性埋尸统计表，保存于中国第二历史档案馆。

第一份表名称与前述上海表相同，成表于1938年3月底，统计期间为自1937年12月22日起，至1938年3月27日止，计于城内区收埋尸体1793具，城外区收埋尸体31368具，总计收埋尸体33161具。与前上海表相比，时间稍长，收埋数字略多。该表亦有极珍贵的“坿记”。其城内区坿记为：

查城内区自二十六年十二月份起，至二十七年三月以来，由中华门以西起至挹江门一带，计二月余，共掩埋男、女、幼童尸体壹仟柒伯[佰]玖拾叁具，均系露体之尸。其有各地之棺柩，现尚未运埋。俟无柩之尸体埋葬完竣后，所有各地之棺柩，当迅速运埋。惟由中华门以东起至光华门一带之尸体与棺柩，现尚未收埋尸柩约在千余具以上，稍缓当可前往运埋。理合声明。

其城外区记为：

查城外区自二十六年十二月份起，至二十七年三月以来，由和平门外经下关区上新河至水西门外一带，计二月余，共掩埋男、女、幼童尸体叁万壹仟叁佰六十八具。惟中华门外及通济门、光华门外一带之尸体，现尚未前往收埋，尸体约在万具以上，俟下关各地掩埋完竣后，当即前往埋葬矣。合并声明。①

该表附记内容，与上海表相比较有所不同。上海表侧重死难者被屠杀之惨状，及军民比例；该表则侧重城内外埋尸路线、走向，以及尚余未埋尸体的约数。这对于研究南

① 《世界红字会南京分会救济队掩埋组掩埋地址及男女口数一览表》，1938年3月，中国第二历史档案馆藏，档案号二五七—400。

京各慈善团体埋尸的地域划分，以及核算红卍字会终结埋尸数字，都有重要的参考价值。该表估计，城外在该会收埋地域内尚未收埋的尸体“约万具以上”，这与最后红字会总共收埋 43123 具尸体的数字，恰好吻合。

第二份表名称与前相仿，为“世界红卍字会南京分会救济队掩埋组掩埋地点及男女口数一览表”，成表于 1938 年 5 月，表内时间从 1937 年 12 月 22 日起，至 1938 年 4 月 30 日止，计收埋城区尸体 1793 具，城外区尸体 34987 具，合计 36780 具。该表总记称：“查京垣掩埋工作自二十六年十二月份起至二十七年五月份以来，凡四月有余，计城内区掩埋男、女、幼童尸体一千七百九十三具，现[城]外区三万四千九百八十七具，共合计掩埋男、女、幼童尸体叁万陆千柒百捌拾具，现城内外露尸所存无几，大若一二星期内即可收殓清楚，刻正进行培土消毒工作。”①

由中国第二历史档案馆新发现的两份红卍字会埋尸表，具有十分重要的价值。因为它们是红卍字会埋尸前期资料中最接近完整的记录。它们的发现，以及它们同战后红卍字会呈报表基本相同的统计，从根本上托起了战后表的统计内容，从根本上支撑住了此后表中关于收埋 4.3 万余具尸体的结论，使其具有了同前期资料一样的可信度。

不过，上述两份最新发现的统计表，也向世人提出了一个值得研究的问题。即这份表与战后表相比，有 6 笔埋尸数都在尾数上差了个零，从而使两者之间差了 10 倍，把 6 项数字加起来，相差 10 倍就成了一个不小的数字。试以下表说明：

日期	掩埋地点	埋尸数	
		38 年表	45 年表
12 月 22 日	中华门外	28	280
2 月 9 日	上新河二埂	85	850
2 月 9 日	上新河江东桥	185	1850
2 月 9 日	上新河棉花堤	186	1860
2 月 18 日	上新河北河口	38	380
2 月 18 日	下关九家圩	48	480
合计		570	5700

上述 6 项之不同记录，其掩埋尸体数共相差 5130 具。查红卍字会战后呈报收埋总数为 43123 具，若以 1938 年表为准作相应扣除，则该会收埋尸体总数不能达到 4 万具。

① 《世界红字会南京分会救济队掩埋组掩埋地址及男女口数一览表》，1938 年 3 月，中国第二历史档案馆藏，档案号二五七—400。

然纵观有关红卍字会埋尸数字的不同时期报告，似均支持在 4 万具以上或 4.3 万余具之说。故可将 1938 年两份统计表中不同的登录，视为技术性差错，对于红卍字会收埋尸体的总数，仍可以战后表为准。

除上述几份特别有分量的埋尸表外，还有一批新发现的与原有的档案资料可资证明。在现有档案资料中，保存着多件红卍字会对埋尸数字过程性的表述。如：在 1938 年 4 月 2 日的一份公函中提到“我会所掩埋者，两月以来填就表格已达三万数千余具”①。在 4 月 4 日的一份公函中称：“自去年秋以迄今日，共计掩埋尸体已有三万数千具”②。在同年 5 月份称：“自上年十二月二十二日起开始至四月十四日止，掩埋数目约计四万有零，现仍进行，尚无止期”③。在同年 8 月的一份慈善调查表中，该会填写：“掩埋尸体四万有零。”④在同年 9 月的一份年度简明报告中称：“计掩埋尸体四万余具”⑤。在同年 10 月的一份致日伪行政院呈文中写道“掩埋尸体统约四万余具”⑥。在 1942 年 9 月填写的一份调查表中，更详细写明：“共计义冢七十丘，埋葬尸体四万三千一百二十一具，历四阅月工作完竣”⑦。从这些档案资料中，不仅可以清楚地看到红卍字会不间断地从事掩埋尸体工作的过程，而且完全可以印证总共掩埋 4.3 万余具尸体的结论。

二是安全区国际委员会及其工作人员的公私文件。

安全区国际委员会与红卍字会在南京大屠杀期间，一直保持着密切的联系。在此期间，红卍字会的办公地点搬进了安全区，并接受国际委员会资助掩埋尸体。因而国际委员会及其成员的公私文件中，对红卍字会的埋尸工作，亦有较多的提及。国际红十字会南京委员会委员、安全区金陵女子文理学院收容所负责人魏特琳女士，多次在日记中提到红卍字会的埋尸活动及具体进度。她在 1938 年 4 月 2 日的日记中写道：“今天有

① 世界红卍字会东南主会致中华总会函，1938 年 4 月 2 日，中国第二历史档案馆藏，档案号二五七—400。

② 世界红卍字会南京分会致伪南京市自治委员会函，1938 年 4 月 4 日，南京市档案馆藏，档案号 1002-19—40。

③ 世界红卍字会东南主会致中华总会函，1938 年 5 月 18 日，中国第二历史档案馆藏，档案号二五七—400。

④《南京慈善团体调查表》，1938 年 8 月，南京市档案馆藏，档案号 1002—2—1009。

⑤《世界红卍字会东南主会南京难民区办事处年度简明报告》，1938 年 9 月 30 日，中国第二历史档案馆藏，档案号二五七—399。

⑥ 世界红卍字会南京分会致日伪行政院呈文，1938 年 10 月 14 日，南京市档案馆藏，档案号 1002—2—1024。

⑦《世界红卍字会各地分会会务概况调查表》，1942 年 9 月，中国第二历史档案馆藏，档案号二五七—242。

报告说，仅红卍字会自1月23日至3月19日，就埋葬了32104具尸体，估计其中有1/3是平民。”接着，在4月15日的日记中记录了红卍字会工作人员向他们宣布的埋尸数字：“从他们开始掩埋尸体时起，也就是大约从1月中旬至4月14日这段时间，在城里，他们已经埋葬了1793具尸体，这些尸体中大约有80%是平民；在城外，他们掩埋了39589具男人、女人和孩子的尸体，这些人中大约有2.5%是平民。”①国际红十字会南京委员会主席马吉牧师在影片《南京暴行纪实》的解说词中，也有与上述魏特琳日记中相同的内容。在其10号影片第3段C节，解说词写道：“从1月23日红卍字会开始掩埋尸体，到3月19日，在南京及近郊区（城墙附近）共掩埋32104具尸体。”②美国史德蔚教授在日记中高度赞扬了红卍字会的埋尸工作。他在1938年12月21日写道：“我听说去年冬天南京被残害的成千上万的老百姓尸体并不是被那些杀害他们的部队搬走的。一个佛教组织红卍字会的工人们花了五六个月的时间才清理完。他们的行为在当地受到高度赞扬，我应该说他们比中国红十字会强多了。据说他们在1938年上半年从南京街道上清理了4万具尸体并将其掩埋。当时许多尸体都已腐烂，只有卷入草席内推进卡车。刺鼻的臭气几乎使人无法在卡车上干活。”③南京国际救济委员会在其工作报告中，列出了给予红卍字会埋尸资助的清单及其埋尸成果。报告写道：“例如2450元用于完成红卍字会承担的非常必要的掩埋工作，他们掩埋了多于40000具无人过问的尸体。在40个工作日期间，雇用将近170个男人。”④上述资料所涉及的红卍字会埋尸数字，显然来自该会本身。从一个侧面证明了红卍字会在埋尸过程中，确实保存着一份真实的记录，因而这个数字，随着时间的延长，也在不断增加，直至该项工作结束时，达到4.3万具以上。南京国际救济委员会的工作报告内容，尤其重要。国际委员会及其更名后的国际救济委员会，给了红卍字会以埋尸经费的资助。因而双方实际上存在着一种权利与义务之间的契约关系。红卍字会接收了国际救济委员会的资助，当然就有义务向后者报告自己的工作情况及其成果，并接受后者的检查和监督。因而通过国际救济委员会公布出来的埋尸数字，应当是真实可信的记录。

---

① [美]珍妮·魏特琳著、南京师范大学南京大屠杀研究中心译《魏特琳日记》，江苏人民出版社2000年版，334—335页、349页。

② 章开沅编译《天理难容——美国传教士眼中的南京大屠杀(1937—1938)》，南京大学出版社1999年版，第245页。

③ 章开沅编译《天理难容——美国传教士眼中的南京大屠杀(1937—1938)》，南京大学出版社1999年版，第355页。

④ 汤美如主编、章开沅编译《南京：一九三七年十一月至一九三八年五月》，三联书店有限公司1995年版，第180页。

上述资料中，提及红卍字会自1938年1月中旬或1月23日始开始埋尸活动，乃与事实不符。因为红卍字会的多份前期档案资料及其过程性的埋尸统计表均反映，埋尸工作早于1937年12月22日即行开始；同时，对照红卍字会埋尸统计表，若去掉1月23日以前的埋尸数字，事实上也不可能达到魏特琳、马吉牧师等日记中所提及的相应累积数字。

三是日本方面的文件资料。

南京既为日军攻陷，日本方面通过其驻军、特务机构、新闻媒体及所控制的伪南京市自治委员会，对南京社会的各方面进行了全面控制。红卍字会等慈善机构的埋尸活动，不仅是其控制与监视的重要内容，而且必须得到其批准与认可。因此可以从日本方面的资料中，对红卍字会的埋尸活动及其具体数字，加以考量。

日本很有影响的报纸《大阪朝日新闻》于1938年4月16日报道：

> 经战斗后，南京首先必须整理的是遗弃的敌人尸体。不知有几万具尸体在壕沟里与小河中。尸体堆积如山，如让其遗弃在那里，就卫生和安定人心而言，都有严重危害性。
>
> 于是，红卍字会、自治委员会和日本山妙法寺所属的僧侣们携手合作，着手进行处理。他们把腐烂的尸体装上卡车，同时口念“南无妙法莲华经”，将尸体掩埋在一定的地方，但花费了相当多的物力和人力。他们忍受着令人厌恶的臭气，日复一日地持续进行收尸掩埋工作，到最近为止，已在城内处理了一千七百九十三具，在城外处理了三万零三百十一具。约花费用一万一千元，出动了苦力五六万[百]人。但在城外，山后还留着很多尸体，而且支出八千元左右，准备在盛夏来到前结束尸体的处理工作。①

该报道所说城内埋葬1793具尸体的数字，不多不少，正好和红卍字会统计表中的数字相同；而城外埋葬30311具尸体的数字，亦与统计表中截至3月底36985具的数字，大致相符。

还有一份来自日本特务机关的报告，为中国方面所提供的红卍字会埋尸数字，作了绝好的印证。该文件是南满洲铁道株式会社所属南京特务机关的极密报告。日军占领南京后，满铁上海事务所立即派出松冈功、佐藤鹤龟、小鸠友于、马渊成刚、丸三进等人负责的南京特务机关（也称“南京特务班”）进驻南京，协助日本占领部队进行“按管”和“管理”活动。在形成于1938年2月底的“南京班第二次报告（二月的状

---

① 原载日本《大阪朝日新闻》“华北版”，标题为“南京通讯第五章卫生之卷”，1938年4月16日。转引自[日]洞富雄著、毛良鸿等译《南京大屠杀》，192页。

况)”中写道:

> 红卍字会的尸体埋葬队(队员约有 600 名),一月上旬以来在特务机关指挥下,连日来涉足城内外掩埋死尸。截止到 2 月末已埋葬的尸体约达 5000 具,成绩昭著。①

这份报告中所载红卍字会掩埋队队员的人数为 600 名,这与前述战后红卍字会关于抗战期间慈业工作报告书中的数字正相符合。但报告称红卍字会在 1938 年 1 月上旬至 2 月末间,才收埋了 5000 具尸体,这与红卍字会本身的统计则有较大的出入。按该会提供的统计表计算,自 1938 年 1 月 10 日起,至 1938 年 2 月 28 日止,已收埋城内外尸体 23135 具。实际上,红卍字会的掩埋工作也不是自 1938 年 1 月上旬才开始的,早在 1937 年 12 月内就已经在城内各处收集尸体 779 具,分别埋葬于清凉山和中华门外望江矶、高辇柏村、普德寺等处。估计南京班所报告的日期和埋尸数,只是红卍字会掩埋队中某一个班组的记录。

在形成于 1938 年 3 月底的“南京班第三次报告(三月的情况)”中,又进一步报告了截至 3 月 15 日止,红卍字会的埋尸记录、经费状况及下一步打算。报告称:

> 在城外各地还散搁着一些尸体,经过积极工作,取得了显著成果。至三月十五日为止,已把城内 1793 具、城外 29998 具共计 31791 具尸体,收容在城外下关地区及上新河地区的指定地点。
>
> 随着天气转暖,收容掩埋尸体工作将愈加困难,对疫病及其他问题,现正在研究对策。但是,仅靠红卍字会的力量是不够的,是研究采用什么方法提供资金的时候了。现在每天需要卡车 5—6 辆、民工 200—300 名,但是红卍字会已无法筹措汽车及民工工资。
>
> 从上述收容工作进行以来,红卍字会共花费 11175 元,虽说是埋葬,现在大部分只是用草席卷上尸体放在该地。掩埋结束后,必须对尸体周围的土地及墓地进行消毒。据红卍字会作出的预算,其经费共达 8950 元。由于今后红卍字会的工作已无资金,很难开展,故正在研究对以上经费进行援助。②

这份报告中,除了提供了较为详细的红卍字会埋尸活动而外,至少有两点重要的价值:第一,它再次肯定了红卍字会在城内埋尸的数字为 1793 具,这与前述红卍字会本身的统计表及《大阪朝日新闻》的报道都完全一致;同时,它关于红卍字会截至 3 月 15 日

① 辽宁省档案馆:《满铁档案中关于南京大屠杀的一组史料》,《民国档案》,1994 年第 2 期。

② 辽宁省档案馆:《满铁档案中关于南京大屠杀的一组史料》,《民国档案》,1994 年第 2 期。

止，在城外共掩埋29998具的说法，也与红卍字会本身的统计数35099具比较接近。第二，它关于红卍字会至3月份已花费11175元，下一步预算还需8950元的说法，与前引《大阪朝日新闻》关于红卍字会已花费1.1万元，还需8000元左右的报道，不谋而合，进一步证明了《大阪朝日新闻》报道的可靠性。当然，《大阪朝日新闻》的消息来源，也可能就是来自满铁南京班。不论《大阪朝日新闻》与满铁南京班之间的关系如何，这对上述红卍字会的埋尸活动资料，都没有什么负面的影响。

红卍字会的埋尸活动，在日本官方外交文件中也有反映。日本驻南京总领事花轮义敬在1938年5月9日致广田外相函中称："最近调查的南京恢复状况及其他各方面情况，如附件。"其所附《南京概况》，日期截止于5月5日。内载："此地中国红万字会由会长陈光麟、副会长许传英及其属下30名职员所组成"，"收容和埋葬事变后放置在城内外的无数战争尸体，其数目达4万余人"①。上述《南京概况》内容，既为日本驻南京总领事花轮义敬"最近调查"的南京情况，当属日本当局所认可。因此红卍字会埋尸4万具以上，也是为日本官方所认可的数字。

日本方面的资料中还出现了一个与上述魏特琳、马吉资料相同的说法，即日方资料也认为红卍字会的埋尸活动是"1月上旬"才开始的，实际上也否认了红卍字会本身所说的从12月22日即开始收尸的说法。可能的情况是，红卍字会实际从12月22日已开始收尸工作，但日方迟至1938年1月才正式批准、同意。这从拉贝先生12月16日的日记中可以得到一点信息。他写道："日本人不愿动手清理，而且还禁止我们组织所属的红卍字会进行清理。""从星期二（按指12月14日）早晨起，我们领导下的红卍字会开始派车在安全区收殓尸体，但是他们的车不是被强行拖走，就是被企图扣留，昨天甚至有14名该会的工人被拖走。"②可见，在日本人没有正式批准前，他们总是要阻挠、禁止红卍字会收尸。有可能，就是这样断断续续，直至12月22日，红卍字会才收埋了，或者说是记录了收埋的第一批尸体。即使记录了，也还是没有得到日本方面的认可。这仅仅是一种辨析，并不能等于事情本来的真实面貌。

四是伪政权方面的文件资料。

1938年10月，日伪南京市社会局职员金汉卿奉局长王承典之命，前往红卍字会南京分会调查会务。金携带伪南京市社会局指令，向该会陈冠麟会长作了调查了解。在金的回复呈文中写明：红卍字会"不忍坐视""尸骨遍地又复掩埋四万余具"；对红卍字会

① 《驻南京总领事花轮义敬致外务大臣广田弘毅函》，1938年5月9日。载中央档案馆等编《南京大屠杀》，366—367页。文中"陈光麟"为"陈冠麟"之误，"许传英"为"许传音"之误。

② ［德］拉贝：《拉贝日记》，江苏人民出版社等1997年版，第189页、193页。

的工作,“复经周咨促访,按照原呈各节逐一详查”,“尚属实在”。① 此件资料说明,红卍字会埋尸4万余具的统计,又经过了伪南京市社会局派专人多方查访验证,并认为属实。

五是参加红卍字会掩埋队埋尸员工的证言。

自20世纪80年代初开始的对南京大屠杀幸存者、见证者的调查中,寻找到了许多亲自参加红卍字会掩埋队埋尸活动的人。他们由于自己的身份和所处的地位,虽多不能说出埋尸的完整数字,但对该会埋尸现场情况的介绍,均十分生动、具体,给人以真切的感受。

从现存中国第二历史档案馆红卍字会档案中,可以查得当年在南京从事收埋工作的红卍字会南京分会掩埋队队长、主任队员、队员和伕役的名册。其队长为欧阳都麟,45岁,河南人;主任队员崔济轩,46岁,南京人;队员有戴世国等9人,另设有伕目1人、副伕目1人、伕役吴效廷等15人。伕役中有高瑞玉,39岁,山东人;管开福,25岁,江苏人。② 后来,在对南京大屠杀幸存者、见证者的调查中,找到了当年在红卍字会掩埋队中担任伕役的高、管二人,并得到了他们的证言。

当年担任红卍字会掩埋队埋尸班班长的山东人高瑞玉,曾率99人在雨花台、水西门外和中山门城边一带埋尸,从1937年12月一直干到1938年的秋天。1984年,他住在白下区龙王庙,已有80多岁高龄。高瑞玉回忆说:

> 我自幼在山东长大,是枣庄人,抗战前是军阀抓伕到南京的,在南京还未沦陷之前,我经朋友介绍,就在红卍字会南京分会做事。那时的红卍字会,在小火瓦巷有个分会,现在是房管所的房子。日本兵进城以前,红卍字会专门办慈善的事,如放赈等。日军进城后,满街尸首,都是被杀害的同胞。红卍字会就组织收尸埋尸。当时有两个班,一个班负责收,一个班负责埋。我是埋尸班的班长,这个班共有九十九人。埋尸的地点主要是在雨花台西侧,宪兵操场。汉中门外城墙根,中山门外城边都埋过。埋尸的人每人穿一件褂子或背心,有的因来不及做,也有的是袖章,作为符号。我是穿的褂子,褂子的前胸后背,都有卍字,有的帽子上也有卍字(当时我还拍过照片,后来找不到了)。字是白底红字,褂子颜色为深蓝色。埋尸的坟很大,一个坟就有千把人,上面覆盖芦席和泥土,我这个班经手埋的有几千人。当时

---

① 金汉卿致伪南京市社会局长王承典的呈文,1938年10月22日,南京市档案馆藏,档案号1002—2—1024。

② 《世界红卍字会东南主会救济第三队第一中队队长员伕名册》,1938年5月18日,中国第二历史档案馆藏,档案号二五七—400。

埋的尸首，有全尸的，也有没头没腿的，我们就用钩子拉，扔在坑里，一天埋多少也不一定，有的时候埋得少，就先把坑扒好。埋尸工作我干了好几个月，直到第二年秋天。①

他在接受作家徐志耕采访时，还说道：

雨花台的坟山都是我埋的，现在还在嘛，那地方以前叫宪兵操场。一个坟山里千把人，你算算，百十米长，三米深，一个人宽，十个人一垛，正好一千人一个坑。我们那队埋了一个大坟，两个小坟，有一个小坟堆里的是女尸。每天早上去，晚上回来，我们队有四部车子，工人不少是江北招来的，收尸的满城都收，汽车上有白布红卍字旗子，坟山埋人时也插上红卍字旗。我们埋了几个月。我管埋尸的。每天埋了多少，用自来水笔记下，回来报给账房。账房叫周建玄，大个子，胖胖的，今年活着的话有90多岁了。

……

怎么埋的？先挖好坑，坑上架着跳板，拉尸车一来，钩子钩，芦席卷十个一排垛起来，一排一排垛过去。上面堆上土。有时候日本和尚来念经敲鼓。

日本兵也有来帮忙掩埋的。是工兵部队，人不多，他们胆子大，来发洋财。尸体身上到处摸，摸出手表、钢笔、金戒指、大洋、钞票，都往腰包里装。②

当年从下关五所村躲入安全区琅琊路小学避难的南京人管开福说：

当时我即在宁海路二号世界红卍字会里做清洁工、伕役……我在红卍字会的工作就是掩埋被日本兵杀害的中国同胞尸体。我们一卡车、一卡车的拉，有的送到中华门外，有的送到南秀村(现在南京大学天文台院子里)掩埋。有一次，我们在大方巷的一个塘里，就收了一二〇多具尸体。“万人坑”里埋的有上千上万具尸体，男的埋在一个坑里，女的另外埋。有的是被日军用机枪扫射死后，再用汽油烧的。③

另一位南京毛纺厂的退休职工施惠云，当年在万竹园种菜，南京沦陷时，避入五台山难民营，在安全区的粥棚里煮粥，后来由红卍字会掩埋队崔主任介绍到掩埋队里去当

① 《高瑞玉证言》，“南京大屠杀”史料编辑委员会等编《侵华日军南京大屠杀史料》，江苏古籍出版社1985年版，第473页。高瑞玉，男，调查时80岁，住白下区龙王庙后。

② 徐志耕著《南京大屠杀》，江苏文艺出版社1994年版，第244—245页。

③ 《管开福证言》，侵华日军南京大屠杀遇难同胞纪念馆收藏。管开福，男，调查时70岁，为街道保洁工，住苏州路。

班长。他说：

> 有一天，红(卍)字会的崔主任来找我，他说："你带二十个人去抬死人，每天给你四毛钱。"我找齐二十个人以后，称为红卍字会的第一班，崔主任叫我当班长。我们从一九三八年三月份开始收尸，一直到八月份才结束。头一天，收内桥、南门桥到水西门一带的死尸。当时到处都是死尸，由于收尸的人手不够，又由二十个人逐步增加到一百六十人，分两个班收尸。每天管门东、门西、三牌楼地段，最多一天收过八百多具尸体。特别是收尸的后期，由于有的人被杀的时间较长，天气又热，尸体已经腐烂了，我们就用铁钩子来抬。每天收到的尸体，用汽车送到望江矶、汉西门和下关一带埋起来。我们拖的尸体中，绝大多数都是年轻人和年轻的妇女。①

日本记者本多胜一曾经于1983年采访过当年被日军俘虏、后从屠杀现场逃出，参加红卍字会埋尸的赵世发先生。赵在下关江边共埋尸两天。本多胜一写道："到了早上，红卍字会的人们来了，雇赵世发掩埋尸体。""屠杀现场的周围，散布着许多防空洞，那里面也堆满了尸体。这些尸体不是被枪杀的，而是被刺刀捅死的。这些防空洞是附近的老百姓，以家庭为单位挖成的。洞里的尸体有大人的，也有小孩的。有的尸体上盖着木板，还有的盖着土。""包括赵世发在内的十几个临时民工，决定将尸体埋到战壕里。这些战壕与扬子江的江岸基本平行，宽为一米多，深一米五，长度为一百米左右。将枪杀的尸体全部掩埋，花了一天时间。""第二天，赵世发等四个人继续掩埋尸体。在头一天清理过的集体屠杀现场的周围，还有一些零散的尸体。他们把这些尸体也垃过来掩埋了。"②

当年曾经带了一些同伴去下关，参加红卍字会埋尸一个多月的殷长青先生证实，红卍字会"共计埋了四万三千零七十一人"，他说："我是在下关作小买卖的，是'红卍字会'的会员。""我带着人到下关去埋，简直看不见活人，我埋了一个多月的人。""我们有详细统计的。"③当年家住王府巷、靠拾破烂维生的青年左润德曾参加红卍字会埋尸1个多月。他说："我收尸都在城南。这一带有一百多。破肚拖肠的看得多了，中华门、光华门到处都是。一辆车上三个人，两个小工，收一个记一个。一个死尸一张席子两根绳，一

---

① 《施惠云证言》，"南京大屠杀"史料编辑委员会等编《侵华日军南京大屠杀史料》，江苏古籍出版社1985年版，第474页。施惠云，男，调查时67岁，南京毛纺厂退休职工，住花露岗。

② [日]本多胜一著、刘春明等译校《南京大屠杀始末采访录》，北岳文艺出版社2001年版，第275—276页。

③ 《新华日报》1951年2月23日。

卷一扎就完了。”①

当年为红卍字会开卡车运送尸体的司机徐金德，干了半年多的时间。他的名字和另一名广东人周永和，同时被记录在《世界红卍字会东南主会救济第三队第一中队队长员伕名册》中，不过，关于他的自然情况，表格中只有“籍贯徐州”一项记录。他对当年掩埋尸体的情况记忆犹新。他在接受著名作家徐志耕采访时说：

我的车能装十几二十几个。开始还好，天气冷，一个死尸一张席一卷，用绳子或电线中间一扎，抬到车上。路上死人多，忙啊，来回拉。

拉什么地方的？阴阳营、朝天宫、宝塔桥，挹江门这个地方最多。都拉，车子到处开，拉到雨花台、花神庙去埋。朝天宫前面是秦淮河，河里也有好多死人，最惨的是一个妇女，蛮年轻的，光着身子泡在水里，一只胳膊砍掉了，小便的地方插着一把刺刀，我看见的这个最惨。妇女的尸体都是披头散发、脸上抹灰，没有一个穿好衣服的，好的衣服也是撕坏的。

后来芦席不多了，两个死人、三个死人合一张，卷起来一捆，丢到车上就算，来不及了。那个日本和尚有时下车，看一看，咚咚咚的敲几下鼓。嘴里咕噜咕噜地念经。什么意思，我也搞不清。

后来天暖和了，尸体臭得要命，我受不了，我老婆给我做了个十八层纱布的大口罩，她在鼓楼医院当护士，她有纱布。那个口罩也不行了，臭得厉害，死人都烂了啊，收尸的一人一个钩子，一尺多长，手指粗，头上弯弯的。你不知道，一拉，肉就一块块往下掉。以前芦席上捆一根绳，后来捆两道，最后来要捆三道，怕掉出来。池塘里泡着的像烂鱼一样了，一钩就散。

还有小巷子里的，我的车开不进去，烂了的，个别的，就地挖个坑，埋了。那时城内空地多，随便什么地方挖个坑一埋就行。

说出来你不相信，一天下来，我的车子到处都是蛆。死人烂了，长蛆，到处爬。连车窗玻璃上都是，白白胖胖的，一扭一扭地动，我的身上、衣服上也不少。车子一天两次用水冲，一回家，衣服先到门外抖几下，把蛆抖掉。惨啊！②

一位姓覃的难民，在日军入城后，避入安全区，后来又被红卍字会招去掩埋尸体。他于1938年5月20日逃出南京后，向记者介绍了红卍字会收埋尸体的情况。他说：“……全南京堆积着的都是尸骸，后来由红卍字会出来招工人去掩埋尸骸，我也是那时被招去的。开始是到富贵山一带去埋，每一坑二百人，尸骸都是老百姓，他们的手被用

---

① 徐志耕著《南京大屠杀》，江苏文艺出版社1994年版，第243页。

② 徐志耕著《南京大屠杀》，江苏文艺出版社1994年版，第241—242页。

铁丝绑着，在无情的机关枪炮火下死亡了。埋完了又被调到南门来，这里的尸骸都是被刀刺死的，每人至少有十几刀。”“从日本兵进城起，到我离开时止——五月二十日——掩埋尸骸的工作从未停止，其实也埋不了，一批被埋掉，马上又有一批新的来补充，因此时疫丛生，不死于屠刀下，也要死于时疫。”①

安徽人袁存荣曾参加红卍字会在城北一带埋尸，干了两个月。他说：“我们安徽会馆的南秀村那里埋了不少，是挖沟埋的。挖一人多深，两丈多长，一人宽，挖了四条沟，全填满了。五条巷，就是云南路那边，以前有三个水塘，死尸满满的。现在宁海路百货公司那块，当年也是个塘，死人填满了！北京路四条巷边有山，山上挖了两个大坑，一个埋满了，还有一个没有满。”②日本朋友松冈环女士近年采访了80多岁的赵林生老人。他当年是红卍字会会员，并参加了埋尸工作。他说：“天气稍微转暖后，许多尸体腐烂了，于是红卍字会去处理尸体。这样，我就知道了手和手、脚和脚是被缚起来的。我也作为会员去帮忙，所以尸体的样子记得清清楚楚……尸体是在各个地方被挖大坑埋掉的。”③

大量当事者的证言，大大丰富了人们对当年红卍字会埋尸活动的认识。这些证言，是活着的档案资料，回答了许多档案馆中文字资料所不能回答的问题。

2. 世界红卍字会八卦洲分会收尸1559具

近期从档案资料中，发现了世界红卍字会八卦洲分会(又称八卦洲支会)曾在南京大屠杀期间收埋尸体的记录。

按世界红卍字会的组织系统，各分、支会均独立存在，在国民政府有关部门的统计表中，各分会亦分别填表列项。

世界红卍字会八卦洲分会，正式成立于1941年3月3日，会长刘蓝田，责任副会长赵静仁，副会长董嘉珊，会址设于燕子矶八卦洲乡乡轮路街商场内，以施药、施棺、办学为常年慈务，每年冬临时施放馍馍、大米、玉秫秫及法币等物，办有八卦洲第一、第二小学。该会筹备时期较长，在未正式成立前，实际早已打出红卍字会八卦洲分会的旗号。早在1937年南京沦陷前，南京城内成立安全区、红卍字会南京分会成立救济队时，即由柯秀山(1941年病故)、易都权筹备现款、米麦，发起组织红卍字会八卦洲分会，邀集董嘉珊(1942年病故)、赵静仁、殷半农、张熙平、刘歧峰、朱捷三等人，成立收容所、赈济队、运送队、掩埋队，曾于城陷前夕，组织船只，经七日夜，运送撤守官兵3.7万余人过江至江

① 林娜：《血泪话金陵》，《宇宙风》第71期，1938年7月。

② 徐志耕著《南京大屠杀》，江苏文艺出版社1994年版，第243页。

③ [日]松冈环编著、沈维藩译《南京战·被割裂的受害者之魂》，上海辞书出版社2005年版，第112页。

北，并收容、治疗、资遣伤兵 23 人，掩埋沿江尸体 1500 余具，设立粥厂 10 余处。旋由刘蓝田赴红卍字会东南主会请训，置地址 18 亩土地，由老祖在东南主院坛指定地址并开工日期，兴工建造，历 2 年始告完成。

在该会的档案资料中，关于掩埋尸体一项，有两种不同的记录。

第一件，1945 年 12 月 20 日，由会长刘良修(即刘蓝田)、责任副会长赵静仁等向中华总会呈报南京沦陷前后，护送官兵渡江情形的函件中，提及："沿洲江岸，被敌舰机枪射死者一百八十四名，沿江两岸浮尸一千二百十八具，在江中打捞者一百五十七具，分别掩埋。"①上述掩埋尸体数字总计为 1559 具。

第二件，1941—1942 年间，红卍字会八卦洲支会填写的一份慈善机构调查表，内有"在前救护之时，掩埋江边浮尸一万余俱(具)"之记录②。

上述两种说法，埋尸数字悬殊颇大。可能系填写时的笔误；也可能两种数字均为有效，各有特定解释。现为稳妥起见，在没有新的资料揭开这一谜底之前，计入南京市慈善机构埋尸总数时，暂保守地按 1559 具计算。

3. 南京市崇善堂收尸 112266 具

该堂为私立慈善团体，前身为恤嫠局，于清嘉庆二年(1797 年)由金襄等人在南京劝募设立，清同治四年(1865 年)改称崇善堂。1929 年 5 月，向南京市政府社会局办理注册手续，领取了执照。据其申报，该堂"系地方私人共同设立，办理一切社会慈善事业"，共有堂产 4 处，约 5000 余亩，房产 19 处，堂址设城南金沙井32 号。

南京沦陷前夕，崇善堂迁入难民区，开始从事设诊送药、施米冬赈等救济难民工作。不久，由于大批南京同胞惨遭日军屠杀，尸横遍野，便组织了"崇字掩埋队"。堂长周一渔兼任掩埋队队长，下设 4 个分队，每队设主任一名，供伙食，无薪给；队员 1 名，日给米 8 合；伕役 10 名，每人日给米 6 合。崇字掩埋队持有特殊通行证，队员着特制背心，前后均印有白底黑字"崇善堂"字样。该队活动地域以中华门、新街口、鼓楼、挹江门以东为主，南至中华门外花神庙、通济门外高桥门，北至挹江门城墙根，东至中山门外马群，有时也活动至水西门外上新河一带。

崇字掩埋队的工作时间，自 1937 年 12 月 26 日至 1938 年 5 月 1 日，共历时 4 个多月。据其战后呈送给审判战犯军事法庭的统计表，自 1937 年 12 月下旬至 1938 年 4 月上旬，共于城区收埋尸体 7548 具，其中男尸 6741 具，女尸 522 具，孩尸 285 具；自 4 月 7

① 世界红卍字会八卦洲分会致中华总会函，1945 年 12 月 20 日，中国第二历史档案馆藏，档案号二五七—368。

② 《世界红卍字会各地分支会会务概况调查表》，1941—1942 年间，中国第二历史档案馆藏，档案号二五七—242。

日起，开始转往乡区工作，至5月1日，共收埋尸体104718具，其中男尸102621具，女尸1569具，孩尸528具；总计收埋尸体11266具①。

关于崇善堂收埋尸体的统计表，现于中国第二历史档案馆、南京市档案馆和南京市博物馆保存着三种不同的版本，其收尸时间、地点、数字基本相同，但稍有差异。二档版收尸总数为112266具，其中男尸总数为109362具；而市档版与市博版收尸总数为112267具，其中男尸总数为109363具。因战后远东国际军事法庭与中国审判战犯军事法庭的判决均依据了二档版之收尸112266具之说，故本书也采用此说。应当说，上述三表的统计，并无实质的差别，且亦很难鉴别究系那种版本在统计、抄写中发生了小的差错。另一个不同点是：二档版在“备注”中未注明开始埋尸的最早日期；市档版在十二月份的“备注”中注有“十二月廿六日开始工作至廿八日共收埋如上数”；市博版则注为“旧十一月十一日敌人初次进城”。

上述掩埋队工作一览表尚附有城区、乡区两个附件，说明了掩埋的组织，与红卍字会掩埋队的分工，以及掩埋过程中所见尸体惨状。从行文口气来看，多有“伪宪兵”、“敌人”、“日寇”等用语，当确认此项文件属战后形成，即为掩埋工作的后期资料。正因为如此，日本田中正明等人，为了否认南京大屠杀的存在，特别把攻击的矛头集中于崇善堂的掩埋尸体活动上。出版商阿罗健一诬指：“在攻陷南京前后，任何地方都没有崇善堂进行埋葬活动的痕迹”；崇善堂提供的埋尸资料“纯属捏造”。田中正明还提出：崇善堂收尸到4月以后“开始急剧增加”，违背了“通常应是初期多，越到后来越少”的规律。

崇善堂的埋尸活动，不像红卍字会那样，有众多过程性的前期统计资料，来支持它的埋尸总数，这是件令人遗憾的事情；同时，这也是史学界需要努力挖掘资料，以求解决的问题。但是，即从现在已经掌握的一些崇善堂前期资料来看，也足以证明它是确确实实地进行了收埋尸体的工作。

南京市档案馆收藏有1938年2月上旬，崇善堂与伪南京市自治委员会之间，为掩埋尸体的汽车与经费事，来往的一组函件。这组函件具有较高的史料价值。1938年2月6日，周一渔以“南京崇善堂掩埋队队长”的名义，致函伪南京市自治委员会，报告埋尸所用汽车需修配，请求给予补助。函件全文为②：

> 迳启者：查敝堂自掩埋队成立迄今，将弥月，工作分配甚繁，惟车辆异常缺乏，且现属春季气温上升，所遗尸体若不迅速掩埋，恐尸体暴露地面，关系公共卫生良非浅鲜。一渔有鉴于斯，惟敝堂所用汽车系二十四年制造，现急需修理，应配各件

---

① 《南京市崇善堂掩埋队工作一览表》，中国第二历史档案馆藏，档案号五九三—37。

② 周一渔致伪南京市自治委员会函，1938年2月6日，南京市档案馆藏，档案号1002—19—44。

一电箱，二陪司登肖子，三克拉子等，用特函恳贵会，请设法补助，以利工作，而便进行。事关慈善事务，相应函请查照，并希示复为荷。此上

南京市自治委员会

南京崇善堂掩埋队队长周一渔

二、六

该函至少说明以下几个问题：第一，南京崇善堂确实组织了掩埋队，且至1938年2月初已满一月。这与崇善堂埋尸统计表上的时间，大致相符。第二，崇善堂在掩埋工作中，还动用了该堂自备的汽车。鉴于使用了汽车运输，故可使埋尸的效率达到较高的程度。第三，为下一步抓紧埋尸工作，崇善堂已采取措施，争取经费，联系修理汽车。周一渔的这封信，两天后，得到了伪南京市自治委员会的回复。复信虽系官腔一套，并未有任何解决问题的实质性办法，但它总可以说明，伪南京市自治委员会是知道并承认了崇善堂正在大力收埋尸体这个事实的。其复函全文为①：

迳复者：昨接来函，以所用运埋尸体之汽车急需修理，应配电箱等件，恳请设法补助，以利工作等语。查此项修配各件，本会尚无专管人员，应请直接与丁三汽车行修理部商洽为妥，用特函复。即希查照为荷！

此致

南京市崇善堂掩埋队周队长

南京市自治委员会启

二、八

同年7月5日，周一渔为借米救济事，在致伪南京市政公署督办任援道的呈文中提及，“兵燹初定，满目疮痍，首先组织掩埋队，尽力掩埋，而重卫生”。② 12月6日，周一渔在致伪江苏省振务委员会请求补助经费的呈文中，再次提及，“即此次事变，敝堂亦在难民区内成立诊疗所，组织掩埋队，及办理其他救济事宜。”③上述崇善堂致伪省、市机构的呈文中，反复申述组织掩埋队一事，若乃竟无埋尸之举，当不敢公开采取欺骗手法。

另一个慈善团体长生慈善会的主席舒敦甫，于1939年1月21日致督办南京市政公署的呈文中称：“上年南京事变，尸骸满地，惨不忍睹，属会所存一等棚木板材一百余

① 伪南京市自治委员会复崇善堂函，1938年2月8日，南京市档案馆藏，档案号1002—19—44。

② 周一渔致伪南京市政公署督办任援道呈文，1938年7月5日，南京市档案馆藏，档案号1002—2—1013。

③ 周一渔致伪江苏省振务委员会呈文，1938年12月6日，中国第二档案馆等编《侵华日军南京大屠杀档案》，江苏古籍出版社1987年版，第449页。

具，由崇善堂、红卍字会各慈善团体掩埋队与地方人士来索取，已施送一空，即甲等之半赊材七十余具亦皆尽数免费施用。”①该呈文中，将崇善堂列于索材掩埋遇难同胞尸体的慈善团体之首，无疑也证明了崇善堂在收尸活动中的地位和影响。

当年曾被崇善堂临时雇佣埋尸的崔金贵老人回忆说：

> 在我们家住的附近有个崇善堂，是个慈善团体……日本兵进城后，崇善堂找人收尸埋尸，有些过去抬棺材的和我这种闲着没生活来源的人就去了，一天弄块把钱。我去的时候已较晚，大约三四月光景……埋尸就在附近挖坑埋，或拉到原来的壕沟扔下去，填些土……埋尸的时候，埋的人不计数，是按天算钱，但崇善堂有人跟着专门计数的。同我一起参加埋尸的王小洋，五年前不在世了。干了个把星期后我就不干了，这时别人还在干。②

崔金贵的证言，以其亲身经历，证明了崇善堂确是当时收埋尸体的慈善团体之一。此外，它还说明：第一，崇善堂除原有的 4 个掩埋队、共 49 人外，还雇用了大批不在册的临时工，来加快收尸的速度；第二，乡间尸体的收埋比较草率，只能于就近的战壕、沟渠中简单填埋，故可以在短期中收埋大量的尸体；第三，崇善堂为付给工人工资及向当局呈报进度，设有专人统计收尸数字。

至于崇善堂收埋尸体，乡间大大多于城区，其原因，在该堂呈交埋尸统计表的附件中，也作了详细的交代。其“附件二”写道：

> 城外民众未能避难他方，又未入难民区者，日间集中一处，守望相助，不幸为日寇所见，多数被难。有背部受枪伏地者，此逃避遭祸也；有向侧卧刀戳流血者，此生前被打也；有口鼻流血面青腿折者，此生前被多人拳打脚踢也；妇女更有蓬头掩面，割乳刺胸无小衣者，此生前受辱也；又有妇女昂头怒目张口露齿，手足撑持，小衣破碎者，此生前拒奸也。惨哉！惨哉！每天夜间则结党成群向远方逃避，一闻声音，即匿草堆中，或避田埂下。最危险时间，系天明以后，强寇登高远望，逃难人被其看见，则枪弹飞来，内有妇女手示立站，即刻追来，野性大作，不从固死，从亦轮奸而死；不停步仍走者，则枪声愈密愈多，死伤益众。故被难之人乡区多于城区。③

为何崇善堂收埋尸体的前期资料难以寻觅？盖因于 1937 年 12 月和 1938 年 12 月，

---

① 长生慈善会主席舒敦甫致伪督办南京市政公署呈文，1939 年 1 月 21 日，南京市档案馆藏，档案号 1002—2—1021。

② 《崔金贵证言》，“南京大屠杀”史料编辑委员会等编《侵华日军南京大屠杀史料》，江苏古籍出版社 1985 年版，第 474—475 页。

③ 《南京市崇善堂掩埋工作一览表》附件，南京市档案馆藏，档案号 1024—65—34512。

该堂两次遭日军洗劫，财物、账册均荡然无存。周一渔先生对此有一文字说明。他写道：

所有本堂二十六年账册、单据，因南京沦陷，避居难民区内，未遑携带，仍存堂内，致被寇军驻扎时烧毁无存。至本堂迁入难民区内办理掩埋及调剂民食、送诊所等工作，初办时纸笔全无，只知为难民谋福利，册据无从筹备。迨二十七年止册据手续办理。是年十二月二十六日，南(京)宪兵队将一渔抓去拘禁，次年一月二日始行放出。当一渔被禁之时，每日三四次宪兵队派人到堂、到家搜查证据，所有册据及衣履首饰，均搜去无遗。①

这一解释，总算为埋尸前期资料的遗失找到了一个说得过去的原因。人们可以从不同角度去看待这一解释，也可以得出完全不同的结论。不过，必须正视一个现实，即崇善堂的埋尸数字，是由中国政府送给远东国际军事法庭的，中国政府绝不致冒着被戳穿的危险，呈送一份并不真实的资料。日本历史学家洞富雄先生在谈及红卍字会与崇善堂两家的埋尸资料时写道：

事实上是日本军命令这两个掩埋队负责处理遗弃尸体，因而日本军队方面理当也保存着掩埋队所报告的资料。中国方面虽大致推测日本军当局在战败时可能毁掉了这些资料，但肯定没有把握认为一定销毁了。所以，中国方面不可能要危险的把戏，即向军事审判法庭提出可疑的证据。②

应当说，洞富雄先生的这一思辨，是有水平的，有说服力的。

4. 中国红十字会南京分会收尸 22691 具

该会全称为“中国红十字会南京分会”。中国红十字会初创于清光绪三十年(1904年)，旋于光绪三十三年(1907年)与万国红十字会缔结同盟；1934年9月于上海召开第一次全国代表大会，该组织设总会与分会。总会设上海，以内政部为主管官署；分会隶属于总会，以所在地方行政官署为主管官署。南京原有两处分会，一于1912年设于下关，一于1927年设于城内。后因一地不能有两个分会，下关分会遂于1937年秋改称为“中国红十字会南京分会办事处”，城内分会于南京沦陷前迁往重庆。南京沦陷后，下关之分会办事处以“中国红十字会南京分会”的名义，从事施粥、掩埋、施材、施医送药等项慈善救济工作。该会共有员工80余人，由施医送药所所长郭子章任理事，义务小学校

① 崇善堂董事长陈绳其呈南京市社会局文附件中抄呈前崇善堂董事长1941年7月1日以前账目说明，1946年10月19日，南京市档案馆藏，档案号1003—3—1126。

② [日]洞富雄著、毛良鸿等译《南京大屠杀》，上海译文出版社1987年版，第191页。

长陆伯衡任干事。

该会的收埋尸体工作，开始于1937年12月24日，分两队进行。据现今完好保存的该会埋尸统计表原始资料记载：在1938年1月5日以前，掩埋一队已在和平门外联合乡人，共埋军民尸体5704具；掩埋二队已在下关一带掩埋军民尸体3245具。两队合计收埋尸体8949具。后因得到日军正式许可，遂自1月6日起，有了按日、按月并载明发现地点的精确记录。其收埋尸体的地域，以下关为主，有时也展延到外围地区，东至迈皋桥，西至水西门，南至鼓楼、新街口一带。掩埋一队的按日记录，自1938年1月6日起，至5月31日毕，共计埋尸7007具；掩埋二队的按日记录，自1938年1月6日起，至3月31日毕，共计埋尸6735具。两队总计收埋军民尸体22691具。①

中国红十字会南京分会的埋尸统计表共10件，成于当时，其月报表均为当月最后一日填报，非事后追忆。各统计表精确，一丝不苟。一、二两队自1938年1月6日至3月31日，均逐日填写，一天不漏。4月以后，二队已停止收尸，专事清洁工作；一队亦方数日归并填报，或隔日填报。

该会在1938年7月14日的一份工作报告中写道：

> 本分会掩埋队自二十六年（按指1937年）十二月间起，即在下关沿江及和平门外附近一带，从事掩埋工作。综计在此六阅月内，共掩埋军民尸体二万二千三百七十一具。此项尸体多数系掘土掩埋。用棺木者只有数百具。现仍在下关沿江一带，捞取上游飘[漂]来浮尸，随时加以掩埋。此项掩埋伕役，系由本会所收容难民充任，仅供食宿，不付工金。②

鉴于红十字会的埋尸记录，全系原始的前期资料，故可信度高，向无争议与疑问。

5. 南京同善堂收埋军民尸体7000余具

该堂成立于光绪二年（1876年），由缎业同仁集资组成。堂址设于中华门外雨花路，负责人黄月轩，以埋葬、施药、施材为主要活动内容。南京沦陷前专收死殇婴孩，为之匣殓埋葬，有房产50余间，专为停棺之用。

南京沦陷后，同善堂为埋葬被日军屠杀同胞之尸体，专门组织了掩埋组，组长刘德才，副组长戈长根，在城南一带从事掩埋遇难军民尸体工作。该堂至战后还完好保存着刘德才当年收埋尸体时使用的白粗布臂章。臂章上印有醒目的红十字符号，加盖了“南京雨花台同善堂图记”长戳，并写有“南京市同善堂掩埋组组长刘德才”字样。该堂共掩

---

① 《中国红十字会南京分会掩埋队埋尸统计表》（共10件），南京市档案馆藏，档案号1002—2—1024。

② 《中国红十字会南京分会关于难民救济工作概况》，1938年7月14日，南京市档案馆藏，档案号1002—2—1024。

埋军民尸体7000余具。

1947年1月，该堂掩埋组长刘德才曾在审判战犯谷寿夫的军事法庭上出庭作证。他说：

> 我同戈长根两人所经手掩埋的尸首就有七千多了。区公所后面所埋的二千多人都是老百姓，东干长巷二千多是有军人有老百姓，兵工厂300多，水台200多，还有多少衣服脱光了关在制造局的楼上用火烧死的。杨巷两个地洞内的人是被日本人用木头和草将洞口堵死在内边烧死了的，还有个学堂内也烧死了几十个人。①

同善堂收尸，既有埋尸组正副组长刘德才、戈长根作证，又有当年印有戳记的臂章为凭，且其埋尸地点，正好是被审判战犯谷寿夫所率部队驻扎之地，是为社会关注焦点，需接受众多当地居民之指证。因此该堂所报埋尸数字，应为可信。

6. 南京代葬局收尸1万余具

南京代葬局成立于清光绪二十九年(1903年)，由地方士绅创办，主要慈善业务为施材、代葬、掩埋、停柩等。1935年时主持人为刘友伯；1936年重新立案，主持人艾善濬，有财产9100元。局址设保泰街十庙口。南京沦陷后，该局曾自行收埋被惨杀军民尸体，后随其掩埋队长夏元芝供职于伪南京市自治委员会救济科及伪督办南京市政公署卫生处(局)，其掩埋队亦受雇于伪政权相关机构，继续从事掩埋工作。夏元芝，约于1890年出生于南京，抗战前为南京市代葬局董事，南京沦陷后，初任伪南京市自治委员会救济组组长、救济科查放主任，后任伪督办南京市政公署及伪南京市政府卫生处(局)第一科调查主任，兼掩埋队队长，1939年5月曾受伪督办南京市政高冠吾之命，前往灵谷寺东之无主孤魂墓致祭三千被屠杀军民，1940年(亦说1941年)卸伪职，改当律师，抗战胜利后曾以汉奸嫌疑被拘押，旋因有掩埋遇难军民尸体之功而未以汉奸论处。

1946年10月，夏元芝因汉奸嫌疑被拘押时，于辩护状中提及，自己曾率代葬局员工，收埋被惨杀军民尸体万余具，他写道：

> 迨首都沦陷后，本市军民为敌军惨杀者为数甚众，因之尸体遍地，伤心惨目。被告怒焉忧之，遂即派员率领代葬局全体掩埋伕役，终日收埋被惨杀之军民尸体万余具。②

这是档案资料中，迄今所能查得的唯一一份，能够完整证明南京代葬局在南京大屠

---

①《国防部审判战犯军事法庭关于掩埋尸体的调查笔录》，1947年1月25日，中央档案馆等编《日本帝国主义侵华档案资料选编》第12册《南京大屠杀》，中华书局1995年版，第706页。

② 夏元芝辩护状，1946年10月7日，南京市档案馆藏，档案号1027—1—825。

杀期间，收埋了1万余具尸体的资料，即既标明了收埋尸体的单位是代葬局，又说清了收埋尸体的数字达1万余具。这一说法，还得到其他一些零星资料的支持。

夏元芝被拘押期间，曾于1946年8月1日接受首都高等法院检查处庭讯，其庭讯记录中载有：

问：在你手里埋了好多死人？

答：埋了一万多人。①

夏元芝还在8月5日的一份辩护状中，为自己没有在收尸过程中搜取尸身财物进行辩解，其内容也涉及埋尸1万余具的数字。他写道："七、谓民人掩埋尸体万余具，曾搜取尸体财物一节。按民人系掩埋队长，并非实地工作之人，仅负监督之责，而当时掩埋之役殷昌和、董广福等十人，均仍在本市保泰街代葬局（慈善机关）服务，随时均可到庭质询。"②此处关于夏是否搜取尸身财物的怀疑与辩护，已无实际意义；其文字适可证明，由夏率领的员伕确实收埋了万余具尸体，并这些员伕至1946年8月，仍在代葬局工作。对此，还有一份首都高等法院讯问伕役殷昌和、董广福的笔录可资证明。

问：殷昌和年、住、职业？

答：五十七岁，山东人，住保泰街，在代葬局十几年了。

问：你们在事变时埋死尸很多，尸身衣服、首饰搜得很多么？

答：没有搜过首饰，收的尸首都是苦家，都是没有衣服首饰的。

问：董广福年、住、职业？

答：四十四岁，山东人，住保泰街，在代葬局做事。

问：你在代葬局有多少年？

答：有十几年。

问：在事变时，你们埋的尸首很多，尸身的首饰也很多吗？又搜出来的首饰是交给谁呢？

答：尸身上没有首饰，死尸都是很穷的人家。

问：你们在沦陷时埋死尸是否受夏元芝来指挥你们吗？

答：是的。③

---

① 首都高等法院检查处庭讯笔录，1946年8月1日，南京市档案馆藏，档案号1027—1—825。

② 夏元芝辩护状，1946年8月5日，南京市档案馆藏，档案号1027—1—825。

③ 首都高等法院讯问代葬局掩埋队伕役殷昌和、董广福笔录，1946年10月19日，南京市档案馆藏，档案号1027—1—825。

这份讯问笔录,可以说明以下几个问题:第一,殷、董二人均承认一直在代葬局工作,而且已工作了"十几年"。按时间推算,1937年时,无疑也是在代葬局工作,即那时所埋尸体,应为代葬局所为。第二,殷、董在回答中,并未说自己的工作单位有过改变,而现今又确可从伪政权的埋尸队中查到他们的名字。这说明,夏元芝将代葬局员工拉过去收埋尸体时,既是为伪政权的救济、卫生机构工作,同时仍未改变原有慈善机构员工的身份。第三,夏元芝后来虽去伪政权中任职,但他仍领导着代葬局的一批员工,在"指挥"他们工作。因此,夏元芝率领员佚所收埋的1万余具尸体,似既可记在代葬局项下,又可记在伪政权项下,但在计算全市埋尸总数时,只能取其中之一项。代葬局作为一家慈善机构,曾积极活跃于南京大屠杀埋尸工作中,应是没有疑问的。

7. 顺安善堂收尸约1500具

顺安善堂于清同治年间由绅民筹办,堂址设燕子矶区燕子矶镇,民国以来,先后由缪鲁南、萧石楼主持,慈业内容有送诊、施药、施材、施茶、冬赈等。由周其芳、区长萧石楼二人对该堂情况所作的调查登记表中载有:"迨至南京事变后,对于掩埋沿江野岸遗尸露骨,人工费用,约去陆佰元。施材一项,以本年计算,约有柒佰贰拾元。"①从上述登记内容来看,顺安善堂在南京大屠杀期间参加了掩埋尸体工作,是肯定的,因花去了600元雇工埋尸。问题在于,究竟收埋了多少具尸体,却无记载。要把这600元雇工费,换算成收埋尸体数,并无确定的换算方法。按照当时在南京城内外收尸的费用、支付办法,一是计件工资,收一具尸体付给0.4元,如水西门外湖南木材商人盛世征、昌开运之雇工收尸;二是计时工资,工作一天付给0.4元,如国际委员会资助红卍字会之雇工收尸。若按计件工资计算,600元应收埋1500具尸体;若按计时工资计算,一般说来,平均每个工应不止只收埋1具尸体,尤其像顺安善堂这样的小慈善机构,非在尸体大量堆积时期,不会花钱雇工专门从事这项工作。如此分析,按计时工资计算,所收埋的尸体应大大多于按计件工资收埋数。为求稳妥起见,按保守的方法计算,顺安善堂花费600元雇工埋尸,其最低的收尸数字应为1500具。

8. 明德慈善堂收尸700余具

明德慈善堂于清同治初年(1862年)始设于长沙,民国15年设分堂于南京,1932年起以南京堂为总堂,堂址洪武路洪武新村,堂长陈家伟,主要慈业为施药、送诊、施材、掩埋、散米、施医、设学校工厂等。该堂在南京大屠杀期间,曾雇工掩埋尸体达700余具。堂长陈家伟于1940年12月26日致函伪社会局暨伪南京市长,报告慈务情况,内称:

> 事变后,家伟由难民区回堂,力谋整理,竭志恢复。是时房屋破坏,器物损失,

---

① 顺安善堂调查登记表,1940年12月17日,南京市档案馆藏,档案号1002—2—1027。

> 人力、财力均感困难，借钱、借米，勉强支持。一面雇用伕子十余人，掩埋尸首，一面修理房屋，筹办平民小学、平民医院、平民工厂、平民图书馆，以期聊尽绵薄。①

此件呈文中，已说明该堂曾雇工10余人收尸，但究竟收埋了多少具尸体？呈文中并未说明。不过，在同一天，堂长陈家伟填报的表格中，清楚写明，“廿七年春，掩埋七百余具”②。在南京大屠杀期间，收埋700具尸体，数量并不算多，与红卍字会、崇善堂、红十字会等单位相比，几乎可以忽略不计。但明德慈善堂，却因收埋此700具尸体之数，而成为参与埋尸的慈善机构之一。它参与的意义比收埋数量的意义更大。

综上所述，在南京大屠杀期间，共有8家慈善机构参加收埋遇难同胞尸体工作，计收埋尸体19.8万余具。以往论著、资料集中，只提到世界红卍字会南分会、崇善堂、中国红十字会南京分会和同善堂4家，合计埋尸18.5万余具；本书根据新发现的档案资料，又增加了世界红卍字会八卦洲分会、代葬局、顺安善堂和明德慈善堂4家，计增加收埋尸体数1.3万余具。4家新的埋尸慈善机构的发现，其意义决不仅仅是埋尸数量的增加，主要在于进一步向人们揭示了，当年为收埋尸体所动员的各方面社会力量之多，从而为侵华日军南京大屠杀暴行提供了更加充分、有力的证据。

第二条渠道：市民群体共收埋尸体4.2万余具

活跃在南京城乡的掩埋队，除由各慈善机构组织者外，尚有由市民群体自发组织起来的临时掩埋队，其中较大者有城西、城南、回民与北家边4支。

城西市民掩埋队，由旅居上新河之湖南木商盛世征、昌开运二人为首组织。盛世征，男，47岁，籍贯湖南；昌开运，男，53岁，籍贯湖南。他们从家乡湖南来到南京西郊上新河从事木材生意，已经历有年所，因家务、财产尽在，为财产计，在南京沦陷前后，没有离开。在日军的屠刀下，上新河一带，“尸横遍野，人血染地，凄惨万状”。盛、昌等从尸丛中躲出，组织掩埋队，共埋尸28730具。此后，已居住在钓鱼台91号的盛世征、昌开运等人，于1946年1月9日，“为日寇残害我国军民二万八千七百三十人于上新河附近，被俘毙命由”，呈文南京市抗战损失调查委员会，内称：

> 民等被拉扛搒物，心惊胆跳，可怜死者抛尸露骨，民等不忍，助款雇工收尸掩埋。每具尸体以法币四角，共费法币一万余元，此系安慰死者瞭[聊]表衷心。③

事实非常清楚，盛、昌二人，由于出钱雇工收尸，对于所费金额、所埋尸体数字，当然

① 陈家伟致伪社会局暨伪南京市长呈文，1940年12月26日，南京市档案馆藏，档案号1002—2—1027。

② 《救济疾病殇亡处所调查表》，1940年12月26日，南京市档案馆藏，档案号1002—2—1027。

③ 盛世征等关于助款雇工掩埋尸体致南京市抗战损失调查委员会呈文，1946年1月9日，南京市档案馆藏，档案号1024—1—35126。

有精确的了解。红卍字会虽也在上新河地区多次收埋尸体，但其经费来自募集、国际委员会资助和向伪政权申请补贴，而盛、昌二人之收尸费用则全部由个人支付，二者泾渭分明，不可能互相混淆。战后盛、昌二人与红卍字会，同时向当局呈递了关于收埋尸体的报告，如乃为一体，则盛、昌二人之举，不仅会遭红卍字会之非议，且亦将为当局驳回无疑。值得关注的是，前述慈善机构收埋尸体活动中，涉及水西门外上新河一带者，共有崇善堂二队于 1938 年 4 月 9 日至 22 日收埋之 18788 具尸体，红卍字会南京分会从 1 月 1 日至 5 月 18 日间共 17 次掩埋之 9461 具尸体，总计为 28249 具尸体。这一数字，奇迹般地与盛、昌二人主持掩埋之 28730 具尸体相似。这两者之间，会不会是同一件收埋活动？从各自的组织系统、历史背景、收尸计数等情况来看，不可能成立。现在没有任何资料可以证明盛、昌二人参加了红卍字会或崇善堂的收尸活动，更不能设想，盛、昌二人在同一时间，既是崇字掩埋队的成员，又是红卍字会掩埋队的成员。

城南市民掩埋队，由市民芮芳缘、张鸿儒、杨广才为首组织。芮芳缘，男，38 岁，南京人，花匠，住高辇柏村 14 号；张鸿儒，男，36 岁，南京人，农民，住雨花台 32 号；杨广才，男，35 岁，南京人，商人，住雨花路 102 号。他们因见南门外尸横遍野，惨不忍睹，遂组织义务掩埋队，取得红卍字旗帜与符号，自 1938 年 1 月 7 日起，至 2 月中下旬止，共工作 40 余日，埋尸 7000 余具。芮、张、杨三人于 1945 年 12 月 8 日具结，陈述了组织掩埋队及其活动的经过：

> 民国二十六年十一月十三日，日寇中岛部队入城后，民等由沙洲圩避难回归，眼见沿途尸横遍野，惨不忍睹，乃于初四日由芮芳缘至中国红卍字会接洽，拟办理掩埋工作。当由红卍字会负责人介绍至第一区公所救济组领得红卍字旗帜及符号等件，后即集合避难归来之热心人士三十余人，组织义务掩埋队，于初六日开始掩埋工作。由南门外附廓至花神庙一带，经四十余日积极工作，计掩埋难民尸体五千余具，又在兵工厂内宿舍二楼、三楼上经掩埋国军兵士尸体二千余具，分别埋葬雨花台山下及望江矶、花神庙等处，现有骨堆可证。所有难民尸体均系在各街巷及防空壕等处而来，姓名固无从获悉。①

该结文虽成于抗战胜利后，但文中将“世界红卍字会南京分会”竟称为“中国红卍字会”，这一名称上的错误，恰恰证明了结文确由该城郊市民具结，无丝毫由政府包办、修饰的痕迹。具结者只记得“红卍字会”一名，弄不清前冠“世界”或“中国”之名义，这应在情理之中。芮芳缘等人于结文中曾提及使用红卍字会旗帜、符号，而城南一带又是红卍

---

① 市民芮芳缘、张鸿儒、杨广才关于义务掩埋被难军民尸体的结文，1945 年 12 月 8 日，南京市档案馆藏，档案号 1024—1—35126。

字会埋尸的主要场所之一，当需弄清，芮芳缘等人收埋的7000余具军民尸体，与红卍字会的统计是否重复。芮氏等人的结文中称，他们的收尸工作系自农历十二月初六日，即公历1938年1月7日开始，“经四十余日”结束，姑以50日计算，应截止于2月25日。而在红卍字会提供的埋尸明细表中，1月7日至2月25日期间，其主要埋尸地点系在下关与水西门外，涉及中华门外地区的，一共只有两起，计埋尸体537具。显然，这两支掩埋队是各自独立活动和计数的。退一步说，即使这两支掩埋队在收尸计数上发生了重复，扣除这537具的数字，对于红卍字会埋尸4.3万余具和芮芳缘等人埋尸7000余具之成立，均没有太大的影响。

回民掩埋队，组织于1938年2月前后，由鸡鹅巷清真寺的以玛目王寿仁等负责，主要成员有阿訇张子惠、沈德成、麻子和、沈锡恩等人，队址设在豆菜桥28号。其分工为：

殡礼主任：王寿仁、马焕庭。马焕庭又名孝福，后更名锦章，是草桥清真寺以玛目。此外还有沈锡恩、麻子和等阿訇负责为死亡回民举行宗教仪式。

文书财务：余玉书。余又名瑞麟，掩埋队的有关文件、白事账、捐款簿等均由其保管。

打坑、抬亡人：马明仁。马为回民坟山主。

洗亡人：张子惠、沈德成。张子惠是老阿訇，沈德成为鸡鹅巷清真寺二阿訇。

杂务：马春田、余寿春、麻寿芝、杨振祥。马为原中华门外息心亭殡舍阿訇，余乃余玉书之侄，麻为登隆巷清真寺以玛目，杨为原汉西门清真寺阿訇。

回民掩埋队以收埋回民尸体为主，持有“南京回教公会掩埋队”和“南京市红卍字会掩埋队”两面旗帜，以减少麻烦，主要在五台山、东瓜市、峨嵋岭一带埋葬。前后共活动3个多月，收埋尸体400具左右。

阿訇沈锡恩回忆说：

> 一九三八年农历正月，许多回民受害者的亲属一起来请求我和马长发、王寿仁、戈长发、麻子和、张子惠，还有我父亲沈德成等几个回民阿訇出来收埋尸体，我去找当时维持会的负责人孙淑荣(回族)帮忙，并自己作了臂章作为身份证明，组成了回民掩埋队，开始收埋回民尸体……我们一直工作了三个多月，天天都有人来找我们去收尸，少时一天二、三具，多时七、八具，一般都是四、五具，有时照应不过来，就分成两个组。最初是埋一具登记一次，以后无法再逐个登记，收埋的总数不下四百具，而且都是鸡鹅巷清真寺周围被杀的回族人。①

---

① 《沈锡恩证言》，“南京大屠杀”史料编辑委员会等编《侵华日军南京大屠杀史料》，江苏古籍出版社1985年版，第476页。

当时担任水西门灯笼巷清真寺第七代大掌家的麻子和证实：

> 我记得旗子中间写个“卍”字，一边写着汉文，一边写着回文，用竹竿挑着。每个人都戴着臂章，上面画着个太阳……我当时是负责按我们回族传统为死者举行宗教仪式。开始时，有的把尸体送来，有的叫我们上门。清真寺内也放了很多尸体，因为时间长了，都散发着臭味。埋葬的地点在今省中医院对面的山上和五台山等处。①

关于回民掩埋队在恐怖、艰苦的情况下，坚持按回民习俗埋葬教胞的具体情况，杨为仁先生在认真调查、采访的基础上，写出专题报告说：

> 难民区内设有清真寺，阿訇们沐浴、小净、礼拜(这是伊斯兰教每日的功课)，都在豆菜桥二十八号勉强进行。而冲洗亡人的条件更加困难。由于亡人都已露尸一、二月之久，不少已腐烂发臭，这就更需要冲洗干净。根据当时的条件，阿訇们只能将亡人置于“讨破”(盛亡人的木制盒子)盒盖上露天冲洗。用水从坟地附近的池塘中提取。亡人用的穿布(裹穿于亡人身上的白布)，是从难民区集市上购买的白布被里子。老阿訇们和坟山工人在北风呼啸的荒山中，提心吊胆地掩埋着被敌人杀害的同胞尸体，心情十分悲恻！有时打坑发现坑内已有尸骨，当时出于无奈，只得将尸骨靠边推移，匀出穴位安葬新亡人。②

回民掩埋队收埋的尸体数量虽然有限，但仅在五台山周围地区，即收埋回民尸体400具，可见当时全城各族同胞被屠杀及收埋尸体的规模之大。

另一支活跃在东北郊区北家边的村民掩埋队，以当年日军制造的北家边“万人坑”唯一的幸存者严兆江为首。北家边位于太平门外尧化门附近的乌龙村。日军曾在这里一次屠杀了6000名军民，然后将尸体推入两个上千平方米的大水塘中。严兆江说：

> 当初，我和20多位乡亲在塘里捞死尸埋，捞了半个多月，足足有6000多具尸体在这两口塘里。那时，我们是等日军走后，村民们自发组织起来的，带上木棍、布条做的简易用具，去塘里收尸。先收有头有身子的整尸，后收光有身子的无头尸，最后用网捞头、胳膊、腿的分尸。有一次，我用网捞，一下子就捞上来7个人头。这

---

① 《麻子和证言》，“南京大屠杀”史料编辑委员会等编《侵华日军南京大屠杀史料》，江苏古籍出版社1985年版，第477页。

② 杨为仁：《忆南京沦陷时的回教掩埋队——记侵华日军在大屠杀中对回民的暴行片断》，南京市政协文史资料研究委员会编《史料选辑》，代第4辑，1983年内部版。

些尸体全埋在乌龙山、黄毛山和“万人坑”附近了。①

北家边的村民掩埋队，活动地域在南京城东北郊尧化门外、乌龙山一带，与红卍字会、红十字会、崇善堂等几个较大的掩埋队，在活动地域上并不交叉。因此，他们收埋尸体的数字，应计入市民自行收埋尸体的总数之中。

在现存的档案资料中，还有许多反映市民自行收埋尸体的案例。例如：市民胡春庭联合难民收埋了300余具同胞的尸体。他在一份结文中写道：“于民国二十六年十一月十六日(按指1937年12月18日)亲见日本军人将我国军人及难民等约三百余名，集合在南通路之北麦地内，用机枪射杀，无一生还，将死尸抛弃麦地内。余联合有力难民，就地屈[掘]土埋葬。后有日本人挑土填垫海运[军]码头，致将所埋尸骨痕迹毁灭无余。”②证人刘德才亲手将被日军烧死的难民近50人，埋葬于荒山。其查讯笔录为：

问：南京沦陷时你知道什么人被害吗？

答：我家后有避难室，内有十个人被日本人烧死了。

……

问：你知道有别的人被害吗？

答：杨巷有两个地洞共死了三四十个人，一个地洞在我家内，一个在我邻居家。

问：在地洞内的人是怎样死的？

答：烧死了。

问：你当时看见的么？

答：我看见的。

问：这些人的尸首也烧了吗？

答：尸首是我埋的，埋在东边山上。③

国际红十字会南京委员会主席马吉牧师在一封信函中说：“还有一些尸体是由亲友自行掩埋。例如城门以外约1英里处，我们教会公墓的守墓人告诉我，在城外被杀的2000至3000平民，是由当地老百姓自行掩埋的。”④战后在搜集日军屠杀罪证的过程

---

① 梁其强：《北家边有冤魂六千》，载江苏省政协文史资料委员会等编《腥风血雨——侵华日军暴行录》，1995年印，第127页。

② 市民胡春庭结文，1945年12月1日，中国第二历史档案馆藏，档案号五九三—22。

③ 证人刘德才查讯笔录，1947年1月28日，中央档案等编《日本帝国主义侵华档案资料选编》第12册《南京大屠杀》，中华书局1995年版，第231—232页。

④ 章开沅编译《天理难容——美国传教士眼中的南京大屠杀(1937—1938)》，南京大学出版社1999年版，第220—221页。

中，据不完全统计，共有有姓名、住址、职业等详细记录的市民自行收埋亲友尸体案例119例。其中，仅第十一区（即中华门外安德门区）之第36、37、38三保中，即有程玉书、吴启福、韩德有、姜寿贞、姜大平、姜大荣、尹荣源、周永兴、尹大章、尹徐氏、徐品贵、徐胡氏、周业氏、贺长发、尹广生、尹广江、吴马氏、赵桂启、郑富生、娄广宝、郑韩氏等21名被屠杀者的尸体，系由亲友自行零星收埋。由此可见，除了有组织、有记录的市民集体收埋活动之外，个别、零星的收埋，面广量大，其数字亦不可小视。

近年来，在社会各界的关注下，对南京大屠杀幸存者的调查又取得了一批新的关于市民自行收埋尸体的口述资料。这些资料的发现与收集，进一步扩大了人们观察收埋尸体工作的视野，加深了对遍布城乡的埋尸活动的认识。例如：家住仙鹤门北街83号的陶东志老人，曾于1938年四五月间，"与村上十几个人一起，将附近半华里内暴尸在野外的700余具尸骨，集中掩埋"，形成了一个直径约5米、高约2米的大坟墓。他说："这一带因被日军集体屠杀的人数众多，所以在仙鹤门、西岗和麒麟门等地类似的坟墓还有许多。"①汤山村民戴志善曾与其他村民一道埋葬了11名遇难村民与逃难者的尸体。这11人于1937年12月8日为占领汤山的日军在湖山村东砍、刺而死。他说："当时我不在家，几天后我回来，村上人告诉我的。一开始埋在大祠堂前，11个人一个坑，是苏昌生、戴兴和、陈开宝埋的。第二年清明，把坑挖开，各家改葬。"②汤山黄栗墅村民张礼海证实，曾与其他村民一道，亲手将15名遇难亲属及乡亲埋葬。1937年12月8日，日军攻占汤山后，将躲在防空洞里的18名村民枪击、刀刺，共杀死15人。张礼海说：

> 在这次屠杀中，鬼子共开了3枪，其余的村民都是活活被刺死的。躲在防空洞里的18名村民，共被杀害15名，他是：我的大哥张礼江，26岁；我的童养媳；侯国义和他的两个幼女；汤山街上的秦红宝，约60岁；蔡富耀夫妻俩和他们出生才3个月的女儿；蔡富耀的哥哥蔡富荣，约40岁；李恩寿夫妻俩；张义林和他16岁的女儿；13岁的汪小喜。没过几天，天上下着雪，我二哥将大哥的尸体埋了。另外四五个家中有人的尸体，也由家人给埋葬了。其他一家死绝了，或没有亲人的，就由村上人大家帮忙给埋了。春节过后，大约在2月份，我大哥和其他四五个家中有亲人的死难者尸体，被改用薄皮棺材重新加以收殓。③

---

① 《仙鹤门老居民为日军大屠杀史实作证》，《新华日报》1996年11月15日。

② 《村民戴志善关于自行收埋亲属尸体的证言节录》，2003年7月12日，孙宅巍编《南京大屠杀史料集》第5册《遇难者的尸体掩埋》，江苏人民出版社2005年版，第280页。

③ 《村民张礼海关于自行收埋亲属尸体的证言节录》，2003年8月，孙宅巍编《南京大屠杀史料集》第5册《遇难者的尸体掩埋》，江苏人民出版社2005年版，第283页。

上述资料说明，发生在农村的屠杀留下的尸体，由于农民们以村落为单位，互相照应，不管死者有无亲人，其尸体一般都会被亲友、邻居收埋；同时，农村到处都是沟、塘、荒山，收埋尸体也比较方便，不似城市收埋，要动用运输工具，且要长途搬运。农村尸体的收埋，一般都是分散、零星的，没有统一的记录与统计。南京四郊地域广阔，日军在这里犯有大量屠杀暴行，因而对这类没有经过统计，而实际大量存在的埋尸活动，应予以充分的关注。

综计上述，即使不计算大量存在的市民个别、零星之收埋数字，市民群体自行收埋尸体，计有城西盛世征等收埋 28730 具、城南芮芳缘等收埋 7000 余具、回民王寿仁等收埋 400 余具、北家边严兆江等收埋 6000 余具，合计 4.2 万余具。

第三条渠道：伪证权共收埋尸体 1.6 万余具

为卫生和市容计，南京区、市两级伪政权，也努力组织伕役，收埋尸体。据现在可查得的资料，其所掩埋尸体共达 1.6 万余具。

在城郊各地遍陈尸体的情况下，南京市各伪区公所都受命组织员工掩埋尸体。可惜这类档案，多为日军销毁，或经战乱损失，现在还查不到各区掩埋尸体的完整数字，而只有伪第一区、第二区、第三区和下关区的部分工作报告。

日伪统治时期的第一区，位于南京城东南部。在其向伪南京市自治委员会的一份工作报告中，称该区于 1938 年 2 月，“派员率带伕役掩埋路途尸体，以其减少疫疠”，“本月分掩埋尸体计一千二百三十三具”。①

伪第一区的埋尸数字，在时间与地域上同前述芮芳缘等人的埋尸活动交叉。该区位于城南，其埋尸时间在 1938 年 2 月；而芮芳缘等人收埋尸体亦在城南中华门一带，时间自 1938 年 1 月 5 日至 2 月中下旬，并曾至伪第一区公所救济组“领取红卍字旗帜及符号等件”。但是，由于凡列入各伪区公所收尸数字者，必由该区出面组织，而非由私人牵头承办手续、组织难民。芮氏等人既为主动申请、义务掩埋，当不属该区行政工作之一部分。且芮氏等人于一二月间的 40 余日中总共埋尸 7000 余具，其展入 2 月的时间约 20 天左右，如伪第一区将芮氏埋尸数字列入 2 月份工作成绩，则加上 2 月 20 号以后的日子，其该月埋尸数当不至少至 1200 余具。

伪第二区位于南京城西南部。在 1938 年 1 月 28 日该区的一份工作报告中，写有“函请崇善堂掩埋本区境内遗尸 9 具”的内容；②在其 1938 年 2 月份的工作报告中写有：

① 伪南京市自治委员会第一区区公所 1938 年 2 月份工作报告，南京市档案馆藏，档案号 1002—19—11。

② 伪南京市自治委员会第二区区公所工作报告，1938 年 1 月 28 日，南京市档案馆藏，档案号 1002—19—12。

“掩埋尸体:先后查得评事街等处,尚有遗尸十八具,暴露未埋,即经随时备函,通知崇善堂掩埋,以维人道,而重卫生。”①

伪第三区位于南京城东北部。在该区1938年一、二月份的工作日报表中载有:

[2月11日]请崇善堂掩埋湖南路一二五号尸体。

[2月12日]请崇善堂掩埋大石桥小学对面沟池内尸体。

[2月14日]请崇善堂掩埋珠江路珍园浴堂内尸体。

[2月18日]呈请警察厅饬伕掩埋百子亭等处死尸三具、太平桥河内浮尸二具。

[2月20日]呈请警察厅饬伕掩埋南仓巷等处尸体。

[2月24日]呈请警察厅请埋杨将军巷等处尸体。

[2月26日]呈请警察厅掩埋杨将军巷等收容所防空壕内尸体。

[2月28日]一、呈警察厅请埋上乘庵尸体。

二、呈警察厅请埋塘[糖]坊桥尸体。②

该区二月份报告写有:

五、关于其他事项

2. 函请红卍字会掩埋尸体。

5. 函请崇善堂掩埋湖南路一二五号内尸体。

7. 函警察厅促令卫生科迅将成贤桥等处薄棺三具从事埋葬。

10. 呈请警察厅饬伕掩埋百子亭等处死尸三具、太平桥河内浮尸二具。

11. 呈请警察厅埋杨将军巷等处尸体。

13. 呈请警察厅掩埋杨将军巷收容所防空壕内尸体。

15. 呈警察厅请埋上乘庵尸体。

16. 呈警察厅请埋塘[糖]坊桥尸体。

17. 请崇善堂掩埋珠江路珍园浴堂内尸体。③

下关地区,是日军进行南京大屠杀中的重要屠场。该伪区公所区长刘连祥在向伪南京市自治委员会呈报“各组长工作之前后经过情形”的报告中,叙述了该区宣传

① 伪南京市自治委员会第二区区公所1938年2月份工作报告;南京市档案馆藏,档案号1002—19—12。

② 伪南京市自治委员会第三区区公所一二月份工作日报表,1938年1—2月,南京市档案馆藏,档案号1002—19—13。

③ 伪南京市自治委员会第三区区公所二月份报告,1938年3月2日,南京市档案馆藏,档案号1002—19—13。

组长郑宝和、救济组长王科弟和户籍组长毕正清得日军允许，先后率领伕役百余名，于 1937 年 12 月下半月，在下关、三汊河一带掩埋尸体 3200 余具的过程。该报告称：自 1937 年 12 月 15 日起，郑宝和即与市民沈桂森、妙净和尚开始在下关一带掩埋被害军民尸体。16 日，由日军官指定郑宝和、王科弟、毕正清（当日未出工）三人为代表，将所率 84 名难民编队，“到碇泊场司令部，会见南出先生，蒙司令准发给良民符号八十四张，即开始分班工作。计由中山码头沿江边清扫及将尸体掩埋。是日约埋三四十具。至下午五时，蒙南出先生发给米盐油菜等，即令分别返回住所。次日毕正清同来，而工作如前，至二十五日止。二十六日，因搬运三汊河内及各防空屋内之尸体，尚有四百余具须要掩埋清扫，故是日未到下关。二十七日，仍率难民百余名，复蒙南出先生补发符号二十张。如此每天均到下关，认真努力清扫工作……经手掩埋尸体约三千二百四十具。”①

下关是日军集体屠杀南京军民的主要地区，当然也是各支掩埋队收埋尸体的重要地点。因此，有必要探讨伪下关区的收埋活动与其他几支主要掩埋队之间的关系。

红卍字会曾在下关沿江及三汊河一带，收埋了数以万计的尸体。但是，该会的早期收埋活动，主要集中于中华门、水西门外，其第一次在下关地区收尸的时间是 2 月 12 日，故不至与伪下关区 12 月份的收尸活动相重复。

崇善堂在 1937 年 12 月的掩埋工作，涉及下关、三汊河地域者，仅第二队于此收埋了 392 具尸体。此数字与三千之数悬殊颇大；且崇字掩埋队有自己的旗帜、服式，与伪下关区掩埋队持日军司令官颁发的“良民符号”工作，迥然不同。

红十字会的主要收埋地域即为下关地区。该会掩埋第二队的“按月统计”中称：“本队在民国二十七年一月六日以前，已在下关一带掩埋军民尸体三千二百四十五具”②。其所述时间、地点与伪下关区掩埋队大致相近，而其收埋数字，则更与伪下关区掩埋队之 3240 具惊人相似。这两者之间，是否可能重复？仔细研究该二掩埋队的活动情况，即可发现，重复是不可能的：第一，两个掩埋队处理 3240 具左右尸体的起迄时间不一。红十字会二队起于 12 月 24 日，止于 1 月 6 日；伪下关区队则始于 12 月 15 日，迄期约在月底。第二，是否正式得日军许可不一。红十字会二队注明在掩埋该 3245 具尸体时，“尚未得日军正式许可”，且因此这一数字“未列入统计表”；而伪下关区队则从 12 月 16 日起，即得日军碇泊场司令部的批准，先领“良民符号”84 张，后又补领 20 张，并接收日

① 伪下关区长刘连祥呈伪南京市自治委员会报告，1938 年 1 月 30 日，南京市档案馆藏，档案号 1002—19—15。

②《中国红十字会南京分会掩埋队第二队按月统计表》，1938 年 1—5 月，南京市档案馆藏，档案号 1002—2—1024。

军官南出所发之米、盐、油、菜等。第三，埋尸数字仍有矛盾。若伪下关区队与红十字会掩埋二队的活动，竟为一体，则伪区长刘连祥在1月30日报告“一月份工作之前后经过情形”时，亦应将1月30日以前的埋尸数字汇集进去。查红十字会二队自1月6日至30日，累计埋尸2138具。故刘报告的1月前后埋尸数，应多达5378具(3240具+2138具)，而不应只是3240具。

由此可见，伪下关区收埋尸体3240具，应单独成立。这是没有疑问的。

仅以上四区，埋尸数字已达4512具，可以肯定，这仅是各区埋尸统计之“冰山一角”，因为统计十分零散。即使是有较多埋尸记录的第一区、下关区，也仅分别统计了其1938年2月和1937年12月的埋尸数字。既然一个区在一个月中，能埋尸多达1000余具或3000余具，则其他各区、各月处在相同的日军暴行环境之中，亦必有相当数字。在伪南京市自治委员会统治期间，南京市领有城内一、二、三、四、下关五区；伪维新政府成立后，伪督办南京市政公署统治期间，南京市领有城内五区及城外孝陵卫、上新河、燕子矶三区，短时期还辖有江宁县的七个乡镇。如上述各区统计资料完整，其埋尸数字当大大高于目前已统计之4500余具。

1938年秋冬至1939年初，由伪南京市政公署督办高冠吾经办，在中山门外灵谷寺至马群一带，收埋遗骸3000余具。

高冠吾于1938年10月就任伪南京市政公署督办。此时虽已距南京失陷10个月之久，但其仍于城边草丛、山巅、水旁屡见被日军残杀之遗骸，遂共收埋26具。后又经村民报告，在中山门外灵谷寺至马群一带，有遗骨3000余具，遂复令卫生局派掩埋队前往埋葬，计工作40余日，开支909元，于灵谷寺东以青砖砌成扁圆形坟墓一座，外粉水泥，坚固而壮丽。高冠吾派员于1939年5月28日前往致祭，并亲立“无主孤魂之碑”一方，其碑文云：

> 越二月(按指1938年12月)，村民来告茆山、马群、马鞍、灵谷寺诸地遗尸尤多，乞尽瘗之，乃下其事于卫生局，选夫治具悉收残骨得三千余具，葬于灵谷寺之东，深埋以远狐兔，厚封以识其处。立无主孤魂之碑，且使执事夏元芝以豚蹄只鸡酒饭奠之，俾妥幽魂。①

此项3000余具尸骸收集于中山门外灵谷寺、马群一带。查崇善堂的第三掩埋队在1938年4月9日至5月1日间，曾于这一带收埋了33828具尸体，“无主孤魂”墓中的3000余具尸体，会不会与崇善堂埋尸相重复？这是不可能的。因为崇善堂收埋时间在

---

① 高冠吾：《无主孤魂之碑碑文》，中央档案馆等合编《南京大屠杀图证》，吉林人民出版社1995年版，第160页之图478，原拓片影印。

1938年四五月间，而高氏派员收埋，则是同年12月以后的事，不致相混。再者，伪卫生局有关掩埋尸体的报告中，并未提及此项遗尸曾经有关慈善团体掩埋过；而伪卫生局的同一份《报告书》中，在提及草鞋峡之3000余具暴露尸体时，就清楚说明，此"纯系事变后由红万字会所掩埋之尸体，一年来任江水冲刷及莠民刨掘，完全暴露"①。据此，对是项3000余具尸体，尚不能轻率地视作重复掩埋，而不加以统计。

近年发现的一份由日本南京特务机关调制之掩埋队工作统计表，较为完整地揭示了，从伪南京市自治委员会到伪南京特别市政府卫生机构，直接掩埋的尸体数字。该资料称②：

昭和13年(按即1938年)南京自治委员会成立了在当地的公共卫生组织，即作为维持社会慈善事业的市卫生局(时称卫生组)，下面有掩埋队(死尸埋葬队)，队员(男性)16名；每月经费(总人件费)288元，用于南京市的尸体和露棺的埋葬、火葬，以及墓地的修理、施棺。其自创立以来迄今的工作状况与现在状况，如下表：

一、自昭和13年至15年掩埋队工作统计

年别	男尸	女尸	孩尸	修坟	寻棺	尸骨	火葬	施材
二十七年(1月至4月)	8795	136	185		248			
二十七年(5月至12月)	171	10	20	4238	188	24	8	
二十八年	152	45	526	3901	101	6774		263
二十九年	306	94	359	1025	151		5	502
共计	9424	285	1090	9164	688	6798	13	765

该统计表，既由日本南京特务机关调制，其内容当属可信。在其各项统计内容中，就研究南京大屠杀尸体掩埋来说，以1938年1—12月对尸体、尸骨的掩埋为最有实际意义。即在1938年中，经由伪南京市卫生机构，共掩埋男尸8966具、女尸146具、孩尸205具、尸骨24具，合计9341具。其1939年与1940年所收埋尸体，已很难

① 《南京特别市政府卫生局五月份事业报告书》，1939年6月，南京市档案馆藏，档案号1002—6—130。

② 《南京市政概况》，1942年4月，孙宅巍编《南京大屠杀史料集》第5册《遇难者的尸体掩埋》，江苏人民出版社2005年版，第338页。

证明属日军南京大屠杀所产生的尸体;其收埋之尸骨,恐亦多属对前已埋葬尸体之重复收殓。

需要讨论的是,在上述 1938 年由伪南京市卫生机构收埋的 9341 具尸体、尸骨中,会不会与前述各区及经伪市政公署督办高冠吾掩埋的尸体交叉?查前述伪第一、第二、第三、下关四区分别掩埋了 1233 具、27 具、12 具(未注明尸体数者以 1 具计)、3240 具,合共 4512 具。各区对尸体的收埋,或"派员率带伕役",或函警察厅、红卍字会、崇善堂,或自行组织难民进行;而伪南京市卫生机构则是有自己专设的掩埋队及 16 名伕役,有专项使用的经费每月 288 元。两者之间,泾渭分明,互相无涉,且上列统计表被称为伪卫生机构"掩埋队工作统计",各区所埋尸体,既未动用伪南京市卫生机构之掩埋队,其数字当然也不能计入其掩埋队的工作成果之中。至伪南京市政公署督办高冠吾命卫生局所埋之 3000 具尸骸,考其时间,应搜集于 1938 年 12 月至 1939 年 1 月之间,又均属尸骨,"为军为民,为男为妇,为老为稚","举莫能知"。① 对照上列伪卫生机构统计表,1938 年只有尸骨 24 具,不可能包含高氏主持收埋之 3000 具;1939 年有尸骨 6774 具,有可能包含了高氏之 3000 具,但因上文已述,在计算伪南京市卫生机构收埋尸体数时,并未将 1939 年及其以后的数字包括在内,故不会重复计算。

除了以上所讨论的伪南京市卫生机构埋尸与伪各区政府及高冠吾直接指挥的埋尸活动之间的关系外,还有一个问题需要讨论。即伪南京市卫生机构埋尸与代葬局埋尸之间的关系。因为这两个机构埋尸队的负责人都是夏元芝。前文在慈善团体埋尸中,已述夏元芝率领的代葬局埋尸队中有殷昌和、董广福等人,夏在其 1946 年 8 月 5 日的"辩护状"中曾说,"当时掩埋之伕役殷昌和、董广福等十人,均仍在本市保泰街代葬局(慈善机关)服务";在首都高等法院传讯殷、董二人时,董答在代葬局已"有十几年"。事实上,由于 1938 年—1940 年间,夏元芝先后在伪政权的救济组、卫生处(局)分管掩埋尸体工作,其所率带的代葬局员伕又成了各该伪政权卫生机构的掩埋队成员。在南京市档案馆保存着两份很有价值的伪南京市卫生局掩埋队工饷表:

表一　南京特别市政府卫生局掩埋队二十八年四月份支出计算附属工饷表②

姓名	工作别	月额	实支	单据号数	备考
殷昌和	掩埋伕	一五	一五	第壹号	

① 高冠吾:《无主孤魂之碑碑文》,中央档案馆等合编《南京大屠杀图证》,吉林人民出版社 1995 年版,第 160 页之图 478,原拓片影印。

②《南京特别市政府卫生局掩埋队二十八年四月份支出计算附属工饷表》,1939 年 4 月,南京市档案馆藏,档案号 1002—6—17。

董广福	同上	一五	一五	贰
殷茂宏	同上	一五	一五	叁
吴志章	同上	一五	一五	肆
杨凤友	同上	一五	一五	伍
王家魁	同上	一五	一五	陆
刘德荣	同上	一五	一五	柒
陈浩启	同上	一五	一五	捌
王顺廷	同上	一五	一五	玖
郭振清	同上	一五	一五	拾
王康福	同上	一五	一五	拾壹
张玉标	同上	一五	一五	拾贰
张茂福	同上	一五	一五	拾叁
李国柱	同上	一五	一五	拾肆
陈福苓	同上	一五	一五	拾伍
阎子兰	同上	一五	一五	拾陆

卫生局科员夏元芝(章)

中华民国二十八年四月日

表二　南京特别市政府卫生局掩埋队二十八年九月份支出计算附属工饷表①

姓名	工作别	月额	实支	单据号数	备考
殷昌和	掩埋伕	一五	一八	第壹号	每月拾伍元,加二成三元,合计如实支数
董广福	同上	一五	一八	贰	每月拾伍元加二减三元合计如实支数
殷茂宏	同上	一五	一八	叁	同上
吴志章	同上	一五	一八	肆	同上
杨凤友	同上	一五	一八	伍	同上
王家魁	同上	一五	一八	陆	同上
刘德荣	同上	一五	一八	柒	同上

① 《南京特别市政府卫生局掩埋队二十八年九月份支出计算附属工饷表》,1939 年 9 月,南京市档案馆藏,档案号 1002—6—17。

陈浩启	同上	一五	一八	捌	同上
王顺廷	同上	一五	一八	玖	同上
郭振清	同上	一五	一八	拾	同上
王康福	同上	一五	一八	拾壹	同上
张玉标	同上	一五	一八	拾贰	同上
张茂福	同上	一五	一八	拾叁	同上
李国柱	同上	一五	一八	拾肆	同上
陈福苓	同上	一五	一八	拾伍	同上
阎子兰	同上	一五	一八	拾陆	同上

第一科科员夏元芝(章)

民国二十八年九月日

上二表内容可证,作为代葬局掩埋队员伕的殷昌和、董广福等人,正是伪南京市卫生机构掩埋队的成员,因为人数正好是“16 人”;按表二所计工饷,月合计亦正好为“288 元”;表下又均有夏元芝之签章。由夏率领,殷、董等人组成的掩埋队,在前引日本南京特务机构调制的埋尸统计表中,其 1938—1940 年三年中,共收埋男尸 9424 具、女尸 255 具、孩尸 1090 具,合计为 10799 具,与夏元芝在其“辩护状”中所称“派员率领代葬局全体掩埋伕役,终日收埋被惨杀之军民尸体万余具”,正相吻合。因此,可以认为,伪政权卫生机构与代葬局收埋的 1 万余具尸体,乃为同一件事。伪政权卫生机构收埋的 1 万余具尸体数,仍可照列,但在计算全市埋尸总数时,应相应减扣此明显重复之数。

综计伪政权埋尸一项,计有各区收尸 4512 具,伪南京市政公署督办高冠吾主持收埋尸骨 3000 余具,伪南京市卫生机构掩埋队收尸 9341 具,合计 16853 具(内含约数相加)。

第四条渠道:日军动用部队毁尸灭迹数万具

日本侵略军为了掩盖血腥屠杀的罪证,除了支持慈善团体和雇用当地难民掩埋尸体外,还动用部队,专门从事焚尸灭迹的工作。他们将尸体大量地、布置周密地抛入长江中,或运往指定地点加以焚埋。

日军战俘太田寿男的供词,最早揭开日军在南京大量焚尸灭迹的内幕。

太田寿男,1896 年生,日本爱媛县松山市人。日军攻陷上海后,太田服务于第二碇泊场司令部,任少佐部员,驻江苏常熟,负责输送攻击南京的部队,及弹药、粮秣。南京失陷后,第二碇泊场司令部移驻南京下关码头附近,又称南京碇泊场司令部。该司令部隶属于华中碇泊场司令部，司令官为铃木义三郎中佐。太田于1937年12月15日由常熟附近的浒浦镇来到南京，并奉命在16至18日间，与安达少佐各率400名运输兵，专门进行输送和处理尸体。经太田寿男直接处理的尸体有1.9万具；经安达少佐处处理的尸体有8.1万具；估计由其他部队投江的尸体有5万具。①

1990年日本《每日新闻》报道了太田1954年口供的内容，称"这些军人毁掉了十万具尸体，另一支部队销毁了五万具尸体。"这家报纸还说，它得到了一部有44页的关于南京大屠杀后销毁尸体的影集。②

太田寿男是执行毁尸任务的负责人，他所提供的资料，作为对中国方面有关记录的补充，有一定的参考价值。但是，考虑到太田提供这一资料是在南京大屠杀发生16年之后，时间已经较长，况其中有相当大数量尸体的处理，非其亲身所为，其数字不可能十分准确。同时，焚烧与投江，都不可能将所有尸体彻底毁灭，其中必有一个相当的数量残留下来，或为焦骸，或为江中浮尸，重新被各掩埋队收集、埋葬。据统计，红卍字会有22起共15056具尸体在下关沿江边一带收埋；红十字会有16075具尸体在下关一带收埋，伪下关区有2840具尸体在下关一带收埋。这些单位在下关地区收埋的尸体数，与太田寿男所供日军焚尸灭迹数之间，免不了要有一定的重复交叉。

对于上述太田供词的内容，近年来学术界发现的一些新的资料，对此形成挑战，使得对这一内容的认定，呈现复杂化的趋势。

关于日军部队直接或利用中国人埋尸及毁尸灭迹的资料，多不胜数。

在某些被杀害人数不是太多的情况下，日军有时将尸体就地草草掩埋。原日军第16师团步兵第20联队上等兵增田六助保存的一份《陈中日志》中，内载："一、根据西作命第一七〇号，从午前10时实施扫荡区域的扫荡，枪杀并埋葬328名'败残兵'。"③原日军第16师团步兵第38联队上等兵炮手东口义一，曾供述了将10名中国军人杀害并就地掩埋的情况。他写道：

> 按"大队日日命令"在步兵炮小队长的命令下，我——第二分队炮手上等兵指挥某一等兵，按大队本部中西军曹的指示，我以下9名在挖掘深1.5米、宽1.2米、长2.0米的埋尸坑时，联队本部教育系某助手及5名士兵将用麻绳绑着的抗日军

① 《太田寿男笔供》，1954年，中央档案馆等合编《日本帝国主义侵华档案资料选编》第12辑《南京大屠杀》，中华书局1995年版，第855—865页。

② 《参考消息》1990年12月22日。

③ [日]下里正树：《被隐瞒的联队史——20联队下级士兵看到的南京事件真相》，日本青木书店1987年版，第49页，原件影印。

押送到现场。我将一名抗日军的眼睛蒙起来，并使之坐在坑前。增田大尉举着自己的军刀说："就这样砍"，在10名见习士官面前，把他斩首了。其他9名抗日军则被见习士官分别斩首。当时，我和其他9名在10米外的位置担任周围警戒，直接帮助他们砍头，把尸体埋在坑中。①

原日军第16师团步兵第33联队士兵下村宇一郎曾参加在太平门附近掩埋大批尸体的行动。他说：

尸体最多的大概要数太平门附近了。太平门前有敌人的壕沟，壕沟里埋了大量尸体。那时是早上，有的"尸体"还在抽动。可以想象敌人在那里抗击日军的情形。

我们挖了壕沟，把土盖在尸体上面埋了。我们的车辆部队在那上面通过。只有车辆通过的地方才盖上土，其他地方还是老样子留着，所以可以看到尸体。在不长草的山背处，尸体就埋在那儿，还可以看到脚露在外面。尸体当然是中国人的，日本人的早已全部挖出来，火葬后成遗骨。

壕沟大致是宽2.5—3米左右，长度就不知道了。深度大概是一个人高，2米左右吧。那样的沟挖了多少完全不清楚。

埋的人数有多少？根本没有注意在那里埋了多少人。我们已经很疲劳了，摇摇晃晃的。听说那时光6中队就杀了大批的人。②

日军有时还在屠杀时，利用被杀者先挖坑，然后把人杀死，就地埋在自己挖好的坑里。市民陈福宝在远东国际军事法庭作证时陈述了自己的亲身经历：

当南京屠城时，我只是十三四岁的顽童，日本军队满街在捉壮丁，搜到了我，便把我和其他的所谓壮丁绑在一起，结果我们被拉到城外的一块广场上，我和我的同伴，一共三十九个人，日本人连续杀了卅六个人，结果留了三个没杀，却罚我们用铁锹挖洞[坑]，埋葬那死了的卅六个尸首，于是我一锹锹的挖，但是一个满脸胡子的"皇军"，嫌我力气小，挖得太慢，把我身子一抬就掼在地上，我被掼得吐了好几口鲜血，半死半活的躺在地上。日本人又把那两个挖洞的杀了，留下了我便扬长走了，

① 东口义一笔供，1954年8月21日，中央档案馆等编《日本帝国主义侵华档案资料选编》第12辑《南京大屠杀》，中华书局1995年版，第886—887页。

② [日]松冈环编著、新内如等译《南京战·寻找被封闭的记忆》，上海辞书出版社2002年版，第153—154页。

我等到夜深人静才偷偷地离开广场。①

日本部队对被屠杀者尸体的处理，大量的还是采用毁尸灭迹的办法，或焚烧或抛尸入江，或先焚烧再抛尸入江。

对于数量较大的集体屠杀，日军为求既将濒临死亡的重伤者全部杀死，同时又将尸体处理干净，便采取了先焚烧、继之以抛尸入江的做法。中国审判战犯军事法庭判定：日军在草鞋峡江边，将5.7万余军民，“用机枪悉予扫射后，复用刺刀乱戳，最后浇以煤油，纵火焚烧，残余骸骨悉投于江中”②。日本记者本多胜一采访了一名化名“田中”的原日军士兵。田中详细叙述了12月18日、19日两天屠杀、焚烧和抛尸入江的血腥场面：

> 尸体堆积得很厚，要在黑暗中扒开尸体堆，确认上万具尸体中是否还有活着的，是一项繁重的工作。于是，想到的办法就是火烧。尸体都穿着厚厚的冬棉装，因此着起火来不容易熄灭，并且可以照亮夜空，给作业带来了方便。衣服一着火，不管怎么装死的都会动起来。
>
> 我们在尸体山的各处点起了火。火光中仔细看，可以发现，原来以为是死了的却还活着，他不能忍受灼烤正偷偷地用手想把火弄灭。只要看到有动弹的，我们就立即用刺刀捅死他。在烟熏火燎中，扒开堆积的尸体，没完没了地继续着用刺刀处理的最后作业，弄得鞋和绑腿上都糊满了黏糊糊的人的油脂和鲜血。
>
> ……
>
> 通宵达旦的“作战”行动后，第二天每人已是浑身腥臭，粘满尸骨燃烧的灰尘，一个个显得狼狈不堪。当早晨回到驻地时，身心疲惫，头脑昏沉，毫无表情。那天(18日)，我睡得像死猪一样。
>
> 为清理尸体，这一天又派来另外一支部队支援我们。此阶段的工作，使用了汽油，以将尸体全部焚烧。如果把带有枪伤和刀伤的尸体直接扔到江里冲走的话，会留下一些痕迹。焚烧的目的就是为了尽可能地消除痕迹，然后扔进江里冲走。但是，没有足够的燃料使如此多的尸体燃烧得像火葬一样只剩下骨头。把这些尸体扔到江里的工作，也是相当繁重的，18日一天不可能完成。我们用带钩的粗柳树

---

① 《南京市民陈福宝在远东国际军事法庭陈述日军在南京市内屠杀市民情形》，中央档案馆等编《日本帝国主义侵华档案资料选编》第12辑《南京大屠杀》，中华书局1995年版，第844页。

② 中国审判战犯军事法庭《谷寿夫战犯案判决书》附件，中国第二历史档案馆藏，档案号五九三—870。

枝，将尸体拖拉到江里。此工作一直持续到19日中午才结束。①

美国《时代周刊》也曾披露了日军在对1万名左右中国男子进行屠杀后，抛尸入江和焚烧的做法。报道说："一名十七岁的（中国）男孩来医院，他说有一万名十五到三十岁的中国男子于（一月）十四日被押出城到轮渡旁的江岸上。在那儿，日军用野战炮、手榴弹、机关枪向他们开火。大多数尸体被推入长江，有的尸体被高高架起焚烧，只有三个人逃了出来。男孩推测，一万人中，大约有六千是军人，四千为平民。他的胸脯中了一弹，伤势不重。"②

焚尸灭迹的做法，在日军南京大屠杀中，极为常见，特别是在数量较大的集体屠杀中。中国审判战犯军事法庭判定：

> 民国二十六年十二月十五日下午一时，在司法院难民所内，将着制服长警一百余名，改装者三百余名，另有军民一千余名，总共二千余名，排成四队，用机枪十二架，及步枪押送至汉中门外，分别捆扎，用机枪扫射，其已死及受伤者，复用木柴、汽油焚烧。③

南京守军营长郭歧，曾经亲自访问过这次汉中门集体屠杀中的幸存者伍长德，事后在《陷都血泪录》中写道："有个警察，他是被捉到水[汉]西门将要惨杀而幸免于难的。大概这一次共有三千余人，一字儿站在空地上，后面用机关枪扫射，他未等子弹到来，即先趴倒装死，兽兵惨杀之后，为消灭痕迹起见，用汽油焚尸，分成几十堆，他被压在一个堆的下面，等到火着之后兽兵离开，他乃由火烧尸堆中爬出来，这是我亲自问过他的。"④原日军第16师团第20联队第3机枪中队伍长牧原在《阵中日记》中，也记录了在汉中门外大批尸体被焚烧的情景。他在1937年12月27日的日记中写道："午前8时出发去'征发'蔬菜，通过汉中门，向长江边前进。在汉中门外的一个地方，五六百中国军人的尸体，被烧得焦黑，重重叠叠堆积着。"⑤市民王恒山则在救助了一位从焚尸现场逃出的中国士兵后，了解到日军在汉中门外二道埂子殷德标宅中，将100余名被屠杀者予

---

① [日]本多胜一著，刘春明等译《南京大屠杀始末采访录》，北岳文艺出版社1997年版，第373—374页。

② [美]《时代周刊》1938年4月18日。转引自陆束屏汇辑编译《南京大屠杀——英美人士的目击报道》，红旗出版社1999年版，第149页。

③ 中国审判战犯军事法庭《谷寿夫战犯案判决书》附件，中国第二历史档案馆藏，档案号五九三—870。

④ 郭歧：《陷都血泪录》，"南京大屠杀"史料编辑委员会等编《侵华日军南京大屠杀史料》，江苏古籍出版社1985年版，第5页。

⑤ 《南京大屠杀图证》编纂委员会编《东史郎诉讼案与南京大屠杀真相》，人民出版社1998年版，第152—153页。

以焚烧的暴行。他说："(12月)十五日晚九时，敌人口令一下，一群鬼子以刺刀乱戳，刺杀后再用煤油浇在尸体上发火焚烧。"结果有96人被杀死，并被焚尸，仅有7人受伤逃出未死。① 安全区国际委员会秘书斯迈思在一封致家人的信函中，叙述了日军将140名难民屠杀后加以焚烧的恐怖做法。他写道："今天另有一人跑回来，他的脸全部烧坏了，很可能眼睛被烧瞎了。他报告说他们140个人被绑在一起，浇上汽油、点火焚烧！太恐怖了！他和前面那个人是否同一组，我们不得而知。被枪毙的那组据说是先浇上汽油再点燃尸体。死里逃生的那个人被压在下面，最后得以跑走……"②。还有许多日本方面的资料，都形象地记录了日军焚尸灭迹的现场景况。原日军士兵井家又一在日记中，记述了1937年12月22日，在古林寺附近将161名中国人屠杀后加以焚烧的情景。他写道："黑暗中鼓着劲刺杀，刺逃跑的家伙，啪啪地用枪打，一时这里成了地狱。结束后，在倒着的尸体上浇上汽油，点上火，仍活着的家伙在火中动了再杀。后来燃起了熊熊大火，屋顶上所有的瓦片都落了下来，火星四溅。回来的路上回头看，火仍烧得通红。"③ 原日军士兵冈本健三曾介绍在南京机场附近，将四五百具被屠杀的尸体进行焚烧的情况。他写道：

> 射击开始，有人抢先夺路而逃。即使逃跑，但因为到处都架有机枪，结果也必然被枪杀。当时估计被杀害的有四、五百人。事情结束后，日本军把路轨堆起来，上面放着尸体，下面塞进木柴，浇上汽油后统统焚毁。虽说是烧起来了，但内脏之类的东西很不容易燃烧，总是干冒烟。日本军用棒拨动一下，这些尸体就落到下面的洞里。后来，日本军将路轨挪开，把骨灰等掩埋得干干净净。如果有谁知道是用机枪扫射的，那就情况不妙了，可能就是因为这一点，所以在焚毁尸体后再加以掩埋。屠杀大体上是夜间进行的。有时我们的部队也被拉出来，我也干过焚烧尸体的工作，一直要干到第二天，干到很晚。④

原日军第16师团步兵第33联队士兵上西义雄曾参加过焚烧中国死难者的尸体，也见到过多次其他部队焚烧尸体的行动。他详细叙述了焚烧尸体的做法和"理

---

① 《南京临时参议会致内政部函》1946年11月2日，中央档案馆等编《日本帝国主义侵华档案资料选编》第12辑《南京大屠杀》，中华书局1995年版，第384页。

② 章开沅编译《天理难容——美国传教士眼中的南京大屠杀(1937—1938)》，南京大学出版社1999年版，第300页。

③ [日]《井家又一日记》，孙宅巍编《南京大屠杀史料集》第5册《遇难者的尸体掩埋》，江苏人民出版社2005年版，第396页。

④ [日]冈本健三：《参加杭州湾敌前登陆》，孙宅巍编《南京大屠杀史料集》第5册《遇难者的尸体掩埋》，江苏人民出版社2005年版，第408—409页。

由”。他说：

> 我们也确实把尸体浇上汽油了。那是在南京城外的小河里浇的，用了中国老百姓来干。往躺在那边的尸体上浇上油就直接烧了。烧尸体的事我们干了很多回，数都数不清了。
>
> 12月20日左右，就在我们扫荡的时候，我也每天都能看到别的部队烧尸体，把尸体运到江上的船有30艘左右，大约两个星期里我每天都能看见。我们是在陆地处理的，动用船只的是工兵队。他们动用铁船拖尸体，也用木船。我看见过很多用绳子扎住了拖走的尸体。
>
> 我们烧尸体理由是，尸体大致一个星期就开始腐烂，肚子会膨胀开来，到时候会发臭。我们也没戴面罩，就那样烧了。尸体本身有油，火烧得很旺。我们是以分队为单位干的。烧掉的数目相当大。
>
> 我们首先进行的是扫荡，搜出人来进行处置，最后处理尸体。使用中国人把尸体扔进江里，或者浇上油烧了。那是中队长直接下的“处理尸体”的命令。各小队全部出动。①

抛尸入江，是日军处理尸体、毁灭罪证最常用的手段。日军攻陷南京后的数日内，曾在下关煤炭港和中山码头分别屠杀平民数千人，其中一名负伤逃回的青年证实：“敌于是日（按指12月16日）晚，将彼等押至下关煤炭港地方，用绳绑赴，即以机枪惨杀后，抛入扬子江中，彼当时应声而倒，故仅足下负伤。”②另据从中山码头屠场逃回之市民张有仁称：被从安全区大方巷搜去之200余名难民，“次日用汽车装至下关中山码头，当时就拣下十余人，余者完全用机枪扫射后将尸体推入江中，所拣下之人用原车装回中岛部队，留作奴役，本人逞[趁]夜间跳墙逃回。”③市民孙君亦向远东国际军事法庭陈述日军屠杀及抛尸入江的暴行。他说：“日军曾绑缚中国平民一万人，使排列长江岸旁，然后用机关枪施行扫射，一小时内此一万人悉皆毙命。日军于杀死其中四百人后，即将彼等尸体一一抛诸江内，计费时三十分钟，一部分尸体在江岸曝露达数日之久。”④市民史荣禄

---

① [日]松冈环编著、新内如等译《南京战·寻找被封闭的记忆》，上海辞书出版社2002年版，第244—246页。

② 市民徐嘉禄关于日军在煤炭港抛尸入江的结文，1945年12月5日，南京市档案馆藏，档案号1024—1—35126。

③ 市民徐康氏呈文，1945年12月22日，中国第二历史档案馆等编《侵华日军南京大屠杀档案》，江苏古籍出版社1987年版，第103页。

④ 证人孙君在远东国际军事法庭的陈述，1947年6月29日，中央档案馆等编《日本帝国主义侵华档案资料选编》第12辑《南京大屠杀》，中华书局1995年版，第841页。

见证了日军在长江边大窝子屠杀2万名军民，并让一部分被屠杀者先行抛尸入江的暴行。他说：

> 十二月的一天，我亲眼看到日本兵把很多“中央军”和平民百姓从下游笆斗山赶到老虎山下的大窝子集中起来。那里的两百亩江滩，都站满了解除武装的“中央军”和无辜的百姓。这时日本兵把外围的“中央军”的绑腿带解下来，把绑腿带连结起来，防止跑掉。然后，他们以升日本旗为号，三挺机枪，交叉进行扫射，把手无寸铁的“中央军”和无辜者全部射死。有没死的，日本兵就用刺刀捅。第二天日本兵又继续赶，把中国人赶到大窝子后，叫他们把头一天杀死的尸体抬去丢在大江里，然后又把这些中国人扫射死。这样连续屠杀了三天，被枪杀的“中央军”和无辜者约二万余人。①

原日军第16师团步兵第33联队士兵山冈敏一曾亲历这种屠杀、抛尸入江反复交替进行的行为。他说：“有的被枪当场打死，也有的只是被打倒。士兵们就把这些人统统扔到江里去。我就曾经拖着活人的手脚把他们扔进了江里头。然后又是将中国人排成排给我们枪毙。然后又是咚咚咚往长江里扔。”②原日军军官黑濑市夫于1954年作证：“在南京下关扬子江岸有500具弃尸（中国人），由日本军汽艇将其拖入江心。”③。也有些时候，日军部队专门进行屠杀，另强迫一部分百姓，跟着按其指令，将尸体抛入江中。原日军第16师团步兵第33联队士兵上西义雄曾见到这种处理尸体的场景。他说：

> 我看见过处置尸体的场景。扫荡完了用机枪扫射，大概花了一个星期到10天的时间。我们每天都出动。关于那些尸体的处理，就是我们中队先把人处置了，再让中国人收拾干净，第二天再打死一批，然后再收拾，天天这样。
>
> 处置尸体的地方在城外，扬子江沿岸的码头一带。说到处理，就是把尸体扔到江里。负责扔的是中国人自己。他们的衣服上有蓝色和黄色的圆形标记，形状像是菊纹（日本皇室的徽章。——译者注）上的花瓣。这标志就别在胸前。别了这标志的中国人就只负责处理尸体。我们一般用普通老百姓来干这活。
>
> 他们用手把尸体拖起来扔到江里去，人数大概有一个分队，12个到13个。这

---

① 《史荣禄证言》，“南京大屠杀”史料编辑委员会等编《侵华日军南京大屠杀史料》，江苏古籍出版社1985年版，第408页。

② ［日］松冈环编著、新内如等译《南京战·寻找被封闭的记忆》，上海辞书出版社2002年版，第354页。

③ 《日本军官黑濑市夫关于南京大屠杀的证言》，1954年4月4日，中央档案馆等编《日本帝国主义侵华档案资料选编》第12辑《南京大屠杀》，中华书局1995年版，第891页。

些人都是听从日本兵的指示来收拾尸体的。①

日本随军记者今井正刚，目睹了中国苦力将被屠杀者的尸体抛入江中后，又遭日军屠杀的场面。他写道：

我们走到江岸边，混浊的扬子江水犹如一条黑色的带子，仍在精疲力竭地流着。乳白色的晨雾，就像爬在水面上一样，笼罩着大江。黎明就要来了。

整个码头，是一座黑黝黝的尸山。有五十个或许到一百个人影在其间来回走动，他们在往江里拖尸体。痛苦的呻吟，流淌的鲜血，痉挛的肢体，再加上哑剧般的寂静。

对岸隐约可见。就像月光下的泥泞一样，整个码头在微微闪光，那是血。

不久，结束了作业的"苦力"们被迫朝着江岸站成一行。"哒哒哒……"机枪的声音，仰身，倒下，就像跳舞似的，这一伙人落入江中。

结束了！②

原日军第16师团步兵第20联队士兵东史郎，曾目睹江水中被抛入尸体堆满的景象。他在1938年1月23日的日记中写道：

天一亮，展现在我们面前的是一幅令人目不忍睹的情景——沿江岩壁，牛猪般惨遭屠杀的敌军尸体——司空见惯的黑尸体，好像被充了气，膨胀得几乎快要破裂的尸体犹如一堆大肥猪在水边堆积如山。混浊的黄水无情地冲刷到肮脏的黑尸体上。有的尸体像圆木在水面上晃动，有的尸体被压在渡轮下面。士兵们穿着掌铁钉的军靴，踏着腐烂得发臭的内脏都要涌出来的浮肿的尸体，俨如踏过垫脚石一般，咚咚咚地登上了渡轮。

蒋介石的忠勇士兵，抗日的英雄，枪口面对着我们的英勇抗战的战士们，结果都成了粪土。水上工兵过来吃力地在小船上用长杆铁钩像钩腐臭的萝卜一样地把这些尸体钩到船上再放到江水里冲走。工兵们把钩子扎进已经浮肿的尸体，每个士兵拉一个，一条船一次可以拉五个。③

如上所述，日军各支部队用焚烧、投江等办法来毁尸灭迹的现象，大量存在，亦为众多日军所目睹或记录。这是历史的真实，任何人也无法否定。但是，由于这种现象分散

① ［日］松冈环编著、新内如等译《南京战·寻找被封闭的记忆》，上海辞书出版社2002年版，第244页。

② ［日］本多胜一著，刘春明等译《南京大屠杀始末采访录》，北岳文艺出版社1997年版，第287页。

③ ［日］东史郎著，本书翻译组译：《东史郎日记》，江苏教育出版社1999年版，第218—219页。

地发生在日军各支部队中，目前尚未发现有此类的专门统计。因此要得出一个准确的数字，或用以证明前述太田寿男所称，“估计由其他部队投江的尸体有 5 万具”，是难以做到的。这还有待于进一步挖掘和发现新的、更有力、更完整的资料。

对于南京大屠杀尸体处理的研究，是一项十分复杂的工作，必须考虑到各个方面的因素。

如上所述，对于南京大屠杀遇难同胞尸体的处理，其有据可查者计有：各慈善团体收尸 19.8 万具，私人收尸 4.2 万具，伪政权收尸 1.6 万具，扣除明显重复交叉的 1 万具，总计已达 24.6 万具。

关于被毁弃的尸体，考虑到有关毁尸记录相互之间重复的可能，以及毁尸与部分埋尸数字之间交叉的可能，认定有若干万具尸体被日军抛入长江或焚尸灭迹，这应当是没有疑问的。

此外，还应充分估计到，有相当数量的尸体，没有被统计到任何一种处理尸体的数字之中。例如：已被死者亲友个别、零散收埋者；已被日军个别焚毁，而为档案资料所不记者；已被有组织地收埋，但由于档案资料的散失，现已无从查考者；少数因位置荒僻、隐蔽，一直未被收埋者；等等。这类数字，面广量大，不可忽视。

当然，在被收埋的数字中，也包含了数千名在南京保卫战中阵亡的将士。纵然各支掩埋队的统计数字中，包含了部分在战斗中牺牲的军人，也无妨其收埋尸体的数字，成为证明大屠杀规模的有力依据。

综合以上各点，在南京大屠杀事件中，共有 24.6 万余尸体分别为慈善团体、私人和伪政权收埋；有数万具尸体被日军焚尸灭迹；另有相当数量的尸体，由于种种原因，未被列入统计；还应在已统计的尸体数字中，酌量扣除数千具在战斗中阵亡的中国军人数字。据此，应当说，1947 年中国审判战犯军事法庭对谷寿夫战犯案件判决书中，认定南京同胞“被害总数达三十万人以上”是有充分依据的。

（三）有待澄清的埋尸活动相互交叉现象

由于南京大屠杀中对遇难者尸体的掩埋与处理，涉及慈善机构、市民群体、伪政权与日军部队四个渠道，而仅慈善机构一项，又包含了红卍字会南京分会、红卍字会八卦洲分会、崇善堂、红十字会、同善堂、代葬局、顺安善堂、明德慈堂等八家，简直是纵横交叉、千头万绪。前文中虽已列出了各个渠道、各个机构与群体的具体埋尸和处理尸体的数字，但根据现有的资料，已发现了不少相互交叉的现象，亟待澄清。在这些交叉中，有的是活动既有交叉、统计数字又明显重复，如代葬局与伪政权卫生机构两家，由夏元芝率领的同一掩埋队收埋的1万余具，这已毋用赘述；还有的只见到有交叉的现象，数字是否重复计算，尚无法判定，这就需要一一列出加以探究。

1. 安全区国际委员会雇工收尸与红卍字会收尸的交叉

国际委员会委员贝德士教授在出席远东国际军事法庭作证时说："大批中国士兵在交出武器投降后，于最初72小时内，迅即在城外被机枪扫射处决，大多数在扬子江边。我们国际委员会雇用工人搬走了3万多这些士兵的尸体，这是我们作为救济计划巡视和指导的工作。"①另一处，国际救济委员会在其工作报告中又称，他们以"2540元用于红卍字会进行必要的掩埋工作，埋葬40000多具无人看管的尸体。在40天的时间里，这项工作雇用了近170人。"②贝德士证词中只说"雇用工人"，搬走了"3万多""士兵的尸体"；而国际救济委员会报告中则明确为通过红卍字会雇用了近170名工人，"埋葬40000多具无人看管的尸体"。两者比较，雇用工人是否通过了红卍字会不一样，埋尸的数字不一样，被埋尸体的身份也不一样。是将它们作为两项埋尸活动分别计算，还是只看作一项？如作为一项，为什么会有诸多的"不一样"？如作为两项，则对尸体进行掩埋与处理的，就不是4个渠道，而是应当增加安全区国际委员会这个渠道，但为什么在国际救济委员会的总报告中，看不到他们收尸3万具费用的支出？这目前还是一个难以判断真相的交叉。本书中为稳妥起见，在计算数字时，采取保守的做法，未将国际委员会雇工收尸3万多具单列进去，而是暂时将它看作了资助红卍字会收尸4万余具的一个组成部分。

2. 红卍字会南京分会与红卍字会中华东南各会上海总办事处的交叉

20世纪90年代后期，上海市档案馆发现了一批红卍字会在南京收埋尸体的档案资料，其中包括一份世界红卍字会中华东南各会上海总办事处职员李世原（名绍钧）于1938年2月28日至3月16日间，赴南京"办理掩埋工作"的报告书。李在南京期间，"带同队员及日本驻京僧人日向法师"，"并同下关宝塔桥事务所掩埋伕役一百名及城内带出掩埋伕役一百名，同时协助工作"③。期间，除雨雪天气不能工作及其他讲道、慰问

① 章开沅编译《天理难容——美国传教士眼中的南京大屠杀（1937—1938）》，南京大学出版社1999年版，第71页。

② 《南京国际救济委员会报告》，约1938年8月，载章开沅编译《天理难容——美国传教士眼中的南京大屠杀（1937—1938）》，南京大学出版社1999年版，第478页。

③ 《世界红卍字会上海分会工作报告》，1938年3月18日，《档案与史学》，1997年第4期。该文件标题有误，李世原应为世界红卍字会中华东南各会上海总办事处职员，而非世界红卍字会上海分会之职员。

活动所占时间外，共有8天进行掩埋工作，计收埋尸体、骸骨约1390具(数字模糊者从低计算)。而对照红卍字会南京分会的收尸统计表，在相对应期间，共工作4天，收埋尸体4626具。两者之收尸日期、地点有相同者，也有不同者，兹列表如下：

日期	上海分总办事处		南京分会	
	收埋地点	收尸数	收埋地点	收尸数
3月1日	下关、幕府山、大窝子	600余	三汊河 幕府山	998 1346
3月2日	幕府山下、状[上]元门、永清寺、三台洞至大窝子	五六百	大窝子	1409
3月3日	大窝子 状[上]元门	数十 20余	幕府山	786
3月5日	狮子山、仪凤门	70余		
3月8日	大香炉、夫子庙、党家巷、新街口、中华路一带	50余		
3月11日	清凉古道	遗骸10余		
3月12日	汉中路、阴阳营、土街口一带	遗骸若干		
3月14日	门西	60余	海军码头	87
合计		约1390		4626

就上海总办事处来说，奉派到南京来“办理掩埋工作”，属于支援性质，其收埋数字当单独列项，与南京分会正常的埋尸工作，不应相混。且从双方文件看来，泾渭分明。如上海总办事处在报告中写道：“五日，在城内中山路一带察看有无遗尸，并至南门内防空壕内见有零星尸体，随时通知京救济队掩埋。”在该办事处的整个埋尸活动中，仅此一例注明为通知南京分会救济队收埋；反过来说，凡未特别注明者，即应为上海总办事处所收埋。同样，在南京分会的统计表中，对于上海总办事处于3月8日在城南收尸50余具、3月14日在门西收尸60余具，则毫无反映，似也说明两者是分开计数的。如果确实如此，则在慈善团体收尸的记录中，又应增加红卍字会上海总办事处一家，其收埋尸体数字最低为上文所述1390具。但考虑到这两者之间，又确实存在着交叉重复的可能，故本书中并未将这一数字计入收尸的总数中。

3. 红卍字会南京分会与红卍字会八卦洲分会的交叉

前节已述，红卍字会的下属各分会均单列门户，互相间为平行关系，故二分会的埋尸数字理应单独列项。八卦洲分会在自己的文件中，前后有埋尸1万余具与1559具两种不同说法，本书为稳妥起见，已采取保守做法，取小不取大，以其埋尸1559具列入统计。该项埋尸1559具，乃为八卦洲分会会长刘良修（蓝田）、责任副会长赵静仁（是猷）等人于1945年12月20日致世界红卍字会中华总会函中所述；但在《世界红卍字会南京分会民国二十六年至三十四年慈业工作报告书》中，除称该会将城内外尸体，“分区丛葬，共计义冢七十丘，掩埋尸体四万三千一百二十一具”外，又称八卦洲“红卍字会会长刘蓝田、赵是猷等……又掩埋浮尸一千二百十八具，在江中打捞一百五十七具，分别掩埋”。该处所述八卦洲分会掩埋尸体数字，与八卦洲分会自述数字，基本相同，只缺“被敌舰机枪射死者一百八十四名”一项，显为同一项埋尸活动。然则，红卍字会南京分会在自己的工作报告中，提及八卦洲分会的埋尸数字，究系因当时八卦洲分会尚未正式挂牌成立，故将其纳入南京分会的统计之中？抑或为只因机构同属红卍字会，顺便提及？在行文中尚看不明白。

4. 同善堂与中国红十字会南京分会的交叉

前节已述，同善堂由刘德才、戈长根分任掩埋组正副组长，共在城南中华门外一带掩埋军民尸体7000余具。但在另一份中国审判战犯军事法庭的查讯笔录中，刘德才在回答“你以什么名义收埋”时，答：“我因是红十字会的组长”；戈长根在回答“你与刘德才是一个会吗”时，答：“是一个会，红十字会”，且称与刘是“正副组长”。他们说，“一共埋了七千多具”①。查中国红十字会南京分会的埋尸活动，主要集中在下关至和平门沿长江边一带，并未见有伸延至城南中华门一带的记录，估计刘、戈二人系作为同善堂的掩埋组负责人，又使用了“红十字会”的名义。因此在本书对收埋尸体的统计中，并未将刘、戈二人的收埋数字分列到同善堂与红十字会的数字中，而是只计在了同善堂埋尸项下。不过，根据刘、戈二人在两份文件中所表述的两个不同的身份，已经造成埋尸活动中的交叉，内中玄机，仍须继续探索。

5. 红卍字会南京分会、崇善堂与伪政权的交叉

根据现在查得的档案资料，伪第二区在1938年一、二月份，曾有两次埋尸活动，系“请崇善堂掩埋”或“备函通知崇善堂掩埋”；伪第三区在2月份的埋尸活动中，共有一次

① 中国审判战犯军事法庭对刘德才、戈长根的查讯笔录，1947年1月29日，南京市档案馆藏，档案号1024—1—23744。

“函请红卍字会掩埋尸体”，有三次“请崇善堂掩埋”。上列诸项，其所涉及的埋尸数量，共计大约不超过10具，是一个很小的数字。但是，它揭示了各伪区政府通过红卍字会、崇善堂等慈善机构来埋尸这样一种操作方式的存在。既然伪第二、三区在一、二月份有这样的现象，那么它们在12月、3月是否也有类似的现象存在呢？既然伪第二、三区有这样的现象，那么其他各区是否也有类似的现象存在呢？目前所搜集到的各区埋尸记录甚少，应当还有大量的埋尸记录未被发现。由各伪区政府通知慈善机构来收埋尸体的数量究竟有多大？也就是说，在红卍字会、崇善堂的收尸记录中，究竟有多少数量与伪政权的收尸相交叉？这仍是一个待解之谜。

在上列5项交叉中，国际委员会与红卍字会的交叉、红卍字会南京分会与八卦洲分会的交叉、同善堂与红十字会的交叉，暂时虽无法判定其真实情况，但因在本书中并未同时将交叉双方的埋尸数字列入统计，故并不存在重复统计的可能；至于红卍字会、崇善堂与伪政权的交叉，鉴于其现在发现的数量甚微，即使重复统计，也仅是一个个位数，无碍大局。然而，现实的统计运算中没有重复，或没有影响到统计出的规模，并不等于问题的解决。学术的研究与探讨，是没有止境的，每一项有交叉的现象，都必须引起学术界的充分重视，也都应当列入学术界研究的议事日程上。

（四）埋尸新史料的双向效应

近年来，由于社会各界的关注和深入进行学术研究的需要，一批南京大屠杀的新史料陆续涌现。新史料的大量涌现，对南京大屠杀的学术研究，产生了双向效应。其正向效应是，对既有实证的加固与增强；其反向效应是，对原有理念的冲击与挑战。双向效应的出现，本来是学术研究中不可避免的正常现象。任何学术上已有的结论都不可能是终结的，都要不断地接受历史的检验。任何有价值的学术成果，都不需要人为地加以“维护”和“捍卫”，它们会在科学探索的实践中，自然地得到坚持和修正。所谓双向效应，说到底，其总体效应即是对历史真实的接近与还原。

正向效应：对既有实证的加固与增强

长期以来，中国大陆学术界在关于南京大屠杀的尸体掩埋研究中，已经形成了慈善团体、伪政权、日军部队和市民群体这四大渠道，共收埋、处理了30余万具尸体的认知。最近公布的南京大屠杀新史料，对上述四个渠道，尤其是慈善团体的埋尸活动，有了进一步的发现和补充。

在20世纪八九十年代出版的论著中，已被载入史册的慈善团体及其埋尸数字大体为：世界红卍字会南京分会埋尸43123具、崇善堂埋尸112266具、中国红十字会南京分会埋尸 22691 具、同善堂埋尸 7000 余具。① 新发现的埋尸慈善团体有：

1. 世界红卍字会八卦洲分(支)会。该会在 1945 年 12 月 20 日的一份函件中提及："沿洲江岸，被敌舰机枪射死者一百八十四名，沿江两岸浮尸一千二百十八具，在江中打捞者一百五十七具，分别掩埋"。② 其掩埋的总数字计为 1559 具。

2. 南京代葬局。该局曾自行收埋被惨杀军民尸体，后随其掩埋队长夏元芝供职于伪南京市自治委员会救济科及伪督办南京市政公署卫生处(局)，其掩埋队亦受雇于伪政权相关机关，继续从事掩埋工作。夏元芝战后因汉奸嫌疑被拘押、庭讯，其在 1946 年 10 月 7 日的一份辩护状中称："在首都沦陷后，本市军民为敌军惨杀者为数甚众，因之尸体遍地，伤心惨目。被告恝焉忧之，遂即派员率领代葬局全体掩埋伕役，终日收埋被惨杀之军民尸体万余具。"③

3. 顺安善堂。近年新发现的由周其芳、区长萧石楼二人对该堂情况所填调查登记表中载有："迨至南京事变后，对于掩埋沿江野岸遗尸露骨，人工费用，约去陆佰元。施材一项，以本年计算，约有柒佰贰拾元。"④如按时行每具尸体付 0.4 元计算，600 元应收埋 1500 具尸体。

4. 明德慈善堂。1940 年 12 月 26 日由陈家伟堂长填具的一份报表中，在其"殇亡"栏内，填有"廿七年春，掩埋七百余具"字样。⑤

5. 众志复善堂。据最新发现的一份 1938 年 10 月该堂致伪行政院长梁鸿志呈文称："上年京市事变以后，本堂对于各处抛露尸骸掩埋、义冢培土工作，不遗余力，其施材已告罄，所办施药、送诊、恤嫠各项慈善事务，均在积极进行中。"⑥

---

① "南京大屠杀"史料编辑委员会：《侵华日军南京大屠杀史稿》，江苏古籍出版社 1987 年版，第 104—128 页；孙宅巍主编《南京大屠杀》，北京出版社 1997 年版，第 388—422 页。个别数字的尾数作了相应的调整。

② 孙宅巍编《南京大屠杀史料集》第 5 册《遇难者的尸体掩埋》，江苏人民出版社等 2005 年版，第 193 页。

③ 孙宅巍编《南京大屠杀史料集》第 5 册《遇难者的尸体掩埋》，江苏人民出版社等 2005 年版，第 189—190 页。

④ 孙宅巍编《南京大屠杀史料集》第 5 册《遇难者的尸体掩埋》，江苏人民出版社等 2005 年版，第 197 页。

⑤ 孙宅巍编《南京大屠杀史料集》第 5 册《遇难者的尸体掩埋》，江苏人民出版社等 2005 年版，第 198 页。

⑥《南京众志复善堂致伪行政院长呈文》，1938 年 10 月，中国第二历史档案馆藏，档案号二一〇一—1060。

综上所述，最近以来新发现的参加收埋尸体的慈善团体达5家之多，其有据可查的埋尸数字，保守地计算，已达13700余具。在红卍字会南京分会、崇善堂、红十字会等主要慈善团体大量收埋尸体的同时，这5个较小的慈善团体，各自打着自己的旗号、标志，穿梭在南京的城厢内外、大街小巷，收埋1万余具尸体。这从一个侧面，揭示了南京大屠杀暴行的存在及其巨大的规模。

此外，其他埋尸渠道也发现了不少有价值的新鲜资料：

1. 伪区公所的埋尸记录。以往已知伪区公所埋尸的资料，只有两条，涉及两个区：一是伪下关区公所，由区长刘连祥报告，收埋下关、三汊河地区尸体3240具；二是伪第一区公所1938年2月份的工作报告，称该月计埋尸1233具。① 近年在此基础上，又发现了一批伪第一、第二、第三、第四区公所的埋尸资料。② 四区有关埋尸的新资料，其收埋尸体、尸棺虽仅四五十具，为数甚少，但由此可以发现，在南京大屠杀期间及其以后，各伪区政府均以不同方式参与了对尸体的处理。其价值在于：首先，证明了南京大屠杀期间城内各地有大量尸体存在，以至各伪区政府，不得不全部动员，参加处理尸体、打扫街区的工作；其次，现新发现之各区收埋尸体的资料，乃属断续不全，其幕后必定掩藏着更多收尸资料，以及相应的收埋数字；再次，这些资料提供了各伪区政府收埋尸体的运作模式，即在本身组织员伕收埋尸体的同时，还请求有关慈善团体、伪警察组织、卫生机构协助工作，从而为我们实证各支掩埋队的工作量，提供了新的线索和依据。

2. 日军官兵直接处理尸体的资料大量涌现。进入21世纪后，日本松冈环女士调查记录了102名原侵华日军士兵的证言，出版了《南京战·寻找被封闭的记忆》一书；张宪文教授主编的72卷本《南京大屠杀史料集》中，翻译、公布了大量日军官兵的日记、书信与回忆。其中，来自日军第13师团第65联队官兵宫本省吾、远藤高明、大寺隆、高桥光夫、菅野嘉雄等的资料，记录了该部在幕府山下将万余尸体抛入江中，予以"清理"的实况③；来自日军不同部队官兵井家又一、牧原信夫、长浜太、上西义雄等的资料，证实焚尸灭迹的行为大量存在④；来自日军第16师团第33联队官兵吉井光之助、金谷正敏、下

① 孙宅巍主编《南京大屠杀》，北京出版社1997年版，第429—432页。

② 南京市档案馆藏，档案号1002—19—11、1002—19—12、1002—19—13。

③ 王卫星编《南京大屠杀史料集》第9册《日军官兵日记与书信》，江苏人民出版社等2006年版中相关内容。

④ 王卫星编《南京大屠杀史料集》第8册《日军官兵日记》，江苏人民出版社等2005年版、《南京大屠杀史料集》第9册《日军官兵日记与书信》，江苏人民出版社等2006年版；[日]松冈环编著《南京战·寻找被封闭的记忆》，上海辞书出版社2002年版等相关内容。

村宇一郎、上西义雄、山冈敏一等的一组口述资料，见证了该部将大量尸体直接抛入长江的行径①；日军第16师团官兵山田裕美、下村宇一郎、西田泰雄等，揭示了日军在太平门曾将大量尸体就地掩埋。②

3. 市民个别分散收埋尸体的新资料大量发现。

据汤山镇湖山村村民戴志善叙述：他父亲戴昌奇被日军用刺刀捅死后，“家中用大伯的寿材，父亲穿着血衣入殓的”，“先埋在菜地里，第二年清明才正式下葬，(将父亲)埋在中国水泥厂(运原料)的铁路边”；后来有戴昌继、戴大林、戴大钧等11人，在戴氏宗祠前被杀，“一开始埋在大祠堂前，11个人一个坑”，“第二年清明，把坑挖开，各家改葬”，1周后，又有王恒斌等4人在许巷被杀，“这几个人的尸首被抬回来”，分别葬在义冢地及现在村委会门口东边。③ 仅湖山村一地即有64名遇难者的尸体为村民们埋葬。2006年8月，村民在这里建立了“侵华日军南京大屠杀遇难同胞纪念碑”，上刻64位遇难者的姓名。

2006年侵华日军南京大屠杀遇难同胞纪念馆宣布，在南京西南郊一个叫殷山矶的小山上，发现了一处新的遇难同胞丛葬地。当年曾参加在这里掩埋尸体的赵福友老人说：“我记得这个土堆里埋着100多名被日本人杀害的中国人。”村里有几十个村民参与了埋尸，“掩埋的时候，我们用独轮车推，用箩筐抬，把尸体运到山坳里，前后埋了15天。尸体多，填上土后，山坳里起来了一个大坟头。”④

综上所述，近年来挖掘与发现了慈善团体、伪政权、日军部队和市民个人这四个方面收埋、处理尸体的大量第一手资料。无疑，这些资料的出现，大大加强了原有对南京大屠杀暴行及其巨大规模的论证。这部分资料与早先已发现的资料，属于同一层面和同一方向上的叠加与充实，从而将日军南京大屠杀的暴行更加确凿无疑地钉在了历史的耻辱柱上。

反向效应：对原有理念的冲击与挑战

在新发现的埋尸资料中，也出现了一些与多数资料或习惯看法不一致与不相包容的内容。这些内容的出现，对于我们已经形成的一些观点、看法，以及已经引用娴熟的

---

① 参见[日]松冈环编著、新内如等译《南京战·寻找被封闭的记忆》，上海辞书出版社2002年版中相关内容。

② 参见[日]松冈环编著、新内如等译《南京战·寻找被封闭的记忆》，上海辞书出版社2002年版中相关内容。

③ 孙宅巍编《南京大屠杀史料集》第5册《遇难者的尸体掩埋》，江苏人民出版社等2005年版，第279—280页。

④《现代快报》2006年9月9日。

资料，形成一种冲击与挑战。产生这类效应的资料，大致有以下几个方面：

第一，一些新资料揭示了埋尸活动的交叉现象。

如上文所述，这类交叉现象，主要出现于安全区国际委员会与红卍字会之间、红卍字会南京分会与红卍字会上海总办事处之间、红卍字会南京分会与红卍字会八卦洲分会之间、同善堂与中国红十字会南京分会之间、红卍字会南京分会和崇善堂与伪政权之间。上述各种埋尸活动的交叉，其中当有一部分属明显的重复统计，如代葬局与伪卫生机构均由夏元芝率队收埋之1万具左右，同善堂与红十字会均由刘德才等收埋之7000余具等。明显重复统计者，当从原有统计数字中予以扣除；凡有交叉现象存在者，亦应做出认真的考证，以确定其中重复统计程度的大小。无可讳言，所有这类问题，对于学术界原来所作的埋尸统计及其实证，都是一种冲击。其效应明显属于反向。

第二，少数新资料对某些原有孤证形成挑战。

此种情况，最突出地表现在关于太田寿男、安达由己在南京的埋尸活动方面。

自20世纪80年代起，一份由中央档案馆保存的日军战俘太田寿男供词，开始在南京大屠杀研究中，受到特别的重视。这份供词声称：自1937年12月14日至18日的5天中，由日军南京碇泊场司令部的太田寿男和安达由己两名少佐，指挥800名士兵，动用了30只小船和10辆汽车，在下关共将10万具尸体抛尸入江或焚烧、掩埋。① 这一处理尸体的数字，已相当于南京大屠杀中全部遇难人数的1/3。它引起各方的高度关注是不言而喻的。

在新近出版的《南京大屠杀史料集》中，由王卫星编纂的《日军官兵日记与书信》和《日军官兵与随军记者回忆》二集，首次披露了当年在南京碇泊场司令部服役的军曹梶谷健郎的日记及依据日记写成的回忆资料。在其自1937年12月10日至31日（缺27日）共21天的日记及相关回忆中，包括了与安达少佐从无锡一路来到南京，在南京见到太田寿男，以及参加指挥苦力清扫尸体等内容。本来，作为同在南京碇泊场司令部服役，又都参加了清除尸体工作的亲历者之日记与回忆，应成为一直被视为孤证的太田寿男供词的佐证与补充，但遗憾的是，梶谷日记不仅不能作为太田供词的佐证，相反对太田供词的内容构成了严重的挑战。这种挑战主要表现在以下几个方面：

一是与安达、太田活动时间相左。太田供述："12月14日、15日是下关地区没有划

---

① 孙宅巍编《南京大屠杀史料集》第5册《遇难者的尸体掩埋》，江苏人民出版社等2005年版，第279—280页。

分区域、全部由安达少佐处理时期”,“为了加快速度,不仅在白天,就连夜间也进行处理”;“12 月 15 日傍晚我回到南京下关后,16、17、18 日 3 天将下关地区分为东、西地区进行”①。梶谷称:自 12 月 12 日起,他即与安达少佐等共 5 人,同乘一部汽车由无锡出发,向南京前进,14 日“我和少佐两人沿着宽阔的道路一直走到了市中心”,又借得一部日军汽车,“步行要花一个多小时的路程我们 10 分钟左右就完成了,到了挹江门”,“我和少佐两人没有去下关(南京的港口),而是到处寻找部队住的临时宿舍”。“傍晚 4 时许,铃木部队长和主力部队到了……接下去就是宿舍的清扫和厨房的设立等事,一直忙到了 16 日。”②12 月 25 日,“中午时分,太田少佐从常熟来了。津仓和泉原也来了。由于久未见面,谈得很尽兴。晚饭做了鸡素烧。”上述引文可见,安达少佐虽于 12 月 14 到了南京,但到达时已届傍晚,且忙于同梶谷一道寻找住宿地及清扫宿舍,根本无暇指挥部队清理尸体。此后数日的日记及回忆中,亦未见有安达清理尸体的记载。而太田寿男则迟至 12 月 25 日才由常熟到南京,早已错过了他自己供述于 12 月 16 日至 18 日清理大批尸体的时间。太田交代自己的经历时又说:“1937 年 12 月 25 日任南京碇泊场芜湖支部长,12 月 26 日至 1938 年 1 月 9 日在芜湖进行粮秣扬塔施工。”③若参照此二说,太田到南京后,即于次日离开,去芜湖赴新任,亦无暇参与清理尸体的工作。

二是找不到太田与安达参与清理尸体的记录。梶谷在 12 月 26 日的日记中写道:“下午指挥 40 名苦力顶着恶臭清除了千余具尸体。真是惨不忍睹,的确是人间地狱。”他在后来的回忆中,又称,清理尸体工作“从 26 日清早开始”,“好像直到第三天的正午时分才结束。”也就是说,港口的清理尸体工作,不是由太田与安达二少佐指挥,而是在梶谷军曹的指挥下,于 12 月 26 日至 28 日间完成的。

三是处理尸体的数量相差悬殊。太田交代:由他与安达处理的尸体,“运往烧埋地点数:约 3 万;投入扬子江数:约 7 万。(内有负重伤濒死者约 2100 名)计约 10 万”。梶谷的说法,如前文所引,为“清除了千余具尸体”,除此而外,再未见到有更大数量的记载。

---

① 孙宅巍编《南京大屠杀史料集》第 5 册《遇难者的尸体掩埋》,江苏人民出版社等 2005 年版,第 344—349 页,以下引供词同此。

② 王卫星编《南京大屠杀史料集》第 9 册《日军官兵日记与书信》,第 535—541 页;王卫星编《南京大屠杀史料集》第 10 册《日军官兵与随军记者回忆》,江苏人民出版社等 2010 年版,第 99—111 页。以下引日记与回忆同此。

③ 孙宅巍编《南京大屠杀史料集》第 5 册《遇难者的尸体掩埋》,江苏人民出版社等 2005 年版,第 344—341 页。

四是处理尸体时动用的人力及设备差异较大。太田供认，处理尸体时，“配备陆上运输队约800名”，他与安达各率400名；配备小船约30只；“处理方法与货物相同，大部分是用搭钩进行，尸体中还有一些负重伤没有完全断气的，对这些人用搭钩向头部及心脏部扎，使之断气然后运搬”。而在梶谷的记述中，除了使用船只和铁钩的行为相同外，人力、船只的数量及是否使用卡车等情节都不相同。

如果梶谷的日记与回忆内容属实，则将从根本上推翻太田寿男所称曾与安达共同处理了10万具尸体的事实，甚至也包括太田所讲的其他日军部队还处理了5万具尸体的事实。但就总体而言，太田寿男供词与梶谷的日记、回忆同属孤证。一个孤证并不具备否定另一个孤证的法理能量。梶谷日记与回忆的出现，引起了人们对太田寿男供词内容更多的思考，这是很自然的事情。

总体效应：对历史真实的接近与还原

南京大屠杀新史料的双向效应的发生，应均在情理之中，并不在学术界的意料之外。首先，正向效应的发生，是理所当然的。它显示了学术界既往的实证和理论研究是严密而严谨的，其绝大部分的结论是科学的、准确的、符合历史的真实的。因此，新发现的史料，就其主体而言，也必然是对已有结论的再证实和补充，是原有努力方向的延长。这种再证实、补充和延长，也是一种创新，是学术研究深入发展的主要形式。其次，反向效应的发生，应当也是极自然的事情。由于新资料的发现，而对某些原有认识和结论发生冲击、怀疑，甚至推翻、否定，这在学术研究中并不奇怪。我们并不需要对现存的任何学术成果与结论，抱一种“捍卫”与“不动摇”的态度。任何对历史事件的认知与结论，都要不断地接受新发现的历史资料的检验与鉴定。必须承认，冲击、怀疑和推翻一项原有的认知与结论，这也是一种创新，是学术研究深入发展的重要形式，而且是一种不可缺少的形式。这种创新，需要有更大的学术勇气、更坚实的学术功底和更强的学术责任感。

正向效应与反向效应，在学术研究中，都是一种客观存在。它们并不以人们是否承认、是否接受而转移。一般说来，正向效应比较容易为人们接受，而反向效应则不容易为人们接受。正向效应就是对既往学术研究成果的肯定与发展，就人们的思维习惯而言，当然最易于接受并欢迎这种效应的发生。特别是社会各界群体，对诸如南京大屠杀这样关系到民族与国家命运的重大历史事件，由于受到来自历史的、民族的和道义的各方面因素的影响，更对正向效应的发生，寄予强烈的渴望与期待。反向效应的发生情况则不同。在它出现的初期，往往会受到社会各方的怀疑与指责；即使是在学术界，也往往会自觉与不自觉地产生一种排斥与否定的单向思维。然而，反向效应的存在是顽强的，它不会以人们承认、接受与否而改变。

正是双向效应的存在，推动着学术研究的深入与发展。正向效应与反向效应，异曲同工，它们从不同的方向，将学术研究推向对历史真实的接近与还原。我们对历史事件的研究，包括实证研究与理论研究，其终极目的，是要还原历史本来的面目，尽量剔除一切主观臆断和人为扭曲的因素。而这种主观的臆断和人为的扭曲，往往出自于研究者自觉与不自觉的行为之中；甚至在这样做了的时候，也并不能立即发现其谬误。这就需要依赖于不断地寻找与发现新的史料，让新的史料来印证或否定某些原有的认知。对原有严肃、严谨的实证与理论的重复证明，无疑会帮助我们去接近与还原历史的真实；而对原有认知的冲击与否定，当然也同样会帮助我们去伪存真。重要的是，不必担心与害怕来自反向效应的冲击。只有那些抱着不可告人的政治目的的人，才不愿意见到和害怕这种效应的出现，因为他们的政治设计本身就是违背历史的真实的。我们应当坦然地去接受一切新资料的反向效应。我们没有理由拒绝这种效应，因为我们追求的是历史的真实和原貌，而不是相反。本章中，大量埋尸新史料，再一次有力地证明了南京大屠杀的存在及其巨大规模，再一次向人们揭示了一个真实的南京大屠杀悲剧。与此同时，部分埋尸新资料，对既往的实证和认知提出了挑战。这种挑战的出现，是好事，不是坏事；今天出现了，明天还会出现，想回避与掩盖这种挑战，是不科学、不现实的。相信这种挑战的结果，只会使我们的认知更加接近历史的真实，更有利于让人们认清南京大屠杀真实的原貌。

（五）埋尸研究中几个牵动全局的问题

近年来，南京大屠杀新资料不断发现，这对于厘清南京大屠杀的规模及遇难者的人数，大有裨益；但新的资料也提出了一些学术界无法回避、必须面对的问题。这些问题，甚至牵动与影响着对南京大屠杀研究的全局。

红卍字会开始埋尸活动的时间

提及世界红卍字会南京分会埋尸的开始时间，学术界与官方（审判战犯时）向以该会战后呈报的埋尸统计表为依据，认定为 1937 年 12 月 22 日。统计表中清楚载明：12 月 22 日这一天，在城内收兵桥一带收尸 129 具，埋于清凉山后山；又在城内各处收殓尸体 650 具，分别埋于中华门外望江矶、高辇柏村操场及普德寺等处。其具体情况如下表①：

① 孙宅巍编《南京大屠杀史料集》第 5 册《遇难者的尸体掩埋》，江苏人民出版社等 2005 年版，第 76—77 页。

区别	掩埋地点	人数			合计	日月	备考
		男	女	小孩			
城内区	清凉山后山	一二九			一二九	十二、二二	在收兵桥一带收殓
	中华门外望江矶	一〇〇	九		一〇九	十二、二二	在城内各处收殓
城外区	中华门外高辇柏村	二五〇	一一		二六一	同右①	在城内各处收殓
	中华门外普德寺	二八〇			二八〇	同右	同右

还有3份红卍字会过程性埋尸统计表，分别成表于1938年3月和5月，其开始日期亦均为12月22日，收埋地点及数量，与前述亦大致相同。② 此外，在一份红卍字会东南主会于1938年5月18日致中华总会的函件中，也明确认定，该会的埋尸活动确系自1937年12月22日开始。该函称："自上年十二月二十二日起开始至四月十四日止，掩埋数目约计四万有零，现仍进行，尚无止期，所有工作概况，均载表内。"③

可是，自从西方人士的日记、信函等文件公布以来，上述12月22日开始说受到了挑战。国际红十字会南京委员会委员魏特琳在其1938年4月2日的日记中记有："今天有报告说，仅红卍字会自1月23日至3月19日，就埋葬了32104具尸体"。④ 国际红十字会南京委员会主席马吉牧师在4月2日的一封信函中，也有与魏特琳相同的说法，他写道："中国慈善协会(Chinese Benevolent Association)曾从事大部分掩埋工作，其负责人告诉我，从1月23日他们开始工作到3月19日，已掩埋尸体32104具"。⑤ 马吉还将相同的内容，写进了他拍摄的影片《南京暴行纪实》的解说词中，在其10号影片第3段C节中写着，"从1月23日红卍字会开始掩埋尸体，到3月19日，在南京及近郊区(城墙附近)共掩埋32104具尸体。"⑥以上魏特琳与马吉所述红卍字会开始工作的日期及收埋数字，应当来自同一份红卍字会的工作报告。但红卍字会既在当时和战后的多份埋尸统计表中，都明白无误地记载着12月22日这一天开始掩埋活动的内容，怎么会在对外界报告时，将开始的时间整整向后推迟了一个月呢?

特别令人奇怪的是，在红卍字会的其他一些内部文件中，竟也有支持1月23日

① 因原表竖列，同右即同上。下同。

② 孙宅巍编《南京大屠杀史料集》第5册《遇难者的尸体掩埋》，江苏人民出版社等2005年版，第34—45页、53—57页。

③ 孙宅巍编《南京大屠杀史料集》第5册《遇难者的尸体掩埋》，江苏人民出版社等2005年版，第48页。

④ 孙宅巍编《南京大屠杀史料集》第5册《遇难者的尸体掩埋》，江苏人民出版社等2005年版，第94页。

⑤ 孙宅巍编《南京大屠杀史料集》第5册《遇难者的尸体掩埋》，江苏人民出版社等2005年版，第22页。

⑥ 孙宅巍编《南京大屠杀史料集》第5册《遇难者的尸体掩埋》，江苏人民出版社等2005年版，第96页。

开始收埋尸体的说法。红卍字会东南主会在 1938 年 4 月 2 日致中华总会函中提及，“其最重要者，莫过掩埋工作，兹就我会所掩埋者两月以来填就表格已达三万数千余具”。① 此处“两月以来”，从 4 月 2 日向前推算，刚好应是 1 月下旬，若按统计表格所填 12 月 22 日开始计算，则应称“三月以来”。另一份 1938 年 9 月 30 日红卍字会东南主会难民区办事处的年度报告中，也提供了类似的信息。该报告称：“掩埋队逐日挨次殓收露尸，掩埋尸骸”，“从事八阅月”，“计掩埋尸体四万余具”。② 此处之“从事八阅月”，以 9 月 30 日推算，亦应是 1 月下旬开始，若以 12 月 22 日开始计算，则应称“从事九阅月”。

由此可见，红卍字会本身对于从何时开始埋尸工作，就发出了“12 月 22 日”与“1 月 23 日(或称 1 月下旬)”两种不同的信息。这两者之间相差了整整一个月，用战后该会呈送的埋尸统计表计算，在这一个月中共收埋了城内外 8245 具尸体，占收埋尸体总数的 19%。如按 12 月 22 日开始说，则与该会的另外一些文件以及西方人士的记录相矛盾；如按 1 月 23 日开始说，则不仅与该会的埋尸统计表相矛盾，也使得 8245 具尸体的收埋变为不可能，最终将使该会收埋 4.3 万余具尸体成为不可能。

那么，是否有可能红卍字会的统计表中所用日期，是指农历呢？循此思路，查农历 1937 年 12 月 22 日，正好是公历 1938 年之 1 月 23 日。若红卍字会的统计表中所用日期，果为农历，而西方人士魏特琳、马吉等人所使用日期，必为公历无疑，是则上述红卍字会开始埋尸工作的日期，便可天衣无缝地统一于农历 1937 年 12 月 22 日或公历 1938 年之 1 月 23 日这一天。这样，关于红卍字会开始埋尸日期的官司，似乎便“圆满”地画上了句号。

然而，事实并没有这么简单。在红卍字会战后提供的完整埋尸统计表中，先后出现了 1938 年 4 月 30 日、5 月 31 日、6 月 30 日与 8 月 31 日等时间，而农历 1938 年根本没有这几个时间，4 月、6 月、8 月都只有 29 天，5 月只有 30 天。上述这 4 个农历中没有的日期的出现，只能说明红卍字会的埋尸统计表，所使用的日期是公历而非农历。这样，上文刚刚认为已经解开的疑点，便又重新出现在眼前。也就是说，红卍字会开始埋尸工作的时间，仍然保持了两种不同的说法，一是公历 1937 年 12 月 22 日，二是公历 1938 年 1 月 23 日。

纵观各方面情况，红卍字会开始收尸的时间，关系到南京全城埋尸运作的状况与对

① 孙宅巍编《南京大屠杀史料集》第 5 册《遇难者的尸体掩埋》，江苏人民出版社等 2005 年版，第 46 页。

② 孙宅巍编《南京大屠杀史料集》第 5 册《遇难者的尸体掩埋》，江苏人民出版社等 2005 年版，第 62 页。

埋尸总数的统计，是一个牵涉到全局、值得继续深究的问题。按目前掌握的资料，尚不能完满解开此谜。但鉴于绝大多数红卍字会资料，都不否认其收埋了 4 万余具尸体这一事实，且远东国际军事法庭与中国审判战犯军事法庭的有关判决，亦均以此数为依据，故目前似仍以采用 12 月 22 日开始这一说法为宜。

红卍字会收埋尸体的总数

上文已经涉及，红卍字会共收埋了 4.3 万余具尸体，这在南京大屠杀史研究圈内，已几乎是成为定论的不争事实。除了战后该会提供的埋尸统计表为 43071 具①外，该会在 1938 年 8 月的调查表“备考”中填写“掩埋尸体四万有零”，②在 9 月 30 日的年度简明报告中称“计掩埋尸体四万余具”，③在 10 月 14 日致伪行政院呈文中说“掩埋尸体统四万余具”，④在 1939 年 5 月的报告清册中载“殓埋遗尸有四万余具”，⑤在 1942 年 9 月的调查表中填写“埋葬尸体四万三千一百二十一具”⑥。

但是，最近发现的一份红卍字会南京分会会长陈冠麟于 1938 年 3 月 13 日致东南各会联合总办事处韩世昌、张兰坪、李迪先、罗光瀛等负责人的工作报告中，在提及掩埋工作时写道：

> 最要工作，掩埋不下十余万人。临时伕役，本队日逐雇用百人或二百人之多，由都麟队长率领。本队员伕，分队进行工作。如中山门、中华门、水汉西门、上新河至下关，以及宝塔桥、鱼雷营、幕府山要塞、大漩窝子、七里洲、八卦洲、燕子矶周围城厢一带，凡大批骸骨刻已掩埋告竣，现仍逐日分行各街巷清查零星尸具。此掩埋工作大概情形也。⑦

这份报告之最特别之处，为提出了红卍字会南京分会在 1938 年 3 月中旬，即已掩埋了“不下十余万人”这一惊人的数字。这也是在红卍字会所有资料中，唯一提出该会收埋了 10 余万具尸体的文件。要轻易否定该资料中的说法，尚无足够理由。

值得研判的是，函中所称“最要工作，掩埋不下十余万人”，这里究竟指红卍字会一个机构的埋尸工作，还是全市各种机构总的埋尸工作？从全函总体观察，这是一份红卍

---

① 孙宅巍编《南京大屠杀史料集》第 5 册《遇难者的尸体掩埋》，江苏人民出版社等 2005 年版，第81 页。
② 孙宅巍编《南京大屠杀史料集》第 5 册《遇难者的尸体掩埋》，江苏人民出版社等 2005 年版，第60 页。
③ 孙宅巍编《南京大屠杀史料集》第 5 册《遇难者的尸体掩埋》，江苏人民出版社等 2005 年版，第62 页。
④ 孙宅巍编《南京大屠杀史料集》第 5 册《遇难者的尸体掩埋》，江苏人民出版社等 2005 年版，第65 页。
⑤ 孙宅巍编《南京大屠杀史料集》第 5 册《遇难者的尸体掩埋》，江苏人民出版社等 2005 年版，第66 页。
⑥ 孙宅巍编《南京大屠杀史料集》第 5 册《遇难者的尸体掩埋》，江苏人民出版社等 2005 年版，第74 页。
⑦ 孙宅巍编《南京大屠杀史料集》第 5 册《遇难者的尸体掩埋》，江苏人民出版社等 2005 年版，第31 页。

字会南京分会本身工作的汇报函，不应涉及其他机构的工作。该函末亦特别说明：“敝处自经办理诸务，前虽函达，惟因事务繁杂，未能一一详报。除将经过情形与李会长接洽外，相应函复”。① 这段文字重申了该函内容所涉及范围，仅以本机构所作工作为限。再者，从函中所谈埋尸、施粥与施诊三项工作来看，其施粥、施诊两项均表述十分清楚，仅涉及该会所办之“两粥厂”与“两诊所”，故可推及，掩埋一项亦应仅为该会工作之所及。因此，可以断定，该函中所称之“最要工作，掩埋不下十余万人”，乃专指红卍字会南京分会的掩埋工作。

如此，则在我们的视野中，便同时出现了红卍字会南京分会埋尸的两个相差甚为悬殊的统计数字：一个是多数红卍字会报告与统计表中所称之 4 万余具，另一个是上函中出现的 10 余万具。那么，在所有已发现的与红卍字会埋尸有关的资料中，还有没有支持在“四万余具”之外，另有说法的资料存在呢？有！红卍字会南京分会副会长许传音于 1946 年 7 月 26 日在远东国际军事法庭回答质证时曾说：“我们通常有 200 人从事这种工作，掩埋了 43000 多具尸体，这个数目实际上小得多，我们不被允许把真实的数目报上去。”②许后来又在中国审判战犯军事法庭坚持了相同的说法。他于 1947 年 2 月 6 日出庭作证时说：“我们随即从事掩埋，计埋尸四万三千零七十一具，本会印有掩埋尸体统计表。当时因对于日本人很怕，所以每天所埋的实数，不敢实报。至于实数，还比表列的数字大。”③上述许传音先生在两个军事法庭相同内容的证词，不仅证明了红卍字会埋尸存在着不同数字的事实，而且揭示了这种现象得以出现的内在逻辑，即出于对日本统治者的害怕。此外，红卍字会掩埋队长欧阳都麟于 1947 年 1 月 18 日回答中国审判战犯军事法庭审判长石美瑜等人询问时，亦称：“在沦陷期中，本人系担任掩埋队队长，所掩埋之尸体可计算者有四万余具，其无从计算者为数尚多。”④这里，欧阳都麟用“可计算者”与“无从计算者”的概念表明了该会埋尸数量统计的复杂状况。此外，当时留在沦陷后南京 3 个月之久的军医蒋公穀在 1938 年 2 月 13 日记称：“城内遍处有殉难尸体，尤以水塘及空屋为最多。早几天已由红万字会着手掩埋，就在金银巷金大农场，挖掘很深的狭壕，把尸体重叠葬入，掩土了事。闻说编号登记的，已有十二万具了。”⑤

① 孙宅巍编《南京大屠杀史料集》第 5 册《遇难者的尸体掩埋》，江苏人民出版社等 2005 年版，第31 页。

② 杨夏鸣编《南京大屠杀史料集》第 7 册《东京审判》，江苏人民出版社等 2005 年版，第 60 页。

③ 中央档案馆等合编《南京大屠杀图证》，吉林人民出版社 1995 年版，第 237 页之图 667 原件影印。

④ 孙宅巍编《南京大屠杀史料集》第 5 册《遇难者的尸体掩埋》，江苏人民出版社等 2005 年版，第85 页。

⑤ 蒋公穀：《陷京三月记》，“南京大屠杀”史料编辑委员会等编《侵华日军南京大屠杀史料》，江苏古籍出版社 1985 年版，第 89 页。

以上许传音、欧阳都麟的证词，以及蒋公穀的见闻，都为红卍字会“掩埋不下十余万人”的说法提供了某些证明及相关解释。

对红卍字会收埋尸体数字的不同认定，直接关系到南京全城收尸总数及遇难同胞总数的统计，因而也是一个关乎南京大屠杀规模实证研究的重要课题。由于“掩埋不下十余万人”的说法，出现比较突兀，不似“4万余具”的说法，有大量过程性与终结统计数字支撑，就连许、欧阳二氏在强调红卍字会埋尸统计复杂性的同时，也仍然坚持以“4万余具”作为该会埋尸的代表性数字。同时，在某些不具外来压力、红卍字会的内部文书中，亦只称埋尸三四万具。因此，对于红卍字会南京分会的埋尸数字，目前似仍以沿用“4万余具”的习惯说法，较为妥当。

全城大量埋尸基本告一段落的时间

各不同渠道收埋尸体的时间，先后不等，基本与城陷后日军之大规模屠杀时间同步。

经过数月的集中、突击收埋，大体至1938年5月基本告一段落。这可从几个收埋“大户”的收埋记录中清楚看出：崇善堂是收埋尸体最多的一家，从该堂战后呈送的埋尸统计表可见，他们的全部埋尸活动系至5月1日截止；红卍字会南京分会至5月31日止共收埋42934具，占其总收埋数的99.56%，自6月起至10月止，改当日记录为每月底记录一次，这说明这段时间已属扫尾阶段；红十字会的两个掩埋队，其第二掩埋队至3月底已不再埋尸，只从事清洁工作，其第一掩埋队收埋至5月31日即告结束。

然而，中国第二历史档案馆保存的一份掩埋尸体计划书，却向社会公众提供了一个完全不同的信息。该计划书内容如下①：

督办南京市政公署卫生处筹办掩埋尸体计划书

查本市城厢附郭一带仍有暴露之尸体五万余具，虽有红卍字会担任掩埋工作，但亦限于经费，未能悉埋。时届夏令，为迅速工作减少疫疠计，暂定红卍字会掩埋半数，其余二万五千余具应由本署派伕掩埋。本署原有掩埋队伕役仅十六名，不敷应用，拟扩充为一百名，期限于两个月内完成工作，需购大卡车二辆，铁锄头、铁铲各三十件，铁钩四十把，大竹杠四十根，粗绳四十根（以上各件，期满后可移作他用），芦席5万张，次号粗绳五万根，石灰末二千五百石。应需上列各物品及伕役工资出勤费等，以二个月核计，编造预算表附后。

① 《督办南京市政公署卫生处筹办掩埋尸体计划书》，1938年5月，中国第二历史档案馆藏，档案号二一〇一一1058。

附预算表二件：

督办南京市政公署卫生处筹办掩埋尸体临时费用预算表(一)

物品名称	数量	价值	附记
大卡车	二辆	七千元	搬运尸体等之用，期满后可移作垃圾车
铁锄	三十把	四十五元	
铁铲	三十把	六十元	
铁钩	四十把	四十元	
大竹杠	四十根	二十元	
大号粗绳	四十根	十二元	
次号粗绳	五万根	五千元	
芦席	五万张	五千元	
石灰末	二千五百担	二千五百元	
总计		国币壹万九千六百七十七元	

督办南京市政公署卫生处筹办掩埋尸体两个月支出经常费预算表(二)

项目	需费	二个月需费	附记
伕役一百名	每名每月工资十五元 共一千五百元	三千零三十元	内工头十名每名每月加洋三元合如上数【计算有误，应总需费3060元。】
出勤茶水费	每月六十元	一百二十元	
总计	国币三千一百五十元		

中华民国二十七年五月(督办南京市政公署关防)

从这份掩埋尸体计划书及其所附费用预算表的内容来看，此时市内尚有5万具尸体等待掩埋，应为确凿事实。其一，伪卫生处乃为伪督办南京市政公署之职能部门，设有专职掩埋队，掩埋尸体是其职责所在，故所报尚有5万具尸体待埋一事，应不同于一般市民、团体之观察，而是具有较大的准确性；且此份计划书乃伪卫生处为伪督办南京市政公署代为起草，行文中屡见“本署”字样，落款亦加盖“督办南京市政公署关防”章，更增添了此项文书内容的权威性。其二，从其与红卍字会之分工、伕役及设备之增添、经费之计算来看，均十分精细、周详，言之凿凿，如在卫生处本身分担之2.5万具尸体收埋中，约每具尸体需用芦席2张包裹，2根次号粗绳头脚捆扎、10斤石灰消毒等。这些精细的计算与安排当非空穴来风。

如果事实真如这份计划书所反映的那样，至 1938 年 5 月，南京城厢内外还有 5 万具待收尸体，并且由红卍字会与伪南京市政府分别收埋的话，那么可以说，不仅要改写迄今为止已经认定的红卍字会和伪政权的埋尸数字，而且也要改写南京大屠杀期间南京全城总的埋尸数字。这将直接影响到我们对于南京大屠杀遇难人数及其规模的估计。

但是，对这份计划书的讨论还不能就此结束。因为翻遍红卍字会与南京市伪政权的档案，在这份计划书出现之后，有关收埋 5 万具尸体一事，再无下文。在红卍字会南京分会留存的 1938 年 5 月埋尸统计表中，至 4 月 30 日止，共埋尸 36732 具，其“附记”称：“现城区内外露尸所存无几，大若一二星期内即可收殓清楚，刻正积极进行培土消毒工作。”①此处不仅看不出有再行收埋数万具尸体的工作打算，甚至看不出还存在大量尸体未埋的状况。直至同年 9 月 30 日，在红卍字会的年度简明报告中，仍写着：“掩埋队逐日挨次殓收露尸，掩埋尸骸，稍安靖后，另派队调查于危墙败瓦、地下室、池壕、塘堰中之尸体，挖掘打捞尸首等工作，从事八阅月，计用掩埋、米粮物品各费总计款洋拾捌万肆仟陆佰零肆元贰角叁分之巨(内有物品估价最低)，计掩埋尸体四万余具”。② 此处也仍然看不出有超越红卍字会埋尸 4.3 万余具、与伪政权在 5 月以后共同突击埋尸 5 万具的迹象。再看伪政权一方的文件资料。伪督办南京市政公署卫生处在 1938 年 5—9 月份事业报告书中称：

> 七、掩埋队：事变之后，城厢内外，尸骸遍地。经红卍字会暨前自治委员会救济课竭力掩埋，然偏僻荒地，以及防空壕等处仍不免遗留多具。自本处成立后，就原有掩埋队十六人，由雇员萧财源率带，积极工作，将遗尸及墙隅道旁棺柩，概行埋葬。至六月间掩埋罄尽。③

另据新查得的伪卫生处掩埋队 1938 年 6、7 月份工作日报告中，该掩埋队既未扩充至 100 人，亦未率 2 部卡车去大规模地收埋数万具尸体，而是仍由雇员萧财源率领 16 名伕役，从事修补坟墓、加撒石灰的工作，据可查得的报告书统计，共于 6 月份修补坟墓 85 个、7 月份为 513 个。④

---

① 孙宅巍编《南京大屠杀史料集》第 5 册《遇难者的尸体掩埋》，江苏人民出版社等 2005 年版，第57 页。

② 孙宅巍编《南京大屠杀史料集》第 5 册《遇难者的尸体掩埋》，江苏人民出版社等 2005 年版，第 62 页。

③ 孙宅巍编《南京大屠杀史料集》第 5 册《遇难者的尸体掩埋》，江苏人民出版社等 2005 年版，第 323 页。

④ 孙宅巍编《南京大屠杀史料集》第 5 册《遇难者的尸体掩埋》，江苏人民出版社等 2005 年版，第 316—321 页。

值得探讨的是，前引“计划书”中所述的5万具待埋尸体究竟到什么地方去了？这么巨大数量的尸体，怎么会完全不见有收埋的记录与痕迹，突然“蒸发”了？是“计划书”中反映的尚有5万具尸体待埋的说法有违事实、另有隐情？还是确如“计划书”所述按计划分工收埋了，未能在档案资料中反映出来？

这一谜团的解开，尚待时日。这份“计划书”的出现，之所以令人瞩目，是因为它直接挑战了掩埋尸体基本告一段落的时间的传统说法。在进一步弄清真相之前，似应仍暂维持原有埋尸进程的说法。

（六）南京大屠杀遇难同胞中究竟有多少军人

南京大屠杀30万以上的遇难同胞中，究竟有多少放下了武器的军人？军人在遇难总人数中占多大比例？弄清这一问题，对于严密论证大屠杀的遇难人数、揭露日本军国主义滥杀战俘的罪行、驳斥少数日本右派为屠杀军人暴行辩解的谬论，都有着重要价值和意义。

要讨论遇难同胞人数的构成，首先必须对南京大屠杀中“遇难同胞”的范畴加以界定。

由于是南京大屠杀中的遇难同胞，因而这些遇难同胞又首先必须符合南京大屠杀的时空范畴，越此则不能称为南京大屠杀遇难同胞。前面已有专节讨论南京大屠杀的时空范畴，按本书观点，即：时间在1937年上旬至1938年3月之间，地域在南京市所属各行政区及与之毗邻的江宁、江浦、六合三县。

“南京大屠杀遇难同胞”还是一个特定的死亡人员概念，有它特定的内涵。具体说来，应当是被侵华日军直接屠杀、处死的中国同胞。对于中国军人来说，则应排除在交战中及有组织抵抗中死亡的部分。在战斗中阵亡的中国军人，广义说来，也可称为“遇难”；但在具体统计上，则不应计入大屠杀“遇难同胞”人数之中。在被俘或放下武器之后，遭到日军屠杀的中国军人，无疑应计入南京大屠杀遇难同胞之中。1907年《海牙第四公约》所附的《陆战规则》第23条规定：“（禁止）背信弃义地杀死或杀伤属于敌对国家或军队之人，杀死或杀伤已经放下武器、无自卫手段或已确定投降者。”①

据此，计入“南京大屠杀遇难同胞”中的军人，应是在南京大屠杀期间，在南京各区及毗邻郊县范围，并于放下武器后遭日军屠杀的那一部分，而不是南京死难军人的全部。

① 转引自李恩涵：《日本军战争暴行之研究》，台北商务印书馆1994年版，第71页。

关于南京守军的损失情况，前文也已有专节讨论，其结论是，在15万守城大军中，安全撤退了47000余人，损失了10万人以上。对于损失了的10万人，应当加以具体分析。其中绝大部分在不成功的撤退中，或被俘或潜入民间后又被捉，而最终遭到屠杀，这应是没有疑问的。仅本书前文提及由台湾资深学者李恩涵列举的屠杀俘虏与"便衣兵"、"散兵"等，即达5.7万人。国际委员会委员贝德士教授在远东国际军事法庭作证说："大批中国士兵在交出武器投降后，于最初72小时内，迅即在城外被机枪扫射处决，大多数在扬子江边。""我们国际委员会雇用工人搬走3万多这些士兵的尸体，这是我们作为救济计划巡视和指导的工作。"①但是，"损失"毕竟并不简单地等于死于南京大屠杀之中，而是包含了多方面的内容。至少有两种情况，明显不应列入南京大屠杀"遇难同胞"的数字。

第一，战斗中的伤亡。这虽然也是日本侵略者的罪责，但不应归入"南京大屠杀"这一罪行之中。因此，不仅伤员显然不属"遇难同胞"，即使阵亡将士也不应列入南京大屠杀遇难同胞的统计之中。南京守军在与日军的交战中的伤亡似应在6000—10000人之间。这近1万人中，死者已不会再遭屠杀，且不属"大屠杀遇难同胞"范畴；伤者绝大部分亦已及时转运后方(最后仅有300余名伤员未及撤离，留驻安全区)，不致成为日军大屠杀的对象。

第二，失散的军人。第66军与第83军等部队在正面突围、长途跋涉的过程中，原建制已全被打乱，一部分流散的军人未能归队。滞留南京、潜入民间的军人，亦有少数侥幸未遭搜捕。不过，从南京保卫战与南京大屠杀的全过程来看，这类失散的军人为数并不很多。

由此可见，在南京守军损失的10万人中，计算被日军屠杀的人数时，应扣除1万余名战斗中伤亡人员与失散的军人。也就是说，真正属于放下武器后遭日军屠杀的"遇难同胞"，其数字约在八九万人之间，至多不会超过9万人。

关于南京大屠杀中遇难军人数字的推算，还可以从中日双方军界的一些资料中得到印证。时任国民政府军事委员会副委员长的冯玉祥将军曾指出："(南京沦陷)不到三天，日本鬼把中国投降的军人枪决了七万多人。"②依据冯玉祥当时的高层官方身份，他的话当非信口开河，而应是有充分事实根据的。此外，日本大本营公布的南京"战果"

---

① 贝德士：《在远东国际军事法庭上的证词》，1946年7月29日，载章开沅编译《天理难容——美国传教士眼中的南京大屠杀(1937—1938)》，南京大学出版社1999年版，第71页。

② 冯玉祥：《我所认识的蒋介石》，黑龙江人民出版社1980年版，第79页。

为，中国军队伤亡 86000 人。① 日本上海派遣军于 12 月 18 日发表的“战果”，则进一步明确，“敌人遗弃尸体不下于八、九万具”；12 月 29 日又称，中国守军“遗弃尸体看来也多达八万四千具”。必须指出：日本侵略者本身，是决不会公开承认屠杀战俘和放下武器的士兵的罪行的；他们公布的所谓“战果”，实际上就是阵亡中国士兵与被他们非法屠杀的战俘、放下武器的士兵两种数字的总和。

综上所述，属于“南京大屠杀遇难同胞”范畴的军人，由于受到披露的集体屠杀俘虏与安全撤离等数字的制约，应在 7—9 万人之间，最低不至低于 7 万人，最高亦不至高过 9 万人。其在遇难同胞中所占的比例约为 25%，即 1/4 左右。

（七）遇难人数认定的历史过程

在前文讨论中，已经通过对尸体掩埋和处理的统计，证明认定南京大屠杀中遇难者达 30 万人以上是有充分根据的。如今，“300000”这一黑色的数字，已经赫然镌刻在侵华日军南京大屠杀遇难同胞纪念馆的入口处墙壁上。这既是对日本军国主义罪行的揭露与控诉，也是对 300000 冤魂在天之灵的慰藉。这一数字被最终认定，曾经走过了 60 多年的风雨历程，经历了几代人的艰难求索。

30 年代：各自叙述，原始认定

自 1937 年 12 月 13 日南京沦陷前后，攻击南京的日军便在南京及其近郊开始了大规模屠杀。这种屠杀，少至一二人、三五人、十余人，多至数千人、数万人。古城南京，一时血流成河，尸塞街巷。差不多与日军屠杀暴行同步，其暴行的消息以及被屠杀的人数，便通过各种渠道传播到国内外，引起了国际社会的极大关注与震惊。对于被屠杀人数的估计，不外三种情况：

一是曾经避难于南京城内的难民和放下武器的军人，根据自己耳闻目睹的事实，做出的估计。某文化机关职员李克痕，在沦陷后的南京住了 5 个月，于 1938 年 6 月逃出南京后，发表《沦京五月记》，内称：“据统计，到五月初，由红十字会掩埋尸身二十七万”②。“27 万”之说可能是将所有埋尸活动都记在了“红十字会”项下。军医蒋公穀在南京城陷后，逗留城内两个半月，有《陷京三月记》之作，文曰：至 1938 年 2 月 13 日，被

① [日]田中正明著，军事科学院外国军事研究部译《“南京大屠杀”之虚构》，世界知识出版社 1985 年版，第 43 页。

② 李克痕：《沦京五月记》，“南京大屠杀”史料编辑委员会等编《侵华日军南京大屠杀史料》，江苏古籍出版社 1985 年版，第 116 页。

日军惨杀难民尸体，为慈善团体埋葬“编号登记的已有十二万具了”①。原南京守军营长郭歧，曾于城陷后躲入难民区3个月之久。他逃离南京后，将见闻写成《陷都血泪录》，在1938年8月连载于西安《西京平报》。郭歧在文中慨叹：“十余万可怜的同胞皆作了机枪下的鬼”。

二是中国新闻记者根据寻访所得资料，做出的估计。其中：中央社记者经向1938年2月初逃离南京的难民寻访，报道“两阅月间，我市民被屠杀者约有八万人之多”②。据记者范式之估计，南京自失陷三月以来，“被屠杀者，至少在十万以上”③。另一位中央社记者根据1938年5月对难民的寻访，也做出与范氏大致相同的估计。该记者在报道中称：“计自去年十二月十三日起，至今年三月底离南京时止，留京同胞之被惨杀者不下十万人”④。

三是留在南京的外国传教士和外侨根据自己的见闻做出的估计。美国《每日电讯报》于1月下旬报道称：“一位传教士估计南京一地被杀害的人数达2万”⑤。英国《曼彻斯特卫报》记者田伯烈，则在其名著《外人目睹中之日军暴行》一书中，引用一位外侨于1938年1月10日写成的书信资料称：“实则据掩埋的统计，尸体共达四万具”。⑥

纵观30年代中外人士对南京大屠杀死难人数的认定，多来自留城难民与外侨的个人叙述，对死难人数的计算，带有原始的、直观的性质。其特点是：数字多样，差距悬殊，渠道多元。其估算人数少至2万人，多至27万人，中有4万人、8万人、10万人等多种表述。应当承认，这些来自不同身份、不同国别的人士所叙述的情况，都出自其自身的所见所闻，都反映了南京大屠杀现场某一局部或某些局部的真实状况。他们没有必要故意编造虚假的情况来对外叙述。这些对于南京大屠杀遇难人数的各不相同的估计，为日后的科学估算提供了珍贵的前期信息。但同样也应当承认，上述的人数认定，由于时间紧靠南京大屠杀事件，人们还来不及对源于多种渠道的消息加以分析、消化和整理，因而不可避免地带有自身的局限性，都不能单独成为对南京大屠杀全貌的完整的科

① 蒋公穀：《陷京三月记》，“南京大屠杀”史料编辑委员会等编《侵华日军南京大屠杀史料》，江苏古籍出版社1985年版，第89页。

② 中央社讯：《陷后南京惨象》，1938年3月20日汉口《大公报》。

③ 范式之：《敌蹂躏下的南京》，载“南京大屠杀”史料编辑委员会等编《侵华日军南京大屠杀史料》，江苏古籍出版社1985年版，第125页。

④ 中央社讯：《南京同胞惨遭蹂躏》，载中央档案馆等编《日本帝国主义侵华档案资料选编》第12辑《南京大屠杀》，中华书局1995年版，第181页。

⑤ 朱成山主编《侵华日军南京大屠杀外籍人士证言集》，江苏人民出版社1998年版，第326页。

⑥ [英]田伯烈编著、杨明译《外人目睹中之日军暴行》，国民出版社1938年版，第58页。

学评估。

40年代:官方调查,依法判定

跨进40年代后,在其前期,由于抗日战争仍在继续进行,中国官方既无力对南京大屠杀的遇难人数从容进行核查,学术界亦复无条件就此进行深入研究,因而对于遇难人数的表述,也只能是在30年代报道的基础上,适当选择引用,并无新的突破与进展。国民党高级将领何应钦、陈诚发表于1946年的看法,正是这种状况的体现。何应钦称:在南京失陷后,“我民众及妇孺被蹂躏及惨杀而死者统计在十万人以上”①。陈诚亦有与其大致相同的提法②。

随着1945年抗日战争的胜利,对日本战犯的审判提到了中国政府和国际社会的议事日程上。南京大屠杀暴行,作为日本战犯的重要罪行,被中国政府列为重点调查的日本战犯案件。在调查期间,对于南京大屠杀遇难人数,曾出现过数种过程性的数字。南京市抗战损失调查委员会迄至1946年4月10日,统计此项人数为295525人③;同年7月1日,南京大屠杀案敌人罪行调查委员会举行第二次会议时公布,在前统计有29.5万余人遇难的基础上,又加上救济总署在救济死难者家属过程中统计出的96260人,称:“共计已有三十九万余人”,“据一般估计被害人至少在五十万以上”④;同年12月31日,中国国防部审判战犯军事法庭检察官在对战犯谷寿夫的起诉书中,使用了“旷古惨劫之南京大屠杀,被害达数十万人之众”的模糊提法⑤;至1947年3月10日,中国国防部审判战犯军事法庭在《谷寿夫战犯案件判决书》中,则郑重判定,在南京大屠杀暴行中,“我被俘军民遭日军用机枪集体射杀并焚尸灭迹者,有单耀亭等十九万余人。此外零星屠杀,其尸体经慈善机关收埋者十五万余具。被害总数达三十万人以上”。⑥

中国方面对日本战犯罪行的调查,早从抗战胜利前的1944年2月起,便在重庆成立了敌人罪行调查委员会,后又相继设立抗战损失调查委员会、南京敌人罪行调查委员会、战犯处理委员会,以及国防部审判战犯军事法庭,中经3年时间,在民众中广泛征集

① 何应钦:《八年抗战之经过》,台湾文海出版社1966年版,第20页。

② 陈诚:《八年抗战经过概要》,国民政府1946年印刷。

③《南京市遭受敌寇暴行人口伤亡统计》,1946年5月4日,中国第二历史档案馆等编《侵华日军南京大屠杀档案》,江苏古籍出版社1987年版,第524页。

④《南京大屠杀案敌人罪行调查委员会第二次会议记录节录》,1946年7月1日,中国第二历史档案馆等编《侵华日军南京大屠杀档案》,江苏古籍出版社1987年版,第538页。

⑤《国防部审判战犯军事法庭检察官对战犯谷寿夫的起诉书》,1946年12月31日,中国第二历史档案馆等编《侵华日军南京大屠杀档案》,江苏古籍出版社1987年版,第590页。

⑥《国防部审判战犯军事法庭对战犯谷寿夫的判决书》,1947年3月10日,中国第二历史档案馆等编《侵华日军南京大屠杀档案》,江苏古籍出版社1987年版,第604页。

证言、证物，最后形成的南京大屠杀案卷，“计有确实人证之案件共二千七百八十四案”①。其中“被日军残杀而有案可稽者，达八百八十六起”②。可以认为，中国方面在审判日本战犯过程中，调查是认真的，证据是确凿的，其最后认定“30万人以上”遇难是有根有据和经得起历史检验的。但是，也必须指出：当时的国民政府，因忙于硝烟四起的内战，穷于应付日益严重的政治、经济、军事危机，已经没有精力对既得的证据作精细的分析和严密的论证。例如，对“30万人以上”遇害的结论，《谷寿夫战犯案件判决书》中把它分作两个部分，一部分是“被日军用机枪集体射杀并焚尸灭迹者，有单耀亭等十九万余人”；另一部分是“零星屠杀，其尸体经慈善机关收埋者十五万余具”。那么，被集体屠杀的19万人中有没有为慈善机关收埋的情况呢？如果有，又会有多少呢？被零星屠杀的15万人中，有没有被焚尸灭迹的呢？如果有，又有多少呢？类似这样的问题，在当时的文件中，没有做出过回答。这是40年代依法判定，留给后人的一份悬念和思考。

50年代：沿用前说，重加肯定

1949年10月，中国的政局发生重大变动，南京政府覆亡，中华人民共和国建立。由于战后的日本政府，在美国的操纵下，与台湾当局非法签订“和约”，执行敌视新中国的政策，这就不能不引起中国政府和中国人民的高度警觉。惨绝人寰的南京大屠杀，作为前车之鉴，时时成为新闻舆论的热点。

因此，进入50年代后，中国方面仍然不断提起关于南京大屠杀死难人数的问题。归纳起来，这一时期对于死难人数的表述，大体是接受了中外军事法庭判定的数字，以“30万人”为主，也有“20万人”的说法。例如：1951年2月20日，《新华日报》以“南京人民行动起来/坚决反对美帝重新武装日本”为题，发表社论，内称：“南京人民没有忘记十三年前悲惨绝顶的南京大屠杀，中华门外血流成渠，雨花路边尸积如山，三十万以上的善良人民遭受了杀戮”。该报在另一篇以“本报记者”名义发表的文章中，也提及在南京大屠杀中，“三十万人民剖肠裂腹，死于非命”。3月11日，南京市第二届人民代表会议协商委员会和中国人民保卫世界和平、反对美国侵略委员会南京分会及各人民团体还联合召开大会，“纪念在‘南京大屠杀’中惨遭日本军国主义屠杀的30万同胞，反对美帝国主义武装日本”③。《人民日报》于同年4月8日发表署名文章写道：“人们怎么能够设想可以叫南京人民忘记一九三七年十二月十三日开始达一月之久的三十万人的大屠

① 《南京市临时参议会就南京大惨案调查统计等事致国防部公函》，1946年10月5日，中国第二历史档案馆等编《侵华日军南京大屠杀档案》，江苏古籍出版社1987年版，第541页。

② 《国防部审判战犯军事法庭对战犯谷寿夫的判决书》，1947年3月10日，中国第二历史档案馆等编《侵华日军南京大屠杀档案》，江苏古籍出版社1987年版，第605页。

③ 南京市档案馆编《半个世纪的足迹》，江苏古籍出版社1999年版，第25页。

杀?"与上述提法稍有不同的是,1950 年 2 月 10 日《新华日报》的资料研究室在一篇回顾南京大屠杀的文章中,则认为"统计被害人口总数在二十万人以上"。

中国方面在 50 年代初对南京大屠杀遇难人数的认定,基本上沿用了中国和远东两个军事法庭对南京大屠杀案的判定数字。这一阶段对南京大屠杀遇难人数的认定,体现了以下的特点:第一,由于政权的更迭和当时的国际形势,回避了认定人数的文件依据。如上所述,"30 万人"说与"20 万人"说,分别出自中国国防部审判战犯军事法庭和远东国际军事法庭的判决。但因中国军事法庭系由刚被推翻的国民党政权所主持,而国际军事法庭又由美国所操纵,在美蒋联手,与新中国为敌,又爆发了朝鲜战争,中国人民正在抗美援朝的情况下,当然不可能直接引述这两个军事法庭的有关判词。第二,由于新中国刚刚建立,百废待兴,并未对遇难人数开展新的调查和求证。这一时期,报刊上所出现的证人、证言,大多在两个军事法庭审判日本战犯时已经出庭、出示过,如崇善堂堂长周一渔、红卍字会副会长许传音、与日军抗争的巾帼英雄李秀英,以及目睹日军在草鞋峡集体屠杀被俘军民 5 万余名的幸存者鲁甦等人的证词。第三,基本认定遇害人数为 30 万人,经过了慎重的权衡和选择。当时放在新生的人民政权面前,可供选择的遇难数字很多,少至数万人,多至 50 万人,都在报刊、文件中屡屡出现。人民政府不避忌讳,大胆使用了政治上的宿敌国民党政权主持的军事法庭判定的数字。应当说,这是一种明智的、经过权衡的郑重选择。

六七十年代:研究起步,重新探索

二十世纪六七十年代,正处"文革"前后,中国社会的各个方面,均处于极不正常的状态,学术界尤其如此。在这种严峻的情况下,南京大学历史系日本史小组的 4 位教师,组织 7 名学生,由高兴祖先生带领,利用学术界短暂的平静时期,对南京大屠杀事件"进行详细的调查研究,收集了许多难得的照片和资料,最后在一九六二年写成了《日本帝国主义在南京的大屠杀》一书"①。该书的内容,先后在 1963 年和 1978 年南京大学校庆科学报告会上做了报告,于 1979 年 3 月作为内部刊物印刷交流。该书在列举了远东国际军事法庭的"20 万人"之说与中国方面"30 余万人"、"39 万余人"、"50 万人"等种种说法之后认为:"由于三十万的数字比较具体,常为一般人所引用","据我们已经得到的材料,南京被害人数绝不止此","总计被日寇屠杀,而有案可考的达四十万人左右"②。

"四十万人左右"这一新的结论,虽既不同于已有的传统说法,后来亦未被学术界普

① 南京大学历史学编著《日本帝国主义在南京的大屠杀·后记》,1979 年内部版。

② 南京大学历史学编著《日本帝国主义在南京的大屠杀》,1979 年内部版,第 85 页。

遍接受,但这一数字的出现,却是对南京大屠杀进行真正意义上学术研究的开始。为了取得这一数字,该书著者翻阅了大量档案资料,调查了许多当事人、幸存者,搜集了众多的图书、报刊文献,运用将主要集体屠杀数字相加、将主要慈善机构收埋尸体数字相加等论证方法,并进行比较研究,迈出了可贵的第一步。特别引人注目的是,该书已经开始把目光放到了日军毁尸灭迹和那些未留下记录的尸体去向方面。书中在列举了有统计的被屠杀人数之后,指出:"除此之外,尚有许多无从查考的罪行,或被日寇投入江河葬身鱼腹,或投入火海,或屠杀后强迫民夫立即掩埋,或被活埋,或由我国同胞自动掩埋,或死后未经收埋在空气中腐烂(到一九三九年,沿江一带,特别是较为偏僻的地方,头骨腿骨等仍遍地皆是),或全家被杀,或由外地逃来被害而无人证明者,如此等等,数目一定很大"①。此外,该书将南京大屠杀分为三个时期:"大体上从十二月十二日到十八日的一周间,是日寇大规模集体屠杀时期;从十九日至一九三八年一月上旬,是普遍的屠杀时期;一月上旬至二月上旬,是零星的屠杀时期"。② 这样的分段是否恰当,可以见仁见智,但著者注意用日军屠杀的运动曲线轨迹,来研究遇难者的人数,这种思路,给了后人以很大的启发。总之,南京大学历史系师生在高兴祖先生的带领下,认真调查,悉心研究,对南京大屠杀的遇难人数做出了新的认定,开了进行南京大屠杀学术研究的先河,为日后进一步深入研究奠定了基础,做出了可贵的贡献。

80 年代:深入研究,科学界定

80 年代初,南京市政协文史资料研究委员会编辑了一本名为"侵华日军南京大屠杀史料专辑"的书,其中收入了学术界对南京大屠杀事件的最新研究成果。该书的重要价值在于,作为新中国建立后介绍南京大屠杀的书籍,首次较为客观地、完整地介绍了中外军事法庭对南京大屠杀案的审判,同时也重新恢复了关于"30 余万人"惨死于南京大屠杀中的认定③。

在中国社会粉碎"四人帮",结束"文化大革命"的动乱之后,开始出现宽松研究民国历史的学术氛围。加之,自 80 年代初,由于日本少数右翼分子加紧了对历史上发动侵略战争和制造南京大屠杀暴行的否定,理所当然地激起了中国人民的义愤。这些情况都促进了中国社会对南京大屠杀事件的深入研究。这时,既不像 30 年代南京大屠杀刚发生时,兵荒马乱、硝烟弥漫,没有学术研究的良好环境;也不像 40 年代内战全面爆发后,两种力量的决战正在紧张进行,没有从容调查的充裕时间;又不像 50

① 南京大学历史学编著《日本帝国主义在南京的大屠杀》,1979 年内部版,第 85 页。

② 南京大学历史学编著《日本帝国主义在南京的大屠杀》,1979 年内部版,第 86 页。

③ 南京市政协文史资料研究委员会编《史料选辑》代第 4 辑"前言",1983 年印刷。

年代新中国刚刚建立时，百废待兴、百业待举，没有重新调查研究的足够精力。自1983年底起，由中共南京市委、南京市政府直接负责，建立了“南京大屠杀”编史、建馆、立碑领导小组和“南京大屠杀”史料编辑委员会。经过4年的努力，终于建成了南京大屠杀遇难同胞纪念馆，设立了13处南京大屠杀遗址纪念碑，出版了《侵华日军南京大屠杀史稿》、《侵华日军南京大屠杀史料》和《侵华日军南京大屠杀档案》等配套书籍。这一巨大的系统工程，向全世界宣告了中国官方、公众和学术界经过认真的、深入的调查和研究，所形成的一个具有全新内涵的共识，即：南京大屠杀遇难人数在30万人以上。

“30万人以上”的重新确认，来之不易。一是广泛地发动了群众。经过全市各区县、街道和乡村普遍发动，认真搜寻，共发现南京大屠杀受害者、幸存者、目击者1756人，逐个登记造册，留下证言，为准确地估算南京大屠杀的遇难人数，提供了大量可靠的信息。二是深入地挖掘了资料，这些资料包括中央档案馆、中国第二历史档案馆、南京市档案馆，以及北京、上海、南京、武汉、西安、重庆、成都等地的图书馆等单位收藏的有关历史档案和报刊资料。据此，最大限度地汇集了前人的工作成果，为新的研究工作奠定了坚实基础。三是严密地进行了论证。来自南京大学、南京师范大学、苏州大学、江苏省社会科学院、中国第二历史档案馆、南京市档案馆、南京市地方志办公室等单位的专家、学者，历时4年，反复讨论，反复推敲，终于得出了在现有条件下最有说服力的数字界定。

“30万人以上”的重新确认，有着全新的内涵：其一，将南京大屠杀的遇难人数界定在“30万人”这样一个规模之上，基本上否定了或者不主张历史上曾经出现过的10万人、20万人、40万人、50万人等类过低、过高的估计。其二，贯彻了宜粗不宜细的原则，运用“30万人以上”这一稍带模糊的表述，不刻意追求并不现实的精确。其三，为日后的进一步研究和定论，留下了一定的空间。

“30万人以上”的重新确认，不是对40年代军事法庭判定数字的简单重复，而是一种认识上的螺旋式的上升。首先，这是历史记录与现实努力的结合。自30年代起，人们已经为死难人数留下了大量的口碑资料与档案资料，此次工作中又有许多新的发现，如：中国红十字会南京分会掩埋尸体22691具的按月逐日统计表，日军战俘太田寿男供认参与日军部队处理尸体的供词等。这类新鲜资料的运用，使对遇难人数的估算，更加接近历史的实际。其次，这是官方调查与学术研究的结合。官方调查具有行政管理的严肃性与权威性，它有力地保证了寻找幸存者工作的普及和彻底。高层次专家、学者的介入，使数字的认定具有学术研究的理论性和权威性。这两者的结合，便保证了重新确认的数字更加真实和更加科学。再次，这也是具体统计与宏观把握的结合。此次的结论，对集体屠杀的遇难人数与尸体的掩埋、处理情况，都做了过细的统计与分析。同时，又对当时包括长住居民、滞留军人和流动人口在内的六七十万人口作了宏观的考察。事实证明，当时的南京人口条件，完全有可能发生30万人以上被屠杀的惨剧。具体统计与宏观把握的结合，无疑大大提升了“30万人以上”遇难的可信程度。

90年代：更趋成熟，更加严密

90年代以来，国内外涌现出一大批有关南京大屠杀的第一手档案、文献资料，如辽宁省档案馆收藏的满铁档案中有关红卍字会埋尸的统计，德国档案馆收藏的有关侵华日军在南京的暴行资料，上海档案馆收藏的南京及其外围红卍字会埋尸的记录，美国耶鲁神学院图书馆收藏的有关南京大屠杀的文献资料，以及新发现的南京大屠杀幸存者的证言等；《拉贝日记》、《东史郎日记》、《魏特琳日记》等一批有影响的外国人士日记，也相继被发现和正式出版。学术界利用新发现的资料，对南京沦陷时的人口和南京大屠杀的死难人数作了认真、严肃的探求，进一步认定南京大屠杀的遇难人数在30万人以上。这一时期对死难人数的认定，依据更加丰厚，视野更加开阔，结论更趋成熟。1997年纪念南京大屠杀事件60周年的国际学术讨论会上，陈安吉先生在主报告中经过严密论证指出：“认定南京大屠杀遇难者达30万人是有根据的。30万这个数字是约数，又是一定意义上的确数。”①

1997年5月北京出版社出版了由孙宅巍主编，陈娟、胡菊蓉、段月萍任副主编的国家社科“八五”课题、学术专著《南京大屠杀》。该书吸收了国内外对南京大屠杀问题研究的最新成果，运用了大量新发现的档案、口碑资料，从统计遇难者尸体的数字入手，确认南京大屠杀中遇难者在30万人以上。这一确认，已经不是对以往相同结论的简单重复，而是一种认识上的升华与螺旋式上升，其论述的科学性与说服力，都比过去有了较大的提升。它是几代人艰难求索的结果与结晶。

21世纪：客观冷静，完整表述

进入21世纪后，国内加大了对南京大屠杀研究的力度。南京大学民国史研究中心、南京大学南京大屠杀史研究所组织南京大屠杀研究团队，到欧美、日本等地广泛搜集资料，由张宪文教授领衔主编了《南京大屠杀史料集》共72册。侵华日军南京大屠杀史研究会、侵华日军南京大屠杀遇难同胞纪念馆利用学会与纪念馆长期来搜集与收藏南京大屠杀历史资料的优势，由张伯兴会长、朱成山馆长领衔主编了《南京大屠杀史研

① 陈安吉：《“南京大屠杀史”研究的历史回顾和今后的任务——在“侵华日军南京大屠杀史国际学术研讨会”上的报告》，陈安吉主编《侵华日军南京大屠杀史国际学术研讨会论文集》，安徽大学出版社1998年版，第21页。

究与文献丛书》共35册。这些史料与文献，为学术界进一步科学认定南京大屠杀的规模，提供了极为丰富的信息。在此基础上，张宪文教授主编的3卷本《南京大屠杀全史》得以问世。以《南京大屠杀全史》为代表的学术界主流，在述及南京大屠杀遇难人数时，没有再去刻意求证某一个数字的正确，而是同时客观地论述了远东国际军事法庭判定为“20万人以上”和中国军事法庭判定为“30万人以上”这两个历史上形成的权威法律文件的记录①。这是在南京大屠杀遇难人数认定上的一个进步，也是一种较为实际和明智的选择。

南京大屠杀的悲剧距今已经将近80年。可以说，人们对于大屠杀的遇难人数也探索了80年；中国人民对这一人数也调查、研究、修正了80年。80年中，遇难者的人数从10多万人，变化到50多万人、30多万人、40多万人，最后又回归到30多万人，以及客观采用两个法庭的判定数字。这种变化，体现了认识论的一般规律，即由浅入深、由粗而精、由低级到高级。这种变化，也体现了蒙受深重灾难的中国人民尊重事实、承认现实、崇尚科学、追求真理的伟大精神。

（八）“广田电报”不能作为30万人遇难的直接依据

20世纪90年代，在对南京大屠杀遇难人数的研究中，有一份“广田电报”引起了学术界的普遍关注。这是美国政府于1994年解密的一批外交文件中，1938年1月17日日本广田弘毅外相发给驻美大使馆的“第227号”电报。

该电文最早由美国吴天威教授发现并译成中文，发表于《抗日战争研究》1995年第二期上。译文发表后，国内外学者纷纷引用。遗憾的是，有些学者错误地理解了文主及其含意。有的将电文中的观点直接理解成为日本外相广田弘毅的观点②；有的将电文中对30万遇难者的统计，直接理解成为对南京大屠杀死难者的统计，称其为“中外有关记载中，最早提到南京大屠杀死亡人数逾30万的原始档案文件”③。这一误解，必须澄清。否则，人们对南京大屠杀遇难人数的讨论，几乎可以从此收兵停止。因为如果作为加害者一方的外相，在当时就已承认在南京屠杀了30万人这一象征着特大规模的数字，现在还有什么必要再讨论下去呢！

为了弄清1938年1月17日第227号“广田电报”的内容，现特将美国学者杨大庆先

① 张宪文主编《南京大屠杀全史》，南京大学出版社2012年版，第13—14页。

② 《日本前外相佐证南京大屠杀》，2000年3月24日《文摘旬刊》，转摘自《世界知识》2000年第5期。

③ 祖立：《南京大屠杀又有新证》，2000年2月3日《光明日报》。

生在吴天威教授翻译的基础上,又作个别技术处理后的译文抄录如下①:

1938年1月17日　广田自东京给华盛顿电:

第227号来自上海的第176号电

特别消息

"自从前几天回到上海,我调查了日军在南京及其他地方所犯暴行的报道。据可靠的目击者直接计算及可信度极高的一些人的来函,提供充分的证明:日军的所作所为及其继续暴行的手段,使我们联想到阿提拉(Attila)及其匈奴人。不少于30万的中国平民遭杀戮,很多是极其残暴血腥的屠杀。抢劫、强奸幼童及其他平民的残酷的暴行,在战事早已于数星期前即已停止的区域继续发生。这里比较优良的典型日本平民感到深痛的耻辱——日军在各处应受谴责的行为更为日本兵在上海本地疯狂地造成的一系列地方事件而高涨。今天《字林西报》报道了特别令人震惊的案件:一个日本兵寻找女人与酒不得而枪杀3名60岁以上的中国妇女及射伤其他无辜平民数人。"

★本电文系以译成之英文拍发并在"通讯资料部"(S·I·S)第1257电中所提及。

第1263号　　1938年2月1日译

该电文既是"日本外交文件"之一种,且又冠以"广田自东京给华盛顿电",可以认为,这是时任日本外相的广田弘毅发往日本驻美国大使馆的一份文件。按照日本外交公文的发送惯例,只有外务大臣才有资格向日本各驻外使领馆发布训令、文件。据查,在日本外交文件原件的签发栏内,均印有"□□大臣"字样,故认为该文件系由广田大臣签发应不成问题。

不过,在外相签发的文件中,也有两种情况:一种,既由外相签发,其内容亦由外相亲撰,乃为外相致各使领馆的训令;另一种,只由外相签发,但内容却是外相提供给驻外使领馆参考的一些背景资料。就上述电文的内容与书写形式看,应属于第二种情况,即只是由广田外相签发,其内容并非由外相本人所拟,其观点也绝不代表外相本人的观点。理由:第一,该电文题头为"特别消息",且以下全文均在引号之中。在吴天威教授编译的同组其他5份文件中,均未见有题头,电文全文亦不加引号②。从这一引文的特殊形式可见,该电文的内容只是向各使领馆通报一则"特别消息",电文的内容均属这则"特别消息"中的内容。况广田既为外相,并非新闻记者,当不会自己撰写一篇新闻稿发

① 杨大庆:《1938年1月17日"广田电报"考证》,《民国档案》1998年第3期。

② [美]吴天威辑译《美国新公开的有关"南京大屠杀"的档案资料》,《抗日战争研究》1995年第2期。

给各驻外使领馆。第二，电文一开始便写道："自从几天前回到上海，我调查了日军在南京及其他地方所犯的暴行的报道。"这个"我"，显然不是广田本人。因为根据可以查得的资料，广田在担任外相期间并未到过中国，更未见其在占领南京前后的一段时间到过上海至南京一带。第三，电文最后附注，电文的内容在S·I·S的第1257号电文中有所提及。查该第1257号电文为1938年1月19号广田自东京发往华盛顿的一份"作为第175号发自上海"的通报。该通报称："16日晚，我检查官发现曼彻斯特卫报特约记者田伯烈将要拍发在别函(第176号)中的一份稿件。""在征求主管官员的意见之后，我军方面(要)求该特约记者前来，并在他修改了稿件中不适当之处后，由检查官在17日晨用电话通知他，可以拍发这份稿件。"上海日军当局在这份文件的最后，向日本外交部提出要求："因为此事可能为路透社和美联社大为渲染，请将此件与上面提到的别函由伦敦拍发给在欧洲的所有使馆，并转往华盛顿、纽约及美国西海岸。"①。正因为如此，日本外交部由广田先后于1月17日签发了"第227号"的"特别消息"、1月19日签发了上海"第175号"通报。"特别消息"的作者就是英国《曼彻斯特卫报》特约记者田伯烈。广田外相签发了田伯烈的这份"特别消息"，以供日本各驻外使领馆参考。第四，1938年1月22日出版的《中华评论周刊》载文报道：英国《曼彻斯特卫报》驻华记者田伯烈，因电讯稿"涉及日军对中国平民行凶作恶暴行的描写"，为"进驻外国电报公司的日本新闻检查官阻止""向国外的报社发电讯稿"。文章写道：

> 另一桩检查案涉及著名英国报纸《曼彻斯特卫特》驻华记者H. J. 田伯利(H. J. Timperley)。田伯利的电稿论及了上海——南京一线日军的所作所为，其中包括日本军国主义分子占领该地区后屠杀三十万平民的消息。电稿中还有根据目击者的叙述，报道了日军抢劫中外人士的财产，及强奸妇女的情况。根据日本新闻检察官的口气，他们觉得这篇报道"可能危及军方的感情"，而拒绝拍发。这次耽搁的时间更长，申请拍发电讯稿后十五个小时，记者方被告知不能发出。该电稿于一月十六日晚上八点送到丹麦大北电报公司。次日上午十点四十五分左右，位于电报大楼的日本新闻检查办公室通知田伯利先生电稿不能发②。

对于"广田电报"中所提及的"不少于30万的中国平民遭杀戮"一事，并不能简单用来作为侵华日军在南京大屠杀中杀死30万以上中国同胞的证据。这是因为：

首先，从时间范围来看。一般说来，学术界对南京大屠杀的时间范围已有较为一致

---

① 杨大庆：《1938年1月17日"广田电报"考证》，《民国档案》1998年第3期。

② 《日本新闻检查扣下所有关于暴行的报道》，陆束屏汇辑编译《南京大屠杀——英美人士目击报道》，红旗出版社1999年版，第124—125页。

的看法，即自1937年12月13日南京城陷起，至1938年1月底的6周左右的时间。本书前文已经论述，这一时间范围的界定，也只能看作是日军在南京暴行最集中的一段时间，严格说来，它的开始时间要早于南京沦陷之日，应上溯至12月上旬日军攻达南京近郊之时；它的下限，亦应展延至1938年的2—3月。当年曾参加远东国际军事法庭审判工作的中国大法官梅汝璈先生亦著文，对“六个星期”的时限提出自己的看法。他说：“这六个星期虽是日寇杀人如麻的高潮，但是六个星期过后，兽军杀人的勾当并没有完全停止，只是大规模的、不分青红皂白的屠杀是减少了，而个别的、零星的或小规模的屠杀却仍在经常地进行着……”①。而“广田电报”中统计30万死难者的时间，显然与南京大屠杀的时间并不完全吻合。田伯烈并未说清楚他调查的上限时间，因而我们有理由认为，他把自八一三淞沪会战以来日军的屠杀暴行，如金山、宝山、苏州、无锡等地的屠杀惨案，均已计入。这就比从宽计算南京大屠杀的起始时间，又提早了好几个月。这从后来田伯烈出版的《外人目睹中之日军暴行》一书中，可以清楚地看出。该书在讲述30万中国平民被杀害之前，首先追述了八一三淞沪会战与攻击南京的情况。田伯烈写道：“1937年8月9日，日军军官一人和为他驾驶汽车的水兵，在驶到上海西郊虹桥军用机场附近时，被射身死。于是，上海和长江三角洲地带，遂演为中日两国的战场。”嗣后，田氏又叙述了中国军队在淞沪会战中的失利和上海的失陷，以及日军由淞沪地区向南京的推进。这一追叙，明白无误地告诉读者，记者调查的初起时间，系与八一三淞沪会战同步。至于田氏调查的下限时间，既然其报道成文于1月16日，其对死难人数的统计，最迟亦应截止至1月16日。这一截止时间，又比公认的最紧凑计算南京大屠杀告一段落的时间少了半个月。事实上，在公认的南京大屠杀暴行中，有许多内容恰恰发生在1938年1月16日之后。如：2月6日，安全区国际委员会主席拉贝和委员米尔斯在百子亭后面，“看见尸体四具，横陈血泊中，第一具尸体是老年人，第二具尸体是女人，第三第四具尸体是两个男人，身旁是长方形的木门”。②据报告者称，该4人均为日军所射杀。德国驻华大使馆留守南京办事处政务秘书罗森在1938年3月4日致德国外交部的报告称：“2月份及本月近几天南京及其周围的形势已有些稳定…… 日本人的暴行在数量上已有减少，但在性质上没有变化，”“枪杀无辜，强奸妇女和掠夺钱财的消息不断传来……例如，一位妇女被刺刀从后背穿到前身，被送进医院5分钟就死掉了。”③

---

① 梅汝璈：《关于〈南京大屠杀事件〉的几点补正》，《文史资料选辑》第34辑，《文史资料选辑》合订本第11册，中国文史出版社1986年版。

② ［英］田伯烈编著、杨明译《外人目睹中之日军暴行》，国民出版社1938年版，第222页。

③《德国档案馆中有关侵华日军南京大屠杀的档案资料》，《抗日战争研究》1991年第2期。

其次，从地域范围来看。战后为中国军事法庭判定：“被害总数达 30 万人以上”的南京大屠杀，其地域范围，一般说来，系指当时南京市的 12 个行政区，以及近郊之江宁、江浦、六合等县。检视法庭审判的各项附件，还没有发现一个屠杀案例在上述地域范围之外。而“广田电报”一开头便说，系“调查了日军在南京及其他地方所犯的暴行的报道”。这就是说，这份“特别消息”中所统计的数字，不仅是南京的，还包括了方位不明的“其他地方”。在这里，田伯烈虽未说明这个“其他地方”究竟包括哪些地方，但我们从当时日军在华东地区所占领的地域看，至 1938 年 1 月中旬，大约为南至杭州湾，北临淮河，西抵芜湖、明光一线，东达运河、长江下游一带，即以上海、南京为中心辐射至周边的苏浙皖部分地区。估计田伯烈此次所调查的地区，不会越出上述范围。但是，这一范围已大大超出了“南京大屠杀”所应包含的地域。在这一范围内，已经查明遇难者人数有：金山近 3000 余人，宝山 11000 余人，苏州 6700 余人，无锡 2000 余人，常州 4000 余人，镇江 3000 人，安吉近 1000 人，扬州 1000 人，盱眙 2000 人等。这些死难者的人数，都有可能被田伯烈计入 30 万遇难者的数字之中，但是显然不能算作南京大屠杀的内容。田伯烈于 1938 年 7 月在《外人目睹中之日军暴行》一书中，则更明确地将其统计死难 30 万人数的地域界定为“长江三角洲”这一较为广泛的地区。他在书中写道：“在日军占领前后，一位外国观察家曾几次去过那些地方。根据他的审慎估计，长江三角洲这次战争的结束，至少有三十万中国平民牺牲了生命，其中有相当大一部分人是被极为残酷地摧残致死的。”同时，田伯烈还在书中进一步指明了“长江三角洲”所包含的具体地点，他指出：“日军在占领苏沪杭地区的主要城镇和交通线之后，继续推进，于 12 月 13 日攻入国民政府的首都——南京。”“日军急速向前推进，跨越了中国人口最稠密、秩序最安宁的区域。”由此可见，田氏所指的“长江三角洲”地区，至少包含了苏沪杭地区以及苏沪杭至南京间的广大地区。

据此，我们应客观地看待“广田电报”中所提供的 30 万遇难者的数字，既承认它与南京大屠杀死难者数字间的不可分割的联系，也要实事求是地承认它与南京大屠杀 30 万名死难者之间的区别。“30 万人”这一死难者数字的相同，只是一种巧合，实际上，两个“30 万人”的统计，其所依据的时空范围不尽相同。因而它们之间不存在可以用来简单进行互证的关系。

虽然“广田电报”的内容，并不能直接作为侵华日军在南京大屠杀中屠杀 30 万以上中国同胞的证言，但是其电文所载田伯烈的“特别消息”，对于研究侵华日军暴行以及南京大屠杀，仍有十分重要的价值。

其一，田伯烈首次提出，屠杀中国平民达 30 万人以上这一令世人瞩目的血腥数字。这对于揭露侵华日军的暴行和记录中国人民的灾难，都具有重要意义。在不到半年的时间里，在方圆 10 多万平方公里的地域中，竟有 30 万以上的平民遭屠戮而死，这是自日本侵华以来，最大规模的杀人记录。田伯烈作为尚未与日本交战的西方国家的记者，所报道的死难者数字，又是“据可靠的目击者直接计算及可信度极高的一些人的来函”所作出的结论，这应当被视为较为客观、真实的统计，因而也更加可信和更加震撼人们的心灵。

其二，田伯烈声明，这一 30 万死难者的数字，系“调查了日军在南京及其他地方所犯罪行的报道”。毋庸置疑，其主要暴行地点乃是南京。据对长江三角洲苏浙皖三省 28 个县市百人以上被屠杀案（不含南京）统计，自 1937 年 11 月初日军由杭州湾登陆，至 1938 年 1 月上中旬，共有 86200 名平民和放下武器的军人被日军屠杀。这说明在田伯烈报道的 30 万名遇难者中，有 2/3 以上应属南京地区的死难者。也就是说，田伯烈的报道可以证实，到 1938 年 1 月中旬，日军已在南京屠杀了 20 万以上的中国同胞。这应被视作可以支持在整个南京大屠杀期间有 30 万以上中国同胞惨遭屠杀的非常难得、非常珍贵的资料。这对于回击日本右翼势力妄图从根本上否定南京大屠杀的翻案活动，乃是致命的一击。

其三，作为外相的广田弘毅，将田伯烈的这份“特别消息”报道，亲自签发至日本驻欧美各使领馆，说明日军在南京及其附近地区的暴行，已经引起了日本政府的重视。特别需要指出的是，这份“特别消息”，系经驻上海日军当局新闻检查官勒令田伯烈对其稿件中“不适当之处”作了“修改”后的内容，当属已经通过了日方的新闻检查。同时，在广田签发该篇消息时，亦未对其内容加任何否定性的按语。因此，在今天将该份电文公之于世时，便使得日本官方及右翼势力很难从根本上将日军在南京及其周围地区的大规模屠杀暴行完全加以否定。

总之，对于 1938 年 1 月 17 日的“广田电报”，既应当充分估计它对于研究日军侵华暴行与南京大屠杀的研究价值和现实作用，又应当使这种估计建立在弄清来龙去脉的基础上，并做到恰如其分。

（九）如何解读东京法庭对南京大屠杀遇难人数的认定

二次大战后，远东国际军事法庭在《判决书》中，特设“南京的暴行”专章，确认了日本侵略者所犯下的南京大屠杀罪行，并以此将相关战争罪犯处刑，伸张了人类的正义，讨还了历史的公道。但是，50 多年来，人们对东京审判中所认定的南京大屠杀遇难人数，则一直存在着不同的解读。由于历史、理念，以至文字、翻译等种种原因，长期以来，我国学术界多主张将其“20 万人以上”的总体估计与中国法庭关于“30 万人以上”的判定拉近，认为这两者之间并不互相排斥，本质上是一致的。这样的看法，虽然已经延续了几十年的时间，在国内也没有产生过大的争论，但其解读是否科学和准确，仍存有悬念。

既往的解读

自远东国际军事法庭宣读《判决书》以来的数十年中，它只有一个中译本，即由张效林翻译、先后由五十年代出版社 1953 年出版与群众出版社 1986 年出版的同一个译本。该译文的有关段落为：

> 据后来估计，在日军占领后最初六个星期内，南京及其附近被屠杀的平民和俘虏，总数达二十万人以上。这种估计并不夸张，这由掩埋队及其他团体所埋尸体达十五万五千人的事实就可以证明了。根据这些团体的报告说，尸体大多是被反绑着两手的。这个数字还没有将被日军所烧弃了的尸体，投入到长江，或以其他方法处分的人们计算在内。①

应当说，张译本是个很好的译本，译文忠实地体现了判决书的原意。但是，由于句型复杂，其英文文本本身即存在着产生歧义的隐患。上文中一连出现了“二十万人以上”和“十五万五千人”这两个数字，末句所称“这个数字还没有将被日军所烧弃了的尸体，投入到长江，或以其他方法处分的人们计算在内”一语，究竟是修饰、补充“二十万人以上”的，还是针对“十五万五千人”的，便产生了歧义。若属前者，在“二十万人以上”，再加上大量毁尸灭迹的数字，则可理解为远东国际军事法庭实际上并不排斥中国军事法庭的“30 万人以上”之说；若属后者，在“十五万五千人”之外，再加上若干毁尸灭迹的数字，则可认为远东国际军事法庭乃以此证实“二十万人以上”的估计并不夸张。由于东京法庭就南京大屠杀暴行判决的依据，大多由中国方面所提供并与一年多以前中国军事法庭审判战犯谷寿夫的依据相雷同，因此，中国学术界主流方面，一直将东京法庭的判词解读为与“30 万人以上”并不排斥或本质一致。

开南京大屠杀研究之先河的权威专家高兴祖，在 1986 年的文章中写道：“据远东国际军事法庭的判断：‘在日军占领后最初六个星期中，南京及其附近被屠杀的平民和俘虏，总数达二十万以上’，‘这个数字还没有将被日军所焚烧的尸体，投入到长江或以其他方法处理的尸体计算在内。’”②10 年后，他仍坚持上述解读方法，在美国一家杂志上写道：“在日军占领南京后最初六个星期内，南京及其附近被屠杀的平民和俘虏，总数达 20 万人以上，而国际法庭则又明确指出：‘没有将被日军所焚烧的尸体，投入到长江或以

① 张效林译《远东国际军事法庭判决书》，群众出版社 1986 年版，第 486 页。

② 高兴祖：《“南京大屠杀”的史实不容抹煞》，《日本问题》1986 年第 4 期。

其他方法处理的尸体计算在内’。”①

侵华日军南京大屠杀遇难同胞纪念馆馆长朱成山则更为直截了当地认为，东京法庭“判决被日军屠杀的人数为30万人以上”。他在《南京大屠杀的历史事实不容歪曲》一文中写道：“（东京法庭）判决书判定：‘日军仅于占领南京后最初的六个星期，不算大量抛江焚毁的尸体，即屠杀了平民和俘虏20万人以上。’这里需要做注脚的是‘大量抛江焚毁的尸体’究竟是多少？据日军第二碇泊场司令部少佐太田寿男供认，日军抛江焚毁的尸体为15万具，加上国际法庭确认的20万名平民和俘虏被屠杀的数字，不难看出国际法庭判决被日军屠杀的人数为30万人以上。”②

本书著者在以往的研究成果中，也曾有过类似上述的解读。如称国际法庭的判词，“虽然将南京被日军屠杀的平民和俘虏总数界定为20万人以上；但它又清楚地表明，对于这一数字，有两点限制，一是不包括1938年2月及其以后的数字，二是不包括已被日军毁尸灭迹的数字。显然，如果加上这两个方面的数字，被屠杀的人数也将是30万人左右”③。

此外，在一些具有官方、半官方色彩的书籍与会议报告中，也可看到相关的解读模式。由“南京大屠杀”史料编辑委员会于1987年编写的《侵华日军南京大屠杀史稿》中，将东京法庭有关判词表述为：“日军仅于占领南京后最初的六个星期内，不算大量抛江焚毁的尸体，即屠杀了平民和俘虏20万人以上。”④这显然是认为东京法庭判定的屠杀数字，实际上是接近“30万”的。1997年8月，时任中共南京市委宣传部长的陈安吉先生，在向侵华日军南京大屠杀史国际学术研讨会作主题报告时，观点鲜明地指出：“根据远东国际军事法庭和南京军事法庭的有关判断，也可得出日军屠杀30万人以上的数字。”⑤

由此可见，长期以来，中国学术界的主流乃至官方，对东京审判《判决书》中南京大屠杀遇难人数的解读，是比较一致的，都认为与中国军事法庭判定的“30万人以上”比较

① 高兴祖：《纪念远东国际军事法庭审判日军南京大屠杀案件五十周年》，美洲华人对日索赔专刊，1996年第9期。

② 朱成山：《南京大屠杀的历史事实不容歪曲——为300000冤魂呐喊》，新华出版社2001年版，第82—83页。

③ 孙宅巍：《南京大屠杀》，北京出版社1997年版，第435—436页。

④ “南京大屠杀”史料编辑委员会：《侵华日军南京大屠杀史稿》，江苏古籍出版社1987年版，第208页。

⑤ 陈安吉：《“南京大屠杀史”研究的历史回顾和今后的任务——在“侵华日军南京大屠杀史国际学术研讨会”上的报告》，陈安吉主编《侵华日军南京大屠杀史国际学术研讨会论文集》安徽大学出版社1998年版，第21页。

接近或本质上相一致。

新译的启示

最近，由张宪文教授主编的《南京大屠杀史料集》大型丛书问世，为南京大屠杀的研究提供了空前丰富的史料；同时，也通过新译部分外文资料，给研究者以新的启迪和感悟。其中，由杨夏鸣所编的《东京审判》一集，即是明显的一例。该集较为完整地编译了东京审判的各种文件，包括重新翻译了 50 年前由张效林先生翻译的东京法庭《判决书》。杨氏考虑到了以往国内外对《判决书》判词内容的不同解读，反复对照原文，深究其确切含意，做出如下新译：

> 后来的估计显示，在日军占领后的最初六个星期内，南京城内和附近地区被屠杀的平民和俘虏的总数超过 20 万。这一估计并不夸大其词，而是可以通过埋尸团体和其他组织提供的证据加以证实的。这些组织掩埋的人数多达 155000 人。他们还报告说，大多数死难者都是双手被反捆着的。而且，这一统计的数字还不包括那些被焚烧的、被扔进长江的以及被日军以其他方式处理的尸体。①

为便于读者独立地判断这段判词的原意，合理地进行解读，特将其英文原文抄录如下：

Estimates made at a later date indicate that the total number of civilians and prisoners of war murdered in Nanking and its vicinity during the first six weeks of the Japanese occupation was over 200000. That these estimates are not exaggerated is borne out by the fact that burial societies and other organizations counted more than 155000 bodies which they buried. They also reported that most of those were bound with their hands tied behind their backs. These figures do not take into account those persons whose bodies were destroyed by burning or by throwing them into the Yangze River or otherwise disposed of by Japanese. ②

从逻辑分析，这段文字的第一句话是全段的中心句，即："Estimates made at a later date indicate that the total number of civilians and prisoners of war murdered in Nanking and its vicinity during the first six weeks of the Japanese occupation was over 200000.（后来的估计显示，在日军占领后的最初六个星期内，南京城内和附近地区被屠杀的平民和俘虏的总数超过 20 万。）"后面紧跟着"That these estimates are not exaggerated（这一估计并不夸大其词）"。这样的句式安排，说明文件的本身并无再扩大"20

① 杨夏鸣编《南京大屠杀史料集》第 7 册《东京审判》，江苏人民出版社等 2006 年版，第 607—608。

② 资料来源：美国国家档案馆藏，档案号：Group 153，Entry169，Location：270/2/21/03，box 8.

万”这一数字的意图，而只想用事实来证明，这一估计并没有“夸大其词”。其论据则包含了两个方面：一是155000人的统计数字，二是这一统计数字之外被毁尸灭迹的尸体。这两者相加，足以证明被屠杀的人数“超过20万”。

从语法分析，代词应当与它所代表的名词或主体紧靠。在这段文字中，these figures与155000 bodies最接近，显然应当存在互代的关系①。

其实，对于东京法庭的判词，国际学术界本来就存在着不同的解读。本书著者以往在一些国际学术讨论会上，谈及自己的解读时，常常会引起国际朋友的不解和困惑。他们说，《判决书》上对“20万以上”的判定，并没有什么额外的保留条件。正因为如此，日本左翼史学家对南京大屠杀的死难人数，多主张为10多万人或20万人左右。

日本已故研究南京大屠杀权威、左翼史学家洞富雄教授，在其代表作《南京大屠杀》中，谈及东京法庭《判决书》中所说掩埋尸体15.5万具时写道：“如果认为这十五万五千具尸体掩埋数确实可信，再加上其他掩埋的尸体、屠杀后被投入扬子江的尸体、被投入池塘和小河中的未掩埋的尸体，在扬子江渡江撤退时遭日本军扫射而全部死亡的等等，那就达20万人，可见在判决书中所说的‘日本军在占领南京后的最初六个星期的时间里，在南京及其附近被杀害的普通老百姓和俘虏，总数在20万名以上’这个数字，未必夸大”②。这段文字，可以看作是日本左翼史学家中，对东京法庭《判决书》的有代表性的解读模式。

新译文的特点在于，在尊重《判决书》原意的基础上，从语法与句式上作了技术性的处理，以译者的解读模式，将原本有可能发生歧义的语义，使其归属单一化。译者将原来有争议的毁尸灭迹部分，明确界定为是对“155000人”“这一统计数字”的补充与说明，避免了与前面那个“20万”“估计”数字的纠缠不清。

反观张效林先生译文的相关段落：“据后来估计，在日军占领后最初六个星期内，南京及其附近被屠杀的平民和俘虏，总数达二十万人以上。这种估计并不夸张，这由掩埋队及其他团体所埋尸体达十五万五千人的事实就可以证明了。”如果仅摘取这一段文字来分析，可以说它违反了基本的语言逻辑。因为“二十万人以上”与“十五万五千人”是两个绝不相等的数量。埋尸“十五万五千人”的“事实”，根本不可以“证明”屠杀“二十万人以上”这个“估计”。两个不相等的数量，彼此之间不存在可以互相证明的关系。该段文字，只有在补充了后续文字，即“这个数字还没有将被日军所烧弃了的尸体，投入到长江，或以其他方式处分的人们计算在内”，并以此内容来补足前述埋尸“十五万五千人”

① 对英文文本的句型和语法分析，采纳了杨夏鸣教授的意见，谨此说明并致谢。

② ［日］洞富雄著、毛良鸿等译《南京大屠杀》，上海译文出版社1987年版，第206页。

的"事实"之后，方才使"二十万人以上"被屠杀的"估计"得到"证实"，也方才理顺了整段文字的内在逻辑。这正是张译本较杨译本难读之处。不过，这也恰恰说明，即便以张译为蓝本，"这个数字还没有将被日军所烧弃了的尸体，投入到长江，或以其他方法处分的人们计算在内"一语，也只能用来补足"十五万五千人"这个数字，而不可能跳越这个数字，去补足开头所称的"二十万人以上"这一"估计"数字，从而使之与"30万人以上"基本相等。

50多年前远东国际军事法庭对南京大屠杀死难人数的认定，是一份重要的国际性、并有法律效力的文件。对它如何解读，会直接影响到有关南京大屠杀事件的一些敏感问题。学术界可以东京审判《判决书》新译本的问世为契机，重新进行探究与解读。这对深入研究南京大屠杀史，加强与国际学术界的沟通与交流，都将大有裨益。

理念的调适

如上所述，客观地解读东京法庭的《判决书》，应当是：东京法庭只判定在南京大屠杀中遇难者的人数为"超过20万"，并无实际赞同、接近或不排斥中国方面"30万人以上"之意。这不仅同中国学术界长期以来的解读模式截然不同，而且也同一些相关的学术观点不相包容。为此，学术界在接受这一解读之后，应有与此相适应的心态与理念。

首先，应当明确，对《判决书》的解读与对南京大屠杀遇难人数的认定，是两个不同的概念，不能混为一谈。前者是对某一客体叙述内容的理解，后者则是主观对某一事物的认知与判断；前者是东京法庭对南京大屠杀遇难人数的判断，后者则是我们自己对这一人数的判断。两者之间，既不能等同，也不能互相取代。因此，对于《判决书》判定屠杀人数的新解读，并不影响我们对南京大屠杀死难者人数继续坚持既往的认识与判断。

其次，对判决书的解读，并不影响对东京审判的总体评价。毕竟，对遇难人数的认定，只是东京审判对南京大屠杀暴行整体认定的一个方面。在这个问题上，起决定作用的因素，并不在于数字的多少，而在于是否承认南京大屠杀事实的存在，是否谴责这一惨烈的暴行。东京审判的判决书，旗帜鲜明地肯定了南京大屠杀的存在，并以此判定相关战犯为有罪，以及进行严厉惩处，这在总体上就维护了人类的正义与尊严，为人类的和平事业做出了可贵的贡献。至于遇难者的具体数字，由于法官来自11个国家，代表了11个国家各自不同的立场与观点，从而在判决书中融进了多元的视角，这也很正常。不能苛求这一由多国代表组成的综合体，只发出或只赞成中国人民最希望的那一种声音。这也是我们对于国际合作与国际事业应有的宽容与理解。

第三，应当实事求是地承认两个法庭在对南京大屠杀遇难人数认定上事实存在的差别。既然对《判决书》的本意有了新的解读与认知，那么，在今后的学术研究和政治宣传中，就宜于不再过多地强调东京法庭与南京法庭在南京大屠杀遇难人数认定上的一致性，更不宜牵强地用东京法庭的判词来反证“30 万人”结论的正确。因为前者定位于“20 万人”的等级，而后者却定位于“30 万人”的等级。两相对比，相差了 10 万人。这不是一个很小的数字。这是对南京大屠杀规模认定上的一级不可忽视的阶梯。承认这种事实上存在着的差别，将有助于我们更好地探索与反思既往已经得出的相关结论。学术研究没有止境。对南京大屠杀问题的探究，同样也没有止境。任何现行的结论，都将在历史的长河中，毫无例外地接受新的资料、新的史学理论的审视与检验。

（十）关于遇难人数的几个基本观点

在对南京大屠杀暴行的研究中，遇难人数问题始终是一个争论的焦点。不仅对遇难数字有争论，而且围绕这一问题还派生出诸多不同的学术观点。为此，在南京大屠杀遇难人数问题上，有必要厘清一些基本的观点。

需要有一个较为固定的界标

南京大屠杀是近代社会发生的重大历史事件之一。它之所以引起国际社会的震惊，乃因其规模巨大。按照目前中国官方、学术界较为一致的说法，是遇难者达到 30 万人以上。因此，“300000 遇难者”这一数字，已经用中、英、日三种文字赫然镌刻在侵华日军南京大屠杀遇难同胞纪念馆的墙壁上，令人触目惊心。在近年来国际学术界围绕这一数字的激烈争论中，唯其见解难以统一，故出现了虚化人数问题的意见。其实，再难统一，较为固定的界标数字还是要有。一次 1000 人的屠杀与一次 300000 人的屠杀，从社会学和法学的角度看，都可称为“大屠杀”；但不同的数字量级，其规模与影响当不可同日而语。应当说，目前侵华日军南京大屠杀遇难同胞纪念馆的这一做法是恰当的、必要的。它向国际社会与公众，就南京大屠杀遇难人数给出了一个合理的界标。

用两个法庭判定的人数来表述，是较为明智的选择

尽管中国官方和学术界在南京大屠杀遇难人数的认定上，有其主流的观点，但这并不是中国学术界与中国社会一致的观点，更不是国际上都一致认同的观点。最近，由张宪文教授主编的最新学术巨著《南京大屠杀全史》（以下简称《全史》）中，在述及遇难人数时，没有再去刻意求证某一个数字的正确，而是同时客观地论述了远东国际军事法庭判定为“20 万人以上”和中国军事法庭判定为“30 万人以上”这两个历史上形成的文件记录①。耐人寻味的是，该书果断抛弃了以往众多学者曾坚守的一个立论，即认为东京法庭判定“20 万人以上”这一数字没有包括 1938 年 2 月以后屠杀的数字，以及被日军毁

① 张宪文主编《南京大屠杀全史》，南京大学出版社 2012 年版，第 13—14 页。

尸灭迹的数字,"如果加上这两方面的数字,被屠杀的人数也将是30万人左右",并因此认为,这是与"南京军事法庭相近似的判定"①。《全史》对两个法庭判定人数的同时列举,并明确承认其"不一致"②,集中反映了近年来学术研究的深入与进展。应当说,在国际社会对南京大屠杀遇难人数的争论中,尤其是在参加中日共同历史研究的学者对这一争论难于统一的背景下,用这样的表述来诠释南京大屠杀的遇难人数,是一种十分明智的选择。它既坚守了"30万人以上"遇难的底线,又留出了一定的思考空间。

研究遇难人数应走出三个误区

其一,求精。翻开历史上曾经出现过的有关遇难人数的数字,有称草鞋峡一处遇难人数为57418人的,有将总遇难人数定为34万人的。这样过于精确的人数表述,表面看来是精确了,实际上却更增加了实证的难度。对于像南京大屠杀这样有数十万人遇难的大惨案,不应过分追求数字的精确。因为它本身就是一个无法精确计算的事件,只能宜粗不宜细。历史不是数学,有时适当的模糊与笼统,保留一定的伸缩空间,更为可取。

其二,求多。对于遇难者的人数,过去曾经出现过40万人、50万人的说法;在大陆学术界基本认定为"30万人以上"之后,仍不断出现34万人、35万人、43万人等类的说法。上述各种说法,虽然都各有其相关的资料支持,但仍应要注意克服求多、求高的心态。冷静、理性的态度,更有利于把学问做扎实,也更有利于得到各方面的理解和认可。过去在战争状态下,或者未开展系统研究的时候,出现过高、攀高的说法,不足为奇。但是,死难人数,毕竟受到各种档案资料记载,当时的环境条件,尤其是南京沦陷前夕人口数的制约,把它估计得过高,便会出现逻辑上的混乱和矛盾。

其三,求恒。恒者,不变也。把在一个时期中各方面较为一致的认定和提法绝对化,不愿意再听到不同的声音,不允许再有讨论的余地,即是这种求恒心态的表现。这种心态,不利于学术研究的创新和深入。要有勇气承认学术探求是没有止境的。新的资料还会不断发现,人们对历史事件的认识还会不断深化,史学理论也在不断创新和发展,所以,不断对已有的结论加以反思和修正,是十分正常的现象。

如何走出求精、求高、求恒的误区?这就需要努力遵循实事求是的原则。不应带着一个固定的框框来研究南京大屠杀的遇难人数。怎样才能真正做到实事求是?这就不能仅仅满足于"有材料可以证明"和"不曲解资料"这样的层面上。重要的是,要能够科学地解读资料,从中发现现有资料的不够与不足,同时不断以新的视角和新的理念去推

---

① 孙宅巍主编《南京大屠杀》,北京出版社1997年版,第435—436页。

② 张宪文主编《南京大屠杀全史》,南京大学出版社2012年版,第14页。

敲已有的结论。要有勇气欢迎学术界对已有的结论的探讨，更要有勇气欢迎别人对自己得出的或赞同的结论进行新的探索。

遇难人数应该是一个可以讨论的问题

南京大屠杀遇难人数问题，既是一个政治命题，也是一个学术命题。作为政治命题，有它的特殊性，不在这里讨论。作为学术命题，应当是可以讨论的。因为新的资料还会不断发现，人们对历史事件的认识还会不断深化，史学理论也在不断创新和发展，因而每个学术命题都要不断接受来自实证和认知方面的新的挑战。重要的问题在于尊重历史事实，即：一要尊重和承认侵华日军任意屠杀南京市民和放下武器的军人的事实；二要尊重和承认侵华日军的这种屠杀还是“大规模”的这一事实。在这样的前提下，具体的数字，是30万再多一些，还是30万再少一些，应当是可以讨论的。只要没有找到一份完整的屠杀“清单”，这个问题就会长期讨论下去。

七、屠杀与反抗同在　屈辱与光荣并存

（一）城陷后仍有勇敢的抵抗

部分国民党高级将领在追述淞沪、南京之战时，没有关于南京城陷后进行过巷战和其他战斗的说明①。一些国际友好人士满怀对中国人民的同情，大多强调了南京大屠杀事件的悲惨性质，即南京军民在没有抵抗的情况下，惨遭屠杀。安全区国际委员会委员贝德士博士在远东国际军事法庭作证说："非常令中国民众失望，使小小的外国人团体惊讶，城内没有任何形式的反抗。"②以至远东国际军事法庭在"南京大屠杀"的判词中指出："1937 年 12 月 13 日早晨，当日军进入市内时，完全没有遇到抵抗。"③远东国际军事法庭的这一估计，从总体上来说，无疑是正确的。它对于揭露日本侵略者的凶残本性和昭雪南京同胞的无辜遇难有着十分重要的意义。

那么，在日本攻破南京古老的城墙，进入南京城之后，中国守军究竟有没有展开巷战？有没有继续进行抵抗？回答是肯定的。

许多当时留在城内的难民，耳闻目睹了巷战的进行。中央社记者在采访了几位由南京逃出的难民后，报道说："军人爱国，杀敌心切，于是十三日晨曦中，城内各处枪声大作，敌我巷战开始，冲锋肉搏，我孤军均作壮烈卫士之牺牲。"④记者范式之报道对肖、王

① 参见何应钦：《八年抗战之经过》；陈诚：《八年抗战经过概述》，载浙江省中国国民党历史研究组（筹）编印《抗日战争时期国民党战场史料选编》（第一册），1985 年。

② 贝德士在远东国际军事法庭上的证词，1946 年 7 月 29 日，载章开沅编译《天理难容——美国传教士眼中的南京大屠杀（1937—1938）》，南京大学出版社 1999 年版，第 70 页。

③ 张效林译《远东国际军事庭判决书》，群众出版社 1986 年版，第 484 页。

④《失守后的南京》，《闽政与公余》第 20 期，1938 年 1 月。

二君的专访时写道:“十三日拂晓,敌我已在城内各处发生巷战”。① 日方特派员浮岛也于13日从南京城头发出急电:“今晨以来,构成南京攻防战最后一幕的大巷战和大歼灭战正在展开”,中国军队“正在进行垂死挣扎”。②

有些资料,为我们提供了进行巷战的具体地点。在20世纪90年代初公布的一批德国档案中,附有路透社记者史密斯关于南京战情的报告摘要。史密斯写道:“(12日)下午晚些时候部队从南城总撤退。整个师(88师)秩序井然地北撤,只有1000人留在南城。他们勇敢地坚持巷战,到了午夜,他们全部被歼。”③一位炮兵副连长沈咸曾亲自指挥城陷后的巷战。他回忆说:“12月13日下午,我们官兵十九人多次绕过敌人火力网撤退到太平北路莲花桥一带,向江边靠拢,途中又牺牲了三个兄弟。这时,来人报告:有六个敌兵在杀害近百名的老百姓。我当即命令:‘向敌人袭击!’终将敌兵统统杀死,收缴了武器。我们也有两名士兵阵亡。”④

从中山门入城的日军第16师团部队,在位于城东的国民政府一带,遇到了抵抗。日本前田雄二所著《在战争的激流中》一书描述:这支部队“在攻入城内时遇到了顽强的抵抗,从政府大楼的门窗内和屋顶上不断有机枪子弹飞来”⑤。第87师的一位上尉工兵连长张谊,率全连官兵,占据城西古林寺,在被日军包围后,“决心以死殉国,他们拒绝投降,一直打到弹药耗光,犹以枪刺迎向敌人,直到一百多人全部战死”⑥。据台北“国史馆”撰文叙述,宪兵副司令萧山令将军于12月13日上午,在下关江边指挥余部与敌拼杀,“双方展开近距离的冲锋肉搏战,无奈众寡悬殊……弹尽援绝,在江边的官兵,没有一个生还,萧将军为人民尽忠”。⑦

南京城陷后,城郊各处的抵抗和战斗,更为英勇、激烈。中国军队曾在三汊河、上新河等地浴血奋战。一位外侨在致友人的信中写道:“有三连士兵在长官指挥之下,越过

① 范式之:《敌蹂躏下的南京》,“南京大屠杀”史料编辑委员会等编《侵华日军南京大屠杀史料》,江苏古籍出版社1985年版,第120页。

② [日]本多胜一著,刘春明等译校《南京大屠杀始末采访录》,北岳文艺出版社2001年版,第261—262页。

③《德国档案中有关侵华日军南京大屠杀的档案资料》,载《抗日战争研究》1991年第2期。

④ 沈咸:《高炮连参加南京保卫战简记》,载全国政协文史资料研究委员会《南京保卫战》编审组编《南京保卫战》,中国文史出版社1987年版,第226页。

⑤ 转引自[日]田中正明著,军事科学院外国军事研究部译《“南京大屠杀”之虚构》,世界知识出版社1985年版,第148页。

⑥ 王炳毅:《寻找消失在古林寺的抗日英雄》,《南京晨报》2005年3月31日。

⑦《孤城英烈—将军》,《南京史志》1987年特刊转载。

南京以上三哩的三汊河，迎击前进的大队日军。可是，因为人数相差过巨，他们差不多全被歼灭，能够生还的似乎只有一人，而这个人恰巧是我的朋友的兄弟。第二天早上，他来看我，面述经过"①。据日方资料记载，由高桥中尉指挥的步兵第45联队山炮、工兵各1个小队和骑兵1个分队，于13日在上新河镇，"自拂晓5时至下午2时遇到了敌人反复突击，炮兵也不断进行抵抗射击，战斗异常残酷。"②

在南京守军的撤退中，只有第66军和第83军，是杀开了一条血路突围出去的。这两支部队的突围战斗，在军史档案中有许多详细的记载。13日拂晓，于仙鹤门"与敌遭遇，发生激战，我军奋勇冲锋，将敌击退"，毙敌兵三四百名、敌骑五六十匹，毁敌炮2门，并将沿途电话线剪断；其后又于空山、狮子山一带，"与步炮空联合约四五千之敌遭遇，发生激战，屡围屡攻，再三肉搏，牺牲壮烈"，毙敌千余，毁敌炮数门，战车3辆、铁甲车1辆、汽车2辆。③ 参加此次遭遇战的日军炮兵中尉泽田正久，在事后回忆中也承认："13日夜，在城外的仙鹤门镇，友军骑兵部队遭到了保卫首都敢死队约一万人的大规模袭击"，"战斗中我方官兵伤亡200人、军马死伤60匹"。④ 泽田的这一说法，与中国方面军史档案的记载大致相符。

上述资料中的日方记述，虽可能出于不同的动机和目的，但是，对照中国报纸、资料的记载及当事人的回忆，这种巷战与遭遇战是确实存在的。

事实证明，中国军队在城陷后的撤退过程中，还是进行了局部的抵抗。一支10余万人的大军，在与追兵短兵相接的时候，其表现也会千差万别。有的部队与群体，放弃抵抗，或被俘或化整为零潜入民间；有的部队与群体，则选择了抵抗到底的做法。完全没有抵抗的说法，是不可想象的。中国军人进行的勇敢的巷战，是南京保卫战的继续，也是南京城陷后长期抗击日本侵略者的开始。对于巷战的事实，无须回避。就日本侵略者来说，不管中国军队进行了巷战或继续进行了抵抗没有，他们都要进行血腥的屠杀；就国际法和国际准则来说，不管中国军队进行了巷战或继续进行了抵抗没有，都不能构成日军侵略军进行野蛮屠杀的"理由"。

---

① [英]田伯烈编著、杨明译《外人目睹中之日军暴行》，国民出版社1938年版，第16页。

② [日]田中正明著，军事科学院外国军事研究部译《"南京大屠杀"之虚构》，世界知识出版社1985年版，第132页。

③《陆军第六十六军战斗详报》，中国第二历史档案馆藏，档案号七八七—7583；《陆军第一百六十师锡澄、南京两役战斗详报》，中国第二历史档案馆藏，档案号七八七—7582。

④ [日]田中正明著，军事科学院外国军事研究部译《"南京大屠杀"之虚构》，世界知识出版社1985年版，第148页。

（二）屠杀中有不屈的抗争

以往论及南京大屠杀的文章，多致力于揭露日军的种种暴虐手段和南京军民死难的悲惨情景，而较疏于南京军民在屠刀面前的反抗精神。这种情况的出现，除了作者为了紧紧抓住“大屠杀”这一主题的原因而外，恐怕也与害怕“授人以柄”的担心有关。其实，留驻在南京的60万军民，在敌人的屠刀面前，并非全都引颈就戮、逆来顺受，而是在各种不同的场合，采用了多种多样的方法，与侵略者进行了殊死的抗争。

许多同胞，面对着死亡，怒目而视，高呼口号，威武不屈。一些同胞在身受酷刑时，怒骂日军，直至停止呼吸。据目击者记述，“受难的同志，全身鲜血淋漓”，“依然叫骂怒视”①。当日军在汉中门外、中山码头等地进行集体屠杀时，都发生了遇难军民呼喊“打倒日本帝国主义”口号的壮烈场面。在草鞋峡的大规模屠杀中，被难军民，不顾敌军机枪的扫射，高喊“夺枪！夺枪！”赤手空拳，冲向敌人，直至全部牺牲②。日本记者本多胜一根据日军第13师团山田旅团第65联队下士“田中三郎”的叙述，报道：在这次屠杀中，“一个日本少尉被反抗的俘虏弄死了。传达过来的警告说，‘是他的刀被夺走才出事的，要警惕！’”③“田中三郎”这样记述：“被夺走生命的人作最后的挣扎和反抗是正常的。俘虏们虽然被反绑着，但是人人都在争取死里逃生。枪杀时的冲撞，也许有的人挣脱开了捆绑的绳子，他们在黑暗中与日本兵进行了殊死的搏斗，手持兵刃和赤手空拳者之间强弱悬殊是可想而知的，俘虏们接连不断地倒在刺刀下”。④ 该联队一等兵菅野嘉雄在12月17日的战场记录中写道：

> 傍晚刚回来就立即出发去处理俘虏兵。因为有二万多人，且策划不周，枪杀结束时协作行动的友军也出现了不少伤亡，我中队亡一人，伤二人。⑤

在荷枪实弹屠杀赤手空拳的俘虏兵时，竟发生了伤亡，这显然是被屠杀者进行反抗和搏斗的结果。数千名被强迫攀登司法院四层楼屋顶的被俘士兵，自知不是中途摔死，

① “南京大屠杀”史料编辑委员会著《侵华日军南京大屠杀史稿》，江苏古籍出版社1987年版，第191页。

② 高兴祖：《日军侵华暴行——南京大屠杀》，上海人民出版社1985年版，第94页。

③ [日]本多胜一著、刘春明等译校《南京大屠杀始末采访录》，北岳文艺出版社2001年版，第372页。

④ 小野贤二：《第13师团山田支队的南京大屠杀》，载陈安吉主编《侵华日军南京大屠杀史国际学术研讨会论文集》，安徽大学出版社1998年版，第107页。

⑤ 小野贤二：《第13师团山田支队的南京大屠杀》，载陈安吉主编《侵华日军南京大屠杀史国际学术研讨会论文集》，安徽大学出版社1998年版，第105页。

就是被日军纵火烧死，便奋不顾身地去夺取敌人手中的武器，甚至用牙齿咬住敌人的耳朵或腿部。他们虽然全部牺牲了，但是也当场打死了几名日军①。

在一些分散的场合，难民们临危不惧，独自反抗日军的侵害。难民范有林在母亲、姐妹四人逃难至赵家桥芦苇荡附近时，被三四名乘坐汽艇的日军抓住。日军因汽艇搁浅，强令范有林背他们过河去芦苇荡。范在将一名日军背至河中心时，身子一斜，将其歪倒在河里，并在河中展开了一场搏斗。最后，范有林被日军开枪打死；他的姐姐范兰甫亦跳河壮烈牺牲②。另一位青年李书海，利用武术勇斗日军。当一名日军头目持刀冲进他家门时，他操起一杆红缨枪阻挡，机警地让过了敌人砍来的飞刀，奔到门外，被埋伏着的两个日本兵抓住。他一运气，用“封心掌”将这两名日军打倒，得以虎口脱身。③南郊陆郎桥十八村的村民，因不堪日军之蹂躏，奋起杀敌。据李克痕《沦京五月记》记载：

> 一日，有敌兵三名，到该处要猪鸡等，并找女人，当有王姓少女为其奸污，旋即去。当地居民皆愤慨，便决定如敌兵再来骚扰，必加以抵抗。第二天果有敌兵六名前来，居民大愤，奋起抵抗。当即枪杀敌兵三名，余三名逃走。④

一次，日军将七八名青年赶进一个院子，令他们脱去棉上衣，跪成一排，用刺刀将他们逐一刺杀。青年左润德宁死不屈，徒手与敌搏斗，终于死里逃生。他自述道：

> 我和一个邻居跪在一起，在日本兵开始用刺刀捅人时，我看不跑不得了，就用胳膊碰了碰邻居，于是我们两人突然站起，夺门而逃，日本兵端起刺刀劈面向我刺来，我一侧身子，刺刀划破了我胸部的皮肤。我抓住刺刀柄，把日本兵推倒在地，我趁这个空当急忙向后门跑去，日本兵连开两枪，打偏了，我跑了出来，得以死里逃生。⑤

在金陵女子文理学院难民收容所协助魏特琳女士工作的程瑞芳曾听到一难民讲述，有弟兄两人合力打死一名欲强暴妇女的日军士兵的故事。她在 1 月 25 日的日记

---

① 汉口《大公报》1938 年 2 月 23 日。

② 《范兰珍证言》，“南京大屠杀”史料编辑委员会等编《侵华日军南京大屠杀史料》，江苏古籍出版社 1985 年版，第 466 页。

③ 《南京日报》1982 年 8 月 14 日。

④ 李克痕：《沦京五月记》，“南京大屠杀”史料编辑委员会等编《侵华日军南京大屠杀史料》，江苏古籍出版社 1985 年版，第 109—110 页。

⑤ 《左润德证言》，“南京大屠杀”史料编辑委员会等编《侵华日军南京大屠杀史料》，江苏古籍出版社 1985 年版，第 484 页。

中写道：

> 今日所见一难民讲的，在他家隔壁有一人家，兄弟二人，两人都有妻子，弟媳比嫂嫂好看。有一日本兵去，他们招待他很好的，请他吃茶吃点心，以为他不会害这两妯娌的，谁知他还是要带弟媳走。这个弟媳很活泼，她对这兵说笑，同他好玩卖风流，又请他吃酒。这兵以为弟媳爱他，愿意同他去，等他吃多了酒，这兄弟两个就把这兵打死了，晚上抬出来甩在外面。①

原日军第3师团步兵第34联队分队长曾根一夫在其所写的南京大屠杀亲历记中叙述了一等兵野吕等5名士兵，因欲对妇女施暴而被中国村民杀死的事情。他写道："找到野吕一等兵们的尸体后，终于确定了我们刚才的想法，5具尸体都被暴露在村庄的中央广场。每个人的衣服都被剥光，阳具都被割掉，塞在自己的口中。可能是他们进入村庄后，正要对妇女非礼时，遭受袭击杀害，村民们为了报复才如此做。"②原日军第16师团步兵第33联队士兵泽田小次郎近年曾在采访中，对松冈环女士说起日本兵被中国人杀死的事。他说："战役结束后去扫荡，我们有的士兵被中国人扔进小河杀死，有的被扔到水井里。也就是说，一两个人去征发妇女，反而自己被干掉了。"③许多南京市民，决不屈服于日军的淫威，拒绝与其合作，表现了中华民族的凛然正气。一次，汉奸通令南京同胞持"欢迎皇军"的旗帜，去大行宫"欢迎"新开到南京的日军。这时，一位老人突然从人群中站出来，振臂高呼："和平奋斗救中国！"他因此而惨遭杀害。④ 永利铔厂的司炉工王加利，反对日军强行开工，至死不屈，后被敌兵杀害，并挖去其心脏。⑤ 居住在中华门里船板巷18号的李氏老太，在日军刺刀的威逼下，仍拒绝为日军带路搜捕中国士兵，结果遭到枪杀。⑥ 各公司、商店，在日军进城之初，一律紧闭大门，以示抗拒。据蒋公毅在《陷京三月记》中记述："自来水厂及电灯厂的工友，在敌进城时，被害殉难的很多，最近敌人急欲恢复起来，而一般工友绝不愿意合作。"⑦于是，敌人只得利用大队宪兵，将

---

① 《程瑞芳日记》(二)，《民国档案》2004年第4期。

② 曾根一夫：《私记南京大屠杀》，中央档案馆等编《日本帝国主义侵华档案资料选编》第12册《南京大屠杀》，中华书局1995年版，第996页。

③ [日]松冈环编著、新内如等译《南京战·寻找被封闭的记忆》，上海辞书出版社2002年版，第346页。

④ 白芜：《今日之南京》，马振犊等编《南京大屠杀史料集》第64册《民国出版物中记载的日军暴行》，江苏人民出版社2010年版，第169页。

⑤ 《新华日报》1951年3月4日。

⑥ 《南京日报》1982年8月8日。

⑦ 蒋公毅：《陷京三月记》，"南京大屠杀"史料编辑委员会等编《侵华日军南京大屠杀史料》，江苏古籍出版社1985年版，第87页。

水电厂工人"押赴厂内工作"。日军为方便其官兵之通信,急于恢复邮政,但南京邮政职工拒绝合作。直到1938年3月26日,在日方答应不检查我同胞信件和不改变邮局公务员帽徽之后,方始试行复邮。

19岁的汽车司机梁志成,为日军抓去,被强令把满载机枪子弹的汽车开到下关去。他知道,这是用来集体屠杀同胞的弹药。他猛地一拳把坐在身旁押运军火的日军官击倒,迅速扑到敌人身上,用双手扼住其喉咙。坐在车厢里的日军士兵发现后,跳下车来,用马刀乱砍梁志成;那个被打倒的军官也爬起来,向其射击。梁志成被枪击刀砍,倒在血泊之中,昏死过去。他苏醒后,挣扎着爬回家中,终因伤势过重而死。临死前,梁志成对姐姐说:"你要活下去,告诉我的朋友,我是给日本人杀的,我至死也没有帮助日本鬼子做过一件事。"①

许多南京同胞,为了维护中国妇女的尊严,同兽性大发的日军展开了殊死的搏斗。居住在三茅宫附近的一位青年妇女,被一群日军从家中拖出,将遭奸淫。她的丈夫挺身而出,怒斥日军,并与之搏斗。他在被敌捆住,周身遭戳的情况下,仍骂不绝口,直至气绝身亡。在场的另一名青年,抑制不住满腔的愤怒,大骂日军,并将一名日军压倒在地。后来,这位见义勇为的青年被几个日军捆在电线杆上,碎割而死。② 柏果树妇女傅如芬,为了保护邻居家刚生孩子的产妇,挺身而出,与日军搏斗,最后为免遭日军污辱,而与产妇全家七口人,一起投塘自尽。③ 家住木屐巷的回民张长生,为日军奸污邻家妇女的兽行所激怒,抡起大木棍将一名刚从房里钻出的日军士兵击倒,正待举棍消灭第二名士兵时,被日军开枪击中身亡。④ 美侨福斯特曾在南京度过大屠杀期间的全部岁月,他在1月3日的日记中,记下了由马吉牧师报告发生于当天下午的一件事:"大约4点30分,一个日本兵企图强奸一位5个孩子的母亲。她的丈夫在家并与日本兵搏斗,所以妻子得以逃跑。日本兵悻悻离去,后带着步枪回来打死这个男人。"⑤为了防备中国人的袭击,日军在强奸妇女时,不得不设专人监视,以保护安全。原日军第3师团步兵第68联队士兵水谷清司在讲到强奸妇女罪行时说:"一个人干有时会被杀掉,所以两三个人

---

① 《至死不屈的梁志成》,《新华日报》1951年3月3日。

② "南京大屠杀"史料编辑委员会著《侵华日军南京大屠杀史稿》,江苏古籍出版社1987年版,第199页。

③ 《新华日报》1951年3月3日。

④ 《幸存者的控诉》,载南京市政协文史资料研究委员会编《史料选辑》代第4辑,1983年8月。

⑤ 章开沅编译《天理难容——美国传教士眼中的南京大屠杀(1937—1938)》,南京大学出版社1999年版,第144—145页。

交替着干。一人监视，另一人强奸。相当多。”①原日军第114师团重机枪部队士兵田所耕造亲眼见到过因强奸妇女而被中国人杀死的日军尸体。他说：

> 有一个新潟（日本地名）的兵，一人跑到城里去强奸。可是很长时间没有回来，大家就去找他。把见到的男人都抓起来，叫他们说出去向。拉出一个人来，当场砍死给他们看。这才把我们领到一个好像防空洞的贮存苹果的仓库，那个新潟兵已被杀死在苹果堆里。他是抓了个女人去强奸时，让人从背后用三齿镐干掉的。②

一些妇女宁死不辱，表现了高尚的民族气节。记者范式之报道：“城内所有妇女因不愿或不堪敌之蹂躏而自杀者，平均日必数百起。”③下浮桥清真寺老阿訇杨桂芳的两个女儿，为抗拒日军奸污，而至沙洲圩跳水自杀。逸仙桥附近的几位妇女，被日军抓住后，虽已被强行剥去衣服，但仍至死不从，拼死搏斗，并痛骂敌兵；她们中，有的被削去耳朵，有的被割断舌头④。一位妇女已经多次机智地逃过了日军的魔掌，但她深知日军绝不肯罢休。于是，有一次她穿戴整齐，待日军又来时，从容地挥笔大书“日本兵是禽兽”数字，最后牺牲在日军的乱枪之下。⑤

不少妇女不顾与日军之间体力上的悬殊，与敌英勇搏斗，躲避强暴，杀伤敌人。美侨福斯特的日记中，记录了一件中国妇女反抗日军强奸，将敌人摔倒的事例。他在1938年1月3日的日记中写道：“一个士兵跑上三楼，想强奸一个未婚姑娘，她反抗并成功地摔倒这个士兵后逃跑。”⑥有位女小学教师，曾5次遇到日军的纠缠。后来，她设法弄到一支枪，藏在床底下，待日本兵又来时，一连打死5名敌人。最后她自己也从容就义。⑦下关保善街一位妇女马氏，在日军前来强奸时，用酒把敌人灌醉，然后在丈夫和邻居的帮助下，用切西瓜的大刀，杀死了这名日兵，并悄悄将其尸体运到野藕塘里埋掉⑧。家

---

① ［日］松冈环编著、新内如等译《南京战·寻找被封闭的记忆》，上海辞书出版社2002年版，第205页。

② ［日］森山康平著，天津市政协编译委员会译《南京大屠杀与三光作战》，四川教育出版社1984年版，第11页。

③ “南京大屠杀”史料编辑委员会著《侵华日军南京大屠杀史稿》，江苏古籍出版社1987年版，第121页。

④ 《新华日报》1951年3月3日。

⑤ 《沦陷区惨状》第5册，马振犊等编《南京大屠杀史料集》第64册《民国出版物中记载的日军暴行》，江苏人民出版社2010年版，第413页。

⑥ 章开沅编译《天理难容——美国传教士眼中的南京大屠杀（1937—1938）》，南京大学出版社1999年版，第144页。

⑦ 《新华日报》1951年2月26日。

⑧ 《新华日报》1951年3月2日。

住下关鲜鱼巷 79 号的青年女子朱二姑娘，在日军使用暴力将她拖往室外时，猛地夺下日军腰间的佩刀，向敌人砍去，但为其他日军一连砍中三刀，当场流血身亡。① 被称为“奇女子”的李秀英，其反抗日军奸淫暴行的斗争事迹，则更为感人。当一名日军欲对她进行强奸时，她趁机握住敌人腰间的刀柄，与敌拼搏。她在后来叙述这场斗争时说：

> 我趁机握住刀柄，日军见状大惊，同我争夺刀柄。我刀不能用，就用牙咬，咬住日军不放。日军被咬痛了，哇哇直叫。隔壁屋里的两个日军听到喊声，就跑过来帮助这个日军。我一个人对付这三个人，没有办法，但我紧紧抓住刀柄不放，和这个日本兵在地上滚来滚去搏斗，其他两个日军就用刺刀向我身上乱戳。我的脸上、腿上都被戳了好几刀。最后，一个日军向我肚子刺来，我立即失去了知觉，什么事情也不知道了。②

李秀英共被敌人戳了 37 刀，昏死过去。后来，在她父亲的救护下，经住院治疗 7 个月，才恢复健康。

屈辱中的抗争，反映了南京人民和中华民族爱憎分明、勇敢无畏的崇高品质。这是南京人民的光荣与骄傲。

（三）屠杀后有持续的反抗

作为对日军残暴屠杀的一种反作用，南京人民在整个日伪统治期间，从未停止过打击日本侵略者的斗争。这种斗争，既是以国共合作为基础的抗日民族统一战线的产物，又是侵华日军南京大屠杀的直接结果。哪里有压迫，哪里就有反抗。因此，在研究南京大屠杀这一历史事件时，应当跳出发生惨案的狭小时限，而在整个抗日战争时期中，考察各种力的运动轨迹，完整地总结历史的经验教训。

民间的持续反抗

一些抗日志士在江北秘密编印了《抗敌导报》，宣传抗战消息，揭露日军和汉奸的罪行，张贴于市内的大街小巷。在学校、电影院和公共汽车上，经常有人散发传单，内容有“中国人拿点良心出来”、“国军日内反攻南京，杀死日本鬼子汉奸”等。一次，在五台山附近挂出一幅白布标语，上书“南京人的血海冤仇要我们来报”。有的报童，在卖报时高

---

① 《新华日报》1951 年 3 月 1 日。

② 《李秀英证言》，“南京大屠杀”史料编辑委员会等编《侵华日军南京大屠杀史料》，江苏古籍出版社 1985 年版，第 482 页。

呼“中国兵打败日本兵”。①

许多勇敢的斗士，牢记国恨家仇，杀敌雪恨，打击敌人的气焰。

一位妇女，一家人都被日军杀害了。她满身捆了炸药，在中华门外板桥附近，舍身炸毁一列日军火车。列车被掀出轨道之外，几百名日军被炸死，而她自己也光荣地为国捐躯。②

一天，当中国飞机飞临南京上空时，一位无名英雄，站在司法院旁，用褥单系在竹竿上不停地挥动，向飞机指示日军军火库的位置，情愿自己与敌人的军火库同归于尽。后来他被日军宪兵捕杀。③

一次，3名日军乘坐一辆坦克，开往南京江北县郊。一名青年女子与当地村民一道，用智谋将这3名兽性大发的日军杀死。记者林娜为此写出了一篇绘声绘色的报道：

> ……有三个日本兵坐着一架坦克车到江北去，在那儿地面是非常潮湿的，车一陷在湿泥里就走不动了。日本兵从车中走出，打算到村子里去找乡下人来拉，在路上遇到一美丽的妇人，日本兵便拼命地赶上去，但那妇人反却一动不动地站着，等他们走近了，她就问他们要什么，日本兵乐得嬉皮笑面，连声“姑娘，姑娘”的叫，那妇女点着头就把他们带到一间房子来，对他们说，她怕见枪炮，要姑娘可以的，把枪炮留在房门外吧。日本兵一想，她既然愿意带他们来，一定不会有什么鬼（诡）计的，于是答应了。那妇人先进到房子里去避入了床中，床的周围被帐密密掩着。日本兵等了好一会不见动静，以为她害羞不敢出来，便跑进去翻开帐一看，天啊！床上是空的，那妇人已不知何处去了。他们正在大呼的时候，门外的枪声响了，三个日本兵就同时被消灭了！④

还有夫妇合作，智杀敌军的事迹。据一位姓陈的军医官叙述，就在他居住的离南京30里远的头关乡，就发生了这样的事情。他说：

> 在我们所住的头关乡，有一天来了两个敌兵，找着一个丈夫当游击队长的女子下手，这女子佯与欢乐，约他次日再来，同时他（她）的丈夫集合了十几个游击队员

---

① “南京大屠杀”史料编辑委员会著《侵华日军南京大屠杀史稿》，江苏古籍出版社1987年版，第200页。

② 《一妇人裹着炸弹去撞火车》，白芜：《今日之南京》，马振犊等编《南京大屠杀史料集》第64册《民国出版物中记载的日军暴行》，江苏人民出版社2010年版，第174页。

③ 《无名烈士切齿挥旗》，白芜：《今日之南京》，马振犊等编《南京大屠杀史料集》第64册《民国出版物中记载的日军暴行》，江苏人民出版社2010年版，第173页。

④ 林娜：《血泪话金陵》，《宇宙风》第71期，1938年7月。

事先埋伏，将敌兵分尸复仇。①

这位姓陈的军医官提到的“游击队”，以及时人所称之“中央便衣兵”，其实都还不是中共或国民党有组织的敌后游击队，估计只是由打散了的中国士兵与当地难民、村民，自发集合在一起的分散抗日武装。但是这种分散在各地的自发武装，给日军的震慑很大，对南京人民的鼓舞也很大。有许多当时的报刊，甚至日本军人的回忆，都提及此事。

美侨福斯特于1938年1月30日记下了当时新闻媒体关于南京地区游击队活动的情况。他写道：

> 新闻的情况对日本不妙，对吧？他们发现中国游击队正处于作战状态，黄矛会（Yellow Spears，疑为红枪会之误，译者）、大刀会很活跃，他们不但杀死日军，很多人在交战中受伤以至杀死，而且极大打击了（日）军的士兵，我听说他们的掌权者对这些亡命之徒怕得要死，对他们感到带迷信色彩的敬畏，他们自称刀枪不入，并处于一种狂热状态，对上帝、人或鬼都无所畏惧。这种持续性的骚扰使日军得分散兵力，从而多次延误战机，使军队不可能对一个确定的目标采取一致行动。这就使中国军队能重组队伍、巩固阵地。这是非常高明的战略，能毁灭日军的狂妄自大。②

一位于1938年5月逃离南京的姓覃的难民，向记者叙述了南京附近游击队的三次对敌行动。记者林娜据此报道：

> 最近我们的便衣队，把从前埋在地底下的枪都挖出来，发动起来了。他们直打到铁道部里去，但是第二天便被完全消灭了。这回死的一共是五百多人。这次暴动失败后，我们的便衣队又把藏在城里的枪械，秘密运到古林庵去，想不到被伪警看到，秘密报告日本宪兵司令部去，结果被破获了，同时有十几人被抓住在墙上活活钉死。在我们逃出前几晚，我们的游击队又打到城里来了。他们先把富贵山占领，一部分部队打进城来，直到第二天早上才退。但是他们已带去了四百多武装齐全的难民，都是从前留下的便衣队，这回特地为了打救他们才攻进城来的。③

上述林娜所报道的游击队活动情况，也为另一位在沦陷后的南京城居住了四五个月的医院院长李璞璋所证实。李璞璋在汉口对记者说：“南京，我们的志士——游击队、

---

① 孙俍仜编《沦陷区惨状记》（第十册），马振犊等编《南京大屠杀史料集》第64册《民国出版物中记载的日军暴行》，江苏人民出版社2010年版，第454页。

② 章开沅编译《天理难容——美国传教士眼中的南京大屠杀（1937—1938）》，南京大学出版社1999年版，第162页。

③ 林娜：《血泪话金陵》，《宇宙风》第71期，1938年7月。

特务队和许多失了家乡的学生与在乡军人，依然在城郊内外，时有活动。曾先后发动了二、三次义举，毙敌甚众。不过敌军以吃苦甚大，讳莫如深，将来我军收复南京时，此辈志士必能尽其力量，以为国军臂助也。”①

活动于南京城郊的游击队，对于分散活动的日军，威胁很大，致使小股日军不敢再到某些地区活动。据郭歧在《陷都血泪录》中介绍，地处江北的六合县城，在一段时期中，便使小股日军不敢问津。郭文称：“六合自我军退出后，亦成缓和地带，双方皆未驻兵。有一天，日本骑兵忽然冲到六合的街上，可巧遇一位壮丁背着枪，穿着全副武装，但他满不在乎！那几个兽兵问：‘你是干什么的？’那位壮丁答以‘我们是打黑头的！’兽兵听了，回头就跑。到（自）此始终不敢到六合了，恐怕被捉去。其实黑头是指土匪而言！”②曾参加攻击南京的日本士兵冈本健三事后作证说：“游击队的活动在南京也很厉害。我们绝对不能单独行动。当时有掉队什么的，士兵们接连不断地遭到了杀害。他们不是被手枪打死的，而是被刺杀死的。暗杀好像天天发生。”③游击队的活动，迫使日伪方面由镇压改用收买，甚至与游击队分成收税。据一位于1938年下半年逃出南京的难民叙述：“……直至此刻为止，南京的敌伪仍无时不在游击队的威胁之中，在南京四郊不时有游击队出没，破坏交通，绑杀敌兵。敌伪对付游击队，先是‘剿’，没有效果，近来改用收买的办法，有直接收编的，有相约四六均分地方税以安其心的，但是为数甚少，且受收买后又常反正，继续抗敌。”④

在沦陷后的南京留住了一段时间的军医官蒋公穀，于1938年1月5日的日记中记载：“近日来我游击队逼近城垣，攻击甚烈，晚间必能听到炮声。我们在这百无聊赖之际，常往后院侧听炮声的大小，以估计游击队的远近……”⑤

游击队的活动，引起了日军的极大惊恐，据报纸报道，离南京城5里路以外，日本兵便不敢出去，沿公路线，也要“驾着兵车一边走一边开机关枪”才敢去。南京人民则因此而倍受鼓舞，纷纷扯下被迫悬挂的太阳旗与佩戴的太阳臂章。目睹南京城现状的军医

---

① 《沦陷后之南京》，中国第二历史档案馆等编《侵华日军南京大屠杀档案》，江苏古籍出版社1987年版，第650页。

② 郭歧：《陷都血泪录》，“南京大屠杀”史料编辑委员会等编《侵华日军南京大屠杀史料》，江苏古籍出版社1985年版，第49—50页。

③ 转引自［日］洞富雄著、毛良鸿等译《南京大屠杀》，上海译文出版社1987年版，第115页。

④ 孙佷仜编《沦陷区惨状记》（第十册），马振犊等编《南京大屠杀史料集》第64册《民国出版物中记载的日军暴行》，江苏人民出版社2010年版，第454页。

⑤ 蒋公穀：《陷京三月记》，“南京大屠杀”史料编辑委员会等编《侵华日军南京大屠杀史料》，江苏古籍出版社1985年版，第83页。

官蒋公穀在1938年1月7日的日记中写道:“游击队确已逼近城垣,敌军恐慌万状,有向伪自治委员会勒索一千套便衣之说。自得悉上项消息起,所有各户出于敌军强迫而悬挂的日本国旗,的确完全没有了。红膏药的袖章,也是百不见一,显然的,这是民心一致,同仇敌忾的事实的表露”。① 对此,郭歧在《陷都血泪录》中更有一段生动的记载:

> 有一次中央便衣队进城五六名,伏于中华路附近之地下室内,恰有五名兽兵带着三四个伕子,由北向南行至我便衣队附近,当即开枪将日本兽兵全数杀死,并对四名伕子说:“中央军已经进城了!”叫他们不要恐慌!这四名伕子便神经失了常态,大喜欲狂,他们沿途狼奔豖突,不管日本人中国人,逢人便大叫:“中央军来了!”“中央军进城了!”由中华路一直喊至难民区内,于是满城风雨,草木皆兵了!胆怯的兽兵很多把枪丢掉了,躲在地下室换便衣,黄呢制服各马路皆有,丑态百出。有的士兵被长官因此打死的!②

不甘心做亡国奴的南京人民,采用各种方式,反抗日伪的统治。其中也包括暗杀日本侵略者头目的行动。1939年6月,在日本驻南京总领事馆工作的中国员工詹长麟、詹长炳兄弟,利用总领事馆举行宴会的机会,放置毒酒,使两名日人毙命,日外务省政务次长清水和日本驻南京总领事崛公一也昏迷不醒。事发后,日本侵略者震惊不已,如坐针毡;而南京人民则欣喜雀跃,奔走相告。日军动员了1000余名军警搜捕詹氏兄弟,但一无所获。詹氏兄弟及其家属一二十人,分别从笆斗山、上新河过江,假道苏北,避至浙江农村。他们曾于6月25日致函日总领事崛公一,痛斥日军暴行,表明与日敌势不两立的决心,并故意以上海、香港等地迷惑敌人。信中写道:

> 南京被你们日本兵占领,我们亲眼看到了日本兵在南京烧杀奸淫的一切兽行。甚至连我们自己的家也被你们烧了,我们的妻子也被日本兵强奸了,家里的东西也被日本兵抢劫一空……可怜劳苦半生的血汗全被你们破坏尽净。既然如此,我们还有什么希望?我们决心要为国报仇,为家雪耻,我们已经和日本人势不两立……
>
> ……我们已经来到上海,明天就要去香港,你们有本事就请来捉我们吧!但不要怀疑其他的人。我们既然做了此事,就不怕死,如果被你们捉住,愿为多数被你们蹂躏的人们报仇雪耻,死而无憾。像我们这样的劳动者,除以这样的死作为代价

---

① 蒋公穀:《陷京三月记》,“南京大屠杀”史料编辑委员会等编《侵华日军南京大屠杀史料》,江苏古籍出版社1985年版,第83页。

② 郭歧:《陷都血泪录》,“南京大屠杀”史料编辑委员会等编《侵华日军南京大屠杀史料》,江苏古籍出版社1985年版,第48页。

之外，没有比这更光荣的。①

对于那些充当日军走狗、卖身投靠的汉奸，南京人民也决不手软，而以诛之为快。据白芜在《今日之南京》一文中介绍，汉奸余大雄、颜至诚、何锡嘏、刘纯等，都先后为爱国志士劈死、刺死或杀死。南京人民抗暴除奸的斗争，使南京的大小汉奸，惊恐万状。

南京人民打击日本侵略者的斗争，贯串于整个沦陷期始终。据延安《解放日报》报道，1943 年 1 月 14 日，位于夫子庙贡院东街的新亚舞场前面，突然爆炸了延时炸弹，炸死了 4 名敌人。② 南京人民持续抗击日本侵略者的斗争，是为 30 万被屠杀同胞报仇雪耻的正义行动，是对于日本侵略者血腥屠杀罪行的严正声讨，也是中华民族不屈不挠、坚韧不拔的民族精神的光辉体现。

国民党方面的斗争

南京沦陷后，国民党与国民政府继续采取各种形式，在南京地区开展旨在对付日伪政权的军事行动与暗杀活动。

空中攻击，是在南京与江苏大片国土沦陷后，中国军队可以继续对南京敌军实施主动进攻的一种重要手段。自 1937 年 12 月 13 日南京失守后，中国空军已撤往汉口、南昌、襄樊等地，曾在南京与中国空军并肩作战的苏联志愿航空队，也已移驻南昌、汉口、兰州等地。此时中国空军共有作战飞机 390 架，其中驱逐机 230 架、轰炸机 160 架；此外，尚有苏联志愿航空队的飞机 100 余架。

1938 年 1 月 2 日，正值日军疯狂进行南京大屠杀的恐怖时期，根据中苏两国空军共同商定的计划，苏联志愿航空队轰炸机大队由大队长波雷宁率领，从汉口起飞，空袭日军控制下的南京机场，炸毁日机 20 余架；苏联飞行员符多维英、射击士柯斯金、领航员弗洛罗夫牺牲，大队长波雷宁的座机被击伤迫降于芜湖，后在当地民众帮助下，波雷宁等安全返汉。南京安全区国际委员会主席拉贝在这天的日记中，记下了这次空袭的情况。他写道：

> 今天中国轰炸机首次飞到南京上空，对此我们虽然充满忧虑，却等待已久。它们绝不是作为朋友而来，而是作为敌人而来！它们投弹像日本人以前一样准确，但是到目前为止，谢天谢地，炸弹大多扔在了同一个地方，即城南的机场及其周围地区。③

---

① 蔡德金：《日本南京总领事官邸中毒事件》，《江苏文史资料选辑》第 11 辑；王永泉：《当事人首披“日本领事馆毒酒案”真相》，《南京晨报》，2005 年 5 月 12 日。

② 延安《解放日报》1943 年 2 月 1 日。

③ [德]拉贝：《拉贝日记》，江苏人民出版社等 1997 年版，第 323 页。

1月26日，中苏飞行员再次驾机成功地轰炸了南京机场。空袭前一天，蒋介石在汉口接见了中国空军前敌总指挥部副总指挥毛邦初和苏联空军轰炸机联队长马琴等人。蒋介石说："据可靠人士告诉我们，日本人在南京机场集中了大批轰炸机和战斗机，显然，他们最近就要袭击我们的目标，我希望空军能提前给南京机场一次打击，要尽可能快些。马琴先生希望战斗机能为轰炸机护航的建议我已经知道了，我们正在考虑这个问题，现在没有这个可能，但我们要尽快解决。"根据蒋介石的指示，中苏双方空军将领制定了此次空袭的战斗方案：目标——轰炸南京机场；队形——楔形队列；负载——50%爆破弹和50%燃烧弹；俯冲高度——4300米；备用目标——南京东南的铁路；时间——明天一早起飞。26日拂晓，苏联空军志愿队3个中队СБ飞机，在马琴率领下，并有几名中国飞行员参加，从南昌机场起飞，直飞南京。苏机穿过浓密的云层，巧妙地避开了日军的防空监视哨，突然出现在南京上空。中苏空军将士对南京机场进行了密集和连续的轰炸。停在机场上的多架日军轰炸机被炸毁，给日军造成了较大的伤亡。当时的壮观场景，据联队长马琴叙述：

> 从机场上升起了巨大的火舌和一团团黑烟，响起了猛烈的爆炸声，停机坪上激荡着爆炸的气浪，机场周围笼罩在一片烟与火之中。这是加过油的日本轰炸机、油库和弹药库在爆炸和燃烧。①

由于这次空袭行动来得非常突然，日军未能及时进行有效的回击，直到苏机完成了轰炸任务、飞越过长江之后，才有10余架日机匆匆追来。空战中，日机被击落4架，苏机也损失1架，并有1名中国飞行员牺牲。

3月12日，是南京沦陷后的第一个孙中山先生逝世纪念日。为了凭吊中山先生，鼓舞南京人民的斗志，由中国空军第3大队第25中队中队长汤卜生，驾驶单翼美式侦察机一架，低空飞入南京上空。汤卜生以娴熟的技艺，在中山陵上空盘旋数圈，以示谒陵。汤卜生，湖北黄梅人，26岁，毕业于中央航空学校第3期。他奉命驾机来南京谒陵的行动，显示了中国空军的英武和勇敢，是对日本侵略者淫威的蔑视，使处于铁蹄下的南京同胞倍感亲切，倍受鼓舞。

中国空军对南京的作战行动，一直延续到抗日战争胜利前夕。1945年3月7日，中美混合团第3大队P—51型驱逐机10架，袭击南京明故宫机场和下关码头。中国飞行员王光复上尉击落日东条式战斗机1架，创造了他个人击落敌机5架的新纪录；美国飞行员也击落日机3架。5月31日，中国空军第4大队出动P—51型驱逐机16架，再次

---

① [苏]马琴：《中国之行》，南京市政协文史资料委员会编《蓝天碧血扬国威》，中国文史出版社1990年版，第183页。

袭击南京明故宫机场，炸毁日方大型运输机1架；日零式机30架起飞迎战，被击落10架，中方无一损失，仅返航时，有中国空军飞机1架因故障迫降于霍山西南沙滩上。

开展敌后游击活动，也是国民党和国民政府在沦陷后的南京、江苏地区，持续进行抗日斗争的一种方式。自1939年以后，第三战区决定组织游击兵团，向敌后挺进，开展游击活动，配合正面战场作战。第三战区成立了游击总司令部，苏南地区被划为第二游击区。开始由战区司令长官顾祝同兼任该游击区总指挥，江苏省江南行署主任冷欣任副总指挥。第二游击区的主要部队为陆军第52师和临时组建的挺进第2纵队，统由冷欣负责指挥。此后，第三战区又陆续增派陆军第63师、第40师、新编第7师、新编第21师及独立第33旅等部进入苏南敌后。由国民党掌握的苏南敌后武装，还有忠义救国军。该部于1938年1月由国民政府军事委员会调查统计局二处处长戴笠筹划建立，戴兼任总指挥，俞一则为副总指挥。至1939年春，该部已发展到16个支队、4个直属大队和2个教导总队，达2万余人；主要活动地域在苏南及杭嘉湖地区，其中也包括南京附近及六合、滁县等地。由第三战区指挥的第二游击区和忠义救国军曾与日伪军进行过一些小规模的战斗，双方都有少数的伤亡。由军统负责建立的"忠义救国军南京行动总队"，于1941年3月底秘密派遣特工人员30余人到南京，在公共场所投掷炸弹，扰乱南京社会治安。4月2日晚10时许，在姚家巷南京大戏院，于"近闭幕数分钟，全场观众起立时"，由江禹门扔出3颗手榴弹，"一弹爆发于对号座北侧第九排，一弹爆发于最后面普通席第三排南侧，另一弹则爆发正厅入口内之座位中，共计受伤者十七人，死女孩一口，该院破损座椅一百余座"；4月3日晚10时许，在建康路丽都花园丽都大戏院，于"近闭幕前数分钟"，由张玉林扔出二颗手榴弹，"一落于对号座最后排，地板炸毁一洞，一弹未炸"，"被伤人数计共观客十一名口"，重伤2人，轻伤9人。事发后，汪伪特务头子、伪警政部部长李士群惊呼："查首都要地，连日发生爆炸公共场所，伤害观众两案，若不严限破案，匪胆愈大，治安堪虞"。此案还惊动了伪行政院长汪精卫，他于4月9日批示："仍仰饬属严缉匪犯，随时具报为要！此令。"4月16日批示："仰严缉逸犯归案究办，随时具报！此令。"①

国民党、三青团还在南京建立了地下组织，从事搜集情报、破坏和暗杀活动。

国民党军统在南京先后组织过两次较为重要的暗杀行动。一次在汪伪政府于1940年3月"还都"之后，军统局派遣黄逸光、黄征夫二人到南京，准备利用黄逸光与汪精卫叙旧、并共同观赏一张合拍照片时，寻机刺汪。黄逸光，广东人，手腕力量很大，据说曾打死过一只老虎。抗战前，他曾组织童子军徒步旅行团，自任团长，到南京后，受到当时

---

① 中国第二历史档案馆藏汪伪行政院档案，档案号二〇〇三—6319。

任行政院长的汪精卫接见,并合影留念。此次刺汪,黄逸光即准备带此照片,晋见汪精卫。据知情者时闻先生叙述:

> 黄到了南京后,汪精卫不知从何渠道得到密报,知道黄逸光要来行刺,遂立即打电话将马啸天(按:马当时任汪伪特工总部南京区区长)叫到自己家里,说明情况后,要马立即派人侦查逮捕。马回到政治警卫总署(当时南京区对外的正式名称,马任署长),指派第三处处长姜志豪迅即带领人马到中央饭店突击搜查。正好黄逸光外出未归,只黄征夫一人在家。经严密搜索,在房内衣橱的夹缝中搜出四英寸穿甲手枪一支,达姆弹十发,照相机一架,小型电台一座以及密码本。随即留人将饭店监视,等待黄逸光归来。不多久,黄外出归来,马上就被捕获,人赃俱获。马啸天将经过向汪精卫做了详细汇报,汪当下批示将黄逸光枪决,并以政治警卫总署名义贴出布告公布。黄征夫因周佛海的老关系被保出释放。①

当时,汪伪特工总部的特务,还从黄逸光的身上搜出毒药一包。原来,按照戴笠的交代,黄虽带有手枪,但并不打算使用,而是想利用黄巨大的臂力,在与汪叙旧时,将汪捏死,如不能脱身,即吞毒药自杀。另一次由国民党军统组织的暗杀活动,是在黄逸光刺汪不成后不久,又派出军统人员强一虎来南京潜伏,买通了汪伪特工总部南京区警卫大队分队长刘良,准备暗杀汪伪特务头子马啸天等人。据时闻先生披露:

> 强一虎把剧毒剂氰化钾交给刘良,要他寻机悄悄放到马啸天家厨房的味精瓶中,刘按强一虎的指示照办了。但事被马啸天发觉,马并未声张,却暗中命令第三处姜志豪派人侦查了解了来龙去脉,姜又派助手呆强民专门负责破获此案。在这期间,夫子庙贡院东街的新亚舞厅发生爆炸案,一枚炸弹炸死舞客一人,炸伤舞女数人,一枚炸弹在楼梯口尚未爆炸。案发后,伪首都警察总监苏成德、首都警备司令李讴一、中央宪兵副司令兼政治警卫总署署长马啸天等人,立即赶到现场侦查,将未爆炸的炸弹取走。当晚,南京区行动队就对南京状元境一家旅社实施突袭,逮捕了军统特务强一虎,并搜获与新亚舞厅同样的炸弹以及炸药和氰化钾毒剂。强一虎当即被押至宁海路看守所关押。经侦行科长姜志豪秘密审讯,强一虎立即由汪伪头目签署命令予以枪决,刘良判无期徒刑。②

---

① 时闻:《汪伪特工总部南京区始末》,载《汪伪政权内幕》,《江苏文史资料》编辑部1989年版,第181页。

② 时闻:《汪伪特工总部南京区始末》,载《汪伪政权内幕》,《江苏文史资料》编辑部1989年版,第181—182页。

此外，国民党军统特派员邵明贤和王林，还在南京设立了秘密电台，不断与重庆、上海联系，传送日伪情报。他们于1940年秋，为刚刚上任汪伪特工总部南京区区长的马啸天所破获，被收缴大批武器、弹药、物资、电台，邵经汪精卫亲自批示，被执行枪决。

国民党、三青团等组织，在南京陆续建立了地下组织，秘密开展抗日活动。1940年，秘密潜伏在南京的国民党南京市党部主委贾国民等3人，被代号为“21号”的情报科长陆怡然侦查发觉，经请示批准后，3人均遭逮捕枪决。同年底，活动频繁的三青团地下组织南京地区负责人秦杰及中央大学三青团负责人栾宝华等3人被逮捕。后秦杰因与马啸天原来都是国民党中统老同事，又与汪伪特工总部主任李士群熟悉，不多久就被释放，而其他人则有的被移送伪中央感化院，有的被解往看守所关押。

1943年夏，由国民党军统局副局长戴笠一手策划，派局本部督察室第一科上校科长周镐，随同周佛海派往重庆的信使军统谍报人员程克祥辗转来到南京。周镐被周佛海安插在伪军委会军事司第6科任少将科长，负责军委会的军事运输工作；程克祥则被安插在伪财政部当专员。此次周镐赴南京，戴笠亲自交代有三项任务：

> 一是筹建军统南京站，恢复军统在汪伪统治中心地区的活动；二是对周佛海、程克祥进行监视，将周、程在南京的活动随时密报重庆局本部；三是在汪伪军界上层人员中进行策反，目的是掌握汪伪的军事力量，以便在抗战期间合作防共反共，在抗战胜利后则与八路军、新四军抢占地盘。①

周镐按照戴笠的意图，于1943年底，将军统南京站筹建完毕，周自任站长，并建立了8个潜伏组。在组织上，新建立的南京站并不归由程克祥担任区长的军统南京区领导，自成体系，由戴笠直接指挥。从此，军统南京站便以周佛海为后台，在汪精卫的眼皮底下，大肆开展特工活动。汪伪京沪地区的情报被不断发送到重庆，军统在东南沿海地区的力量也得到了加强。以周佛海为首的大小汉奸在“戴罪立功”心理的驱使下，纷纷争相通过军统南京站，与军统拉上关系，各种有关日伪军事、政治、经济的秘密情报，也源源不断送往重庆和美军。军统的这些活动与成果，对于瓦解汪伪政权，使国民政府正确判定对日作战方略，夺取抗日战争的胜利，无疑都有所助益。南京地区的军统组织在这一时期，还进行了一些旨在对付中共与新四军的活动，其后果当然使亲者痛而仇者快。

共产党方面的斗争

在整个南京沦陷期间，江苏、南京地区的中共地下党组织，领导南京各阶层人民，持

---

① 杨者圣：《特工王戴笠》，上海人民出版社1993年版，第395页。

续不断地开展了抗日救国斗争。

处于秘密状态的中共江苏省委，为重建中共南京地下党组织，以便更好地领导和推动南京人民抗击日本侵略者的斗争，进行了长期艰苦的工作。中共江苏省委根据党中央关于“在敌人占领的中心城市中，应以长期积蓄力量保存力量，准备将来的决战为主”①的指示，不断派遣精干的地下党员秘密来到南京，开辟党的工作。由于南京沦陷以后，一个党员也没有保留下来，省委便主要从上海抽调党员到南京。抽调和安排的原则：

> 一是挑选在南京有亲戚朋友的党员，到南京托亲友介绍职业；二是抽调中学、大学学生党员，转到南京上中学或大学；三是依靠先到的党员帮助后来的党员寻找职业。被派的党员，要求政治立场坚定，组织观念很强，生活作风艰苦朴素；到南京后，要迅速植根于群众之中，紧密联系群众，在敌人的统治中心站稳脚跟。生活费用全靠自己解决。②

1940 年，江苏省委先后从上海抽调地下党员马卓然、朱启銮到南京开展重建党的工作。1942 年 6 月，省委继派刘峰、欧阳仪夫妇到南京，明确由刘峰负责南京党的工作。临行时，省委委员、组织部长王尧山对刘峰指示：

> 1. 要想各种办法能够立足和坚持下来，对派到南京的党员都要尽可能使他们做到社会化、职业化、合法化；2. 要认识南京是敌伪的心脏，工作环境恶劣，抗日战争是长期的，必须坚决贯彻中央对敌占区的“隐蔽精干，长期埋伏，积蓄力量，以待时机”的方针；3. 要认真按照“勤学、勤业、广交朋友”的原则开展工作，密切联系群众，要充分利用各种合法形式，组织和团结群众，进行宣传教育工作；4. 严密党的组织，采取单线联系办法，防止暴露和破坏；5. 要能独立作战。③

先后从上海派到南京来的党员都按照中央和省委的指示，取得了合法的身份，积极开展群众工作，并发展了少量的党员。1944 年 6 月，中共中央华中局决定成立南京工作委员会，指定刘峰为书记，朱启銮为副书记。到 1945 年 8 月抗战胜利时，南京工委领导下的党员已达 80 余人。

活跃在苏浙皖地区的新四军，在各革命根据地建立了各级党组织，这些党组织也十

---

① 《中央关于目前时局与党的任务给刘晓的指示》，1938 年 3 月 21 日，载《中共中央文件选集》第 10 卷，中共中央党校出版社 1991 年版。

② 朱启銮主编《南京人民革命史》，南京出版社 1991 年版，第 206 页。

③ 中共南京市委党史资料征集编研委员会办公室：《南京革命史大事记》，1986 年，第 116 页。

分重视在南京等大城市开展党的秘密工作。1939 年 12 月，中共中央东南局决定在新四军控制的革命根据地成立苏皖区党委，吴仲超任书记，谭启龙任副书记，下辖苏南、苏皖、苏北 3 个特委。此前，南京金陵女子文理学院附中学生朱为娟、王秀琪、吴静华、姜秀英等组织了秘密抗日团体“七人团”。1940 年 3 月，“七人团”与中共苏皖区委、新四军发生了联系；不久，“七人团”发展为“十三人团”，其骨干成员朱为娟、王秀琪、姜秀英并经到句北宝华山新四军驻地学习，被发展入党，组成党支部，王秀琪任支部书记。9 月，以“十三人团”为基础，在中央大学建立了“青年互助会”，将更多的进步青年学生，团结在秘密党支部的周围。与此同时，又由中央大学学生方焜、肖名树、黄真联络金陵补习学校陈健等人，组织了另一个秘密的抗日团体“群社”；1941 年春夏，该社与“青年互助会”建立起相互配合的工作关系。7 月，“群社”发展为“团结救国社”（简称“团救社”），以朱为娟、方焜、肖名树、黄真、程淑英等为领导核心，出版油印秘密刊物《荧光》（半月刊），宣传抗日，并介绍敌后根据地情况。10 月，中央大学由新党员方焜与张杰，联络同学，秘密成立了中共外围组织“青年救国社”（简称“青救社”）。1942 年初，在中共江南区委（原中共苏皖区委）所属路西北特委领导下，成立了中共南京特别支部，舒诚任书记；7 月，中共南京特别支部改建为中共南京工作委员会，仍由舒诚任书记。南京工委积极在工人、店员、职员中开展活动，发展进步力量，组织进步分子学习革命理论，坚持在秘密状态下，宣传抗日思想。1944 年 6 月，方舒等奉调去根据地学习，南京工委撤销，党员分成两个中心支部，分别由姜秀英、王秀琪负责。此后，随着人事变动，南京的地下党员又先后由张杰与上级党委特派员方休负责；到 1945 年 8 月抗战胜利时止，原苏皖区党委系统在南京的党员共有 50 余人。

在漫长的日伪统治时期，中共南京地下党组织与地下党员，利用各种身份，在学生、工人、伪军中积极开展工作，团结群众，运送物资，传送情报，策反伪军，把矛头直指日伪反动统治。

1942 年秋，伪南京市长、“东亚联盟总会南京分会”会长周学昌授意其亲信在中央大学组织“学生互助会”，借以培植个人势力，名义上归“东亚联盟总会南京分会”领导。是为日伪统治下南京第一个公开、合法的青年学生组织。共产党员方焜、张杰、何广鑫等先后打入“学生互助会”，逐步掌握了领导权。是冬，“学生互助会”学术股编辑出版了《学生》月刊。该刊宣传爱国思想，揭露社会黑暗，客观报道国际形势，引导学生树立正确的人生观，走革命和进步的道路。1944 年春，《学生》的姊妹刊《女青年》出版，内容侧重于女生活动和妇女解放问题；以后又以《女青年》名义，在石鼓路、莫愁路劳动妇女较集中的地区，开办了妇女文化学校。此外，“学生互助会”还自办了图书馆，传播进步书刊；举办补习班；组织郊游、公演等活动。这些活动，团结教育了大批青年学生，培养了一批积极分子。

1943年冬，中共地下党员何广鑫，利用汉奸林柏生企图筹组学生团体，培植私人势力的想法，参与筹划组织了“干字运动实践会”，林柏生任会长，林的亲信吴瑞任总干事，何广鑫为学术组组长。何与服务组组长唐益民等5人结拜为“五兄弟”，他们瞒骗林伯生，架空吴瑞，实际工作全由“五兄弟”做。“干运会”以中央大学学生为主，同时吸收各中学学生参加，正式会员500余人，经常参加活动的近2000人。“干运会”通过举办学生生活营、出版《干》字月刊等办法，引导学生博览群书，追求真理，提高思想觉悟。其生活营营歌的歌词为：

> 我们的生活营，锻炼斗士的熔炉。以青年领导青年，以斗争准备斗争。实干硬干，团结力量，刻苦奋斗，自治治人。我们是国家的生力军；我们是民族的新生代。手拉手、肩并肩，青年们，勇往直前，战倒恶势力，胜利就在明天。①

在建立了各种色彩的学生组织的基础上，中共地下党组织便发动学生，进行合法的斗争。1943年5月底，为反对伪国民党中执委、中央大学校长樊仲云加强对学生的控制，宣传“曲线救国”的理论，以及勾结私商贪污伙食费，由“青年救国社”发起“倒樊”斗争。5月31日，1000余名学生带着《请愿书》，高呼“我们不要贪污分子当校长”等口号，向汪精卫请愿。经过几天的斗争，伪政府终于接受学生的要求，宣布撤销樊仲云的校长职务，学校伙食也得到了改善。1943年12月，中共南京地下党组织鉴于南京城内吸毒成风、烟商横行的实际情况，决定发动一次清毒运动，以激励群众，打击敌人。12月18日，以中共各系统地下党员、“青救社”社员为骨干，组织了3000名大、中学生上街示威游行，捣毁烟馆，没收烟土、烟具，砸赌场，毁舞厅。学生们高呼禁绝“三害”（烟、赌、舞）的口号，呼吁：“中国人不要醉生梦死！青年学生要团结起来，勇敢地向黑暗势力斗争！”并当场宣告成立“首都学生清毒总会”。之后，学生们又不断利用假期到街头宣传禁烟，打烟馆，造成了很大的声势。大张旗鼓的清毒运动，利用日伪矛盾，唤醒沦陷区人民，进行合法斗争，获得了成功。

在中共地下党的领导下，南京工人也逐渐组织起来，采用各种办法，同日伪统治展开斗争。1942年7月，在南京铁路工人中建立了“华中铁道工人抗日行动委员会”（简称“工抗会”），由擦车工张锦棠任主任委员。经张与新四军二师社会部部长侯政等商定，该会的任务是：

> （一）向工人宣传共产党的抗日主张，吸收进步工人入会，秘密开展抗日斗争；

---

① 朱启銮主编《南京人民革命史》，南京出版社1991年版，第215页。

(二)发动工人怠工、制造事故,破坏敌人交通运输;(三)截取敌人军用物资,如枪支、弹药、通信器材、棉纱、布匹、药品等,送往根据地;(四)搜集日本军事运输情报和敌伪驻军情报,及时送到根据地。①

“工抗会”成立后,积极向群众宣传八路军、新四军对日作战的情况;发动工友破坏机车零件,迫使列车中途停车;提出“中国的东西中国人用”的口号,号召工人将日本侵略者掠夺来的物资拿回家中,解决生活困难,并有计划地将堆积在码头、列车上的布匹、棉纱、药品、煤油等物资,运往根据地,交给新四军。1943年夏,“工抗会”会员赵景生从日军仓库中,取出10余箱子弹,准备运往抗日根据地,不料被敌人发现,遭逮捕。他在被日本宪兵押解去寻找子弹时,毅然冲向迎面开来的火车,壮烈牺牲。② 1944年3月,潜伏在伪军中的中共地下党员徐楚光,联络南京洪门“大亚山正义堂”山主朱亚雄,经日本华中铁道株式会社警务课长木村批准,借口维护铁路交通安全,成立“华中铁道护路总队”,朱任总队长,徐任秘书主任兼督察长,中共地下党员张冰任情报组长,专司管理芜湖至常州之间铁路沿线的货运安全。总队下设5个分队,分驻下关、芜湖、龙潭、镇江、丹阳等5地。徐楚光遂利用护路总队的合法名义,掩护苏北抗日根据地的人员、物资进出,使新四军、共产党的地下交通路线畅通无阻。1945年2月,徐楚光又与朱亚雄密商,利用护路总队这一公开组织,秘密筹建一支地下军“京沪人民挺进队”,内定朱亚雄为总队司令,徐楚光为副司令兼参谋长,张冰为后勤部主任,以便把铁路工人进一步组织起来,配合敌后根据地的抗日斗争。与此同时,中共地下党组织在铁路工人中也日益得到发展。至1945年初,中断多年的浦镇机厂党组织又重建起来,彭原、周群先后任该厂中共地下党支部书记。到日本投降前,下关、浦镇两地铁路职工中的地下党员,都已发展到10人左右。

其他行业的工人运动,也逐步开展起来。1942年,南京邮局职工为要求增加工资、改发新币,进行罢工,迫使当局同意以新币八成、旧币二成发给,斗争获得胜利。1943年秋,三轮车工人在中共地下党员姜秀英的组织和发动下,也进行了罢工斗争。30余名三轮车工人,为反对老板降低工人的拆成和修理费由工人负担,罢工3天,取得了部分胜利,老板同意修理费仍由资方负责。1944年夏秋间,由担任“中国青年模范团”组织组组长的中共地下党员叶再生倡议,获得汪伪当局主管宣传、青年工作的头目林柏生、朱晶华同意,组织了“南京市工商青年联谊会”,推林柏生为会长,伪南京市长周学昌、“中国青年模范团”实际负责人朱晶华、南京市商会会长葛亮畴等为副会长,叶再生任总干事,

① 朱启銮主编《南京人民革命史》,南京出版社1991年版,第221页。

② 中共南京市委党史资料征集编研委员会办公室:《南京革命史大事记》,1986年,第121—122页。

实际工作全由叶负责。联谊会组织开展了多种文体活动，吸引了众多苦闷、彷徨的青年工人、职员、店员参加，先后发展会员近2000人。1945年6月，联谊会仿照“干运会”举办寒假生活营的办法，举办了一期职业青年生活营，吸收100多名会员参加。叶再生给营员们作了“工人运动的意义”的报告。经过这些活动，使会员们的思想觉悟有了不同程度的提高，涌现出一批思想进步的积极分子。1945年夏，由于伪陆军部修械所邓府山工务处严重剥削工人，随意殴打徒工，在中共南京工委的支持下，全体徒工实行怠工，要求改善徒工的生活待遇。经过斗争，厂方被迫答应徒工的要求。1945年春夏间，南京工委还派地下党员唐益民先后在石鼓路培育中学和中央商场等地，开办职工补习学校，除传授文化知识外，还进行时事政治分析，宣传“劳工神圣”，启发了学员的阶级觉悟，团结了一批积极分子。

中共各级党组织，为了更有效地打击日本侵略者，特别注意搜集敌伪的情报。1940年3月，中共中央社会部上海情报站派纪纲到南京，正式建立了南京情报组，纪任组长。1942年春，八路军总参谋部派抗大教员徐楚光到南京，打入伪军上层，搜集重要军事情报。据统计，在1938年至1945年间，先后有10余名中共党员、20余名党领导的非党情报工作人员，冒着生命危险，战斗在敌伪高层机构中。① 最早来到南京的情报人员，是日籍中共党员西里龙夫。他于1938年3月来南京担任日本同盟社南京支社首席记者。经过西里龙夫的安排，中共党员、情报人员陈一峰被录取为“中联社”首席记者。西里龙夫与陈一峰凭借他们所处的重要岗位，经常可以获得十分有价值的情报，并及时报送上海。1939年4月，上海情报站派张明达到南京担任地下交通，专门在南京、上海间传递重要情报。在后来建立的南京情报组中，还包括汪精卫的秘书、中共秘密党员汪锦元。南京情报组曾经获取了日军暂停对苏作战准备和日本海军将于近期袭击美国太平洋舰队等重大绝密战略情报。后来，由于共产国际和苏联派驻日本的佐尔格间谍小组被东京警视厅破获，殃及中共南京情报组的成员，至1942年6月，南京情报组完全停止活动。由八路军总参谋部派到南京汪伪上层的徐楚光，辗转通过在汪伪政权中任职的洪侠，在1943年至1945年间，先后获取到伪国民政府、伪军事委员会的许多重要情报；1945年3月，更取得汪伪绝密文件《京畿地区剿匪方案》，内有对南京周围新四军“实施彻底歼灭讨伐”的计划。徐、洪2人将上述情报均立即报送新四军。

由于中共地下组织的积极活动，在日本投降前夕，还取得了一项很有影响的成果，即策动了驻南京的伪警卫第3师反正。该师于1944年初建成，下辖7、8、9三团，师部驻南京通济门外，第7团驻句容，第8团驻江宁，第9团驻六合，全师约5000人，全部日

---

① 中共南京市委党史资料征集编研委员会办公室：《南京革命史大事记》，1986年，第226页。

武装备，任务是与警卫第1、第2师共同拱卫“首都”。该师师长原为陈孝强，6月后改由伪国民政府少将参军钟健魂担任。徐楚光通过军校同学、伪警卫第3师上校政训处主任赵鸿学的关系，加紧做钟健魂及第3师中中下层军官的工作。钟早年曾参加共产党，现在又想同新四军保持友好关系，遂于1945年4月将赵鸿学调往六合第9团任团长，以便随时与六合的新四军驻军保持联系。8月9日，钟得到消息，伪军委会已任命中央军校总队长鲍文沛接任警卫第3师师长，命令即将下发。钟在徐楚光、赵鸿学的策动下，决定全师立即反正，其方案为：

> （一）钟健魂以伪军委会的名义命令第七、第八团渡江到六合，集结待命；（二）徐楚光和赵鸿学率第六团在六合反正；（三）钟健魂亲率师部直属炮兵、特务连过江去六合，其余师部机关人员一律不带；（四）各部队将武器弹药全部带走；（五）师部直属部队和第七、第八团于8月11日（星期六）晚开始行动，第九团于12日凌晨行动，13日全师赶到六合县竹镇集。①

钟健魂按照上述精神，于8月11日发出密令，命第7、第8团于13日黎明前赶到六合县竹镇，对根据地进行“扫荡”。钟于当日率师直属部队从划子口渡江，开往预定集结地。第7、第8团在12日过江时被敌人发现，受阻于江南，只有第7团1个营过了江。第9团在赵鸿学、徐楚光率领下，摆脱了附近的日军，于13日上午到达集结地。当天上午，钟健魂率领官兵3000人，携带武器、弹药、电台，进入根据地钟家集，宣布反正。伪警卫第3师反正的成功，显示了中共地下党组织策反工作的卓有成效，是南京人民抗日斗争的一曲凯歌。

新四军的武装斗争

由中共领导的新四军，高举抗日民族统一战线的大旗，在南京失陷后不久，就深入苏南敌后，活跃在金陵城下，发动群众，宣传抗日，打击日本侵略者。

1938年4月28日，由新四军第1、第2、第3支队抽调部分干部、战士组成的新四军先遣支队，在第2支队副司令员粟裕的率领下，从皖南岩寺出发，越过宣（城）芜（湖）公路封锁线，向苏南敌后挺进，实施战略侦察。5月4日，毛泽东致电新四军副军长项英，指出：

> 在侦察部队出去若干天之后，主力就可准备跟行。在广德、苏州、镇江、南京、芜湖五区之间广大地区创造根据地，发动民众的抗日斗争，组织民众武装，发展新

① 中共南京市委党史资料征集编研委员会办公室：《南京革命史大事记》，1986年，第233页。

的游击队，是完全有希望的。①

先遣支队在越过日军封锁线后，沿裘公渡、黄池镇、青山街、当涂一线，向南京近郊秣陵关挺进；5 月 19 日，正式进入苏南敌后战场。随后，第 1 支队陈毅所部与第 2 支队张鼎丞所部，亦于六七月间先后抵句容、江宁、溧阳、溧水、当涂地区。

6 月 23 日，新四军副军长项英在谈到关于第 1、第 2 支队进入敌后的行动原则时指出："特别是南京、镇江"，应"以伏击的动作来打击和消灭远出和行进中分散的敌人，截夺取辎重，争取不断的小战斗胜利"；"应当以小游击队到南京、镇江附近，用突然的动作实施扰乱，以威胁敌人，这在政治上更有大的意义"。②

7 月 10 日，第 1 支队第 2 团第 2 营和当地游击队，埋伏于汤山至句容公路的东仙涧桥以东、新塘以西地区。清晨，有日军汽车 9 辆，其中 2 辆在前引导，7 辆在后约 100 米处跟进，乘坐日军 200 余人，携带轻重武器，从南京方向开来。当日军汽车全部进入伏击圈以后，指挥员一声令下，"战士们突然以步枪、轻机枪和手榴弹向其猛烈袭击。投弹手将手榴弹准确地投入汽车车厢，当即炸毁日军两辆汽车的汽缸，爆炸起火。步枪、轻机枪的火力打得日军晕头转向，死伤甚多。余下的日军慌忙跳下汽车，就地负隅顽抗，以等待增援部队到达。第 2 营指战员依托占领阵地，沉着战斗，以猛烈的火力压制敌人，迫使敌人无力展开。"③经激战 1 小时，第 2 营在基本完成伏击任务后，主动撤离。此次伏击战中，共炸毁日军汽车 2 辆，毙伤日伪军 40 余人。第三战区司令长官顾祝同在向蒋介石报告这一战绩时称："最密。据报新四军陈支队廖营，灰(10)日伏击由南京用汽车九辆载敌二百余向句容前进之敌，击毁敌汽车二辆，毙敌四十余名，我仅伤亡各一。"④

接着，新四军第 1、第 2 支队又于下半年在雨花台及南京西南郊，不断袭击日伪军。据《抗日时期新四军在雨花台地区的战斗活动》一文记述：

> 7 月 14 日，1 支队第 1 团部分兵力攻击了西善桥敌据点，战斗半小时，毙伤日寇 20 名，缴获步枪 3 支及军用品一部分。
>
> 9 月 16 日，2 支队部分兵力捣毁了京芜铁路板桥车站，击毙日寇 30 多人，缴枪

① 中共江苏省委党史工委编《苏南抗日斗争史稿》，江苏人民出版社 1987 年版，第 21 页。

② 《项英关于第一、二支队进入敌后行动原则致陈毅信》，1938 年 6 月 23 日，中国人民解放军历史资料丛书编审委员会编《新四军・文献》(1)，解放军出版社 1988 年版，第 230 页。

③ 郗凤来：《新塘伏击日军汽车队》，《南京史志》1987 年特刊。

④ 中国人民解放军历史资料丛书编审委员会编《顾祝同关于新四军伏击日军车队致蒋介石电》，1938 年 7 月 20 日，《新四军・参考资料》(2)，解放军出版社 1991 版，第 67 页。

10余支。

20日，我侦察人员还化装进入南京城，张贴文告，抓捕敌探，迫使日军宣布南京全城特别戒严。

11月26日，2支队侦察连进击雨花台守敌，激战1小时，毙伤敌伪25名，敌不支向城内逃去。侦察连又以猛烈火力射向中华门城堡，敌人龟缩城内，不敢出战。雨花台山顶上曾胜利地扬起标有“新四军”字样的红旗。①

12月2日，第2支队第3团袭击了南京至溧水公路上的禄口日军据点。该团3营，趁日军1个中队刚刚来到这里，立足未稳，便将他们一举消灭。据当时指挥作战的第3团政治部主任钟国楚叙述：

那时鬼子很麻痹，我们的情报比较灵，我们知道他第二天就要来，准备给他个下马威。当时副团长（即团政委）邱金声同志和我带领三团三营一下子猛扑过去，差一点就把鬼子全部消灭，杀伤是很大的。他们刚刚到，我们就扑上去，他也来不及，我们都到了他们的脚下。②

进入1939年以后，日伪军加强了对南京周围地区的“扫荡”。1月8日，日军5000余人，分由禄口、横溪桥、小丹阳及溧水、洪蓝埠等地向江宁、溧水边界的横山地区进击。新四军第2支队第3团在地方武装4中队的配合下，与敌激战5小时，歼敌50余名。其中为争夺山羊祠左侧一带高地，日军连续三次发动猛攻，均被击退。据新四军战斗详报称：

当敌人三番两次地向我冲锋，皆被我英勇沉着的战士们击退了，并给了敌人一个大的杀伤，最后一连之一班固守阵地，支持半小时之久。当时高呼日语口号，散发宣传品，而敌闻之则摇手示弱，持枪不鸣，在动摇以致瓦解敌军的意义上，起了不小的效用。③

在有的战斗中，新四军指战员付出了较大的代价。1939年2月26日，新四军的1个营部与2个连队，在南京南郊云台山与日军发生了激烈的战斗，伤亡80余人，其中95%以上都是红军战士。据《新四军征途纪事》记载：

---

① 任慰：《抗日时期新四军在雨花台地区的战斗活动》，南京市雨花台区政协文史委员会编《雨花文史》第6集。

② 中共江苏省委党史工委等编《苏南抗日根据地》，中共党史资料出版社1987年版，第523页。

③《横山战斗详报》，中国人民解放军历史资料丛书编审委员会编《新四军·文献》(1)，解放军出版社1988年版，第241页。

[1939年2月26日]日伪军从小丹阳、铜井、秣陵关、陶吴、慈湖、朱门集中500多人,分5路合击在云台山地区的新四军第二支队第三团第一营,我军与敌激战2小时,毙日军50余名。我第一营大部队突围,营长邱立生、教导员王荣春等65人在掩护部队突围时英勇牺牲,20余人负伤。①

经过一年左右的艰苦奋斗,在南京附近活动的新四军,已经基本上站稳脚跟,使南京、镇江、句容一带的根据地成为插入敌人心脏的一把利刃。1939年6月,新四军第1支队司令员陈毅在总结一年来的斗争时指出:

我们经常有一个部队在南京、镇江、句容间三角狭窄地区,敌人动员千余兵力进行二十三次的围攻,我们仍然留在该地坚持。有时候整星期不到民家,完全露营,半夜才到民家烧饭吃,这就大大提高人民对游击战的信心。人民清楚知道敌寇伎俩,会在国军面前屈服,呈现智穷力绌的状态,所以在去冬以来才开始了居民盛大的慰劳我军的运动,这是艰苦斗争的代价,绝不是偶然的凑合,更不是简单的宣传鼓动家能够解决的问题。②

1940年5月14日,新四军第2支队直属队和第4团第3营,由支队副司令员廖海涛率领,在湖熟镇附近的赤山,对日伪军进行了一次成功的伏击。据资料记述:

隐蔽在西北岗小山坡的我支队特务连和四团三营七连,早已把他们的机枪、步枪和掷弹筒、手榴弹集中起来了。当敌人进入射击区时,所有的火器都吼叫起来,"哒、哒、哒"、"轰、轰、轰",堤埂上的日本兵受到我突如其来猛烈炮火的袭击,死伤惨重。但是他们不甘心失败,还负隅顽抗,使用九二式步兵炮向我特务连阵地打了二十多发炮弹。③

敌中队长吉田带领几个同伙,在拱桥下顽抗,做垂死挣扎,最后被新四军战士扔下的大量集团手榴弹全部炸死。这次战斗,共消灭日军180名、伪军7名,活捉日军2名,缴获机枪2挺、步枪60余支、掷弹筒2个,日造九二步兵炮1门。

地处南京江北的六合,自1939年秋,始有新四军在这里活动。1941年春,新四军第2师第4旅第12团,在六合金牛山与日本侵略军进行了一场激烈的战斗。日军扬州警

---

① 马洪武等编《新四军征途记事》,江苏人民出版社1988年版,第73页。

② 陈毅:《茅山一年》,1939年6月21日,中国人民解放军历史资料丛书编审委员会编《新四军·文献》(1),解放军出版社1988年版,第271页。

③ 王直:《赤山之战》,中共南京市委党史办等编《南京党史资料》第16辑,南京工学院出版社1987年版。

备司令部纠集了仪征、天长和扬州的日伪军700余人，携带大炮3门，掷弹筒10余个、轻重机枪多挺，从扬州出发，偷袭正在金牛山一带休整的新四军第12团。4月17日，第12团在第4旅副旅长梁从学的指挥下，第3营经1个多小时浴血奋战，使丁岗高地失而复得，敌军被逐渐压至陆家凹。激战中，新四军的大刀班大显威风。据资料记载：

三连的一个大刀班在手榴弹掩护下，首先冲入敌群，与敌人展开肉搏战，随即一营二、三连和三营指战员跟上，打得敌人晕头转向，死伤百余人。我军大刀班八个战士也在战斗中全部壮烈牺牲。①

敌人在新四军第12团第1营、第3营和地方部队的夹击下，除一部涉河东逃外，大部被歼灭，少数淹死在河里。这次战斗，共毙伤日军200余人、伪军300余人，生俘日军2人、伪军30余人，缴获重机枪4挺、轻机枪5挺、步枪40余支、掷弹筒2个，以及大批武器弹药和军用物资；新四军与地方部队也牺牲54人、伤64人。

1941年秋冬，南郊的新四军又为拔除日伪军据点而大显身手。10月，新四军第46团参谋长傅狂波率领1个连，悄悄开进龙都地区，驻扎于岗头一带。他们趁一连伪军由汉奸陪同，刚刚到达王家祠堂吃饭的机会，分作两路，一路从东岗头出发，直捣王家祠堂；一路从后面绕道包抄。战斗打响后，伪军凭借一挺机枪，放置于祠堂门口猛烈扫射。短枪班长李秀文，纵身扑向机枪口，用生命为战友们开辟了歼敌的通道。这个伪军连队终遭全歼。12月，伪军又开来特工队1个营，由伪营长常海波带领，在龙都东庵庙地带挖壕沟，架铁丝网，筑成一座三层楼的碉堡。新四军第46团团长钟国楚、参谋长傅狂波率第2营前来拔除这颗钉子。敌人凭借坚固的碉堡，居高临下，以猛烈的火力，阻挡新四军战士前进。新四军主攻营何营长遂取火攻办法，以机枪火力掩护数名干部、战士冲至碉堡下，挖一洞穴，放进火油等物，然后放起熊熊烈火，将这座碉堡烧毁，全歼守堡敌军，缴获机枪2挺、步枪70余支；除俘虏外，伪连长及一些伪军，都被烧死在碉堡里。②

1943年，这正是江苏敌后抗日根据地最困难的年头。中共苏皖区委于4月28日发出给各县县委的指示信，强调指出：

真正的咬紧牙关的时期已经到来了，必须号召全党同志以最大的决心咬紧牙关，克服任何困难，渡过难关，斗争到底……不管情况如何变化，环境如何紧张，我们斗争基本方针仍然是长期坚持苏南敌后抗战。我们的精神与注意力必须集中放

---

① 陆史：《金牛山反袭击战》，南京市政协文史资料研究委员会编《抗日风云录》，1985年内部版，第142页。

② 中共江宁县委党史办公室：《龙都歼灭战》，中共南京市委党史办等编《南京党史资料》第11辑，1985年版。

在敌后。一切向南发展的企图打算都是错误的。应该懂得，新四军斗争的岗位是在敌后，只有在敌后与敌人作残酷的纠缠斗争，才能提高新四军的威信。也只有坚持敌后斗争，才能够求得我们力量的保存、巩固和发展。①

新四军驻南京周围各部，遵照中共苏皖区委的指示，在艰难困苦的条件下，决不后退，坚持斗争。1943 年 8 月中旬，南京的一部分日军，纠集驻六合县的日伪军，共 600 余人，进占了离县城 10 余公里的八百桥，企图对新四军敌后根据地进行破坏、骚扰，并抢劫秋收的粮食。17 日，新四军第 2 师第 5 旅之第 13 团与地方武装东南支队，在副旅长罗占云的率领下，用侦察队一部调动敌人，由第 2 营取道周营，抢占丁家山头；第 1 营取道杨庄打援，第 3 营作预备队，在上刘一带监视东南方向。这次被调动出来的敌军共有 500 余人，其中日军在 200 人以上，总指挥是日军大队长小田。据参加作战的股长罗晴涛叙述此次作战情况：

我军数量上虽然超过敌人，但武器装备却远不如他们。我们当时一个连只有三挺轻机枪，子弹也不多，主要靠步枪、大刀和质量低劣的手榴弹。而敌人每个班均配有一挺轻机枪和一只掷弹筒，大队还备有重机枪四挺，另外还有九二步兵炮等武器……

我全体指战员充分发扬勇敢战斗、不怕牺牲的革命精神，趁对方立足未稳，多路向敌发起冲击。二营在正面力战强敌，硬打硬压，连续冲锋，终于把敌人压回山里王庄，并把他们推上了桂子山西边的丁家山头。②

经过一整天的血战，伤亡惨重的日伪军，为了不至于造成全军覆没的下场，只好在火力的掩护下，拖着、抬着一具具残缺不全的尸体，仓皇逃往八百桥；有的尸体来不及搬运，便砍下一只胳膊带走。是役，共消灭日伪军 300 余名，日军占其半数以上。其中有 3 名自参加太平洋战争以来，屡建战功而未负伤一次、被誉为“圣战武士”的日军官佐，也被打死。战斗之后没过几天，八百桥的残敌便灰溜溜地撤走了。

活动在南京南郊的新四军第 16 旅各团，遵照军部指示，将主力转入敌后区域分散活动，把主要注意力放在敌后反“扫荡”、反“清乡”上面。12 月，日伪军纠合 5000 余人前来“扫荡”横山地区。第 16 旅第 46 团在地方武装配合下，先把日伪军主力诱至石臼湖，然后抽调精干力量袭击板桥、江宁二镇；待敌回防，该部又回师牛首山、秣陵，分途阻击

---

① 《中共苏皖区委给各县县委的指示信》，1943 年 4 月 28 日，中共江苏省委党史工委等编《苏南抗日根据地》，中共党史资料出版社 1987 年版，第 271—272 页。

② 罗晴涛：《血战桂子山》，南京市政协文史资料研究委员会编《抗日风云录》，1985 年内部版，第 136—137 页。

日伪军，使其遭到重大损失。

1944年春夏间，新四军第16旅所属部队，又一次粉碎了日伪军的“扫荡”，并严惩作恶多端的伪自卫团长夏孝义。据雨花区政协提供的资料称：

伪陆郎自卫团团长夏孝义，勾结板桥及江宁镇日伪横行乡里；还投靠南京白下路敌宪兵队队长吉田，被委为“独立警备队队长”。由于他杀害抗日的干部群众，新四军46团第2营两个连于8月22日夜对其发动强攻，46团5连曾派人埋伏要道，拦击板桥、江宁二镇出援之敌。战斗到次日凌晨，终于将夏孝义击毙，全歼匪众，缴获各种枪支100多，为人民除了祸害。①

这年9月，以牛首山等铁矿暴动矿工为基础，组成抗日自卫的谷里区大队，参加抗日游击活动。

随着抗日战争胜利的临近，活跃在南京近郊的敌后武工队，神出鬼没，在打击敌人的斗争中大显神通。由中共浦六工委领导的一支武工队，在1944年至1945年间，曾驰骋六合敌占区，打得日伪军提心吊胆，惶惶不可终日。②

1944年农历正月十五日元宵节，正当伪瓜埠区公所所长陈兆云与伪自卫团200余人，大吃大喝、寻欢作乐时，武工队由潜伏在敌人内部的“忠义社”社员带路，悄悄潜入敌据点，不费一枪一弹，全俘伪军200余人，处决作恶多端的伪区长陈兆云，缴获步枪200余支和大批弹药。这年5月，武工队唐排长带领15名武工队员，来到北城门口伪警察分队的驻处。他们经过化装，机动灵活，突然出现在敌人面前，顺利地缴获了1挺崭新的轻机枪和10余支步枪，并将分队长赵东藩俘获。6月24日，武工队趁县城南面水家湾集期，混于庞杂的人群中，突然袭击伪自卫团团部，缴了30余支枪和1匹高头大马。1945年初，该武工队已改称方山大队。1月11日夜，他们在娄子庄，利用潜伏在日伪军的“忠义社”社员的关系，疏通了伪班长金必辉，趁该地伪自卫团长王广元外出赴宴之机，摸进娄子庄据点，将正在熟睡的伪军130余人连人带枪全部俘获。

1945年8月，中国人民经过8年艰苦抗战，终于迎来了抗日战争的最后胜利。8月10日，日本发出乞降照会。新四军苏浙军区主力部队和地方武装全面出动，向解放区周围一切敌占交通要道和县城集镇发起进攻，八九月间，先后占领溧阳、溧水、句容、高淳等10座县城，以及包括南京近郊湖熟、秣陵关在内的大小集镇100余处。与此同时，江

---

① 任慰：《抗日时期新四军在雨花台地区的战斗活动》，南京市雨花台区政协文史委员会编《雨花文史》第6集。

② 唐华：《一支驰骋六合的敌后武工队》，中共南京市委党史办等编《南京党史资料》第11辑，1985年版。

北方面，新四军第2师与地方武装相配合，也在8月攻克六合，并由划子口渡江南下，攻占龙潭、栖霞山，兵临南京城下。

新四军在南京城郊的长期奋战，是南京人民决不屈服于日本侵略者统治的重要体现。新四军用辉煌的战绩，向全世界宣告：南京人民没有忘记南京大屠杀！南京军民自南京大屠杀以来，从未停止过对于日本侵略者的反抗和斗争！

（四）应当客观评价与宣扬人民的抗争

在南京大屠杀这一历史事件中，不仅充满了中国人民的悲惨灾难，而且包含着中国人民的英勇反抗。屠杀与反抗同在，屈辱与光荣并存。这是同一历史事件中不可分割的两个方面。任意缩小其中一个方面的影响，甚至抹去其中一个方面的内容，都是违背历史事实的，也都将经不起历史的无情检验。

屠杀与反抗同在，屈辱与光荣并存。这既是个理论问题，又是个现实问题。看来，有必要澄清以下几点认识。

其一，不承认这种抗争，不仅在理论上说不通，而且也不符合历史事实。

无法想象，在唐生智仓促下令撤退，甚至有一些部队根本没有接到撤退命令的情况下，将近10万滞留城中的守军，竟会不放一枪一弹，不作丝毫的抵抗；同样无法想象，在日本侵略军恣意屠杀、野蛮凌辱的情况下，60万名左右的南京军民，竟会个个引颈就戮，没有任何的抗争。在历史上与现实生活中，任何一次大规模的军事惩治行动，无论是正义的打击还是野蛮的杀戮，都会遇到不同程度的抗拒和抵制。因此，把南京大屠杀说成是在没有任何反抗的情况下进行的，将找不到任何理论根据，在道理上是说不通的。

对照南京大屠杀前后的实际情况，应当理直气壮地说：城陷时有战斗，屠杀中有反抗，惨案后有斗争。南京军民对日本侵略者的反抗和斗争，与全中国人民的抗日斗争同步。这不是由谁随心所欲地想象出来的，而是铁一般的事实。这类反抗的资料，来自国民政府的档案、中日双方报纸的报道，以及中日双方当事人的回忆和叙述。可能其中的某一件事实，只凭借了某一两条资料；但是，那由千百条资料揭示出来的千百件事实，恰恰构成了一幅真实可靠的抗争画面。历史公正地显示了日本侵略军的残暴和南京军民的勇敢。

其二，承认这种抗争，丝毫也不影响对于日本侵略者罪行的声讨。

部分学者及国际上一些同情中国人民遭遇和斗争的人士，之所以不愿提及南京人民在大屠杀期间的抗争，一个重要的原因，是担心给日本侵略者提供屠杀南京同胞的借口。其实，这种担心完全是多余的。中国人民的抗日斗争，与日本帝国主义对中国的侵略行为互相关联。什么时候有侵略的行为，什么时候就有反侵略的斗争。它并不以南京沦陷时有没有进行巷战、大屠杀中有没有反抗、惨案发生之后有没有继续斗争等情况为转移。中国人民在自己的土地上抗击日本帝国主义的侵略，不管这种抗击激烈到什么程度，都是中国人民正当的权利；日本帝国主义侵略到中国的国土上来，不管遭到多么沉重的打击和损失，都不能掩盖其发动侵略战争的罪责。

战争国际法中著名的三大原则是：破坏和平罪、违犯人道罪和一般性战争罪行。日本侵略军进行的南京大屠杀，不仅是违犯了其中的某一项原则，而是同时犯有战争国际法中规定的三大罪行。远东国际军事法庭和中国审判战犯军事法庭在制定自己的审判法规及对南京大屠杀战犯审判时，也都以上述三大原则作为根本的依据。在南京军民因抗争而发生的死亡中，其属于武装斗争者，日本侵略军犯了破坏和平罪或一般战争罪行；其属非武装抗争者，日本侵略军则在犯破坏和平罪或一般战争罪行之外，还犯了违犯人道罪。至于对那些并未进行反抗的和平居民和放下武器的军人任加杀戮的行为，当然更加明显是犯了违犯人道罪。

当然，抗争的行动容易被侵略者用作血腥屠杀的借口。抗争可以被解释为促使日本侵略者进行屠杀或扩大屠杀规模的因素之一。但是，“原因”并不等于“理由”。这是两个完全不同的概念。

重视对于南京军民反抗的研究，与少数日人强调“便衣兵”、游击队的活动，具有完全不同的性质。这种不同点，至少表现在三个方面：一是目的不同，前者系为了如实地总结历史的经验，后者则是为了替侵略者的罪行辩护；二是手段不同，前者尊重历史事实，实事求是，后者则任意歪曲历史、捕风捉影、捏造事实；三是结论不同，前者认为日本侵略者大屠杀的罪行不容推卸，后者则认为大屠杀事出有因、难于定罪。

其三，宣扬这种抗争，有利于振奋民族精神，为振兴中华而奋斗。

中华民族历来以酷爱自由、富于革命传统著称于世，尤其是近代以来，更进行了不屈不挠、再接再厉的斗争，表现了不甘屈服、顽强反抗的精神。这种优秀的传统和崇高的精神，体现在中华民族悠久历史的每一页上和每一个关键的历史事件之中。事实证明，它们也充分体现于伟大的抗日战争及其初期的南京大屠杀事件之中。

那种自觉不自觉地抑制对抗争揭示的做法，既不符合客观的历史事实，同时也抑制了中华民族反抗外来侵略的精神。以往，每当人们读到、听到南京大屠杀这一悲惨事件的时候，在仇恨侵略者和痛悼死难同胞之余，都不禁要在心灵的深处暗暗提问：在屠刀下的南京同胞为什么不起来斗争？他们为什么会如此顺从地去死？之所以会有这样一些问题提出，除了对于南京沦陷初期严酷、复杂的条件了解不够之外，就是过去在对于南京大屠杀事件的描述中，缺少了一种作为民族灵魂的东西，即人民的反抗和牺牲精神。

历史的车轮滚滚向前，古老的中华民族正在重新崛起。在我们跻身于世界强国之林的征途上，必须大力宣扬、积极倡导那种不屈不挠、坚忍不拔的斗争精神。这是还原历史本来面貌的需要，也是振兴中华的需要。

八、南京大屠杀的历史影响

（一）严重破坏南京地区的社会经济

侵华日军在1937年12月13日攻陷南京后，大肆杀、烧、淫、掠，屠杀手无寸铁的和平居民与放下了武器的士兵达30万人以上，发生强奸妇女的暴行达2万起以上，使南京城1/3以上的街道和建筑物遭到毁坏，公私财产损失达2300多亿元。一个经济发达的文化古都，成了尸山血海、万户萧疏，满是断垣残壁的血城、破城。

在南京所遭受的所有损失与破坏中，最大的损失和破坏，是30万以上同胞被屠杀。人是社会生活各种要素中第一宝贵的要素。在南京城陷时，总人口在60万人以上，被屠杀率达到了1/2左右。一个城市，在短短数月中，竟有1/2人口被杀，这在中外历史上实属罕见。

在南京大屠杀中，由于日军的纵火、抢劫，给南京人民在住房、设备、生活用品、文化图书、农具、农田、牲畜等方面造成了巨大的损失。要计算出一个十分精确的数字，几乎是不可能的。

在南京沦陷期间，安全区国际委员会秘书、金陵大学教授路易斯·S.C.斯迈思及其助手，曾受国际委员会委托，对当时南京的社会、经济情况进行了调查。由于受到时间、人力和条件的限制，这种调查很不完整。财产的损失和社会经济遭到破坏的程度，都有缩小的现象，尤其是人口的伤亡，则与事实有较大出入。但它对于估算和研究日军暴行所造成的巨大破坏，仍有重要的参考价值。战后，国民政府内政部和南京市政府也组织过较大的力量，对于抗战损失进行调查，这些调查，搜集了十分宝贵的资料。

房屋的损失，在各类损失中首当其冲。第七区区长伍家干于1946年5月致南京市政府的呈文中称：自1937年12月13日日军入城起，至1938年10月止，该区范围内，

“拆毁房屋约有二万零五百四十间之多”，“下关江边、大马路、二马路、商埠街、热河路、绥远路等处，房屋均被敌寇中岛部队及小关兵站焚烧拆毁，所有拆毁房屋之材料及地皮，概经敌寇建筑仓库，改筑临时马路之用。”①

一位在沦陷后的南京生活了四五个月的李君，在逃离南京后，向记者讲述了南京城内街道、建筑被日军破坏的惨状。他说：

> 中华门至内桥，全部已成焦土，太平路除中华书局、安乐酒店数家外，亦已付之一炬。大石坝街淮清桥焚去一半，洪武路娃娃桥，片瓦无存，逸仙树(桥)至江苏银行大部焚毁，国府路、珠江路、成贤街到处是破瓦颓垣，完整房屋，不到十家。此外，军政部、铁道部、中央党部、中央大学、大华戏院，均改日军营。交通部、司法院建筑，则均被毁坏。②

美国驻南京副领事埃斯皮曾向远东国际军事法庭提供证言，叙述南京全城建筑物为日军破坏的景象。埃斯皮说：

> 下关地区在火灾中遭受相当大的损失。当时看到的情景，以及从长江所能看到的江边马路上的情景，可以说是江边建筑物的修罗场……在城墙内，作为南京市的一部分，损害最为严重的是南京商业区。要恢复市内的正常活动，这些地区几乎全部需要重新建设。在新而宽阔的马路，即太平路、中山路、中华路以及其他主要马路，在各个区中，除沿马路的大楼外，有十一二幢或不到这个数字的大楼全被烧掉。仅中山路一带，商店和洋行几乎都被焚毁……在南京的其他地区，住宅和大楼，甚至连贫民阶层的房屋也遭到了同样的命运，隔一幢就有被焚烧的。③

斯迈思教授重点调查了太平路、中华路、建康路、白下路、升州路、中山路、朱雀路(今太平南路南段)、中山路(今中山南路)等8条主要商业街道房屋遭到破坏的情况。8条街道中，共有2828座房屋(以一个门牌号码中的房屋为一座房屋)遭到各种原因的破坏；而在遭到破坏的原因中，日军的纵火和抢劫是两点主要的原因。在这8条街道的所有房屋中，分别有32.6%和54.1%遭到纵火和抢劫的破坏。现将各条街道房屋遭到破

---

① 《伍家干就第七区境内被日军屠杀及拆毁房屋等情形致南京市政府呈文》，1946年5月20日，中国第二历史档案馆等编《侵华日军南京大屠杀档案》，江苏古籍出版社1987年版，第525页。

② 慎武君：《沦陷后之南京》，中国第二历史档案馆等编《侵华日军南京大屠杀档案》，江苏古籍出版社1987年版，第650页。

③ [日]洞富雄著、毛良鸿等译《南京大屠杀》，上海译文出版社1987年版，第144—145页。

坏的具体情况列表如下：①

街道名	遭破坏房屋数(座)	被纵火百分比	被抢劫百分比
太平路	233	68.2	26.6
中华路	319	51.4	43.9
建康路	585	47.5	49.6
白下路	411	34.3	61.1
升州路	320	25.0	53.1
中山路	498	15.5	53.6
朱雀路	122	7.4	76.2
中正路	340	3.8	75.9
合计	2828	32.6	54.1

斯迈思教授还将城内外分作11个调查区，分别对房屋的破坏数量及其原因进行了估算。全城共有39200座房屋遭到破坏，其中城内为30516座，城外为8684座。在全城所有房屋中，有23.8%毁坏于纵火，有63%为抢劫所破坏。城内遭到纵火和抢劫破坏的百分比，分别为13.0%和73.2%；城外遭到纵火和抢劫破坏的百分比分别为61.6%和27.5%。

全城私人房屋因遭破坏而造成的损失计达102991500元，其中因纵火造成的损失为97205800元，占94.4%；因军队及其他抢劫造成的损失为3609200元，占3.5%。平均每户损失为527.44元。其各区房屋损失如下：

安全区	5512000元
城西区	4025900元
城东区	13040300元
城北区	2348700元
城北东区	2283600元
门西区	9328600元
门东区	11782800元
城内区小计	48321900元
下关区	42213400元
中华门外	3154100元
水西门外	2846500元

① [美]斯迈思：《南京战祸写真》，中国第二历史档案馆等编《侵华日军南京大屠杀史料》，江苏古籍出版社1985年版，第347页。

通济门外	6455700 元
城外区小计	54669700 元
全城合计	102991600 元

南京附近郊县农民的房屋，也大量遭到日军的破坏。1938 年 2 月，江宁县农民皮德侯、常以新、高塔彪、史家西联合致函留驻江南水泥厂的德国、丹麦人士，内称："由南京龙潭至太平门约 50 里，所有乡村约 2000 多家的数千家(间)房舍被化为灰烬。""由南京东阳镇至中山门西约 60 里，所有农庄约 1 万多户人家和 1 万多间房舍被化为灰烬。"① 据斯迈思教授对江宁、句容、溧水、江浦四县和六合县的 1/2 进行的调查，该 4.5 个县共有 30 万间房屋被完全毁坏，总损失近 2400 万元；平均每户完全损坏房屋近 1.7 间，合 129 元。其各县具体情况如下表：

县别	房屋完全损坏总间数	平均每户损坏间数	房屋损失总价值(元)	平均每户损失价值(元)
江宁	155000	1.90	12077600	148.01
句容	31300	0.79	2437300	61.55
溧水	77600	2.19	6042100	217.34
江浦	31400	1.99	2449300	155.02
六合(1/2)	12800	0.60	933200	46.74
总计(或总平均)	308100	1.656	23999500	129.00

随着房屋的破坏，各种设备与日常生活用品的损失，相当可观。

根据斯迈思教授组织的调查，在城内外遭到破坏的房屋中，设备与家庭生活用品的总损失达 1.43 亿元。其中经营用动产 1.14 亿元，家庭用动产 2967.5 万元；城内区动产 5476.5 万元，城外区动产 8862.5 万元。

古城南京经过日军的纵火、劫掠，文物、图书等方面的损失，十分惨重。作为古代南京文教中心的夫子庙建筑群，被日军付之一炬。主殿大成殿及所有配殿、楼阁尽成灰烬。兼为佛教圣地和著名景点的牛首山，被日军将古树砍伐一空，历代古寺一律焚毁。位于城西的朝天宫，横遭日军破坏，连屋脊上的装饰物吻鸱，也被拆走作为古物观赏。据揭露，日军侵入南京后，设立了专门从事抢劫图书文物的组织，总站在珠江路，下设调查、发掘、收缴等组，与日军机关密切联系。调查组负责了解文物信息、下落，发掘组专司发掘地下文物，收缴组则执行劫掠文物任务。大石坝街 50 号石筱轩家的名贵藏书被

① 《德国档案馆中有关侵华日军南京大屠杀的档案资料》，《抗日战争研究》1991 年第 2 期。

日军劫走4大箱，其中珍贵宋版医书即有10多部；字画、古玩2000余件被劫掠一空。石筱轩的儿子、著名金石家石学鸿近年对报界诉述：日军将“石家图书、字画、古玩、贵重物品以及祖父（石云轩）的文稿、脉案、日记洗劫一空，宝物等装了五条木船。剩余家具因天气寒冷，日军就焚烧烤火，当晚又纵火将整个住宅烧光，消除劫痕。”①据南京市档案馆保存的民国时期档案资料记载，居住门东的卢冀野先生，“其住宅内所藏书籍不下数十万卷，多有旧籍，自其祖云谷太史所遗留者，悉为倭寇焚窃”。② 白芜先生在《今日之南京》一书中称，“半生喜著古钱”的古钱币收藏家陆禹云，“所藏不下万金之价值”，但于“仓卒间未携出，悉被贼劫”。③ 连担任伪南京市自治委员会会长的陶锡三住宅佛堂中存放的《太乙北极真经》、《午集正经》、《未集经髓》等各种经典，亦被日军抢劫一空。日本报界曾发表文章，声讨日军当年在南京进行的“文化大屠杀”。文章揭露：为进行文化大劫掠，日本共动员特工人员330人、士兵367人、苦力830人、卡车310辆次，计从南京搜抢图书88万册。掠去的图书中，包括中国中央政府与地方政府的各种公报；全国经济委员会刊物中，最近对中国经济产业的调查及事业计划书；《清朝历代皇帝实录》3000多册。④ 据战后调查，南京市在抗战期间的文物损失为：书籍公共部分406461册156箱1725种，私人图书53118册1790种840部59箱，字画7720件另6箱，碑帖3851件，古物26584件，仪器990件另63箱，标本20614件另1165箱，杂件648368件，合计1180982件另1449箱，按战前价值估价为2330430元。⑤ 这些损失中的大部分应发生在南京大屠杀期间。

南京附近各县广大农村，也受到日军的野蛮摧残与破坏。德国驻华大使馆留守南京办事处于1938年2月26日向德国外交部发送了第21号报告。该报告附寄了江宁、句容一带农民致留驻江南水泥厂德国、丹麦人士的信。信中说：日军在江宁县“宰牛2000头”。江宁和句容农村，“农舍已被烧光。日本兵首先把箱子、包袱、家具和农具等等，都集中到砖瓦结构的房子中，然后用火点燃，一般烧得精光。整个土地已经荒芜。”

---

① 胡剑明：《“日军将我家藏宝一掠而空”》，《现代快报》2002年12月13日。

② 白芜著《今日之南京》，马振犊等编《南京大屠杀史料集》第64册《民国出版物中记载的日军暴行》，江苏人民出版社2010年版，第199页。

③ 白芜著《今日之南京》，马振犊等编《南京大屠杀史料集》第64册《民国出版物中记载的日军暴行》，江苏人民出版社2010年版，第200页。

④《日本侵略军进行的南京“文化大屠杀”》，日本《赤旗报》1986年8月17日。

⑤《南京市抗战时期公私文物损失数量及估价目录》，转引自孟国祥等著《中国抗战损失与战后索赔始末》，安徽人民出版社1995年版，第107页。

“农民的牛和驴几乎一扫而光。猪、鸡和其他家畜也斩尽杀绝。”①

农村的财产损失，主要表现在房屋、耕畜、农具、库存粮食和庄稼5个方面。房屋损失已如前所述。据斯迈思教授对江宁、句容、溧水、江浦、六合(1/2)4个半县的调查，共损失水牛、黄牛和驴等大牲畜12.3万头，价值670万元，合每户36元；各种农具66.1万件，价值524万元，合每户28元；库存粮食126.6万市担，价值417.6万元，合每户22元；被毁庄稼13.72万亩，价值76.5万元，合每户4元。斯迈思写道：

据报告，在这四个半县，五类农业损失(房屋、牲畜、主要农具、库存粮食和毁掉的庄稼)总计将近四千一百万元，平均每户合二百二十元。值得注意的重要事实是，根据巴克的统计数字，如果按中等农家一年所消费物资全部换算的话，华东地区每户农民平均年收入为二百八十九元。能够积存下来的钱和农业资金本来就微乎其微，所以损失掉一年收入的四分之三，对农民来说，不论是在生产能力上还是在生活水平上都是一个可怕的打击。

现将各县除房屋以外，几项主要财产的损失情形列表如下：

县别	耕畜		农具		库存粮食		毁坏庄稼
	数量(头)	价值(元)	数量(件)	价值(元)	数量(市担)	价值(元)	数量(亩)
江宁	68500	3541400	381100	2784600	498900	1897700	(50560)
句容	17000	1049400	91500	927300	495200	1122600	(34837)
溧水	10600	585200	85900	986900	200500	685700	(21479)
江浦	11700	698400	41500	300800	14100	251900	(11384)
六合(1/2)	15500	793700	61200	241500	58100	218000	(18897)
总计	123300	6668100	661200	5241100	1266800	4175900	137200
平均每户损失	0.66	35.84	3.55	28.17	6.05	22.44	0.85

南京城乡在南京大屠杀期间所受到的各种损失，据战后不完全的调查统计为：

房屋：789幢又31343间；

器具：2406套又309223件；

衣服：5920箱又5914725件；

现款：447958元；

金银首饰：14222两又6345件；

① 《德国档案馆中有关侵华日军南京大屠杀的档案资料》，《抗日战争研究》1991年第2期。

书籍:1815 箱又 2859 套、148619 册;

字画:28482 件;

古玩:7321 件;

车辆:956 辆;

牲畜:6277 头;

食粮:12087975 石;

总值:231785358222 元。①

日军在南京的暴行,不仅使南京市人民的生命财产遭到了巨大的损失,而且使南京市的社会经济与生产受到了严重的摧残。

以下关为活动中心的中国红十字会南京分会,目睹昔日繁华的下关地区,劫后一片荒凉的景象。该会在 1938 年 1 月 4 日致伪南京市自治委员会的一份函件中称:"(下关)房屋被焚毁者几占全埠十分之八九,而无法迁出之难民,至今尚逗留和记洋行及三汊河、八卦洲、七里洲一带者,至少当有二万人。昔日繁华场所,如今变成一片瓦砾,白昼几为鬼市,荒凉满目,不忍卒睹。"②

据中央社来自沦陷后南京的报道,沦陷 1 个月后的南京市面一片恐怖与萧条。消息称:

> 自敌军进城后之一月,全部南京沦入黑暗时代,难民区外火焰蔓延,焦土一片,抢劫横行,渺无人烟,难民区内烧杀奸淫,任意摧残,内外杀气重重,毫无半分市景。自一月中旬,水电方面,经国际委员会努力,略有恢复,但电话、电报及邮运则仍毫无办法。致各种商店业已根本捣毁,现在敌人于难民区上海路一带,新设小摊甚多,所售物品,大部由难民区外抢劫而来,前往购买者甚少。③

与此同时,安全区国际委员会主席拉贝,在致德国西门子中国公司上海理事会的一封信中,也反映了南京市面的破败情况。信中写道:"这座城市约 1/3 被日本人毁。纵火行为仍在继续。这座城市已没有商店,不是遭受打砸就是遭受抢劫。"④

---

① 《南京市民财产遭受抗战损失统计表》,中国第二历史档案馆等编《侵华日军南京大屠杀档案》,江苏古籍出版社 1987 年版,第 524 页。

② 《中国红十字会南京分会致伪南京市自治委员会函》,1938 年 1 月 4 日,南京市档案馆藏,档案号 1002—19—44。

③ 《沦陷区惨状记》节录,中国第二历史档案馆等编《侵华日军南京大屠杀档案》,江苏古籍出版社 1987 年版,第 644—645 页。

④ 《德国档案馆中有关侵华日军南京大屠杀的档案资料》,《抗日战争研究》1991 年第 2 期。

伪南京市自治委员会在1938年3月3日的一份计划书中，描写了当时南京市面一片狼藉的情况。内称：

查本市因受战事影响，城厢内外商铺、店户房屋焚毁倾倒，比比皆是……因有种种事实，以致全市大街小巷房屋焚毁之余烬，即残余木料、瓦屑、碎砖、破墙灰土、废坏钢铁，以及折断电杆、电线等物，七倒八斜，零零落落，途为之塞。①

该委员会在3月13日写成的另一份计划书中，更对南京的市政、卫生、教育及工商业状况有具体的说明。关于市政："本市所有一切市政，陆续无形停顿，社会衰弱，转瞬半载，民不聊生，不堪言状。"关于卫生："原有医院以及新设诊疗所，寥寥无几，设备不全，一旦时疫流行，势必束手无策。"关于教育："查学龄儿童因战争辍学，已有半载，荒废教育。"关于工商业："查本市临近江北，失业工人，本极甚伙，加以百业停顿，无以为生者，尤属不可胜数；谋生为难者，束手待毙；游手好闲者，与匪为伍…… 百业衰落，一时殊难恢复。"②

有一位姓陈的军医官，在保卫南京的战斗中受了伤，后在南京郊外养伤、行医，常进城去采购药品。他告诉记者，沦陷7个月以后的南京，市面冷落、畸形，烟馆妓院特多，吸毒、嫖妓情况严重。他说："南京市面，至今没有恢复，恐怕永远也不能恢复。毁坏的房屋，没有重新制造，修理完整的也绝无仅有。市上商店，十九是日本人开设的。烟馆、妓寮特别多；烟馆除供抽吸鸦片以外，吗啡、海洛因全有，妓女则日本、中国台湾、朝鲜各籍兼备，据说日本人去嫖价钱便宜。"③

另一份于1938年夏来自南京国际救济委员会的材料，披露了南京各业多为日人控制，南京市民从事工商业者，倍受限制与排斥的情况。内称：

交通俱为寇方独占，而大规模之企业尤限制甚严，中国商人全被排斥，商人怨声载道，自谓已降为苦力与店伙矣。受统制之营业，据称有煤业、盐业及银行、棉业、五金、水泥、石灰、水电等业。且中国商店于劫掠焚毁之余，辛勤复业后，必时受恐吓威逼，直至接受寇方合伙经营为止，然后方能获得保障。而寇则又于店中把持一切，微有不合，立可召军人前来。在此种情形之下，华人工商企业，无发

---

①《南京市自治委员会整理及清洁全市道路计划书》，1938年3月3日，南京市档案馆藏，档案号1002—19—9。

②《南京市自治委员会兴办市政需要各项事业计划书》，1938年3月13日，南京市档案馆藏，档案号1002—19—9。

③《沦陷区惨状记》节录，中国第二历史档案馆等编《侵华日军南京大屠杀档案》，江苏古籍出版社1987年版，第697页。

展可言。①

作为南京社会生产支柱的近代工业，在浩劫中摧残殆尽。1937年2月刚刚建成投产的永利铔厂的全套硝酸生产设备，包括8座吸收塔、1座氧化塔、1座浓硝塔等共1482件、550吨重，全部劫往日本，安装在九州大牟田东洋高压株式会社横须工厂，用于军事生产。日本又以“军事管制”名义，将日产500余吨水泥的中国水泥厂，交给日本三菱公司所属磐城水泥株式会社经营，并将许多机器设备拆卸劫走。另一座在日军进攻南京的隆隆炮声中刚试产完毕的江南水泥厂，亦被迫停产。新建的新中华造纸厂和中国造纸厂，均采用机器造纸，设备先进，因遭日军破坏，相继关闭。曾拥有1万多台丝织机的南京丝织业，在日军占领南京后，只剩下200台机开动。通济门外一带的机米厂，全遭日军纵火烧毁，机器设备被作为废铁运走。据统计，整个南京工业，因日军破坏，损失率高达80%。②

素享盛名的南京金融业，被破坏无余。其中完全被毁者，有白下路中国银行，大行宫中国银行、中华银行、南京银行，土街口垦业银行，中山东路中孚银行，建康路中央银行、永大银行，杨公井四明银行，中华门上海银行，中华路南京市银行、新华银行、国货银行，下关交通银行；被日军作为兵站等机关者，有新街口盐业银行、大陆银行、交通银行、浙兴银行，白下路中实银行，薛家巷中国银行等；被日军特务机关占据的有新街口交通银行。③

南京交通银行会计主任黄钰，奉命于1938年7月由重庆抵达南京进行调查，发现日伪当局无力整理市容，工厂大多停办，社会经济恶化。他在报告中写道：

> 八、社会经济情形：中产以下人民，虽入南京者十余万家，然生产技穷，一般消费能力，更为薄弱，伪政府除烟酒税、屠宰税及米捐外，其他无从征收，故其行政费，亦属捉襟见肘；整理市容，更无从着手。并闻京沪一带未毁工厂，敌人鼓励开设，而按成征收其利益，实际则厂主出资，购买原料，而敌人则坐收其生产之货物；应归厂主之利，以敌人监督其会计故，仅收入一笔虚帐；故国人负担资本，而其实乃赍盗以

---

① 《沦陷区惨状》(第十册)，马振犊等编《南京大屠杀史料集》第64册《民国出版物中记载的日军暴行》，江苏人民出社2010年版，第450页。

② “南京大屠杀”史料编辑委员会著《侵华日军南京大屠杀史稿》，江苏古籍出版社1987年版，第179—180页。

③ 《南京交通银行赴京调查报告书》，1938年10月20日，中国第二历史档案馆藏，档案号三九八(2)—1439。

粮;卒至实迫处此而停办,社会经济,何日复苏,可为叹息。①

血腥的大屠杀,改变了南京市民正常的家庭、性别、年龄结构,从而也直接影响到南京社会经济与生产、生活等各个方面。

家庭成员结构的变化。一般由夫妻两人或夫妻两人带着孩子生活在一起的,可以称作"正常型"或叫"完整"的家庭;若是夫妻中死亡了一方,就成了"不完全型"的家庭,甚至是"无家型"(夫妻中死亡一方,又无老人、孩子)的家庭。据调查统计,1938年"正常"户在所有家庭中所占的比例,比1932年时要少10%,即由原先占72.4%下降到占62.9%;相反,"不完全"户却由原先的占27.5%上升到占37.1%。斯迈思教授称:"……有四千四百个妻子,或者说有百分之八点九的妻子,她们的丈夫不是被杀害就是受了伤,或者被抓走了,在这些丈夫中,有三分之二是被杀害或被抓走的,占总数的百分之六点五。更使人心酸的是,有三千二百五十个孩子(占孩子总数的百分之五)的父亲被杀害、受伤或者被抓走。"具体情况如下表:

地区	正常型家庭(%)		不完全家庭(%)	
	夫妻同在	夫妻与孩子同在	被破坏家庭	无家庭
城里区	9.3	54	21.7	15
城外区	11.6	41.9	15.3	30.3
合计	9.4	53.5	21.4	15.7
1932年参考数	13.6	58.8	12.9	14.6

据1938年1月27日《华北每日新闻报》报道,安全区内男丁大量被抓、被杀,造成大批家庭仅剩孤儿寡妇的现象。报道说:

> 恢复正常生活的另一难题是孤儿寡妇。在金陵女子学院调查时,调查表的第一部分就这个问题进行调查后,发现四百二十名妇女仰仗生计的男人被日军屠杀。城里许多男子因被怀疑是"便衣军人"而遭厄运。即使女人、孩子担保,有些男子仍在登记时被押走。②

市民性别、年龄比例的变化。由于青壮年男子的大量被杀害,市民中男性所占比例大为下降,尤其是代表了人口中有生产能力的15—49岁的男性所占比例,降幅更大。

① 《南京交通银行赴京调查报告书》,1938年10月20日,中国第二历史档案馆藏,档案号三九八(2)—1439。

② 陆束屏汇辑编译《南京大屠杀——英美人士的目击报道》,红旗出版社1999年版,第133页。

具体情况如下表：

1. 各阶段年龄所占比率(%)

年龄分段	1938年			1932年		
	男	女	合计	男	女	合计
0—14岁	33	32	32	30	32	31
15—49岁	49	46	48	57	52	54
50岁以上	18	22	20	13	16	15

2. 相对于100个女性的男性人数

年龄分段	1938年	1932年
0—14岁	105	109
15—49岁	111	124
50岁以上	85	94
总计	103	114

南京市民的就业状况和收入，也与战前有了较大的变化。据对22.1万人口进行的抽样调查，1938年3月就业人数仅为2万人左右，占调查人口的9%，其平均工资为每日0.32元；而在这部分被调查者中，原先却有近5.8万人就业，其平均日收入也达到1.01元。也就是说，就业人数下降了65%，平均日工资下降了69%。其具体情况如下表：

对全市22.1万人口就业、收入的抽样调查

职业	男		女		合计		就业人员日平均收入(元)		
	目前	原来	目前	原来	目前	原来	目前	原来	目前收入为原来收入的百分比(%)
农业和采矿	2450	5500	50	100	2500	5600	0.20	0.73	27.4
制造、机械	950	9650	—	300	950	10450	0.38	1.08	35.1
商业	13150	18200	500	1700	13650	19900	0.31	1.20	25.8
运输	900	3550	—	100	900	3650	0.42	1.14	36.8
文职	—	900	—	—	—	900	—	0.86	
家庭与私人服务	750	6000	200	700	950	6700	0.45	0.96	46.9

以上各项以外的公共服务	150	1800	—	100	150	1900	1.00	1.03	97
自由职业	—	1600	100	150	100	1750	0.55	1.05	52.4
一般劳务	400	3050	100	1150	500	4200	0.25	0.34	73.5
合成商店	650	2700	—	150	650	2850	0.22	0.91	24.2
总计与总平均	19400	52950	950	4950	20350	57900	0.32	1.01	31.7

浩劫之后，南京附近农村，劳动力缺乏，越冬作物被毁，粮食短缺，生产工具不足，给农村生产的正常进行，造成了灾难性的后果。

据调查统计，到1938年3月，在南京周围的4个半县中，共有13.3万农村人口离家外迁，约占原有人口数的11%；其中外迁情况最严重的是江宁县，该县共有11.1万人外迁未归。斯迈思教授在组织调查的基础上，特别强调指出："必须注意，在全部人家中，可能有三倍以上数字的人还正在离开"。关于各县农村人口外迁和所缺劳动力的情况，如下表：

县名	估计原有人口	外迁未归数	外迁未归数所占百分比(%)	劳力数			预计缺少劳力数	预计缺少劳力所占比例(%)
				去年	现在	可望归来		
江宁	544300	110980	20	264400	213800	32600	18000	7
句容	229300	1980	1	95400	87900	1200	6300	7
溧水	187200	10560	6	54800	45900	2200	6700	12
江浦	112300	1420	1	45700	40900	600	4100	9
六合(1/2)	144100	8290	6	66900	58900	400	7700	11
总计	1211200	133230	11	527200	447400	37000	42800	8

造成南京附近农村人口减少、劳动力缺乏的另一个重要原因，当然是日军的屠杀。日本侵略军一手制造的南京大屠杀，其主要地区在城内及城墙附廓一带近郊。受其波及，江宁、六合、江浦、句容、溧水各县，也有大量农民惨遭杀害。斯迈思教授在《南京战祸写真》一书中写道："据报告，在调查涉及的一百天里，死亡者总数三万一千人，居民平均一千人中死亡二十九人，这样算来，年死亡率是千分之一百零六。中国正常情况下年死亡率是千分之二十七……百分之八十七的死亡是暴力造成的，其中绝大多数是士兵故意施加的暴行"。为了引起人们的注意，斯迈思教授特别指出："每七户就有一人被杀害，如果以同样的比例用于美国农村的话，相当于有一百七十万人被杀害了；如果用于全中国范围的话，就相当有八百万人被杀害。"被屠杀的比例，占到所有农户中的1/7，这

确是一个惨痛而又惊人的比例。不过，需要指出的是，由于斯迈思先生使用的方法是抽样调查，而且时间仅限于日军占领南京后的100天时间内，因此，他所统计的被屠杀的人数，比农村实际遇难的人数要低得多。现将这一很不完全的调查、统计情况列表如下：

县名	居民总人数	死亡总人数	每千人中死亡人数	死亡原因			每千人中被杀害人数
				暴行		疾病	
				男	女		
江宁	33300	10750	25	7170	1990	1590	21
句容	227300	9140	40	6700	1830	610	37
溧水	170700	2370	14	1540	560	280	12
江浦	110900	5630	51	4990	—	630	45
六合(1/2)	135800	3060	23	2090	—	970	15
总计	1078000	30950	29	22490	4380	4080	25

需要说明的是，斯迈思教授统计的有关人员性别、年龄、家庭状况等方面的比例，与南京大屠杀的巨大规模不相适应。除了前述调查方法和时限的因素外，出现这样的情况还由于：近10万名中国军人在放下武器后被成批屠杀，他们的存亡并不反映在南京市民的人口要素之中；部分家庭家破人亡，或全部被杀，或一部被杀、一部逃亡，根本无法被调查，其人口变迁当然也无法得到准确的反映。

越冬作物的毁坏，直接影响到农村经济和农业生产的正常运行。据统计，在南京周围的4个半县中，共有9%的越冬作物被完全毁坏；已种植而未被完全毁坏的越冬作物，其可望收获量，也只能达到正常收成的63%。其具体情况如下表：

县名	越冬作物种植面积(亩)	完全毁坏的越冬作物所占百分比	越冬作物可望收获量(市担)	越冬作物可望收获量占正常收成百分
江宁	693000	7	474000	53.2
句容	315000	18	232400	76.2
溧水	233000	9	127400	55.4
江浦	260000	4	215800	71.2
六合(1/2)	190000	10	122200	63.6
总计或总平均	1691000	9	1171800	62.7

越冬作物的完全和部分被毁，又造成了南京市粮食的短缺。上表所列可望收获粮食的数字，只是最好的估计，实际上，考虑到社会动荡以及天气等因素，大约只能希望收

到正常收成的41%—63%。斯迈思先生认为，即使按照最好的估计，越冬作物所能收获到的粮食，南京（含附近各县）每户也只能摊到3.4市担，即只够吃7个星期。前节已经述及，南京附近的4个半县中，由于战争和日军的掠夺，库存粮食总共损失了127万市担，比可望在夏季收获的粮食数量还要多。

至于农业生产工具的损失，前节也已述及，在南京附近的4.5个县中，共损失各种农具66.1万件，平均农民每户损失了3.6件；损失各种耕畜12.3万头，平均每户0.66头。生产工具的大量损失，直接影响到农业生产的继续和恢复。耕畜和农具损失的具体情况如下：

1. 损失耕畜数(头)	
水牛	58200
牛	25500
驴	39600
共计	123300
平均每户损失	0.66
2. 损失农具数(件)	
犁	94700
耙	83700
水车	115100
锄	367700
共计	661200
平均每户损失	3.6

农村生产遭到严重破坏的情况，也部分地反映在现存的德国档案中。当年德国驻华大使馆留守南京办事处政务秘书罗森于1938年3月4日向德国外交部报告说：

> 重返他们离开甚至被烧毁家园的那些农民——目前多是老人和小孩——又能干什么呢？他们的农具、谷种和各种牲畜已被一扫而光。龙潭—汤山—南京三角地的负责人说，这一地区原有3000头水牛，目前还剩300头。谨慎地估计，仅用人力只能种植目前稻田的1/3。即使在地里有时能看到一些人，多数也是饥饿的外地人，他们在杂草丛生的田地里寻找最后残存的胡萝卜，耕种田地的人极为罕见。①

①《德国档案馆中有关侵华日军南京大屠杀的档案资料》，《抗日战争研究》1991年第2期。

综上所述,工农业生产与商业、金融活动素称发达的南京,在日军的肆虐破坏下,市面萧条冷落,生产停滞,经济破败。昔日的文化古都、全国政治经济中心,变得满目疮痍,不堪言状,这是日本侵略者无可推卸的严重罪责。日军的血腥屠杀和野蛮暴行,不仅夺去了30万以上南京同胞的生命,而且从根本上毁坏了南京的社会经济生活与工农业生产。南京人民为此付出了惨痛的代价。在60年后的今天,当人们翻开这页沉重历史的时候,仍然深深地感到它那不同寻常的分量。

(二)激起中国人民的顽强抵抗

南京大屠杀是日本侵略者蓄谋已久的、有计划、有预谋的血腥暴行。暴行的目的,在于震慑南京以至全中国的军民,使之停止抵抗,俯首听命。可是,与日本侵略者妄图通过屠杀与暴行使中国人民停止抵抗、就此屈服的愿望相反,作为对日军残暴屠杀的一种反作用力,南京人民和全国人民在敌人的屠刀面前,痛定思痛,化仇恨为力量,决心用打击侵略强盗的实际行动,为死难者报仇。正如美国《纽约时报》记者德丁在一篇报道中所说:"掳掠南京城,蹂躏民众,日军在中国人心里深深地埋下仇和恨,这种仇恨日积月累便会形成东京表示要尽力从中国根除的抗日意志。"①英国记者埃德温·豪伍德在《大不列颠与东方》杂志撰文介绍田伯烈《战争意味着什么:日军在华暴行》(按即《外人目睹中之日军暴行》)一书时,以"没有比这更能坚定中国人的抵抗"为题,指出:

> 从实用的立场出发,日本理应对这些令人发指的暴行表示遗憾,因为这些暴行毫无疑问将比任何其他东西更强烈地坚定中国人民的抵抗……此举不可估量地强化了全民族赶走侵略者的决心。②

日本侵略军在南京的暴行,通过各种新闻媒体,迅速传遍全中国,极大地激发了全国人民把抗日战争进行到底的顽强意志。当年曾参加守卫南京的营长郭岐在《陷都血泪录》中,淋漓尽致地揭露了日军在南京的野蛮罪行。他向所有的中国军人发出感人肺腑的呼唤:"我士兵同志们啊!敌人是不要我们当俘虏的,等到枪杆离手之后,他就整千

---

① [美]杜丁:《攻占南京肆意屠戮》,1937年12月18日《纽约时报》。转引自陆束屏汇辑编译《南京大屠杀——英美人士的目击报道》,红旗出版社1999年版,第88页。

② [英]埃德温·豪伍德:《"没有比这更能坚定中国人的抵抗"/可怖的南京记录》,《大不列颠与东方》第51卷,1938年7月21日。转引自陆束屏汇辑编译《南京大屠杀——英美人士的目击报道》,红旗出版社1999年版,第160、163页。

整万地下了屠杀的毒手！只有拼命啊！不可自误啊！"①李克痕先生在长篇连载文章《沦京五月记》中揭露了日军在南京惨绝人寰的暴行，慷慨呼吁："同胞们！时急势迫，事实已不许我们再犹豫了！同胞们，快奋起！同胞们，快奋起！"②血泪的控诉，在中国辽阔的大地上，掀起了巨大的波澜。全中国军民，决心化悲痛为力量，誓将日本侵略者驱逐出中国。正如《大公报》的一篇社评所表达的心声："国万万不可亡，亡了国便休想做人！""抗战杀敌是卫国保种的唯一手段"。③ 血债要用血来还。这已成为抗战期间中国人民的共同誓言。记者范式之在报道了南京"全城血染遍"的惨状后，断言南京人民深信，"这样的一笔血债，一定也要拿敌人的血肉来偿付，如这笔血债的数字愈增高，敌人将来所要用以还偿的代价也愈大。"④沙溯因在《如此江南》一文中写道：

> 总之，我们以前那山明水秀伟大庄严的首都，现在已经沦为地狱了！我们多少亲爱同胞，每日呻吟在那些魔鬼的淫威之下。怎样夺回我们的河山？怎样拯救我们的同胞？无疑地，我们每个人都应该勇敢地负起这种责任来。⑤

南京大屠杀使中国人民在血泊与灾难中猛醒，在残暴的侵略者面前，没有别的选择，只有以牙还牙，以血还血，用自己的血肉，筑起保卫祖国的新的长城。南京大屠杀的腥风血雨，更加激发了中国人民的民族意识和爱国主义精神。从这个意义上说，日本侵略者的南京大屠杀及其他暴行，犹如套在自己颈子上的绞索，随着时间的推移，绞索将愈收愈紧，直至侵略者最后灭亡。

（三）导致日本侵略者失道寡助

只要稍微翻一下当年的日文报纸，就可以知道，日本军国主义在发动侵华战争并对中国人民施以野蛮暴行的同时，是多么重视骗取国际舆论的支持。然而，历史的逻辑注定了日本侵略者必然陷入失道寡助、自我孤立的困难境地。

---

① 郭岐：《陷都血泪录》，"南京大屠杀"史料编辑委员会等编《侵华日军南京大屠杀史料》，江苏古籍出版社 1985 年版，第 5 页。

② 李克痕：《沦京五月记》，"南京大屠杀"史料编辑委员会等编《侵华日军南京大屠杀史料》，江苏古籍出版社 1985 年版，第 116 页。

③ 汉口《大公报》1938 年 7 月 21 日。

④ 范式之：《敌蹂躏下的南京》，"南京大屠杀"史料编辑委员会等编《侵华日军南京大屠杀史料》，江苏古籍出版社 1985 年版，第 125—126 页。

⑤ 沙溯因《如此江南》，中国第二历史档案馆等编《侵华日军南京大屠杀档案》，江苏古籍出版社 1987 年版，第 688 页。

一批对中国人民充满同情、坚持人类正义原则的国际友人，在南京沦陷前后，组成南京安全区国际委员会。在他们保护南京难民的生命财产安全与保障其基本生活的同时，以目击者的身份，首先向世界提供了关于日军南京大屠杀暴行的第一手资料。

安全区国际委员会主席、德国西门子公司驻中国总代表拉贝，曾在自己小桃园10号住宅大院里，收容600余名难民，并挺身而出，不许日本兵在这里施暴。他不断搜集日军暴行的材料，向日本当局提出抗议。拉贝在1938年4月离开中国回到柏林后，一连作了5场演说，淋漓尽致地揭露了日本侵略军在南京的暴行。后来他又向德国元首希特勒呈递了一份关于南京安全区国际委员会的工作和日军在南京大屠杀暴行的详尽报告。他说，他的目的，“只是希望让所有的人，包括日本人对这场战争的可怕后果有所了解，并敦请他们利用一切法律手段，终止这场由日本军队挑起的争端。”①显然，拉贝在德国的活动及所提供的资料，有助于帮助德国政府及其公众，客观地了解南京大屠杀的真相。正因为如此，才使拉贝的活动遭到德国当局的禁止，部分照片也被没收。这正好说明了侵华日军南京大屠杀的真相，一旦公之于世，将给日本侵略者带来多么大的压力和困难。

另一位安全区国际委员会成员贝德士教授不仅整日奔波于安全区的各难民收容所之间，保障难民的生命安全与基本生活，而且还亲自将日军的各种暴行记录打印成可以随时向外发布或向日军当局交涉的文件。贝德士冒险地于1938年1月10日托美国军舰带出了一封信件，信中指出：“如果事实说明了一个现代军队——一个用欺骗的宣传掩盖其罪行的军队——的种种野蛮行径，那就让事实说话吧。在我看来，重要之处在于这一征服战争带来的无限苦难。这种苦难由于放纵和愚蠢而倍增，使未来长久陷于黑暗。”②事情的发展，正如贝德士宣称的那样：事实必将戳穿侵略者的谎言。贝德士亲手制作的文书、函件，正是在这方面，发挥了巨大的作用，而使日本军国主义的狰狞面目益加暴露。

还有一名安全区国际委员会成员约翰·马吉牧师，冒着极大的危险，用16毫米摄影机在金陵大学医院和南京近郊的屠杀后现场，摄下了受害者和遇难者的近景影片。这些胶片成为留存至今唯一反映南京大屠杀暴行的动态画面。这些原始的胶片中的一部分，于1938年1月由国际委员会总干事菲奇放在大衣内，乘日本军用火车偷运到上海，冲洗加印成4个正片拷贝。其中的一部拷贝给了德国留驻南京的外交官罗森。德

① 《拉贝致希特勒报告书》1938年6月8日。转引自朱成山：《日军屠城铁证——拉贝报告书及附件内容》，1996年12月27日《人民日报》。

② 章开沅：《南京大屠杀的历史见证》，湖北人民出版社1995年版，第55页。

国当时虽为日本的盟国,但罗森认为:"这部电影是日本人所犯残暴罪行有说服力的见证。""日本人在南京的恐怖统治已达无以复加的程度。"罗森在1938年2月10日的一份致德国外交部报告中,介绍了这部电影的内容,并附了各个剪接图像的英文解说词。他在报告中写道:"解说词和影片本身都是一部令人震惊的时代文献。请允许我提出这样的请求,把带有解说词译文的这部电影能放给元首和总理一看。"①希特勒究竟看了这部电影没有,以及他看过后的反应,不得而知。但从外交官罗森的报告中,已经可以清楚看出,作为日本盟国的德国政府官员对于南京大屠杀事件的重视和震惊。

侵华日军在南京的暴行,还通过一些新闻记者在新闻媒体上发表消息和评论,曝光于全世界,从而引起国际舆论的强烈批评。

首先披露南京大屠杀的国际媒体是美国《纽约时报》。该报记者德丁于12月15日离开南京后,即给报社发去紧急电讯,报道日军南京大屠杀的情况。紧随此后,苏联《真理报》、英国路透社也对南京大屠杀暴行做出了相应的报道。接着,纽约《泰晤报》又连续刊登记者亚明发自上海的报道,内称:"查日军在南京之行动虽往时中国盗匪占领城镇时之奸淫杀掠,亦无以过之。""自日军进占南京,出以种种暴行之后,声誉遂一落千丈。即向来赞成日本大陆政策者闻之,亦无不为之变色矣。"上海英文《大美晚报》在转载上述电讯时认为,"此项电讯已在美国舆论方面及华盛顿官场方面引起深刻印象。"②这些报道,对日本政府和日本军事当局,造成了巨大的压力。战后远东国际军事法庭在其《判决书》中写道:"由于这类不利的报道以及在世界各国所引起的舆论的压迫,结果使日本政府召回了松井及其部下将领约八十名。"③

英国《曼彻斯特卫报》记者田伯烈根据南京安全区国际委员会成员的日记、信件和关于日军暴行的记录、报告,于1938年3月在上海编著了《战争意味什么?日军在华暴行》一书在伦敦出版;同年7月,由杨明译成中文,取名《外人目睹中之日军暴行》,由汉口国民出版社出版。著者在书中呼吁:"除非人类准备长期放弃决定是非曲直的权利,除非人类甘冒绝大的危险,使中国目前所遭遇的无可名状的恐怖苦难,再演于将来,那么,全世界人士对于英勇抗战的中国,就不应该袖手旁观,漠不关心。"他还直言批评英国政府不应怀着恐怖的心理,无能为力地说:"我们有什么办法呢?"对此,田伯烈回答说:"办法是有的。目前迫切的具体步骤是:我们实践以军火或金钱援助中国的诺言。但我们的行动不应以此种援助而满足。我们必须树立永久的集体安全制度,以保护爱

① 《德国档案馆中有关侵华日军南京大屠杀的档案资料》,《抗日战争研究》1991年第2期。

② 上海《大美晚报》1937年12月22日。转引自中国第二历史档案馆等编《侵华日军南京大屠杀档案》,江苏古籍出版社1987年版,第647页、645页。

③ 张效林译《远东国际军事法庭判决书》,群众出版社1986年版,第487页。

好和平的国家，使不受侵略，然后我们才有和平的希望。我们必须觉悟到休戚与共的至理情义，然后我们才能消灭战争的暗影。”①

西方的一些政界人士，在悉知日军南京大屠杀暴行后，纷纷加以谴责。美国驻日大使格鲁表示：“日本的行动是难以理解的，这些事件不能不使世人对日人传统的武士道精神和荣誉观念重作评价，日本也将因此而永远无法恢复其往日的声望。”②德国驻中国军事顾问团团长法肯豪森上将认为，日军的行动“几乎无法称之为一支正规的军队”，从而向柏林报告说，他今后对日人的态度将完全改变。③ 德国驻南京的外交代表向其政府报告日军南京大屠杀事件说：“这不是个人的而是整个陆军即日军本身的残暴和犯罪行为。”报告形容日军为“兽类集团”。④

南京大屠杀暴行，造成了日本侵略者在国际上的极度孤立。“多行不义必自毙”，这是历史的规律。正如毛泽东在其著名文章《论持久战》中所分析：日本战争的“特殊的野蛮性”，除了最大地激起了它国内的阶级对立、中日两民族之间的对立外，还最大地激起了“日本和世界大多数国家的对立”，从而“不能不遇到一个超过其国际援助力量的国际反对力量”，“这后一种力量将逐渐地增长，终究不但把前者的援助力量抵消，并将施其压力于日本自身”。毛泽东精辟地将此种情况称为“失道寡助”的规律。⑤

（四）告诫炎黄子孙警钟长鸣

30 万同胞惨遭血腥屠杀，是中华民族的奇耻大辱。为使屈辱的历史不再重演，为使屈辱的时代永远结束，中国人民近 80 年来，进行了深沉的思索。惨痛的历史告诫人们：“落后是要挨打的”；落后必然导致屈辱，强大才能赢得尊严。

30 年代中叶、抗战爆发前的中国，重工业基础薄弱，工农业生产水平低下，现代科学、文化、教育事业落后。而日本则为新兴的资本主义国家，轻重工业均相当发达，拥有先进的科学技术水平。两国生产力水平悬殊较大。

日本自明治维新以后，即不遗余力地加强轻重工业的建设，至全面发动侵华战争

---

① ［英］田伯烈编著、杨明译《外人目睹中之日军暴行》，国民出版社 1938 年版，第 186—187 页。

② 李云汉：《有关“南京大屠杀”中外史料的评述》，载台湾近代史研究所编《抗战建国史研讨会论文集（一九三七——一九四五）》，1985 年。

③ 李云汉：《有关“南京大屠杀”中外史料的评述》，载台湾近代史研究所编《抗战建国史研讨会论文集（一九三七——一九四五）》，1985 年。

④ 张效林译《远东国际军事法庭判决书》，群众出版社 1986 年版，第 485 页。

⑤ 毛泽东：《论持久战》，《毛泽东选集》，第 2 卷，人民出版社 1991 年版，第 448 页。

时，已有金属工业工厂6600余家，机器工业工厂9000余家，化学工业工厂4300余家，军事工厂34家，所有进行现代化战争所需的武器等，均能自制。① 同时，由于日本拥有发达的民用工业，这些生产能力，到战时即可顺利转化为军工生产能力，直接为战争服务。以机械工业和化学工业为例，中国至1936年，全国只有机械工厂753家，制酸工厂8家，制碱工厂7家，主要酒精工厂10家，主要染料工厂10余家（1934年数字），即计有化学工厂40家左右。② 中国抗战前机械工厂与化学工厂的数量，只及日本同类工厂的8.37％与0.93％，根本无法相比。由此亦可见中日间整个工业发展水平差距之一斑。而重工业与化学工业又是国防建设的基础，可以说，没有发达的重工业与化学工业，就没有现代化的国防。国民政府高级将领陈诚称："我国因科学落后，工业基础脆弱，军需工业设备简陋，技工缺乏，尤属十分幼稚。且复限于财力，无法大事扩充，致重武器多不能自造"③。

受工业、科技发展水平与综合国力的影响，在抗战之初，中日双方的兵力亦悬殊。据统计：七七事变发生时，日本陆军共有现役兵38万人，预备役兵73.8万人，后备役兵87.9万人，第一补充兵157.9万人，第二补充兵90.5万人，合计448.1万人；海军拥有各种舰船吨位190余万吨；陆、海军拥有飞机2700架。而同一时间，中国陆军只有现役军人170余万人，另有经过训练的壮丁50余万人，继续训练的壮丁约百万人；海军拥有舰船吨位约11万吨；空军拥有各种飞机600架。④ 由上数字可见，中国人口虽数倍于日，现役兵员亦大大多于日方，但经过训练可投入战斗的陆战兵员，其数字则大致相当，中国为170余万人，日方为199.7万人，而就其训练水平与官兵素质来说，日军则占有更大的优势。再就海、空军实力而言，两国间的差距更为不争之事实。中国海军吨位只占日本的5.8％，飞机数量亦只占日本的22.2％；若再考虑到双方舰船、飞机的性能、火力等，则中国方面的劣势更为明显。

日军一个师团的编制兵员与装备为：官兵2.2万人，马5800余匹，步骑枪9500枝，轻重机枪600余挺，各式火炮108门，战车24辆。中国陆军一个师的编制兵员与装备为：官兵1.1万余人，步骑枪3800余枝，轻重机枪328挺，各式炮及迫击炮46门，掷弹筒243枚。⑤ 需要说明的是，日军每个师团为支持大量火炮等重武器及辎重运输，还装备

① 陈诚：《陈诚先生回忆录——抗日战争》，东方出版社2009年版，第20页。

② 陆仰渊、方庆秋主编《民国社会经济史》，中国经济出版社1991年版，第368—375页。

③ 陈诚：《陈诚先生回忆录——抗日战争》，东方出版社2009年版，第20页。

④ 何应钦：《八年抗战之经过》，浙江省中国国民党历史研究组（筹）1985年印，第44—45页。文内数字不包括中共领导的八路军、新四军及人民抗日武装。

⑤ 陈诚：《陈诚先生回忆录——抗日战争》（上），台北"国史馆"2005年版，第17页。

有 262 辆车辆与 266 辆自动货车。两相比较，中国方面按人数计算，枪支、火炮的占有量劣于日军，缺少坦克的配备，军马与车辆无固定编制，这就大大限制了部队的火力、机动能力与快速进攻能力。

落后的工业与国防，铸成了中国人民的灾难与屈辱。30 万死难同胞的呼叫与喷洒涌动的鲜血，化作历史的警钟，时时告诫炎黄子孙：国力贫弱就无力抵御外侮，要使民族自立自强，必须增强中华民族的凝聚力，努力发展经济与科技，加强国防建设，保持强大的综合国力。

我们在长鸣的警钟声中，还仿佛听到那集体屠杀平民的机枪声与日本侵略军杀人取乐的狞笑声。这种充满恐怖与血腥的声音，既遥远又临近。在那场军国主义发动的野蛮战争中，人类的尊严和道义被疯狂践踏。军国主义的残暴、野蛮与疯狂，是一切战争暴行之源。南京大屠杀便是日本军国主义恶性膨胀的产物。二次大战结束后，日本军国主义已经覆灭。但是，树欲静而风不止。50 多年来，国际上的政治形势并不平静。日本国内的极少数右翼分子和政客，一次又一次地在侵略中国与东亚以及南京大屠杀问题上，掀起翻案的逆流和浊浪，妄图为已经被扫进历史垃圾堆的军国主义招魂。

日本国内一小撮右翼势力，为了推翻历史的定案，用尽了各种卑劣的手段。他们时而采用修改教科书的办法，以毒害青少年一代，制造使军国主义死灰复燃的土壤；时而在国际有影响的杂志发表颠倒黑白的谈话，以混淆国际视听；时而由官僚政客利用自己的身份、地位发难，扩大翻案谬论的影响；时而披上学者的外衣，著书立说，貌似客观，以迷惑不明真相的人们；时而由政要率领，去供奉着甲级战犯的靖国神社参拜，公然挑战中国和亚洲被侵略国家人民的感情。此可谓前呼后应，互相配合，处心积虑，异曲同工。

历史的经验证明：战争狂人凡是要发动新的侵略战争，要施行新的战争暴行，总是要先制造舆论，先否定历史上的侵略与暴行。翻案意在复活。日本少数右翼分子否定南京大屠杀，就是否定整个侵华历史的突破口，其目的是要为复活军国主义制造舆论。从本质上说，这类翻案活动，是历史上日本军国主义对外侵略与施暴的继续与延伸；同时，它又是日本军国主义势力妄图发动新一轮侵略、实施新一轮暴行的前奏。60 多年前发生的南京大屠杀，对于南京人民、中国人民和全世界炎黄子孙来说，白骨尚在，记忆犹新。历史的警钟在人们的耳边长鸣。南京大屠杀的惨痛历史，呼唤人们百倍警惕，决不许历史的悲剧重演。历史的车轮滚滚向前，从南京大屠杀和抗日战争的历史中走过来的中国人民，决不允许日本军国主义卷土重来。极少数人复活日本军国主义的企图，是绝对不能得逞的。

维护和平，反对战争，促进发展，是全世界人民的共同愿望和责任。历史表明，和平来之不易，世界大战的悲剧、南京大屠杀的悲剧不能重演。和平失却，战争不断，带来的恶果必然是生灵涂炭，国破家毁。由日本军国主义发动的侵略战争，使中国人民蒙受了巨大的牺牲，日本人民也深受其害。前事不忘，后事之师。只有团结一致，以史为鉴，时刻警惕日本军国主义的复活，亚洲和世界的和平才能得到保障。

南京大屠杀的历史已经翻过了近80个春秋。如果说，它所造成的某些影响，具有一定的时间性，如对南京的破坏，对中国人民抗战意志的激发，使日本在二次大战中极度孤立等；那么，它给中国人民带来的血的教训和敲响的历史警钟，将千古万世地发挥作用。这一力的运动，将长远地进行下去。人们从长鸣的警钟声中，得到共同的启示：

振兴中华是世界炎黄子孙的共同使命。

制止日本军国主义复活的斗争一刻也不能停息。

九、 南京大屠杀的记忆

（一）南京大屠杀真相的早期传播

在日本右翼势力的翻案逆流中，有一种谬论甚嚣尘上：他们故意编造出南京大屠杀没有早期传播，是事后制造出来的假象，以混淆视听，从而达到否定南京大屠杀的罪恶目的。其代表人物东中野修道在《南京大屠杀的彻底检证》一书中，即对大量早期报道南京大屠杀暴行的书刊、文章视而不见，而以该暴行“没有出现在上海的英文杂志上（支那事变一周年专集）”，“在《抗日军政大学动态》中也没有登载”①等随意性的攻击，否定南京大屠杀早期传播的存在，并进而否定南京大屠杀事实本身的存在。

事实证明：1937 年 12 月 13 日南京沦陷后，攻击南京的日军便在南京及其近郊开始了有计划、有预谋的大规模屠杀和奸淫、放火、抢劫等血腥暴行。古城南京，一时血流成河，火光冲天，变成了一座人间地狱。通过中外新闻媒体、西方驻宁侨民和机构，以及国共两党等各种渠道的共同努力，差不多与日军杀、烧、淫、掠的暴行同步，其暴行的真相被迅速披露。侵华日军的这一暴行，震撼了全中国，震惊了全世界。

英美记者：最早向世界发出快讯

英美等西方国家记者，利用第三国人士的有利身份与地位，最早向世界报道了日军在南京的暴行。美国《芝加哥每日新闻报》于日军攻陷南京的第三天，就于 12 月 15 日刊登了该报记者 A. T・斯提尔发自南京江边“奥湖”号军舰上的报道。斯提尔称：“离开南京之际，我们最后见到的场面是一群三百名中国人在临江的城墙前井然有序地遭处

① ［日］东中野修道著、严欣群译《南京大屠杀的彻底检证》，新华出版社 2000 年版，第 246 页。

决，那儿的尸体已有膝盖高”。① 另一名美国记者F·提尔曼·德丁于12月17日从“奥湖”号军舰发出特讯，客观报道了发生在南京的悲惨事件。该电讯称：“屠杀平民的现象极为普遍。星期三（按为12月15日）外国人在全城四处走了走，发现每条街都有死难的平民。他们当中有的是上了年纪的老汉，有妇女，也有儿童。”“日军的抢劫已经达到洗劫全城的程度。几乎每一座房子都被日本兵闯进去过，并且经常在军官的眼皮底下随心所欲地抢东西。日本兵还逼迫中国人挑运他们抢来的物品。”②随后，《纽约时报》在1938年初，又对南京大屠杀作了进一步的报道。在这篇报道中，记者德丁对日军的暴行做出了无情的揭露和正义的谴责。德丁估计，在被围困、遭歼灭的3.3万名中国军队中，“约有两万人遭处决”。他认为：“日军攻占城市后的屠杀、强奸、掳掠似乎都属于一个更加野蛮、已经消失的时代。”他还进一步评论说：“对于日军，攻占南京具有至高无上的军事和政治意义。然而，他们的胜利却由于野蛮残酷、集体屠杀俘虏、掳掠全城、强奸妇女、虐杀平民和肆意破坏而黯然失色。这些丑行将成为日军和日本国家名誉上的污点。”③

英美记者有关侵华日军南京大屠杀的报道，时间早、信息快，涉及暴行的方方面面，立场比较客观。正因为如此，这些报道，使全世界首次听到了这一令人震惊和恐怖的声音。同时，在这些报道的字里行间，充分表达了报道者对日军暴行的谴责和对无辜中国人民的同情。正是这些报道，帮助开创了中国人民得道多助、日本侵略者失道寡助的战争新局面。

但是也必须指出，这类英美记者的报道，大多属于记者个人的所见所闻，带有一定的局限性。特别是对于受害者人数的统计上，它只能代表事件全局与整体中的一个组成部分，不可能成为完整的界定。同时，正由于这些报道问世较早，南京大屠杀尚在进行之中，因而其内容也只能是南京大屠杀暴行中较早出现的那一部分。

中国报刊：发表对难民的独家采访

中国多家新闻、出版单位报道了从南京逃出的难民们的亲身见闻。汉口《大公报》于1938年7月将南京某文化机关职员李克痕亲身感受的南京大屠杀公之于众。李氏揭露：“敌人攻入南京后，抢、烧、奸、杀，是同时进行的。中华门、通济门、光华门一带，遭

① 美国《芝加哥每日新闻报》1937年12月15日，陆束屏汇辑编译《南京大屠杀——英美人士的目击报道》，红旗出版社1999年版，第74页。

② 美国《纽约时报》1937年12月18日，陆束屏汇辑编译《南京大屠杀——英美人士的目击报道》，红旗出版社1999年版，第86—87页。

③ 美国《纽约时报》1938年1月9日，陆束屏汇辑编译《南京大屠杀——英美人士的目击报道》，红旗出版社1999年版，第104—105页。

敌人屠杀更为惨痛，百姓死者不知其数，就是年迈的老人，也不能幸免，大街上尸身横躺竖卧，血流满地，暴露日久，有些被狗吃了，肚肠拖地，尸首不全，真是惨不忍睹。敌人又到处纵火焚烧房屋，尤以中华路、太平路、夫子庙等处为甚，烧得片瓦无存，往日是繁华街市，今日却变成一片废墟，残瓦颓垣，真令人触目伤心。"①差不多与此同时，《宇宙风》杂志刊登了记者林娜对南京大屠杀的报道文章《血泪话金陵》。文章通过一位从南京逃出的覃姓难民的叙述，真实披露了日本侵略军在南京犯下的累累暴行和红卍字会等慈善团体对遇难同胞尸体的收埋。那位难民说："他们一面检查，一面杀人，全南京堆积着的都是尸骸，后来由红卍字会出来招工人去掩埋尸骸，我也是那时被招去的。开始是到富贵山一带去埋，每一坑二百人，尸骸都是老百姓，他们的手被用铁丝反绑着，在无情的机关枪炮火底下死亡了。埋完了又被调到南门来，这儿的尸骸都是被刀刺死的，每人至少有十几刀。"②1938 年 8 月，《西京平报》连载了南京守军营长郭歧在南京安全区内避难三月的见闻，详尽而系统地向世人揭示了日军在南京杀、烧、淫、掠的野蛮暴行。文中的标题即令人触目惊心："十余万可怜的同胞皆作了机枪下的鬼"，"十二岁的女孩至八十岁之老婆婆皆在奸淫之列"，"空前的大焚烧"，"兽兵的囊括"。③ 1938 年 8 月还在武汉出版了军医蒋公穀所著《陷京三月记》。蒋氏在南京沦陷后，隐匿于城中两个多月，耳闻目睹了南京大屠杀的种种惨状。该书以日记体形式，按时间顺序，记述了日军在南京的血腥暴行。《陷京三月记》中对日军的大规模集体屠杀，记录尤详，内称："在下关方面不及退却之我军，当场被杀者约有万计，道路尽赤，尸阻江流。被俘于麒麟门一带四千余人，无饮无食，每日倒毙者恒四五百人。现在三汊河一带被沉之忠魂尸体，尚不计其数。在城内，有大批保安队四千余，以及每日搜捉之壮丁民众，被认为战士者，每日必有数千，均押赴下关，使其互为束缚，再以机枪扫射，不死者亦掷以手榴弹，或以刀刺迫入地窖，或积叠成山聚而焚之。被难者踪[纵]跳悲号，惨不能状，而兽性敌人犹在旁拍手引以为快。城内各池塘及各空宅，无一不有反缚被杀之尸体，每处数十百计不等。"④

中国报刊对南京难民的独家采访来自目击者、幸存者的第一手资料，真实可信；同时，也由于这类报道发表时间稍晚，难民在南京遭殃的时间较长，因而对日军暴行的揭

---

① 李克痕：《沦京五月记》，"南京大屠杀"史料编辑委员会等编《侵华日军南京大屠杀史料》，江苏古籍出版社 1985 年版，第 107 页。

② 林娜：《血泪话金陵》，《宇宙风》第 71 期，1938 年 7 月。

③ 郭歧：《陷都血泪录》，"南京大屠杀"史料编辑委员会等编《侵华日军南京大屠杀史料》，江苏古籍出版社 1985 年版，第 4 页、8 页、20 页、38 页。

④ 蒋公穀：《陷京三月记》，"南京大屠杀"史料编辑委员会等编《侵华日军南京大屠杀史料》，江苏古籍出版社 1985 年版，第 91 页。

露时间跨度长，涉及烧、杀、淫、掠等各个方面。当事者的现身说法，其效果亦非其他报道所可类比，具有震撼心灵的强烈效应。

不过，来自难民的材料，同样存在着视野和身份的局限性。他们对暴行的损失及遇难人数，无法进行完整意义上的统计。他们的叙述，只能证明南京大屠杀事实的确实存在，但不能提供准确的统计。这类报道中，即使涉及遇难者的总数，那也只能是某个人的见闻或估算，并不具有统计的权威性。

西方人士：强烈抗议，严厉谴责

由一批富于正义感和同情心的西方友好人士组成的南京安全区国际委员会，以及同时存在的国际红十字会南京委员会、南京金陵大学非常委员会等单位，除了采取各种有效措施，尽力保护中国难民的人身安全和提供生活保障外，还通过各种文电伸张正义，揭露日本侵略军在南京的暴行。国际委员会将日军自12月13日侵占南京起至1938年二三月间暴行的一部分，作了文字记录，先后向日本大使馆提出交涉和抗议20余次，共列出暴行400余件。① 此外，国际委员会委员、金陵大学非常委员会主席贝德士博士，还根据拉贝主席的建议，单独用打字稿，几乎每天向日本大使馆提出一份报告，反映日军在安全区内最大的收容所金陵大学校园内的犯罪事实。这些犯罪事实包括：日军一般武装士兵非法进入金陵大学1720次，为进行强制劳动而捉走647人，凌辱妇女290人，以及60余起杀伤事件。国际委员会总干事菲奇在南京沦陷后的一封信中严厉谴责："战胜的军队要求回报——奖赏就是抢劫、杀人、奸淫和随心所欲。日军以令人发指的兽行和残忍对待每一个表示抗议和不善的平民，他们就是这样向全世界大声宣布的。无疑，在所有的现代历史中，没有一页比南京劫难更为黑暗的了。"②国际委员会不断就日军的暴行提出抗议。12月17日，该委员会就日军对安全区的骚扰、暴行，向日本驻南京代总领事福井提出了"强烈的口头抗议"，迫使日方答应派兵保护设于美国教会机构中的8个收容所；次日，国际委员会复致函日本大使馆，抗议日军"在难民区内，继施骚扰"，致使"鸡犬不宁，二十万难民痛苦呻吟"，要求日方"迅速采取有效行动，阻止不幸事态。"③在日军疯狂纵火、市内大片房屋被毁的情况下，22名外侨于12月21日联名上书日本大使馆，强烈抗议日军在全城"劫掠放火，愈演愈烈"的行为，呼吁"纵火的暴行立予制止，使残余的部分不再遭无情的或有组织的焚毁"。④ 后来英国《曼彻斯特卫报》

---

① 据目前可查得的暴行记录，已达470件，详见本书"四、南京安全区的活动及其历史地位"附录。

② [美]菲奇：《南京的毁灭》，朱成山编著《侵华日军南京大屠杀外籍人士证言集》江苏人民出版社1998年版，第24页。

③ [英]田伯烈著、杨明译《外人目睹中之日军暴行》，国民出版社1938年版，第241—242页。

④ [英]田伯烈著、杨明译《外人目睹中之日军暴行》，国民出版社1938年版，第251页。

记者田伯烈，主要根据南京安全区国际委员会的公函、报告，及其成员的信件、日记内容，于 1938 年 3 月在上海编著了《战争意味着什么？日军在华暴行》一书。同年 7 月，该书由杨明译成中文，在汉口国民出版社出版发行，书名为《外人目睹中之日军暴行》。

就连当时日本的盟国德国的外交官也对日军在南京的暴行加以证实并予以谴责。德国驻华大使馆留守南京办事处政务秘书罗森曾再三在致国内的外交文书中，对英美人士关于南京大屠杀的报告加以证实和肯定。他说："决不能指责诚实见证日本人所犯残酷罪行的人是什么忌恨和偏见"。他甚至将国际委员会委员马吉牧师冒险拍摄的日军暴行影片推荐给希特勒观看。他在致外交部的文书中写道："解说词和影片本身都是一部令人震惊的时代文献。请允许我提出这样的请求，把带有解说词译文的这部电影能放给元首和总理一看。"罗森断言："日军在南京这方面的所作所为为自己竖立了耻辱的纪念碑。"①

西方人士对南京大屠杀暴行的抗议与谴责，无疑是南京大屠杀早期传播中的重要组成部分。这些传教士、商人与外交官具有与西方记者同样的第三国人士的身份与地位，他们由于参加安全区国际委员会、国际红十字会南京委员会等组织工作，直接介入到维持秩序、保护与救助难民的活动之中，因而他们获得了更多、更直接的有关日军暴行的信息。这类传播的特点在于：从时间和身份上有了进行局部调查与统计的可能，提供的暴行地点、人数、情节等更为具体，某些致日方的抗议信函则更具有强烈的揭露功能。

不可否认，这类记忆资料，仍然缺乏统计的严密性与完整性。因为在战时状态下，处于民间地位的西方人士与团体，无法进行完整的调查与统计。他们的某些统计是准确的，如各难民收容所的人数；但某些统计则又带有较大的局限性，如对全城被屠杀、被强奸人数的总体估算等。

综上所述，事实胜于雄辩。大量的新闻报道和档案资料证明，在南京大屠杀暴行发生的同时或稍后，即通过中外媒体、个人与官方等多种渠道，将暴行事实迅速传播到全国各地与全世界。这种传播，充分揭露了日本军国主义的丑恶本质与滔天罪行，伸张了正义，激发了全中国人民的抗日意志，唤起了全世界一切有良知的人们对中国人民抗日事业的同情与支持。这类早期的记忆与传播，是南京大屠杀史研究中的重要环节，具有极其珍贵的史料价值和重要的历史意义。它们存在的本身，便无可争辩地说明，南京大屠杀暴行是一个客观存在。这就彻底击破了日本右翼势力否认南京大屠杀有早期传播的谎言。如果没有它们的出现与存在，日本军国主义大屠杀的血腥罪行就不可能及时、

① 《德国档案馆中关于侵华日军南京大屠杀的档案资料》，《抗日战争研究》1991 年第 2 期。

迅速地公之于世，日军的暴行就将更加肆无忌惮，中国人民的屈辱与灾难当亦更为深重。同时，也不能不看到，正因为这类传播属早期行为，因而自然带来了时间上与操作方式上的局限性。其内容的真实性，不容置疑；但其在统计方面的严密性与科学性，则相对不足，有待用南京大屠杀后期的调查、取证资料加以补充，方可对南京大屠杀的巨大规模做出较为科学、准确的界定。

（二）国共两党对南京大屠杀的共识

面对侵华日军南京大屠杀这样惨绝人寰的暴行，中国国民党和中国共产党这两个有合有分、有打有和、政治观点互相对立的政党，各自抱有何种看法？这一问题，一直受到史学界的关注。近年来，日本右翼势力为了达到否定侵略历史，翻历史定案的目的，更不惜歪曲史料，任意编织，诬称国共两党早期均未提及南京大屠杀，说什么在何应钦上将的军事报告中“未曾提到‘南京大屠杀’”，甚至谎称“中国共产党政府当初也曾采取不介入的态度”。① 历史事实是，国共两党在抗战期间及战后，虽有摩擦，甚至发展为彼此血战，但在关系民族荣辱的南京大屠杀问题上，却有着惊人的一致与共识。

屠杀发生：共同揭露日军暴行

侵华日军的南京大屠杀暴行，最早通过英美记者向国际社会发出快讯，立即引起国内外一片震惊。身处抗日民族统一战线中的国民党和共产党，从团结民众、抗日御侮的大局出发，都运用了各种手段，广造舆论，严厉谴责日军暴行，深刻揭露其罪恶本质。

国民党的喉舌“中央通讯社”及时报道了发生在南京的惨剧。据中央社 1937 年 12 月 22 日发出的电讯称：“日军入城，听任军队从事有组织地劫掠，并任意强奸妇女，继复大事屠杀，四日中被杀者约五万人。日军并侵入难民区，而将所有壮丁借口谓系中国士兵，悉数加以枪决，目前尸骸，堆积如山云。”②中央社还报道说：“自 12 月 13 日南京城陷后，十余日内，每日均有十余卡车，满载非武装人民向城外驶去，总计不下万人，惨遭屠杀。以后遇有市民在街中行走，或在房屋内发现，敌兵认为形迹可疑者，立即驱至新街口广场上，一律以机枪击毙。倘被捕市民，地近河池，则敌兵必推溺河内。”“两阅月间，我市民被屠杀者约有八万人之多，迄至今日，其摧残暴行，尚无休止。”③时任国民政府军事委员会委员长兼行政院长的蒋介石，在 1938 年 1 月 22 日的日记中痛陈：“倭寇在

① [日]田中正明：《九问“南京大屠杀纪念馆”》，载日本《正论》杂志 1985 年 12 月号。

② 中央档案馆等编《日本帝国主义侵华档案资料选编》第 12 册《南京大屠杀》，中华书局 1995 年版，第 167 页。

③ 汉口《大公报》1938 年 2 月 20 日。

京之残杀与奸淫未已，似此兽类暴行，彼固自速其灭亡，而我同胞之痛苦极矣！”①1938年春，国民党中央宣传部秘密派遣4名外籍人士，携带有关日军在南京及其他各地暴行的英、日文宣传品，马吉牧师在南京现场拍摄的日军暴行影片400尺，以及第三国人与日人自己拍摄的日军暴行照片，去到日本，分别赠送、传阅，给东京各使馆人员及开明之日本士绅演映影片，并向各驻日使馆人员、各驻日通讯社记者、日本工商界领袖、日本基督徒、日本政党要员及机关公务员等，作个别谈话，“告以日军对华作战之不智，若何破坏其自己之市场，若何毁灭其自己之战斗力量”，取得“相当收获”。② 1938年初春，国民党中央宣传部国际宣传处还通过该处海外工作人员英人E·H·李复，在美国纽约积极向哈蒙基金会的M·布雷迪小姐推荐和宣传由马吉牧师拍摄的南京大屠杀纪实影片，使布雷迪小姐观后，对该“节目的价值印象深刻”，认为凡是“看过这部真实记录中国人民遭遇的新片”的人，“没有人会无动于衷”。她并于3月28日安排此片放映了一场，借以向美国人民宣传中国人民所遭受的灾难。③ 国民政府军事委员会于1938年6月出版的《日寇在华暴行纪略》一书中，收入大量有关南京大屠杀的暴行事实，内称：“寇军占领南京后烧杀奸掳，无所不为，把那动人怀想，发人诗思的历史上名城，变成了一座人间的地狱。”时任军事委员会政治部长的陈诚，更在该书序言中痛陈：“谁无父母？谁无妻女？见同胞之惨遭残杀与蹂躏，又谁能不投袂奋起，以图自救？我黄帝子孙，有史以来，遭遇之残酷，诚未有甚于今日者。以前所谓嘉定三屠，扬州十日，以今视之，反觉瞠乎其后矣”。④ 此后，更有白崇禧、程潜、蒋鼎文、张治中等11位高级将领，对军医蒋公穀所撰揭露南京大屠杀罪行的著作《陷京三月记》做出亲笔题词。其中西安行营主任兼陕西省主席蒋鼎文题称“同仇敌忾”，国民政府军事委员会副参谋总长白崇禧题称“毋忘国仇”，曾两次率军参加淞沪抗战的张治中将军题写道：“这是血的纪录，这是的的确确的事实，这足以概略说明倭寇之残忍酷虐，没有理性。国人读此之后，应该更外了然于这一只东亚的野兽，非以最大的威力使它驯服不可。”⑤

中国共产党在法国巴黎出版的中文报纸《救国时报》于1938年1月5日以“日寇在南京的兽行/烧杀奸淫抢劫，无所不至/真正是灭绝了人性天良”为题，报道了日军在南

---

① ［日］古屋奎二：《蒋介石秘录》第4卷，湖南人民出版社1988年版第39页。

② 《董显光汇报国际宣传处派员赴日揭露南京大屠杀真相致蒋介石密呈》，1938年5月6日，《民国档案》2000年第4期。

③ 《李复为在英美放映南京大屠杀纪录片致董显光等报告两件·第37号报告》，1938年4月2日，《民国档案》2002年第4期。

④ 洪桂己编纂《日本在华暴行录》，台北“国史馆”1985年版，第339—340页。

⑤ 《神秘人寄来大屠杀珍贵史料》，《金陵晚报》2004年8月18日。

京的野蛮暴行;复于1月31日的一篇长篇报道中呼吁:

> 海内外同胞们!你们看到了这些日寇兽行的记载,谁个不义愤填膺,奋然而起,恨不得亲报其仇!让我们大家再一次认清,日寇如此残杀奸淫,是我中华民族不共戴天的敌人,也就是世界人类正义的死敌!谁不愿意看见自己的父老子弟,任日寇屠杀,自己的姊妹妻女,任日寇奸淫,谁就该起来更坚决积极地拥护抗战,一致坚持到最后胜利,为我民族争生存,为我无数万死难同胞复仇,为人类正义除此奸魔!①

1938年1月刚刚创刊的中共机关报《新华日报》,多次以醒目标题报道了侵华日军在南京的血腥暴行。3月9日,该报以“日寇在南京兽行”为题,系统揭露了日军在南京杀、烧、淫、掠的野蛮行径。报道称:“十三日晨,敌大部入城,全市悲惨黯然,顿陷恐怖状态,初则任性烧杀,继则到处奸掠。”“在城内有大批保安队4000余,以及每日搜捉之壮年民众,被认为战士者,每日必有数千,均押赴下关,使其互为束缚,再以机枪扫射,不死者益掷以手榴弹,或以刀刺迫入地窖,或积叠成山,聚而焚之。城内之各池塘及各空宅,无一不有反缚被杀之尸体,每处数十百计不等。综计旬日之间,死者六七万众。”②5月30日,该报又以“南京同胞惨遭蹂躏”为题,指出:“倭敌自侵入首都以来,其对我军民之种种残杀淫掠行为,可谓穷凶极恶,惨绝人寰。”该报道还历数日军虐杀伤兵,残杀难民的暴行,并举例说:“十二月二十二日,敌军用大号卡车数十辆,装难民数千,至郊外掘壕,掘就即以绳捆缚,迫令下壕,以刺刀乱刺至半死,即以泥土活埋之。”③《新华日报》还在1月23日、25日分别以“恐怖的南京城/大火卅九日未熄”、“南京紫金山下杀人竞赛/寇军暴行惨绝人寰”为题,详细报道了南京大屠杀的真实情景。当时以民主人士身份出现,担任国民政府军事委员会政治部第三厅厅长,而实际由中共领导人周恩来直接领导、开展工作的郭沫若,于1938年6月亲为田伯烈所编著《外人目睹中之日军暴行》一书中文版作序。该序针对日军在南京的暴行尖锐指出:“说到屠杀与奸淫的手段之酷烈,尤其有令人发指者。已经解除了武装的士兵,被诳骗了去集团地加以扫射或焚烧。十一二岁的女孩,五六十岁以上的老妪,均难免于淫欲者的魔手。有的在奸淫之后还要继之残杀,继之以死后的不可名状的侮辱。这罪孽,在人类史上,实在是留下了不能洗

---

① 《救国时报》1938年1月5日、31日。

② 中央档案馆等编《日本帝国主义侵华档案资料选编》第12册《南京大屠杀》,中华书局1995年版,第174页。

③ 中央档案馆等编《日本帝国主义侵华档案资料选编》第12册《南京大屠杀》,中华书局1995年版,第181页。

刷的污迹的。”郭沫若悲愤陈词:“我们中华民族十二万分地不幸是有了这样的一位‘芳邻’,而遭受着空前的浩劫。我们无数的同胞,无数的文化业绩,都在这浩劫中毁灭了,并且还在继续毁灭着。我们是成了文明逆用者的牺牲。”①中共领导下的延安时事问题研究会于1939年编辑出版了《日寇在沦陷区的暴行》一书,书中特地辑录了由南京安全区国际委员会记录、公布的日军暴行12起,内容涉及烧、杀、淫、掠等各种暴行。该书称:“敌人在沦陷区烧、杀、淫、掠,罄竹难书”,“是可忍,孰不可忍! 血债是要用血来还的!”②

国共两党对侵华日军南京大屠杀暴行的早期揭露,反映了其在抗日民族统一战线旗帜下,对民族敌人的共同声讨和挞伐;也反映了两党寄希望于全国人民和全世界一切爱好和平人民的共同认知。这类早期传播和揭露,属官方性质,具有权威性高、宣传影响大的特点。其所传播的内容,有的取自国内外新闻渠道,有的则经过了官方人士的加工整理,属较高层次的信息资料。

事实证明,对于南京大屠杀这一触目惊心的事件,国共两党从一开始就给予了高度的关注,并将其列入自己抗战宣传、战时动员、争取国际援助的重要内容。

面对暴行:共同进行顽强抗争

面对侵华日军的南京大屠杀暴行,南京军民和中国人民并没有沉默,也并非全都引颈就戮、逆来顺受。大量历史资料证明:南京军民在南京大屠杀中,人数不等、程度不同、形式多样地进行了力所能及的抗争。他们在城陷时有战斗,屠杀中有反抗,惨案后有斗争。其中,特别应指出的是,与一般军民所进行的自发的、分散的、随机的抗争相比,国共两党面对日军的血腥暴行,共同都采取了有组织的、持久的顽强抗争。他们都把针锋相对地打击日军和日伪政权,作为为在南京大屠杀中死难的30万军民讨还血债、报仇雪耻的重要手段。

南京沦陷后,国民党与国民政府继续采取各种形式,在南京地区开始旨在对付日伪政权及其军队的军事行动与暗杀行动。在军事上,中苏空军联合不断空袭南京,取得显著效果;第二战区派出六七个师的正规部队,推进苏南敌后,组织游击兵团,不断袭扰日军后方。国民党及其军统组织并在南京秘密建立了国民党南京市党部、军统南京站,以及三青团秘密组织,发展成员,搜集情报,进行策反,付出了一定的牺牲,取得了一定的成果。

---

① [英]田伯烈著、杨明译《外人目睹中之日军暴行·郭沫若序》,国民出版社1938年版。

② 延安时事问题研究会编《日寇在沦陷区的暴行》,解放社1939年版,见《日本帝国主义在中国沦陷区》,上海人民出版社1958年版,第263页。

在南京沦陷和南京大屠杀暴行发生后，中共江苏省委和活跃在苏浙皖地区的新四军，十分重视在南京建立秘密党组织，开展各项发动群众、打击敌人的工作。在中共领导下的秘密抗日团体，在学生、工人和伪军中积极开展工作，团结群众，运送物资，传送情报，策反伪军，把矛头直指日伪反动统治。在开展秘密工作的同时，中共领导的新四军于南京失陷、南京大屠杀暴行发生后不久，便深入苏南敌后，活跃在金陵城下，发动群众，宣传抗日，打击日本侵略者。新四军在南京周围的武装斗争，贯穿整个抗战期间，并愈演愈烈，横跨大江南北，使日军闻风丧胆，受到沉重打击。

国共两党对双手沾满南京人民和中国人民鲜血的日本侵略军的顽强抗争，表现了中华民族对于入侵的民族敌人同仇敌忾、不屈不挠的民族精神。在整个抗战期间，国共合作始终没有破裂。血债血还，哪里有侵略与暴行，那里就有反侵略与反抗，这是国共两党在南京大屠杀腥风血雨中形成的共识。事实证明，对于南京大屠杀的暴行，国共两党都采取了针锋相对、坚决抗争的策略。

清算罪孽：共同认定屠杀规模

由于历史和现实的原因，在南京大屠杀发生后的整个抗战期间，对于这一血腥屠杀的规模，一直没有一个较为一致的统计和说法。南京难民、西方记者、外国侨民，以至国共双方，都只能根据各自所处的地位与境况，对日军屠杀的规模，做出原始的、多元的、局部的估计。其具体人数，有 2 万人、4 万人、8 万人、10 余万人、27 万人等多种说法。

随着 1945 年抗日战争的胜利，对日本战犯的审判提到了中国政府和国际社会的议事日程上。由国民党执政的国民政府，将南京大屠杀暴行作为日本战犯的重要罪行，进行了认真的调查。实际上，这种调查，早从抗战胜利前 1944 年 2 月成立敌人罪行调查委员会时即已开始，嗣后又相继设立了抗战损失调查委员会、南京敌人罪行调查委员会、战犯处理委员会，以及国防部审判战犯军事法庭。中经 3 年时间，在民众中广泛征集证言、证物，最后形成的南京大屠杀案卷，“计有确实人证之案件共二千七百八十四案”①，其中，“被日军残杀而有案可稽者，达八百八十六起”②。关于南京大屠杀中遇难者的人数，曾出现 295825 人、39 万余人、50 万人以上及数十万人等多种过程性数字。在此基础上，国防部审判战犯军事法庭在《谷寿夫战犯案判决书》中，郑重判定，在南京大屠杀暴行中，“我被俘军民遭日军用机枪集体射杀，并焚尸灭迹者，有单耀亭等十九万余人。此外零星屠杀，其尸体经慈善机关收埋者十五万余具。被害总数达三十万人以

① 《南京市临时参议会就南京大惨案调查统计等事致国防部公函》，1946 年 10 月 5 日，中国第二历史档案馆等编《侵华日军南京大屠杀档案》，江苏古籍出版社 1985 年版，第 541 页。

② 中国审判战犯军事法庭《谷寿夫战犯案判决书》，中国第二历史档案馆藏，档案号五九三—870。

上。"①此一认定,复经国民党党政高层的审核、批准。参谋总长陈诚旋将国防部审判战犯军事法庭关于"被害总数达三十万人以上"及原判战犯谷寿夫死刑的判决内容签呈国民政府主席蒋介石,蒋亦作"如拟"之批示。后蒋介石并于 1947 年 4 月 25 日发出府防字第一〇五三号代电,再次肯定军事法庭的判定,批准了对谷犯执行死刑。

进入 20 世纪 80 年代后,随着日本右翼势力的抬头,为了驳斥否定南京大屠杀的谎言,国民党党史委员会在其编辑出版的《革命文献》、《中华民国重要史料初编》等资料丛书与《近代中国》等杂志中,又系统刊载了包括认定有"30 万人以上"在南京大屠杀中遇难内容的各种文献资料及文章。1985 年,台北"国史馆"又编印出版了《日本在华暴行录》,其中重刊了对南京大屠杀要犯谷寿夫的《国防部判决书》,"被害总数达三十万人以上"的结论,赫然纸上。

1949 年 10 月中华人民共和国建立后,将民国时期的一切旧法统一律予以废除,但是,在对南京大屠杀暴行及其规模的认定上,中共官方却本着实事求是的精神,基本上接受了国民政府的有关法律裁决。1950 年 2 月 20 日,作为中央直辖市的南京市,其中共南京市委机关报《新华日报》发表社论称:"南京人民没有忘记十三年前悲惨绝顶的南京大屠杀,中华门外血流成渠,雨花路边尸体如山,三十万以上的善良人民遭受了杀戮"。② 3 月 11 日,南京市第二届人民代表会议协商委员会和中国人民保卫世界和平反对美国侵略委员会南京分会及各人民团体还联合召开大会,"纪念在'南京大屠杀'中惨遭日本军国主义屠杀的 30 万同胞,反对美国帝国主义武装日本"③。中共中央机关报《人民日报》于同年 4 月 8 日发表署名文章写道:"人们怎么能够设想可以叫南京人民忘记一九三七年十二月十三日开始达一月之久的三十万人的大屠杀?"④。80 年代初期,南京市政协文史资料研究委员会编辑了《侵华日军南京大屠杀史料专辑》,作为新中国建立后介绍南京大屠杀的书籍,首次客观、完整地介绍了中外军事法庭对南京大屠杀的审判,再次确认关于"30 余万人"惨死的认定。⑤ 在结束了"文化大革命"的动乱之后,自 1983 年底起,由中共南京市委、南京市政府直接负责,建立了"南京大屠杀"编史、建馆、立碑领导小组和"南京大屠杀"史料编辑委员会。经过 4 年的努力,发现、调查了 1700 余名南京大屠杀幸存者和目击者,建成了"侵华日军南京大屠杀遇难同胞纪念馆",设立

---

① 中国审判战犯军事法庭《谷寿夫战犯案判决书》,中国第二历史档案馆藏,档案号五九三—870。

② 《新华日报》社论:《南京人民行动起来/坚决反对美帝重新武装日本》,《新华日报》1951 年 2 月 20 日。

③ 南京市档案馆编《半个世纪的足迹》,江苏古籍出版社 1999 年版,第 25 页。

④ 长江:《拥护缔结和平公约,坚决反对武装日本》,《人民日报》1951 年 4 月 8 日。

⑤ 南京市政协文史资料研究委员会编《史料选辑》代第 4 辑,1983 年版,第 5 页。

了15处南京大屠杀遗址及丛葬地纪念碑，出版了《侵华日军南京大屠杀史稿》、《侵华日军南京大屠杀史料》和《侵华日军南京大屠杀档案》等配套书籍。这一巨大的系统工程，在经历了50年代至70年代间曾经有34万人、40万人、50万人等多种不同说法之后，向全世界宣告了中国官方、公众和学术界经过认真、深入调查和研究，所形成的一个具有全新内涵的共识，即：南京大屠杀遇难人数在30万人以上。“遇难者300000”的巨大黑字，用中、英、日三国文字庄严镌刻在南京大屠杀纪念馆入口墙壁上。自80年代以来，《人民日报》不断发表署名文章，均将南京大屠杀遇难人数定格在“30万人以上”的规模上。①

国民党和共产党，这两个政治上互相对立，并且先后更迭执政的政党，在大屠杀规模认定方面惊人的一致，只能说明，这一认定来源于客观的历史真实。任何不实的统计和认定，都难于同时通过两个立场、观点和理论上完全不同、甚至互相对立的政治实体的检验。如果说，50多年前国民政府军事法庭的判定，在某些分析和论证方面还稍嫌不足的话，那么，到80年代大陆官方对“30万人以上”再次加以肯定时，则已绝不是简单的重复，而是在更高层次认识上的螺旋式上升，并赋予了它更加丰富和科学的内涵。

综观60多年来的风云变幻，国共两党两度合作、两度交恶，时为友党、时为敌手。但是，面对侵华日军南京大屠杀的暴行，却自始至终，表现出高度的一致和共识。其中包括：屠城发生时，对日军暴行的共同揭露；面对暴行，对暴敌的共同抗争；为清算罪行，对屠杀规模的共同认定。此乃共同的历史情结与民族情节所使然。这也是国共两党能够两度合作，以及以后可能再次合作的重要文化背景和精神力量。国共两党从历史到现实，对南京大屠杀的共识，亦使日本右翼势力妄想从两党态度上找到否定南京大屠杀根据的图谋，成为徒劳，其谬论不攻而自破。

（三）南京大屠杀幸存者

自20世纪80年代南京市政府对“南京大屠杀幸存者”普查以来，南京大屠杀幸存者不断出现在国内外各种场合，其口述资料广为学术界所引用；后来南京市又成立了“侵华日军南京大屠杀幸存者援助协会”，并开展了富有成果的援助活动。但是，何谓“南京大屠杀幸存者”？迄今为止，人们并未认真地给其下过准确的定义；在现实生活及

① 见张益锦：《南京大屠杀史实不容否认》，1990年11月18日《人民日报》；王霞林、孙宅巍《侵华日军南京大屠杀铁证如山》，1995年8月31日《人民日报》；朱成山：《蓄意地抹杀，无耻的诡解》，2001年3月6日《人民日报》日文版等。

学术研究中，亦常有将幸存者与受害者、目击者混为一谈的现象。看来，很有必要给“南京大屠杀幸存者”一个准确的定位。

“南京大屠杀幸存者”一词的出现

“南京大屠杀幸存者”一词较早的出现，是在1985年由江苏古籍出版社出版的《侵华日军南京大屠杀史料》一书中。该书“前言”称：“据最近调查，全南京市在一九三七年侵华日军南京大屠杀时的受害者、幸存者、目睹者，至今仍健在的有一千七百余人。”① 到1994年，陈安吉先生为一本《侵华日军南京大屠杀幸存者证言集》作序时，又将1700余人统称为“‘南京大屠杀’的幸存者”②。1997年8月，陈安吉先生在侵华日军南京大屠杀史国际学术研讨会的主报告中，重新使用了“仍健在的幸存者、受害者共1756人”的提法。③ 而侵华日军南京大屠杀遇难同胞纪念馆朱成山馆长则在《南京大屠杀幸存受害者的调查报告》一文中，将此1756人统称为“幸存受害者”。④ 2004年12月13日《南京日报》在报道南京大屠杀幸存者援助工程启动消息时称：据朱成山馆长介绍，“1985年，纪念馆成立之际曾在南京10个区寻访到1756位南京大屠杀幸存者”，“1994年，1.4万多名中日学生寻访到南京大屠杀幸存者、目睹者、见证者2460多人，其中幸存者有1213人”。⑤ 以上列举的各个时期不同场合的不同提法，至少可以说明以下三个问题：第一，不能将所有当年生活在南京、未遭杀害的人，都称为“南京大屠杀幸存者”。否则的话，也绝不会在30多年前经过系统、普遍的全市调查，只发现了1700余名“幸存者”。同时，如果把南京大屠杀后剩余的数十万南京人都看作是“幸存者”的话，对“幸存者”人数的调查也会变得极其简单、容易，只要从公安局、派出所的户口卡中将1937年12月以前出生、一直生活在南京者筛选出来即可，其人数在20世纪80年代恐怕应有数万人。第二，南京大屠杀幸存者、受害者、目睹者之间，确实存在着一定的差别，不能将三者都包含于“幸存者”一类之中，否则的话，《侵华日军南京大屠杀史料》与陈安吉先生在国际学术研讨会的报告中，也不会不厌其烦地将三种称谓并列提出，朱成山先生更不

---

① “南京大屠杀”史料编辑委员会等编《侵华日军南京大屠杀史料·前言》，江苏古籍出版社1985年版，第3—4页。

② 朱成山主编《侵华日军南京大屠杀幸存者证言集·序言》，南京大学出版社1994年版，第3页。

③ 陈安吉：《“南京大屠杀史”研究的历史回顾和今后的任务——在“侵华日军南京大屠杀史国际学术研讨会”上的报告》，陈安吉主编《侵华日军南京大屠杀史国际学术研讨会论文集》，安徽大学出版社1998年版，第12页。

④ 朱成山：《南京大屠杀幸存受害者的调查报告》，载朱成山：《为300000冤魂呐喊——朱成山研究南京大屠杀史文集》（上集），新华出版社2001年版，第56—57页。

⑤《南京大屠杀幸存者援助工程启动》，《南京日报》2004年12月13日。

会将1994年寻访到的2460位幸存者、目睹者、见证者中，又区分出1213位“幸存者”来。第三，对南京大屠杀幸存者、受害者、目睹者的定位，以及准确的称呼，亟待规范。

人们费了很大的力气，从数百万人口中去搜寻那千名左右的“南京大屠杀幸存者”，究竟是为了什么呢？不外有两个方面的原因，亦即社会对于他们有两个方面的需求：

一是，揭露日军南京大屠杀暴行，进而进行系统、深入研究的需要，即实证的需要。对日军南京大屠杀暴行的实证，主要依据文献和口述这两个方面的资料。不言而喻，南京大屠杀幸存者能够为此提供最生动、最真实的口述资料。事实上，自20世纪80年代以来，学术界许多研究南京大屠杀的论著，都大量使用了这些幸存者的陈述。幸存者们不断在国内外做报告，也对国际社会产生了很大的影响。正如侵华日军南京大屠杀幸存者援助协会会长秦杰先生所说：“长期以来，南京大屠杀幸存者，在作为证人为历史举证、参与对日本右翼势力否定和歪曲历史的斗争中，发挥了很大的作用，他们是南京大屠杀历史研究和宣传的重要人证，他们的证言是南京大屠杀历史的重要口碑资料。”①

二是，在社会不断进步和提高文明程度的同时，有给予这一特殊群体以特别关注的需要。秦杰先生在南京大屠杀幸存者证书颁发仪式上说：“希望通过此举，让社会各界都来关心和参与这项事业，都来关爱南京大屠杀幸存者这些历史见证人，让他们在饱经历史沧桑之后，能够尽可能享受到来自政府和社会各界给他们的温暖，使他们能够在晚年，得到社会政治和生活上更多的帮助和慰藉。”②幸存者们年事日高，大多带有伤痛，处于社会的底层，愈来愈需要得到社会更多的关爱；而社会也愈来愈需要通过对他们的特别关爱来显示自己的文明与进步。这种需要，如果说在20世纪80年代调查时还不是十分明显的话，在进入21世纪后的今天，便变得日益显著了。人们以何种态度来对待为数不多的幸存者，已成为衡量我们社会进步与文明程度的一个标尺。

“南京大屠杀幸存者”的定义

何谓“幸存者”？《现代汉语词典》及《辞海》中均没有设专条解释。顾名思义，当为侥幸存活下来的人。“幸存者”乃相对于“死亡者”而言，没有“死亡者”即无所谓“幸存者”，没有“死亡”即无所谓“幸存”。人们可以把一次死亡惨重的空难、矿难中存活下来的人称为幸存者，但不会把一次没有死亡者的集团奸淫、劫掠暴行的受害者称为幸存者。道理很简单，因为没有人死亡，大家都活着，所以也就无所谓“幸存”。

何谓“南京大屠杀幸存者”？当为侵华日军南京大屠杀暴行中侥幸存活下来的人。首先，这些“幸存者”均以南京大屠杀为主要背景和依托。凡超越了南京大屠杀时空范

① 《179名大屠杀幸存者获证书》，《南京晨报》2004年12月13日。

② 《179名大屠杀幸存者获证书》，《南京晨报》2004年12月13日。

围的“幸存者”，显然不能称为南京大屠杀幸存者。其次，这些“幸存者”又均与暴行中的遇难者共存。凡没有产生遇难者的暴行，当然也不会产生“幸存者”。

可见，“南京大屠杀幸存者”必须同时具备以下两个基本条件：

一是，“幸存”于南京大屠杀的时空范围之中，越此，便只能一般地称为“日军屠杀幸存者”，而不能冠以“南京大屠杀幸存者”的名义。前文已经讨论过，“南京大屠杀”的时间范围应以 1937 年 12 月上旬至 1938 年 3 月为宜；其地域范围似以南京市的 12 个行政区以及直接与南京市毗邻的江宁、江浦、六合 3 县为宜。

二是，“幸存”于生命直接受到过枪击、刀刺、活埋、火烧等威胁生命的暴行之中。那些经历了不以伤害生命为目的的各种暴行的人，均是南京大屠杀的受害者，不宜一概称为南京大屠杀“幸存者”。

当然，对于上述所列的基本条件，在操作中，还应当具体情况具体分析。

“南京大屠杀幸存者”的多层定位

在对“南京大屠杀幸存者”定位中，应区分几个不同的概念。

一是，广义的幸存者和狭义的幸存者。狭义说来，“南京大屠杀幸存者”必须是在南京大屠杀的某一场或某一次屠杀中，被列为或实际成为被屠杀对象，而幸免于难者。广义说来，所有身在南京、未在南京大屠杀中死难者，均可称为南京大屠杀幸存者。这两种说法都可以成立，也都符合情理。从上文所引在不同时期、不同场合，反复出现对幸存者、目睹者、受害者并列，并可从三者总数中区分出幸存者人数的情况来看，社会的认知似乎更倾向于狭义界定。因为如果所有当时身在南京、活下来的人都是幸存者的话，幸存者便成了全局，而不是群体中的一个局部。这显然同社会的认知相悖。再者，“南京大屠杀”只是人们给予日军在南京暴行的一种称呼，若是南京因被屠杀 30 万人可称为“南京大屠杀”，则盱眙一县被屠杀 2000 人亦可称为“盱眙大屠杀”，宝山一县被屠杀 1.1 万人亦可称为“宝山大屠杀”，江苏全省被屠杀 40 万人以上亦可称为“江苏大屠杀”，苏浙皖三省长江三角洲地区被屠杀 60 万人以上亦可称为“长江三角洲大屠杀”，那么，盱眙存活下来的 27 万余人（占 99.4%）、宝山存活下来的 16 万余人（占 93.6%）、江苏存活下来的 1000 万人（占 96%）、长江三角洲地区存活下来的千万以上人（相信亦在 95% 左右），是否都成为相应各类大屠杀的“幸存者”了呢？看来，广义界定，可以理解，但不好操作，也有违“侥幸”一说之初衷。狭义的南京大屠杀幸存者，死里逃生，对日军的屠杀暴行，有切身的感受，其陈述具有特殊的视角；且由于他们多数身体受伤，精神受到较重的伤害，其晚年生活更应受到社会的关注。

二是，受害者与幸存者。幸存者都是受害者，但受害者并不都是幸存者。幸存者之外的受害者包括：1. 自己未被列为屠杀对象，但因亲属遭杀害，而间接受害者；2. 虽未被列为屠杀对象，但遭到奸淫、抢劫、劳役、体罚、恐吓，以及房屋被烧者；3. 为躲避日军屠杀及其他暴行而离家逃难者；4. 其他一切因南京大屠杀的恐怖环境而受到肉体上、精神上伤害者。“受害者”也有广义与狭义之分。狭义的受害者，系指自己的肉体、生活直接受到了日军暴行的伤害；广义的受害者，则包含了所有生活在大屠杀恐怖环境下的人们，即包含了只受到精神伤害的人们。受害者与幸存者之间，受害的程度孰轻孰重，不能一概而论，应视具体情况而定。一般说来，受害者同幸存者一样，由于他们身体受到了日军不同程度的伤害，而使得他们的陈述，比之一般的目击者、见证者的陈述，更具有感染力和说服力。同样，他们的晚年生活，也应更多地受到社会的关注。

三是，目击者与幸存者、受害者。幸存者、受害者都是目击者，但目击者并不都是幸存者、受害者。单纯的目击者，并没有直接受到日军暴行的伤害，但他们亲眼见到了日军的暴行。目击者“目击”的内容也比较广泛，包括日军暴行行为的过程及暴行后的惨状。他们的陈述，对于揭露和研究日军南京大屠杀暴行，乃是不可缺少的资料。同时，由于所处地位的不同，他们所目击到的日军暴行有可能比直接的受害者，视角更广，范围更大，内容更多。他们同南京大屠杀幸存者、受害者一样，同样是从极为恐怖的暴力环境中走过来的。为了肯定他们对揭露日军暴行所作的贡献，为了慰藉他们曾经受到伤害的心灵，社会也应给予这一今天已经所剩不多的特殊群体以应有的关怀。

提出应区分以上三种不同的概念和对象问题，是因为他们之间存在着事实上的差别，是为了还原事物本来的不同面貌，以便更好地利用他们的陈述资源，更合理地照顾他们的生活困难。一般说来，幸存者、受害者在日军暴行中都直接受到了伤害，他们的陈述资料更直观，更具有震撼力，人们也自然会更加关注他们今天的生活状况。但不应在这三者之中简单化地分出高低、轻重。这是因为：

第一，就他们所提供的口述资料而言，各有其独特的价值。例如：那些从尸堆中爬出的幸存者，他们对日军的集体屠杀最有发言权，其陈述具有极高的史料价值；但他们的同一份口述资料，对于揭露日军奸淫、抢劫的暴行，却可能并没有什么作用。而一位遭到性暴力侵害的妇女，其陈述对于 30 万同胞遭到屠杀虽起不到实证作用，但对于揭露日军奸淫的暴行却有着特殊的意义。

第二，就他们所受到的伤害而言，应当具体情况具体分析。例如：一般说来，从屠杀现场劫后余生者，其肉体和精神所受到的伤害都较重；但有些妇女因受到日军多人、多次的奸淫而致终身不孕、疾病严重，其肉体与精神所受到的伤害亦不比前者轻。

第三，就社会对他们的援助而言，应当区别对待，一切从实际出发。不应简单地以幸存者、受害者、目击者的次序，来考虑对他们的社会救助。应当承认，社会可以用来对他们进行援助的财富和资源是有限的，在还不可能对每位幸存者、受害者、目击者都实行充足援助的时候，就有必要对他们当年受侵害的程度和目前生活困难的具体情况加以综合衡量，以确定救助的先后、多少。

总之，所有南京大屠杀幸存者、受害者、目击者所留下的记忆，都是一笔宝贵的精神财富。他们是一个有着特殊经历的社会群体，他们都应当受到全社会的尊重；他们的晚年生活，都应当受到全社会的特别关注。

在现实生活中，对于南京大屠杀幸存者、受害者、目睹者的统计，存在着一种不够科学和严谨的现象。往往只统计了其中能够提供证言的那一部分人，而忽视了不能提供证言者。应当看到，有相当大一部分人群，由于年龄、身体、记忆、表述及所处环境等原因，不能提供证言，但他们无疑应列入幸存者、受害者、目睹者的群体之中。例如，20 世纪 80 年代调查后称，共寻得“幸存者、目睹者、受害者 1756 人”。这个数字就难以叫人相信。“幸存者、目睹者、受害者”这三类人员，几乎涵盖了南京大屠杀中留存下来的所有居民。据 20 世纪 80 年代初的统计，南京市城郊 10 区中，共有人口 64.4 万余人，其中 50 岁以上的人口占 17.83%，约为 11.4 万人（内含郊区 4.5 万人）。① 如果说，在这11.4 万人中，竟只有 1756 人是南京大屠杀亲历者，即只占1.54%，也就是说有 11.2 万人都是南京大屠杀后由外地迁居来宁的，郊区的 4.5 万人中有 4.3 万人以上都是由外地迁来的。就当时的情况而言，有这么大的人口流量吗？这是不可思议的。据费仲兴先生近几年对汤山地区“幸存者”的调查，共取得 165 份个人证言、24 次集体屠杀的资料。他认为，如果把当年亲历了南京大屠杀事件的人都计算进去，其人数约要增加 5 倍。这当然只是大概的估算。但可见，今天统计出的“幸存者、目睹者、受害者”人数，与实际人数有着多么大的差距。这应当引起学术界与有关部门的重视。

总之，所有南京大屠杀幸存者、受害者、目睹者的记忆与证言，都是宝贵的精神财富；所有亲历了南京大屠杀的幸存者、受害者、目睹者，都属于一个有着特殊经历的社会群体，他们都应当受到全社会的尊重和关爱。

（四）痛苦与沉重的记忆

南京大屠杀的历史，给中国人民留下了痛苦而沉重的记忆。

1949 年以来，中国政府和学术界对南京大屠杀事件日益重视，其记忆手段不断扩大，宣传和研究的力度不断加强。概括起来，有以下一些表现：

1. 对幸存者的调查与证言的搜集、整理。官方首次有组织地、大规模地调查南京大

---

① 南京市地方志编纂委员会办公室编纂《南京简志》，江苏古籍出版社 1986 年版，第 93—94 页。

屠杀幸存者与亲历者，是在1984年2月至6月，在全市6个城区、4个郊区普遍展开，层层发动，共发现幸存者、目击者、受害者1756人，其中，本人亲自受害而死里逃生的176人(身上留有刀枪疤痕的66人)，亲属被日军杀害的544人，目睹日军杀、烧、淫、掠暴行的948人，亲自参加慈善集团体埋尸或被日军强拉抬埋尸体的15人。① 在这次调查中，还搜集到一批珍贵的第一手口碑证言资料。第二次是1991年夏，利用暑假，由侵华日军南京大屠杀遇难同胞纪念馆与南京市教育局合作，共组织数千名中学生和部分老师，对1700余名幸存者、目睹者、受害者进行复查，发现在7年中，已有300余位去世，当时尚存1400余名。② 第三次是1997年夏，组织了近200所中学的14000名师生，开展"万名师生寻访幸存者"的活动，声势浩大，效果显著，共发现1213名仍然健在的幸存者、受害者，并由南京市司法局公证处，对其中150名幸存者的证言资料，分别进行了证据保全公证，对35名幸存者的证言资料，进行了现场摄像公证。③ 第四次是2006年，由中共南京市委党史工作办公室组织南京市各区县，在进行抗日战争时期有关专题的调研中，将各地区南京大屠杀幸存者分别进行了普遍的或重臬的口述调查；此外，南京大学张生教授率30名研究生、本科生在浦口地区进行了多年的调查；南京炮兵学院费仲兴教授在汤山地区及邻县句容进行了多年的调查；南京师范大学南京大屠杀研究中心与中共江宁区党委办公室，于同年七八月间对江宁地区进行了拉网式走村入户的专访。上述多渠道、大规模的调查，共形成1557份口述资料，被完整收入到由张宪文教授主编的《南京大屠杀史料集》中。④

2. 建立侵华日军南京大屠杀遇难同胞纪念馆。1985年8月15日，于纪念抗战胜利40周年之际，坐落于南京江东门的侵华日军南京大屠杀遇难同胞纪念馆正式落成开放。该馆占地2.5万平方米，主体建筑2500平方米，由邓小平题写馆名。纪念馆的陈列内容经剪辑浓缩后，先后赴国内北京、合肥、徐州等地，国外日本、丹麦、美国等国巡回展出。1994—1995年，该馆进行了二期工程扩建，对原有陈列进行了改造，建筑面积由2500平方米扩展至5000平方米，使最大年观众接待量达230万人次。2005—2007年，该馆再次大规模扩容，在保留原有一二期建筑和遗址的基础上，向东西两侧扩建，占地

① 孙宅巍主编《南京大屠杀》，北京出版社1997年版，第662页。

② 朱成山：《为300000冤魂呐喊——朱成山研究南京大屠杀史文集》(上)，新华出版社2001年版，第58页。

③ 朱成山：《为300000冤魂呐喊——朱成山研究南京大屠杀史文集》(上)，新华出版社2001年版，第59页。

④ 蒋晓星等编《南京大屠杀史料集》第37册《幸存者调查口述续编》(上)"本册说明"，江苏人民出版社2007年版。口述资料总数系由该书上、中、下三册内容统计而得。

面积7.4万平方米，建筑面积2.5万平方米，新展厅面积1.2万平方米，观众年接待量达500万人次。[①] 2015年，该馆又建成一座占地3万平方米的新展厅，陈列“正义必胜　和平必胜　人民必胜——中国战区反法西斯战争胜利暨审判日本战犯史实展”。新展厅共陈列6244件文物，并按1∶1比例，原样复制原来中国陆军总部大礼堂的受降仪式现场，气势恢宏。

3. 举行纪念集会和鸣放警报。自1985年8月15日纪念馆建成后，每年12月13日均由江苏省、南京市党、政、军及社会各界，共同举行纪念集会。自1995年起，在纪念集会举行的同时，全市鸣放防空警报，以唤起人们对侵略与暴行的警觉。1997年12月13日南京大屠杀60周年时，南京市除鸣放防空警报外，火车与轮船还同时鸣笛3分钟。2014年2月，全国人大通过决议，将每年12月13日设立为南京大屠杀死难者国家公祭日，当年12月13日，中共中央总书记、国家主席习近平出席了在侵华日军南京大屠杀遇难同胞纪念馆举行的首次南京大屠杀死难者国家公祭仪式，并作重要讲话。国家公祭日的设立，体现了对历史的尊重，顺应了人民的意愿和诉求，表达了维护和平的美好愿望。

4. 用各种文艺手段表现南京大屠杀给中国人民带来的灾难。自20世纪80年代以来，已先后摄制电影《屠城血证》(谢光宁编剧)、《南京大屠杀》(吴子牛执导)、《黑太阳·南京大屠杀》(牟敦芾执导)、《五月八月》(杜国威执导)、《栖霞寺1937》(郑方南执导)、《南京！南京!》(陆川执导)、《金陵十三钗》(张艺谋执导)等，制作电视片《南京大屠杀——幸存者的见证》(江苏电视台制作)、《南京大屠杀——历史的见证》(南京电视台制作)、《南京大屠杀秘密档案》(吉林电视台制作)、《1937·南京真相》(中共江苏省委宣传部、江苏省广播电视总台联合摄制)等，出版报告文学著作《南京大屠杀》(徐志耕著)、《1937南京悲歌》(孙宅巍著)、《黑色12.13》(孙宅巍、李德英著)、《南京大屠杀全纪实》(何建明著)，小说《秦淮恨》(吴野著)，诗歌集《不屈的城墙》(南京作家协会、侵华日军南京大屠杀遇难同胞纪念馆合编)等，创作电视交响乐《心祭》(南京电视台)、系列音乐歌曲《为了和平》(敏群作词、作曲)、大型交响乐《和平颂》(赵季平创作)、音乐歌曲《1937年》(金海滨创作并演唱)等，创作水墨组画《南京大屠杀死难者墙》(丁品创作)、油画《南京审判日本战犯》(张玉彪创作)等。

5. 出版有关南京大屠杀的资料、图片集及学术研究专著。资料方面有：“南京大屠杀”史料编辑委员会、南京图书馆合编的《侵华日军南京大屠杀史料》，中国第二历史档案馆、南京市档案馆、“南京大屠杀”史料编辑委员会合编的《侵华日军南京大屠杀档

① 朱成山：《站在历史与和平视角——朱成山研究文集》(下)，南京出版社2013年版，第965页。

案》，中央档案馆、中国第二历史档案馆、吉林省社会科学院合编的档案资料选编《南京大屠杀》，朱成山主编的《侵华日军南京大屠杀幸存者证言集》和《侵华日军南京大屠杀外籍人士证言集》，章开沅编译的《天理难容——美国传教士眼中的南京大屠杀（1937—1938）》，陆束屏汇辑编译的《南京大屠杀——英美人士的目击报道》，日本松冈环编著、新内如等翻译的证言集《南京战·寻找被封闭的记忆》，松冈环编著、沈维藩译《南京战·被割裂的受害者之魂》，张宪文主编的72册《南京大屠杀史料集》等，有关见证人的日记《拉贝日记》、《魏特林日记》、《东史郎日记》、《程瑞芳日记》等。图集方面有：大型精装图册《侵华日军南京大屠杀图集》（中国第二历史档案馆、南京市档案馆、侵华日军南京大屠杀遇难同胞纪念馆合编），图文并茂的《侵华日军南京大屠杀图证》（中央档案馆、中国第二历史档案馆、吉林省社会科学院合编）、《南京大屠杀与国际大救援图集》（朱成山主编）、《〈东史郎日记〉案图集》（朱成山、山内小夜子主编）、10卷本《南京保卫战殉难将士档案》（中国第二历史档案馆、侵华日军南京大屠杀遇难同胞纪念馆编）等。学术专著有：1985年出版的《侵华日军暴行——南京大屠杀》（高兴祖著），1987年出版的《侵华日军南京大屠杀史稿》（编写组集体编写），1995年出版的《南京大屠杀的历史见证》（章开沅编著），1997年出版的50万字长篇著作《南京大屠杀》（孙宅巍主编）及《南京大屠杀——事实及纪录》（孙宅巍、吴天威著），1998年出版的《南京大屠杀新考》（刘惠恕编著），2001年出版的《魏特林传》（南京师范大学南京大屠杀研究中心主编），2002年出版的《南京大屠杀的见证人拉贝传》（黄慧英著）、《侵华日军南京大屠杀江东门"万人坑"遗址的发掘与考证》（朱成山主编）、《南京大屠杀研究——日本虚构派批判》（程兆奇著），2005年出版的《南京沦陷八年史》（上、下册）（经盛鸿著），2012年出版的《南京大屠杀全史》（张宪文主编），2013年出版的《站在历史与和平视角——朱成山研究文集》（上、下册）》，2014年出版的《南京大屠杀研究：历史与言说》（上、下册）（张连红、孙宅巍主编）、《南京保卫战史》（孙宅巍著），2015年出版的《南京大屠杀史研究》（增订版上、下册）（张生等著）等。论文集有：陈安吉主编的《侵华日军南京大屠杀史国际学术研讨会论文集》，朱成山主编的《侵华日军南京大屠杀史研究成果交流会论文集》、《侵华日军南京大屠杀史最新研究成果交流会论文集》、上海交通大学东京审判研究中心编的《东京审判文集》等。侵华日军南京大屠杀遇难同胞纪念馆馆长朱成山先生出版了集研究、报道与资料于一体的百万字文集《为300000冤魂呐喊——朱成山研究南京大屠杀史文集》（上、下册）。

6. 组织发掘遇难同胞遗骨。1984年10—11月间，由南京文化局具体负责，于江东门"万人坑"遗址进行发掘，在30厘米的土层下，发现长10米、宽1.5米的二三层叠垒完整尸骨，共搜集腿骨、肋骨七八麻袋，头颅骨五六麻袋，其中部分遗骨陈列在纪念馆的遗骨陈列室中。1998 年 6—7 月间，纪念馆在整草坪时，意外发现多具大屠杀遇难者遗骨，经科学发掘，共发现遗骨 35 具；1998 年 12 月，共发掘遗骨 20 具；1999 年 7—12 月，纪念馆为在遗骨发现现场建立“万人坑遗址”，又在原址新发掘出一批 7 层共 153 具尸骨。经三次发掘，其工作面已由最初的 70 平方米达到 200 多平方米，共掘出遗骨 208 具。侵华日军南京大屠杀遇难同胞纪念馆在该遗址兴建了遗骨陈列厅，并于 2000 年建成开放。该厅四周为透明夹胶玻璃墙，顶部采用全框架网架结构，厅内装有 60 多盏照明灯，配有吸顶式空调、除湿机等设备，用以调节厅内温度、湿度。

7. 成立研究南京大屠杀的学术团体和机构。1995 年，南京成立了“侵华日军南京大屠杀史研究会”，有会员 100 余人，高兴祖、张宪文、张伯兴、朱成山、张生先后任会长。该研究会在每年组织有关南京大屠杀的纪念集会和学术座谈会、研讨会之外，还为声援东史郎诉讼案、李秀英诉讼案、夏淑琴诉讼案，批判日本反动电影《自尊》、反击日本右翼势力的翻案活动等开展了形式多样的活动。南京市民为声援东史郎进行诉讼，曾于 1996 年 10 月一次提供 7 大类 54 件证据。1998 年 12 月南京师范大学成立了“南京大屠杀研究中心”，张连红任主任。该中心聘请中外著名研究南京大屠杀专家为其顾问或客座研究员，已邀请国内章开沅教授、台湾李恩涵教授、美国胡华玲教授、日本笠原十九司教授等多名中外著名学者前来讲学，进行学术交流，定期举办学术沙龙，对南京大屠杀的一些热点问题展开讨论；设立南京大屠杀研究基金，推动学术研究的深入。2006 年，由中共江苏省委宣传部、中共南京市委宣传部和南京大学共同建立了南京大学南京大屠杀史研究所，张宪文任所长。该所宗旨在于，围绕南京大屠杀史及相关问题收集一手资料，联合世界各地有良知的学者，在严谨的学术研究的基础上，把南京大屠杀史客观地介绍给国际社会，特别是各国知识界和青少年，反思战争带来的灾难，推动世界和平事业。2016 年 3 月，成立了由南京大学历史系教授张宪文任院长、侵华日军南京大屠杀遇难同胞纪念馆馆长张建军任执行院长的南京大屠杀史与国际和平研究院，下设南京大屠杀史研究中心、抗日战争史研究中心、“慰安妇”问题研究中心、当代日本政治研究中心、和平学研究中心、国际和平学校等机构。该研究院为江苏省挂牌成立的重点高端智库。

上述关于中国人民对南京大屠杀的记忆，从时间上来看，大致可分作四个阶段：20 世纪 60—70 年代为第一阶段。在这一阶段，官方对南京大屠杀的记忆，并无重大行动，而学术界则已开始启动。1960 年，南京大学历史系日本史小组组织部分师生开始对南京大屠杀事件进行调查，历经 2 年，写成 8 万字的书稿《日本帝国主义在南京的大屠杀》，并于 1979 年刊印，供内部交流。20 世纪 80 年代为第二阶段。这一阶段，官方与学术界对南京大屠杀的研究，都有了突破性的进展。1983 年，南京市政府组织了为南京大屠杀建馆、立碑、编史的领导小组及其办公室，建馆、立碑、编史的工作开始全面推开；1984年，南京市政府通过行政手段，对南京大屠杀幸存者进行抢救性的广泛调查；接着在1985年至1987年间，建馆、立碑、编史工作先后完成。侵华日军南京大屠杀遇难同胞纪念馆除了进行陈列、展览工作之外，还承担了与南京大屠杀有关的宣传、调查、研究、纪念、取证等方面的大量工作，成为官方与民间沟通的桥梁和中介。20世纪90年代为第三阶段。在这一阶段，对南京大屠杀的各种记忆活动都发展到了一个较高的水平。如研究南京大屠杀的学术团体与学术机构的建立，南京大屠杀史国际学术研讨会的召开，权威的、高质量的南京大屠杀学术专著和资料、图片集的出版等，都发生在这一阶段。进入21世纪之后，为第四阶段。这一阶段，形成了我国研究南京大屠杀史的比较固定的、成熟的研究团队，各研究单位、各方面研究力量进一步组合、整合，最高水平的研究机构不断出现，最高水平的史料集与学术著作不断涌现，使我国南京大屠杀史的研究达到了一个前所未有的新高度。

造成中国官方和个人对南京大屠杀的记忆不断加深与加强的原因，大致有以下三点：一是中国官方进行爱国主义教育、总结历史经验、加强社会主义精神文明建设的需要；二是日本少数右翼分子在侵略与暴行问题上的翻案活动，引起了中国官方与民间一致的警觉，从而加强了南京大屠杀研究工作的力度；三是20世纪70年代末“文革”结束后，中国社会政治思想比较开放，清除了“左”的影响，从而有利于客观公正地看待民国时期的重大历史事件，包括对国民政府审判日本战犯和统计抗战损失等项工作的估价。

纵观中华人民共和国成立50多年来官方与个人对南京大屠杀的记忆，有两个鲜明的特点：

第一，新旧政权对南京大屠杀记忆和基本认识的一致性。

对南京大屠杀暴行及其规模的最初认定，原由国民政府国防部审判战犯军事法庭做出。该法庭于1947年3月10日对战犯谷寿夫做出的判决书中称，“被害总数达三十万人以上”。

众所共知，中华人民共和国成立以后，对民国时期旧的法统是不予承认的。在1949年4月15日中共提出的《国内和平协定(最后修正案)》中明确规定：“南京国民政府的一切法统，应予废除。”①但是，在对南京大屠杀暴行及其规模的认定上，中共官方本着实事求是的精神，基本上接受了国民政府的有关法律裁决。不仅如此，中共官方对于当年由国民政府代表参加的远东国际军事法庭对战犯松井石根、武藤章等人判处绞刑，对

① 毛泽东、朱德：《向全国进军的命令》，《毛泽东选集》第4卷，人民出版社1991年版，第1453页。

于国民政府国防部军事法庭对南京大屠杀案犯谷寿夫、向井敏明、野田毅、田中军吉等人判处死刑，均予以肯定，并大量引用上述军事法庭的审判文件资料。中共官方还基本接受了国民政府时期调查形成的有关南京大屠杀的档案资料，并在此基础上，进一步调查、充实。

在中国近代历史上，两个政治上互相对立、并且先后更迭的政权，在对待南京大屠杀问题上惊人的一致，说明了在民族矛盾和民族斗争的面前，中国的两大政党——共产党和国民党，有着共同的民族利益和民族立场。这是在抗日战争中，国共两党能够实现第二次合作共同抗日的根本原因；同时也是不可一世的日本侵略者无法灭亡中国的根本原因。

当然，国共两党对南京大屠杀及抗日战争的记忆和认识上，也存在着差异。这种差异，主要表现在处理战犯的彻底性上。国民政府对日本战犯的追究不够彻底，甚至将双手沾满中国人民鲜血的日本重要战犯冈村宁次宣判无罪释放；中共方面则坚决主张“必须立即将冈村宁次重新逮捕监禁”①。

第二，中国官方与个人、社会对南京大屠杀记忆的一致性。

中国官方对南京大屠杀的认识来自个人和民间社会。官方及时地、恰当地接受了个人和民间社会的呼吁以及研究成果，形成了自己的记忆。最为明显的事例是关于建馆、立碑、编史的问题。1982 年，日本文部省在审定中小学教科书时，将日本军国主义侵略中国，篡改为“进入”中国，妄图否认对中国的侵略，否认惨绝人寰的南京大屠杀事件。日本文部省这一掩盖历史事实的卑劣行径，激起了中国人民，特别是曾被屠杀了 30 多万人的南京人民的强烈愤慨。南京市的广大人民群众，包括工人、农民、干部、青年学生、教师、医生、工程师等等，纷纷向中共南京市委、南京市政府写信上访，呼吁：“为历史也为未来，为南京人民、中国人民，也为世界爱好和平的人民”，就南京大屠杀事件建馆、立碑、编史，以纪念死者，教育后人。要让广大人民知道“我们的父兄有 30 万人倒卧在血泊中”，要“把这血写的不容篡改的历史永远铭刻在南京的土地上”。② 在此基础上，1983 年 10 月成立了南京市建馆、立碑、编史领导小组及其办公室，1985 年 8 月 15 日建成侵华日军南京大屠杀遇难同胞纪念馆以及第一批共 12 处纪念碑，1987 年编写出版了《侵华日军南京大屠杀史稿》，嗣后又陆续建成多处纪念碑。中国官方许多对南京大屠杀问题的看法，充分吸收了幸存者的证言及学术界的研究成果。反过来，官方又通过会

① 《中共发言人关于命令国民党反动政府重新逮捕前日本侵华军总司令冈村宁次和逮捕国民党内战罪犯的谈话》，《毛泽东选集》第 4 卷，人民出版社 1991 年版，第 1394 页。

② 南京大学中文系研究生崔卫平、720 厂工程师赵玉麟、五台山 16 号居民汪海于 1982 年 8 月分别致南京市有关部门的信，侵华日军南京大屠杀遇难同胞纪念馆收藏。

议、文件及新闻媒体，将集中了群众智慧的观点、认识，再传达到人民中去。这里显然存在着民间—官方—民间的连锁、互动机制。

中国人民对南京大屠杀的记忆是与对整个抗日战争的记忆紧密联系在一起的。南京大屠杀是抗日战争历史中的一个重要事件；抗日战争又是南京大屠杀事件发生的重要历史背景。

中国政府和学术界对抗日战争的认识，曾经发生重大的变化。变化的时间分界线是在20世纪70年代末、80年代初。在这之前，一切对抗日战争的叙述，均以国民政府及国民党军队不抗日、只有中共领导的敌后根据地军民在抗日为前提，因而其内容有很大的局限性，一切纪念馆、纪念遗址的建设和纪念活动的安排，大多限于中共领导下的战斗、战役，以及日本侵略军的暴行方面。如平型关大捷、百团大战、新四军军部遗址、中国劳工“万人坑”等。在这之后，由于承认了抗日战争是在国共合作基础上、抗日民族统一战线旗帜下进行的，因而叙述的内容有了相当大的拓宽，同时也更加科学、合理。许多正面战场由国民党军队进行的战斗、战役及其遗址，如九一八事变、卢沟桥事变、两次淞沪抗战、徐州会战、武汉会战、滇缅会战、柳条沟、四行仓库、台儿庄等，都成了官方与学术界研究、纪念、宣传的对象。

自进入80年代以来，中国官方与民间在抗日战争的记忆方面，进行了大量的工作，也取得了丰硕的成果。主要表现在：(1) 建立抗战纪念馆，举办抗战展览。如北京卢沟桥中国人民抗日战争纪念馆、沈阳九一八纪念馆的建立，以及上海原四行仓库内的淞沪抗战展览、武汉的中山舰展览、哈尔滨的731部队罪行展览、抚顺的平顶山劳工“万人坑”展览等。(2) 建立抗战史研究的学术团体和学术机构。如全国抗日战争史学会和中日关系史学会的建立，中国社会科学院内成立的中日历史研究中心等。抗日战争史学会已参与发起举办过多次国内、国际有关抗日战争的大型学术讨论会，创办了《抗日战争研究》杂志，在学术界表现十分活跃。中日历史研究中心资助了许多有价值的抗战史学著作的编译和出版。(3) 个人的抗战回忆与记录。一些亲身参加了抗战中著名战役的官兵，纷纷发表文章，写出自己在抗战中的亲身经历，目前已经编辑出版的这类书籍有《从九一八到七七事变》、《七七事变》、《八一三淞沪会战》、《南京保卫战》、《徐州会战》、《晋绥抗战》、《中原抗战》、《武汉会战》、《湖南四大会战》、《闽浙赣抗战》、《粤桂黔滇抗战》、《远征印缅抗战》等。(4) 对抗战爆发和胜利的纪念活动。自20世纪80年代以来，在抗战全面爆发50周年、60周年、70周年，抗战胜利40周年、50周年、60周年、70周年之际，全国、各省都举行了隆重的纪念活动及大规模的学术讨论会，气氛热烈，成果显著，大大推动了对抗日战争史的全面研究。(5) 确定系列国家纪念日。2014年，全国人大先后通过决议，分别将12月13日设立为南京大屠杀死难者国家公祭日，将9月3

日确定为中国人民抗日战争胜利纪念日，将 9 月 30 日设立为中国烈士纪念日。三个国家纪念日的设立，对于加强全国人民的抗战记忆，铭记历史，尊重生命，缅怀先烈与死难者，都有着重要的历史意义与现实意义。通过系列国家纪念日的纪念活动，弘扬了爱国主义与民族精神，表明了中国人民牢记历史、珍爱和平的坚强意志，激发了全国人民和炎黄子孙为实现中华民族伟大复兴中国梦的精神动力。

中国人民对整个抗日战争的记忆，存在着一个关键的转折，即 70 年代末、80 年代初的思想解放运动。它彻底结束了“以阶级斗争为纲”的“左”的思想路线和实际工作中的教条主义倾向。这场思想解放运动，从思想上、政治上开始，进而影响到经济、文化和学术领域。正因为如此，中国官方与民间对抗日战争以及南京大屠杀的记忆，自 20 世纪 80 年代初开始，逐步开创了一个生机勃勃的局面。这也正是为什么大量幸存者个人的记忆在近 30 年中才大量涌现、公布的重要原因。否则，一些中国的幸存者、见证人将会因家庭出身、社会职业的原因，而无法坦陈自己的证言；一些觉悟了的日本老兵的日记、证词，也会因为他们曾经是“鬼子兵”，而不能在社会上公开流传；一些友好国际人士的书信、日记，也会因为他们“不讨喜”的资本家、牧师等身份，而得不到在中国公开发表的机会。

1937 年发生的侵华日军南京大屠杀，是一个极其野蛮的、罕见的历史悲剧。中国人民蒙受了巨大的损失和耻辱。人们通过不同的方式，去增强对这一事件的记忆，不让子孙后代淡忘。这一行动，应当受到全世界一切有良知的人们的理解和尊重。但对历史事件的记忆，根本目的还是为了着眼未来，使未来不再有战争，不再有暴行，不再发生类似的历史悲剧。因此，应当通过南京大屠杀事件去沟通中日两国间的交流，加深相互理解，而不是形成新的民族仇恨和冲突。要做到这一点，必须遵循以下几点认识：

第一，历史事实必须得到尊重。这是中日两国面对 21 世纪，加强交流，发展友好合作关系的必要条件。不尊重历史事实，就没有共同的语言，更谈不上相互沟通和理解。少数日本右翼分子否认南京大屠杀事实的存在，妄图复活日本军国主义，将亚洲和世界再次引向战争和灾难的深渊。这已越出了学术研究的范围，必须予以迎头痛击。

第二，应当不断营造正常的、自由讨论的学术气氛。在承认南京大屠杀基本事实的前提下，对于死难人数、屠杀时空范围、发生原因等学术问题，应当允许不同意见的存在，提倡平等的学术交流。求同存异，应是学术讨论中坚持的基本原则。

第三，分清历史责任。应将日本军国主义与广大的日本人民加以区分，将日本现政府与当年发动侵略战争的日本政府加以区分。日本军国主义是侵华战争与南京大屠杀暴行的元凶，日本民众也有一定的战争责任。孟国祥教授曾著文认为：“日本大众应对当年积极支持侵略战争承担一定的历史责任”,“应承担与战争主谋者、发动者有别的相应的战争责任”。① 这一认识是比较客观的、实事求是的。造成南京大屠杀悲剧、给亚洲人民带来巨大的灾难与痛苦的,是当年的日本政府和日本军国主义,而不是日本现政府与今天广大的日本民众。但是,今天的日本政府必须正视那场侵略战争所造成的严重后果,理解中国和亚洲人民的民族感情,予以深刻的反省,并在思想上和行动上同军国主义彻底划清界限。今天的日本民众也应当自觉地同军国主义的残余势力做斗争,维护中日友好,维护世界和平。

总之,中国和日本,官方和民间,对于南京大屠杀的记忆可能有所不同,但是,只要都遵循“以史为鉴,开创未来”的宗旨,南京大屠杀一类的历史悲剧就不会重演,和平与发展的愿望就一定会成为现实。

(五)25 座遇难者纪念碑

南京大屠杀遇难同胞纪念碑,是人们用以对在南京大屠杀中遇难者寄托哀思、以志悼念的一种重要方式,也是南京大屠杀历史记忆的一项重要内容。惟以往人们将注意力只放在 20 世纪 80 年代后官方建立的纪念碑上,而忽略了那些早期、前期及民间建立的纪念碑。实际上,自南京大屠杀悲剧发生时起,迄至今日,全市城郊各地已先后建立了 25 座纪念碑。兹按时间顺序,将各碑建立的大致情况,记述如下。

1. 草鞋峡无主孤魂碑

该碑由世界红卍字会南京分会于 1937 年 12 月在草鞋峡南京大屠杀遇难同胞丛葬地建立。全碑为一长方体墓碑形条石,立于江边一座硕大的土堆丛葬墓前。碑文为:

民国廿六年草鞋峡无主孤魂墓

是为南京大屠杀遇难同胞纪念碑中最早建立的一座。现纪念碑已毁,仅存抗战胜利后 1946 年拍摄的墓碑照片。

2. 灵谷寺无主孤魂碑

该碑位于南京东郊灵谷寺东。1939 年春,由伪南京市政督办高冠吾收集东郊灵谷寺、马群一带遇难者骸骨 3000 余具,以青砖砌成一座直径 32 英尺、高 10 英尺的扁圆形水泥坟墓。墓前立有一黑色墓碑,名为“无主孤魂之碑”。高氏亲撰碑文,文曰:

中华民国二十七年十月,余奉命董京市。惟时去南京事变将及一载,城闉、丛

---

① 孟国祥:《关于日本大众对侵略战争应承担的责任问题》,《民国档案》2003 年第 4 期。

莽、山巅、水溪有遗骨焉。余既收残骸于城上，得二十有六，而瘗之。越二月，村民来告茆山、马群、马鞍、灵谷寺诸地遗尸尤多，乞尽瘗之。乃下其事于卫生局，选夫治具，悉收残骨得三千余具，葬于灵谷寺之东，深埋以远狐兔，厚封以识其处，立无主孤魂之碑，且使执事夏元芝以豚蹄、只鸡、酒饭奠之，俾妥幽魄。呜呼！诸君遭时丧乱，膏血肉于荒原，寄骸骨于丘陇，为军为民，为男为妇，为老为稚，有后无后，举莫能知。人生憯痛，莫大于生无所养、死无所丧，况暴骨无依如诸君者。虽然死生有命，修短有数，洵如达人之论，彭殇可齐，随化俱尽。盖人之所争者，不在久暂之岁月，而在不朽之德业与精神也。余既怜而瘗诸君，又以为诸君告。

该墓因建筑简陋，又经常年风雨侵蚀，加之南京伪政权苦于工费短缺，不克修缮，于1941年秋冬崩毁，其碑亦不存。现仅存碑文拓片。

3. 首都电厂殉职工友纪念碑

该碑于1947年4月，由扬子电气股份有限公司为南京大屠杀中遇难的45名首都电厂工人所建。其纪念物为一根高耸的纪念旗杆，与作为旗杆基础的“殉职工友纪念碑”。纪念旗杆与纪念碑立于电厂门口的花圃之中，纪念碑上刻有45位遇难职工的姓名。碑文曰：

中华民国二十六年八月，沪战爆发，十一月终，首都濒危撤退，本厂奉命维持供电，员工志愿留守者逾百人。迨十二月十三日晨一时，日军已攻破光华门发电所，留守人员因环境危急，不得不停止送电。翌晨六时，率领工友往煤炭港英商和记洋行避难。翌日敌军驰至搜查，乃被驱至江边拘禁，同时被逮捕者已达数千人，既遭风霜之威胁，又忍饥渴之痛苦，历二昼夜，本厂得救者仅五人。迨十五日夜，敌用机关枪扫射而死，我工友殉难者四十五人，受伤而未致命者二人。

该纪念旗杆与纪念碑于1951年6月被拆除，于工厂生活区重建“死难工人纪念碑”，重拟碑文，并将在1950年2月国民党军飞机轰炸中殉职的两名工人姓名及牺牲经过，一并写入碑文之中。碑文带有20世纪50年代初那个特定时代的浓重烙印，将该厂45名工人遭日军屠杀，说成是国民政府与侵华日军联手迫害的结果；将该厂于抗战胜利后立碑纪念被日军屠杀的工人说成是“假仁假义”的欺骗和麻痹工人斗志的行为。碑文写道：“这座纪念碑，是我们电厂工人为纪念被蒋匪帮和日寇迫害而死的四十五位工人弟兄，以及在美蒋飞机轰炸下，英勇殉职的两位同志而建立的。”“抗战胜利后豪门走狗潘铭新又一次施行他的欺骗手段，竟然假仁假义，在厂里的旗座上，立起一块碑，说是纪念我们死难的工人弟兄的，其实他的目的是要麻痹我们工人的阶级仇恨心和削弱我们工人的斗争意志”。2000年7月，该“死难工人纪念碑”再迁至工厂厂区大门附近。重建的纪念碑保持了1951年的碑名、题款及碑文，碑身为一块残破形状的橙红色大理石，上书当年柯庆施市长题写的“死难工人纪念碑”七个金字，基础为黑色大理石。碑墙前立有三座黑色祭台，两边祭台为方形，中间祭台的灰白色台面斜立，上书碑文，碑文下正面刻有45位死难工人的姓名。碑墙与祭台下有青色大理石砌成的两级平台。纪念碑四周种有松柏等长青植物。

4. 挹江门丛葬地纪念碑

该纪念碑于1985年8月在挹江门外绣球公园内，由南京市人民政府建立。纪念碑设于一正方形多级花岗岩墓冢之最高一级，其正面刻有“侵华日军南京大屠杀遇难同胞挹江门丛葬地纪念碑”字样，背面为碑文，文曰：

> 挹江门附近，是侵华日军南京大屠杀中我遇难同胞尸骨丛葬地之一。从一九三七年十二月至一九三八年五月，南京崇善堂、红卍字会等慈善团体先后六批，共收死难者遗骸五千一百多具，埋葬于挹江门东城根及其附近之姜家园石榴园等地。特立此碑，以志其事，藉慰死者，兼励后人，牢记历史，振兴中华。

5. 中山码头遇难同胞纪念碑

该碑于1985年8月在下关中山轮渡码头与1号码头沿江路边，由南京市人民政府建立。纪念碑底座为三层红色台阶，碑身呈立体三人字形，寓意30万同胞被屠杀。其正面有一圆形大花环，内刻“侵华日军南京大屠杀中山码头遇难同胞纪念碑”字样。背面为碑文，文曰：

> 中山码头乃侵华日军南京大屠杀遗址之一，当时避居国际安全区之青壮难民，在此惨遭杀害者，共达万人以上。其中，一九三七年十二月十六日傍晚，日军从避居于原华侨招待所之难民中，捕获所谓有“当兵”嫌疑者五千余人，押解于此，用机枪集体射杀后，弃尸江中。十二月十八日，日军又从避居于大方巷之难民中，搜捕青年四千余名押解于此，复用机枪射杀。在此先后，日军还于毗近之南通路北麦地和九甲圩江边，枪杀我难民八百余人。悲夫！其时码头顿成鬼域，同胞罹难枉死，惨矣！呜呼，政闇国弱，何可安全？欲免外侮，唯赖自强。今虽时殊势异，仍当“前事不忘”。爰立此碑，勖勉后人：牢记历史，振兴中华。

6. 煤炭港遇难同胞纪念碑

该碑于1985年8月在煤炭港河汉口桥头上，由南京市人民政府建立。纪念碑为一黑色长方形大理石块，上书碑文，立于粉灰色水泥底座上，底座中间斜放着一只汉白玉雕成的白色花圈。纪念碑全称为“侵华日军南京大屠杀煤炭港遇难同胞纪念碑”，碑文曰：

煤炭港系侵华日军南京大屠杀主要遗址之一，一九三七年十二月十七日，日军从各处搜捕我已解除武装之士兵及平民三千余人，拘禁于煤炭港下游江边，以机枪射杀；其伤而未死者，悉被押入附近茅屋，纵火活焚致死，内有首都电厂职工四十五人，即死于此难。兹值中国人民抗日战争胜利四十周年，特立此碑，悼念死者，永诫后人，铭念历史，振兴中华。

7. 草鞋峡遇难同胞纪念碑

该碑于1985年8月在幕府山北麓山脚下，面对长江，由南京市人民政府建立。纪念碑为白色机枪子弹壳型，底座为紫红色，碑高12.13米，寓意1937年12月13日日军占领南京，并开始实施南京大屠杀。碑身正面竖刻“侵华日军南京大屠杀草鞋峡遇难同胞纪念碑”字样，碑文刻于底座之正面，文曰：

一九三七年十二月十三日，侵华日军攻占南京后，我逃聚在下关沿江待渡之大批难民和已解除武装之士兵，共五万七千余人，遭日军捕获后，悉被集中囚禁于幕府山下之四五所村。因连日惨遭凌虐，冻饿致死一批；继于十八日夜悉被捆绑，押解至草鞋峡，用机枪集体射杀。少数伤而未死者，复用刺刀戳毙；后又纵火焚尸，残骸悉弃江中。悲夫其时，屠刀所向，血染山河；死者何辜，遭此荼毒？追念及此，岂不痛哉?！爰立此碑，谨志其哀。藉勉奋发图强，兼资借鉴千古。

8. 燕子矶遇难同胞纪念碑

该碑于1985年8月在燕子矶公园内江边石矶山顶，由南京市人民政府建立。纪念碑呈长方形，竖立于三角形亭中。碑亭三角形顶下由三根石柱支撑，寓意日军屠杀30万同胞。碑正面刻有“侵华日军南京大屠杀燕子矶江滩遇难同胞纪念碑”字样，背面刻有碑文，文曰：

一九三七年十二月侵华日军陷城之初，南京难民如潮相率出逃，内有三万余解除武装之士兵暨两万多平民，避聚于燕子矶江滩求渡北逃。讵遭日舰封锁所阻，旋受大队日军包围，继之以机枪横扫，悉被杀害，总数达五万余人。悲夫其时，横尸荒滩，血染江流，罹难之众，情状之惨，乃世所罕见。追念及此，岂不痛哉?！爰立此碑，永志不忘，庶使昔之死者，藉慰九泉；后之生者，汲鉴既往，奋志图强，振兴中华，维护世界之和平。

9. 东郊丛葬地纪念碑

该碑于1985年8月在中山陵风景区东南西洼子村，由南京市人民政府建立。纪念碑设于三层平台之顶层的一多角圆形墓冢上，墓碑斜卧。墓碑前为一约50米长之水泥墓道，道中竖立一结构简洁的框式门楼。纪念碑正面与门楼横梁上均刻有“侵华日军南京大屠杀遇难同胞东郊丛葬地"字样，碑背面刻有碑文，文曰：

一九三七年十二月，侵华日军疯狂实施南京大屠杀。我东郊一带，惨遭杀害之无辜胞，尸蔽丘陇，骨暴荒原，因久无人收，而至腐烂腥臭。迨至翌年四月，始由崇善堂等慈善团体从事收殓。计于中山门外至马群镇一带收尸三万三千余具，就地掩埋于荒丘或田野。越数月，察及于丘壑丛莽间尚遗其余，故时或恶气四溢。一九三八年十二月，复经伪市政督办责成其卫生局，又于马群、茆山、马鞍、灵谷寺等处，收集死难者遗骨和残骸三千余具，丛葬于灵谷寺之东。嗣于一九三九年一月，立"无主孤魂墓碑"为志。考其碑文拓片犹在，惜乎原碑已湮没无存。爰特重立此碑，以示悼念，且告方来。

10. 江东门遇难同胞纪念碑

该碑原应建立于江东门"万人坑"附近，后因已在此处建立侵华日军南京大屠杀遇难同胞纪念馆，遂不再专门立碑，只将其碑文镌刻于馆内鹅卵石广场路边的一块小型石块上。碑文曰：

一九三七年十二月十六日，日军将已被解除武装之中国士兵和平民万余人，囚禁于原陆军监狱院内，傍晚押至江东门，藉放火焚烧民房照明，骤以轻重机枪向人群猛烈扫射，受害者众声哀号，相继倒卧于血泊之中。遗尸枕藉，盈衢塞道，直至蔽满江东河面，且抛露风日之下，久无人收，情至惨烈。迨逾数月，因天暖尸腐，始由南京慈善团体收尸万余具，掩埋于就近之两大土坑内，故称"万人坑"。爰立此碑，藉志其哀，悼念死者，兼勉后人，热爱祖国，奋发图强，反对侵略战争，维护世界和平。

11. 普德寺丛葬地纪念碑

该碑于 1985 年 8 月在雨花台烈士陵园左侧原普德寺遗址，由南京市人民政府建立。纪念碑由两块相向、对称的高大灰色碑体组成，中有长方形刻字碑块连接。其碑体状如一双巨手合十，寓意后人对遇难者的悼念。刻字碑正面刻有"侵华日军南京大屠杀遇难同胞普德寺丛葬地纪念碑"字样，背面有碑文，文曰：

一九三七年十二月侵华日军南京大屠杀惨案，震惊寰宇，血沃钟山，水赤秦淮，我无辜同胞不幸遇难者逾三十万人。普德寺系我遇难同胞尸骨丛葬地之一，经南京红卍字会先后埋葬于此者共达九千七百二十一具，故亦称"万人坑"。附录其年月及埋尸记载如下：

一九三七年

十二月二十二日　　　葬二百八十具

十二月二十八日	葬六千四百六十八具
一九三八年	
一月三十日	葬四百八十六具
二月二十三日	葬一百零九具
三月二十五日	葬七百九十九具
四月十四日	葬一千一百七十七具
五月二十六日	葬二百一十六具
六月三十日	葬二十六具
七月三十一日	葬三十五具
八月三十一日	葬十八具
九月三十日	葬四十八具
十月三十日	葬六十二具

兹值中国人民抗日战争胜利四十周年，特此刻石纪念，旨在告慰死者于地下，永励后生于来兹：不忘惨痛历史，立志振兴中华。

12. 上新河遇难同胞纪念碑

该碑于 1985 年 8 月在上新河棉花堤江边，由南京市人民政府建立。纪念碑设于一多棱圆形墓冢之平顶上，由红色底座托竖一黑色大理石墓碑。碑之正面刻有“侵华日军南京大屠杀上新河地区遇难同胞纪念碑”字样，背面为碑文，文曰：

一九三七年十二月，侵华日军攻占南京后，我大批解除武装之士兵和群集上新河一带之难民，共二万八千七百三十余人，悉遭日军杀害于此处。日军屠杀手段极其残酷，或缚之以溺水，或积薪而活焚，枪击刀劈，无所不用其极，对妇女乃至女童，均先强奸而后杀害，惨绝人寰，世所罕见，致使尸积如山，血流成河。劫后，湖南木商盛世征、昌开运两先生目睹惨状，于心不忍，曾由私人捐款收埋一批遗尸。嗣于一九三八年一月至五月，又经南京红卍字会在上新河一带收埋死难者遗尸计十四批，共八千四百五十九具，分记如下：

一月十日	葬于黑桥九百九十八具
二月八日	葬于太阳宫四百五十七具
二月九日	葬于二埂八百五十具
二月九日	葬于江东桥一千八百五十具
二月九日	葬于棉花堤一千八百六十具
二月十四日	葬于中央监狱附近近三百二十八具
二月十五日	葬于观音庵空场八十一具

二月十六日　　葬于凤凰街空场二百四十四具
二月十八日　　葬于北河口空场三百八十具
二月二十一日　　葬于五福村二百一十七具
三月十五日　　葬于甘露寺空场八十三具
三月二十三日　　葬于甘露寺空场三百五十四具
四月十六日　　葬于贾家桑园空地七百具
五月二十日　　葬于黑桥五十七具

"前事不忘，后事之师"。爰本此旨，特立此碑，藉慰死者，兼勉后人；爱我中华，强我祖国，反对侵略，维护和平。

13. 汉中门遇难同胞纪念碑

该碑于1985年8月在汉中门外秦淮河边桥头，由南京市人民政府建立。纪念碑设于三面由雕花柱墙围成的正方形碑基之中，在灰色水泥底座上立有方形字碑，其正面刻有"侵华日军南京大屠杀汉中门外遇难同胞纪念碑"字样，背面为碑文，文曰：

一九三七年十二月十五日下午，避难于"国际安全区"之本市平民和已解除武装之军警共二千余人，遭日军搜捕后，被押赴汉中门外，用机枪扫射杀害；其伤而未死者或乱刀补戳，或纵火活焚。尸骸蔽野，惨绝人寰。至次年二月十一日、十八日两天，始由慈善团体南京红卍字会收殓得遗骸共一千三百九十五具，掩埋于汉中门外广东公墓及二道埂子一带。悲夫，今人孰料于此熙来攘往之地，曾是往昔日军肆虐之场，而有众多同胞罹难于此者乎?! 爰立此碑，以志其事。庶我国人，牢记惨史，国难毋忘，居安思危，奋发图强，同心同德，振兴中华。

14. 清凉山遇难同胞纪念碑

该碑于1985年8月在时华东水利学院(今河海大学)校园内，由南京市人民政府建立。纪念碑设在三层红色台阶之上，由三个白色人字形曲线柱托起一只刻有"居安思危"四字的古鼎。寓意南京大屠杀遇难者30万人，并告诫人们决不能让南京大屠杀历史悲剧重演。碑身正面刻有"侵华日军南京大屠杀清凉山遇难同胞纪念碑"字样，背面刻有碑文，文曰：

一九三七年十二月，侵华日军制造了震撼中外的南京大屠杀事件，我数以千计的无辜同胞在本院境内，即清凉山附近之原吴家巷、韩家桥等地遇难。为纪念死者，激励后人，振兴中华，维护和平，特立此碑。

15. 北极阁遇难同胞纪念碑

该碑于1985年8月在鼓楼北极阁山南麓山脚下，由南京市人民政府建立。纪念碑为白色弧形墙体，墙前平台上置有三个圆形石块，并筑有花台，寓意30万同胞遇难，向遇难者献花致意。其上部镶嵌长条形黑色大理石，上以金字书写“侵华日军南京大屠杀北极阁附近遇难同胞纪念碑”字样，右下方镶嵌红色大理石，上书碑文，文曰：

一九三七年十二月，侵华日军屠杀我南京同胞达三十万众。仅此北极阁毗近之处，惨遭杀害者即达两千余人。其时，鼓楼至大石桥，北门桥至唱经楼，太平门、富贵山及蓝家庄等地，伏尸残骸，盈街塞道；涂膏凝血，触目生哀。翌年一、二月间，罹难同胞之遗骸经南京崇善堂收殓，丛葬于此山之麓及近山之城根等处。爰立此碑，永志不忘，藉勉后人，奋发图强，振兴中华，国运其昌。

16. 正觉寺遇难同胞纪念碑

该碑于1987年12月在武定门正觉寺遗址，由南京市人民政府建立。纪念碑设于多级台阶的平台之上，文字碑与底座为上下对称的长方体，中有突出薄型平台托承。文字碑正面刻有“侵华日军南京大屠杀正觉寺遇难同胞纪念碑”字样，背面为碑文，文曰：

一九三七年十二月十三日，侵华日军在武定门正觉寺，将该寺僧人慧兆、德才、宽宏、德清、道禅、刘和尚、张五、源谅、黄布堂、晓侣、慧璜、慧光、源悟、能空、倡修、广祥、广善等十七人集体枪杀；与此同时，日军还在中华门外将尼姑真行、灯高、灯光等杀害。兹值侵华日军南京大屠杀事件五十周年，特立此碑，悼念死者，永诫后人，铭念历史，振兴中华。

17. 五台山丛葬地纪念碑

该碑于1988年7月在五台山体育场西南角树丛中，由南京市人民政府建立。纪念碑设于五级台阶平顶墓冢上，碑体与碑座为分开斜卧于台阶上之两块红色自然条石，碑体刻有“侵华南京大屠杀遇难同胞五台山丛葬地纪念碑”字样，其中“纪念碑”三个红色大字为南京大屠杀幸存者王如贵手书，碑座上刻有碑文，文曰：

在侵华日军南京大屠杀血腥事件中，五台山一带是我受害同胞尸骨丛葬地之一。据崇善堂、红卍字会等慈善团体埋尸记录记载，于一九三七年十二月至一九三八年二月，曾在此先后四批埋葬我被害同胞尸骨二百五十四具。特立此碑，以志悼念。

18. 金陵大学难民收容所及遇难同胞纪念碑

该碑于1996年5月在南秀村南京大学天文台旁边，由南京大学承建。纪念碑设于三级半圆形台阶之顶部，由方型毛石砌成，上端镶嵌长条黑色大理石，上书“侵华日军南京大屠杀金陵大学难民收容所及遇难同胞纪念碑”字样，中部镶嵌长方形黑色大理石，上书碑文，文曰：

> 一九三七年十二月，日军侵占南京时，留在南京的外侨代表，为了收容我未及撤离的大批难民，以原金陵大学等处为中心，在城内设立了“国际安全区”，占地约三点八六平方公里，内设二十五个难民收容所，收容难民约二十五万人，其中，原金陵大学校园本身就是较大的难民收容所之一，收容难民多达三万余人。
>
> 原金陵大学附近，也是侵华日军对我遇难同胞实施集体屠杀的场所之一。一九三七年十二月二十六日，日军以办理难民“登记”为由，将避难于原金陵大学图书馆内之两千余难民，迫令集中在网球场上（现该地已建为地质实验楼），从中搜捕了三百余名青壮年，驱至五台山及汉中门外悉加杀害。
>
> 原金陵大学校园范围内，也是我遇难同胞尸骨丛葬地之一。据当时慈善团体红卍字会埋尸资料记载，一九三八年一、二月间，该会曾先后在城北各处收殓，于金银街原金陵大学农场及阴阳营南秀村埋葬遇难者尸体达七百七十四具。五十年代，南京大学在南秀村建设天文台时，还曾掘出过这批尸骨。
>
> 前事不忘，后事之师。今立此碑，永志哀痛，藉慰死者，兼勉后人，自强不息，振兴中华。

19. 抗日粤军烈士墓碑

该碑于2000年12月在中央门外张王庙40号广东山庄墓园中，由广东山庄建立。纪念碑设于七级台阶之上的椅状墓园椅背处。墓地正中矗立一方尖形柱状墓碑，上书“抗日粤军烈士墓”字样，背处镶有一长方形黑色大理石，上书碑文，标题为“先伤后亡，惊怒吾邦。无以厚葬，是为国殇”，碑文曰：

> 一九三七年，爆发震憾（憾）中外“八一三”淞沪抗战之役。我粤健儿浴血奋战，伤亡甚为惨烈。伤者多留医南京城内八府塘后方医院。是年十二月十三日，日寇攻陷南京，留医伤者均遭屠杀，其后由广东同乡会率人草草掩埋于山庄内。公元二〇〇〇年七月，为弘扬中华民族精神，振奋后人，经广东山庄理事会研究，筹资重建烈士陵园以慰先驱。
>
> 抗日粤军无名烈士永垂不朽。

据广东山庄负责人介绍，该墓园中共埋葬了74具抗日粤军烈士的遗骨，包括南京空袭中被炸身亡的50余名住院伤兵，及南京城陷后遭日军屠杀的近20名伤兵。对于这批惨遭杀害的遇难官兵，广东同乡会每年都要举行公祭。抗战胜利后，粤军部队曾专程前来祭扫，并立有“抗日烈士之墓”的碑刻。“文革”期间，墓园中这批遇难官兵的资料被毁。1997年，复将在南京大屠杀中遇难官兵的74具遗骨加以清洗、消毒，重新归葬一处。2000年12月，重建烈士墓园，并立“抗日粤军烈士墓”碑。可以认为，该纪念碑是南京大屠杀遇难同胞纪念碑中，唯一一座遇难军人纪念碑。

20. 花神庙丛葬地纪念碑

该碑于2001年12月在中华门外功德园入口右手处，由南京市人民政府、雨花台区人民政府建立。纪念碑为一自然太湖假山石，立于四方形水泥底座之中。山石正面刻有“侵华日军南京大屠杀遇难同胞花神庙地区丛葬地纪念碑”字样，在青灰色水泥底座正斜面书写碑文，文曰：

> 1937年12月13日南京沦陷后，侵华日军即进行血腥大屠杀，尸横遍地，惨不忍睹。南京红卍字会和崇善堂两慈善团体自1937年12月22日至1938年4月18日止，在中华门外雨花台、望江矶、花神庙一带共掩埋遇难同胞尸体27239具。南京市民芮芳缘、张鸿儒、杨广才等组织难民30余人，于1938年1至2月的40余日内，在花神庙一带掩埋中国军民尸体7000余具，其中难民尸体5000余具，军人尸体2000余具。特立此碑，悼念遇难同胞，永志不忘历史，振兴中华。

21. 湖山村遇难同胞纪念碑

该碑于2005年8月在汤山湖山村，由该村村民自发捐款建立。纪念碑呈祖宗牌位型，通体为灰白色大块瓷砖，上有琉璃瓦顶，下有长方形底座。64位遇难者姓名刻于背面。碑正面在镶嵌的黑色条石上，刻有红色“以史为鉴碑”碑名及碑文，文曰：

> 民国二十六年冬日初四（一九三七年十二月六日），日军侵入湖山，村民流离失所，生灵涂炭，家破人亡，痛不欲生。
>
> 据不完全统计，先后有六十四人遇难（大多死于南京沦陷前后），十五家绝户，二百多间房屋被焚。
>
> 中国军队曾在棒槌山、岘山等地抗击入侵，许多官兵阵亡，沦陷后，新四军在此依靠人民，坚持敌后抗战，直到胜利。
>
> 前事不忘，后事之师，为纪念遇难和阵亡的同胞，增强爱国情怀，立志振兴中华，呼吁制止侵略战争，保卫世界和平，特立此碑。

该碑与西岗头遇难同胞纪念碑，同为由民间集资自建之南京大屠杀遇难同胞纪念碑。

22. 西岗头遇难同胞纪念碑

该碑于2005年12月在汤山西岗头，由西岗头全体村民集资建立。纪念碑设于六级台阶的平台之上，有两级底座，碑身为黑色高大墓碑型大理石，正面刻有“侵华日军南京大屠杀西岗头遇难同胞纪念碑”字样，背面为碑文，文曰：

一九三八年二月八日(农历正月初九),本村被日军集体枪杀的二十二人中,仅有陈万有一人死里逃生。死亡二十一人:李小三、李永华、李克俭、金怀生、赵小三、周正根、陈广林、陈广泉、陈万松、陈万夏、陈万宽、陈朝良、莫庆文、莫庆武、裔建昌、裔景华、裔景富、曹友恒、董老大、外地二人。另外,还有被日军枪杀及迫害致死的十六人:李克本、李连才、刘贤春、吴宝才、陈治富、陈广寿、陈广聚、陈万慧、陈道法、莫庆元、张在寅、裔建和、刘方氏、裔景妹、陈朱氏及其女儿。当时全村仅有四十二户,遇难者除外地二人外,本村共计三十五人,被烧房屋九十一间又二十六间厢房,损失粮食、衣、被、禽、畜等不计其数,损失惨重。为了教育子孙后代、勿忘国耻、牢记悲惨的历史教训、弘扬爱国主义、团结奋斗、振兴中华,值此抗日战争胜利六十周年之际,本村全体村民,自发捐款,建立此碑,以慰亡灵。

该碑与湖山村遇难同胞纪念碑,同为由民间集资自建之南京大屠杀遇难同胞纪念碑。

23. 仙鹤门遇难同胞纪念碑

该碑于2007年在东郊云盘山脚下仙鹤门村,由玄武区城建局建立。纪念碑设于一由泥土堆成的大坟包前,为断裂分开的两块巨型石块,正面磨平,左侧自然状石块用中、英、日三种文字刻有“侵华日军南京大屠杀仙鹤门遇难同胞纪念碑”字样,右侧梯形状石块上书碑文,文曰:

1937年12月13日,侵华日军攻占南京东郊马群、仙鹤门一带,俘获我抗战官兵及民众15000余人。同年12月18日,日军分散多处将4000多名手无寸铁的平民和俘虏集体屠杀。翌年春,仙鹤村附近尚有大批尸体横躺在村外麦地里。据当地居民谭庆瑞、和允兴、仇兴中、和允州、盛文金等共同回忆,1938年春,村民们曾自发将遇难同胞的尸骨,分别就近掩埋于一座“大坟”内。此座“大坟”内掩埋尸体约七百具。特立此碑,以志纪念。

24. 太平门遇难同胞纪念碑

该碑于2007年12月在紫金山脚下、玄武湖东岸之太平门附近,由南京市人民政府建立。纪念碑呈自然巨石型,其正面刻有“侵华日军南京大屠杀太平门遇难同胞纪念碑”字样,背面为碑文,文曰:

1937年12月13日,第十六师团三十三联队六中队等侵华日军部队在南京太平门附近,将约1300名放下武器的中国官兵及无辜的市民集中起来,周围用铁丝网围住,用事先埋好的地雷炸、机枪扫射,再浇上汽油焚烧,次日,日军复对尸体检查,对濒死者用刺刀补戳致死,太平门集体屠杀中无一中国人幸存。

值此南京大屠杀事件发生70周年之际，为悼念在太平门附近无辜的中国遇难者，侵华日军南京大屠杀遇难同胞纪念馆、旅日华侨中日友好交流促进会、日本纪念南京大屠杀遇难者60周年全国联络会、日本“铭心会”访华团联合在此建碑，祭祀遇难者魂灵，铭记历史教训，并告知中日两国青少年，绝不让历史悲剧重演。

25. 鱼雷营遇难同胞纪念碑

该碑早在1985年就已拟好碑文，并将刻有碑文的碑石立于侵华日军南京大屠杀遇难同胞纪念馆的凭吊广场上。但由于该碑预拟位置在金陵造船厂内，而该厂因厂区建设规划迟迟未定，故纪念碑长期未能正式建立。2015年12月，在南京大屠杀死难者国家公祭日前夕，该碑正式建成。该碑位于金陵造船厂东北角近江边滩涂处，在一块横卧的花岗岩石上，正反面均刻有相同的花圈图案与碑文，碑宽5米，高1.5米。碑文曰：

一九三七年十二月十五日夜，侵华日军将被其搜捕之我市平民和已解除武装之守城官兵九千余人，押至鱼雷营，以机枪集体射杀。同月，日军又在鱼雷营、宝塔桥一带再次杀害我军民三万余人。死难者之遗骸，直至次年二月，犹曝露于军营码头等地，惨不可睹。后由红卍字会就地掩埋，仅二月十九日、二十一日、二十二日三天，埋尸即达五千余具。惨史难忘，忆往志慨，特立此碑，正告方来。

上述25座南京大屠杀纪念碑，由于历史的变迁，时代的进步，其建立与存废的情况也呈现出较为复杂的现象。就纪念碑性质而言，作为屠杀发生地的纪念碑有18座，作为遇难同胞丛葬地的纪念碑有7座。就纪念碑纪念对象而言，粤军烈士碑为纯遇难军人纪念碑；首都电厂碑、正觉寺碑、湖山村碑、西岗头碑则为纯遇难平民纪念碑；其他20座碑均为遇难军民混合纪念碑。就纪念碑建立时间而言，草鞋峡无主孤魂碑、灵谷寺无主孤魂碑与首都电厂碑系建立于中华人民共和国成立前，属前期所建；其他22座纪念碑均建立于20世纪80年代以后，为当代所立。就纪念碑承建者身份而言，湖山村、西岗头二碑为村民集资所建，属市民行为；其他23座碑则均为各级政府及相关单位承建。就纪念碑建立情况而言，江东门碑因已建纪念馆而决定不再另行立碑；其他碑则均已次第建立。就纪念碑存废情况而言，草鞋峡无主孤魂碑、灵谷寺无主孤魂碑均已毁废，首都电厂原碑则被人为撤换；其他22座碑均无变动。

附录　本书主要参考资料

一、档案、笔录类

1. 中国第二历史档案馆收藏档案
2. 侵华日军南京大屠杀遇难同胞纪念馆收藏资料
3. 南京市档案馆收藏档案
4. 上海市档案馆收藏档案
5. 南京市博物馆收藏档案
6. 中央档案馆收藏档案
7. 辽宁省档案馆收藏档案
8. 美国国家档案馆收藏档案
9. 戴袁支先生采访、调查笔录
10. 费仲兴先生采访、调查笔录

二、报纸、杂志类

1.《申报》1937 年 9—12 月
2. 武汉《大公报》1937 年 10 月—1938 年 7 月
3. 天津《大公报》1945 年 9 月
4.《救国时报》1937 年 11 月—1938 年 2 月
5. 上海《大美晚报》1937 年 12 月
6. 武汉《新华日报》1938 年 3 月
7. 延安《解放日报》1943 年 2 月
8.《人民日报》1990 年 11 月、1995 年 8 月、1996 年 12 月、2001 年 3 月
9.《参考消息》1990 年 12 月
10.《光明日报》2000 年 2 月
11. 南京《新华日报》1951 年 2—3 月、1996 年 11 月、2000 年 1 月

12.《南京晨报》2004 年 12 月—2005 年 3 月
13.《金陵晚报》2004 年 8 月
14.《南京日报》1982 年 8 月,2004 年 12 月
15.《现代快报》2002 年 12 月
16. 日本《赤旗报》1986 年 8 月
17.《南京文献》第 1—3 号,1947 年
18.《宇宙风》第 71 期,1938 年 7 月
19.《闽政与公余》第 20 期,1938 年 1 月
20.《时事半月刊》第 1 卷第 3 期、1937 年 11 月
21.《文献和研究》1985 年第 5 期
22.《民国档案》1995 年—2004 年
23.《抗日战争研究》1991 年第 2 期、1995 年第 2 期
24.《档案与史学》1997 年第 4 期
25.《世界知识》2000 年第 5 期
26.《南京史志》1987 年特刊
27.《世界史研究动态》1985 年
28. 台湾《近代中国》第 30 期,1982 年 8 月
29. 日本《正论》1985 年 12 月号

三、资料集、论文集类

1. 张效林译《远东国际军事法庭判决书》,群众出版社 1986 年版。

2. 中国第二历史档案馆编《抗日战争正面战场》上、下册,1987 年版。

3. “南京大屠杀”史料编辑委员会、南京图书馆编《侵华日军南京大屠杀史料》,江苏古籍出版社 1985 年版。

4. 中国第二历史档案馆、南京市档案馆编《侵华日军南京大屠杀档案》,江苏古籍出版社 1987 年版。

5. 陆束屏汇辑编译《南京大屠杀——英美人士的目击报道》,红旗出版社 1999 年版。

6. 章开沅编译《天理难容——美国传教士眼中的南京大屠杀(1937—1938)》,南京大学出版社 1999 年版。

7. 中央档案馆、中国第二历史档案馆、吉林省社会科学院合编《南京大屠杀图证》,吉林人民出版社 1995 年版。

8. 中央档案馆、中国第二历史档案馆、吉林省社会科学院合编《日本帝国主义侵华

档案资料选编》第12册《南京大屠杀》，中华书局1995年版。

9. 中国人民解放军历史资料丛书编审委员会：《新四军·文献》(1)，解放军出版社1988年版。

10. 中国人民解放军历史资料丛书编审委员会：《新四军·参考资料》(2)，解放军出版社1991年版。

11. 延安时事问题研究会编《日本帝国主义在中国沦陷区》，上海人民出版社1958年版。

12. 台湾近代史研究所编《抗战建国史研讨会论文集(一九三七——九四五)》，1985年。

13. 张宪文主编《南京大屠杀史料集》1—72册，江苏人民出版社2005—2011年版。

14. 张连红、孙宅巍主编《南京大屠杀研究：历史与言说》上、下册，江苏人民出版社2005—2011年版

15. 秦孝仪总编纂《总统蒋公大事长编初稿》卷三，中国国民党中央委员会党史委员会编印，1976年版。

16. 秦孝仪主编《中华民国重要史料初编——对日抗战时期》第2编第2册，台湾中国国民党中央委员会党史委员会1981年编印。

17. 全国政协文史资料研究委员会编《文史资料选辑》合订本第3、第11册，中国文史出版社1986年版。

18. 全国政协文史资料研究委员会《南京保卫战》编审组编《南京保卫战》，中国文史出版社1987年版。

19. 全国政协文史资料研究委员会编《文史资料选辑》第15辑，中华书局1981年版。

20. 江苏省政协文史资料研究委员会编《江苏文史资料选编》第11辑，江苏人民出版社1983年版；

21. 江苏省政协文史资料研究委员会编《江苏文史资料选辑》第16辑，江苏古籍出版社1985年版。

22. 江苏省政协文史资料委员会、南京市政协文史资料委员会编《腥风血雨——侵华日军江苏暴行录》，《江苏文史资料》编辑部出版发行，1995年。

23. 浙江省政协文史资料委员会编《铁证——侵华日军在浙江暴行纪实》，浙江人民出版社1995年版。

24. 南京市政协文史资料研究委员会编《史料选辑》(侵华日军南京大屠杀史料专辑)代第四辑，1983年。

25. 南京市政协文史资料研究委员会编《抗日风云录》，1985 年。

26. 南京市政协文史资料委员会编《蓝天碧血扬国威——中国空军抗战史料》，中国文史出版社 1990 年版。

27. 南京市雨花区政协文史委员会编《雨花文史》第 6 集，1992 年。

28. 中共南京市委党史办、南京市档案局编《南京党史资料》第 11 辑，1985 年。

29. 中共南京市委党史办、南京市档案局编《南京党史资料》第 16 辑，南京工学院出版社 1987 年版。

30. 中共常州市委党史资料征集研究委员会办公室编印《常州革命史资料选编》第 7 辑，1985 年。

31. 禹硕基、杨玉芝、邢安臣主编《日本帝国主义在华暴行》，辽宁大学出版社 1989 年版。

32. 军事科学院外国军事研究部编著《日本侵略军在中国的暴行》，解放军出版社 1986 年版。

33. 李秉新、徐俊元、石玉新主编《侵华日军暴行总录》，河北人民出版社 1995 年版。

34. 《近代史资料》编辑部、中国人民抗日战争纪念馆编《日军侵华暴行实录》(三)，北京出版社 1997 年版。

35. 章伯锋、庄建平主编《血证——侵华日军暴行纪实日志》，成都出版社 1995 年版。

36. 洪桂己主编《日本在华暴行录(1928—1945)》，台北"国史馆"编印，1985 年。

37. 高兴祖:《南京大屠杀与日本战争罪责》，南京大学出版社 2005 年版。

38. 朱成山:《为 300000 冤魂呐喊——朱成山研究南京大屠杀史文集》上、下册，新华出版社 2001 年版。

39. 朱成山:《站在历史与和平的视角——朱成山研究文集》上、下册，南京出版社 2013 年版。

40. 朱成山主编《侵华日军南京大屠杀幸存者证言集》，南京大学出版社 1994 年版。

41. 朱成山主编《侵华日军南京大屠杀外籍人士证言集》，江苏人民出版社 1998 年版。

42. 陈安吉主编《侵华日军南京大屠杀史国际学术研讨会论文集》，安徽大学出版社 1998 年版。

43. 朱成山主编《侵华日军南京大屠杀史研究成果交流会论文集》，安徽大学出版社 1999 年版。

44. 朱成山主编《侵华日军南京大屠杀史最新成果交流会论文集》，南京大学出版社

2001 年版。

45. 日本陆军画报社编《支那事变战迹之刊》中卷，中央陆军军官学校第四分校 1941 年印。

46[日]松冈环编著，新内如、全美英、李建云译《南京战·寻找被封闭的记忆》，上海辞书出版社 2002 年版。

47. [日]松冈环编著，沈维藩译《南京战·被割裂的受害者之魂》，上海辞书出版社 2005 年版。

四、专著类

1. 南京大学历史系编著《日本帝国主义在南京的大屠杀》，1979 年内部版。

2. 高兴祖:《日军侵华暴行——南京大屠杀》，上海人民出版社 1985 年版。

3. “南京大屠杀”史料编辑委员会著《侵华日军南京大屠杀史稿》，江苏古籍出版社 1987 年版。

4. 孙宅巍主编《南京大屠杀》，北京出版社 1997 年版。

5. 张宪文主编《南京大屠杀全史》上、中、下册，南京大学出版社 2012 年版。

6. 章开沅:《南京大屠杀的历史见证》，湖北人民出版社 1995 年版。

7. 程兆奇著《南京大屠杀研究——日本虚构派批判》，上海辞书出版社 2002 年版。

8. 经盛鸿著《南京沦陷八年史》上、下册，社会科学文献出版社 2005 年版。

9. 孙宅巍著《南京保卫战史》，南京出版社 2014 年版。

10. 徐志耕:《南京大屠杀》，江苏文艺出版社 1994 年版。

11. 汤美如主编、章开沅编译《南京:一九三七年十一月至一九三八年五月》，三联书店(香港)有限公司 1995 年版。

12. 张生等著《南京大屠杀史研究》(增订版)上、下册，凤凰出版社 2015 年版。

13. 费仲兴:《城东生死劫》，中国工人出版社 2008 年版。

14. 戴袁支:《1937—1938:人道与暴行的见证——经历南京腥风血雨的丹麦人》，江苏人民出版社 2010 年版。

15. 尹集钧:《1937，南京大救援——西方人士和国际安全区》，文汇出版社 1997 年版。

16. 毛泽东:《毛泽东选集》第 1—4 卷，人民出版社 1991 年版。

17. 谭道平:《南京卫戍战史话》，东南文化事业出版社 1946 年版。

18. 陈诚:《陈诚回忆录——抗日战争》，东方出版社 2009 年版。

19. 冯玉祥:《我所认识的蒋介石》，黑龙江人民出版社 1980 年版。

20. 李宗仁:《李宗仁回忆录》上、下册，广西人民出版社 1980 年版。

21. 白崇禧:《白崇禧回忆录》,解放军出版社 1987 年版。

22. 宋希濂:《鹰犬将军》,中国文史出版社 1986 年版。

23. 吴相湘:《第二次中日战争史》上册,台湾综合月刊社 1973 年版。

24. 忻平:《1937:深重的灾难与历史的转折》,上海人民出版社 1999 年版。

25. 中国社会科学院近代史研究所编《日本侵华七十年史》,中国社会科学出版社 1992 年版。

26. 王维礼主编《中国现代史大事纪事本末》,黑龙江人民出版社 1987 年版。

27. 黄慧英:《南京大屠杀见证人拉贝传》,百家出版社 2002 年版。

28. 南京师范大学南京大屠杀研究中心主编《魏特琳传》,南京出版社 2001 年版。

29. 南京市档案馆编《半个世纪的足迹》,江苏古籍出版社 1999 年版。

30. 朱启銮主编《南京人民革命史》,南京出版社 1991 年版。

31. 中共江苏省委党史工委、江苏省档案馆编《苏南抗日根据地》,中共党史资料出版社 1987 年版。

32. 中共江苏省委党史工委编《苏南抗日斗争史稿》,江苏人民出版社 1987 年版。

33. 马洪武、王德宝、朱大礼、张廷栖编《新四军征途纪事》,江苏人民出版社 1988 年版。

34. 南京市地方志编纂委员会办公室编纂《南京简志》,江苏古籍出版社 1986 年版。

35. 南京地方志编纂委员会编纂《南京建置志》,海天出版社 1996 年版。

36. 孟国祥、喻德文著《中国抗战损失与战后索赔始末》,安徽人民出版社 1995 年版。

37. 孟国祥:《大劫难:日本侵华对中国文化的破坏》,中国社会科学出版社 2005 年版。

38. 李恩涵:《日本军战争暴行之研究》,台湾商务印书馆 1994 年版。

39. [英]田伯烈著、杨明译《外人目睹中之日军暴行》,国民出版社 1938 年版。

40. [澳]廷珀利著,马庆平、万高潮等译《侵华日军暴行录》,新华出版社 1986 年版。

41. [德]约翰·拉贝著、本书翻译组译《拉贝日记》,江苏人民出版社、江苏教育出版社 1997 年版。

42. [美]珍妮·魏特琳著、南京师范大学南京大屠杀研究中心译《魏特琳日记》,江苏人民出版社 2000 年版。

43. [美]R. J. 史麦赫司脱著、郭俊译《日本军国主义的社会基础》,台湾金禾出版社 1994 年版。

44. [美]H. Hardacre 著、李明峻译《神道与国家》,台湾金禾出版社 1995 年版。

45. [美]戴维·贝尔加米尼著，张震久、周郑、何高济、杨品泉、郝镇华、王绍坊译《日本天皇的阴谋》上、下册，商务印书馆 1984 年版。

46. [日]洞富雄著，毛良鸿、朱阿根译《南京大屠杀》，上海译文出版社 1987 年版。

47. [日]笠原十九司著，李广廉、王志君译《难民区百日》，南京师范大学出版社 2005 年版。

48. [日]本多胜一著，刘春明、包容、吴德利等译校《南京大屠杀始末采访录》，北岳文艺出版社 2001 年版。

49. [日]日本防卫厅防卫研究所战史室著、齐福霖译《中国事变陆军作战史》第 1 卷第 2 分册，中华书局 1981 年版。

50. [日]下里正树：《被隐瞒的联队史——20 联队下级士兵看到的南京事件真相》，日本青木书店 1987 年版。

51. [日]古屋奎二主笔、《蒋介石秘录》翻译组译《蒋介石秘录》，湖南人民出版社 1988 年版。

52. [日]森山康平著、天津市政协编译委员会译《南京大屠杀与三光作战》，四川教育出版社 1984 年版。

53. [日]小俣行男著、周晓萌译、张本华校《日本随军记者见闻录——南京大屠杀……》，世界知识出版社 1985 年版。

54. [日]东史郎著、本书翻译组译《东史郎日记》，江苏教育出版社 1999 年版。

55. [日]秦郁彦《南京事件》，日本中央公论社 1986 年版。

56. [日]田中正明著、军事科学院外国军事研究部译《“南京大屠杀”之虚构》，世界知识出版社 1985 年版。

57. [日]东中野修道著、严欣群译《南京大屠杀的彻底检证》，新华出版社 2000 年版。